KB231218

定石
新講

정석 신강

교육학 개론

定石
新講

정석 신강 교육학 개론

박은종 지음

한국학술정보(주)

교육의 기초 · 기본적 이해와 교육학 입문의 이정표 역할

우리가 함께 살고 있는 21세기 현대사회는 세계화 시대 내지 지식 기반사회, 지식정보화 사회이다. 전 세계 지구촌 사람들이 시간과 공간을 초월하여 종적 · 횡적으로 연계된 유비쿼터스(Ubiquitous) 사회이다. 다방향 · 입체적으로 연계된 역동적 사회이다. 즉, 사람들과 사회 시스템 전체가 열린 마음, 열린 공간, 열린 사회인 것이다. 또 전 세계 모든 나라와 구성원들이 지역 · 인종 · 이념 · 종교 간 갈등을 극복하고 지구촌 가족으로서 일일 생활권의 패러다임(Paradigm) 속에서 상호 교류와 공유를 바탕으로 선린 관계에서 생활하고 있다. 지식과 정보를 기반으로 하며 역동적인 변화와 개혁이 특징인 새로운 사회인 것이다.

사실 동서고금을 통틀어 교육은 백년지대계로 중시되어 왔다. 교육이야말로 그 어떤 분야와 부문 · 영역보다도 중요한 활동이다. 그런 만큼 우리 사회와 생활에서 교육의 중요성은 아무리 강조해도 지나치지 않을 것이다. 교육은 인간의 삶과 생활의 바탕이 되는 활동이고, 교육학은 이러한 교육의 근본과 기저를 이루는 학문이다. 교육은 인간으로 하여금 자신의 창의적 잠재력을 구현하게 하고 미래의 삶을 밝히는 등불 구실을 한다.

이와 같은 사회를 건전하고도 올바르게 나아가도록 견인하는 것이 교육이고 교육학이다. 교육학은 근본적으로 인간학이고 인간의 삶에 대한 고뇌를 탐구하는 학문이다. 또 교육학은 종합과학, 종합학문으로서 인간의 삶과 관련된 교육 현상을 탐구하는 데 초점을 맞춘다. 특히 교육학은 교육에 대한 기본적 내용 이해와 기초적 안목 형성을 지향하고 있다.

교육학(Pedagogy)은 교육의 바탕 학문이고, 교육학 개론은 교육학의 입문 교과목이다.

교육학은 교육을 과학적 방법으로 연구하고 그 성과를 체계화하여 정리한 학문이다. 즉 교육학은 교육에 대한 단순하고도 피상적인 이해가 아니라, 체계적이고도 구조적인 접근이다. 교육학 개론은 교육 이론과 교육 현상을 이해하는 데 필요한 기초 개념과 기본 방법을 규명하고자 한다. 특히 교육학 개론은 교육자가 되려는 사람들이 탐구하는 전문적인 교육학 분야의 기초 과정이다. 그러므로 교육학 개론은 인간의 삶에서 가장 중요한 영역인 교육 전반에 관한 지식과 안목을 함양하는 것이다. 그러한 지식과 안목은 본인의 삶의 양식이 되고 나아가 장차 교육자로서의 자질과 능력 함양의 종자가 되는 것이다.

사실 현대의 교육에서는 교육은 교육 자체로만 분리시켜서 생각할 수 없는 복잡다단한 현상을 보이고 있다. 따라서 학습자들에게 사회의 다양한 현상과 문제를 올바르게 바라보고 이러한 쟁점을 지혜롭게 해결할 수 있는 능력과 자질을 함양하는 것이 중요하다.

모든 개론서들이 마찬가지지만, 교육학 개론은 교육학 전 영역에 대한 기초적 이해를 망라한 형태를 보인다. 즉 교육학의 학문적 깊이보다는 폭에 초점을 맞추게 되는 것이다. 본서도 교육학의 전 영역을 통틀어 각 영역과 부문에 대한 이론적 접근과 현상적 이해를 중심으로 구성되었다. 따라서 본서를 통하여 교육학에 대한 개괄적 이해를 하고, 각 분야별 전문적인 탐구는 장차 세부 교육학 학문 분양에서 심층적으로 이루어져야 할 것이다.

교육학을 기본적 입장에서 쉽게 접근한 본서가 교육학에 입문하는 사범대학 학생, 교육내학교 학생, 학부와 교육내학원의 교직과정 이수 학생, 현직 교사, 교육진문가, 학부모 등에게 교육학 개론 이해의 길라잡이가 되길 기대한다. 그리고 교육학이 우리 삶에 대한 학문적 접근이고 인간학의 바탕이 된다는 점을 이해하는 데 이정표가 되기를 소망한다. 교육학 탐구의 기본적 탐구의 안내서로서의 역할에 충실하기를 기대한다.

저자는 대학교와 연수 기관에서 여러 해 강의를 해 오고 있다. 여러 교과목의 강좌를 맡아 강의를 하고 있으나, 가장 어려운 교과목 중의 하나가 교육학 개론이다. 가장 쉽고도 기초적인 교과목 같지만, 그 깊이와 폭이 상당히 깊고 넓기 때문이다. 아울러 우리 인간의 삶과 밀접하게 관련되어 있기 때문일 것이다. 따라서 교육과 교육학에 대한 이해와 접근은 인간의 삶에 대한 깊은 고뇌에서 출발해야 한다. 그럴 때 보다 진솔하고도 실제적인 이해와 탐구가 가능한 것이다.

본서는 책의 부제인 '정석 신강(定石 新講)'처럼 교육학 개론에 대한 기초적·기본적 내용을 새롭게 탐구하는 데 초점을 맞추었다. 교육학에 처음 입문하는 유·초·중·고교의 예비교사(사범계 대학생)는 물론 교육 현장에서 학생들을 지도하는 현직 교사, 교육학을 연구하는 교육 전문가, 장학사(관), 교육연구사(관) 등 교육 전문직, 학부모 등이 두루 활용할 수 있도록 구성하였다.

본서는 총 15장으로 구성되어 있다. 제1장 교육의 이해와 입문, 제2장 교육과 교육학 등에서는 교육학에 대한 입문과 함께 기초적 개념과 이론을 다루었다. 제3장 교육의 철학적 기초 탐구, 제4장 교육의 역사적 기초 탐구, 제5장 교육의 심리적 기초 탐구, 제6장 교육의 사회적 기초 탐구 등에서는 교육과 교육학의 둘러싼 다양한 기저와 환경적 배경을 이해하도록 하였다. 제7장 교육과정(敎育課程)의 이해, 제8장 교육방법 및 교수·학습의 이해, 제9장 교육공학과 시청각교육의 탐구, 제10장 교육평가의 이해, 제11장 생활지도와 학생상담 등에서는 실제 학교 현장에서 학생들을 가르치는 교과의 내용과 방법 및 생활지도면을 규명하는 교육학의 실제면을 탐구하도록 조직되었다. 제12장 학교경영과 학급경영, 제13장 평생교육의 이해, 제14장 정보화 사회와 교육 등에서는 교육의 경영적 측면과 함께 학교 외 교육의 평생교육적 측면을 개괄적으로 탐구하도록 구성하였다. 마지막 장인 제15장 교직사회의 이해(교사론)에서는 교원의 교육 전문성 제고 차원에서 교원의 사명과 역할, 윤리 등을 고찰하도록 조직하였다.

본서를 출판하여 세상에 내놓으면서 도움을 주신 많은 분들에게 심심한 감사의 말씀을 드리는 바이다. 저자를 처음 학문의 길로 안내해 주시고 학자로서의 눈을 뜨게 해 주신 조용진 전 학장님(전 진주교육대학교), 이종문 교수님(전 진주교육대학교), 강상철 교수님(전 충남대학교), 권오정 교수님(일본 류오코우대학교)께 고마운 말씀을 드린다. 아울러 항상 학문적·인격적으로 지도·편달을 해 주시는 공주대학교 사범대학 일반사회교육과의 김병무 전 학장님, 정종호 교수님, 김덕수 교수님, 임경수 교수님, 현승숙 조교님께 거듭 감사를 드리는 바이다. 또 늘 옆에서 관심을 갖고 지켜봐 주시며 학문적 지도를 해 주시는 서재천 교수님·황우영 조교님(공주교육대학교), 권낙원 교수님(한국교원대학교), 김정겸 교수님(충남대학교) 등 여러분께도 고마운 말씀을 드린다.

한편, 저자와 함께 교육과 학문의 동반자로 동고동락(同苦同樂)하는 전승환 교감 선생님(서울 서서울생활과학고), 박명배 선생님(서울 자양초), 명재덕 선생님(대전 동대전고), 신현복(충남 당진정보고), 차성우 선생님(충남 주산산업고), 김명순·김완선 선생님(충남 아산 금곡초), 이종숙 선생님(충남 아산 온양중앙초), 신재한 선생님(대구 대구교대부설초), 황은숙 선생님(충남 조치원신봉초)과 애제자인 오정학 선생님(충남 천안 병천고), 신현영 선생님(경기 포천초) 등에게도 심심한 사의를 표하는 바이다.

또한, 바쁜 학부 생활 속에서노 시산을 내어 세밀하게 원고 징리를 도와준 홍익대학교 상경대학 상경학부의 이찬란 학생, 공주교육대학교 사회과교육과의 김예지 학생, 공주대학교 사범대학 일반사회교육과의 이미라 학생에게도 고마운 인사를 드린다. 학문의 친절한 동반자이자 건설적 비판자인 그들과의 아름다운 동행은 저자에게 옷깃을 여미고 묵묵히 더욱 노력하게 하는 '행복 마중물' 같은 원동력이기에 그저 행복하기만 하다. 아울러,

늘 가정 일에 소홀한 저자에게 꾸지람보다는 가녀린 사랑으로 격려와 용기를 주시는 등 항상 든든한 후원자로서 울타리와 버팀목이 되어 주시는 가족들에게도 깊은 위로와 감사를 드린다.

끝으로 최근의 불황으로 인한 출판 시장의 어려움에도 불구하고 항상 저자에게 학문적 성취를 성원해 주시고, 또 본서를 출판하여 세상에 빛을 보게 해 주신 한국학술정보(주)의 채종준 사장님과 출판사업부 출판기획팀의 조은영 기획팀장님, 편집담당 김매화님, 디자인담당 홍은표님께도 감사의 말씀을 드린다.

모든 분들의 격려와 성원에 보답하기 위해서 앞으로 더욱 교육과 학문 탐구에 정진하려고 다짐한다. 교육과 학문 탐구의 길이 멀고도 험하지만, 옷깃을 여미고 늘 기쁜 마음, 행복한 마음, 뜨거운 가슴으로 뚜벅뚜벅 걸어가고자 한다. 항상 옆에서 성원해 주시는 고마운 분들의 기대에 부응하기 위해 가일층 분발한 노력을 하고자 다짐하는 바이다. 모든 분들께 거듭 감사의 인사를 드린다.

2011년 삼복지절에

천 년 백제의 혼과 얼, 그리고 넋이 어린 아름다운

공산성과 비단가람이 내려다보이는 웅진골 연구실에서

박 은 종

차 례(Contents)

교육의 이해와 입문

학습목표

- ○ 교육의 어원을 동양적 어원, 서양적 어원, 한국적 어원 등으로 구분하여 이해한다.
- ○ 교육의 정의인 규범적 정의, 기능적 정의, 조작적 정의 등에 대해서 이해한다.
- ○ 교육의 가능성과 한계성에 대해서 심층적으로 이해한다.
- ○ 교육의 3요소인 교수자, 학습자, 교육내용(교육과정) 등의 상관관계를 이해한다.
- ○ 교육과 교육이 아닌 것을 구분하고 탐구적으로 이해한다.

주요개념

- ○ 교육의 동양적 어원, 교육의 서양적 어원, 교육의 한국적 어원
- ○ 교육의 규범적 정의, 교육의 기능적 정의, 교육의 조작적 정의
- ○ 교육과 훈련, 교육과 훈육, 교육과 교화(敎化), 교육의 가능성, 교육의 한계성
- ○ 교수자(교사), 학습자(학생), 교육내용(교재·교육과정)
- ○ 교육과 교육의 유사 개념, 교육과 비교육

제1절 교육의 어원(語源)과 정의

1. 동양과 서양의 교육 어원

1) 동양의 어원: 敎育(가르치고 기름), 가르침, 배움을 이끌어 줌

일반적으로 현대의 모든 나라와 사람들은 교육을 백년지대계(百年之大計)로 중시하고 있다. 또 세상의 모든 사람들이 나름대로 교육에 대한 소양과 인식을 갖고 있다. 모든 사람들이 교육전문가가 되어 있다. 교육이 성격상 인간의 삶에 관련된 내용이고 인간 생활과 인간관계를 망라하기 때문이다.

그럼에도 불구하고 교육에 대한 개념 정의가 한 가지로 일목요연하게 제시되지 않고 매우 다양한 것은 교육 현상이 매우 광범위하고 복잡다단한 활동이고, 또 각자 보는 관점, 입장 및 견해에 따라 그 규명 내용이 달라지기 때문이다.

전통적으로 동양에서의 교육은 '가르치고 기른다.'는 의미로 받아들여지고 있다. 동양 교육의 고전적 성전인 맹자(孟子)의 진심장(盡心章) 상편(上篇)에 교육의 어원이 잘 나타나 있다. 동양에서 교육이라는 용어가 처음 나오는 곳은 맹자(孟子)의 진심장(盡心章) 상편(上篇)에 나오는 '군자의 세 가지 즐거움(君子有三樂)' 중의 한 가지이다.

> "부모님이 살아계시고 형제들이 아무 무탈하게 살고 있는 것이 첫 번째 즐거움이요, 나 자신이 하늘을 우러러 부끄러움이 없고, 다른 사람들에 대하여 욕됨이 없는 것이 두 번째 즐거움이며, 천하의 영재를 얻어 교육하는 것이 세 번째 즐거움이다(父母俱存 兄弟無故 一樂也, 仰不愧於天 俯不 於人 二樂也, 得天下英材而敎育之 三樂也)."

일반적으로 '교육(敎育)'이란 글자는 '가르칠 교(敎)와 기를 육(育)'으로 구성되어 있다. 즉, 교육은 가르치다(敎)와 기르다(育)의 합성어이다. '가르칠 교'는 "윗사람이 베풀고 아랫사람은 본받는다"라는 의미(뜻)이다. 성인이 아동에게 필요하다고 생각되는 바를 가르쳐 모방하도록 한다는 성인의 지도를 의미한다. 또 지니고 있지 않은 것, 잘못되어 있는 것을 바로 잡는다는 의미이다. 그러므로 주로 지식과 기능의 습득에 관련되어 있다. '기를(육성할) 육'은 "자녀를 길러 착하게 만든다", 혹은 "자녀를 착하게 살도록 기른다"는 뜻이다. 부모가 아이를 낳아 잘 성장하도록 보호하고 양육하는 과정으로 보호, 양육의 의미를 가지고 있다. 즉, 이미 지니고 있는 마음의 상태를 세련시키는 것이다. 즉 교육이란 바로 미성숙하고, 불완전한 아이를 성숙되고 완전하며 바람직한 사람을 성장하도록 가르치고 육성하는 활동을 의미한다. 특히 교육은 교수자(교사)나 학습자(학생)의 일방적 의사소통과 상호작용이 아니라, 교수자와 학습자의 쌍방적 의사소통이자 상호작용인 것이다.

교육의 중국 어원에는 교사와 아동 사이에 수직적 인간관계가 전제되어 있다. 윗사람으로 표현되는 교사, 부모, 어른은 교육의 주체로서 교육의 주도적 역할을 한다. 이에 비해 아랫사람으로 표현되는 학생, 자녀, 아동은 윗사람의 가르침을 적극적으로 수용하여 양육되어야 할 존재다. 즉 교사는 무언가 학생에게 가르치는 존재, 학생은 그러한 가르침을 받아야 할 존재다. 이 점은 한국의 교육 어원에서도 별 차이가 없다.

한편, 세계적으로 교육열이 높고 강한 우리나라에서도 '교육'을 의미하는 단어는 한 마디로 '가르침'이다. '가르침'이라는 말은 '가르치다(敎)'의 명사형이다. 여기서 '가르치다'는 '가르다'와 '치다'라는 말의 합성어다. '가르다'는 말은 '가라사대(曰)'라는 말에서 보듯이 '말하다'는 뜻과 무엇을 '가리키다(指)' 혹은 '지시하다'는 뜻을 가지고 있다. '가르다'는 또한 '나누다' 혹은 '분별하다'는 뜻도 가지고 있다.

'치다'라는 말은 "양을 치다(飼育)"와 같이 '유용하고 쓸모 있게 만든다'는 의미로 한자의 양육할 육(育)과 같은 의미다. 즉 '치다'와 '기르다'는 동의어이다. 결국 교육을 의미하는 우리말 '가르침'은 어른이 말을 통해서건 지시를 통해서건 아이들을 분별이 없는 상태에서 사리분별이 있는 상태로 만드는 것을 의미한다. 또한 아이의 행동에서 옳고 그름을 분별하여 옳은 것을 육성한다는 의미이기도 하다.

한편, 한자어로서의 '교육(敎育)'이란 두 글자가 지니는 어원적 의미를 살펴보면, 먼저 '교(敎)'란 설문해자(說文解字)에 의하면, 상소시 하소효야(上所施 下所效也)로 되어 있다. 원래 이 교(敎) 자는 효(爻, 본받다)+자(子, 아들)+복(攴, 때리다) 자가 결합되어 합자(合字: 敎)를 이루게 된 것이다. 즉 교(敎)의 어원적 의미는 위에서는 베풀고 아래에서는 그것을 본받는다는 의미이다.

따라서, 교(敎) 자의 전체적 의미를 한 마디로 말하면, 성숙자가 베푸는 규범, 지도, 편달, 격려 등을 미성숙자가 이에 동경, 모방, 추종한다는 의미이다. 그러므로 이러한 의미의 현대적 해석은 교육자의 시범적 행동 방식이나 생활 태도 등을 학습자가 모방을 통해서 살아가는 생활 교육의 표현이라고 할 수 있다.

그리고 '육(育)'이란 '양자사작선야(養子使作善也)'라는 뜻을 지니고 있다. 즉, 육(育)은 자녀를 착하게 기르는 것을 의미한다. 본래 이 '육(育)'이란 글자는 그릇된 자녀를 길러서 자식을 바르게 기른다는 의미에서 유래한다. 이것은 성숙자가 미성숙자를 성장시켜서 선을 실천할 수 있도록 한다는 뜻이다. 그러므로 이러한 의미의 현대적 해석은 교육자가 학습자에게 선을 실천할 수 있도록 성장시키는 것이라고 할 수 있다.

결론적으로, 한자어로서의 교육의 개념은 교육자의 시범과 학습자의 모범을 통하여 학습자의 본래적인 선한 성품을 실천적으로 나타날 수 있도록 성장시키는 도덕적인 뜻이 강하게 포함되어 있는 것이다.

2) 서양의 어원: 교육(education), 교육학(pedagogy)

서양에서도 교육을 뜻하는 단어는 여러 가지다. 우선, 교육을 뜻하는 대표적인 영어 단어는 '페다고지(pedagogy)'와 '에듀케이션(education)'을 들 수 있다. pedagogy의 어원은 그리스어의 '파이다고고스(padiagogos)'인데, 이 말은 '어린이(paidos)'와 '이끈다(agogos)'가 결합된 합성어로서 '어린이를 이끈다'는 뜻을 갖고 있다. 그리스어에서 유래된 '페다고지(pedagogy)'는 아동을 가르치고 양육한다는 의미를 가지고 있어 동양적 어원과 유사하다.

'에듀케이션(education)'은 라틴어의 '에듀코(educo)'와 '에듀카레(educare)'에서 유래되었다. educare는 '밖으로'라는 뜻의 'e'와 '이끌어 낸다'는 의미의 ducare가 결합되어 '속(內)에 있는 것을 밖으로 이끌어 낸다'는 뜻을 내포하고 있다. educo 역시 e(ex: 밖으로)와 duco(draw: 꺼내다, 이끌이 네다)의 합성어로 학습자가 지니고 있는 잠재적 가능성을 바람직한 환경적 작용을 가함으로써 발현, 발달되도록 유도하는 활동을 의미한다. 불어의 'education'과 독일어의 'Erziehung'도 역시 '밖으로 이끌어 낸다'는 의미를 가지고 있다. 이와 같은 의미의 영어는 'drew out, lead out, raise up, bring up, rear a child' 등을 들 수 있다. 즉 인간이 선천적으로 지니고 태어나는 여러 자질을 잘 기르고 연마해 주는 것을 의미한다.

이러한 점을 전제하면, 서양에서 교육을 의미하는 단어들은 학습자를 바람직한 방향으로 이끌며 소질과 자질을 계발시킨다는 의미이다. 공통적으로 '(이)끌어 낸다' 또는 '이끈다'는 의미를 갖고 있다. 즉, 서양에서의 교육은 '밖으로 끌어내는 작용'을 의미한다. 더 구체적으로 말해 '인간(학습자)이 지니고 있는 잠재능력이나 소질을 계발시켜 주는 작용'을 의미하고 있다.

바람직한 방향으로 이끄는 작용은 앞 세대가 이상(理想)으로 여기는 행동, 규범, 사고방식, 가치관 등을 뒤 세대에게 익혀 몸에 배이도록 하는 일이다. 소질을 계발시키는 작용은 학습자의 성장 및 발달을 학습자를 위해 앞 세대가 도와주는 일이다.

이러한 어원적 의미에서 볼 때, 서양에서의 교육은 학생중심적이고 개인의 소질을 계발하도록 도와주는 교육을 강조한다고 볼 수 있다.

3) 한국의 어원: 敎育, 가르침, 배움을 도와줌(교도적 측면 + 육성적 측면)

일반적으로 한국에서는 '교육'이라는 말이 '가르치다', '기르다'의 의미로 받아들여진다. 우선, '가르치다'라는 말은 '그르치다'라는 말에서 유래(由來)하였는데, '그르'는 인간이 처음부터 지니지 못한 능력을 일러 주는 것이고, '치다'라는 말은 미성숙한 인간을 단련시킴으로써 유능한 인간으로 계발해 준다는 의미이다. 즉, '가르치다'는 미성숙자가 외적 가치를 습득하도록 하는 것으로, 대체적으로 교수와 수업을 의미하며, 이는 한자의 가르칠 교(敎) 자와 같다.

또한, '기르다'는 짐승을 사육하거나 식물을 재배한다는 의미로, 타고난 능력이나 소질 또는 생물학적 조건들이 있는 그대로 잘 자라도록 도와주는 것을 의미한다. 즉 기른다는 말은 외적인 가치로 미성숙자의 선천적인 능력이 제대로 나타나도록 도와준다는 의미가 강조되고, 이는 곧 학습에 해당되고 한자(漢字)의 '기를 육(育) 자와 같다.

결국 어원적으로 우리말의 교육이란 학생들에게 전통 문화, 언어, 생활 방식, 습관, 풍속, 가치관 등을 외부로부터 가르쳐 주는 교도적(敎導的) 측면과 학생들이 지니고 있는 타고난 소질과 취미 및 특기・적성 등을 고려하여 바람하고도 순조롭게 능력이 발휘되도록 길러 주는 육성적(育成的) 측면을 동시에 지니고 있음을 알 수 있다.

4) 교육에 관한 어원(語源)의 비교

교육에 대한 동양적 어원은 윗사람이 아랫사람에게 무엇인가 가르치고 아랫사람은 윗사람의 가르침을 받아들이는 것이라는 외부의 힘에 중심을 두는 교육관이다. 특히 상하관계 수직성 계선 조직을 바탕으로 한 위계적 교육을 바탕으로 한다. 우리나라에서도 역시 교육은 '가르치는 것'이라는 생각이 강하다. 즉 '윗사람이 아랫사람에게 무엇인가를 준다'는 의미이다. 이처럼 동양의 교육이 대체로 교사중심의 교육으로 치우쳐 온 것은 동양의 관념 속에 교육의 어원이 오랫동안 자리 잡아 왔기 때문이라고 볼 수 있다.

한편, 교육에 대한 서양적 어원은 학생의 내면에 가지고 있는 잠재능력과 적성 등을 잘 발현하도록 이끌어 내는 것이라는 내부의 힘에 중심을 두는 교육관이다. 서양의 교육은 교사나 부모보다는 아동이나 학생 자신의 역할을 강조한다. 교육도 아동중심의 교육으로 아동의 잠재적 능력이 잘 발현(發顯)될 수 있도록 도와주는 일이라는 의미가 강하다.

결국 동양의 교육이 '외부로부터의 주입'을 강조하는 반면 서양의 교육은 '아동중심의 내재적 개발(계발)'을 강조하고 있다. 어원적으로 동양과 서양은 교육방식에 차이가 있다. 이러한 교육방식 중에서 어느 방식이 좋다고 선호하기보다는 두 교육방식의 장단점을 명확히 이해할 필요가 있다. 교육도 그 나라의 문화와 밀접한 관계가 있기 때문에 서양식 교육만을 선호하는 자세는 반성의 의미가 있다고 볼 수 있다. 오늘날의 현대 교육은 동양과 서양 교육의 어원에 바탕을 둔 교육을 통합한 방식이 보다 바람직하다고 할 수 있다. 동양교육과 서양교육의 배타성보다는 통합성에 초점을 맞추어 접근하는 것이 중요한 것이다.

일반적으로 교육(敎育)을 바람직한 인간형성의 작용이라고 할 때, 그 인간은 바로 사회적 인간이요 문화적 인간이며 문화와 사회를 도외시한 인간은 아닌 것이다. 따라서, 인간형성의 작용으로서의 교육은 바로 전통 문화의 전수자요 새로운 문화의 창조자이며, 현재 사회의 보존자요 개조자를 형성하는 것을 의미한다.

바람직한 인간이란, 시대와 사회에 따라 개념 정의가 다르겠으나, 자기가 살고 있는 시대와 사회의 문화를 향유하고 자신이 소속한 사회 속에서 보다 유능하고 필요한 인간이어야 하고, 또한 보람 있고 행복한 생활을 할 수 있는 인간이라고 할 수 있다. 이러한 점을 전제하면 교육이란 '바람직한 인간 형성의 과정이며 보다 나은 사회 개혁의 수단'이라고 할 수 있다.

결국, 교육에 대한 어원적 분석을 종합해 보면 다음과 같이 요약할 수 있다.

첫째, 교육을 의미하는 영어의 'Pedagogy', 한자어의 '교(敎)'와 우리말의 '가르치다' 등이 모두 일맥상통하며 미성숙한 학습자를 외적인 가치로 이끈다는 의미가 강조된다.

둘째, 영어의 'Education', 한자어의 '육(育)'과 우리말의 '기르다' 등은 모두 미성숙자의 잠재적 가능성을 발현하도록 도와준다는 의미가 강조되어 있다.

결론적으로, '교육(敎育)'이란 동·서양을 막론하고 인간이 타고난 잠재적이고 선천적인 재능과 소질 등을 잘 이끌어 내어 계발시켜 준다는 의미를 담고 있다고 볼 수 있다.

2. 교육의 정의

1) 규범적 정의

인간이 하는 모든 활동은 가치를 추구한다. 모든 교육은 가치 지향적이어야 한다. 규범적 정의는 바로 교육활동 속에 실현하고자 하는 가치 기준을 드러내는 방식이다. 예를 들어, 교육활동의 가치를 '인간을 인간답게 형성하는 작용' 또는 '인격함양의 과정'이라고 말한다. 이러한 정의는 교육의 목적이나 존재 가치를 교육 그 자체에 두고 내리는 정의이다.

피터스(R. S. Peters)는 "교육은 교육에 헌신하려는 사람에게 가치 있는 것의 전달을 의미한다."라고 하였다. 여기서 가치는 교육의 개념 속에 들어 있는 가치, 즉 '내재적 가치(intrinsic value)'다. 다시 말해 교육이란 말 속에는 '바람직하다', '좋다'라는 규범적인 가치를 추구한다. 교육의 내재적 가치는 교육의 외재적 가치에 대비되는 것이다. 교육의 외재적 가치는 '수단적 가치' 혹은 '도구적 가치'라고도 하는데, 교육이 다른 목적을 위한 수단으로서 지니는 가치를 말한다.

피터스의 견해에 의하면 교육은 "가치 있는 내용을 도덕적으로 온당한 방법으로 의도적으로 전달하는 과정 또는 전달된 상태"라고 했다. 이러한 정의에 의하면 훈련이나 조건화, 자연성장 등과 같은 방법은 교육에서 제외된다. 규범적 정의는 교육 그 자체에 내재된 의미를 중심으로 정의하기 때문에 교육을 상당히 좁게 정의하기는 하지만 교육활동의 본질적 측면을 보여 준다는 점에서 교육을 이해하는 데에 매우 중요한 의미를 갖는다.

피터스가 강조하는 교육의 내재적 가치는 교육의 본질적 속성을 중시하고 교육과 교육이 아닌 것을 규명해 주는 동시에 교육에서 내재적 가치의 중요성을 더욱 강조한다.

2) 기능적 정의

교육의 기능적 정의는 교육의 가치를 어떤 목적을 달성하는 수단이나 도구로 생각하는 경우이다. 즉 교육의 기능적 정의는 교육의 근본적 목적을 달성하기 위한 수단적·도구적 기능을 다하는 활동이라는 입장이다. 예를 들어, 교육을 '국가발전의 원동력이다.' 또는 '사회적 지위상승의 수단이다.'라고 말하는 경우이다. 규범적 정의가 교육 그 자체의 내재적 가치에 중점을 두는 데 비해 기능적 정의는 교육을 통해서 도달하고자 하는 어떤 목적이나 대상에 초점을 두고 정의한다. 이처럼 교육을 기능적으로 정의하는 방식은 그 기능을 어떤 관점에서 보느냐에 따라 국가·사회·문화·개인·정치·경제·종교 등 여러 가지가 있다.

개인적인 입장에서 교육을 취업 수단으로 보거나 높은 지위를 차지하기 위한 수단으로 볼 수 있다. 사회적인 관점에서 사회발전을 위한 수단 또는 문화유산을 계승, 발전시키는 수단으로 볼 수 있다. 경제적인 입장에서 인력 양성을 위한 수단으로 볼 수 있고, 국가적 입장에서 국가경쟁력을 높이기 위한 수단으로 볼 수도 있다. 이와 같이 기능적 정의는 교육을 지나치게 수단적 도구로 봄으로써 교육의 본질을 왜곡할 우려가 있다는 점을 염두에 두어야 한다.

이와 같은 교육의 규범적 정의와 기능적 정의를 상호 비교하여 정리하면 다음과 같다.

〈표 1-1〉 교육의 규범적 정의와 기능적 정의

규범적 정의	기능적 정의
• 교육의 그 자체에 초점을 두고, 목적이나 가치를 강조	• 교육은 어떤 목적을 달성하고자 하는 수단이나 도구
• 인간을 인간답게 하는 작용 • 인격함양의 과정	• 국가발전의 원동력 • 사회적 지위상승의 수단
• 인격형성, 자아실현, 진리추구	• 국가, 사회, 개인, 경제, 정치 등
• 본질적, 내재적 가치	• 도구적 가치

3) 조작적 정의

일반적으로 사람들이 정의를 내린다면 규범적 정의나 기능적 정의를 하게 될 것이다. 규범적 정의나 기능적 정의는 교육의 목적이나 용도에 대한 이해를 제공해 주지만 교육현상을 보다 과학적으로 분석하는 판단의 기준이 되지는 못한다. 특히, 교육현상을 학문

적으로 이해하고자 하는 사람들이나 앞으로 교사가 되고자 하는 교직 이수자들에게는 큰
도움을 주지 못한다. 다음의 진술이 교육이 아님을 이해하여야 한다.

- 군대에서의 군사훈련도 본질적 의미의 교육인가?
- 강아지도 교육을 시킬 수 있는가?
- 학교에 가지 않고 집에서 자연적으로 성숙한 아이의 자람도 교육의 효과인가?
- 소매치기 기술을 가르치는 일도 교육이라고 할 수 있는가?
- 정신의학적인 치료나 조작을 통해서 의사가 환자의 행동에 수정과 변화를 주는 것도
  교육인가?

조작적 정의는 교육의 개념을 과학적으로 정의하는 한 가지 방식이다. 그 대표적인 예
는 교육을 "인간행동의 계획적인 변화"라고 정의하는 것이다. 이러한 정의는 교육과 교육
이 아닌 것을 구분하는 기준이 된다.

(1) 인간행동(人間行動)

교육은 인간을 대상으로 한다. 따라서 동물, 식물 등의 성장은 교육과 관련이 없다. 강
아지도 교육을 시킬 수 있는가라는 질문에 대한 대답이 될 수 있을 것이다. 교육은 인간
만을 대상으로 하기 때문에 인간 이외에는 교육이란 단어를 사용할 수 없다. 교육은 농작
물을 기르는 것이 아니라 농작물을 기를 줄 알고 기르려고 하는 인간에 관심을 둔다. 즉
'농작물'이 교육의 대상이 아니고, 그 농작물을 기르는 주체인 '인간'이 대상인 것이다.

일반적으로 인간행동의 '행동'이라는 말의 의미는 우리의 눈에 일상적으로 보이는 행
동뿐만 아니라 그러한 행동이 일어나게 하는 두뇌 속의 사고(思考) 행동까지 포함한다. 신
체적인 동작인 말하다, 웃는다, 달린다 등 눈으로 보이는 행동인 외적인 행동뿐 아니라 그
러한 행동이 일어나는 지식, 사고, 가치관, 성격특성, 자아개념, 의지력 등 관찰하기 어려
운 내면적인 행동까지 포함한다.

인간행동이란 우리가 교육을 통하여 달성하고자 하는 목표와 관련된 개념으로 지적,
정의적, 신체적으로 구분하기도 한다. 신체적 행동은 '달린다, 조작한다' 등이고, 지적 행
동은 '기억, 사고, 추리' 등이며, 정의적 행동은 '감정, 정서, 의지' 등으로 분류된다. 결국
이렇게 인간행동을 구체화하여 이해하는 것은 교육을 보다 체계적이고 효과적으로 수행
하는 토대가 될 수 있다.

(2) 변화(變化)

‘변화(變化)’는 육성, 조성, 함양, 계발, 교정, 개선, 성숙, 발달, 증대 등을 포함하는 포괄적인 개념이다. 여기서 ‘변화’는 없던 지식을 갖추게 되고, 몰랐던 기술을 알게 되고, 할 수 없던 것을 하도록 하고, 이런 생각이나 관점을 저런 생각이나 관점으로 바꾸도록 하는 것 등을 포함한다. 인간의 성장과 발달은 단지 유전적으로만 결정되는 것이 아니라 환경의 힘에 의해 얼마든지 변화될 수 있다고 보는 것이다. 그런데 교육적 변화는 것은 다음의 두 가지 사실을 전제해야 한다.

첫째, 변화는 인간의 성장 가능성을 전제로 한다. 인간과 동물의 근본적인 차이는 동물이 극대의 현실성과 극소의 가능성을 갖고 태어난 반면, 인간은 극소의 현실성과 무한한 잠재 가능성을 갖고 태어난다는 점이다. 만약 인간의 성장 가능성을 믿지 않는다면 교육의 의미가 없을 것이다.

둘째, 변화는 가치 지향적(value oriented)이어야 한다. 가치란 인간이 바람직하고 이상적인 것으로 추구하는 상태를 말한다. 원시시대의 부모들은 자녀들의 생존과 안전을 위해 배워야 할 가치 있는 일들을 가치 있게 여기고 자녀에게 물려주려고 했을 것이다. 이처럼 교육은 무엇을 가르칠 것이냐에 있어서 항상 ‘가치 있는 것’을 찾게 되는 것이다. 소매치기 기술을 습득시키는 과정은 교육이라고 말할 수 없다. 왜냐하면 그것은 인간에게 가치로운 활동이 아니기 때문이다.

일찍이 피터스(R. S. Peters)는 “교육은 바람직한 정신 상태를 도덕적으로 온당한 방법으로 실현하는 일”이라고 정의하였다. 따라서 교육에서 추구하는 변화는 다분히 ‘도덕적이고 윤리적이며 발전적 속성’을 갖고 있어야 한다.

(3) 계획적(計劃的)

인간행동의 변화는 여러 경로를 통해서 일어난다. 가만히 있어도 저절로 변화가 일어나는 성수이라는 현상도 있고, 길거리의 라디오에서 흘러나오는 노래를 흥얼거리다가 배우게 되는 변화도 있으며, 학교에서 교수(teaching)를 통해 배우게 되는 수학공식이라는 것도 있다. 이 중에서 성숙에 의한 변화와 자연적·무의도적인 경험에 의한 변화는 교육의 범주 속에 넣을 수 없다. 왜냐하면 전자의 두 가지 변화는 체계적인 계획에 의해서 일어난 것이 아니기 때문이다. 예컨대, 텔레비전을 보던 어린아이가 갑자기 테크노댄스를 따라 하더라도 그것을 교육이라고 부르지 않는 이유는 그러한 행동이 ‘계획적’ 변화가 아니기 때문이다. 이와 같이 우연적으로 또는 자연적 성숙으로 심지어 약물중독에 의해서도 일어나는 변화는 교육이 아니다. 교육의 계획성이란 피교육자에게 무엇을 어떻게 교육할 것인가에 대한 계획과 준비이다. 이는 교육의 의도성을 의미하는 것이다.

교육 내지 교육 활동이 '계획적'이라는 말은 다음의 세 가지 조건을 만족시켜야 한다.

첫째, 기르고자 하는 또는 변화시키고자 하는 인간행동에 대한 명확한 목표 설정과 의식(교육 목표)이 있어야 한다. 즉, 교사가 학생의 어떤 행동 특성을 기르고자 하는지, 그것이 구체적으로 무엇을 의미하는지, 그러한 교육을 하고자 하는 목적의식이 선행되어야 한다.

둘째, 어떻게 하면 인간행동의 변화를 가져올 수 있는가를 보여 주는 이론(교육이론)이 있어야 한다. '이렇게' 하면 행동특성이 '저렇게' 변화한다는 명확한 이론적 뒷받침이 있어야 한다.

셋째, 교육이론에 기반을 둔 구체적인 교육 프로그램(교육과정)이 있어야 한다. 이러한 세 가지 기준을 만족시키는 "계획적인 인간행동의 변화"만을 교육이라고 부를 수 있다.

4) 학자별 정의 유형: 강조 초점

교육에 대한 정의는 시대적인 상황에 따라 다르게 이해될 수 있다. 시대적 상황에 따라 학자들이 교육의 의미를 다르게 정의하기 때문이다.

첫째, 도덕적·인격적 측면에서는, 교육은 자연적이고 동물적인 존재로서 인간을 하나의 인격체로서 완성시키는 작용으로 본다. 칸트는 교육은 인간을 인간답게 형성하는 작용이라고 정의하고 교육의 목표를 도덕적 인간형성에 두었다. 이러한 입장의 학자들로는 헤르바르트(Herbart), 피터스(Peters) 등이 있다.

둘째, 자연적 관점에서는, 교육은 외부의 간섭 없이 개인의 자율적이고 자연적인 발달을 강조한다고 보는 입장이다. 따라서 교육은 인간이 지니고 태어나는 잠재 가능성이 충분히 실현되도록 노력하는 활동이라고 보았다. 대표적인 학자인 루소는 교육을 '인간의 자연적 발전을 위한 조성활동'이라고 하였다. 자연주의 교육의 대표적인 학자로는 엘렌케이(Ellen Key), 맹자(孟子), 노자(老子) 등을 들 수 있다.

셋째, 사회적 관점에서는, 교육은 사회의 지속적 개혁의 수단이며, 생활의 근본 기능을 익히는 사회화를 강조하는 입장이다. 인간은 그가 속한 집단의 언어, 관습, 가치, 경험 등을 배워 그 사회가 요구하는 구성원이 되어 가기 때문이다. 이러한 관점에서 볼 때 사회화는 교육의 핵심이며 교육이 사회적 의의를 갖지 못하면 교육으로서의 의미를 찾을 수 없을 것이다. 플라톤(Platon)의 경우 교육을 국가사회의 보존 수단으로 보았으며, 페스탈로치(Pestalozzi)는 교육을 사회개혁의 수단으로 보았다.

넷째, 문화적 관점에서는, 교육은 인류가 오랜 역사를 통해서 축적해 놓은 지식을 포함한 문화적 유산을 다음 세대에 계승시키고 나아가 이것을 발전시키게 하는 문화 창조 내지 문화번식 작용이라는 입장이다. 문화의 전달은 일방적인 수업이 아니라 문화적으로 성장할 수 있는 가능성을 지닌 피교육자가 사회적 전통으로서의 문화를 섭취하는 과정인 것이다. 그러므로 교육은 문화적으로 성장·발달해 가는 자력적·자발적 발전을 조성해 주는 과정으로서의 기능을 지니는 것이며, 이러한 과정의 활동을 통하여 문화적 창조가 가능해지고 교육의 내용이 충실해지게 되는 것이다. 대표적인 학자들로는 케르센슈타이너(Kerschensteiner), 딜타이(Dilthy), 파울젠(Paulesn) 등이 있다.

다섯째, 종교적 관점에서는, 교육은 신(神)의 의사를 실현하는 과정으로 본다. 그리하여 신의 피조물로서 인간 영혼의 완성에 참여하고 공헌해야 한다는 것이다. 코메니우스(Comenius)는 교육의 목적은 신과 더불어 영원한 행복을 가지는 데 있다고 보았다. 유치원의 창시자인 프뢰벨도 만물의 근원에는 신성이 지배하고 있으므로 인간의 사명은 이 신성을 계발하고 실현하는 데 있으며 따라서, 교육의 목적은 인간에게 내재한 신성을 자각하고 생명력을 발전시키는 데 있다고 보았다.

이 외에도 듀이(Dewey)는 교육을 생활과 경험적 입장에서 정의를 내리기도 하였다. 교육에 대한 정의는 학자와 시대에 따라서 다양하게 정의되지만, 결국 교육이란 인간을 대상으로 하는 인간형성의 과정이며, 인간 형성의 활동으로 표현하고 있다. 따라서 교육은 피교육자의 성장·발달을 조성하고 바람직한 방향으로 인도하는 활동이며, 성숙자와 미성숙자, 교육자와 피교육자 간의 바람직한 인간형성 활동인 것이다.

〈표 1-2〉 학자별 교육의 강조 초점

순	교육의 강조 초점	대표적 학자	관점
1	인격체 완성 작용	헤르바르트, 피터스	도덕적·인격적
2	자연적·자율적 발달	엘렌 케이, 맹자, 노자	자연적
3	사회의 지속적 개혁의 수단	플라톤, 페스탈로치	사회적
4	문화유산의 후 세대 전수	케르센슈타이너, 딜타이, 파울젠	문화적
5	신(神)의 의사 실현 과정	코메니우스, 프뢰벨	종교적
6	다양한 생활과 경험	듀이	경험적

3. 교육과 훈련

교육은 훈육(訓育), 훈련(訓練) 등과 다르다. 교육이란 무엇인가를 바로 이해하기 위해서 교육과 훈련의 차이를 구별해 볼 필요가 있다. 보통 교육과 훈련이란 말을 혼용해서 기술교육이라고도 하고 기술훈련이라고도 한다. 더러는 군대의 훈련도 교육으로 부르기도 한다.

이에 대해 피터스(Peters)는 "훈련이라는 것은 제한된 기술이나 사고방식을 길러 주는 것임에 비하여, 교육은 보다 넓은 신념체제를 다루는 것"이라고 했다. 예를 들어, 질투심을 갖고 있는 어린이에게 질투심을 갖지 않도록 한다고 하자. 질투심은 자기가 갖고 싶은 것을 다른 사람이 갖고 있는 것에 대해서 화를 내고 미워하고 괴로워하는 것이다. 질투심을 극복하기 위해서 단순히 질투심을 느끼는 것은 잘못된 것이므로 그런 마음을 억제하는 것만을 강조한다면 이는 우리의 의지나 감정을 억제하는 훈련을 하는 것이다.

이와 같이 훈련은 반복을 통해서 질투의 감정과 싸워 이겨 내는 데 중점을 둔다. 이에 반해 교육은 내가 간절히 원하는 것이지만 다른 모든 사람들도 그것을 원하고 가질 권리를 가지고 있음을 이해하도록 가치의 변화를 유도하는 것이다. 즉 교육을 통해서 나만 그것을 소유하고 독점하는 것이 아니라 상대방의 입장을 이해하면서 자신의 가치와 신념체제를 변화하도록 유도하는 것이다. 이런 경우에 한해서 우리는 교육이란 말을 붙일 수 있다는 것이다. 즉 피터스에 의하면 훈련은 제한된 상식적 상황에서 적절한 상황파악 내지 습관적인 반응을 하도록 하는 것이며, 교육에서와 같은 넓은 인지적 관련은 결여되어 있다고 보았다.

교육이 인간의 신념체제나 안목의 변화에 관심을 둔다면 훈련은 제한된 특수기술의 연마에 더 관심을 둔다. 가령, 특정기술 부품을 100분의 몇 mm 오차 범위 내로 깎는다고 할 때, 특정부품을 깎는 행위에 대한 의미와 중요성을 이해하고 한다면 교육이 될 수 있다. 산업사회에 대한 이해, 특정기술이 갖는 경제적 중요성에 대한 이해 등을 바탕으로 한 기술세계의 입문을 돕는 일로 이해하고 열심히 한다면 기술교육 혹은 산업교육이라고 한다. 반면에, 특정기계 부품을 100분의 몇 mm 오차 이내의 정밀도로 깎는 데만 초점을 두면서 열심히 기술연마를 한다면 그것은 훈련이라는 말에 더 적합하다. 교사로서 우리가 학생들을 훈련시키는 사람이 될 것인지, 아니면 교육을 하는 사람이 될 것인지를 생각해 볼 필요가 있다.

교육(敎育)	훈련(訓練)
• 가치지향적	• 가치중립적
• 전인적 발달을 도모	• 인간특성 일부의 변화
• 신념체계(지식)의 변화	• 제한된 특수 기술연마
• 지적이고 창의적 변화	• 기계적 변화
• 기술교육(교육에 초점)	• 기술훈련(훈련에 초점)

제2절 교육의 중요성

1. 교육의 가능성

자고로 교육은 모든 나라에서 백년지대계(百年之大計)로 강조되어 왔다. 따라서 교육의 중요성은 아무리 강조해도 지나치지 않을 것이다. 교육은 인간 형성의 과정으로서 인간을 인간답게 하는 활동이며 사람은 오직 교육을 통해서만 인간다운 생활을 할 수 있는 존재가 된다. 인간은 일생 동안 살면서 환경 속에서 교육을 필요로 할 뿐만 아니라, 교육이 가능한 존재이다. 미성숙한 존재로 태어난 자연인을 독립적인 생활을 할 수 있는 인간으로 성숙시켜 주는 모든 조성 작용을 포괄하여 교육이라고 할 때, 교육은 이미 성인으로서 성장할 수 있는 가능성을 전제한 말이다. 따라서 교육은 그 기저에 학습자의 교육 가능성, 변화 가능성을 전제한 의미를 내포하고 있다.

사회적 동물인 인간은 '교육을 필요로 하는 존재(동물)'임과 동시에 '교육이 가능한 존재(동물)'이다. 교육은 사람을 '사람답게' 하는 작용으로 피교육자의 교육 가능성을 전제로 하며 훌륭한 사람이 될 수 있다는 교육의 가능성을 기초로 하여 모든 교육활동이 전개된다. 교육의 가능성이란 외부로부터 영향을 받아 변화할 수 있는 성질, 즉 교육에 의해 변화할 수 있는 성질을 뜻한다. 루소(J. J. Rousseau)는 『에밀(Emile)』에서 다음과 같이 주장하였다.

"인간은 약하디 약하게 태어난다. 우리에게는 힘이 필요하다. 우리는 아무것도 갖지 못한 채 태어난다. 우리에게는 조력이 필요하다. 우리가 태어났을 때는 갖지 못했으나, 자라면서 필요한 모든 것이 '교육'에 의해 주어진다."

사실, 다른 동물에 비하여 인간의 성장은 매우 느린 편이다. 또 다른 동물에 비해 상대적으로 연약한 편이다. 인간은 다른 동물에 비해 독립적인 생활을 하기까지는 보호와 육성이 필요한 존재이다. 사람이 혼자 걸을 수 있을 때까지는 약 1년의 기간이 소요되며, 사회의 일원으로 독립할 때까지는 대략 청년기 이후가 되어야 가능하다. 인간은 교육에 의해서만 그 생명을 보존하고 가치를 발휘할 수 있는 존재라는 점은 교육의 필요성과 가능성을 동시에 강조하는 것이다. 인간은 교육에 의해서만 그 생명을 보존하고 가치를 발휘할 수 있는 존재이다. 일찍이 철학자 칸트(Kant)는 "인간은 교육을 받아야 할 유일한 피조물"이라고 했다.

교육의 가능성은 잠재 가능성, 가소성, 도야성 등과 같은 의미로서 외부로부터 영향을 받아 변화할 수 있는 성질, 즉 교육에 의한 변화 가능성을 의미한다. 그러므로 교육의 가능성이란 이미 설정된 교육 목적에 까지 유능한 인간으로 변화할 수 있는 가능성을 뜻한다. 따라서 이러한 교육의 가능성은 다양한 입장에서 매우 광범위하게 해석될 수 있다.

<table>
<tr><td>참고자료 1</td><td>아베롱의 야생아(野生兒)</td></tr>
</table>

1779년 남부 프랑스의 아베롱 숲 속에서 12~13세로 추정되는 한 소년(야생아)이 발견되었다. 소년은 옷을 입지 않은 불결한 몸에 가시에 찔리고 다른 동물에게 물려서 무수한 상처가 나 있었다. 소년의 모습은 인간의 따뜻한 보살핌과 교육을 받지 못하고, 숲 속에서 다른 야생동물들과 힘겨운 생존경쟁을 해 왔음을 말해 주는 것이었다. 이 소년은 파리로 옮겨져서 이따르(J. M. G. Itard)라는 청년의사가 전적으로 교육을 담당하게 되었다.

이따르는 아베롱의 야생아 교육을 담당하고서 다음과 같이 보고를 하였다. 첫째, 인간은 교육의 기능과 감각을 빼앗기게 될 때 다른 동물에 비하면 열등하다. 둘째, 인간이 본래부터 가지고 있는 것으로 생각되었던 사회성·도덕성은 문명의 혜택이다. 문명은 인간을 다른 동물과의 차이를 이끌어 낸다. 셋째, 기관의 발육, 언어의 습득은 나이가 어릴 때일수록 효과가 크다. 특히 음성의 결합은 유아기 욕구와 관념 사이에는 일정한 관계가 있으며, 욕구가 증가하면 관념의 범위도 확대된다. 문명은 인간에 의해서 만들어진 것에 불과하다. 다섯째, 교육의 진보는 현대의학에 의해서 이루어진다. 모든 과학 가운데 의학은 개인의 신체적·기능적 특질을 분명히 하고, 인간을 사회적으로 높일 수 있다.

결국 인간은 선천적으로 매우 약하게 태어나지만, 교육을 통해서 무한한 잠재적 가능성(잠재적 능력)을 발휘할 수 있는 사회적 존재라는 의미인 것이다.

2. 교육의 한계성

사실 인간이 교육의 가능성을 갖고 있지만, 누구나 달성 가능한 것은 아니다. 교육은 가능성과 한계성을 동시에 갖고 있다고 볼 수 있다. 교육에서는 일정한 한계성이 있어서 아무리 좋은 교육을 실시하여도 실제로는 어떤 수준 이상의 효과를 거두지 못할 수 있는 것이다. 교육의 한계성을 규정하는 요인은 유전(遺傳)과 환경(環境) 등 두 가지이다. 물론 유전은 생득적 요인이고, 환경은 후천적 요인이다. 신체의 강약, 지능의 우열, 의지의 강약 등은 선천적으로 유전과 관련이 깊다. "콩 심은 데 콩 나고 팥 심은 데 팥 난다."라는 말이 곧 유전을 나타내는 말이다. 변화될 수 없는 요소는 그 나름대로 지니고 있는 한계성 때문이다.

모두 완전한 인간으로 육성할 수 있거나 교육의 힘이 무한하고 전능한 것은 아니다. 교육에도 어느 한계가 있다고 보아야 할 것이다. 만약 교육의 힘으로 모든 것이 가능하다고 한다면, 어떤 사람도 목적하고자 하는 인간으로 육성하는 것이 전적으로 불가능한 것도 아닐 것이다. 하지만 교육의 가능성은 있지만 우선은 지능, 소질, 체질, 체형 등과 같은 개인이 선천적으로 타고난 유전적 영향이고, 그다음이 후천적·교육적 환경 조건이다. 유전적 영향은 1860년대에 멘델(Mendel)이 유전에 관한 법칙을 발표한 후에 인간의 모든 특성이 유전에 의하여 결정되는 것으로 보았다.

당시의 심리학자들은 인간의 신체적 특성뿐만 아니라 정신적 특성, 즉 지능, 성격, 도덕성 및 범죄성에 이르기까지 모든 것은 유전적 요인에 의하여 결정되며 환경의 영향은 별로 받지 않는다고 생각하였다.

<table>
<tr><td>참고자료 3</td><td>쌍생아(雙生兒) 연구</td></tr>
</table>

유전성을 강조하는 게셀(Gesell)은 생후 46주된 일란성 쌍생아 중 한 여아에게 매일 계단 기어오르기를 6주간 훈련시켰다. 55주 때 일란성 쌍생아 중 다른 아이는 단지 2주 동안만 훈련을 받았지만 그 여아와 똑같이 계단 기어오르기를 수행하였다. Gesell은 생후 46주부터 6주간 매일 훈련을 받은 여아가 55주부터 시작한 여아보다 훈련을 3배나 더 받았지만 그 효과는 같았음을 밝혀, 유전적 요인이 발달의 형상이나 학습에 작용하는 제일의 요인임을 강조하였다.

또한 홀징거(Holzinger)는 일란성 쌍둥이와 이란성 쌍생아를 표본으로 그들 간의 상관계수를 산출하여 유전성의 사실을 보여 주고 있다.

<표 1-4> 쌍생아의 유사도(상관관계)

구분	일란성 쌍생아	이란성 쌍생아
신장	.93	.65
체중	.92	.63
머리무게	.91	.58
정신연령	.86	.60
지능지수	.88	.63
정서검사	.56	.37

혈연이 가까울수록 두 개인 간의 지능의 상관이 높게 나타난다면 이는 지능이 유전적 요인에 의해 결정되는 확률이 높다는 사실을 의미한다. 혈연관계의 따른 지능 간 상관계수의 차이는 지능이 유전적 영향을 크게 받고 있음을 반영하는 것이다.

<표 1-5> 혈연 간 지능의 상관계수

관계	구분	상관계수
일란성 쌍생아	함께 양육	.86
	분리 양육	.79
이란성 쌍생아	함께 양육	.60
형제	함께 양육	.47
	분리 양육	.24
부모-자녀		.40
사촌		.15

양자(養子) 연구 또한 지적 발달에 있어서 유전적 영향이 크게 작용하고 있음을 보여 준다. 스케르(Scarr)와 와인버그(Weinberg)의 미네소타(Minnesota) 양자 연구 결과에 의하면 출생 후 1년 이내에 양자로 간 아이의 지능을 18세에 측정했을 때 친부모와 지능의 상관이 .32로서 양부모와의 지능의 상관인 .09보다 훨씬 높은 것으로 나타났다.

한편, 인간의 성장과 발달, 즉 교육이 어느 정도 유전적인 영향을 받는지에 대해서는 가계 연구와 쌍생아 연구를 통해서 알 수 있다. 갤런(Gallon)은 가계 연구를 수행한 대표적인 학자로 인간의 어떤 성향이나 정신 능력이 유전됨을 입증하였으며, 후천적인 영향은 이러한 유전 형질을 변화시킬 수 있는 것으로 보았다. 영국 출생의 의사이며 심리학자, 탐험가, 우생학의 창시자였다. 그는 150명의 피험자를 대상으로 그들의 신체적 특징, 소질, 성장 등을 가족 조사를 통하여 연구하였다. 그의 연구에 의하면 당대가 지닌 유전 형질의 총량이 한 세대씩 내려갈 때마다 1/2로 반감되며, 세대가 지날수록 1/4, 1/8, 1/16······ 등으로 감소한다는 것이다. 그러므로 부모가 가진 유전 형질 중 절반은 그 친자에게 전해지므로 자녀들의 성격, 기능 등의 절반 정도는 유전된다고 보았다. 그러나 예외적으로 5대손이 1/2을, 친자가 1/32을 물려받을 경우도 있음을 전제해야 한다고 보았다.

3. 유전(遺傳)과 환경(環境)의 상관관계

교육에 대한 유전과 환경의 영향설은 현재도 진행형이다. 유전과 환경 중에서 어느 요인이 인간형성에 더 중요한 요인으로 작용하느냐에 대한 논의는 현재도 계속되고 있다. 환경론자들은 인간의 지적인 능력은 학습의 경험에 의해서 결정된다고 주장하고, 이에 반하여 유전적 요인을 주장하는 심리학자들은 지능이란 환경에 의해서 직접적으로 영향을 받는 것이 아니라 유전적 요인에 의해서 결정된다고 주장해 왔다. 진보주의 교육학자인 듀이는 극단적인 환경론자나 유전론자와는 달리 두 입장의 조화적인 입장을 주장하였다.

다만, 우리가 유념해야 할 점은 아무리 훌륭한 유전적 성향과 잠재 능력 등을 타고났다고 하더라도 사회적·문화적 환경이 바람직하지 못할 때에는 잠재 능력을 최대한·최고조로 발달시키기 어렵다는 점이다. 우리가 익히 알고 있는 맹모삼천지교(孟母三遷之敎)라든가 국가마다 그 국민들이 갖는 국민성 등은 교육의 가능성과 한계성을 동시에 대변하는 사례인 것이다. 그런 의미에서 본다면 교육에 영향을 미치는 것은 유전과 환경이 함께 고려되어야 할 것이다.

다만, 교육에서 유전과 환경 등 두 요소를 모두 중시하고 강조하여야 하지만, 과거의 교육은 대체로 유전 측면에 중점을 둔 반면, 현대의 교육은 환경 측면을 보다 더 강조하고 있다.

제3절 교육의 3요소

    일반적으로 교육활동이 이루어지는 장면을 생각해 보면 교육을 행하는 교육자와 교육을 받는 학습자, 그리고 교육자와 학습자가 상호 교섭할 수 있도록 연결해 주는 교육내용으로 이루어져 있다.

    학교교육은 명확하고 전체적인 교육활동이 학교라는 일정한 마당(場)에서 이루어지는 특징이 있다. 학교는 다른 사회 집단과는 달리 가르치는 것을 전문으로 하는 교사 집단과 배우는 것을 본업으로 하는 학생 집단이 교육내용인 교재(교육과정)를 매개로 하여 결합된 특수 집단이다. 이러한 인간관계의 상호작용은 제자(학생)에 대한 스승(교사)의 순수한 교육애와 함께 제자의 스승에 대한 무조건적 신뢰감을 바탕으로 효과적인 교육활동이 이루어진다.

    교육활동에서 가르치는 위치에 있는 사람을 교육의 주체라고 하고 배우는 위치에 있는 사람을 교육의 객체라고 한다. 아울러 교육의 주체와 교육의 객체 사이의 관계를 교섭할 수 있는 매개체를 교육내용(교육과정·교재)이라고 한다.

    학교교육의 장면에서 보면 교육자로서의 교사, 학습자로서의 학생, 그리고 가르치고 배우는 내용인 교육과정이 된다. 교육활동이 이루어지는 상황에서는 반드시 이 세 가지 요소가 존재한다. 이러한 의미에서 교사, 학생, 교육과정은 교육을 성립하게 하는 가장 기본적인 구성요소가 된다는 점에서 교육의 3요소라고 부른다.

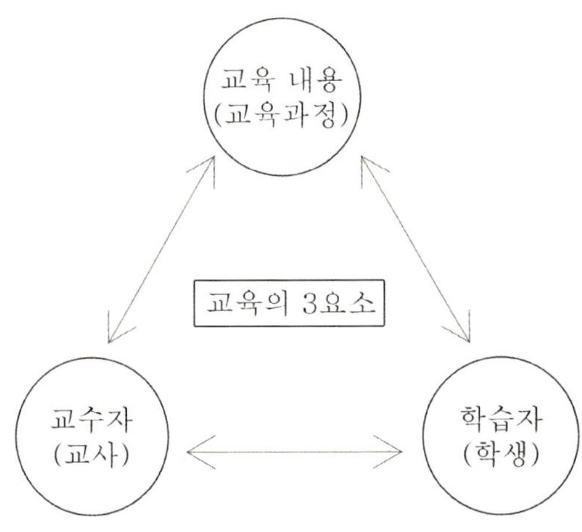

〈그림 1-1〉 교육의 3요소 상호 관계

1. 교수자(교사)

교수자는 가르치는 위치에 있는 사람들을 통칭하는 말이다. 교수자의 대표적인 사람은 학교의 교사(대학의 교수)이다. 교사의 역할을 중심으로 그 의미를 넓게 생각해 보면 가정에서 부모나 형제, 사회생활에서 만나는 선배나 후배 그리고 친구 등도 교사로서의 역할을 할 수 있을 뿐만 아니라 더 나아가 사회 교육 단체, 제도, 매스컴, 인터넷, 다양한 환경들까지도 교사와 같은 역할을 한다는 점에서 교사로 볼 수 있다. 그런데 일반적으로 교사는 좁게 규정하여 가르치는 장소가 있고 그곳에서 가르치는 사람, 소위 '선생(님)'을 의미한다. 학교교육에서 요구되는 교사의 중요한 자질은 크게 세 가지로 요약될 수 있다. 첫째, 가장 기본적인 교사의 자질은 가르치는 교육내용에 대한 해박한 지식이다. 둘째, 가르치는 방법에 대한 전문적인 지식을 가지고 있어야 한다. 교육방법을 안다는 것은 단순한 절차나 과정만을 아는 것으로 이해해서는 안 된다. 교사는 교육내용을 잘 전달하기 위한 전문적 기술로서의 교육방법에 대한 지식을 지니고 있어야 한다. 셋째, 교사는 건전하고 바람직한 인격을 갖추고 있어야 한다. 교사가 갖추어야 할 인격은 바람직한 인성과 긍정적 신념, 바람직한 태도와 가치관, 그리고 교육과 학습자에 대한 사랑 등이다.

2. 학습자(학생)

교육활동은 학습자를 대상으로 하는 것이다. 학습자는 미성숙하여 가르침을 필요로 하는 존재이면서 또한 독자적인 인격을 가지고 삶을 영위하는 존재이다. 학습자는 단순히 교수자의 지식을 받아들이는 수동적 대상이나 모방자가 아니라 성장 가능성을 가지고 배우는 변화하는 주체이다. 즉, 학습자인 아동과 학생은 자신의 독자적인 존엄성을 지니고 있는 것이다. 다만 아직은 미숙한 존재로서 완전성을 향해서 발달하는 과정에 있는 존재인 것이다.

학습자는 새로운 미래의 세계를 향하여 적극적이며 주체적으로 성장하여야 하며, 능동적으로 배우고자 하는 강한 의지를 가지고 있어야 한다. 현대의 교육이 지향하는 바는 바로 이러한 특성을 지닌 학습자가 신체적·정신적 가능성을 최대한 신장·발달할 수 있도록 조성하는 것이다.

3. 교육내용(교육과정 · 교재)

학교에서의 교육내용은 곧 교육과정(教育課程)이다. 교육내용을 통하여 교수자와 학습자가 상호작용하는 것이 곧 교육이다. 교육내용은 교육활동에서 교수자와 학습자를 연결시켜 준다는 의미에서 교육의 매개체로서 교육의 핵심을 차지한다. 교육내용은 학습자에게 전달해야 할 '가치 있는 내용'으로 두 가지 측면을 모두 포함한다. 첫째는 인류가 역사 이래로 축적하여 온 지식, 기술, 가치, 행위규범, 물질적 산물 등이다. 이들 내용은 문화를 구성하는 모든 요소로서 현재의 삶과 관련하여 의미 있고, 가치가 있어 다음 세대에 전달할 필요가 있는 것이다. 두 번째는 학습자중심에서 교육활동의 핵심적인 내용이 학습자에게 의미 있고, 바람직한 것이어야 한다는 것이다. 학습자의 관심과 수준을 고려하여 교육목적의 설정, 교육내용의 선정과 구성, 교육방법의 적용, 학습결과의 평가 등이 이루어져야 한다.

교육내용이 학습자에게 잘 전달되기 위해서는 서로 비슷한 내용을 선별하여 모으는 응집성이 있어야 하고, 학습의 난이도에 따라서 이들을 순차적으로 제시하는 계열성이 있어야 하며, 서로 다른 내용들 간의 관련성이 잘 설명되는 총합성이 있어야 한다.

일반적으로 교육내용은 교육의 장(場)에서 생성되는데, 이는 학교만이 아니라 가정과 사회를 포함하며, 이들 교육의 장은 개별적으로 작용하는 것이 아니라 상호 유기적으로 작용한다. 특히 인터넷과 정보통신기술의 발달로 인해서 학교가 아닌 가정과 사회에서 접하는 내용들이 교육적 가치가 충분히 구현되도록 교육적 분위기를 조성하는 것도 대단히 중요하다.

연구 문제

1. 동서고금을 통하여 교육(敎育)이 백년지대계로 중시되는 이유를 설명해 보시오.

2. 인간의 삶의 입장에서 교육의 동양적 어원에 대해서 간단히 설명해 보시오.

3. 교육의 서양적 어원에 대해서 설명하되, 현대 교육과정의 설계(편성)·실행(운영)과 관련하여 논하시오.

4. 교육과 교육학의 같은 점과 다른 점에 대해서 설명해 보시오.

5. 교육의 규범적 정의를 간단히 설명하시오.

6. 교육의 내재적 가치에 대한 의미와 중요성에 대해서 논하시오.

7. 교육의 기능적 정의와 조작적 정의를 비교하여 설명하시오.

8. 일반적인 발달(성장)에서 교육적인 것과 비교육적인 것을 사례를 들어 설명하시오.

9. 교육과 훈련의 차이점에 대해서 논하시오.

10. 교육의 3요소에 대해서 그 중요성을 중심으로 설명해 보시오.

제 2 장
교육과 교육학

○ 교육의 개념과 교육의 기능을 이해한다.
○ 교육의 개인적 목적, 정치적 목적, 사회적 목적, 경제적 목적 등을 비교하고 이해한다.
○ 교육의 의의를 열거하고 이해한 후, 설명할 수 있다.
○ 가정교육, 학교교육, 사회교육(평생교육) 등의 상호 관계와 특징을 이해한다.
○ 교육학의 학문적 성격과 실제 현장적 성격 및 특징을 이해한다.

○ 교육의 개념, 교육의 기능, 교육의 목적, 교육의 의의
○ 교육의 개인적 목적, 정치적 목적, 사회적 목적, 경제적 목적
○ 삶의 필연성으로서의 교육, 사회적 기능으로서의 교육, 지도로서의 교육, 성장으로서의 교육
○ 형식적 교육, 무형식적 교육, 비형식적 교육, 의도적 교육, 무의도적 교육
○ 가정교육, 학교교육, 사회교육, 평생교육, 일반교육, 특수교육

제1절 교육의 개념과 기능

1. 교육의 개념

일반적으로 교육의 역사는 장구(長久)하다. 교육의 역사는 인류의 역사와 같다고 볼 수 있다. 인류가 존재하는 한 교육이 이루어져 왔고, 그 교육 현상이 인류 발전을 견인하여 왔다. 교육이란 무엇인가라는 물음에 대해서는 옛날부터 오늘날까지 인간이 교육에 관여하는 한 계속 생각해 온 의문이다. 그러나 그 답변은 시대와 장소의 교육관에 따라서 각기 다르게 표현되고 있다. 어쩌면 교육에 대한 인간의 고뇌는 삶 그 자체이고 이는 개인적으로는 평생 동안, 그리고 인류의 입장에서는 역사가 지속되는 한 계속될 것이다.

교육의 정의가 교육관에 따라 각기 다르게 표현되고 있는 것은 교육이란 현상이 너무 광범위하고 복잡한 활동으로 구성되기 때문에 각자의 입장과 견해에 따라서 교육에 대한 해석과 설명이 달라질 수 있는 성격의 탓이라 믿는다.

인간은 일생 동안 교육을 필요로 하는 교육적 존재이다. 인간에게 교육이 필요한 것은 옛날이나 지금이나 그 정도의 차이는 있을지 모르지만 본질적으로 다를 바가 없다고 하겠다. 지식이 폭발적으로 증가되고 과학기술의 발달이 가속화되고 있는 현대사회에서 그 빠른 변화와 발달에 적응하기 위해서도 보다 더 적절한 교육이 절실하게 요구될 뿐만 아니라 개인적으로나 국가적인 측면에서 보더라도 날로 치열해져만 가는 국제경쟁에서 살아남기 위해서는 상력한 교육을 보다 길게 받아야 되는 긴장된 시대에 살고 있다고 하겠다.

오늘날 인간에게 교육이 베풀어지고 있는 형태는 여러 가지가 있겠으나 크게 나누면 형식적 교육과 비형식적 교육으로 구분할 수 있으며, 교육의 유형을 좀 더 구체적으로 나누면 학교교육, 가정교육, 사회교육(평생교육) 등으로 세분할 수 있다.

물론 의도적이고 계획적이고 조직적인 교육을 실행하고 있는 형식적 교육기관의 대표인 학교교육이 중요한 것은 말할 필요가 없겠다. 그러나 오늘날 세계의 교육 추세는 비중이 높아가는 경향을 보이고 있으며, 근래에는 학교를 포함하여 사회 전체가 교육하고 학습하는 풍토를 지향하고 있다. 또 개인적으로는 일생 동안 계속해서 학습이 필요하다는 평생교육체제의 확립이 요청되고 있다.

사실 '교육(敎育)'이란 한자의 어의(語義)상 '가르치다(敎)'와 '기르다(育)'의 합성어이다. '교(敎)'가 지니고 있지 않은 것, 혹은 잘못되어 있는 것을 바로잡는 뜻을 지니고 있어 주로 지식과 기능을 습득시키는 일에 관련된다면 '육(育)'은 이미 어떤 형태로든지 지니고 있는 마음의 상태를 세련시키는 일에 관련된다. 즉 '교(敎)'가 가르치고자 하는 대상인 누군가가 전달하고 깨닫도록 하며 보다 발전된 방향으로 확대·재생산하도록 하는 일임에 반하여, '육(育)'은 타고난 성질, 소질, 취미 등을 기초로 인간특성들이 바르고 순조롭게 자라나도록 기르는 것을 뜻한다. 전자가 주로 지식과 기능의 전달과 습득에 관련되고 후자가 도덕성이나 인성 등의 정신적 훈련에 관련되는 것으로 이해하는 것은 편의상의 구분일 뿐 '교(敎)'와 '육(育)'은 엄밀하게 의미가 구분되는 것은 아니다. 교육이라는 개념 자체가 인간의 지적 특성이나 정의적 특성 혹은 신체·기능적 특성 중 어느 하나에 주목하는 협의의 의미라기보다는 전인간적 발달을 꾀하는 광의의 의미를 지니고 있음을 강조하려는 것으로 이해하는 것이 적절하다.

한편 서양에서 '교육(敎育)'을 의미하는 'Education(영)'의 어원을 살펴보면 그 의미가 드러난다. 'Education'의 어원은 라틴어의 'educo'인데 이것은 'e(ex: 밖으로)'와 'duco(draw: 꺼내다, 이끌어 내다)'의 합성어로서 학습자가 지니고 있는 잠재가능성(潛在可能性)을 한정적 작용을 가함으로써 발현되거나 발달하도록 한다는 의미를 지닌다.

이와 같은 어의적 해석을 한다 하더라도 교육의 명백한 의미가 드러난 것은 아니며 교육의 의미를 규정해 보고자 하는 노력은 여러 가지 형태로 나타나고 있다.

교육에 대한 정의는 학자들의 의견이 반드시 일치하지는 않는다. 코메니우스(L. A. Comenius)와 칸트(I. Kant)는 "인간은 교육에 의해서만 인간이 된다."라고 하여 인격적, 도덕적인 면을 중시하여 교육을 '인간형성의 작용'으로 보았으며, 쉬프랑거(E. Spranger)는 "비교적 성숙한 사람이 비교적 미숙한 사람을 자연의 상태에서 이상의 상태로 끌어올리기 위하여 문화재를 통하여 유의적·구체적·연속적으로 주는 문화작용"이라고 하는 문화적 측면 내지는 지식을 강조하여 교육을 문화의 번식, 즉 문화의 전달과 갱신의 과정으로 보았다. 루소(J. J. Rousseau)와 케이(E. Key)는 교육을 "인간의 자연발전을 위한 모든 조성작용"이라고 하여 교육사상에 있어서는 자연주의를 주장하였으며, 특히 개인의 자발적 성장에 중점을 두었다. 루소는 특히 그의 교육소설『에밀(Emile)』에서 자연을 찬미하면서 “조물주의 손에서 나올 때는 모든 것이 선하지만 인간의 손에 옮겨지면서 모든 것이 악해지고 만다.”고 하여 인간의 본성은 선한 것이며 이를 자연스럽게 자연의 법칙에 따라 성숙한 자연인이 되도록 조성하는 것이 교육이라고 생각하였다.

페스탈로치(J. H. Pestalozzi), 나톨프(P. Natorp), 크리크(E. Kriek) 등은 “교육은 사회의 연속적 개혁의 수단이다.”라고 하여 사회적 입장에서 교육을 정의하고 있다.

진보주의 학자인 듀이(J. Dewey)는 “교육은 끊임없는 경험의 재구성이다.”라고 하여 생활경험을 중요시하는 입장을 취하고 있다. 이 외에도 많은 학자들의 견해가 있지만, 이들 학자들의 정의에서는 ‘인간형성’, ‘문화전달’, ‘사회개조’라고 하는 개념 등이 강조되고 있음을 볼 수 있다. 그러나 실제에 있어서 ‘인간’, ‘사회’, ‘문화’의 어느 것만을 강조하여서도 안 되고 또한 무시해서도 안 된다. 교육은 통합적·종합적 측면에서 조망하여야 한다.

교육을 ‘인간형성의 작용’이라고 할 때에는 그 인간은 바로 사회적 인간이요, 문화적 인간이며 문화나 사회를 도외시한 인간은 아닌 것이다. 따라서 인간형성의 작용으로서의 교육은 바로 전통문화의 전수자요, 새로운 문화의 창조자이며 현재 사회의 보존자요, 개조자를 형성하는 것을 의미한다. 또 미래 사회의 개척자이기도 하다. 또한 형성하려는 인간은 ‘바람직한 사람’, ‘인간다운 인간’이어야 한다. 모름지기 교육은 그 자체가 올바르고 가치로운 것이어야 한다.

일반적으로 ‘바람직한 인간’이란 시대와 사회에 따라 다르겠으나 자기가 살고 있는 시대와 사회의 문화를 향유하고 자신이 소속한 사회 속에서 보다 유능하고 필요한 인간이어야 하고 또한 보람 있고 행복한 생활을 할 수 있는 인간을 말한다. 이와 같은 의미에서 본다면 교육이란 “바람직한 인간형성의 과정이며 보다 나은 사회개혁의 수단이다.”라고 정의를 할 수 있다.

인간의 삶은 단순히 생리적인 의식주 문제만을 해결하는 것만이 아니다. 인간에게 산다는 것은 그보다 더 큰 영역과 차원의 문제를 해결해 나가는 광범위한 활동 영역이다. 그 가운데에서도 사회적·문화적 영역과 차원은 인간의 삶에서 중핵을 이루고 있다. 따라서 인간의 삶에 있어서는 의식주를 포함하여 사회적·문화적 차원에서 발생하는 문제를 해결하는 과정이 중요하다. 인간의 삶에서 잘 산다는 것과 관련된 문제는 바로 이 사회적·문화적 영역에서의 문제해결과 밀접하게 관련되어 있다. 따라서 교육은 잘 사는 것과 관련된 사회적·문화적 영역에서의 문제해결을 위한 활동인 것이다. 교육은 바람직한 삶을 영위하기 위한 올바른 활동이다.

2. 교육의 기능

교육은 인간을 변화시키는 기능을 수행한다. 국가와 사회가 정치, 경제, 사회, 문화 등 다양한 부문으로 구성되어 운영되고 있으나 교육은 정치를 변화시키기도 하고 경제를 변화시키기도 하며 사회, 문화를 변화시키기도 한다. 그러나 정치와 경제 혹은 사회, 문화를 직접적으로 변화시키는 것은 아니며 거기에 관여하는 '인간'을 변화시키는 기능을 갖는다. 그러므로 한 국가나 사회조직의 발전은 일찍이 수행된 교육의 결과라고 할 수 있다.

현재의 정치나 경제가 발전하지 못한 것은 정치와 경제에 관여한 사람들의 과거 교육이 잘못되어 나타나는 현상이라고 모든 것을 교육의 책임으로 돌릴 수는 없으나 기능적인 측면을 중심으로 교육의 기능을 좀 더 세분하여 보면 다음과 같다.

교육의 기능은 개인의 발전 조성, 인간이 지니고 있는 다양한 특성(기억, 추리, 의지, 상상, 감정 등)과 같은 훈련, 인간의 미래생활의 준비, 습관형성, 문제해결력 육성(적응), 개인과 주변 환경의 변화 유발, 성장, 청소년에게 자극을 주고 격려하며 향도하는 기능, 문화유산의 전달과 창조, 그리고 사회의 존속과 혁신의 기반을 조성하는 기능 등으로 세분하여 제시할 수 있다. 이와 같은 교육의 기능에 대한 관점은 인간의 '발전적인 변화'의 종류를 구체화한 것으로 볼 수 있다.

또한 교육의 기능을 ① 개인 신장의 기능, ② 경험습득의 기능, ③ 문화 창달의 기능, ④ 사회화와 사회통제의 기능 등으로 구분하여 제시할 수도 있다. 전자의 두 가지 기능이 개인의 성장 발달과 관련된 교육의 기능이라면, 후자의 두 가지 기능은 사회적 적응과 사회문화의 발전과 관련한 기능이라고 할 수 있다.

교육의 기능은 교육의 과정이 결과적으로 산출하게 되는 모든 것으로 규정하고 본질적 기능(혹은 내재적 기능)과 비본질적 기능(혹은 외재적·수단적 기능)으로 구별할 수도 있다.

본질적 기능은 교육의 고유한 기능이며 교육의 개념 자체에 내포되어 있는 기능이다. 이에 비하여 비본질적 기능은 교육의 개념에 내포된 기능은 아니지만 교육의 결과로 나타나는 것 혹은 교육을 수단으로 하여 나타나는 모든 것과 관련된다. 이 양자의 교육 기능은 어디까지나 논리적 구분일 뿐 가치개입적인 것은 아니므로 어느 기능이 더 가치롭고 다른 기능이 덜 가치롭고 다른 기능이 덜 가치롭다는 가치판단은 곤란하다. 단지 본질적인 것이 논리적으로 우선적 관심의 대상이 될 수 있을 뿐이다. 그러나 당시 영국의 런던대학교 교육학 교수인 피터스(Peters)는 교육을 본질적 기능만으로 특징지으려 하였다. 또한 교육의 기능을 개인적 관점에서 볼 때 문화의 보존과 개조 및 통합 창조의 기능을 비본질적 기능으로 보는 것이 일반적인 경향이다.

그러나 개인의 성장·발달에 기초한 자아실현이라는 교육의 본질적 기능도 자아실현이나 개인의 내적 성장과 발달이라는 의미가 다양할 뿐만 아니라, 이러한 자아실현도 결국 사회문화적 맥락에서 규정되고 파악되므로 개인적 관점에서 교육의 본질적 기능을 객관직으로 설명하는 것은 어려운 일이다.

사실 교육이 수행하는 기능은 얼핏 생각하면 개인의 각양각색의 특성(지적·정의적·신체기능적 특성 등)을 변화시킴으로써 자아실현을 가능하게 함과 동시에 정치·경제·사회·문화 등의 사회 발전에 기여하는 기능을 수행하는 2차원적 기능으로 규정할 수 있다. 즉 개인과 사회를 변화시키는 것은 아니며 한 인간을 변화시키는 것을 본질적 기능으로 삼는다. 사회가 유지되고 발전적으로 변화되는 것은 결국 개개인의 사고와 능력의 발현과 발휘에 의하여 가능한 것이기 때문이다.

일반적으로 이와 같은 점을 종합하여 교육의 기능을 가치형성의 기능, 문화전달의 기능, 생활준비의 기능, 적응의 기능, 경험의 기능, 변화 작용의 기능 등으로 대별한다.

1) 가치형성의 기능

교육은 인간 사회의 기본적 기능의 하나로서 사람으로서의 가치를 실현시키기 위하여 타인에게 의도적으로 작용하고, 그 작용에 따라 바람직한 상태로 변화시키는 활동이다. 인간형성의 작용에서 핵심이 되는 것은 신체적 성장, 정신적 발달 등 여러 면에서 사람으로서 갖추어야 할 이상적인 가치 형성 작용을 의미하는 것이다. 가치형성에 대한 생각은 교육관에 따라 시점을 달리한다. 즉, 진선미 같은 일반 타당성이 있는 보편적 가치를 미성숙자인 학생들에게 전달하는 것으로 이루어진다고 보는 측면이 있는가 하면, 생활의 주체자인 사람이 환경과의 상호작용을 통하여 얻은 경험이 곧 가치라고 보는 견해가 있다.

결국, 교육은 '무엇을 가르치는가'보다는 '어떠한 생활 경험을 쌓게 하느냐' 하는 교육활동을 통하여 올바른 가치관을 형성토록 하는 것이다.

2) 문화 전달(전수)의 기능

인간이 동물과 다른 점 중 핵심적인 것은 문화(Culture)를 가졌다는 점이다. 문화는 인류가 출현한 이후 계속적으로 누적되고 발전되어 왔다. 이러한 문화의 발전은 곧 교육의 공헌이다. 교육활동은 선대로부터 중시되어 온 문화를 계승하고 발전시키기 때문이다. 이러한 문화 전달(전수) 기능은 곧 교육의 발전 및 국가 흥망성쇠와 직결되는 중요한 활동이다.

3) 생활 준비의 기능

교육의 기능을 미래 생활에 대한 준비로 보는 입장이다. 학교의 사명이 상급 학교 진학과 미래 사회의 진출 및 취업 등의 준비라고 보는 견해이다. 인생은 수학(修學) 기간보다 수학 후 기간이 더욱 장구(長久)하기 때문에 미래를 위한 준비 기능은 교육의 기능 중에서 중요한 위치를 차지한다. 현재의 학생들은 미래 성인들의 준비로서 교육과 학습에 참여하는 것으로 보는 입장이다.

4) 적응의 기능

인간의 적응은 교육에 있어서 '문제해결'의 열쇠이다. 인간의 삶은 크고 작은 문제해결을 위한 고민과 번뇌의 연속이다. 이러한 문제들을 교사, 학부모, 학우 등의 도움으로 해결하면서 적응하는 것이다. 많은 문제에 직면하여 이를 해결하는 과정에서 사회의 여러 측의 문제해결적 적응을 하게 되는 기능이다.

5) 경험의 기능

경험은 학생들이 직접 노작, 활동 등으로 체험해서 터득하는 것이다. 풍부한 경험 제공과 체험이야말로 중요한 교육의 기능이다. 학생들의 개성과 성장 과정에 따라 관심과 경험 등이 달라진다. 올바른 경험은 그에 견주어 바른 언행의 지침과 표본이 된다. 교육은 그러한 올바른 경험 축적에 초점을 맞추고 있다.

6) 변화 작용의 기능

인간은 다음과 같은 두 가지 측면에서 변화를 유발하는 기능을 갖고 있다. 첫째로 자기 주변을 변화시킬 수 있고, 둘째로 자기 자신을 변화시키는 작용을 한다. 전자는 확산적 변화 주도성이고, 후자는 인간이 가소성(可塑性)을 가지고 있다는 점에서 인간 교육의 가능성을 예상하고 있다. 이 변화 가운데 교육이 차지하는 비중은 매우 크고 중차대하다. 물론, 교육에서의 변화는 의도적 입장에서 바람직한 변화를 의미한다.

제2절 교육의 목적

교육의 목적은 시대 및 국가와 사회의 구체적 사정에 따라 차이가 있으나 교육 목적관의 변화와 다양성 속에서도 일관성 있는 기본적 요구가 있다. 즉 교육의 목적은 개인적 목적과 정치적 목적, 사회적 목적, 경제적 목적, 일반적 목적과 구체적 목적 등으로 구분할 수 있다.

1. 개인적 목적

인간은 한 사회에 태어남으로써 사회문화에 의하여 육성되거나 성장하며 또한 중요한 사회 구성원으로서 제 위치를 차지하고, 사회 발전을 위해서 지대한 영향을 끼치게 된다. 이러한 의미에서 교육에서의 개인은 항상 문제가 된다. 사람은 타인에 의해서 방해되지 않고 자기 스스로의 생활방식에 따라 삶을 완성하려고 한다. 따라서 개인적 요구를 억압하지 않고 실현시키려는 태도로 지도·육성하는 것이 오히려 사회 국가 발전에 참다운 가치를 줄 수 있다는 교육 복석관이 성립하게 된다. 이러한 개인의 요구를 실현하는 데에는 추상적인 자아실현에 교육목적을 두는 학자들도 있고, 현실적인 개인의 문제해결에 교육목저을 두는 학자들도 있다.

개인의 발전이 곧 사회와 국가의 발전에 관한 원동력으로 보는 기본적 입장이다.

2. 정치적 목적

교육은 미래 시민 양성, 정치 체제의 안정, 그리고 정치 체제를 구체화한다. 이는 교육제도나 교육활동이 정치 조직의 특성에 따라 달라진다는 것을 의미한다. 교육의 정치적 목적은 집권층이 누구인가에 따라 달라진다. 능력중심, 엘리트중심의 정치 지도자와 관료 양성은 교육의 정치적 목적 중 하나이다.

또한, 정치가들은 교육을 통해 자신들의 이념이나 가치 등을 학생들에게 주입시켜 내면화하고, 정치 활동을 담당한 정치가들을 배출한다. 그리고 교육을 통해서 한 정치 체제 내에 존재하는 다양한 이해관계의 대립과 갈등을 조정하고 한 나라의 국민으로서 정체성을 갖도록 한다. 즉 교육을 통하여 사회구성원들은 보편적 가치를 공유하게 되는 정치적 사회화(政治的 社會化)를 겪게 되며 정치적·사회적 질서도 유지하게 된다.

3. 사회적 목적

사회는 개인의 집합체로서 존재한다. 사회는 역사가 계속될수록 형성이 체계화되고 그 형태가 정비되어 점점 복잡해진다. 개인은 그러한 집단에 참가하는 과정 속에서 성장·발달하여 간다. 특히 현대사회의 급변에 따른 고도 산업사회화를 거쳐서 지식 정보화 사회는 교육의 사회 변화를 수용하라는 시대적 요구를 거역할 수 없게 만들었다.

모든 인간은 개인인 동시에 사회 공동체 구성원의 일원이기 때문에 인간으로서 이상을 구현하는 것과 동시에 사회 이상에 의하여 규정되는 것이다. 즉 모든 사람들이 사회 속에서 자유와 평등과 행복을 누릴 수 있는 가장 바람직한 사회를 실현시키는 데 공헌할 수 있는 교육이 되어야 한다는 것이다.

교육은 사회적인 현상의 한 형태로서 교육의 과정은 사회 현상의 제 요소로부터 영향을 받으면서 동시에 사회 현상에 영향을 주기도 한다. 교육의 사회적 목적은 사회적 안정(기능론적)을 제공하고, 사회 발전의 방향을 제시하며, 사회 개혁을 시도하는 것이다. 즉 교육은 사회적 산물, 이념, 이상, 관습, 전통 등을 알고 습득케 함으로써 그 사회의 안정을 유지시켜 나가는 수단인 사회화의 보수적 기능과 더불어 사회를 변화·개혁시키는 진보적 기능을 동시에 가지고 있다.

4. 경제적 목적

교육과 경제는 상호 영향을 주고받는 관계이다. 이는 교육이 경제 성장과 국가적 부(富)를 증대시키고 기술 개발을 촉진시킴을 의미한다. 이러한 교육의 경제적 목적은 교육이 노동 시장에 필요한 인력 양성 및 개발에 주력하도록 하고, 노동력에 따르는 훈련과 분류를 가능하게 하며, 교육을 통해서 결국 노동 시장에 필요한 기능과 기술 및 태도 등을 습득하고 함양하게 된다. 교육은 인재를 기르고 그 인재는 경제 성장과 발전에 기여하는 것이다.

또한, 교육은 학생들의 능력과 적성에 따라 학생을 선발 및 분류하며, 장래의 직업, 사회 경제적 지위, 그리고 경제적 소득 정도 등을 예측해 주기도 한다. 교육은 젊은이들을 사회화하고, 졸업자들에게 그에 상응하는 보상과 지위를 부여해 줄 뿐만 아니라, 사회구성원 각자의 능력과 관심에 적합한 직업을 선택하는 제도적 장치 기능을 한다. 그러나 교육의 선발 및 분류 기능이 개인의 능력이나 업적보다는 단지 졸업장, 학위 등만을 중시함으로써 실제 노동 시장이나 사회 구조면에서 많은 문제점을 야기(惹起)하기도 한다.

5. 일반적 목적과 구체적 목적

교육의 목적을 일반적 목적과 구체적 목적으로 구분하기도 한다. 교육의 목적은 교육 또는 교육 작용이 나아가야 할 기본적인 방향 또는 지침을 의미한다. 따라서 교육의 모든 활동, 조직, 운영 등은 이 목적이 지니는 방향 또는 지침의 테두리 내에서 진행되어야 한다. 교육 목적은 그 나라, 그 사회가, 또는 한 개인이 지향하는 목적이나 가치관과 상치하여 성립할 수 없고 또 존재할 수도 없다. 교육 목적의 개념은 교육 목표, 교육 이상이라는 말보다는 광범위한 개념이다. 따라서 교육 목적 속에는 교육 목표와 교육이상 등을 포괄하고 있다.

이러한 교육의 목적은 이상적인 인간상과 같은 일반적인 목적과 이것을 구체화한 구체적·특수적 목적으로 구별할 수 있다. 일반적인 교육목적은 주로 교육이념, 교육 철학적인 문제 등과 관련되어 있으며, 교육에 대한 포괄적이고 궁극적인 기본 방향을 제시하며 특수한 교육목적은 특수한 환경이나 현실적인 여러 조건을 고려하면서 일반 목적을 실질적으로 구체화한 것이다. 따라서 교육의 모든 과정은 일반적 목적에 제시된 방향으로 수행되며, 방향으로는 민주 사회의 건설, 세계 평화의 확립, 같은 이념을 설정하게 되나, 그것은 한 국가의 사회구성원으로서 그러한 이념을 수행할 수 있는 이상적 인간을 형성하는 데에 귀결되게 된다.

제3절 교육의 의의

1. 삶의 필연성으로서의 교육: 생활의 과정

삶의 본질은 존재를 지속적으로 유지하려고 노력하는 것이다. 이 유지와 계승은 부단한 갱신(更新)을 통해서만 보장되는 만큼, 삶은 자기 갱신의 지속적인 과정이다. 영양과 생식이 생물학적인 삶에 필요한 만큼, 교육은 사회적인 삶에서 필요하다. 이 교육은 일차적으로 의사소통을 통한 전달로 이루어진다. 의사소통은 경험이 공동 소유가 될 때까지 경험에 참여하는 과정이다. 의사소통은 그것에 참여하는 쌍방의 성향에 수정을 가한다. 모든 종류의 인간 단체의 궁극적인 의의가 경험의 질 개선에 기여하는 데에 있다는 사실을 가장 쉽게 인식하게 되는 것은 미성숙한 사람들을 다루는 과정에서이다. 다시 말하면, 모든 사회 조직이 교육적 효과를 가지고 있지만, 이 교육적 효과가 단체의 목적의 중요한 부분이 되는 것은 어른들이 아이들과 교섭할 때이다. 사회가 그 구조나 자원이 복잡해짐에 따라 형식적 또는 의식적인 교육의 필요가 증대한다. 형식화된 교육과 훈련의 범위가 확대됨에 따라, 보다 직접적인 교섭을 통하여 얻는 경험과 학교에서 배우는 내용 사이에 달갑지 않은 간극(間隙)이 생길 위험이 있다. 과거 수세기 동안 전문적인 지식과 기술 등이 급격한 성장과 증대를 한 것을 볼 때 그 위험이 오늘날처럼 컸던 적은 없었다.

2. 사회적 기능으로서의 교육: 조직과 환경에 대한 적응과 기여

일반적으로 사회의 연속적이고 진보적인 삶에 필요한 태도와 성향이 학생들의 마음속에 생기도록 하는 일은 신념, 정서, 지식 등을 직접 전달함으로써 이루어질 수 있는 것이 아니다. 그것은 환경을 매개(媒介)로 이루어진다. 생명체의 특징은 활동에 있으며, 환경은 활동을 수행하는 데 필요한 조건의 총화이다. 사회적 환경은 한 개인의 주위에 있는 모든 사람들의 활동 전체를 뜻하며, 이 사람들의 활동은 그 개인들이 활동하는 것과 불가분의 관계이다. 환경의 교육적 효과는 한 개인이 공동의 활동에 어느 정도 참여하는가에 달려 있다. 단체의 활동에서 자신의 몫을 수행함으로써 개인은 그 활동을 추진시키는 목적을 자기 것으로 받아들이며 그 내용과 방법이 익숙해지며 필요한 기술을 익히고 그 정서적 기질을 배양하게 된다.

3. 사고와 행동에 관한 지도(指導)로서의 교육: 올바른 방향 안내

미래의 새싹들인 학생들은 천부적인 존재이다. 미래의 주역인 그들이 태어나서 생활하는 '삶의 모습'과 일치하지는 않는다. 그러므로 학생들은 안내와 지도를 받아야 바람직하게 성숙할 수 있다. 이러한 통제는 물리적 강제 수단과는 다르다. 그것은 어떤 특정한 시점에서 작용하는 충동을 구체적 목적에 집중시키는 것이며, 일련의 계속적인 행위의 순서와 계속성을 부여하는 것이다. 이러한 의미에서의 통제를 할 때에는 행위를 일으키는 자극을 결정해 줌으로써 사람들의 행위에 영향을 주게 된다.

그러나 명령이나 금지, 승인과 비난 등의 통제 방식에서는 통제를 하는 사람이 행위에 직접 영향을 주려는 목적으로 자극을 하게 된다. 행위를 통제하려는 의도가 가장 직접적으로 드러나는 경우가 바로 이 경우이기 때문에 이런 종류의 통제가 가지고 있는 중요성을 과대평가하고 그것에 비하여 더 지속적이고 효과적인 통제 방식을 오히려 소홀히 취급하는 경향이 있다. 통제의 가장 기본적인 형태는 학생들이 참여하는 사태의 성격에서 나오는 통제이다. 사회의 사태에서 학생들은 자신의 행동 방식을 다른 사람들이 하는 일에 비추어 보면서 그것에 맞추지 않으면 안 된다. 이것이 그들의 행위를 공동의 목적에 연결해 주며, 공동 활동의 참여자들에게 공통된 이해를 가져다준다.

비록 모든 사람들이 각각 다른 행위를 하더라도 그들이 의도하는 바는 동일한 것이다. 행위의 목적과 수단에 대한 공통적인 이해가 사회 통제의 요체이다. 그것은 개인에 대한 직접적인 통제가 아니라, 간섭적인 동세이나 지직·정시적 통제라고 볼 수 있다. 뿐만 아니라, 이것은 외적인 강압에 의한 통제가 아니라 사람들의 성향에 내재하는 통제이다. 관심 또는 흥미와 이해의 동일성을 통하여 이러한 내적 통제를 이룩하는 것이 교육의 임무이다. 책이나 말이 교육에서 중요한 역할을 하지 않는 것은 아니지만, 보통의 교육은 이것에 너무 지나치게 의존하고 있다. 학교 교육이 소기의 가능성을 십분 발휘하기 위해서는 교육을 받는 사람들이 공동의 활동에 참여할 수 있도록 더 많은 기회를 주고 그렇게 함으로써 학생 자신의 힘이나 그들이 쓰는 자료와 도구에 사회적 의의가 충만하도록 하는 것이 중요하다.

4. 인간 성장(成長)으로서의 교육: 발달과 성숙

성장하는 힘은 다른 사람들의 도움(支援)과 가소성(可塑性)에 달려 있다. 이 두 가지 조건은 아동기와 청년기에 가장 완벽하게 갖추어져 있다. 가소성의 기본인 경험으로부터 학습하는 능력은 습관의 형성으로 나타난다. 습관은 환경을 통제하여 그것을 인간의 목적에 활용하는 힘을 준다. 습관은 타성(惰性)의 형태를 취하기도 하고, 또한 새로운 조건에 맞추어 활동을 재조정하는 능동적 능력의 형태를 취하기도 한다. 전자는 성장의 배경을 이루고, 후자는 성장을 가능하게 해 준다. 능동적인 습관에는 능력을 새로운 목적에 적용하는 고등 사고력(High level thinking), 창의성, 자발성 등이 수반된다. 능동적인 습관에는 고정된 반복 행동과 반대이며, 후자는 성장의 정체를 의미한다. 성장은 삶의 특징이므로 교육은 성장과 완전히 동일하다. 교육은 그 자체 이외의 다른 목적이 없다. 학교 교육의 가치를 판단하는 기준은 그것이 계속적인 성장의 열의를 얼마나 일으키는가, 그리고 그 열의를 실천에 옮기는 수단을 얼마나 제공하는가에 있다.

제4절 교육의 형태

교육형태의 분류는 그 기준에 따라 다양하게 구분될 수 있다. 즉, 교육이 행해지는 형태를 크게 두 갈래로 구분하면 하나는 형식적 교육이고, 다른 하나는 비형식적 교육이다. 형식적 교육은 일정한 틀과 계획이 있는 교육이고 비형식적 교육은 일정한 틀과 계획이 수립되어 있지 않은 교육 패턴이다. 한편, 무형식적 교육은 일상 생활과 환경 접촉으로 이루어진다.

그 기준을 교육의 대상에 두었을 때 유아교육, 아동교육, 청년교육, 성인교육 등으로 구분하며, 교육이 일어나는 장소로 볼 때 가정교육, 사회교육, 학교교육, 직장교육 등으로 구분되며, 교육내용의 면에서 보면, 초등교육, 중등교육, 고등교육 등으로 구분할 수 있다. 또한 형식과 의도성의 유무에 따라 분류하여 보면 교육은 형식적(의도적) 교육과 비형식적(무의도적) 교육 등으로 구분할 수 있다. 이렇게 다양한 교육의 형태를 이해하는 것도 교육을 이해하는 방법이다.

인간에게 교육이 베풀어지는 형태는 여러 가지가 있다. 교육하면 우선 우리들의 머릿속에 떠오르는 것이 학교를 생각하게 된다. 학교에서 교사가 학생을 지도하는 등의 모든 활동도 중요한 교육에 속한다고 하겠다. 이렇게 생각할 때 교육은 학교에서만 이루어진다고 볼 수 없고 가정에서 성장해서 사회나 직장, 박물관, 도서관, 심지어는 영화관 등에서 사회 각지에서 직접 또는 간접으로 교육을 받고 있는 것이다. 그러므로 교육이 행해지고 있는 장소는 학교와 가정과 사회라 할 수 있으며 교육이 행해지는 모양과 방법도 다양하다고 하겠다.

이와 같이 인간은 출생해서 가정과 학교와 사회 각지에서 자연적, 문화적, 교육적인 각종 영향을 받아서 인간이 인간다운 인간으로 형성되는데 그 인간형성 과정에는 여러 가지 형태의 교육이 작용한다고 볼 수 있다.

1. 형식적 교육과 무형식적 교육 및 비형식적 교육: 교육의 형식(형태)

1) 형식적 교육(Formal Education)

교육이 행해지는 형태를 중심으로 분류하면 크게 형식적 교육과 비형식적 교육으로 구분된다. 즉, 교육은 교육하고자 하는 목적의식의 유무에 따라 크게 형식적 교육과 비형식적 교육으로 분류된다. 이러한 분류는 교육의 의도성 유무와도 밀접한 관련을 가지기 때문에 흔히 의도적 교육과 무의도적 교육으로 분류하기도 한다.

형식적 교육과 무형식적 교육, 비형식적 교육의 구분은 교육목적의 일관성, 방향성, 계획성, 지속성에 달려 있다. 다시 말해 교육의 목적에 따라(교육목적의 일관성), 그것의 실현을 위하여(방향성), 의도하는 바를 계획적이고(계획성), 지속적으로(지속성) 실시하느냐에 달려 있는 것이다.

먼저, 형식적 교육이란 교육하고자 하는 일정한 의도가 있고, 교육내용을 선정하여 특정 장소에서 학습자에게 교육하는 과정이 있을 때 이를 형식적 교육이라고 한다. 형식적 교육의 대표적인 형태는 바로 학교교육이고, 그 외에 강습소, 양성소, 훈련원, 학원 등의 사회교육기관에서 의도적인 목적으로 실시하는 교육이 여기에 속한다.

형식적 교육은 'Formal Education'이란 낱말이 뜻하는 일정한 형태, 형식(틀) 또는 계획과 의도가 들어 있고 조직과 체계가 있는 교육기관에 의해서 이루어지는 비교적 좁은 의미의 교육을 뜻함으로써 어떤 이는 이와 같은 유형의 교육을 협의의 교육이라고 부르기도 한다.

형식적 교육은 교육의 과정이 의도적, 계획적, 체계적, 공식적으로 이루어지는 교육의 유형이다. 즉, 일정한 시간과 장소에서 일정한 학생들과 교사가 정해진 교육 내용으로 수업을 하고, 평가가 이루어지며 이 평가는 사회적 의미를 지니는 교육 체제이다. 대표적인 예로는 정규 학교인 초·중·고교와 대학교 등의 교육을 들 수 있고, 규정적인 교육활동은 아니지만, 융통성이 부여된 교육기관으로 대안학교를 들 수 있다. 이와 같은 형식적 교육의 특징은 규정적, 선발적, 경쟁적, 평가적이라는 점이다.

2) 무형식적 교육(Informal Education)

무형식적 교육은 교육의 과정이 비의도적, 비계획적, 비체계적, 비공식적으로 이루어지는 교육의 유형이다. 즉, 가정이나 거리, TV, 영화, 여행 등의 일상 경험이나 환경과 접촉에 의해서 지식, 기술, 태도 등을 우연히 습득하는 과정을 말한다. 무형식적 교육은 학습자 자신의 선택에 달려 있으며, 교과서라는 형식적 구조에서 탈피한다. 이러한 무형식적 교육의 특징은 개방적, 비선택적, 비경쟁적, 비규정적, 비평가적이라는 점이다.

3) 비형식적 교육(Nonformal Education)

비형식적 교육은 형식적 교육과 무형식적 교육의 중간에 해당되는 교육 형태이다. 즉, 학교 제도 밖에서 학생이나 성인들의 특정 집단에게 그들의 학습 요구에 부응하여 제공되는 조직적이고 체계적인 교육활동이다. 비형식적 교육은 형식적 교육만큼 체계화된 것은 아니지만, 규정적 학습 목표를 지향한다. 대표적인 예로 방송통신대학, 문화예술회관 등에서 이루어지는 예절교육, 음식 만들기, 꽃꽂이 등이 이에 속한다. 이러한 비형식적 교육의 특징은 자격이 모든 사람들에게 개방되어 있고, 내용이 학습자의 요구에 따라 편성되며, 실생활과 밀접한 관련이 있으며, 가입과 탈퇴가 개인의 선택에 따라 자유롭다는 점이다.

비형식적 교육은 교육기관에 의하지 않고 자연이나 사물, 인간관계에 있어서 자연 발생적으로 이루어지는 무의도적 교육을 말한다. 교육은 학교와 같은 형식적 교육을 통해서만 이루어지는 것이 아니다. 원시사회에서는 학교와 같은 의도적이며 제도화된 형식적 교육기관이 없이도 지식과 기술 등이 생활 속에서 자연스럽게 이루어졌다. 오늘날에 와서 매스컴이나 인터넷은 사람들에게 매우 강한 영향력을 지닌 비형식적 교육의 형태라 할 수 있다.

일찍이 학교가 출현한 이후, 중세 및 근대를 거쳐서 현대에 이르기까지 형식적 교육이 중심이 되었고, 그 사회의 문화를 지배할 정도로 형식적 교육이 발달하였다. 하지만, 21세기 세계화 사회인 오늘날에는 각종 학교를 중심으로 한 형식적 교육뿐만 아니라, 학교 밖에서 이루어지는 광범위한 비형식적 교육도 크게 성장·발달하였다.

비형식적 교육은 'Nonformal Education'을 뜻하는 것으로서, 교육에 대한 특별한 계획이나 의도, 체계 같은 것이 없이 비교적 교육기관 밖의 사회 각지에서 자연스럽게 행해지는 넓은 범위의 모든 교육을 지칭함으로써 어떤 이는 이 같은 유형의 교육을 광의의 교육이라고 부르기도 한다.

그러나 공식적인 학교가 생긴 이후, 특히 중세와 근대 및 현대에 이르면서 형식적 교육이 우세할 뿐 아니라 그 사회와 문화를 지배 또는 좌우할 정도로 형식적 교육과 의도적 교육이 발달하였다. 특히 오늘에 와서는 각종 학교를 중심으로 한 형식적 교육뿐 아니라 학교 밖에서 이루어지는 광범위한 비형식적 교육도 등한시할 수 없게 되었다. 어쩌면 현대에 이르러서는 학교 외에서 이루어지는 비형식적 교육이 더욱 중요하다고 볼 수 있다.

2. 의도적 교육과 무의도적 교육: 교육의 의도

교육의 유형은 교육이 일어나고 있는 장소, 대상, 목적에 따라 의도적 교육과 무의도적 교육으로 분류할 수 있다. 의도적 교육은 교육 작용을 기하는 측이나 받아들이는 측이 모두 계획적이다. 특정한 지도자와 조직된 학습자가 일정한 장소에서 사전에 잘 조직된 교육내용을 매개로 하여 의도하는 방향으로 교육하는 과정이 바로 의도적 교육이다. 의도적 교육의 구성요소로 유형의 것으로는 조직된 학교, 시설, 교사, 교재, 학생 등이 있고, 무형의 것으로는 일정한 교육목적, 학습활동, 교사와 학생 간의 인간관계 및 상호작용 등이 있다. 이러한 뜻에서 의도적 교육을 형식적 교육이라고도 한다.

그러나 교육은 학교에서만 이루어지는 것은 아니다. 학생들은 자기가 원하든 원하지 않든, 좋든 나쁘든 거의 무의식적이고 우연적으로, 때로는 의식적으로 가정, 이웃, 사회 등 생활터전에서 영향을 받는데 이를 무의도적 교육이라고 한다. 이러한 영향은 사회가 인간에게 주는 자연적 기능이라고 볼 수 있다. 사회가 급변하고 불안할 때 가치의 불안과 혼란이 일어나고 외래문화를 무비판적으로 수용하여 나쁜 영향을 미치는 경우가 적지 않다. 그러한 비교육적 외래문화를 여과 장치 없이 수용한다면 우리 사회는 교육적 공해를 가져올 것이며 경우에 따라서는 이상가치의 상실로 인한 배금주의, 권력만능풍조 등의 사회 문제들이 대두될 수 있을 것이다. 이와 같이 계획적인 성격이 없는 교육을 무의도적 교육이라 할 수 있다. 가정교육이나 직장교육에서는 때에 따라서는 계획적인 면모를 볼 수도 있으나 어디까지나 일시적이다. 이러한 형태의 교육은 교육에 필요한 형식요건을 갖추지 못하였다고 하여 비형식적 교육이라고 칭하기도 한다.

3. 가정교육, 학교교육, 사회교육: 교육의 장소

1) 가정교육

인간이 잉태되어 처음 교육을 받는 곳은 어머니의 자궁이다. 즉 태교(胎敎)이다. 또 인간이 이 세상에 태어나서 최초로 교육을 받는 곳은 가정이다. 사회가 가정이란 기초단위로 구성되어 있듯이 인간형성 과정에서 교육도 가정교육의 기초 위에 성립된다고 하겠다. 가장 계획적이고, 의도적이며, 조직적인 교육이 학교에서 이루어진다고는 하지만 그렇다고 학교교육이 교육의 의도나 계획 및 조직이 별로 없는 가정교육보다 반드시 중요하다거나 영향력이 크다고 할 수는 없다.

가정교육이나 유아교육의 중요성을 새로운 눈으로 보고 인정하기 시작한 것은 루소(Rousseau), 페스탈로치(Pestalozzi), 프뢰벨(Frobel) 등 근대교육의 선각자들에 의해서였다. 그리고 현대에는 프로이트(Freud), 융(Jung), 아들러(Adler) 등의 정신분석학자들과 피아제(Piaget)나 에릭슨(Erikson)을 위시한 많은 발달 심리학자들의 거의 일치된 견해와 주장에 따라 "인간행동의 기본방향이 만 4~5세 이전에 형성된다고 믿고 있다. 오늘날 이와 같은 견해와 신념에 입각해서 선진국에서는 가정교육이나 유아교육의 중요성을 매우 강조하고 있다.

가정교육은 부모형제 등 혈족관계에 의해서 사랑을 중심으로 한 친밀한 인간적 교섭과 일상생활 속에서 자연스럽게 이루어지는 교육으로서 지적인 활동을 중심으로 한 교육이라기보다는 정의의 교육이 주로 행해지는 교육이라 하겠다. 가정은 인간 성장 발달의 기초가 되는 신체적 성장 발달에 필요한 모든 요소의 공급원이 될 뿐만 아니라 사회의 기초단위로서 사회생활에서 중요시되는 인간관계를 원만하게 하는 데 필요한 사회성을 비롯한 친절성, 예의, 협동성, 신뢰성, 태도, 가치관의 기초 형성 등에 지대한 영향을 준다. 이처럼 가정교육은 인간형성 과정에서 신체적 발달뿐만 아니라 정의의 발달과 사고방식과 가치관 및 태도 등의 지적 발달과 성격형성에 중요한 영향을 준다고 하겠다. 이렇게 생각해 볼 때 가정교육은 인간이 일생을 살아가는 데 있어서 필요한 제 요소의 기초를 형성하는 역할을 담당하고 있어 어떤 의미에서는 학교교육보다도 더 중요한 교육적인 기능을 맡고 있다고 하겠다.

오늘날 산업이 발달함에 따라서 경제구조에 변화가 생겨 맞벌이 부모들이 가정 밖에서 일을 하게 되자 자녀들과 같이 생활할 수 있는 시간이 줄어 가정의 교육적 기능이 점점 약화되었다.

따라서 많은 부모들이 자녀교육은 학교교육에 일임하면 된다는 생각을 갖게 되기에 이르렀다. 그러나 학교교육에는 한계가 있어서 가정교육의 기능을 충분히 보완할 수 없는 것이 현실이다. 가정교육의 중요성을 망각하고 모든 교육은 학교교육을 통해서만 이루어진다고 생각하는 경향을 대단히 위험하고 잘못된 생각이다. 오늘날 해결해야 할 중요한 교육적 문제의 대부분이 가정교육과 관련되어 있는 것이 결코 적지 않다고 생각된다. 이와 같은 관점에서 고려할 때 가정교육을 어떻게 하느냐의 문제는 교육 전체의 기초와 질을 결정하는 것으로서 중요한 의의가 있다고 생각된다.

교육이 이루어지는 장소를 중심으로 교육의 형태를 분류하면 교육은 가정교육, 학교교육, 사회교육 등으로 구분된다. 교육은 학교를 통하여서만 이루어지는 것이 아니라 넓은 의미에서 가정과 사회에서도 이루어지고 있으며 이들은 상호 보완적인 성격을 지니고 있다. 현대사회에서는 학교 외의 가정교육, 사회교육의 중요성이 더욱 강조되고 있다.

인간이 태어나서 가장 먼저 속하는 집단이 가정이다. 그러므로 가정은 가장 먼저 교육을 받는 장소가 된다. 가정교육은 가족 집단을 단위로 하여 성립되는 교육형태이며 모든 교육의 기초가 된다. 가정은 인간이 태어나면서부터 자연적으로 소속되는 집단이다. 가정은 자연적으로 기본적 인성이나 가치관 및 생활태도, 규범 등이 형성되기 때문에 그 어떤 종류의 교육보다도 강력한 영향을 미친다. 그러나 현대에 와서 경제적 기능의 변화에 따른 맞벌이 부부의 증가와 핵가족 현상의 심화로 인하여 전통적인 가정이 갖는 여러 교육적 기능을 수행하기가 어렵게 되었다. 오늘날 사회 전반적인 도덕적 타락, 청소년 범죄의 증가와 같은 우리 사회의 심각한 사회적, 교육적 문제들은 직·간접적으로 가정교육의 악화와 관련이 있다는 지적이 제기되고 있다.

2) 학교교육

교육을 의도적이고, 계획적이며, 짜임새 있게 실천하기 위해서 설립한 교육기관이 학교이다. 어느 사회를 막론하고 현대인은 특수한 경우, 곧 학습의 능력을 전혀 갖추지 못한 사람을 제외하고는 모든 사람이 학교교육을 받고 있다. 그렇다고 해서 교육은 학교에서만 행해지고 있는 것은 아니다. 학교는 일정한 제도로서 사람에게 의식적이고 계획적으로 교육을 실천하는 기관이다.

그러나 학교는 모든 시대나 장소에 걸쳐서 오늘날과 같은 학교제도가 존재하였던 것은 아니다. 학교의 기원은 역사적으로 유한계층인 귀족들의 소일을 위해서 시작되었던 것으로 알려져 있다. 즉 고대 그리스의 귀족계급은 스스로 경작하며 생산할 필요가 없으므로 많은 여가를 가지고 있어 일정한 장소에 모여 신체를 단련하든지 예술을 즐기고 학예를 배우며 인간으로서 교양에 노력하였다. 서양의 학교를 의미하는 말로서 'School', 'Schule' 등이 그리스어의 'schole'라는 '한가(閑暇)'를 뜻하는 말에서 비롯된 것에 비추어 보아도 학교가 생기게 된 경로를 알 수 있다.

동서양을 막론하고 학교가 성립하게 된 근본동기가 양반과 귀족계급의 자제들을 교육하기 위해서라는 점에서 일치되고 있다. 학교가 성립된 역사는 동서양과 각 나라에 따라 시대의 차이는 다소 있겠으나 상당히 오랜 역사를 지니고 있다. 가장 오래된 것은 동양에서는 중국과 인도에서였고 서양에서는 고대 그리스의 도시국가, 즉 스파르타와 아테네의 학교였다. 특히 중국에서 공자가 펴낸 유교가 학교 설립에 크게 기여했고 수·당나라 시대에는 이미 학교제도가 상당히 발달했었다고 전하고 있다.

우리나라에서는 삼국 시대인 고구려 소수림왕 2년(서기 372년)에 이미 국가에서 유학의 교육기관으로 태학(太學)을 세웠다. 태학은 귀족 자제에게만 실시하는 관리양성을 목적으로 하는 교육기관으로서 유교의 경전을 주로 가르쳤다. 그러나 오늘날처럼 세계의 모든 나라들이 의무교육제도가 성립되고, 초등학교나 중학교가 존재하게 된 것은 그렇게 오래된 것이 아니다. 학교가 성립된 역사적인 과정을 고찰해 볼 때 유치원이나 초등학교에서 중학교, 고등학교, 대학(교)의 순으로, 기초교육기관에서 고등교육기관의 순으로 설립된 것이 아니라 오히려 역순으로 설립되었다. 지도자 양성기관인 대학에 해당되는 고등교육기관이 먼저 생기고 오랜 세월이 경과한 후에 대학(교)교육의 예비학교로서 오늘의 고등학교 전신에 해당하는 문법학교(Grammar School), 김나지움(Gymnasium), 아카데미(Academy) 등의 이름으로 불리는 학교들이 생겨났다. 오늘의 초등학교와 같은 국민 모두를 위한 의무교육기관으로서의 기초교육기관은 근대에 이르러서야 생기게 되었으며, 가장 늦게 생기게 된 것이 유치원이다. 따라서 학교교육은 이와 같은 역사적 과정을 거쳐서 여러 종류의 학교가 제도화되었다고 할 수 있다.

특히 근대학교는 근대국가들의 발전에 따라서 재래의 학교교육이 주로 종교와 관련을 맺고 사원이나 사숙에서 행하여졌던 것이 국력을 신장하는 데 학교의 계획적이고 조직적인 교육의 필요가 점점 높아지면서 학교교육이 국가에 의해서 통제되고 관리되는 경향으로 진전되었다. 그리고 산업혁명의 결과로 산업이 발달하였고 국민생활이 향상됨에 따라서 사회적 지식과 기술이 긴요하게 되어 이러한 인간을 양성해야 할 학교교육의 필요성은 더욱 높아지게 되었다. 한편으로 민주주의 사상의 보급에 따라 인권존중과 함께 교육에 대한 기회균등이 제청되면서 19세기에서 20세기에 걸쳐서는 학교제도의 현저한 발전을 초래하게 되었는데 그 주된 발전 경향을 첫째, 종교와 교육의 분리, 둘째, 의무교육의 보급, 셋째, 여자교육과 남녀공학의 실현, 넷째, 실업교육의 진흥, 다섯째, 과학교육의 확대 등의 방향으로 나라마다 교육정책을 바꾸게 되었다. 그리고 서민교육의 정도도 초등교육에서 중등교육과 고등교육(대학교육)에까지 점진적으로 확대·확장되게 되었다.

현대에 이르면서 실제생활과는 무관하게 지적 교육에만 치중하던 전통적인 교육은 학교교육의 성격과 기능이 실사회의 필요를 의식하게 되면서 학교와 사회는 밀접한 관계를 가지게 되었다.

학교교육과 사회의 실제생활을 연결시키려는 시도나 노력은 듀이(Dewey)를 비롯한 진보주의 또는 실용주의 교육학파들에 의해서 미국을 위시한 자유진영 민주국가들에게 새 교육운동으로서 보급·전파되었다.

이처럼 현대 학교의 성격이 변모되는 세계적 추세에 따라 우리나라도 8·15 해방과 함께 국권이 회복되면서 우리나라의 학교교육도 봉건사회의 전통적 교육방식을 탈피하고 민주국가의 면모를 갖추기 시작하였다. 의무교육을 비롯한 기회균등의 이념에 입각해서 초등학교를 비롯한 중·고등학교와 대학교육에 이르기까지 빠른 속도로 확대·발전되었을 뿐만 아니라 교육내용과 교육방법에서도 실제 사회생활에 유효하게 적용할 수 있는 교육으로 변화·발전되고 있다.

학교교육은 제도권적인 교육이다. 학교는 제도화된 틀 속에서 전문적인 소양과 지식을 갖춘 교사가 일정한 연령층의 학생을 대상으로 교육내용을 구성하여 계획적으로 교육하는 기관이다. 학교교육은 중요한 기능적 특징을 가지고 있다. 첫째, 학교교육은 개인의 성장과 발달을 최대한으로 신장시키려는 환경을 조성하여 자아실현의 기능을 한다. 둘째, 학교교육은 문화유산을 전승함으로써 사회의 유지와 존속을 가능하게 한다. 셋째, 학교교육은 문화유산을 전달함으로써 사회의 통합과 통제의 기능을 수행한다. 넷째, 학교교육은 사회적 선발 및 지위 결정의 기능을 한다. 다섯째, 학교교육은 사회변화 및 발전의 기능을 한다.

그러나 학교교육은 집단적 교육방식 때문에 획일화의 위험을 안고 있다. 이는 다양한 개인의 능력을 자유롭게 육성하고 발휘할 수 있는 기회를 축소시킴으로써 개인과 사회발전에 역행할 수도 있다. 또한 학교교육은 학력위주의 학교교육을 낳을 위험을 안고 있다. 여기서 학력은 학습의 능력을 뜻하는 것이 아니라 학교교육을 받았다는 증명과 같은 것을 의미한다. 이러한 학교교육의 문제점들은 학교교육만의 개혁을 통하여 이루어질 수 있는 것이 아니라 사회적인 의식과 제도의 개혁이 함께 수반되어야 한다. 일반적으로 사교육에 대비되는 공교육은 제도권적인 학교교육을 의미한다.

3) 사회교육(평생교육)

사회교육을 넓게 본다면 사회에서 이루어지고 있는 모든 교육이 다 포함된다고 볼 수도 있다. 그러나 통상적으로 그 범위를 좁혀서 가정교육과 학교교육에서 다루지 않는 교육으로서 주로 성인교육, 청소년교육, 직장교육 등을 그 범주로 삼고 있다.

사회교육은 학교에 다니지 않는 청소년들과 성인들을 주로 대상으로 시대의 변화, 발달에 응해서 실제생활에 속하는 여러 가지 사회적, 문화적 교양을 향상시키며 직업생활에 있어서는 새로운 지식과 기술을 향상시켜 그 능률을 높이기 위하여 계획하고 조직적으로 실천하는 교육이다. 이것을 계획하고 조직하여 실행하는 것은 정부가 주도할 수도 있지만 대부분 민간주도로서 각종 사회문화단체나 각 직장의 주도하에 사회교육이 이루어지고 있다.

사회교육의 내용과 방법도 다양해서 국·공립·사립 도서관이나 박물관, 체육관, 새마을교육연수원이나 각종 사회단체에서 운영하는 교양, 기술, 취미활동 등의 각종 교육활동이나 신문, 잡지, 라디오, 텔레비전 등의 대중매체를 이용한 광범위한 사회교육도 중요한 내용이다.

종전에는 사회교육이 학교교육의 기회를 갖지 못했거나 혹은 학교에 입학할 연령이 지난 성인들을 대상으로 하는 것으로 좁게 생각되었었다.

과거에는 사회교육 하면 고작 문맹퇴치나 향상된 건강생활을 위한 보건상식의 개발 등 발전된 사회에서 살아가는 데 필요한 최소한의 지식과 기술을 전수하기 위해서였다.

오늘날처럼 지식이 폭발적으로 증가되고 과학과 기술의 발달이 가속화되고 있는 시대에서는 제한된 기간의 학교교육만으로서는 그 교육적 필요의 증대를 충족시킬 수 없게 되었다. 학교를 주축으로 한 형식적 교육의 한계가 드러나면서부터 사회교육은 이제 학교교육체제의 대안으로서의 가능성을 인정받기 시작하게 되었다. 시간과 공간의 제한을 심하게 느끼게 되는 학교교육에서부터 시간과 공간의 제한을 덜 받는 사회교육이 가지는 교육적 가능성에 대한 재평가가 있게 된 것이다. 학교교육이라는 형식적 교육체제가 지니는 구조적 제한 때문에 희생되던 귀중한 교육원리들이 사회교육이 가지는 교육적 가능성을 높여 주고 있다.

이처럼 지금까지의 학교를 중심으로 한 형식교육체제에서 사회교육 또는 평생교육 체계로의 전환이 요구되고 있다. 오늘의 사회가 요구하고 있는 것은 지금까지 학교가 독점하다시피 했던 교육의 많은 기능을 학교 밖의 사회와 가정으로 다시 반환해야 한다는 것을 의미한다.

모든 개인에게 필요하고 그에게 가장 적합한 교육을 실천하기 위해서는 가정교육과 학교교육뿐만 아니라 이제는 사회 전체가 교육하고 학습하는 사회(learning society)가 되어야 한다는 것이 우리보다 앞선 교육 선진국들의 교육정책 방향이다.

이제 모든 개인이 잘 살기 위해서는 평생을 통해서 학습이나 교육을 계속할 준비를 하여야 한다. 이처럼 평생교육(life-long education)이라는 넓은 시야에서 교육의 현상을 고찰해 볼 때 지금까지 논의해 온 가정교육과 학교교육과 사회교육이 삼위일체가 되어 상호작용, 상호연관과 상호보충, 상호보완 등이 절실히 요망된다.

사회는 인간 생활의 터전으로서 가정, 학교 등과 더불어 또 하나의 중요한 교육의 장이다. 사회교육은 넓은 의미로는 학교교육을 제외한 모든 교육을 일컫는 용어로 사용되고 있으며, 좁은 의미로는 학교를 졸업한 사람들을 대상으로 하는 성인교육만을 지칭하는 의미로 사용되기도 한다. 다시 말하면 넓은 의미에서 사회교육을 규정할 때는 유아교육, 청소년교육, 성인교육, 노인교육을 포함하는 전 생애교육 혹은 평생교육의 의미를 지니지만, 좁은 의미로 규정할 때에는 청소년 이후의 성인교육만을 의미하는 것이다.

사회교육과 관련한 용어 중에는 '평생교육' 혹은 '생애교육'이 있다. 평생교육은 좁은 의미로는 사회교육과 동의어로 사용되지만 넓은 의미에서 학교교육을 포함한다. 평생교육은 한마디로 요람에서 무덤까지, 즉 태어나서 죽을 때까지 전 생애에 걸친 교육을 의미한다. 평생교육의 관점에서 볼 때에 인간은 살아 있는 동안 시간적으로 어느 때이든지 그리고 공간적으로 어느 곳에서든지 교육받는 존재이며, 보다 가치 있고 바람직한 삶을 살기 위해서는 반드시 교육이 필요한 존재이다. 현대 교육에서는 사회교육을 평생교육으로 이해하기도 한다.

4. 일반교육과 특수교육: 교육 경험의 대상

교육의 형태를 일반교육과 특수교육으로 구분할 수도 있으며, 이러한 교육형태의 구분은 주로 형식적인 학교교육을 염두에 둔 것이다. 일반교육(general education)이란 모든 사람에게 공통되는 경험을 내용으로 하는 교육을 일컫는다. 모든 사람이 당면하는 개인적·사회적인 문제에 적절하게 대처하고 균등한 교육기회를 받도록 하는 데 특징이 있다. 그것은 전문 분야가 무엇이든 간에 교육받는 사람에 공통되는 특징을 나타내는 것이다. 일반교육의 목적이나 내용에 대하여 그 철학적 기반을 어디에 두느냐에 따라서 각각 다르게 생각할 수 있다. 즉 합리주의, 신인문주의 및 자연주의 또는 도구주의는 각각 일반교육의 성격을 다르게 규정짓고 있다.

일반교육은 '교양교육(liberal education)'이라고 부를 수 있으며 전통적인 자유교육과 유사한 의미를 갖는다. 우리나라의 초등학교에서부터 고등학교까지 학생들이 누구나 공통적으로 이수할 교과목을 중심으로 한 교육과정 편제에 의한 교육은 일반교육이라고 할 수 있으며 정상적인 인간으로서 사회생활을 건전하게 해 나가는 데 요구되는 능력과 자질을 갖추는 데에 교육의 초점을 맞춘다.

특수교육은 신체적·정신적으로 '특별한 사람'(아동, 학생, 성인)에게 행하는 교육을 일컫는다. 여기에서 '특별한 사람'이라는 말은 장애로 인하여 혹은 특수한 재능을 지닌 것으로 판명되어 다른 사람과는 달리 특수한 교육적 조치와 서비스를 필요로 하는 사람을 일컫는다. 장애를 지닌 사람을 위한 학교에는 정신지체, 학습장애, 정서 장애 학교와 예·체능 분야 및 외국어 분야, 과학 분야의 특수학교가 있다.

특수학급은 초등학교와 중등학교에 따라 학교당 1~2개씩 개설되어 운영되고 있다. 이 외에 특수학교에 부설된 유치원이 있으며 공식적으로 인가받지 않은 조기교육센터 등에서도 특수교육이 이루어지고 있다.

이상에서 살펴본 바와 같이 일반교육과 특수교육은 교육기관에 의한 구별이기보다는 교육받을 대상, 교육 프로그램 혹은 교육과정의 특징에 의한 구별이며 특수교육의 범주를 벗어난 일체의 교육은 일반교육이라고 할 수 있다.

제5절 교육학의 성격

교육학은 인간의 삶과 밀접하게 관련된 학문이다. 교육학은 교육에 관한 학문이며 교육현상을 탐구하는 학문이다. 교육이란 인간의 삶과 세계를 대상으로 하여 인간의 여러 가지 특성(행동양식)을 바람직하게 변화시키기 위한 활동이라고 할 때 교육은 인간 삶의 어느 시기나 장소에 한정되는 것이 아니라 인간 삶의 과정 혹은 생활 그 자체라고 할 수 있다. 이처럼 교육이 생활 그 자체라고 한다면 교육학은 바로 생활 혹은 삶의 과정 그 자체를 체계적으로 연구하고 탐구하는 학문이 되는 셈이다. 이 점에서 교육학은 종합과학이라는 성격을 지닌다.

모든 학문은 제각기 고유한 연구대상과 연구방법을 가지고 있다. 교육학은 교육의 학문으로서 교육과는 그 뜻이 판이하게 다르며 교육학과 교육의 관계는 교육의 이론과 실제와 같다고 볼 수 있나. 그러나 이론과 실제를 혼동한 나머지 훌륭한 교시는 모두 훌륭한 교육자이고 또 훌륭한 교육자는 모두 교육을 잘할 수 있는 사람으로 착각하는 사람도 있다.

이와 같은 혼동은 교육학의 학적인 기능을 실제로 지도하는 기술로 잘못 인식한 데서부터 연유한 것이라고 볼 수 있다. 교육의 기술은 교육학이 아니며 교사의 수완이고 실천적 경험인 것이다. 그러면 교육학은 어떠한 성격을 가진 학문인가.

일반적으로 교육학이란 인간의 교육을 대상으로 하는 학문으로서 인간의 바람직한 성장과 발달을 도와서 개체완성을 의도적으로 형성 도야하려는 견해에 의존하게 된다. 따라서 교육학의 목적이 올바른 교육을 실현하기 위한 이론을 연구하는 데 있기 때문에 과거에는 어떠한 실천성을 가지고 다른 기초과학과 보조과학에 의거해서 성립되는 응용과학과 같이 생각되기도 하였다.

순수한 과학으로서의 교육학은 이론적 교육학과 실제적 교육학으로 구분된다. 이 구별은 예컨대, 심리학이 직업지도에 응용되는 것과 같은 관계이며 이론적 교육학이 교육의 실제에 지침을 두는 것이라면 실제적 교육학은 응용과학이라고도 할 수 있다. 이처럼 교육학은 그 대상과 연구영역이 광범위하여 의학과 더불어 종합 과학적 성격을 띠고 있다. 따라서 교육학은 교육의 실제 내지는 존재로부터 출발하여 교육현상을 과학적으로 진단, 서술하고 설명하고 해결하고 예언할 수 있는 개념과 법칙과 이론을 규명함과 동시에 교육의 당위와 이념을 이론적으로 사유하여 교육이 나아갈 방향과 그 실천을 위한 이론적 기초를 갖는 학문이라고 볼 수 있다.

즉 교육학이란 교육현상의 심층부 혹은 중심적인 대상으로서 교육과정과 교수·학습을 중심으로 하고 그 외곽에 교육사·철학, 교육심리학, 교육사회학, 교육행정학이 있으며 그 외부에 다양한 관련 주변학(역사학, 철학, 심리학, 사회학, 행정학, 문화인류학, 생태학, 미학, 공학 등)이 동심원적으로 구성되는 학문이라고 할 수 있다. 교육학이란 곧 인간의 생활과 관련된 학문인 것이다. 그런 의미에서 보면 교육학이란 인간의 삶과 관련된 다양한 내용과 방법 등을 망라한 종합적 학문이라고 개념 정의를 할 수 있다. 교육학은 인간의 삶을 탐구하는 학문이라고 할 수 있다.

결국 교육학은 인간의 삶을 탐구하는 학문이며, 인간 생활을 규명하려는 종합적 학문인 것이다.

연구 문제

1. 교육(敎育)을 '인간형성의 작용'이라고 정의할 때, 그 의미와 지향점에 대해서 설명하시오.

2. 교육의 기능인 개인 신장의 기능, 경험 습득의 기능, 문화 창달의 기능, 사회화와 사회통제의 기능 등의 의미를 상호 비교하여 설명해 보시오.

3. 교육의 기능 중 문화 전달(전수) 기능을 항존주의(恒存主義) 교육사조와 비교하여 설명하시오.

4. 교육의 개인적 목적과 사회적 목적을 상호 비교·설명하시오.

5. 교육의 일반적 목적과 구체적 목적에 대해서 구체적으로 논하시오.

6. 형식적 교육과 무형식적 교육, 비형식적 교육의 특징을 비교하여 논하시오.

7. 입문 전 교육으로서의 가정교육의 중요성에 대해서 '맹모삼천지교(孟母三遷之敎), 세 살 적 버릇 여든까지 간다' 등의 고사와 견주어 설명해 보시오.

8. 가정교육, 학교교육, 사회교육 등을 평생교육 차원에서 설명해 보시오.

9. 교육의 형태 중 일반교육과 특수교육의 비교하여 구체적으로 논하시오.

10. 교육학의 성격에 대해서 그 핵심 내용을 중심으로 논하시오.

제3장
교육의 철학적 기초 탐구

 학습목표

○ 교육과 철학의 개념과 상관관계를 이해한다.
○ 교육철학의 개념과 성격을 이해한다.
○ 교육철학의 유형과 방법에 대해서 이해한다.
○ 전통적 교육철학과 현대적 교육철학을 상호 비교하고 이해한다.
○ 현대 교육철학의 과제에 대해서 심층적으로 접근하고 이해한다.

 주요개념

○ 교육과 철학, 철학과 교육철학, 교육철학의 개념, 교육철학의 유형, 교육철학의 탐구 방법
○ 전통적 교육철학, 현대적 교육철학, 전통적 교육철학과 현대적 교육철학의 관계
○ 이상주의, 자연주의, 실재주의, 실용주의
○ 교육의 진보와 보수, 진보적 교육의 지향점, 보수적 교육의 지향점
○ 현대사회와 교육철학, 현대사회와 교육철학의 과제

제1절 교육철학의 기저(基底)

1. 교육과 철학

일반적으로 철학은 모든 학문의 근원적인 학문이다. 교육과 철학의 관계를 이해하는 데는 먼저 교육과 철학이란 무엇이며 교육현상을 이해하는 데 왜 철학이 필요한가를 이해할 필요가 있다. 철학이란 무엇인가에 대한 문제에 대해서 여러 가지 다양한 입장과 견해가 있는 만큼 일관된 하나의 입장을 찾기는 어렵다. 철학이라는 말에는 '애지(愛智)', 즉 지혜를 사랑한다는 의미를 함의하고 있다. 철학자들은 인간에게 가장 중요한 문제에 대한 답을 찾기 위하여 지혜를 찾은 사람들이다. 철학이라는 이런 의미를 보다 폭넓게 적용하여 피닉스(P. H. Phenix)는 철학의 기능을 다음과 같이 분류하고 있다.

즉 ① 언어의 분석, ② 전제를 분명히 하고 그것을 꾸준히 비판하는 일, ③ 방법의 연구, ④ 합리적 근거에 의한 신념의 정당화, ⑤ 발견된 많은 지식의 축적을 분석적 시점 또는 통일적 시점에 입각하여 조정하는 일, ⑥ 규범적 이상과 전망을 밝히는 일 등으로 분류하고 있다.

한편 크넬러(G. F. Kneller)는 사색을 통하여 우주만물을 조직적으로 인식하게 하며, 선(善)·악(惡)·정(正)·사(邪)·미(美)·추(醜)의 기준이 되는 규준을 마련하고, 분석 비판과 개별 과학이 빠지기 쉬운 독선적 생각을 전 학문 체계의 높은 전망에서 시정하는 기능을 한다고 보고 있다.

철학이란 무엇인가를 정의하는 방식도 이처럼 시간 공간에 따라 정의방식에 다양한 입장이 있을 수 있으나 적어도 철학의 성격을 규명하는 데 철학이 하는 일이 무엇인가? 철학이 어떤 기능을 수행하는가, 그 탐구영역을 살펴보는 것이 도움이 될 것이다.

전통적으로 철학의 탐구영역은 크게 세 가지 영역으로 구분한다. ① 존재론(Ontology)은 우주나 인간 존재의 본질을 탐구한다. 이 점에서 철학은 근본학, 본질학이라고 볼 수 있다. ② 인식론(Metaphysics)은 지식의 기원과 추구방식 등 지식에 관한 탐구영역이다. ③ 가치론(Axiology)은 가치와 관련된 선악미추(善惡美醜)의 준거와 관련된 탐구영역이다.

그러나 현대사회에서 철학은 이런 전통적인 철학의 탐구방식과 달리 "사실이나 관찰에 의한 실증적 접근이 아닌 이성적 사유(思惟)에 의해 궁극적인 삶의 의미나 가치를 밝혀내고 진리와 합리성의 절대적 기준을 밝혀내는 학문"이라는 정의방식도 있다. 그렇다면 그런 결단과 판단은 철학의 고유 영역인가 하는 의문이 제기된다. 따라서 우리는 과학과 철학은 어떻게 구분되는가를 살펴볼 필요가 있다.

과학은 사실의 세계에 관한 탐구영역으로서 경험과 관찰에 의하여 객관적인 사실을 있는 그대로 밝혀내는 학문이라면 철학은 가치나 논리 또는 의미의 세계에 관한 것으로서 이성과 사유에 의하여 탐구해 가는 학문이다. 요컨대, 과학이 사실을 탐구하는 학문이라면 철학은 가치를 탐구하는 점에서 구별된다. 과학이 외현적이라면 철학은 내재적인 것이다.

그러나 과학이 하는 이런 사실적 세계에 대한 검증도 인간의 사유나 선입견 판단과 무관하게 이뤄지는 것은 아니다. 그러므로 엄격한 의미에서 과학과 철학이 구분되는 것은 아니다. 이런 의미에서 보면 철학은 그것이 과거의 것이든 또는 앞으로 미래의 일과 관련된 것이든 합리적 판단, 결단의 원리와 근거를 비판, 정립하는 과업임에 틀림이 없다.

2. 교육철학의 개념

교육철학(Philosophy of education 미국, Philosopie der Erziehung 독일, Philosophie de l'education 프랑스)이란 무엇인가라는 질문에 대해 관점에 따라 다양한 정의 방식이 있을 수 있다. 그러나 우선 잠정적으로 교육문제를 철학적인 태도 방법으로 연구하는 학문이라고 정의할 수 있다. 물론 교육철학이라는 학문을 정의하는 데도 연구의 대상과 방법의 측면에서 정의할 수도 있을 것이다. 여기서 적어도 교육철학이란 무엇인가를 규정하려면 교육문제의 성격, 철학적 태도 등이 논의되어야 할 대상이 된다. 일반적으로 교육문제는 두 가지 속성으로 얽혀진 복합구조를 띠고 있다. 그것은 사실적인 측면과 가치판단의 측면을 내포하고 있기 때문이다.

예컨대, "학생은 컴퓨터 교육을 받아야 한다."라는 명제에서, 학생, 컴퓨터 교육 등에 대한 욕구, 성향 등은 모두 사실적인 것과 관련된 것이다. 얼마나 많은 학생들이 어디서 누구에게 컴퓨터를 배우고 있으며 앞으로 배우기를 원하고 있는가 등의 문제는 모두 사실적 문제와 관련된 것이기 때문이다. 반면에 과연 수많은 컴퓨터 학원 중에서 나는 왜 이 선생님에게 이 프로그램으로 배워야 하는가 하는 문제는 '선택, 판단, 결단'의 문제와 관련되어 있다. 이런 점에서 교육문제는 단순하게 그 어느 한 측면만을 포함하기보다는 두 가지 내용이 복합되어 있는 이상 교육학은 이 두 가지 영역을 모두 대상으로 하는 성격을 띤다.

일반적으로 철학적인 태도, 방법은 서술적인 방법과 규범적인 방법으로 나눠 볼 수 있다. 서술적인 방법은 사실에 대한 서술적이고 설명적인 방법이라면 규범적인 방법은 이런저런 교육에 대한 관점이나 시각이 어떤 점에서 왜 보다 더 가치 있다고 판단하는가의 근거와 이유를 제시하는 일이다.

한편 종래의 전통적인 관점에서 철학하는 방법을 정의하는 방식도 있을 수 있다. 현대 교육철학은 전통적인 지식체계로서 교육철학이 아닌 탐구적 기능으로서 언어의 명료성, 논리적 타당성을 분석하는 기능, 어떤 가치기준과 판단기준에 따라 이론이나 행위를 평가하는 규범적 기능, 새로운 이론이나 아이디어를 창출하는 사변적 기능을 포괄한다. 또한 존재의 문제를 다루는 형이상학의 측면에서 보면 교육철학은 가르치는 것이 무엇인가를 다루는 것이 되고, 지식의 성립 근거와 지식교육의 방법 문제를 다루는 인식론의 측면에서 그리고 가치선택의 측면에서 교육철학의 접근 방법을 생각해 볼 수도 있다. 즉 교육적 행위가 자각되어서 이론적 구상을 하기 위해서는 철학을 필요로 하고, 반대로 철학도 생의 문제를 추구하는 과정에서 교육의 문제에 직면하게 된다는 이유에서 교육학과 철학은 깊은 내적 필연성이 존재한다고 말할 수 있다.

특히 분석적 교육철학에 기초하여 탐구방식으로서 교육철학을 규정하려고 노력하는 입장에서 "교육철학은 교육에 관련하여 이뤄지는 의미부여와 그 기준에 대해, 과연 그것들이 어떠한 신념과 가치관, 동기와 관심, 지식과 이론 위에서 이뤄지고 있는가를 분석하고, 그것들의 타당성을 비판적으로 음미하고 검토하는 작업이다."라고 정의할 수 있다.

요컨대, 교육철학이란 무엇인가를 정의하는 방식은 관점과 입장에 따라 다양하게 제기될 수 있지만 그러한 다양한 접근방법을 포괄하는 일반적인 정의방식으로 '교육문제를 철학적으로 접근하는 학문'으로 정의하는 것이 일반적이다. 아마도 이런 정의방식의 저변에는 교육철학이 연구대상으로 삼는 것이 무엇이며, 어떻게 접근하는가에 주안한 것일 수 있다.

교육철학이 교원에게 반드시 필요하고 아주 중요한 점은 다음과 같이 종합할 수 있다.

첫째, 합리성과 논리적 적합성을 기본적인 가치로 취급하는 오늘날의 문화 속에서 교사는 젊은이의 정확한 사고를 발전시키고 그런 사고를 수호하는 역할을 한다. 요컨대, 사고능력의 증진에 도움을 줄 수 있을 것이다.

둘째, 교사가 갖는 문제를 철학적 맥락에서 다룸으로써 교사 활동의 효율성을 제고하는 데 도움을 줄 수 있을 것이다.

셋째, 교육에 관한 안목, 통찰력, 자긍심 등을 길러 준다.

넷째, 교육철학은 가르치는 일의 규범적인 윤리적 측면을 다루기 때문에 교사와 학생의 인간관계 속에서 잠재적으로 내재된 의미를 통하여 전달되는 정의적 측면의 것들을 전달하는 일에 도움을 줄 수 있다.

한편, 교육철학은 교육이 내포하고 있는 중요한 문제에 대한 올바른 이해를 돕고, 인간생활과 사회 전체에 있어서 교육의 위치와 그들의 관계를 파악하며, 잡다한 교육이론을 비판적으로 검토하여 교사의 교육에 대한 신념을 확정 준비하는 데 기여하고, 교사의 지성과 비판정신을 자극하여 교육의 새로운 경지를 개척하는 데 중요한 구실을 하는 것으로 볼 수도 있다.

3. 교육철학의 유형 및 방법

1) 개인의 신념체계(A view point of Education), 교육관(敎育觀)으로서의 교육철학

우리가 흔히 하는 말인 "그 교장 선생님은 교육철학이 투철한 분이다."라는 표현에서 교육철학이 갖는 의미는 '교육에 대한 체계적인 생각, 관점', 즉 일반적인 의미의 교육관과 동일한 의미로 이해되기도 한다. 비록 개인의 신념체계로서 교육철학이라고 할지라도 교육활동에 대한 이론적 내용과 아울러 교육정책을 포함한 보다 실천적인 원리를 포함할 수도 있다. 따라서 그것이 이론적인 것이든 보다 실천적인 것이든 소박한 의미로 또는 체계적이고 조직적인 의미로 사용될 수도 있다. 여하튼 이 경우 교육철학은 반드시 전문적인 지식체계를 수반할 필요는 없다.

일반적으로 교육철학의 유형에는 다음과 같이 역사기술적 연구, 규범적 탐구 등 두 가지 형태가 있다.

첫째, 역사기술적인 연구로 역사상 중요한 사상가들의 교육관, 즉 교육에 관한 이론과 실천적 측면의 내용을 탐색하는 일이다. 이를 통하여 현대교육에 원리나 적용가능성을 시사받을 수 있다. 그렇지만 역사상 중요 인물의 교육철학이 반드시 오늘날 교육문제에 그대로 적용된다고 보기 어려운 한계도 있다.

둘째, 교육에 대한 규범적인 탐구는 교육이 어떠해야 하는가를 밝히는 일이 된다. 그렇다고 해서 규범적 원리의 준거를 밝히는 데 반드시 전문적인 철학적 지식이나 관점이 동원되어야 할 필요는 없다. 그런 과업이 교육철학의 방법에 의해 탐구될 필요는 있지만 교육문제의 성격상 교육철학적인 접근 외에도 다양한 접근이 가능하므로 교육철학의 전유물이 될 수 없다.

요긴대, 개인 갖고 있는 교육에 관한 신념체계는 비록 체계화되거나 세련된 교육철학으로 정립되지 않을 수도 있고 누구에게 어디서든지 쉽게 발견할 수 있는 교육철학의 유형으로 이해될 수도 있다. 그럼에도 불구하고 때로는 이런 패러다임의 교육철학이 교사나 학부모에게 요구되는 교육문제에 대한 소신이나 결단(의사결정)에 왜 그런 결단을 하게 되었는가에 대해 묻게 되면 개인적 신념체계가 영향을 줄 수도 있기 때문이다. 이런 교육철학은 대체로 개인의 경험체계에 기초하여 성립되는 것이므로 다양하면서도 때로는 서로 충돌이 일어날 수도 있다.

2) 철학적 이론의 연장으로서의 교육철학

철학의 이론으로부터 교육에서 요구되는 원리를 추출할 수 있다는 생각에 기초한 교육철학이다. 흔히 전통적으로 철학이 탐구해 온 궁극적 존재에 대한 관심, 즉 형이상학, 인식론, 가치론 등의 과제들은 인간과 세계에 대한 의미를 규정하는 것이기에 교육원리에 대해 직접적으로 혹은 간접적으로 어떤 시사점을 제공할 수 있다. 순수철학에서 탐구의 대상이 되는 대철학자들, 또는 그들로 구성된 일련의 학파의 신념체계, 즉 어떤 '~주의(ism)'을 표방하는 철학적 학설 속에서 어떤 교육원리나 시사점을 논리적 귀결로 이끌어 내려고 한다. 예컨대, 실용주의 교육철학, 실존주의 교육철학, 관념론의 교육철학 등에서 찾아볼 수 있다. 따라서 이런 유형의 교육철학은 교육철학을 철학의 하위영역인 응용철학으로 분류하기도 한다.

철학의 응용철학으로서 교육철학은 개인의 신념체계에 비해 조직적인 이론체계를 가지는 반면 다음과 같은 문제점이 있다.

순수철학의 원리들은 이론체계로서 훌륭한 설명력을 지닌다 할지라도 실천적 성향이 강한 교육에 항상 직접적인 시사를 주기에는 어려움이 있다. 그것은 철학과 교육 간의 다른 차이점에 기인하기 때문이다. 즉, 철학에서 관심사나 추구하는 내용이 교육에서 그것과 다를 수 있는 데서 기인한다. 사회주의 교육철학, 자본주의 교육철학 등은 개인이 지닌 교육철학에 비해 비교적 이론체계가 정련되어 있고 많은 다수의 사람들에게 지지되어지는 교육철학에 속한다 할지라도 직접적으로 교육에 대해 언급이 없는 경우 그런 철학적 관점에서 교육원리를 추출하려는 것은 무리이다. 그리고 사회주의에 근거하여 "집단을 위한 희생과 봉사를 강요하는 집단주의(Collectivism)"를 강조하는 이념과 체제를 곧바로 교육에 응용한다 할지라도 사회주의 권역을 넘어서면 한계를 보일 수밖에 없다. 그리고 이념이 아무리 많은 사람에게 지지된다고 할지라도 그것이 교육철학으로 적용되기 위해서는 또 다른 범주의 것들을 고려해야 할 것이다. 따라서 아무리 체계화된 철학적인 원리라 해도 그것이 교육의 원리로서 응용된다는 보장은 없다.

3) 교육목적론으로서의 교육철학

일찍이 헤르바르트(J. F. Herbart)는 교육학을 학문으로 정립하는 데 두 가지 분야에 근거해야 한다고 말한 바 있다. 그것은 교육의 목적은 철학이나 윤리학에, 교육방법은 심리학에 근거해야 한다는 논리다. 이런 의미에서 교육철학의 소임은 바로 교육의 목적을 설정하는 과업이라고 보는 것이다. 그러므로 이렇듯 교육철학을 교육목적, 목표를 설정하는 것을 주 과업으로 한다는 의미에서 헤르바르트적 관점으로 이해된다. 그런데 이렇듯 교육철학을 분류하는 방식은 교육목적과 방법을 철학적 탐구와 과학적 탐구방식이라는 단순화된 분류의 결과이다. 실제로 교육문제가 사실과 규범의 문제로 구분하는 것은 단순한 논리적 구분이지 그렇듯 분명하게 구분되어 다뤄질 정도로 단순하지도 않거니와 교육목적 설정이 적어도 논리적·규범적 가능성의 조건 위에서 설정되어야 한다는 점에서 일차적으로 철학의 과제일지라도 사실적 가능성에 이르기까지 완결된 형태의 교육목적 설정에 이르기까지 교육철학의 전유물은 아니기 때문이다.

4) 철학의 탐구영역에 근거, 교육적 시사점을 도출하려는 교육철학

전통적으로 철학의 탐구영역은 형이상학, 인식론, 가치론 등으로 구분한다. 이런 탐구영역의 지식을 교육의 이론과 실제에 적용해 보려는 교육철학이다. 이런 유형의 교육철학이 갖는 특징은 이미 이론적 체계를 지닌 기존의 철학으로부터 이론의 체계화에 도움을 받는다는 점에 있다. 그러나 철학의 고유 관심사인 존재, 지식, 가치의 문제가 곧바로 교육의 관심사로 전환될 수는 없다. 물론 순수철학적 탐구의 결과가 교육에 도움을 줄 수는 있다. 그러나 교육 문제에는 순수철학에서 문제시하는 것 이외의 철학적 탐구의 문제를 포함하고 있기 때문에 철학의 탐구영역에 근거하여 교육에 대한 시사점을 추출하려는 가정에는 한계가 있다. 그리고 교육철학은 독자적인 탐구영역과 방법론을 갖지 못한 학문으로 순수철학의 하위영역으로 여겨지게 하는 한계가 있다.

5) 철학적인 탐구방법으로서의 교육철학

탐구행위로서의 철학적인 방법론은 분석철학의 방법론을 적용하여 언어 분석을 주 기능으로 한다. 일반적으로 철학의 탐구방법은 세 가지를 든다. 즉, 사변적 방법, 분석적 방법, 평가적 방법 등이 그것이다. 이들은 탐구행위로서 교육철학에 적용되는 방법론으로서 분석적 방법의 대상은 교육의 언어와 논리에 관한 분석을 주로 하지만 사변적 방법과 평가적 방법도 상호 보완적으로 활용될 수 있다. 따라서 이런 분석 철학에 근거한 교육철학은 교육의 실천원리나 이론체제를 정당화하는 증거를 분석하고 검토하며, 개념과 진술의 경험적 합당성과 논리적 타당성을 밝히고 통합적인 지식의 체제에로 종합하는 성격을 띤다.

철학적 탐구방법으로서 교육철학은 공헌점도 있지만 탐구방법의 제약으로 인하여 한계성도 있다. 교육철학의 공헌점으로는 논리적 엄정성 추구, 교육이론의 성격 규명, 교육용어의 의미를 분명히 밝혀내려고 노력한 데 있다. 반면에 한계점으로는 분석적 교육철학의 방법론이 규범적인 문제를 다루려고 하지 않는 속성으로 인하여 바람직한 세계관이나 윤리관의 확립에 별 도움을 주지 못하고, 체험적, 가치판단, 사회 역사적 요소를 배제하며, 정의적 영역의 실재와 의의를 긍정적으로 수용하지 못한 데 있다.

교육철학의 방법론으로 셔미스(S. S. Shermis)는 설명적이고 묘사적인 접근과 규범적 기능을 들고 있다. 한편 학자에 따라서는 교육철학의 연구방법을 보다 구체적으로 열전적 방법, 원리적 방법, 사상사적 방법, 비교적 방법, 본질추구의 방법, 분석철학적 방법, 주제적 방법론, 절충적 방법론 등으로 제시하기도 한다.

4. 교육철학의 기능

일반적으로 교육현상을 탐구하는 데 철학적 접근과 과학적 접근 방법을 들 수 있다. 전자는 교육현상을 분석, 평가, 사변, 통합하는 기능이라면 후자는 교육현상을 기술 설명하고 예언 통제하는 방법을 의미한다. 켈러(Keller)는 철학의 기능에 따른 유형을 세 가지로 구분한다.

① 사변철학(Speculative Philosophy): 과학에서 다루는 개별 사실에 대한 탐구보다는 모든 지식과 경험에 통용되는 전체적인 통일성과 체계를 발견하려고 하는 노력이다.

② 규범철학(Normative Philosophy): 선·악·정·사 등과 같은 가치판단의 준거와 관련된 기준을 마련하려는 노력이다.

③ 분석철학(Analytic Philosophy): 언어 의미의 명료화(Meaning Clarification)에 관심을 둔다.

위와 같은 철학의 유형에 따라 교육철학의 기능을 사변적 기능, 평가적 기능, 분석적 기능, 통합적 기능으로 분류해 보기로 한다.

첫째, 사변적 기능은 "이론적, 실천적 문제를 해결하기 위해 새로운 가설, 생각, 제언을 성립시키고 제시하는 행위"를 의미한다. 교육과정에서 추구해야 할 새로운 가치를 제언하고 문제해결의 새로운 방향을 모색하는 데 요구되는 노력이다. 따라서 교육철학에서 사변적 기능이란 교육현상이나 문제에 대하여 새로운 가치나 방향을 제언하는 기능을 말한다. 물론 이런 기능은 사변철학이 갖는 전체성, 체계성의 특징에 비춰 볼 때 개별 사실이나 경험보다는 모든 지식, 경험에 적용되는 전체성, 체계성을 추구한다. 그러나 사변적 기능은 교육철학의 기능 가운데 중요한 기능을 수행하지만 그 자체로서보다는 여타의 분석, 평가, 통합적 기능과 긴밀한 상호작용 속에서 가능하다. 이 점은 여타의 교육철학의 기능에도 동일하게 적용된다. 예컨대, '교원능력개발평가의 바람직한 방안'이라는 문제에 대해 먼저 교원의 전문성이라는 개념의 정확한 이해를 위한 개념적 분석 작업이 이뤄져야 하고 교원의 전문성 확립이 이뤄지기 위한 조건, 기준이 마련되어야 하는가와 관련된 평가적 기능이 수행된 다음 교원능력개발평가의 구체적 방안에 대한 논의가 가능하기 때문이다.

둘째, 평가적 기능은 선악정사(善惡正邪)와 같은 규범적 가치판단의 기준을 설정하고 이에 비춰 어떤 대상의 만족도를 판단하는 행위이다. 따라서 교육철학에 있어서도 평가적 기능이란 교육의 합리성의 적부를 판단하는 기준을 설정하고 그 기준에 어느 정도 합치하는가를 밝히는 기능이다.

셋째, 분석적 기능은 교육에 관련된 용어나 개념의 의미를 명백히 하여 논리적 모순, 애매한 표현, 동의어 반복 등으로 그 뜻이 명백하지 못한 점을 명백히 가려내는 기능이다. 이 점에서 분석적 기능은 교육철학의 특정 교육이념이나 사상을 담기보다는 철학하는 방법론이라고 불린다.

끝으로, 통합적 기능이란 부분이나 개별 현상이나 과정을 전체로서 파악하고 통합하려는 노력이다. 철학의 본질적 성격 중의 하나가 바로 전체성이다. 이는 비단 철학만이 아니라 적어도 교육현상을 이해하고 교육의 방향을 설정하는 데에도 같이 적용된다. 특히 교육학이 종합과학이라면 전인적 인간을 지향한다는 점에서 전체적 관점에서 교육문제를 조망하고 통합적으로 도모하는 안목이 필요하다. 그러므로 "교육철학의 임무는 다양하게 분화된 교육제과학과 그것들의 연구 성과를 전체로서 궁극적으로 종합하는 것"이다.

제2절 전통적 교육철학

1. 이상주의(理想主義)

1) 이상주의(Idealism)의 의미

이상주의(Idealism)는 서구문화에서 고대 그리스 플라톤을 비롯하여 데카르트, 버크레이, 칸트, 헤겔철학에까지 소급할 수 있을 만큼 고전적인 형태의 것 중의 하나이다. 일반적으로 이상주의자들은 관념, 생각, 이성만이 실재하는 것이라고 하지만 모든 이상주의자들이 물질계를 거부하는 것은 아니다. 오히려 물질계는 변화, 불안정성, 불확실하지만 이성이나 관념은 영원하다고 믿는다. 이상주의는 주로 삶의 방식과 관련해서는 관념론으로, 인식론상으로는 유심론이라는 다양한 뜻으로 혼용된다.

이상주의 철학의 존재론, 인식론, 가치론을 통하여 그 성격을 고찰해 보면 다음과 같다.

먼저, 이상주의자들은 형이상학에 있어서 우주의 본질적이고 궁극적인 존재는 정신이라고 믿는 입장이다. 따라서 실재하는 것은 오직 이데아, 즉 정신뿐이라고 한다. 그러므로 궁극적 실제의 세계는 생멸 전변하는 현상계가 아닌 영원불멸하는 정신으로 이는 인간의 경험세계를 초월한 세계로 본다. 이런 형이상학의 대표적인 전형이 바로 플라톤의 이데아론이다. 플라톤에 의하면 우주는 이데아의 세계와 그의 모방에 지나지 않는 현상계로 구분된다고 하는 이원론적 세계관을 주장한다.

둘째, 이상주의자들의 인식론은 '정합설(coherence theory)'로 설명된다. 이에 따르면 어떤 명제나 신념들의 진리 여부의 결정은 경험에 의해 검증된다기보다는 논리적 사유에 의한 정합의 정도에 따라 결정된다는 입장이다.

셋째, 가치론에 있어서는 관념론자들은 정신적 가치를 절대적이고 영원한 것으로 보는 반면 물질적 가치는 그렇지 못한 것으로 본다. 따라서 정신적 가치는 영원불멸하다고 하는 절대론적 가치관을 견지한다고 볼 수 없다.

2) 이상주의와 교육

인간의 본성, 실재, 지식, 가치의 본질에 대한 이상주의의 철학적 입장은 다음과 같다.

먼저, 인간의 본성에 대해 이상주의자들은 인간은 합리적 능력을 부여받고 태어나, 선택할 수 있는 의지가 있다고 믿는다. 실재의 본질에 대해서는 입장에 따라 다소 차이를 보인다. 절대적 이상주의자들은 오직 정신만이 실재한다고 하는가 하면, 비판적 실재론에서는 영혼과 육체가 실제 존재하지만 믿음직한 지식은 정신적 실재와 연계되어야 가능하다고 한다.

둘째, 지식의 본질은 직관이나 재결합에 의해 가능한 것으로 진리는 훌륭한 정신으로 가능하고 대부분 사람들은 의견수준으로 지식을 다룬다고 한다.

셋째, 가치의 본질에 대해 그들은 인간본성은 실제에 있어서 절대적인 것으로부터 추출된 도덕적인 절대명령에 의해 통제된다는 입장이다.

이상주의자들은 이런 철학적 입장에서 근거하여 교육에 주는 시사점을 들면 다음과 같다.

① 교육의 목적: 형식적·비형식적 교육은 인격형성을 맨 먼저 중시하고 그런 다음 인간의 재능과 사회적 선을 향해 개발한다. 교수·학습과정은 학생의 고유한 잠재력을 충분히 발휘할 수 있도록 도와주어야 한다.

② 학생의 위치: 학생의 성격과 재능을 계발할 자유가 있다.

③ 교사의 역할: 인간발달의 과정에 인간의 본성을 맞춘다. 주로 학생들에게 교육적 환경을 조성하는 데 책임을 진다.

④ 교육과정: 인간의 합리적인 능력의 발달을 위한 자유교육, 개념화·관념화된 지식 위주의 교과목이나 학습내용이 주가 된다. 그런 교과목은 신이나 우주와 인간과의 관계를 잘 규명한다고 보는 철학, 신학을 들 수 있다. 이 밖에도 시대적 특수성을 초월한 보다 추상화되어 있고 일반화될 수 있는 교과목들로 수학, 역사, 문학 등을 들 수 있다.

⑤ 교육방법: 진리란 내재해 있기 때문에 학습자 자신의 내적인 사색을 통하여 자아반성 또는 자아 성찰을 통한 회상이라고 한다. 따라서 학습자 자신의 직관과 내적 자아 탐구가 바탕이 된다. 이상주의에서 적절한 수업방법으로 대화적 방법이 적용된다. 그러나 어떤 방법이든 학생의 학습에 자극을 주어 효과적인 방법이라면 모두 적용될 수 있다. 학습에 생리적인 기반을 중시하지 않는 경향이다. 교수·학습과정에서 교사가 중심적이고 결정적인 역할을 맡는다.

그러나 이상주의자들의 이런 주장에도 긍정적인 평가와 부정적인 평가가 병립한다. 이상주의 교육철학에 대한 비판적 논의는 다음과 같다.

이상주의는 종종 보수주의로 분류되기도 한다. 그들의 교육에 관한 관점이나 주장이 문화적 전통을 보유하고 있기 때문이다. 그들에 의하면 교육이란 대체로 문화적 유산을 전달하는 것이라는 생각과 영원하고 궁극적인 진리와 관념에 관심을 두고 있는 데서 기인한다. 한편 부정적인 측면에서 보면 이상주의는 유력한 과학적 세계관과도 그리고 최근에 나타난 교육적 사건과도 조정이 잘 되지 않는다는 비판, 직업적 기술적 교육의 측면을 충족시킬 수 없고 관념론이 추구하는 교육이 지나치게 이상적이어서 현실세계를 긍정적으로 받아들이는 태도가 부족하다는 비판이 있다.

그럼에도 불구하고 이상주의 교육철학의 특징을 들면 다음과 같다.

첫째, 높은 인지적 수준의 교육을 조장하고 있다.

둘째, 문화적 학습을 증진하고 보호하는 데 대한 관심을 갖고 있다.

셋째, 도덕교육과 인격교육에 대한 높은 관심을 갖는다.

넷째, 교사를 교육과정의 중심적 위치에 두고 있다.

다섯째, 자아실현의 중요성을 강조하고 있다.

여섯째, 생활의 개인적 면과 인간적인 면에 강조점을 둔다.

일곱째, 종합적이고 체계적이며 전체적인 접근을 한다.

2. 자연주의(自然主義)

1) 자연주의(Naturalism)의 의미

자연주의(Naturalism)란 자연에는 아름다운 질서가 있다. 타고난 인간의 자연성을 존중하자, 그 자연의 질서에 따라 사는 것이 가장 올바르고 행복한 삶이라고 생각하는 사조를 총칭한다. 자연주의자들은 철학적으로 자연을 유일한 실재로 생각하는 철학이다. 따라서 정신적 존재나 영혼 등의 존재를 부인한다.

자연주의는 역사적으로 원자론으로 불리는 그리스의 탈레스로부터 데모크리토스 등을 들 수 있다. 이런 물질적 우주관의 형이상학을 보면, '모든 존재는 인과율 법칙 아래 있다, 자연 이외에는 아무것도 있을 수 없다, 자연에는 아름다운 질서가 있다, 인간성은 자연의 가장 아름다운 것의 하나로 존중되어야 한다.' 지식은 감각적 경험을 통해서 가장 올바르게 얻어진다는 것이다.

자연주의 교육철학의 출현 배경에는 서구의 18세기 계몽기(계몽주의) 사조와 관련이 있다. 서구 18세기의 계몽기란 전통과 인습, 사회제도, 형식주의, 인간관 및 비과학적인 세계관 등의 불합리한 것을 타파하고 배격해 나가는 일련의 운동을 의미한다. 인간 이성을 자각을 배경으로 한 계몽기 사조는 인간의 이성과 자유를 두 축으로 절대군주로부터 인권 재민시대로 이행과 교회의 절대적 권위로부터 깨어남을 의미한다. 이런 점에서 루소의 교육소설인『에밀』과『사회계약설』등은 당시 사회의 인권의 계몽과 아울러 기성세대가 주도했던 교육에 대한 주도권을 아동으로 전환하게 됐다는 역사적 의미를 갖는다.『에밀』이 인간의 본래 선을 주장한 것이라면『사회계약설』은 인간의 자유에 대한 주장이다. 즉 인간을 어린이를 해방시키자, 인간을 그릇된 사회체제로부터 해방시키자는 생각이었다. 자연주의 교육사조의 형이상학은 오직 자연만이 실재한다고 주장한다. 물론 여기서 자연이란 넓은 의미에서 모든 내외의 범주를 망라하기도 하지만 인간의 내재적 자연성을 존중한다는 의미를 함의하고 있다.

2) 자연주의와 교육

자연주의 교육원리는 "자연으로 돌아가라"라는 이야기가 말해 주듯이 넓은 의미로 자연주의에는 소박한 인문주의, 근대의 과학주의, 실학주의, 그리고 아동중심주의, 낭만주의 교육에 이르기까지 포함될 수 있다. 18세기 계몽기 사조가 발흥할 무렵 교육에 있어서 자연주의를 주도한 인물로 루소를 든다. 루소의 주요 저서로는 『학문예술론』(1750), 『정치경제론』(1750), 『사회계약설』(1760), 『에밀』(1760), 『불평등 기원론』(1755) 등을 들 수 있으며, 이 중에 『에밀』에는 그의 교육사상이 잘 드러나 있다. 루소는 인간은 조물주로부터 태어날 때 모두 선하지만 인간의 손으로 옮겨지면서 타락하기 시작한다고 함으로써 인위적이고 인습에 의지하기보다는 순수한 인간의 선으로부터 교육을 시작하려고 하는 이른바 소극교육론(Negative Education)을 전개하고 있다. 즉, 인간, 자연, 사물은 인간을 교육하는 데 필요한 조건으로 조화롭게 작용되어야 하지만 이 가운데 자연은 인간이 인위적으로 정복하고 조정할 대상이 아니라 자연에 맡겨야 한다는 것이다. 자연에 따른다는 의미는 두 가지로 구분해 볼 수 있다. 하나는 스스로 판단할 줄 아는 자율적 인간형성이다. 그리고 다른 하나는 자아 성찰력을 지닌 인간이다.

자연주의 교육관을 정리하면 다음과 같다.

① 교육은 사회 문화적 기능이다.

② 교사는 학생에게 교과를 가르치지 말고 학생의 발달수준에 맞는 관심의 대상을 포착하고 학생 활동을 이런 쪽으로 촉구해야 한다.

③ 교육목표는 사회생활에 필요한 기능, 지식, 태도를 갖추게 하고 동시에 각 개인이 자신의 개인적인 생활을 즐길 수 있는 자질을 갖추게 해야 한다.

④ 교육과정은 양친과 교사가 잘 지켜보는 가운데 자연적 성장과정이 되어야 한다. 자연주의에서는 언어적인 학습방법보다는 감각적인 경험을 강조한다. 실재를 파악하는 것은 나의 자연스런 감각에 기인하기 때문이다.

자연주의 교육이 오늘날 교육에 주는 시사점을 든다면, 교육을 외부에서 주입이나 주형이 아닌 내부로부터의 계발로 본 점, 인간은 자연적 성장 발달 단계에 따라 교육해야 한다는 점, 아동을 존중교육을 해야 한다는 점, 교육방법에 감각적인 교육방법을 적용한 점, 민족주의와 관련하여 국어교육을 중시한 점, 시민적 자질을 도야하는 데 큰 영향을 미쳤다. 반면에 인간생활이 물질, 현세, 신체, 사회적 존재 이상의 그 무엇임을 소홀히 하였고, 인간의 삶의 지향성을 밝히는 데 소홀히 한 점이 있다.

3. 실재주의(實在主義): 실재론(實在論)

1) 실재주의(Realism)의 의미

서구의 17세기는 르네상스와 지리상의 발견, 그리고 종교개혁에 이어진 자연과학의 발달에 따라 교육에 있어서도 변화를 촉구하게 되었다. 이런 과학의 발달이 인간의 능력과 이성 및 경험을 존중하는 실학주의 교육으로 나타나게 되었다. 실재론은 언어이전에 사물을 통하여 삶에 구체적으로 필요한 지식과 인재를 양성하려는 교육사조이다. 논자에 따라 인문적 실재론, 사회적 실재론, 과학적 실재론으로 구분하기도 하며, 고전 종교적 실재론, 과학적 실재론, 그리고 합리적 실재론 등으로 구분하나 일반적으로 실재론은 과학적 실재론을 지칭하는 편이다. 실재주의의 철학적 특징을 들면 다음과 같다.

첫째, 형이상학을 보면 우리의 마음과 별도로 독립하여 존재하는 객관적인 질서나 법칙 속에서 우리가 산다는 인식에 기초하고 있다는 이른바 독립성의 원리(Independence Theory)를 견지하고 있다. 이런 형이상학에 기초한 존재론은 정신보다는 물질을 중시하므로 유물론으로 분류하기도 한다. 비록 그 물질이 과연 무엇인가에 대해서는 종교적 실재론자들은 종교에 기초하여 물질도 신의 섭리로 받아들인다. 여하튼 우주나 인간의 본질을 정신보다는 물질로 본다는 점에서 일치한다.

둘째, 인식론에 있어서 실재론자들은 안다는 것은 사물에 대해 앎을 의미하는데 그 때 앎이란 인간의 마음과 그 외적 세계와의 상호작용에 의해 이뤄지는 것으로 본다. 이러한 지식의 형성을 이들은 대응성이라고 하다. 요컨대, 실제로 진리란 우리 생각과 실재하는 사물 간의 일치된 것이 진리라고 한다.

셋째, 가치론에 있어서 그들은 행동의 가치란 사물의 객관성 정도와 사물들 간의 객관적인 관계에 따라 달라진다고 한다. 실제주의에서는 가치는 외적인 객관적인 기준에 따라 결정된다.

2) 실재주의(실재론)와 교육

첫째, 실재주의자들의 궁극적인 교육의 목적은 사람들의 잠재능력을 최대한 발휘하여 행복을 달성하는 것으로 본다. 따라서 교육은 우주의 이치를 깨달을 수 있는 핵심적인 지식, 경건한 마음을 갖추게 하는 일이다. 코메니우스에 의하면 교육이란 "모든 것을 아는 것, 모든 것을 지배하고 자신을 지배하는 힘을 얻는 일, 자기 자신 및 모든 것을 만물의 근원인 신과 관련시키는 일," 즉 박학, 덕성, 경건성의 도야가 되었다. 이 말은 코메니우스에 있어서 교육의 목적이 내세를 위한 준비에 있으며 이 준비가 바로 박식, 덕, 경건 등의 방향에서 이뤄진다는 것이다.

둘째, 학생(생도)는 고도의 지성을 발로할 수 있는 자질을 충분히 지니고 있는 존재로 존중되어야 한다.

셋째, 교육목표는 이상적 생활을 즐기게 하는 데 있다.

넷째, 교육과정은 진리를 알고 사용하고 즐기는 습관과 경향성을 갖추게 하여 주어야 한다.

한편 아리스토텔레스에 의하면 실재주의의 궁극적인 목적은 사람들의 잠재력을 최대한 발휘하게 하여 행복을 달성하는 것인데 구체적으로는 ① 조직화된 체계적인 지식을 연구하고 배움으로써 사람이 갖고 있는 가장 큰 힘인 이성을 계발한다. ② 사람들이 자신의 선택을 합리적으로 할 수 있도록 고무 격려하고 그들의 잠재성을 최대로 실현할 수 있도록 도우며, 합리적인 위계적 질서·체제에 자신들의 위치와 역할을 통합시키는 일을 하도록 한다. 요컨대, 실재주의의 교육목적은 지식의 체계와 탐구의 기능과 방법을 가르쳐 이성을 고양하는 것이다.

실재주의자들은 실재의 객관적인 질서를 중시한다. 실재를 지닌 사물은 기본적으로 유사성에 기초하여 범주화하여 분류할 수 있다. 이렇게 범주화하여 분류된 지식체계를 '범지체계(Phansophy)'라고 한다. 그러나 범지자는 단순히 박식이나 지식의 축적과는 다르다. 코메니우스에 의하며 범지사란 '생명의 소금인 SAL'이리고 한다. 다시 말하면 이해한다는 Sapere와 행한다는 Agere, 말한다는 Loqui의 의미를 담는다(사고, 언어, 행동).

실재주의자들에서 교수·학습의 기본적인 구성은 교사, 교육내용, 방법 및 학생이다. 무엇보다 교사는 교과내용을 잘 알고 있어야 한다. 교사가 지식체계를 제공하는 입장에 있기 때문이다. 그리고 실재주의 교사는 학생에 대한 이해는 물론 동기유발의 방법과 그들의 학습을 즐겁게 해 줄 수 있는 지식의 공급자여야 한다고 한다.

이런 실재론 교육철학에 대한 평가를 보면 먼저 실재주의는 학생에게 우주와 현실, 사회적 자아를 긍정적으로 이해시키고, 이를 교육의 마당에 적극 반영하여 자기실현과 사회생활에 필요한 지식을 갖추게 하며, 우주의 신비스런 법칙을 탐구하며 진리를 쫓는 경건하고 엄정한 태도를 기르는 데 공헌하였다. 반면 가치를 주관적으로 취사선택하게 하고 개성적으로 이것을 즐기면서 실존적으로 사는 인간을 키워 내지 못한 한계, 교사중심 교육, 주입식 교육, 보수적 전통적인 지식전달, 개인차 무시, 변화의 수용에 미흡한 점 등을 들 수 있다.

4. 실용주의(實用主義): 프래그머티즘(Pragmatism)

1) 실용주의(Pragmatism)의 의미

실용주의(Pragmatism)는 20세기 미국에서 출현한 철학으로 미국인들의 삶의 철학이요, 삶의 방식이다. 실용주의자들에 의하면 진리란 인간의 경험으로부터 나오는 것으로 실험과 가설에 의하여 인간행동을 검증하려고 한다. 프래그마티즘의 'Pragma'는 행위, 사실, 활동, 실천을 뜻한다. 따라서 프래그마티즘은 때로는 실용주의, 행동주의, 도구주의 등으로 불리기도 한다. 프래그마티즘은 찰스 다윈의 진화론, 영국의 경험론 등의 유럽 철학을 미국이라는 독특한 토양에 옮겨 심은 철학이다. 이 학파에 속하는 주요 인물로는 퍼스(C. S. Peirce), 제임스(W. James), 듀이(J. Dewey) 등이 있다. 퍼스는 1872년 「How make our ideas clear」라는 논문을 발표한 바 있는데, 이것이 처음 프래그마티즘의 시작을 알리는 계기가 되었다. 그는 지적 개념을 설명할 수 있는 수단의 발견, 즉 의미의 명료화를 기초로 한 점에서 프래그마티즘의 출발이라고 할 수 있다. 그가 사용한 프래그마티즘이라는 말의 의미는 두 가지였다. 하나는 우리가 사용하는 개념의 명료화란 그 자체로서 그 의미를 갖는 것이 아니라 실제 관찰 실험의 결과를 통하여 나타난 결과를 확인해 봄으로써 가능하다는 이른바 결과(effect)주의를 설정하고 있다. 다른 하나는 모든 과학적 지식은 실제와 일치하느냐를 실험 가설에 의해 가능하다는 실험가설주의에 근거하고 있다.

퍼스(C.S.Peirce)가 순수 과학적 입장에서 실용주의를 규정하려고 했다면 제임스(W. James)는 심리학적 측면에서 접근하여 이른바 기능주의 심리학을 전개한 인물로 알려져 있다. 제임스는 인간의 의식에 있어서 철저한 경험, 즉 직접 경험을 중시하여 심리학의 본질을 의식의 기능, 즉 개인의 생활과 환경에 대한 적응에서 그 기능, 실용성을 연구하는 데 있다고 보았다.

한편, 듀이는 사회 과학적 측면에서 실용주의를 체계화한 인물로 그는 생활에서 문제해결의 도구로서 규정하여 그의 철학을 흔히 도구주의(instrumentalism)라고 부르기도 한다. 도구주의란 지식이나 진리란 그 자체가 가치 있는 것이 아니라 주위 환경과 함께 변화하는 사회에 적응하면서 문제해결을 하는 데 그것이 도구로서 역할을 할 때만이 가치가 있다는 것이다. 듀이의 도구주의 사상의 핵심적인 내용을 보면 형이상학적으로 절대불변의 진리, 고정된 진리를 부인하고 변화하는 것, 유동적인 것만이 진리라고 믿으며(변화: change), 유기체의 환경과 불가분의 연계성을 지니고서 상호작용(interaction)함으로써 변화를 가져다주는 그 변화는 발전을 예고하며, 인류 역사는 이런 상호작용이 연속적으로 계속(continuity) 이어지면서 발전되어 온 것으로 보고 있다.

(1) 궁극적 실재의 부정

궁극적 실재를 거부하고 오직 변화만이 실재한다고 한다. 전통적인 철학에서 이원론이나 형이상학적 논구를 비롯하여 이론과 실재, 생각과 행동을 구분하는 것들과 달리 그들은 생각과 생동을 현재의 경험 속에서 하나로 보아야 한다는 실험주의에 근거하고 있다. 생각과 행동은 분리되어 있지 않으며 생각은 경험 속에서 검증되기 전까지는 불완전한 것이다. 또한 전통철학에서 형이상학적 질서는 영원불멸한 것, 고정 불변한 것으로 이는 현실 경험세계를 떠난 초경험적 세계에 관한 것으로 인식되었다. 그런데 프라그마티스들은 존재하는 것의 본질은 모두 변화하는 세계에 있다는 것 자체만이 분명할 뿐 모두 불확실하다고 보고 인간의 탐구활동 역시 불확실성에 대한 탐구라기보다는 불완전한 세계에서 이뤄지는 변화 과정 그 자체를 관리하고 지시하는 방법과 수단에 대한 탐구가 모두이다.

(2) 유기체의 환경과의 상호작용 인식

듀이에 의하면 인간 유기체는 살아 있는 자연적 창조물이며 생명을 유지시키기 위한 충동과 동기를 소유한 조직체이다. 그에 의하면 인간의 지식에 대한 탐구는 문제 상황에 접하여 문제를 해결하는 과정을 통해 끊임없이 얻어지는 경험의 과정으로 본다. 이와 같은 문제해결의 과정이 바로 유기체가 환경과 상호작용하면서 인간의 지성은 탐구활동을 지속하는 것이다.

(3) 가치론

전통철학에서 가치는 초경험적 근거 위에서 성립된다. 따라서 그 가치는 절대적 가치로서 우리에게 제시된다. 그런데 프라그마티스들은 이런 절대적 가치나 고정불변의 가치체계를 부인한다. 요컨대, 가치란 보편적 질서나 관습 또는 절대적 권위의 범주에 근거하는 것이 아니라 인간의 기호, 바람, 희망, 욕구에 기초하기 때문이다. 따라서 다양한 가치 속에서 특정 가치는 상대적인 위치를 점하기 마련이다. 그러므로 가치를 절대불변의 것이라고 보기보다 상대적인 것으로 보는 이유도 여기에 있다.

2) 실용주의 교육철학

실용주의는 변화하는 것이 실재하는 것이고 인간은 사회적·생물학적 존재이며, 인간은 단순히 외부로 오는 지식을 수용하는 존재가 아닌 자신의 문제를 해결해 가는 과정에서 이를 재조직하는 존재이며, 따라서 가치란 고정된 실체가 없이 상황에 따라 달라질 수 있다고 한다. 이런 형이상학, 인식론, 가치론에 기초한 교육관을 정리하면 다음과 같다.

첫째, 실용주의는 변화만이 실재한다고 보아 인간도 환경에 적응하는 하나의 유기체로 보며 인간의 본성은 유동적이고 가소성을 지닌 인간관을 전제로 한다.

둘째, 실재는 인간과 환경과의 상호작용에 의해 인식되며 창조되는 것으로 보기 때문에 학습도 이런 환경을 떠나서는 존재하지 않는다는 입장이다.

셋째, 삶을 교육 자체로 본다. 따라서 학교가 지역사회의 중심이 되어야 한다.

넷째, 아동은 미성숙한 존재이나 수용력과 발전의 가능성을 지닌 발전적 성장체로 본다.

다섯째, 교육목적은 고정된 목적을 밖에서 준비하는 것이 아니라 학습자의 내적 능력을 바탕으로 학생과 협력하여 결정되어야 한다.

여섯째, 교육과정은 끊임없는 경험의 재구성 과정이다.

일곱째, 학습은 행함에 의한 학습이다. 곧 학습은 이를 행(行)함이다.

여덟째, 학습자의 흥미를 존중한다.

실용주의는 경험적·실험적 사고를 실험실로부터 인간의 사회생활 전 영역에 확대시켰고, 진화적 사고방식을 택하여 인간 사회의 낙천적 발전관을 낳았고, 개인과 사회와 조화적인 공존의 가능성에 입각하여 낙천적 사회관을 낳아 민주주의 이념을 미국에 토착시켰고, 특히 생물학적·사회적 감각에 의해 교육에 지대한 영향을 미쳤다. 반면에 가장 기

본적인 가치 지식교육에 소홀히 한 점, 가치나 지식 중에 영원불멸한 것을 가르치지 못한
점, 점진적 낙천적 발전관에 입각한 교육관의 한계도 지적된다.

<표 3-1> 고전적 교육철학 이론의 특징

교육이론	교육목적	교육과정	교육방법	대표적 인물
이상주의	인격형성을 한 다음 인간의 잠재 능력과 사회적 선을 향한 개발	합리적 능력을 도야하기 위한 자유교양교육 (liberal education)	대화적 방법 (dialectical method)	Plato
자연주의	인간의 자연성 계발	과학교육	소극교육론: 자연적 발달의 원리를 따름.	J. Rousseau
실재주의	사회적 책무, 삶의 적응 (adjustment and social responsibility)	유용한 지식을 포함한 종합교육과정(comprehensive curriculum: liberal practical knowledge)	경험에 의한 교육(All learning depends upon experience)	J. A. Comenius
실용주의	개인과 사회적 삶의 새로운 경험	학습자의 욕구와 흥미를 위주로 한 교육과정	활동중심 교육	J. Dewey, C. S. Peirce, W. James

제3절 현대적 교육철학

현대교육의 주요한 쟁점이 되는 과제는 관점에 따라 다를 수는 있지만, 교육계에 가장
많이 대두되는 것 중의 하나가 바로 개혁, 변화라는 명제이다. 이런 점에서 변화를 축으로
하여 기존의 입장을 유지하려는 보수주의 입장과 시대변화에 따라 무엇인가 변화를 시도
하려는 개혁적인 성형의 것으로 대별해 볼 수 있다. 한편 교육철학의 관점에서 현대교육
에서 기본과제를 든다는 교육의 본질론, 가치론, 교육목적론, 인식론, 도덕교육, 미학교육,
종교교육 등을 들기도 하고, 교육의 철학적 접근의 주요 과제로 교육목적, 내용, 방법, 교
육활동을, 교육의 대상으로 학생, 교사, 교육활동을, 현대 문화를 철학적으로 접근하는 과
제로 경험, 교육, 미디어 등을 들기도 한다.

이와는 달리 현대교육의 주제와 쟁점을 보수주의와 새로운 유형의 교육을 추구하는 입
장으로 대별하면서 경험, 개인의 자유, 도덕교육, 학습과 동기, 의무교육제도, 자유와 평등
그리고 소외, 교육기회와 기본교육, 조기교육, 이성적 능력함양을 위한 교육, 인간의 본성
적 능력과 특성에서 개인차와 성 등을 다루는 입장도 있다. 이런 다양한 입장을 보면서
교육철학의 관점에서 현대 교육에 주요한 과제의 하나로 보수주의적 관점과 그에 반하여
무엇인가 새로운 변화를 시도하려는 개혁적인 성향의 것으로 대별하는 것이 일반적이다.

보수주의의 오랜 전통을 유지해 온 것 중에 관념론과 실재론을 들 수 있다. 비록 이들이 오랜 전통을 유지하고 있다고 해서 현대와 전혀 단절된 것을 의미하는 것은 아니다. 적어도 현대 미국의 교육사조인 항존주의나 본질주의도 엄밀히 말하면 이들과 무관하지 않기 때문이다. 한편 새로운 변화를 시도하려는 경향, 즉 전통적인 학교교육의 문제점을 극복하고 새로운 대안을 찾아보려는 움직임을 든다면 듀이의 실험학교(미국)를 비롯하여 닐의 서머힐 학교(영국)를 모델로 한 자유학교운동, 열린교육, 대안교육 등을 들 수 있다. 이들의 철학적 배경에는 자연주의, 실용주의, 실존주의, 비판철학, 현상학, 구성주의, 포스트모더니즘 등 다양하다.

1. 교육에서의 진보와 보수

일반적으로 보수주의란 좁은 의미로는 정치적으로 개혁이나 진보에 반하여 전통적인 입장을 취하는 경우를 의미한다. 물론 영국의 보수주의는 변화를 멈추게 하거나 완만하게 하는 것을 의미한다면, 미국의 경우는 경제적으로는 신자유주의, 사회정책에서는 종교나 도덕적 근본주의 입장을 견지한다. 따라서 영국의 보수주의자들이 갖는 교육에 대한 태도는 교육의 변화를 저항하거나 멈추게 하려고 하는 반면에 미국의 경우는 학교에서 상식에 근거한 종교교육을 고수하려고 한다. 그러나 넓은 의미에서 보수주의는 생활태도나 행동양식을 전통 그대로 유지하려는 현상유지만을 고집하는 의식이나 신념을 말한다.

보수주의에도 두 가지 흐름이 있다. 하나는 전통적인 보수주의와 다른 하나는 자유주의적 보수주의다. 이론적으로 체계화된 보수주의는 사회변혁에 대항하여 현상을 유지하려는 지배계층의 속성을 나타낸다. 근대적인 보수주의 출현은 프랑스 혁명 뒤에 반혁명적인 봉건적 귀족계층에 의해 형성되었다. 이런 전자의 입장을 대변하는 영국의 버크(E. Berk)는 자신의 저서 『프랑스혁명 비판』(1790)에서 혁명의 중심사상이었던 계몽주의나 개인주의를 비판하였다. 이들의 기본적인 입장은 객관적인 도덕이나 다른 가치 질서의 실재에 따라 교육도 모든 사람들이 공유해야 할 교육적 가치를 전승하고 이를 성취하는 것이 바람직하다고 생각한다. 또한 전통적인 보수주의자들은 학교가 사회개혁을 꿈꾸기보다는 이들과 균형을 유지해야 하고 개인이나 집단보다 전통이 더 현명하다고 주장하여 교육에서 과거의 지혜는 존중되어야 한다고 하고 평등화교육을 반대한다.

한편 자유주의적 보수주의 역시 문화유산의 보존 전승의 중요성을 강요하는 점에서 전통주의자들과 일치한다. 그러나 어떤 가치가 인정된다고 해서 어떤 사회에서든 당연히 인정되어야 한다는 보편주의와는 다르다. 이들은 어쩌면 전통에 대해 실재적인 입장을 띤다. 인간의 본성은 본질적으로 합리적이고 경쟁적이라는 자기중심적인 점을 인정하고서 학교가 경쟁체제를 도입하면 개인의 수월성을 신장시킬 수 있다고 본다. 현대 미국에서 보수주의 또 다른 계보로는 신보수주의를 들 수 있다. 1980년대 이래 신보수주의의 다른 이름이라고 부르는 근본주의, 고전주의는 수월성 원리를 존중하는 입장을 제기한다. 적어도 공교육에서 경쟁적 배분을 추진하여 교육의 질과 수월성을 제고해야 한다는 입장에서 본다면 신자유주의와 흡사하다. 현대 미국의 교육에서 보수주의는 경제중시파, 공통문화파, 학교선택파 등 여러 가지 양상을 띠고 있다. 1980년 미국 레이건 행정부(1981~1989)가 교육에서 보수주의를 적용하기 시작한 것은 '위기에 선 국가(A Nation at Risk)'가 대두되기 시작하면서, 부시정권기의 '2000년 미국(1991)'에서 국가적 교육목표의 설정으로 진전되어 클린턴 행정부에서는 법제화(1994)가 이뤄졌으며, 오바마 정권 전의 부시정권에서는 '기초학력부진아 방지법(NCLD: No Child Left Behind Act, 2003)'의 제정에 이르렀다.

보수주의의 오랜 전통을 대변하는 철학적 배경으로는 관념론적 관점과 실재론적 관점을 들 수 있다. 먼저 관념론은 19세기에 이르기까지 서양의 교육적 사고를 지배해 온 관점 중의 하나이다. 예를 들면, 플라톤의 관념론에서는 진정한 실재(實在)란 이데아인 관념에 있다고 한다. 이는 정신 마음으로서 영원하고 완전한 것이라면 이에 반하여 물질세계는 생멸 변화하고 불완전한 것이라는 이원론적 세계관을 가지고 있다. 경험세계인 물질계는 관념적 실재인 이데아의 모방에 불과하다고 한다. 그러므로 관념적 실재를 중시하는 입장에서 교육목적은 인간의 이성적 능력을 강화시키고 개발하여 비물질적인 정신의 세계에 좀 더 접근해 가고자 한다. 교육과정 역시 수학, 논리학, 음악 등을 제시하는 것도 같은 맥락이다.

관념론과 함께 서양교육의 보수적인 구조를 이루는 또 하나의 관점을 든다면 실재론이다. 실재본자들은 물질세계에 존재하는 사물의 형상의 개념을 통해 본질로 진입하고자 한다는 점에서 이원론적 사고와 구별된다. 아리스토텔레스는 사물의 본질로서 형상은 물질세계 내에 존재하는 것이며 이 형상의 실현이 바로 사물의 존재 목적이라고 하는 일원론적 입장을 견지한다. 말하자면 형상이란 질료를 떠나 별도로 존재하는 것이 아니라 언제나 물질을 매개로 하여 질료를 통해서만 실재를 나타내는 것이라고 한다. 이런 관점에서 인간본질은 이성적 사유능력의 발현에 있다. 교육은 우주의 이치를 깨달을 수 있는 핵심적 지식, 고도의 지성을 도야하는 데 있기 때문이다. 실재론자들의 교육관은 감각적 대상에 대한 지각과 그 확실성을 중시하여 사물에 대한 지각능력을 기르는 한편 사물에 내재하는 법칙을 탐구하는 실증주의적인 면을 강조하기도 한다. 특히 과학적 실재론에서는 그런 경향이 강한 편이다. 인간의 행복을 실현하는 것도 바로 이성적 사유능력을 계발함으로써 가능하다고 보고 이런 능력을 발달시키는 자유교육의 중요성을 강조한다. 서구의 자유교양 교육의 오랜 전통을 지닌 교육과정으로서 칠자유학과는 인간의 사유능력을 발달시키는 관점에 근거한 것이라고 할 수 있다. 물론 실재론자들이 말하는 고도의 지성이란 반드시 내면적 사유능력에만 국한되지 않는다. 일명 사유능력이 객관세계에 대한 정확한 인식능력을 요구하는 면이 있기 때문이다.

이상과 같이 관념론과 실재론의 입장에서 보수적인 교양교육을 강조한 인물로 미국의 항존주의자인 허친스, 아들러 등을 들 수 있다. 그리고 1960년대 이후 브루너 등에 의해 주창된 학문중심 교육과정도 이런 맥락을 계승한 동향으로 볼 수 있다. 물론 20세기 후반 보수주의는 이런 동향과 달리 국가위기론에 기초하여 전개되는 면이 있다.

그럼에도 불구하고 서구의 보수주의를 뒷받침하는 철학적 배경의 근저에는 적어도 관념론과 실재론이 자리하고 있음을 볼 수 있다. 보수주의자들은 학교교육을 비롯하여 교육이 해야 할 역할과 기능을 상당히 고전적·정적으로 본다. 학교란 문화적 가치를 보존하고 전수하는 기관으로 본다. 따라서 이들에게 교육과정이란 모든 사람에게 전달해야 할 보편문화로서 구성되어야 한다. 교사의 역할도 당연히 이런 문화적 전통을 다음 세대에게 전달하는 책임을 진다.

이런 보수주의에는 어떤 한계가 있는지 고찰해 볼 필요가 있다. 전통적 보수주의에서는 전통에 대하여 무비판적으로 대하는 입장이다. 그러나 전통이 명시적으로 제시되지 못하면 학생들 역시 무비판적으로 수용할 뿐이다. 그러므로 고전 위주의 전통이 아무리 중요하다고 할지라도 그것이 왜 오늘에도 의미를 가질 수 있는가에 대해 적절한 정당화의 근거가 필요하다. 또 다른 면에서 전통적인 보수주의는 과거에 대한 집착 때문에 반평등주의이고 엘리트 지향주의라는 점, 권위주의적이라는 점, 현대 문화의 중요성 및 교육연구에 대한 평가절하하려는 태도 등에서 한계에 봉착하게 된다.

한편 자유주의적 보수주의 역시 개인의 합리성의 한계에 대한 정확한 인식의 결여를 들 수 있다. 이를테면 학교선택제가 완전히 보장되고 보증계획이 실현되면 사립학교는 엘리트 지향교육을 강화함으로써 계층 간 갈등을 증폭시킬 우려가 있기 때문이다. 자유주의적 보수주의에서는 도덕문제도 개인의 훈련과 의지력 부족으로 돌리는 경향이 있는데 이는 도덕문제가 복잡하게 얽혀 있는 점을 간과함으로 인한 논쟁은 물론 젊은 세대들에게 도덕적 선택 못지않게 중요한 것은 가치의 근본적 상대성을 알려 주는 일도 절대적으로 중요하다는 점을 간과하고 있다고 본다. 기본적으로 자유주의자들은 평등주의보다는 업적주의 모형을 택한다. 따라서 경쟁이 교육의 질을 보장해 준다는 신념을 가진다. 그러나 오히려 공립학교의 경우는 더욱 교육의 질이 보장받기 어려워질 가능성이 있다.

최근 미국을 중심으로 한 새로운 형태의 보수주의는 국가주의를 배경으로 일어나는 관계로 편협한 국수주의로 흐를 위험이 있다. 인류의 공동선(共同善)이나 모두의 번영과 발전보다는 자국의 국가발전이나 번영이 우선시됨으로 인하여 국가 간 선의의 경쟁이라는 미명아래 힘의 논리를 전제로 한 경쟁이 전개될 우려가 있기 때문이다. 그들은 학교가 전통적인 학과목에 유능한 능력과 기본기술을 길러 주는 것이 일차적인 기능이라고 주장한다. 이 점에서 종래의 실재주의나 관념론 또는 항존주의, 본질주의와 유사하다.

그런데 전통적 보수주의에서는 무엇보다 교육이 도덕적인 활동임을 각성시켜 주고 있다고 본다. 학교는 각 문명사적 역사, 사회, 문화적 배경 아래 계획된 도덕적 안목을 갖추게 해 주기 때문이다. 그리고 그런 전통을 모델로 하여 교수가 이뤄지고 훌륭한 인격을 모방할 수 있어야 한다고 주장한다. 문학작품에 제시된 행동유형은 젊은 세대들에게 행동모형을 모방하게 함으로써 전통시대의 교육이상을 오늘에 구현하는 것으로 보기 때문이다.

한편 자유주의적 보수주의는 교육에 대한 정부의 간섭이 적을수록 개인과 집단의 자율성이 신장되어 자신들의 요구에 맞는 대안을 찾을 수 있고, 오히려 이런 접근이 교사의 자존심을 높여 주는 방안이 될 수도 있다.

1980년대부터 현재에 이르기까지 교육개혁 논의를 살펴보면, 이는 1930~1960년대에 이르는 진보주의 교육을 비판하는 입장에서부터 출발한다. 물론 진보주의 교육을 비판한 것은 본질주의나 항존주의만은 아니었다. '수월성과 평등'이라는 저서를 남긴 가드너(J. Gardner), 베스터(A. Bester) 등도 일견 보수주의 입장에 선 인물로 평가되기 때문이다. 물론 현대에서 보수주의는 과거 보수주의의 재현이나 그것과의 단절을 의미하는 것이 아니다. 이들에게서 일반적으로 보수하면 연상되는 현상유지나 구태의연한 모습의 등장은 찾아보기 어렵다. 오히려 전통이나 과거의 규범을 요구하고는 있지만 철저한 현실비판 위에서 현실적 개혁노선을 제시하고 있는 점에서 시사(示唆)하는 바가 크다.

2. 현대사회와 교육철학의 과제

　보수적인 입장을 견지하는 교육철학은 19세기와 20세기에 접어들어 많은 비판과 도전에 직면하게 된다. 물론 이런 비판과 도전은 진보주의에 의해서만 이뤄진 것은 아니다. 보다 넓은 의미에서 그들의 철학적 배경을 분류해 보면 자연주의, 실용주의, 실존주의, 그리고 비판철학 등을 들 수 있다. 최근에 포스트모더니즘, 생태주의, 구성주의도 여기에 합세하고 있다.

　이런 다양한 철학적 배경에도 불구하고 적어도 개인의 자유와 주체성에 대해서는 공유된 입장을 보이는 편이고 나아가 전통적 학교교육의 경직성, 비인간성 측면, 이념에 대한 비판까지 시도하면서 전통적인 교육 패러다임을 개선하려고 한다. 다양한 철학의 부류들은 적어도 이런 새로운 교육 패러다임을 주도하는 부류들의 철학적 입장을 대변한다고 할 수 있다.

　자연주의는 인간의 자연성을 존중하자고 한다. 사회체제 속에서 왜곡된 인간성을 극복하고 인간의 내재된 자연성을 자연스럽게 계발하도록 하자는 것이다. 이에 기초하여 출현된 학교가 바로 영국의 닐(A. S. Neill)의 서머힐 학교라고 할 수 있다.

　실용주의는 변화와 상대성을 인간 세계 및 삶의 존재방식에까지 확대하여 전개하려고 한다. 따라서 교육에서도 절대론적인 입장보다는 인간을 둘러싼 환경과의 교호작용을 통하여 능력을 확장해 가는 일을 중시한다. 실존주의는 인본주의 사고를 형성하는 데 큰 기여를 한 시대사조로서 개인의 자유와 선택의 결과에 대한 책임을 함께 중시하므로 전통교육에서 강조하는 체제순응, 획일화를 거부한다. 비판철학적인 입장은 독일 관념론, 마르크시즘, 프로이트 이론의 영향을 받은 사조로서 인간의 의식이나 지식이 정치, 경제, 사회적 조건에 억압과 왜곡을 고발한다. 따라서 인간의 자유로운 사고와 대화를 억압하고 왜곡하는 불합리한 사회적 요인을 분석·비판하는 능력, 즉 의사소통능력의 함양을 강조한다.

　포스트모더니즘은 전통철학으로부터의 급격한 이탈과 변화를 보인다. 이른바 대서사의 거부와 총체성의 해체, 해체와 다원주의, 반권위주의 또는 자아와 해체 그리고 탈정전화를 주장하는 문화상대주의 논리이기 때문이다. 이런 변화의 논리에 의하면 지식과 진리, 합리성과 이성, 그리고 선과 가치의 궁극적 기초에 대한 확신보다는 회의와 불신으로 전환된다. 포스트모더니즘은 진리와 객관성, 이성과 확실성에 대한 전통 철학적 관념에 대해 도전과 거부를 표방한다. 따라서 교육에서도 모더니즘 교육의 극복, 다원주의 입장에서 지식에 대한 조면, 열린교육의 관점 등을 제기한다.

끝으로 21세기를 전후로 인간 및 생태계의 위기 등을 가져온 부정적인 양상의 원인을 규명하고 새로운 대안을 탐색하는 철학적 노력으로 생태주의를 들 수 있다. 20세기까지 인간이 인간을 위해 이룩한 과학문명이 전 세계 생태계를 위협하고 있음을 지적하면서 현재의 생명경시와 생명파괴는 인륜적 도덕의 붕괴와 인간의 실존적 위기를 초래할 것이라고 경고하다. 그러면서 이런 위기상황을 극복하기 위해 인간중심의 근대철학에서 탈인간중심 철학으로 바뀌어야 한다고 주장한다. 생태학적 접근에서는 인간중심주의 혹은 이성중심주의 한계를 지적한다.

생태주의는 인간과 자연의 역동적인 간주관적 상호작용이 일어나는 장에서 생명체간에 생존방식을 규명하고, 이것이 인간현상에 주는 시사점이 무엇인가를 철학적으로 사유한다. 그리고 중세 말기로부터 뿌리내린 인간중심주의 철학적 한계를 지적하면서 이성과 과학에 토대를 모더니즘적 세계관을 문제 삼는다. 아울러 인간의 자기본위, 경쟁, 소유 등과 같은 자본주의 사회의 지배적인 가치를 근본적으로 재검토한다. 생태주의는 지구촌의 모든 생명들을 전체의 네트워크 안으로 통합하고 상생의 관계를 회복하여 새로운 생명존중의 문명창조라는 거대담론을 제시한다. 이런 생태학적 주장들은 21세기 한국교육에도 과학주의의 문제와 이에 근거한 교육학의 한계, 새로운 대안으로서 상생의 생태학적 교육원리와 내용 및 방법론을 제안한다.

그러나 이런 새로운 변화를 추구하려는 입장에도 불구하고 이들 역시 해결해야 할 문제점도 있다. 대체로 사회변화에 교육도 모종의 변화를 추구해야 한다는 입장에 합의하면서도 구체적으로 보면 여러 가지 한계를 노출한다. 자연주의자들이 객관적인 논의에 기초한, 그리고 역사의식을 지닌 것이라기보다는 신념이나 정서, 느낌에 기초한 것이 아닌가 하는 의심을 받기도 하고 실용주의와 실존주의, 포스트모더니즘, 생태주의에 대해 비판하는 이들은 이런 부류의 철학적 배경에서 도출된 교육개혁의 동향들이 상대주의에 동조하다 보니 자칫 기존의 도덕적 가치, 지적 권위의 붕괴에 따른 개인주의, 가치 무정부주의를 우려하는 목소리도 있다.

최근 한국의 이명박 정부에서 완공한 소위 4대강(四大江) 살리기 사업이 홍수 예방과 강변 정화 등 유사 이래의 대역사로 보는 관점과 전형적인 생태계 파괴로 보는 상반된 시각과 입장은 곧 생태주의 철학과 관점의 차이(괴리)에서 비롯된 것이다.

연구 문제

1. 교육(教育)과 철학(哲學)의 공통점과 차이점에 대해서 설명해 보시오.

2. 교육철학의 연구 대상에 대해서 그 특징을 중심으로 논해 보시오.

3. 교육철학의 유형 및 방법에 대해서 구체적으로 설명해 보시오.

4. 교육철학의 기능인 사변철학, 규범철학, 분석철학 등을 비교하여 설명해 보시오.

5. 전통적 교육철학인 이상주의, 자연주의, 실재론, 실용주의 등을 비교하여 논하시오.

6. 교육에서의 보수주의와 진보주의에 대해서 철학적으로 논해 보시오.

7. 현대 교육철학의 과제를 구체적으로 설명해 보시오.

8. 교육철학의 관념론과 실재론을 상호 비교하여 설명해 보시오.

9. 자연주의 교육철학을 듀이의 실용주의 교육사조(敎育思潮)와 견주어 논해 보시오.

10. 현대 교육의 교권 확립과 교원 교육철학 정립에 대해서 사례를 들어 설명하시오.

교육의 역사적 기초 탐구

학습목표

- 교육사(教育史) 연구의 의의와 목적을 이해한다.
- 한국 교육사의 시대적 특징과 내용을 파악하고 이해한다.
- 한국 교육사상을 심층적으로 탐구하고 이해한다.
- 한국 교육사의 시대적 특징과 내용을 파악하고 이해한다.
- 현대 교육의 흐름인 신교육운동, 아동해방운동 등을 이해한다.

주요개념

- 교육사 연구의 의의, 교육사 연구의 목적, 교육사의 과거 · 현재 · 미래의 관계
- 한국의 고대 교육, 삼국시대의 교육, 고려시대의 교육, 조선시대의 교육, 근대의 교육
- 한국의 교육사상, 성리학과 교육, 실학과 교육, 동학과 교육
- 서양의 고대 교육, 중세의 교육, 실학사상과 교육, 계몽사상과 교육, 신인문주의와 교육
- 현대교육의 흐름, 신교육운동, 아동해방운동

제1절 교육의 역사(교육사) 연구 목적

1. 교육사 연구의 의의

원래 '역사(歷史)'라는 말은 일본 사람들이 만들어 낸 말이다. 우리나라에서는 이보다 더 의미가 깊은 '통감(通鑑)'이라는 용어를 사용하였다. 이는 과거에 있었던 사실을 거울(鑑)에 반사(通)시켜서 오늘에 비추어 보는 학문이라는 데서 연유한 것이다. 통감은 치도(治道)에 있어서 귀감이 되고 밝다는 뜻으로서 교훈적인 의도에서 편찬된 것이다.

중국의 공자(孔子)도 역사를 춘추(春秋)라고 하였는데, 그는 노(魯)나라 사관이 쓴 역사를 다시 고쳐 쓰면서 더 써야 할 것은 더 쓰고 지워야 할 것은 지웠다. 공자의 역사관은 잘못된 행위와 선, 악 등을 올바르게 밝히는 데 있었으며 이것이 곧 오경(五經)의 하나인 '춘추'이다. 춘추필법(春秋筆法)은 사실대로 기록한 실록이다. 의문 나는 대로 전하고 진실된 것은 진실한 대로 전하는 것이 곧 춘추의 필법이다.

역사는 변화를 전제로 하지만, 그 변화 속에서 어떤 질서를 구하며 하나의 계통적인 진화 발전의 발자취를 지속하려고 한다. 광의의 역사는 인간 외의 자연도 연구의 대상으로 삼고 협의의 역사는 인간 생활의 변화를 연구하는 것으로 되어 있으며, 보통 역사라고 하는 것은 후자를 의미한다.

영국인은 역사를 보존하고, 이탈리아인은 활용하고, 독일인은 재건하고, 프랑스인은 사랑하며, 미국인은 만든다고 하여 역사와 국민성을 관련시킨다. 우리 한국 사람들이 갖는 역사 인식은 어떤 것인지 재음미해 볼 필요가 있다.

영어의 'History'는 어원이 그리스어 'Historia'에서 유래되었으며 '탐구'라는 의미이다. 독일어의 'Geshichte'라는 말은 '발생'이라는 의미이다. 이와 같이 'History'와 'Geshichte'는 어원은 다르나, 모두 역사를 나타내는 데서 동일하다.

역사란 바로 탐구하고 생성된 사실에 대한 인간의 경험이며 하나의 생명이다. 역사는 바로 인간의 삶, 생활이며 인생의 경험이기 때문에 반드시 지속성이 있다. 따라서 역사에 속하는 사건들도 모두 일종의 지속성을 가지고 있는 사건들이다. 그런 사건들은 과거에서부터 현재에 이르기까지 오래 계속되어 왔을 뿐만 아니라, 미래에도 끊임없이 지속되어 나갈 것이다.

우리는 흔히 현재는 과거의 소산이라고 한다. 카(E. H. Carr)는 '역사란 무엇인가?'라는 물음에 '역사란 역사가와 사실 간의 상호작용의 과정이며, 현재와 과거와의 끊임없는 대화'라고 보았다. 그러므로 역사란 오늘의 의미에서 역사를 해석함은 두 말할 것 없이 내일을 위해서이다. 여기에 역사 연구의 중요성이 있는 것이다.

카(E. H. Carr)의 역사관은 오늘과 어제, 오늘과 내일로 이어지는 현재에서 우리들 자신과 오늘의 세계를 보게 한다. 따라서 그의 사관(史觀)은 역사에 대한 이론을 넘어서서 현대를 보는 안목, 미래를 보는 안목을 밝히는 데 큰 비중을 두고 있다.

만일 과거가 지나가서 현재에 이르지 못한다면, 이것은 생명이 없는 과거이고 역사의 뜻과 가치도 없는 것이다. 또 오늘만 있고 내일이 없다고 한다면 이런 오늘이란 것도 역사로서의 의의와 가치가 없는 것이다. 역사는 반드시 내일 있는 오늘이어야 하며, 이런 오늘이야말로 역사적인 오늘인 것이다. 우리가 역사에 깊은 관심을 갖게 되는 것은 우리들의 현재와 미래 교육에 대한 실천적 관심 때문이다.

역사 정신은 과거에서 현재를 관통하여 미래를 예측하는 것인데, 이것은 곧 우리들의 생명이다. 생명이 있어야만 비로소 힘이 있어서 과거로부터 현재를 뚫고 미래에 도달할 수 있게 된다. 여기에 역사 연구의 근본적 목적이 있는 것이다.

2. 교육사 연구의 목적

교육사(敎育史)란 '교육의 이론과 실제에 관한 변천'의 서술이다. 즉 교육 이념, 목적, 내용, 방법, 정책, 제도, 운영 등 교육 내지 교육학의 전 분야에 관한 역사적 고찰과 탐구이다. 예컨대, 교육 사상의 변천 및 발전에 중점을 두고 위대한 교육자와 교육사상가들이 물려준 주장과 학설에 대한 고찰, 교육 사실 변천의 자취를 기술, 관찰을 통한 이론을 규명, 교육현상을 분석하여 잠재된 법칙을 찾아내는 것이 곧 교육사 탐구이다.

역사적 인식에 바탕을 두지 못한 교육이론이나 교육실천에 관한 이해는 내용이 결여된 단순한 이해에 불과하기 때문이다. 뿐만 아니라, 모든 교육이론이나 교육실천도 결국 역

사적 발전의 산물이라고 할 때, 교육의 역사를 제외하고 교육 내지 교육학을 파악한다는
것은 '생명이 없는 추상적 이해'에 그치기 때문이다. 따라서 교육학에서 교육사에 대한 지
식과 소양을 함양하는 것은 교육학의 기초를 구축하는 일이며, 교육사 연구는 곧 교육연
구 내지 교육학의 기초가 되는 것이다. 교육학 연구는 교육의 여러 현상과 존재 방식이
역사적 조건에 따라 어떻게 규정되었는가를 추구하면서 교육이란 무엇인가라는 물음에
대하여 교육의 본질을 탐구하고 교육의 이념을 밝히기 위한 연구이다. 따라서 교육사 연
구는 교육에 관한 과학적 연구의 모든 분야, 즉 교육학의 어디에나 필수적으로 있어야 하
는 기초 연구의 하나이다. 교육사는 교육학을 건설하는 데 재료를 제공해 주는 역할을 하
는데, 교육사 연구의 목적을 요약하면 다음과 같다.

첫째, 교육사 연구는 교육에 대한 예지(叡智)를 얻기 위해서 한다. 교육사는 인류가 오
랜 세월을 겪어 오는 동안 많은 교육 경험과 사실을 역사적 관점에서 정리한 교육적 예지
의 집합체라는 것이다. 인류는 수많은 시행착오를 거쳐서 축적해 놓은 삶의 경험과 교육
경험을 매개로 하여 과거와 현재, 그리고 현재와 미래의 대화가 가능하다. 그러한 대화를
통해서 현재의 교육적 문제를 해결하고 미래를 조망할 수 있는 지혜를 얻게 된다.

둘째, 교육 현실에 대한 본질적 이해를 위해서이다. 현실은 항상 역사적 현실이다. 현재
는 한 시점의 문제가 독립되어 존재하는 것이 아니다. 수많은 교육 문제가 자세히 분석해
보면 그 어느 한 가지도 오늘에 이르러 갑자기 생겨난 것이 아니다. 과거부터 잉태된 어
떤 원인에 의하여 발생된 것임을 알게 된다. 따라서 과거와 단절된 채 현실만을 볼 때, 그
문제의 본질을 정확하게 파악할 수 없다. 교육적 현실의 본질적 이해를 위해서는 교육사
와 교육 철학을 상호 연계하여 입체적으로 파악하지 않으면 안 된다.

셋째, 현대 문화의 비판 및 미래 사회 발전의 방향을 탐구하기 위해서이다. 교육은 그
성격상 현실에 만족하지 않고 항상 보다 나은 이상을 추구하는 것이 그 본질적 기능의 하
나이다. 따라서, 교육은 항상 현대 문화에 대한 비판을 위한 준거와 미래 사회의 발전을
위한 방향을 세시할 필요가 있다.

교육은 곧 삶과 생활의 과정이고 인간 형성과 사회 개조를 위한 전 과정이 곧 교육의
과정이라고 했다. 교육적 사실과 경험은 모두 교육사 연구의 중요한 대상인 것이다.

제2절 한국 교육의 역사적 탐구

1. 고대의 교육

원시시대의 교육은 학교기관에 의한 형식교육 이전의 것으로 생활상의 필요에 의한 실제적인 교육, 다시 말하면 생활에 필요한 물자를 획득하는 데 전력한 실용교육 내지 생활교육이었다. 그들은 생활에 직접 필요한 지식과 기술을 경험과 모방에 의하여 후대에 가르치고, 또 생존유지를 위하여 생활을 통해서 그대로 배웠던 것이다.

이와 같은 점을 전제하면, 원시인의 교육은 첫째, 생활의 필요에서 출발하여 생활을 위해서, 생활을 통해서 이루어진 생활교육이었다. 그러므로 원시인의 모든 활동은 교육의 과정이었으며, 생활이 교육이요, 교육이 곧 생활이었다. 둘째, 타부족의 침범과 피해를 막고, 사나운 맹수로부터의 보호에 필요한 군사적 훈련면의 교육이 행해졌을 것이다. 셋째, 원시인들은 자연에 대한 공포로 인하여 대자연의 위력을 숭상하였으므로, 그들의 생활과 신앙과는 밀접한 관계를 갖고 있었고, 제정일치의 교육이 행해졌을 것임을 짐작할 수 있다.

한편 고대의 교육에 있어서의 특징은, 첫째, 무의도적인 교육이 행해졌고, 둘째, 생활과 교육이 하나인 생활교육이었으며, 셋째, 경험과 모방에 의한 교육으로, 즉 원시인의 교육방법은 경험과 모방이었다.

2. 삼국시대의 교육

고구려는 신라나 백제보다도 가장 중국의 영향을 많이 받아 문물의 교류가 빈번하였다는 사실은 지리적으로나 역사적으로 증명이 되고 있으며, 삼국 가운데에서 가장 뚜렷한 국가의 체계를 갖추고 있었다. 이리하여 교육기관은 국립기관으로서 태학(太學)과 사립기관으로서 경당이 있었다. 태학에서는 일반국민의 자제를 교육시키는 것이 아니고, 특권계급의 교육기관이었으며, 주로 관리를 양성하는 데 목적이 있었다. 태학의 제도와 내용에 대해서는 사료에 없으나, 중국의 제도 및 내용과 같은 것으로 알려지고 있다. 경당은 고려나 조선의 서당과 같은 성격을 가지고 문무를 같이 연마하는 사립교육기관이었다. 경당은 각 부락에 산재하여 지방에 있는 부호가정의 자녀를 교육시켰다.

백제 시대에는 고구려와 같이 문헌에 나타난 교육제도나 기관은 없으나 일본역사에 기록된 사실로 보아 고도의 학술이 발달되었다는 것을 추정할 수가 있다.

신라는 당시 국내의 정세로 보아 북에는 강한 고구려와 서에는 백제가 호시탐탐 위협하여 주위가 언제나 전시 하에 있었기 때문에 국가적인 대책과 조치가 필요하였던 것이다. 삼국통일의 초석이 되었던 화랑도 교육과 삼국통일 후 설립된 국학(國學)은 한국 교육사 연구에서 중요한 의미를 갖는다.

1) 화랑도(花郎徒)의 교육

화랑도는 우리의 고유한 사상으로서 유교, 불교, 도교의 3교를 포함하고 있다. 교육대상은 청소년들이며, 교육목적은 화랑도의 실천이며, 교육내용은 원광법사의 세속오계, 즉 사군이충(事君以忠)·사친이효(事親以孝)·교우이신(交友以信)·임전무퇴(臨戰無退)·살생유택(殺生有擇) 등이었다.

화랑도는 고대로부터 전래된 우리 민족의 고유사상에 입각한 민간단체였다. 이는 주로 사회적·정서적·신체적·도덕적 및 군사적 훈련을 교육의 측면에서 강조하였다. 그리하여 낭도들은 집단생활의 활동과정을 통하여 인격의 수양과 실천적인 미풍을 길러 국가의 유능한 인재로서의 자질을 연마하였던 것이다.

화랑도는 화랑과 낭도를 포함한 청소년 집단이다. 원래 신라의 청소년들이 자연을 벗삼아 풍류를 즐기고, 정신수양을 통하여 도의심을 기르는 한편, 무도를 통하여 덕행을 쌓으며 심신을 단련하는 집단이었다. 그러나 화랑도는 우리 민족이 지니고 있던 고유한 사상을 기반으로 하여 하나의 특수한 교육기관으로서의 역할을 훌륭히 수행하였다는 점에서 교육기관으로서의 커다란 의의를 지니고 있다.

2) 국학(國學)

신라는 국토를 통일하는 대업을 완성하고, 당나라와의 접촉을 더욱 긴밀하게 하는 동안 문화는 현저한 발전을 하였다. 신문왕 2년(682)에는 국학을 세워 이것을 예부에 속하게 하였다. 이에 입학할 수 있는 학생의 연령은 15세부터 30세까지였다. 수학연한은 최대 9개년으로 하고, 저능하여 희망이 없는 자는 재학 중에 이를 퇴학시켰는데, 이 학교의 교육목적은 관리양성이었다.

3. 고려시대의 교육

고려시대는 교육의 제도화의 시기라고 볼 수 있다. 태조 건국 초에는 모든 제도가 완비되지 않았으나 성종 때에는 제도가 확립되었다. 이 시대의 교육을 대별하면 학교기관과 과거제도로 나눌 수 있다.

성종 11년에 창설된 것으로 '국자감(國子監)'이 있었는데, 교육내용과 수학연한은 중국의 제도와 유사하였다. '향교(鄕校)'는 공자를 모시는 문선왕묘를 두고, 이것을 중심으로 학문을 닦는, 일종의 지방 관리의 자제나 서민의 자제를 양성하였다. 또한 우리나라 역사상 가장 유명한 사학으로서 '십이도(十二徒)'가 있었으며, 향교와 대등한 교육제도인 '학당(學堂)'이 있다.

한편 오늘날의 초등교육기관에 해당하는 '서당'이 있었다.

고려의 과거제도는 신라에서 유래된 것이나 본격적인 과거법은 고려 광종 9년(958)에 한림학사 쌍기의 건의를 받아들이는 데에서 시작되었다. 모든 관리의 등용은 이러한 과거제도에 의해서 매년 시험을 보았으나 정원은 없고 필요에 따라 등용되었다. 고려시대의 관학인 국자감, 향교, 학당과 사학인 십이도와 서당교육 등이 교육사에서 중요한 의미를 갖는다.

1) 국자감(國子監)

국자감은 고려 성종 11년(992)에 국가에서 개경에 설치한 유학중심의 특권계급, 즉 최고교육기관인 동시에 국가의 고급관리를 양성하는 유일한 교육기관이었다. 예종은 유학진흥에 힘써 국자감을 크게 넓혀 '칠제(七齋)'를 두어 문무교육을 장려하였고, 인종 때에 학제가 완비됨에 따라서 국자감의 학제도 완비되었다.

2) 향교(鄕校)

향교는 지방교육기관이다. 고려시대의 향교는 언제 창설되었는지는 뚜렷하지 않다. 향교는 공자를 제사하는 문선왕묘를 두고 이것을 중심으로 강학(講學)하는 명륜당이 있었다. 따라서 향교는 교육기관이자 제사기관이었다. 이 두 기능은 조선시대의 향교(鄕校)로 계승되었다.

3) 학당(學堂)

  학당은 국도인 개경에 세운 것으로 국자감에서 교육받지 못한 개경의 학도들을 교육한 교육기관이었다. 고려에 있던 학당에는 동서학당과 오부학당의 두 가지가 있었다. 동서학당은 원종 2년(1261)에 설치한 것으로, 개경의 동쪽과 서쪽에 각각 하나씩 있었으며, 오부학당은 공양왕 때 정주학의 태두였던 정몽주가 성균관 대사성으로 있을 때에 흥학정책의 일환으로 기존의 동서학당 이외에 3개의 학당을 증설하여 동·서·중·남·북부에 세운 학당을 말한다.
  동서학당과 오부학당은 국도인 개경에 있는 학도들을 지방의 향교 정도로 교육시키던 중등정도의 교육기관으로서 문묘의 제 없이 학생을 강학하는 교육기능만 있었다는 점이 향교와 다른 점이다.

4) 십이도(十二徒)

  십이도는 고려시대의 교육기관으로서 가장 유명한 사학 열 둘을 말한다. 이 사학은 우리나라 역사상에 기록된 것으로는 가장 유명한 사학으로 고구려의 경당에 이어 중요한 교육적 의의를 갖고 있다. 학자 최충은 문종 7년 72세의 고령으로 후진을 모아 가르쳤다. 그 결과 사방에서 학도가 모여들어 구재(九齋)학당을 마련하였다. 사망한 후에 그의 관명(官名)을 붙여서 '시중 최공도'라고 불리었다. 과거에 응하려는 자들은 먼저 이 도중에 들러 수학하였다. 이 밖에도 당시에 유신(儒臣)으로 도(徒)를 세운 이가 11명이 있다.

5) 서당(書堂)

  서당은 서민층의 교육기관이다. 즉 서당은 일반 민중의 교육기관으로서 교육적 상황을 상세히 알 수는 없으나 송나라의 서긍(徐兢)이 지은 『고려도경』에 "마을 거리마다 경관과 서사(서당)가 두셋씩 바라보이며, 장가들기 전의 일반민중의 자제들이 모여 스승에게 경(徑)을 배우며…… 아래로 졸병이나 아주 어린 아이까지도 역시 선생에게 나아가 배운다."

는 기록으로 보아 당시 서당이 얼마나 많았나를 짐작할 수 있다.

서당은 일반 일반서민계급의 자제들을 수용하여 교육하던 민간경영의 교육기관으로 서민교육의 보급과 지방의 민중교화에 끼친 공적이 다대하였을 것이다. 그러나 서당교육이 가장 왕성하던 때는 조선시대였는데 서당제가 고려의 서당을 답습하였을 것으로 추측된다.

4. 조선시대의 교육

조선시대는 중국에서 들어온 유교사상을 비판하고 반성하는 교육의 시대이다. 유학(儒學)으로 인한 사대사상은 당시 사회에 많은 변동과 영향을 주었다. 그러나 유학과 인륜 및 도리를 배워 인간의 도덕적 행동을 목표로 하는 성리학은 조선시대에 와서 전성기를 이루었고, 퇴계와 율곡 같은 위대한 유학자를 배출하게 되었다. 그러나 유학에 대한 시종여일한 사대사상은 결국 이기주의의 생활태도를 형성하게 하고 말았다. 이러한 이기주의의 생활태도는 마침내 조선 말기의 당파 싸움으로 변화하여 사회적 풍조가 되더니, 결국 외래의 침공을 면치 못하였던 것이다. 그리고 이러한 사회상은 일본의 침략으로 합방되었다.

조선의 교육제도를 크게 나누면, 국가에서 장악하고 있는 관학과 국가의 간섭을 받지 않는 사학이 있었다. 관학은 '성균관'과 '사학'이 있고, 사학으로서의 '서당'과 '서원'을 들수 있다. 그리고 조선 말엽에는 서구문화의 영향을 받아 사실과 실생활을 문제 삼는 실학사상이 대두되어 성리학에 반기를 들었다.

1) 성균관(成均館)

성균관은 고려의 국자감과 같은 고등교육기관으로서 태조 7년(1398) 서울에 설립하였다. 성균관에는 문묘와 명륜당을 두고 문묘는 공자와 제현을 모셨으며, 명륜당에는 유생들이 거처하였다. 이의 유지비는 하사학전(下賜學田)과 어장(漁場) 등으로 경영하였다. 성균관에는 일체 잡인출입을 금하였으며 유생들은 엄격한 규율 생활을 하였다. 또한 국가정책에 있어 실정이 있을 때 유생들이 상소하여 탄핵하기도 했다.

2) 사학(四學)

사학은 서울의 네 곳, 즉 북(중학)·동(동학)·서(서학)·남(남학)에 설치한 학당에 해당하는 학교이다. 사학은 성균관의 부속학교와 같은 교육기관으로서 교육 정도는 중등 정도이며 그 교육방침도 성균관과 비슷하지만 문묘를 갖지 않는다는 점이 성균관과 다르다.

사학은 국가의 감독을 받았으나 임진왜란 이후부터는 사실상 그 교육적 기능이 유명무실하게 되었다.

3) 종학(宗學)

왕족 위주의 교육기관, 즉 종친의 자제를 교육하기 위하여 설립된 교육기관이다. 넓은 의미에서 종학이라 할 수 있는 교육기관으로서 세자시강원, 집현전의 서현재, 세손강서원 등이 있었다. 세자시강원은 왕세자에게 강의와 도의를 가르치는 관청이었으며, 집현전의 주요 업무도 왕의 수덕(修德)과 세자의 교육을 담당했다. 또한 세손강서원은 왕세손에게 강학하던 곳이다.

4) 향교(鄕校)

향교는 고려 때부터 지방교육기관으로 보급되었는데 성균관과 같이 문묘기능과 교육기능 그리고 사회교화의 기능을 가지고 있었다. 조선 중엽 이후 서원의 등장으로 교육기관으로서의 기능은 없어지고 문묘의 기능만 남아 갑오경장까지 계속되었다.

5) 서원(書院)

서원은 지방에 세운 향교 정도의 사설교육기관이다. 서원은 중종 때 '풍기' 군수 주세붕이 안향의 고향에 백운동서원을 세워 안향의 학덕을 기리는 제사를 지낸 것에서 비롯되었다. 서원은 국가의 보조와 유지들의 협조로 선현의 연고지에 사설(私設)하여 그 수효가 날로 증가하고 숙종 때에는 한 도(道) 내에 80~90개 서원을 헤아리는 정도였다.

서원은 지방의 청년제자들이 명유공신을 숭배하고 학문과 덕행을 연마하는 수도장으로 산수 좋고 고요한 곳에 세워져 잡념을 버리고 수양하기 좋으며 학칙이나 여러 가지 관령(官令)의 구속이 없이 어느 정도 자유롭게 공부할 수 있었고 사물과의 접촉이 적어 심지(心志)에 동요가 없이 안정된 생활을 하면서 학문을 연마하고 수양할 수 있다는 것이 일반의 교육기관과 다른 점이었다. 그러나 서원은 군역과 부역을 피하려는 도피처가 되었고, 민중 위에 군림하며 민중을 착취하였으며 당쟁의 온상이 되기도 했다.

6) 서당(書堂)

서당은 고려시대에도 있었으나 조선시대에 와서 최고로 발달하여 수효가 많아졌으며 존속기간이 가장 긴 교육기관이었다. 서당은 비록 사설의 초등교육기관이나 민간 교육을 보급함으로써 일반교육을 보편화하는 데 공이 컸다. 서당은 사학과 향교에 입학을 위한 예비교육을 실시하여 한 때는 극히 성하여 전국 방방곡곡에 '글방'으로 널리 퍼졌다. 서당은 국민 대중의 문자교육과 그 마을의 도덕적 기풍을 수립하는 데 크게 기여했을 뿐만 아니라 사회 교육적 기능도 컸다.

조선 말에는 점차 쇠퇴하여 내용이 빈약하게 되고 질이 저하되어 자연히 그 수효가 보잘것없게 되었다.

5. 근대의 교육

우리나라 근대학교는 1880년대를 중심으로 구미제국과 통상조약을 맺음으로써 시작되었고 이 연대로부터 개화시대로 들어오게 되었다. 개국이 되면서 세계 각국과 의사를 소통할 필요성을 느끼게 되어 발생한 교육기관이 영어 학교였다. 이와 때를 같이하여 우리나라 자체에서도 배재학당, 이화학당 등 사립학교가 발생하여 근대학교 성립의 중추적 역할을 하였고 과거에 있었던 과거제도는 폐지되어 학무아문이 생겼다.

이와 같이 갑오개혁은 우리나라의 교육제도를 근본적으로 개혁하였다. 1895년에는 관립 한성사범학교와 교동소학교 등이 설립되고, 1899년에는 경성의학교가 설립되었으며, 1906년에는 한성고등학교가 설립되었다. 1910년에는 한성고등학교가 설립되었다. 1910년에서 1945년에 이르기까지 36년간의 교육양상은 4차례의 총독부의 교육령 개정을 통하여 엿볼 수 있는데 이것은 일본제국이 우리나라에 대한 교육정책의 전환과 식민지교육의 실태를 잘 나타내고 있다.

조선교육령(1911), 개정교육령(1922), 교육령개정(1938), 개정교육령(1943) 등 총 4차에 걸쳐 교육령이 공포되었을 때마다 그것은 일본의 교육정책의 전환과 사회정세의 즉각적인 반영이 보였다. 처음에는 되도록 정도를 낮추는 데 힘썼으며 데라우치 총독의 실용주의를 내건 식민지정책은 사이토 총독의 문화정책으로 바뀌고, 교육의 연한도 연장시켰다. 다시금 '내선일체', '동조동근'을 내건 결과는 한글 폐지에까지 이르렀으며, 마침내 군국주의적인 교육을 지향하고 황국시민의 배양에 힘썼는데 이는 학교 명칭에도 반영되었다. 보통학교에서 심상소학교로, 다시 국민학교(초등학교)라고 칭하게 되었다.

6. 현대의 교육

교육의 기회균등을 전제로 한 교육정책은 학교제도를 복선형으로부터 단선형으로 바꿔 놓았다. 단선형 학교제도의 특징은 모든 국민으로 하여금 종교, 성별, 사회적 신분, 경제적 지위 등과 관계없이 각자의 능력에 따라 교육을 받을 수 있는 교육의 기회균등에 있다. 그간 학교제도는 두 차례의 개편이 있었다. 미군정 시대에 제정된 것과 대한민국 수립 후 제정된 현행 학교제도이다.

학제상 부분적인 개편으로는 1962년 3월부터 10개 교육대학이 2년제 초급대학 정도로 출발하였다. 이보다 앞서 1961년부터 부산과 광주의 두 사범대학이 교육대학으로 운영되었다. 이것으로 종래 고등학교 정도였던 사범학교는 발전적 해체를 하고 2년제 대학으로 승격하였다. 또 하나는 국가의 요청이 실업교육의 강화에 있으므로, 1962년 3월부터 종전의 2년제 초급대학은 인문계적인 성격으로부터 실업계대학으로 개편시켰으며, 1963년 3월부터는 약간의 공업고등학교를 5년제 실업전문학교로 하여 중학교 졸업자로 하여금 전문교육을 이수할 수 있게 하였다.

교육제도의 사치화를 표시하는 구체적인 형태는 '교육자치제'의 실시였다. 이것은 먼저 1952년 5월 24일에 시·군교육위원회 위원이 선출되었다. 다시 이듬해 6월 5일에는 그들의 손에 의해서 교육감이 추천됨으로써 교육자치제는 본궤도에 오르게 되었다. 때로는 교육자치제의 폐지가 논의된 적도 있었으나, 당시 대한교육연합회를 선두로 교육관계·언론기관의 맹렬한 반대로 인해서 위기는 면하였다. 교육자치제의 기구 및 기술상의 몇 가지 문제는 그 개선을 위해서 연구가 추진되고 있다. 교육자치제가 지니는 진정한 묘미를 보이는 것은 시일을 요할 것이나, 관료적 교육행정으로 볼 때 우선 형태상으로 일보 진전이 있었다고 볼 수 있다.

해방은 일본의 식민지교육 사상으로부터의 탈피를 의미한다. 그러나 우리 민족이 간직한 고유사상을 채 이어받기도 저에 미국의 새 교육사상을 비판 없이 도입하였다.

그리하여 미국식 민주주의 철학은 전통주의의 주입식 교육에 대하여는 획기적인 개혁으로 전환되었으나, 미처 우리의 교육철학으로 정립(定立)하기 전에 유럽의 본질주의 사조가 접근하게 되자, 이 틈바구니에 끼어 한국의 것을 찾고자 냉철하게 모색하여야 할 시점이라고 생각된다. 이는 곧 민족주체성의 확립이 아쉬워졌으며, 한국다운 교육철학 내지는 세계 속의 한국을 직시할 수 있는 몸부림이다. 이에 큰 과제를 안겨 주고 이끄는 교육철학이 바로 1968년 국민교육헌장의 발효에 큰 뜻이 있다고 하겠다.

우리나라의 학제는 미국의 영향을 받아서 초·중·고·대인 6·3·3·4제를 기간학제로 한 단선형이다. 교육대학교도 1980년대에 모두 2년제에서 4년제로 승격되어 특수 목적 대학으로서의 위상을 갖추고 있다. 이 단계에 있어서 예외가 되는 것으로는 2·3년제의 초급대학과 예과 2년까지 합하여 수학 연한이 6년간인 의료계(의과) 대학교, 일부 공과대학교와 2년제의 전문대학이 있다. 그리고 공민학교, 고등공민학교들은 복선형 요소의 성격을 지닌 것이 특이하다. 그러나 우리나라의 교육제도는 전체 교육 연한에 있어서나 각급 학교의 종류와 성격에 있어서 세계적으로 널리 채택되고 있는 단선형 학제임은 틀림이 없다. 이런 제도 모형은 미국을 비롯하여 일본, 대만, 아랍공화국, 멕시코, 인도네시아 등 여러 나라에서 채택하고 있다.

제3절 한국 교육 사상의 탐구

1. 성리학과 교육

고려 말엽에 알려지기 시작하여 조선 중기에 발달한 성리학은 우주의 근원과 인간의 심성을 형이상학적으로 해명하고자 하는 사상이다. 성리학은 태극론, 이기론(理氣論), 심성론, 성격론으로 구분되며 정주학(程朱學), 주자학(朱子學), 이학(理學)이라고 불리는 유교철학이다. 성리학은 성현을 본받고 배우기 위한 존양(存養)과 궁리(窮理)를 연구하는 것으로, 교육목적은 항상 선량한 마음을 가지고 천부의 자질을 잘 나타나게 하며, 인륜과 도리를 궁리하여 인간의 도덕적 행위를 이상으로 하였다.

조선시대 성리학은 주리파(主理派)와 주기파(主氣派)로 구분된다. 주리파의 선구자는 이언적이며 대표적인 학자는 퇴계 이황(李滉)이다. 한편, 주기파의 선구자는 서경덕과 기대승이며 대표적인 학자는 율곡 이이(李珥)다. 주리파와 주기파의 방법론적 차이는 주리파가 내향적·주관적·경험주의라고 한다면, 주기파는 외향적·객관적·지식주의적 성향을 갖는다.

주리파와 주기파의 학문적 대립은 사단칠정(四端七情)에서 두드러진다. 이황과 기대승의 8년간의 논쟁에 이어 성혼과 이이의 6년에 걸친 논쟁이 있었다. 이후 양파의 논쟁은 200년간 계속되었다. 이러한 논쟁은 당쟁과 결부되어 많은 폐해를 일게 하였고, 이러한 논쟁들이 현실과 거리가 있는 공리공담을 만들어 냈다.

성리학은 근본적으로 존양과 궁리를 핵심으로 하는데 존양(存養)은 존심양성(存心養性)을 의미하는 것으로 항상 선량한 마음을 가지고 천부의 본성을 기르는 것으로 인간 본연의 자기수양의 목표를 삼는 것이다. 이 존심양성에 함유되어 있는 본질은 인간의 본심은 선이다. 이 선의 마음, 자기의 양심을 흐트러짐 없이 항상 보존하면 어떠한 경우에도 사악(邪惡)하지 않으며, 자기의 계속적인 노력에 의해 이 천부의 본성을 꾸준히 가꾸고 키워 나가는 것이다.

한편, 궁리(窮理)란 도리를 연구한다는 의미로 지식을 확실하게 한다는 뜻이다. 즉, 인식이라는 말과 같은 의미로 천리와 우주의 근본원리, 천인의 관계 및 인도의 원리를 구명함을 뜻한다. 궁리는 존심양성에 기초하며, 존양과 궁리는 성현이 되는 도인 것이다.

성리학은 우주철학으로 윤리철학을 설명하는 것이며, 교육목적은 윤리도덕을 갖춘 선인을 양성하고, 궁극적으로는 성현의 경지에 도달하는 것이었다. 이러한 목적을 달성하기 위해 교육방법은 성현의 본을 받도록 하는 방법이었으며, 교과서는 소학, 사서삼경 등이었다. 조선시대 성리학의 발달은 과거제도와 그 맥을 같이한다. 유학의 경전중심인 과거는 성리학의 발전에 지대한 영향을 끼쳤다.

2. 실학사상과 교육

조선 후기의 절박한 사회 상태와 밖으로부터의 서양문명의 전래는 자연히 학자들에게 자기반성을 요구하게 되었다. 즉 그들이 직면하고 있는 사회의 현실적인 문제에 관심을 기울이지 않을 수 없게 되었고, 이에 이르러서는 사장(詞章)을 주로 하는 경향이나 사변적인 성리학을 배격하고 현실적인 사회 기여의 학문을 주장하기에 이르렀다. 그러므로 실학의 발생에는 정치와 사회의 현실을 개혁하기 위한 정권 담당자들에 대한 비판을 내포하고 있는 것이다. 이리하여 오랫동안 정권에서 축출되어 있던 남인들과 양반 가운데서도 서얼과 같이 사회적으로 차별을 받고 있던 계층에서 실학자가 많이 나오게 되었다.

실학의 기본 성격은 자유성·과학성·현실성을 지향하고, 그것은 모두 근대지향성과 민족지향성을 갖고 연구되었기 때문에 실학은 객관적인 자연과 사회적인 실천 윤리 및 민족적 주체의식으로 나타난 것이다. 그래서 실학자들은 주로 정치·경제·사회·문화 등의 역사와 현실을 밝히는 데 큰 관심을 가지고 있었으며, 그러한 학문적 연구를 토대로 하여 이상적 사회를 실현하기 위한 구상을 펴 나갔던 것이다.

이러한 실학의 학문적인 본질은 실사구시·경세치용·이용후생 등으로서 현실개혁에 주안점을 두었다.

실학의 발전 방향은 시기와 강조점에 따라 세 가지 학파로 구분된다. 첫째, 경세치용학파는 유형원과 이익을 대종으로 하는 남인계의 농촌을 배경으로 하는 학자들로 구성되었으며, 정치·경제·사회·제도 등의 개혁을 주관하였고, 17세기 말부터 18세기 전반기에 걸쳐 실학을 주도하였다. 둘째, 이용후생학파는 박지원을 대표로 상공업 및 생산기술에 관한 연구와 그 혁신을 주장하는 북학파들로 구성되었으며 18세기 후반과 19세기 초의 실학을 주도하였다. 셋째, 실사구시학파는 김정희를 중심으로 엄격한 경험주의적 학문을 강조하고, 객관적인 고증학에 치중하는 학파로서 19세기의 실학을 주도했다.

실학운동은 정치·경제·사회·문화·과학·교육 등 전 분야에 걸친 일종의 르네상스 운동이라고 할 수 있다. 비록 실학자들의 광범위한 주장이 정책화하여 실현되지 못하고 조선 말기에 오히려 쇠퇴하고 좌절되었으나 사대부를 중심으로 하는 봉건 지배계층의 부패와 모순을 지적하고, 정치·경제·사회·문화 등에 걸친 광범위한 개혁안을 제시하고 실천하였다는 점에서 역사적 의미는 지대하다. 이와 같은 실학운동은 역사적으로 다음과 같은 의의를 지니고 있다.

첫째, 교육이념의 근대화에 기여했다. 유형원과 이익의 주장에서 볼 수 있는 바와 같이 신분을 초월한 교육의 기회균등 사상과 민본주의적 개인차의 중시 등은 현대의 보편적 국민교육의 이념으로 통한다고 볼 수 있다.

둘째, 과거제도의 폐단을 지적하고 다각도로 이에 대한 개혁을 모색했다.

인재 등용의 폐쇄성을 극복하여 보다 개방적인 방법을 추구하였다.

셋째, 한글의 보급과 발전에 기여했다. 그때까지 천시당하던 한글이 천주교의 포교 수단으로 활용되어 다산은 한글로 교리서를 번역하여 읽혔다.

넷째, 민족주체 의식의 제고를 들 수 있다. 몰민족(沒民族) 정신에 자아를 각성할 수 있는 주인정신을 길러 주었다. 특히 그들은 조선의 역사와 지리, 물산풍토를 연구의 주제로 하였기 때문에 한국학의 뜻이 드러나게 되고, 민족정신이 이에서 자라나게 되었다.

다섯째, 학제 안에서 볼 수 있는 바와 같이 발달단계에 따른 보다 체계화된 학제를 제시했다는 것은 교육 근대화의 중요한 상징으로 교육사적 의의가 크다고 볼 수 있다.

여섯째, 실학자들의 기본 정신은 국민적 평등과 국민생활 안정에 있었기 때문에 우리 사회에 민본주의와 민주적인 사상을 싹트게 하였다.

이와 같이 실학사상은 교육적인 면에서도 새로운 개혁의지를 반영한 근대 교육사상의 맹아(萌芽)로서 주목되고 있다. 실학사상가들은 근대적인 학문과 사회 체계에 대한 새로운 인식을 갖도록 하였으며 학문과 기술, 사회제도의 개혁을 통한 민중의 삶의 질을 향상시키는 데 노력하였으나 실학 자체의 유학적인 한계와 성리학적 가치관을 극복하지 못했다는 한계점을 지니고 있다.

3. 동학사상과 교육

동학은 조선 말기의 사회 상황에서 새로운 사회를 건설해 보겠다는 사명의식을 통해서 발생되었다고 볼 수 있다. 동학은 외적으로는 19세기 이후 서세동점의 민족적 위협 속에서 국가보위 의식의 팽배와 민족구원 사상으로, 서학인 천주교의 위협적 도전을 민족적 주체, 자립의식으로 응전하려는 자세의 확실성에서 찾아볼 수 있다.

동학의 내적 발생요인으로는 첫째, 18세기 이후 변질된 조선왕조 양반사회의 제반 봉건적 성지 상황의 모순에 의한 일반민중의 소외현상이 있었다. 둘째, 사회경제적 요인으로 고리대라는 착취수단, 더욱이 국가의 기강인 삼정이 문란하여 그 폐가 극도로 심했다. 설상가상으로 당시에 자연 재해 현상까지 겹쳐 민중들의 생활이 더욱 어려웠다. 셋째, 수천 년에 걸친 유도(儒道)·불도(佛道)의 운이 다했다며 전통사상을 비판하면서 여러 폐단을 지적하고 있다. 넷째, 실학사상에서의 현실비판과 개혁사상 및 비판사상에 영향을 받은 지배민중의 수준 높은 의식의 자각도 등에서 찾아보아야 한다. 이와 같이 조선시대의 봉건적 제 모순과 외연적 위협이 극대화되고 사상적으로도 무질서하여 여러 가지 미신이 휩쓸고 있던 사회적·시대적 환경 속에서 동학은 생겨났던 것이다.

동학의 근본사상은 인본주의 사상으로 시천주(侍天主), 양천주(養天主), 인내천(人乃天)으로 대별된다. 즉 최제우의 시천주, 최시형의 양천주, 손병희의 인내천으로 표현된 사상은 인간의 존엄성에 대한 것으로 1905년 12월 천도교(天道敎) 선포 이래 공식적으로 확립하였다. 당시 우리 사회는 혼돈과 부패가 극에 도달하였으므로 사회개벽을 통해 민중이 교화되어야 할 것을 주장하였다.

이와 같이 동학사상(東學思想)이 지향하는 바는 다음과 같이 요약할 수 있다.

첫째, 정신개벽이다. 정신개벽이라 함은 사회 질병설 중에 개인의 정신적 결함을 치료하는 것을 의미한다. 이것은 인간성 정상화 운동으로, 정신질서 찾기 운동으로, 민족정신 개조운동으로 발전할 수 있는 잠재력을 내포하고 있다.

둘째, 민족개벽이다. 원래 동학사상에서는 자기의 민족만을 우월시하고 다른 민족을 배척하는 편협한 민족주의를 배격하고 있다. 따라서 민족개벽 사상은 모든 개벽을 수행하기 위한 단위체로서의 민족을 개조하려는 과도기적인 개벽사상이다. 사대주의적, 보수주의적, 이기주의적인 민족성의 결함을 제거하여 한인(韓人) 스스로의 번영뿐만 아니라, 전 인류의 번영을 위해서 민족적 자각과 긍지를 되살리자는 목표가 이 민족개벽 사상 속에 숨어 있는 것이다.

셋째, 사회개벽이다. 동학사상에서는 사회란 자연히 이루어지는 유기체로 보는 동시에 이 사회에서 이루어지고 있는 모든 길화흉복(吉禍凶福)은 인간의 힘으로 좌우할 수 있는 것으로 본다. 따라서 잘못된 사회는 인간의 노력 여하에 따라 이상적 사회로 재건할 수 있다고 본다.

이러한 동학의 교육사상사적 의의로는 첫째, 인간성 회복의 교육으로 동학이 민중의 도전에 서서 평등한 인간성에 대한 자각을 통해 인간의 존엄성을 인식시킨 것이다.

둘째, 인간해방의 교육으로서 사회구조적 측면에서 해방적 인간화의 원리가 있다. 즉, 사회구조 속에 현존하는 제도·가치·지식의 부적절성을 찾아내고 비판함으로써 사회발전의 가능성을 도모한 것이다.

셋째, 민족주의 교육이념과 실천적 교육이념을 들 수 있다.

이와 같이 동학교육 이념은 조선의 개화와 민주의 교화에 선구적 역할을 하였다. 따라서 동학운동이 조선 근대 개화교육의 발달에 끼친 영향은 실로 크다.

제4절 서양 교육의 역사적 탐구

1. 고대의 교육

서양 학문의 원천은 그리스(Greece)에서 찾아볼 수 있다. 그리스 시대는 보통 B.C. 1200~800년 간의 시기를 말한다. 그리스 교육의 전체적인 특징을 살펴보면 인간 천부의 능력을 조화적으로 발전시키고, 진·선·미와 성의 가치를 지·정·의로써 체험하게 하여 인간의 행복을 추구해 나가는 교육이었다. 또한 그들은 월등한 상상력을 가지고 있어 위대한 철학을 만들었고 문학, 미술을 창조하였다. 그들은 미적 정서를 가지고 있으므로 심미주의를 빚어내었다.

반면, 국가본위의 전제적 정치를 시행하고 무단적 교육을 실시한 스파르타(Sparta)는 애국심이 투철한 군국주의 국가의 일원이 될 수 있는 호전시민을 훈련시켜 국가에 유익한 공력을 양성하는 일이 교육의 목적이었다.

그리스 사회에 있어서 대표적인 도시국가는 스파르타와 아테네이다. 스파르타와 아테네의 교육의 특성을 고찰하면 다음과 같다.

스파르타의 교육제도는 스파르타 헌법의 창시자 리쿠르구스의 국가 이념에 의해서 결정되었다. 주위의 강대한 국가, 많은 정복민, 국내 반란의 불안 속에서 국가의 존립을 유지하기 위해서 스파르타의 교육은 거의 체육과 군사적 훈련이었으며 국가에 대한 헌신적인 봉사의 생활을 영위하는 데 불가결한 도덕적·사회적 습관을 길러 이를 실천시키는 일이 그들의 교육내용이었다. 소년들은 그들의 욕망에 대하여 적대적인 억압을 받았으며, 모든 습관에 있어서 절제를 지키고 연장자에게는 순종하고 존경할 것을 배웠다. 그들은 행동할 때까지는 겸손하고 사양할 것을 배우고, 다음에는 공격적이고 용감할 것을 배웠다. 스파르타의 유일한 교육기관은 국가였으며 국가는 개인의 출생부터 결혼·사망에 이르기까지 관리하였나.

아테네는 스파르타와 같이 그리스의 한 도시국가이지만 그 정체에 있어서는 스파르타와 현저히 다르다. 아테네의 교육은 솔론(Solon)의 입법에 의하여 확립되었다. 이 법에 의하면 아테네의 교육은 국가주의적이면서도 개인적이었으며 자유로웠다. 이 때문에 아테네의 교육과 스파르타의 교육은 교육의 목적·방법·내용 등에 걸쳐 서로 다른 교육체제를 가지고 있었다. 아테네 교육의 가장 중요한 제1의 특색은 조화적인 도야이상에 있다.

아테네인은 도시국가의 바람직한 시민인 동시에 인간으로서의 교양을 습득하는 것을 이상으로 하였다. 제2의 특색은 그와 같은 도야이상을 실현하기 위하여 교육의 내용이 다면적이었다. 균형적인 몸매에 선량하고 총명한 정신적 교양을 길렀다. 제3의 특색은 아테네에서의 국민의 교육은 국가의 통제에서가 아니라 개인의 자각과 자유에 의해서 행하여지는 것이 원칙이었다.

2. 중세의 교육

서양사에서 중세는 서로마 제국의 멸망(476)으로부터 동로마 제국의 멸망(1453)까지의 약 천 년간의 시기를 일컫는다. 역사적 내용으로 본다면 게르만 민족의 이동으로부터 문예부흥운동 이전까지를 말한다.

중세 전기(4, 5~11C) 교육은 거의 승원에서 이루어졌으며 기독교중심의 교육이었다. 따라서 교육은 당시까지의 그 성격이 일변하여 신체적·수사적인 방면의 훈련에 대신하여 행위의 면에 엄격한 훈련을 쌓는 것이었다. 자연적 흥미는 억압되고 개성의 발달이나 미적·지적인 방면의 계발은 죄악시되었다. 그리하여 교육은 오로지 도덕적 성격을 띠고 내세에 대한 준비를 목적으로 하였던 것이다.

그러나 후반기에 들어가서는 신학적인 문제에 대한 흥미가 일어나고, 한편으로는 세속적 교육인 기사교육도 일어났다. 그리고 봉건제도가 무너짐에 따라 시민계급에 대한 보통교육이 생기고 대학과 시민 학교가 출현하였다.

기독교는 그 이상과 목적을 달성하기 위하여 교육기관을 정비한 결과 이른바 3단계학교로 조직하였는데 문답학교, 고급문답학교, 그리고 사원학교가 그것이다.

첫째, 문답학교는 이교도와 몽매한 민중을 기독교화하기 위한 학교로 말로써 가르치는, 즉 문답식으로 수업한다는 뜻으로 쓰였다. 이들에게 기독교리의 문답을 통하여 예수의 생애, 부활, 십자가에 대한 예비지식을 가르쳐 세례를 받기 위한 준비교육으로 처음에는 성인을, 나중에는 어린이를 입학시켰다. 수업기간도 처음에는 짧은 기간이었으나 나중에는 2년에서 3년이었고 교육내용은 읽기, 쓰기, 셈하기 등의 초보적인 지식이었다.

둘째, 고급문답학교는 문답학교의 교사나 교회의 지도자 양성을 목적으로 설립된 학교이다. 이 학교에서는 기독교에 대한 보다 깊은 이해를 위하여 신학을 가르쳤고 그리스의 학예도 중요한 교과내용으로 교수하였다. 교회의 지도자는 그리스의 교양을 가지고 기독교의 신조, 교의 등을 증명하고 변호하는 이론적인 기초가 필요하기 때문이다.

셋째, 사원학교는 일면 본산학교라고도 하고 교회의 감독자가 사는 교회 내에서는 반드시 이 학교가 설립되어 있으므로 감독학교라고 부르기도 한다. 이 학교는 교회의 지도자, 즉 성직자를 양성하는 기관으로 그 교육내용은 성서는 물론 신학, 철학, 과학, 수학 등과 그리스의 학예 등 고급문답학교의 교육내용보다 전문적이었다. 교육방법에 있어서는 분단수업으로 착실히 하였으며, 중세의 기독교 철학이라고 볼 수 있는 스콜라철학(scholaticism)이 이 사원학교를 온상으로 성하였다.

한편, 중세 기독교회의 학교제도와 기독교 교육기관 검토에서 빼놓을 수 없는 제도가 유명한 수도원학교이다. 이 수도원학교는 6세기경부터 수세기에 걸쳐 기독교 신부들의 수양소로서 또한 중세의 단 하나의 문화보존기관으로서 역사적인 임무를 다한 곳이라 할 수 있다. 이 수도원 운동의 사상은 부패한 인간사회를 떠나서 신과 같이 깨끗한 생활을 하는 금욕주의이고 수도원(monastery)의 이상은 정절(chastity), 가난·빈곤(poverty), 복종(obedience) 등이었다.

수도원학교의 교육목적은 현세를 위한 교육이 아니고 오로지 내세(천국)에 가서 영원히 잘 살 수 있는 준비를 하는 데 있었다. 최초의 수도원은 승려(monk)의 훈련만 하였으나, 8~9세기에 들어가서는 승려가 아닌 일반소녀의 교육도 하게 되었다. 당시 수도원의 교육 정도는 매우 낮은 것이었으나 학문을 유지하고 교육을 수행한 공적은 큰 것이라 하겠다.

3. 근세의 교육

1) 문예부흥과 인문주의 교육

문예부흥(Renaissance)은 15세기를 전후하여 이탈리아를 중심으로 일어난 일대 가성운동으로서 문화 전반에 걸친 복고적 혁신운동이다.

중세의 강력한 교회제도는 물질적인 면에 있어서나 정신적인 면에 있어서 신부나 일반시민들의 생활형태의 세부에 이르기까지 일일이 규칙을 제정하여 그들의 심신양면을 속박하였다. 이러한 중세기독교의 신의 세계 종교생활의 타율적 권위와 전통의 중압에서 해방되어 자유로운 참된 인간생활을 향유하려는 자아의 발견으로 인하여 문예부흥운동은 서서히 일어났던 것이다.

이와 같은 인간의 발견, 인간의 재생, 인간생명의 재탄생, 인간성의 발현은 중세기독교의 고정적 문화형태에 대한 근대적인 문화형태의 반항운동으로서 나타나서 보다 신적인 문학으로서의 중세신학 대신에 보다 인간적인 문학으로서의 고대의 그리스·로마의 문학을 애호하는 사람들, 즉 휴머니스트에 의해서 인도되었던 것이다. 이 휴머니스트들은 인간의 본성인 인간성의 발현을 존중하고 또 인간성의 내용을 주도하는 인간적 문학을 애호하였기 때문에 그들을 인간주의자라는 뜻에서 인문주의자(humanist)라고 부르게 된 것이다. 그러므로 문예부흥의 근본사상은 인문주의이다. 더욱이 중세의 속박에서의 해방은 종교적인 면에서는 종교적 혁신운동이 유도되었고 과학적인 면에서는 과학정신의 발달로 천동설이 지동설로 변화하여 중세적 우주관을 타파하고 자연계의 새로운 관찰과 연구를 통하여 근대과학의 기초를 확립하였다.

이 인문주의의 교육은 대개는 공통으로 하고 있으면서도 이탈리아를 중심으로 하는 서유럽의 휴머니즘 교육과 북유럽의 독일을 중심으로 하는 휴머니즘 교육은 약간 그 경향을 달리하였는데, 이탈리아를 중심으로 하는 휴머니즘은 개인의 형성에 중점을 두어 개인적 인문주의 교육으로 번성하였고, 북유럽의 휴머니즘은 사회적 인문주의 교육으로서 사회의 종교적·윤리적 개혁을 꾀할 것을 중점으로 하였다.

르네상스의 핵심인 인문주의의 세월의 흐름 속에 고상했던 이상이 점점 쇠퇴해 갔다. 16세기 전반부에 이르러서는 인문주의가 고전을 중시하는 본래의 의도를 망각하고 고전의 형식에만 치중하는 경향이 나타났다. 그중에서도 키케로의 문체와 문장구성법을 최고의 모범으로 삼고 그것을 읽고 모방하는 데만 최선을 다해 전심전력하는 소위 키케로주의가 대두되었다.

2) 종교개혁 운동과 교육

16세기에 있어서 유럽, 특히 독일, 스위스 등을 중심으로 기독교의 개혁운동으로서 일어난 종교개혁은 문예부흥에 의한 인문주의 운동과 같이 자아의 자각, 인간발견이라는 근본정신에 입각한 것으로, 각각 상이한 특징은 가졌으나, 결과에 있어서는 연속적이며 발전적인 운동으로 전개된 개혁운동임에 틀림없다.

이 운동은 상공자본계급 또는 서민계급을 기반으로 하여 일어난 운동으로, 중세적인 교회의 타락에 반항하여 성서에 복귀함으로써 원시기독교의 진의를 부흥하여 새 사회조직을 건설하려고 한 것이다. 이 운동은 교회조직과 교리를 개혁하였다고 하여 다만 종교적인 관점에서만 고찰하는 것은 큰 잘못이고 인간의 모든 방면, 즉 정치, 경제, 도덕, 철학, 문학 등 제도상의 모순에 대한 철저한 개혁을 일으킨 것으로, 실상은 북유럽인의 혁명이며 재건이라고 하여야 할 것이다. 즉, 종교개혁운동이란 그 당시의 모든 사회적 모순에 대한 해방투쟁의 사상표현운동이라 할 것이다.

종교개혁의 사상 가운데서 교육에 가장 영향을 준 것은 의무교육사상이다. 이 사상이 하나의 제도로 성립된 것이 '고타(Gotha) 교육령과 매사추세츠(Massachusetts) 교육령' 등이다.

4. 실학사상과 교육

17세기의 교육사상을 보면 실학주의(realism)로 일관되었다. 실학주의가 대두된 원인은 문예부흥이나 종교개혁에서 희구하던 인간상과는 상당한 거리가 생겨 과거에 가졌던 문예부흥이나 종교개혁의 근본정신을 희생하려고 하였던 것이다. 또 하나의 원인은 인지에 따른 자연과학의 발달로 인하여 인간의 사고양식과 행동양식을 바꾸려는 것이었다. 실학주의는 세 가지 형태로 구분하여 볼 수 있다.

1) 인문적 실학주의

인문적 실학주의의 교육목적은 고전의 연구를 통해서 실생활에 유용한 인간을 양성하는 데 있다. 고전의 연구를 목적으로 한 점에서는 인문주의적이나 고전의 형식보다도 그 내용을 중요시하고 실생활에 유의하도록 한 점에서 실학주의적이다. 인문주의와 같이 어법, 문장의 구조 및 문체에는 관심이 없고 고전을 인간의 실제생활을 준비하는 도구로써 다룬 것이 인문적 실학주의이다. 즉 고전의 연구를 통해서 현실생활에 잘 적응하는 인간을 양성하는 것이 목적이다. 그 대표자로는 밀톤(John Milton)과 라블레(F. Rabelais) 등을 들 수 있다.

2) 사회적 실학주의

　사회적 실학주의의 목적은 인문적 실학주의와 같이 고전에 의한 교육을 배격하고 실사회와의 경험에 의하여 유능한 신사를 양성하는 데 있다. 이와 같은 목적을 달성하기 위하여 지육, 덕육, 체육을 포함한 광범위한 교육이 주장되었다. 즉, 사회적 실학주의는 교육내용을 인문주의적 입장이 아니라 이성주의의 입장에서 신흥 자연과학을 위시하여 지식의 여러 분야에서 교재가 선택되었으며, 학습방법에 있어서는 실물 직관주의의 흥미성의 원리, 그리고 여행을 통한 방법을 채택했다. 몽테뉴(Michel de Montaigne)는 이 사회적 실학주의파의 대표자이다.

3) 감각적 실학주의

　실학주의 운동의 절정은 감각적 실학주의자들의 사상에서 발견된다. 감각적 실학주의는 실물을 통한 감각을 통해서 얻은 학습은 책이나 말이나 법칙을 배우는 것보다도 훨씬 효과적이라는 주장으로서 교육도 실물에 의한 교육을 주장하고, 교육의 원리를 모두 자연 속에서 발견하려고 하였다. 따라서 자연과학의 지식을 존중하고, 감각에 의한 사물의 관찰을 중요시하였다.

　감각적 실학주의도 인문적 실학주의나 사회적 실학주의와 같이 교육을 현실생활에 관련시키려 한 점에 있어서는 일치하지만, 감각적 실학주의는 그 주요 관심사가 인간의 감각과 자연계와의 관련 그리고 자연과학적 지식과 실생활의 결합을 강조했다. 따라서 감각적 실학주의는 자연과학적 지식을 존중하고 자연현상의 탐구로서 감각에 의한 사물의 관찰을 중시하였다. 이러한 점에서 감각적 실학주의는 현대교육 방법의 원리의 하나인 직관교육 또는 시청각교육의 선구를 이루고 있다고 하겠다.

　코메니우스(John Amos Comenius)는 감각적 실학주의 교육사상의 대표자이다. 그는 최초의 조직적인 교육론인 『대교수학(大敎授學, The Great Didactic)』, 그리고 『세계도회(世界圖繪)』 등의 저자이다.

5. 계몽사상과 교육

17세기의 실학주의운동으로 전개에 이어서 18세기는 서양교육사상 가장 중요한 시기라 할 수 있는데, 계몽주의 운동이 미국의 독립, 프랑스 혁명, 그리고 영국의 명예혁명 등으로 인하여 중세적 잔재를 일소하고 시민사회의 형성에 박차를 가했기 때문이다.

계몽사상의 기저는 이성(理性)에 대한 깊은 신뢰이다. 인간은 이성에 의해서만 행복해질 수 있다는 것이다. 따라서 이 시대는 이성의 시대라고도 불린다. 이 계몽사상운동은 영국에서 로크(J. Locke)를 중심으로 시작되어 유럽으로 전해진 것이다.

이성(理性)을 통해서 모든 사물을 비판하고, 사상과 양심의 자유, 나아가서는 인간의 행복을 찾은 계몽운동은 교육의 목적을 자유시민이 되는 데에 두고 국민교육제도와 빈민교육운동까지 전개시켰던 것이다. 그리고 자연주의(naturalism) 교육사상은 18세기 계몽사상의 주된 교육사상으로 현대교육의 특징인 심리학적 · 과학적 · 사회학적 경향의 기저가 되는 학설로서 다른 어떤 교육운동보다도 인간교육의 실제정신과 목적과 성격을 많이 변경시켰던 교육사상이다.

여기에 루소(J. J. Rousseau)는 18세기 프랑스의 위대한 사상가로, 교육, 예술, 정치 등 근대문화의 모든 영역에 지대한 공헌을 한 사람이다. 그의 '자연으로 돌아가라'는 사상에는 두 가지 방향으로 가는 형식이 있는데 그 하나는 정치 · 사회적인 방향이고, 또 하나는 심리적 · 교육적인 방향이다. 전자는 특히 인간의 자연의 권리에 따라 국가의 혁명적 이론을 전개시킨 『민약론(Social Contract)』으로 나타났고, 후자는 자연주의 사상을 여실히 진술하여 고귀한 교육경전의 하나로 추앙받는 『에밀(Emile)』에 잘 나타나 있다.

6. 신인문주의와 교육

계몽사상이 너무 이성적이고 합리적이며 공리적인 물질문명으로 기울어져 인간을 기계시하는 데에 대한 반동으로서 정의(情意)를 존중하고 인간성의 원만한 발달을 숭상하며 문예면이나 철학적인 면에 낭만주의로 나타났다. 이것이 교육에 나타나서 19세기를 대표하는 신인문주의(Neo-Humanism) 운동으로 발전했다.

이에 따라 교육이념도 추상적인 이상주의를 지양할 정서적 인간관이 구체적 인간성의 내면에 파고들게 되었다. 여기에 페스탈로치(Johann H. Pestalozzi)의 교육사상은 대표적인 것이었다. 그의 주된 사상은 루소(Rousseau)의 내적 자연을 구체화하여 교육방법의 심리화를 주장하고 자연의 원리에 입각하고 있었다. 특히 그는 3H(heart·head·hand: 가슴·머리·손), 즉 도덕 및 심정의 교육을 통하여 인간의 조화적인 발달을 강조하였다.

이러한 인간의 내적 자발성을 발전시키고 인간성장의 과정을 지적으로 분석하여 이것을 과학적으로 해명하려고 노력한 사람이 헤르바르트(Johann F. Herbart)이다. 그는 조직적이고 체계적인 학문을 만든 교육학자이다. 그는 교육의 주된 목적을 도덕적 품성과 실현에 두었고, 둘째는 다양한 경험에 두었으며, 셋째로는 개인의 장래 목적에 두었다.

계발주의 교육은 심리학적인 지도에 의하여 교육의 내용 및 방법을 개선하여 현대교육의 발전에 위대한 공헌을 남겨 놓은 교육운동으로서, 이 운동은 교육과정 그 자체를 인간발달의 법칙에 합치시키려는 개혁운동이다. 이 운동은 주로 인간정신의 본질과 그 작용에 중점을 두었기 때문에 심리학적 운동이라고도 한다.

이러한 계발주의 교육은 일찍이 소크라테스(Socrates)의 '산파법'에 의한 진리발견의 교육방법을 그 근본으로 하고 있다. 이러한 사상이 18세기 말기부터 19세기 초기에 걸쳐서 융성하게 된 이유는 첫째, 합리주의 또는 형식도야주의가 너무나 후천적이며 경험적인 요소를 강조하여 훈련·단련·반복에 의한 극단적인 타율적이며 주입적인 교육을 역설하므로 이것에 대한 반발로서 나타났고, 둘째, 자연주의적인 교육사상이 너무나 선천적인 인간성을 신뢰한 나머지 극단적인 자유방임에 의한 소극적인 교육을 고조한 데에 또한 이것에 대한 시정으로서 나타났다.

7. 현대의 교육

1) 신교육운동

19세기 중엽 이후 발달된 국가주의적 교육은 이념적으로는 보통교육의 기회균등을 표방하였지만 실제로는 교육의 제도화를 통한 국가적인 통제가 우선하였고, 개성신장이나 자유롭고 창의적인 민주시민을 기르는 데는 소홀하였다.

이와 같이 인간이 소외된 교육적인 상황 속에서 아동중심의 인간주의적인 교육을 실시하려는 교육자들이 나타났다. 이들은 아동중심주의, 활동주의, 노작주의, 생활중심주의를 표방하고 신교육운동을 전개하였다. 그들은 학교의 내부를 개선하기보다는 새로운 실험적인 학교를 설립하여 그들의 교육이념을 실천하였다.

레디(C. Redie)는 1889년 신학교(New School)를 설립하였다. 그는 전통적인 고전중심의 교육을 반대하여 새로운 교육을 실시하고자 하였다. 이 학교의 교육목적은 근대적인 과학정신을 토대로 하여 현실생활에 적응할 수 있는 '고상한 영국인을 양성하여 인류문화의 발전에 기여하는' 것에 두었다. 그는 이 목적을 달성하기 위하여 노작교육을 중시하여 농경, 원예, 사육, 수공작업 등을 강조하였다.

영국의 닐(A. S. Neill)은 1921년 영국에 자유학교인 서머힐 학교(Summerhill School)를 창설하였다. 이 학교의 교육이념을 남녀공학의 자유학교, 교직원과 학생의 자치공동사회의 형성, 수공과 노작활동의 중시 등이었다.

이 밖에도 리츠(H. Lietz)의 전원학교, 케르센슈타이너(G. Kerschensteiner)의 노작학교, 드모랑(J. E. Demolins)의 로슈학교 등이 신교육 운동을 주도했다.

2) 아동해방운동

학교교육 내용의 개조운동에서 출발한 신교육운동의 다음 단계는 아동해방운동으로 나타났다. 아동해방운동은 듀이(J. Dewey)에 의하여 1896년에 설립된 시카고 대학의 실험학교(experimental school)에서 시작되었다.

듀이는 전통교육이 아동의 본능을 무시하고 성인중심의 교육을 함으로써 아동을 억압하는 교육을 실시하여 왔다고 주장했다. 그는 아동의 본능은 사회적 본능, 구성적 본능, 탐구적 본능, 그리고 예술적 본능이 있는데, 이를 충족시키는 교육이 아동중심 교육이라 했다.

케이(E. Key)는 『아동의 세기』를 1900년에 저술하였는데 20세기는 아동의 세기임을 강조하는 아동해방과 아동에로의 복귀를 주장하였다. 그는 현대학교의 가장 큰 잘못은 아동을 평화롭게 두지 않는 것이고 이것은 현대교육이 아동에게 저지르는 가장 큰 죄악이라고 하었다.

이 밖에도 몬테소리(M. Montessori)의 '몬테소리 놀잇감'을 이용한 교육방법, 데크롤리(O. Decroly)의 데크롤리 방법 등이 교육의 임무는 아동으로 하여금 생활을 통해서 생활에로까지 도달시키는 데 있음을 강조하여 아동해방운동을 실천하였다.

신교육운동과 아동해방운동 이외에도 현대교육의 특징은 생물학, 실험심리학, 실증적인 사회과학의 발달에 힘입어 각종 심리검사가 개발되어 교육에 활용되었으며 그 결과 인간의 능력을 과학적으로 측정하여 효율적인 교육방법, 과학적인 학교관리를 가능하게 하였다. 또한 파크허스트(H. Parkhust)의 달턴 플랜(Dolton Plan), 워쉬번(C. W. Washburne) 의 위네트카 플랜(Winetka Plan) 등과 같은 학습 지도방법이 대두되어 개별화된 교수방법 이 가능하게 되었다.

연구 문제

1. 일반적으로 역사를 '과거와 현재의 대화'이며, '과거를 견주어 미래를 열어가는 활동'이라고 하는데, 이를 교육사에 인용하여 교육사 연구의 의의를 논하시오.

2. 교육사 연구의 목적에 대해서 구체적으로 설명해 보시오.

3. 삼국시대의 교육 중에서 신라의 화랑도 교육을 오늘날의 문무(文武) 종합교육과 견주에 설명해 보시오.

4. 고려시대 국자감(교육), 조선시대의 성균관(교육)을 상호 비교하여 논하시오.

5. 우리나라의 근대교육에 대해서 구체적으로 설명해 보시오.

6. 고대 그리스의 아테네 교육과 스파르타 교육을 상호 비교하여 설명해 보시오.

7. 근세 교육인 문예부흥과 인문주의 교육에 대해서 논하시오.

8. 인문적 실학주의, 사회적 실학주의, 감각적 실학주의 등을 그 특징을 중심으로 상호 비교하여 논하시오.

9. 현대 교육의 새로운 트렌드(Trend)인 신교육운동에 대해서 설명해 보시오.

10. 듀이의 진보주의, 루소의 자연주의, 몬테소리의 놀잇감 교육 등을 상호 비교하여 핵심 내용을 중심으로 설명해 보시오.

교육의 심리적 기초 탐구

학습목표

- ○ 심리학과 교육심리학의 정의를 이해한다.
- ○ 교육심리학의 목적을 이해한다.
- ○ 인간의 행동과 발달에 대해서 이해한다.
- ○ 인간 발달과 발달 단계를 이해한다.
- ○ 교육심리와 학습 이론, 교육심리와 생활지도 이론의 상호 관계를 파악하고 이해한다.

주요개념

- ○ 심리학, 교육심리학, 교육심리학의 목적, 교육심리학의 기능
- ○ 인간발달의 개념, 인간발달의 원리, 발달과업, 성장발달기와 발달과업
- ○ 발달, 성장, 성숙, 학습의 개념, 발달·성장·성숙·학습과 교육의 관계
- ○ 자기충족적 예언, 전통적 학습 이론, 현대적 학습 이론, 생활지도 이론, 구성주의, 스키마 학습이론
- ○ 피아제의 인지발달단계론, 프로이트의 심리성적 발달관계론, 에릭슨의 심리사회적 발달론

제1절 교육심리학의 기초 개념

1. 심리학의 정의

일반적으로 심리학(psychology)을 어원적으로 분석할 때 '마음(psyche-mind)을 연구 (logos-knowledge or study)하는 학문'이라고 할 수 있다. 즉, 유기체의 행동을 과학적으로 연구하는 학문이다. 그리고 인간의 내면적·심리적 측면을 탐구한다. 오늘날 심리학을 행동의 과학으로 부르는 것은 이러한 정의에 연유된다. 이것은 또한 심리학 연구에 있어서 객관성 또는 과학성이 한층 더 강조되는 이유이기도 한다. 과학적 연구에서는 직접적인 관찰이 매우 중요한 요건이지만 마음이나 의식 또는 사고 등도 인간행동에 영향을 미친다. 관찰할 수 없다고 해서 심리학 연구의 대상에서 제외시킬 수는 없다. 따라서 행동이란 '달린다', '자전거를 탄다' 등과 같은 외현적 행동(over behavior)뿐만이 아니라 지식, 사고, 가치관, 자아개념과 같은 내현적 행동(covert behavior)도 포함한다. 심리학에서는 인간의 내면적 사고와 외현적 행동을 동시에 강조한다.

자연을 연구대상으로 하는 학문이 자연과학이라면, 인간을 연구대상으로 하는 학문은 심리학이다. 그러나 인간은 생물학적 존재로 육체를 가지고 있어 생체화학적·생체물리학적 기제를 가지고 있을 뿐만 아니라, 사회적 존재로서 사회활동을 하며 정신적 작용에 의한 문화적 소산의 진리를 탐구하기도 한다. 따라서 인간을 연구대상으로 하는 심리학은 자연과학석 시식에서부터 철학직 지식까지 넓혀 있이 일의적으로 정의하는 데 어려움이 있다. 이러한 이유에서 심리학의 정의는 심리학자에 따라서 주장하고 강조하는 점에 조금씩 차이가 있을 뿐만 아니라 시대변천에 따라 내용의 차이를 보여 주고 있다.

현대심리학은 분트(Willhelm Wundt)가 1879년 독일의 라이프치히 대학에서 처음으로 심리학 실험실을 창설한 때부터 시작된 것으로 일반적으로 이해를 현대심리학의 창설연도로 보고 있다.

분트(Wundt)는 심리학을 '인간의 의식을 연구하는 학문'으로 정의하였다. 인간은 마음속에서 일어나는 정신활동을 의식할 수 있으며 그 의식(consciousness)을 분석하는 것이 심리학이라고 생각하였다. 사람을 이해하기 위해서는 상대편에게 자신의 의식을 관찰 보고하게 하여 이해하는 방법을 사용한다. 이를 내성법(內省法)이라 한다. 대부분의 사람들이 흔히 대화하면서 상대편의 이야기를 듣고 그 사람을 그렇다고 추론하는 것으로, 이는 현재에도 일반 사람들이 손쉽게 활용하는 방법이다. 그러나 이 방법은 사적 경험을 타인이 쉽게 관찰할 수도 없고, 개인 분석의 객관성에도 문제가 있기 때문에 객관적인 학문의 대상이 될 수 없다는 단점을 가지게 된다. 왓슨(Watson)에 의하면 의식이니 정신이니 하는 개념은 영혼의 개념처럼 모호하기 때문에 의식작용의 결과인 행동을(이는 누구나 객관적으로 관찰 가능한 대상이 되기 때문에) 심리학의 대상으로 삼아야 한다는 행동주의 심리학을 표방하게 되었다. 따라서 인간의 복잡한 행동의 단서가 될 수 있는 동물행동도 함께 연구하게 되어 1930년대부터 1960년대에 이르기까지 심리학 교과서에 심리학이 행동주의적 정의, 즉 '인간과 동물의 행동에 관한 학문'으로 기술되었다.

행동주의적 심리학은 행동만을 연구대상으로 삼게 되어 직접 관찰할 수 없는 원자구조이론이나 세균이론은 학문이 될 수 없다는 모순이 생기게 되므로 심리학을 지나치게 협소화시키게 되며, 또한 심리학연구의 방법적 객관성, 즉 과학적 연구방법을 강조한 것이 결과적으로 의식의 존재를 부정하는 방향으로 나아갔기 때문에 행동주의 심리학의 한계를 나타내게 되었다.

인지심리학적 접근은 의식을 연구대상으로 하되 내성법과 같은 주관성을 배제하고, 검증이 가능한 객관적인 방법을 채택하여 주로 인간의 기억과 사고과정에 관심을 가지게 되었다. 인지심리학에서는 심리학을 '인간행동을 이해하기 위해 기억구조와 정신과정을 과학적으로 분석하는 학문'이라고 정의하였다(Mayer). 위트만(Wortman)은 심리학은 '첫째, 행동에 관한 과학이다. 둘째, 과학적 연구에 기초한 학문이다. 셋째, 인간복지 향상의 수단이다.'라고 정의하여 응용과학의 성격을 포함시키고 있다.

따라서 과학으로서의 심리학 역사는 100여 년밖에 안 되어 '심리학의 과거는 길지만 그 역사는 짧다'는 말을 실감할 수 있다. 심리학은 사회과학의 기초학문으로 인간의 심리현상을 이해하고 설명하는 방법이 일의적으로 정의가 되지 않는 것은 인간을 보는 관점에 따라 다양하게 설명되는데, 그 방법들이 옳고 그르다고 판단되기 이전에 인간이 그만큼 다면적인 특성을 가진 존재라는 사실을 인식해야 할 것이다.

2. 교육심리학의 정의

교육심리학에 대한 정의는 시대의 흐름에 따라 변화 양상을 보이고 있다. 교육심리학의 성립가능성은 이미 여러 학자들에 의하여 제시되었지만, 최초로 『교육심리학』(1913~1914)을 발간한 사람은 손다이크(Throndike)로, 그는 인간성의 탐구에 통계적인 방법을 도입하여 실험적 연구를 시작하였는데 이는 후에 많은 교육심리학자들에 의해 그대로 답습되었다.

게이츠(Gates)는 자신의 옛 저서 『교육학도를 위한 심리학』(1922)에서 일반심리학의 원리와 방법을 교육에 이용하는 작업을 주로 했으며, 심리학적 자료에 교육적 의의를 부가히여 교육심리학을 응용심리학적 관점으로 보았다. 그 후 그의 저서 『교육심리학』(1948)의 내용은 일반심리학의 단순한 적용 이상으로 독자적인 영역과 방법을 갖는 것이었다. 즉 응용 그 자체가 실험과 검증을 거쳐야 하는 것으로 교육심리학에서는 일반심리학에서 취급되지 않는 독자적인 연구영역이 필요함을 지적하였다.

트로우(Traw)는 "교육심리학은 교수와 학습을 취급하는 심리학의 한 분과이다."라고 말하였고, 가드리(Guthrie)는 "교육심리학은 학교에서 아동들에게 적용되는 심리학이다."라고 하였다. 조단(Jordan,)은 "교육심리학은 교육에 적용되는 개인심리학 또는 사회심리학이다."라고 정의하여 교육심리학을 교육의 기초학문으로 정의하였다.

근대에 와서 교육심리학은 응용만이 아니라 교육현장에 내재하는 모든 심리적 과정을 과학적으로 연구하는 기초학문으로 규정하고 있다. 울포크(Woolfolk)는 "교육심리학자는 다른 분야로부터 지식을 응용하며 또한 지식을 창조한다."고 말하였으며, 메이어(Mayer)는 "교육심리학은 인간의 인지과정과 지식상태를 조절하고 기술에 관한 과학적 연구에 초점을 맞춘다."고 정의하였다. 그린더(Grinder)는 "교육심리학은 교육의 과정과 방법에 가장 밀접하게 관련되어 있기 때문에, 교육심리학을 교육방법의 과학적ㆍ이론적 근거를 확립하고 제공하는 학문이라고 규정하고 그것을 토대로 하여 교육실천의 과정을 지원하고자 하는 것이다."라고 하여 교육학을 교육의 기초학문으로 보고 있다. 결국 교육심리학은 교육의 여러 분야 중 가장 과학적이고 실천적이며, 가장 교육현장 지향적이어야 한다고 볼 수 있다.

하나의 독립된 학문으로서 교육심리학의 목적에 관한 위트로크(Wittrock)의 주장은 많은 시사점을 제공하고 있다.

사실 "교육심리학은 심리학적 원천이 교육에로의 응용이라는 관행적인 협의적 개념화를 뛰어넘는다. 이제 우리는 교육심리학이 교육장면에서 인간의 행동을 과학적으로 연구하는 학문이라는 해방된 개념화를 실천할 시기를 맞이하였다. 과학자로서의 우리는 교육 내에서의 행동을 기술하고, 이해하고, 예언하고, 통제하려는 시도를 하여야 한다. 다시 말하면, 교육심리학은 그것이 가진 자원의 대부분을 그것의 가장 중요한 활동, 즉 학교 내에서의 교수의 문제와 현상을 통제하고 이해하려는 의도를 가진 기초 연구에 투자하여야 한다. 유용한 지식의 생산이라는 목표를 겨냥한 연구는 그것 나름대로 중요한 소득, 즉 함수적 관계의 규명, 일반화 및 이론이라는 산물로써 그 정당성을 옹호받을 수 있는 활동이다."라는 말은 교육심리학의 개념과 의미, 정의 등에 대한 많은 함의(含意)를 담고 있다.

3. 교육심리학의 목적

스키너(Skinner)는 교육활동에 있어서 "왜(Why)", "무엇(What)"에 관한 질문에 응답하는 것은 교육철학의 특성이자 의무라고 말하며, 왜 교육이 필요한가의 근본적인 문제와 교육에 의해서 기도(企圖)된 것이 무엇이며, 무엇 때문에 그와 같이 기도되지 않으면 안 되는가를 밝히는 것이라고 하였다. 그리고 "언제(When)", "어떻게(How)"에 관한 문제, 즉 언제 교육을 하면 좋은가, 또 어떻게 교육을 시키면 좋은가 하는 질문에 응답하는 것은 교육심리학의 중요한 특성이라고 설명하였다. 스키너(Skinner)는 교육활동을 수행함에 있어, 교사는 교육목적이 무엇이며 왜 그러한 행위를 해야만 하는가를 인식하고, 학생의 연령과 그 상황에서 최적의 교육방법을 구사할 때 올바른 교육효과가 발생한다는 것을 제시하였다. 따라서 교육심리학은 특정한 사회에 살고 있는 성장세대나 대상을 이해하고, 교육활동에서 발생되는 문제를 최소화하기 위한 유효한 원리와 합리적인 방법 및 기술을 집대성한 교육의 실천학으로서 교육효과를 증진시키는 데 그 목적이 있다.

1) 교육심리학의 학문적 목적

학문분야에 따라 연구대상은 다르나 모든 학문의 목적은 주어진 현상, 즉 사상에 관련된 변인들과 그들 간의 관계를 기술(to describe), 설명(to explain), 예측(to predict), 그리고 통제(to control)하는 데 있다. 따라서 교육심리학의 목적은 교육의 심리학적 현상을 기술, 설명, 예측, 통제 등을 원만하게 하는 데 있다.

(1) 기술(記述)의 목적

교육심리학의 제1차적 목적은 교육의 심리학적 현상을 기술하는 것이다. 기술이란 어떤 주어진 교육의 심리학적 현상을 있는 그대로 정확히 관찰 보고하는 것을 말한다. 기술에는 두 가지가 있는데, 하나는 교육의 심리학적 현상의 상태(stage) 혹은 구조(structure)에 대한 기술이며, 다른 하나는 그 현상의 과정(process) 또는 기능(function)에 대한 기술이다.

교육에 관련된 심리학적 현상에 관한 상태기술(state description)이란 심리학적 변인의 값을 구체적으로 명시하는 것을 말한다. 예를 들어, '아무개의 IQ는 140이다.'라든가, '우리 선생님의 수업은 강의중심이다.'라고 명시하는 것을 말한다. 그리고 심리현상의 과정기술(proccss description)이란 변인들 간의 상관관계나 인과관계를 명시하는 것을 의미한다. 예를 들어, '지능지수와 학교성적 간에는 정적 상관이 있다.'라든가, '지능과 창의력 간에는 낮은 상관이 있다.'는 식의 기술을 말한다.

사회과학으로서 교육심리학의 첫째 목적은 교육의 심리학적 변인들을 찾아내어 그 값을 기술하고, 그 변인들 간의 관계를 기술함으로써 교육의 심리학적 현상을 이해하는 것이다.

(2) 설명(說明)의 목적

교육심리학의 목적은 어떤 주어진 교육의 심리학적 현상을 있는 그대로 기술하는 데에 끝나는 것이 아니라, 주어진 현상에 대한 기술이 끝나면 그 현상에 대하여 설명(explaination)하는 것이 교육심리학의 또 다른 목적이다. 예를 들어, '수업목표를 미리 제시하면 제시하지 않는 경우에 비해 학업성취도가 높아진다.'는 것을 기술했으면, 왜 수업목표의 제시가 학업성취도를 향상시키는가를 밝혀내어 '수업목표를 제시하면 학생의 주의집중을 유도하고……', '후속되는 학습내용을 수업목표와 관련지어 선택적으로 지각하게 하고……' 하는 식으로 그 이유를 설명하여야 한다.

(3) 예측(豫測)의 목적

교육심리학이 교육의 심리학적 변인들과 그들 간의 관계를 기술하고, 그 관계의 이유를 설명하는 것을 수단적 목적이라고 한다면, 예측하는 것은 보다 궁극적인 목적이다. 예측이란 어떤 주어진 현상을 대상으로, 어떤 독립변인(independent variables) 또는 조건을 어떻게 변화시키면 어떤 결과가 나올 것이라고 미리 서술하는 것을 의미한다. 예를 들면,

‘칭찬은 수업시간 중의 발표활동을 촉진시킨다.’는 식으로 긍정적 강화와 바람직한 학습행동 간의 관계를 기술하고 설명한 후에, ‘긍정적 강화를 이렇게 저렇게 학생들에게 제공하면 그러한 효과를 얻을 수 있다.’고 사전에 서술하는 것이 교육심리학의 예측의 목적이다.

(4) 통제(統制)의 목적

교육심리학의 또 다른 학문적 목적은 교육의 심리학적 현상을 통제하는 것이다. 통제란 예측의 단계를 넘어서서 교육의 심리학적 현상을 변화시키는 것을 말한다. 부연하면 어떤 주어진 교육문제를 해결하는 데 교육의 심리학적 변인들과 원리를 응용하는 것이 통제이다.

교육심리학이 교육의 심리학적 현상을 기술하고 설명해서 예측하는 학문이라는 주장은 교육심리학을 교육의 기초학문으로 간주하는 견해로서 최근의 교육심리학자들이 주로 관심을 갖는 견해이다. 이와는 대조적으로 교육심리학의 목적을 교육심리학자들이 연구해 놓은 개념이나 원리를 응용하여 교육의 실제문제를 해결하는 데 있다는 것이 교육심리학을 응용학문으로 간주하는 현장교사들의 견해이다.

2) 교육심리학의 기능적 목적

교육심리학의 주된 목적 가운데 하나는 교육자 특히 조사들이 교육현장에서 당면하는 문제의 해결과정에 도움을 주는 데 있다. 문제의 해결과정이란 당면한 문제를 문제로서 확인(idenfity)하고, 교사의 입장에서 정의(define)하고, 문제해결을 위한 전략을 탐색(explore)하고, 선택된 전략을 적용(act)하여 전략의 적용효과를 검토(look)하는 활동, 즉 IDEAL활동으로 구성된다.

교육심리학은 교육의 문제해결에 직접적으로 도움을 주는 경우도 있으나, 대부분의 경우 문제해결을 위한 근거를 제공해 준다. 다시 말해서 물리학이 공학의 기본학문이듯이 교육심리학은 교육을 위한 기본학문이다. 예컨대, 건축기사가 공장을 설립하기 위해서는 물리학과 화학 등에 관한 지식은 물론 경제학·미학·정치학에 관한 이해 등이 필요하다. 마찬가지로 교사는 교육심리학으로부터 교육적 통찰(insight)을 얻어야 함은 물론, 이러한 통찰을 교육철학적 추론인 학생과 사회를 위해 바람직한 것이 무엇인가와 통합시켜야 한다. 또한 교사는 교육심리학에서 얻은 통찰을 지역사회에 관한 사회학적 이해나 정부와 교육 간의 관계에 관한 정치적 이해와도 통합시켜야 한다. 예를 들어, 기능공 양성과정에서 남녀 학생이 등록하였다고 가정할 때, 이 과정을 담당하는 교사는 남녀 학생의 성공과 실패에 대하여 교사 나름대로의 기대를 가질 수 있다. 교사는 자신의 기대가 남녀학생의 성공과 실패에 의미 있게 영향을 줄 수도 있다는 자기충족적 예언(self-fulfilling prophecy)에 관한 정보를 교육심리학으로부터 얻을 수 있다.

제2절 인간행동의 이해

1. 발달의 개념

인간은 전생에 걸쳐 신체적·심리적 변화를 통해서 발달한다. 신체적·심리적 성장을 통해서 건전한 전인으로서 자라나는 것이다.

허록(Hurlock)은 발달의 영역을 크기의 변화, 비율의 변화, 새로운 특징의 획득, 낡은 특징의 소설, 반사기능, 젖니(乳齒), 노쇠에 따른 체중 감소 등으로 나누고 이들이 상호작용함으로써 일어나는 과정을 발달이라고 하였다.

코프카(Koffka)는 발달에 대하여 '유기체와 그 기관이 양에 있어서 증대하고, 구조에 있어서 정밀화되며, 기능이 유능화하는 것'이라 정의하였다. 맥그로우(McGrow)는 발달이란 '유기체 내에 있는 힘과 환경 속에 있는 힘이 끊임없이 변천하고 교류한 결과로 인하여 산출되는 과정'이라 하였다.

또한 워렌(Warren)은 '개체가 발생해서 성숙으로 이행할 때 생기는 구조와 형태의 변화'라고 하였으며, 크로우(Crow)는 '발달은 환경의 영향 또는 학습에 의해 일어나는 변화'라고 했다. 맥그로우(McGrow)는 '유기체 내에 있는 힘과 환경 속에 있는 힘이 끊임없이 변천하고 교류한 결과에 의하여 산출되는 과정'이라고 하였다.

2. 성장·성숙·학습의 의미

발달과 유사한 개념 용어로 성장(growth), 성숙(maturity), 학습(learning) 등의 개념이 있다. 성장이란 양적인 변화로, 특별한 외적 자극이 없이도 자연스럽게 일어나는 비교적 환경의 영향을 적게 받는 신체적 증가나 제2차 성징의 성적 기능 발현 등과 같은 것을 뜻한다. 이에 반해 발달은 비교적 외적 영향을 많이 받는 정서적·지적 변화를 뜻하는 것이며 성장보다 광범위한 개념이다. 크로우와 크로우(Crow & Crow)는 성장은 특별한 측면이나 부분적인 측면에 있어서 변화를 나타내고, 발달은 전체적인 측면에서 변화의 전망을 뜻한다고 하였다.

성숙(maturity)이란 말은 보통 두 가지 의미로 쓰인다. 하나는 어떤 일정한 연령의 학습자에 해당하는 행동을 기술하는 데 쓰이며, 다른 하나는 성인의 행동수준이나 기대수준을 나타내는 데 쓰이는 것이다. 첫째 의미는 개개 학습자의 발달수준을 평할 때 흔히 많이 쓰는 것이다. 해당 연령의 어린이들이 보이는 일반적 행동수준(규준)에 이르면 정상적인 성숙을 하고 있다고 하며, 그에 미달하면 미숙했다 하며 초과했으면 과숙했다고 표현한다. 한 학습자의 성숙 정도를 덩어리로 말하기는 힘들다. 즉, 이는 언어적 발달면에서의 성숙은 6세 아에 이르고 있으나, 동료들과 어울려 노는 사회적 발달은 미성숙하다고 말하는 데서 볼 수 있다. 이러한 의미의 성숙은 심리학자들이 많이 관심 두는 영역이라 하겠다.

둘째 의미의 성숙은 모든 어린이의 행동을 미성숙한 것으로 규정하는 말에서 찾을 수 있다. 성인들 중에는 어린이의 행동을 자기들의 수준(관점)에 비추어서 생각하고 판단하는 비합리성을 보일 때가 많다. 교사도 때로 학습자의 행동을 있는 그대로 또는 학습자 또래의 연령에 비추어 판단하지 않고 성인에 비추어 판단함으로써 여러 가지 억압과 제재를 가하게 된다. 학습자들이 보이는 이상행동이 성인기준에서는 이상할 뿐만 아니라 미성숙할지 몰라도 학습자 수준에서는 극히 정상적인 것이 많이 이러한 기준의 착오는 학습자를 제대로 이해하는 데 큰 방해가 된다.

성숙과 학습의 관계는 '칼로 물 베기하는 것'처럼 구별하기 힘들다. 학습자가 어떤 시점에서 보이는 행동으로 어느 것에 의한 것이라는 판단을 내리기 힘들다. 다만, 그 가능한 구분은 어떤 기준에 비추어 보는가에서 찾을 수 있다. 즉 독립변인('X가 변하면 Y도 변한다'에서 X를 독립변인이라 하고 Y를 종속변인이라 부른다.)을 연령에 두는 것이 성숙이라 하면, 독립변인을 학습자 외부에서 제공되는 조건 또는 환경에 두는 것이 학습이라 할 수 있다.

특정학습자가 보이는 행동이 그 나이가 되면 의례히 보이게 되는 것이라 한다면 성숙적 요인으로 설명하는 것이 용이하고, 그 나이가 되어서 그렇지 않은 것으로 보이는 행동이면 학습이란 현상에 의해 설명하는 것이 용이할 것이다.

그러나 이러한 구별도 발달이라는 개념을 도입하게 되면 다소 복잡해진다. 발달은 성숙의 개념처럼 연령이나 연령단계를 독립변인으로 하지만, 성숙에 의한 변화만을 한정해서 말하지 않는다. 발달은 오히려 성숙과 학습의 상호작용에 의한 변화를 종합한 개념이다. 인간이 보이는 행동을 덩어리로 보면 성숙과 학습의 어느 한 가지로 구분하기가 힘들어진다. 인간의 잠재능력으로서의 성숙적 요인과 이 능력을 발휘할 기회로서의 환경이 상호작용해서 생기는 것이 곧 발달인 것이다.

3. 발달의 원리

인간이 어떻게 발달하는가에 관한 연구는 수없이 많은 학자에 의해서 연구되어 왔다. 한 인간의 출생에서부터 죽을 때까지를 관찰함으로써 연구하기도 하고, 각 연령층별로 표집집단을 구하여 발달을 관찰해서 연구하기도 했다. 연구한 방법에 따라 다소의 측면에서 차이를 보이기도 했으나 공통적인 일정한 규칙성이 드러나고 있다.

1) 인간의 발달은 성숙과 학습의 상호작용의 산물

성숙이 성장의 결과로 나타나고, 학습이 경험의 결과로 나타나는 변화를 의미함은 이미 지적한 대로이다. 인간 유기체는 수정이라는 과정을 통해 임신하면서부터 환경을 통해 영양의 공급을 받으며, 자라나면서 그가 소속한 환경적 조건의 범위 안에서 생각하고, 느끼고, 행동하는 것이다. 비슷한 유전적 조건이라 해도 환경의 차이에 따라 다른 행동을 보이기도 하고, 다른 유전적 조건이라 하더라도 비슷한 환경에 자라게 되니 유사한 행동과 가치관을 보여 주기도 하는 것이다. 한 민족, 한 씨족의 공통성은 이러한 점에서 설명될 수 있을 것이나.

2) 일반적 반응으로부터의 특수한 반응으로 발달

어린이들의 반응은 일반적으로 전체적이며 미분화된 것이며, 점차 자라남에 따라 부분적이며, 분화된 반응을 보이게 된다. 가령, 유아들의 신체 일부분 어디인가에 자극을 주면

팔이나 다리가 모두 아무렇게나 움직이는 것을 보게 될 것이다. 그러나 시간이 경과하게 되면 관련 없는 행동은 보이지 않고 보다 특수하고 협응(協應)된 행동을 하게 된다. 이것은 신경계통이 발달한 결과이다. 자람에 따라 눈과 손, 팔과 손 등의 협응 행동이 가능해지고 이에 따라 아주 섬세한 동작까지도 할 수 있게 된다.

3) 발달은 연령이 증가함에 따라 예언이 점점 어려워짐

개인에 따라 일정한 단계의 발달에 이르는 시간적 속도에는 개인차가 있으나 대부분의 어린이가 밟게 되는 계열은 대체로 비슷하다. 이러한 계열은 성숙요인의 영향을 많이 받는 유아기나 아동기에서는 대단히 분명하나 점차 성장함에 따라 경험의 내용과 종류가 다양해지게 되어 행동의 예언이 점점 더 어려워진다.

이러한 현상은 어린이가 점점 나이를 먹음에 따라 접촉하는 사람의 수를 보더라도 짐작할 수 있는 것이다. 아주 어린 때는 어머니와 아버지를 중심한 가족들과의 접촉이 대부분이나 초등학교와 중학교에 다니게 되는 연령이 되면 많은 친구를 사귀게 되고, 이웃집 사람들, 사회의 많은 사람들을 접촉하게 됨으로써 감정·태도·가치관 등이 복잡하고 다양해지게 되는 것이다. 이때가 되면 유전적 요인의 영향은 극소한 정도로 감소된다 하겠다.

4) 장기적 발달은 계속적이지만 단기적 발달은 불규칙적

인간의 발달과정 전체를 보게 되면, 일정한 규칙성 또는 법칙성이 나타나 보이지만, 어떤 특정한 기간 또는 시절만을 끊어서 보게 되면 순서가 뒤바뀌어 있는 현상같이 보이기도 한다. 어떤 새로운 진전된 행동을 보여 주다가도 그보다 퇴행적인 행동이 나타나기도 하는 것이다. 퇴행적 행동은 질병·피로·흥분상태 등과 같은 어떤 명백한 이유로 인해 생기기도 하지만, 동생이 태어남으로써 동생에 보다 쏠리는 듯한 어머니·아버지의 관심을 자신에게로 이끌기 위해서 보다 어린 시절에 보이던 퇴행적 행동을 보이게 되는 것처럼 불분명한 이유로 인해 생기기도 하는 것이다. 이러한 현상에 대해서는 아주 신중한 대처가 필요한 것이다.

5) 인간의 발달속도에는 개인차 존재

일반적으로 성숙이 다른 어린이들보다 빠른 어린이가 있는가 하면, 반대로 늦는 경우도 있다. 전자를 조숙(早熟)이라고 하고, 후자를 만숙(晩熟)이라고 한다. 또한 개인에 한정해서 생각하더라도 어떤 측면은 빨리 성숙하는 데 대하여 다른 어떤 특성은 늦게 성숙하는 것을 볼 수 있다. 전자를 개인 간 차이라 하고 후자는 개인 내적 차이라 한다.

4. 발달과업

헤비거스트(Havighurst)는, 발달과업(developemtal tasks)은 개인의 일생에서 특정한 시기에 일어나는 과업으로서 그 과업의 성공적인 성취는 개인을 행복하게 하고 후기의 과업을 성공적으로 달성하게 하며, 반면 그 과업의 실패는 개인을 불행하게 하고, 사회에서 인정받지 못하게 하고, 후기의 과업달성에 장애를 가져온다고 했다.

이러한 발달과업은 문화에 따라, 계층에 따라, 지위에 따라 또는 직업에 따라서도 차이가 있는 것으로서 교육목표의 결정에도 직접 관련되는 것이라고 설명한다. 말하자면 교육은 각 아동의 발달단계에서 성취해야 할 과업을 성공적으로 학습하도록 구성되어야 한다는 것이다. 이러한 주장은 여러 가지 문제점을 내포하고 있기는 하다.

근원적으로 성숙을 강조하느냐 아니면, 환경에 의한 학습을 강조하느냐 하는 논쟁으로 연결되기 때문이다.

헤비거스트가 정리한 단계별 발달과업을 간단하게 제시하면 다음과 같다.

1) 유아기와 아동 초기의 발달과업

① 걸음설이 배우기
② 고체 음식물 먹기를 배우기
③ 말 배우기
④ 노폐물 배설의 통제 배우기
⑤ 성별을 알고 성예절 배우기
⑥ 생리적 안정을 유지할 수 있기

⑦ 사회적·물리적 현실에 대한 단순한 개념의 형성

⑧ 부모형제나 타인과의 정서적 관계를 형성하는 것 배우기

⑨ 선악판단을 하고 양심 발달시키기

2) 아동 중기의 발달과업

① 보통 하는 유희에 필요한 신체적 기능을 배우기

② 성장하는 유기체로서의 자기 자신에 대한 건전한 태도를 형성하기

③ 같은 연령수준의 친구 사귀기를 배우는 일

④ 적절한 성역할을 배우기

⑤ 읽기·쓰기·셈하기의 기본기술을 배우기

⑥ 일상생활에 필요한 개념을 발달시키기

⑦ 양심·도덕·가치척도의 발달

⑧ 사회집단, 제도에 대한 태도의 발달

3) 청년기의 발달과업

① 자기 체격을 인정하고 자기의 성역할을 받아들이기

② 남녀 동년배의 동무와 새로운 관계를 갖기

③ 부모나 다른 성인으로부터의 정서적 독립을 이룩하기

④ 경제적 독립의 필요성을 절실히 느끼기

⑤ 직업을 선정하고 그 준비를 하기

⑥ 시민생활에 필요한 지적 기능과 개념 형성하기

⑦ 사회적으로 책임 있는 행동을 원하고 이를 실천하기

⑧ 결혼과 가정생활을 준비하기

⑨ 적절한 과학적 세계관에 맞추어 가치체계를 형성시키기

4) 성인 초기의 발달과업

① 배우자를 선정하기
② 배우자와 같이 생활하는 방법을 배우기
③ 한 가정을 꾸미기
④ 자녀를 양육하기
⑤ 가정 관리하기
⑥ 직업생활의 시작
⑦ 시민의 의무를 완수하기
⑧ 동호집단을 찾아내기

5) 중년기의 발달과업

① 성인으로서의 시민적·사회적 의무 다하기
② 경제적 표준생활을 꾸미고 유지하기
③ 청소년을 도와서 책임 있고 행복한 어른이 되게 선도하기
④ 어른으로서 여가이용 활동을 발전시키기
⑤ 배우자와의 인간적 관계를 유지하기
⑥ 중년기의 생리적 변화를 인정하고 이에 적응해 가기

6) 성인 후기의 발달과업

① 신체적으로 힘과 건강이 쇠퇴하는 것에 적응하기
② 은퇴와 수입 감소에 적응하기
③ 배우자의 사망에 적응하기
④ 동년배와의 교우관계를 다시 수립하기
⑤ 사회적·시민적 의무에 호응하기
⑥ 만족할 만한 신체적 생활조건을 수립하기

제3절 인간발달의 이해

1. 발달의 원리

1) 발달의 연속성

발달은 연속적이며 점진적 과정이다. 한 개체의 성장은 비약적 과정이 아니고 계속적이며 점진적으로 이루어진다. 이것은 신체적 또는 정신적 기능의 성장에 대한 특정 결과에서 알 수 있다. 신체적 성장 속도는 보통 출생 초기가 가장 빠르고 그 후 점점 늦어지다가 12~14세경에 다시 빨라지나, 정신적 성장 속도는 신체의 성장과 같이 명료화하지는 않다. 보통 3세에 감각기관은 고도의 기능을 발휘하게 되고 신경계통은 성인의 1/10에 이르며 6세에는 거의 9/10에 이르게 된다.

2) 발달의 상호작용성

발달은 개체와 환경과의 상호작용에 의한다. 발달이란 유전과 환경의 결과로 나타나는데, 유전적 요인은 환경조건 여하에 따라서 달라질 수 있는 것이므로 개체와 환경은 독립된 것으로 볼 수 없다. 개체의 내부적인 힘과 생활환경의 힘 등이 서로 작용하여 새로운 하나의 체제로 발달되는 것이다. 하위체제로서 개체와 환경이 이루는 전체 체제가 새로이 재체제화되어 구조화되는 데에서 발달된다.

3) 발달의 순차성

발달에는 일정한 순서가 있다. 발달은 순서와 질서에 따라 일반적인 것에서 특수한 것으로, 전체적인 것에서 부분적인 것으로 나타난다. 일반적으로 발달에 있어서 머리가 먼저 발달하고 머리 가까운 부분에서 팔, 다리와 손, 발 그리고 손가락과 발가락 순서로 발달이 진행된다.

4) 발달의 분화성과 통합성

발달은 분화와 통합의 과정이다. 모든 유기체의 발달은 부분의 분화와 그 부분 상호의 종속관계에 의한 통일에 있다고 할 수 있다. 어릴 때는 몸의 어느 부위에 자극을 받게 되면 전체의 미분화적 반응을 일으키던 것이 성장함에 따라 자극을 받는 부분만이 유의적·분화적 반응을 하게 된다. 이것은 정신적인 면에서나 정서적인 면에서도 같다고 할 수 있다. 그리고 일반 분화되면 그 분화로 그치는 것이 아니고 분화된 각 부분이 보다 발달된 수준에서 행동하게 되며 전체적이고 통합적으로 변화하게 된다.

5) 발달의 개인차

발달에는 개인차가 있다. 발달에는 일정한 순서 또는 질서가 있으나 개인에 따라 그 속도나 모양이 각기 다르다. 즉 신체, 운동, 정서면이 제각기 다르게 발달하는데 이는 가정환경, 경제조건, 가족의 교육정도, 사회·문화적 조건 등에 의해서 이루어진다고 볼 수 있다. 이와 같은 개인차는 선천적이 유전에 의하기도 하지만 개체가 환경과 상호작용하여 발달하게 되므로 개체는 모두 제각기 독특한 양과 질 그리고 속도를 가지고 다른 모양으로 발달하게 된다. 개인차는 개인과 개인 사이에만 있는 것이 아니라 개인 자체 내에서도 상당한 차이가 있음을 알 수 있다.

6) 발달속도의 불규칙성

발달의 속도는 불규칙적이다. 발달이 연속적인 것이라고 할지라도 항상 순조롭고 점진적인 것은 아니다. 신체적 발달과 정신적 기능이 급격히 증가 또는 감소하는 시기가 있는 것이나. 즉, 비약 전진하는 듯한 경향을 보이는 시기와 때로는 중지되는 듯한 정지기간을 볼 수 있다. 출생 후 12주부터 단어적인 말을 사용할 수 있지만 그 후 2, 3개월이 되면 단어수가 늘지 않는다. 그러다가 3, 4개월이 되면 급속하게 언어가 발달된다. 또한 신장이 변화되고 체중이 늘지 않다가 체중이 늘고 신장이 변화되지 않는 등의 신장기와 충실기가 교대로 진행된다. 아동기에는 창조적인 상상력이 현저하며 청년기에 들어서 신체의 발달이 급격하게 상승한다. 어느 시기에는 그림만 그리다가 그것을 잊어버리고 무관심한 채 다른 것에 몰두하게 되기도 한다.

이 외에 자신이 가지고 있는 능력을 스스로 발휘하고자 하는 자발적 사용의 원리, 각 성장의 단계를 통해서 항상 미래에 대한 준비를 하는 준비의 원리, 어떤 시기가 오면 이전의 행동 양식을 버리고 그것보다 필요한 행동양식을 몸에 익히려는 발달적 수정의 원리 등을 들 수 있다.

2. 발달의 단계

1) 태아기(Parental period)

보통 수정에서 출생 때까지 9개월(40주, 280일)을 말하는데 이 기간의 교육은 예로부터 중요시되었다. 특히, 어머니의 건강과 정서적 안정은 태아의 건강한 발육뿐만 아니라 정서 상태에 중요한 영향을 준다는 것이 증명되고 있다.

2) 신생아기(Neonatal period)

아기가 출생 시의 고통에서 회복할 때까지를 신생아기라고 하는데 생후 2주에서 1개월까지의 기간을 말한다. 이때는 아기의 생활이 거의 잠을 자면서(하루 생활의 73%) 이루어지기 때문에 가능한 놀라지 않도록 주위환경을 정숙하게 해 주어야 한다.

3) 영아기(Infant period)

영아기는 신생아기 말부터 2세 전까지를 말하는데 이 시기는 어느 시기보다도 발달속도가 가장 빠른 때다. 즉 신체적, 정서적, 사회적, 정신적, 기타 인간의 여러 행동발달이 현저하고 왕성한 때다. 직립보행, 언어의 시작 그리고 이유를 계기로 자기의 세계를 넓히고, 타인과 사회적 접촉이 활발해지며 독립하여 영양을 섭취하기 시작한다. 이 시기의 수유와 이유의 상태와 방법 여하는 인간발달에 중요한 의미를 가진다.

4) 유아기(Baby hood)

보통 2세 전후에서 6세 전까지, 즉 영아기를 지나 취학 전에 이르기까지를 말한다. 신체적 성장이 영아기에 가장 현저하다면 유아기는 신체운동 및 행동 발달에 있어서 가장 뚜렷한 발달을 하는 시기다. 프로이트(Freud)는 성인의 모든 특성이 이 시기의 영향이라고 하여 중요한 의미를 두었다. 즉, 유아기는 기본적인 인간행동의 형성시기이며 의학적으로나 심리적으로 측정하기 어려울 만큼 중요한 시기인 것이다. 태도, 습관, 언어 등 전인격을 형성하는 데 템포(tempo)가 가장 빠른 시기이기도 하다. 그러므로 유아기 교육의 중요성이 강조되고 있는 것이다.

5) 아동기(Child hood)

만 6세에서 12세까지의 초등학교 재학 시기를 말하는데 이때는 영·유아기의 발달을 토대로 기본적인 행동특성이 발달되어 새로운 지식을 얻는 데 주저하지 않고 무엇이든지 알고 싶어 하며, 활발하고도 민첩한 활동을 특징으로 한다. 또한 아동기에는 유아의 심리적 특성인 자기중심성을 서서히 탈피하고 사회성이 발달하여 그룹을 지어 어울리는 것을 좋아한다. 흔히 말썽꾸러기, 개구쟁이의 시기라고 하지만 중요한 시기다.

6) 청년기(Adolescence)

일반적으로 청년기는 사춘기를 포함하는 시기로 청년전기(12~15세), 청년중기(16~18세), 청년후기(19~23세)로 구분하는데 이 시기는 어린이 상태에서 어른의 상태로 옮아가는 시기로서 심신의 모든 부분이 과도기적 현상을 나타낸다. 그러므로 행동과 사고가 불안정하여 실풍노노기, 심리적 이유기, 제2의 탄생기라고 하기도 하는 때다. 청년기의 특징이라고 할 수 있는 여러 가지 과도기적 현상인 모순과 혼란, 반항성, 비판성, 내면적 생활의 발견, 자아의식의 고양, 정신적 독립 등은 새로운 것을 만드는 기초로서 성인체제로의 진입 또는 인간성숙의 과정이라고 할 수 있다.

7) 성인기(Adulthood)

일반적으로 성인기라 함은 23~60세경까지를 말한다. 이 시기는 인생의 전성기로 주장하는 학자가 있는가 하면, 반대로 인생의 쇠퇴기로 규정하는 학자도 있다. 전자는 경제적으로 상당히 안정되어 있고, 다양한 삶의 영역에서의 경험을 통하여 삶의 지혜를 터득한 상태이며, 집안에서 높은 지위와 책임을 갖기 때문이다. 또한 후자는 신체적 퇴행이 이루어지기 시작하고 위기를 슬기롭게 극복하지 못할 경우 침체된 삶의 역정을 걸을 수밖에 없기 때문이다. 이 시기에는 청소년기와 마찬가지로 인생의 전환기라고 할 수 있다. 이 시기에 수행해야 할 과업은 신체적 변화에 대한 적응, 부부간의 애정 재확립과 노년기 전 단계에서의 위기의 극복, 직업 활동의 몰두와 여가 선용 등이 주요 발달과업이라 할 수 있다.

8) 노년기(Old age)

노년기의 시작을 브로디(Brody)는 60세 이후로 보고 있으며, 우리나라의 노인복지법에서는 노인을 65세부터 규정하고 있다. 그러나 현재는 65세부터 노년기가 시작되고 죽음으로 인하여 노년기가 끝난다고 보는 시간이 일반화되어 있다. 학자에 따라 노년기를 75세 전후로 하여 전기 고령노인과 후기 고령노인으로 구분하여 발달적 특성을 논의한다.

이 시기에는 신체적 능력의 쇠퇴 및 질병이환, 사회적 관계의 축소, 사회경제적 지위의 하락 등과 같은 쇠퇴적 발달이 주로 일어난다. 따라서 이 시기에 노인은 신체변화에 대한 적응, 인생에 대한 평가, 역할 재조정, 죽음에 대한 대비, 여가시간 활용 등의 발달과업을 적절히 수행할 수 있도록 해야 한다.

3. 발달단계론

1) 피아제(J. Piaget)의 인지발달단계론

지적 발달은 질적으로 구분할 수 있는 몇 가지 단계를 거치면서 비연속적인 과정을 밟는다고 한다. 다만 학습동기 또는 사회·문화적 제반 여건에 따른 개인적인 차이는 있으나 개인은 누구나 몇 개의 단계를 순서 있게 거치면서 인지발달을 하게 된다는 것이다. 그리고 동화와 조절을 인지발달에 있어서 불변의 기능으로 보며 이 두 기능이 서로 평형을 유지하게 되는데 이것을 균형이라고 한다. 그러나 사실상 동화와 조절기능은 불균형 상태에 있게 되고, 환경은 언제나 새로운 자극과 문제를 제시하며 이 문제의 해결을 위해서 기존의 개념체제를 변경하도록 요구한다. 여기에 균형을 유지시킬 수 있도록 하는 환경통제를 위한 인지구조가 필요하게 되는데 인지발달의 단계는 다음과 같다.

(1) 감각운동기(Sensori-motor period: 0~2세)

갓 태어난 아기가 제일 먼저 하는 일은 타고난 기술들인 빨기·잡기로, 장난감이나 손을 입 안에 넣기를 좋아하나 점차 빨 수 있는 것과 없는 것을 구분하고, 무엇이든 본능적으로 잡게 되며, 소리를 알게 된다. 이와 같은 방법으로 어린아이는 경험을 범주화하고 구조화하기 시작하며 영속성이나 자기인식이 가능해진다.

(2) 전조작기(Preoperational period: 2~7세)

전조작기에는 사고가 행동지향적으로 신체적·지각적 경험에 한정되어 있다. 기억과 예상능력의 발달로 외부세계를 표상하기 위한 상징을 사용하기 시작하고, 표상의 분명한 예로서는 대상을 언어로 표현하고, 낱말들을 사용하게 된다. 이때의 사고는 상당히 자기중심적이기 때문에 자신과 외부세계를 구분 짓지 못하고 자신과 마찬가지로 사물도 감정을 가진 것으로 생각하며 자신의 심리적 과정이 실제적이고 구체적인 것으로 생각하게 된다.

(3) 구체적 조작기(Period of concrete operation: 7~11세)

구체적 조작기에는 사고가 더욱 유연해지고, 자신의 사고를 검토·정정하며 경우에 따라서는 나시 시작하기도 한다. 그리고 한 번에 하나 이상의 차원을 고려하는 것을 배우고 단일 사물이나 문제를 다른 각도에서 바라볼 수 있게 된다. 문제에 대한 접근방법에 있어서 매우 논리적인 면이 있으나, 다룰 수 있고 다루는 것을 상상할 수 있는 구체적인 사물의 관점에서만 생각할 수 있다. 어른들과 같이 추상적인 사고를 하는 일과 가설을 설정하여 이것을 검증하지 않고도 기각하거나 수용할 수 있는 능력은 미약하다.

(4) 형식적 조작기(Period of formal operation: 11~15세)

추상적으로 사고할 수 있으며 자신의 생각을 논리적으로 내적인 시험을 할 수 있다. 현재를 뛰어넘어 인과관계를 바탕으로 사물을 이해할 수 있고, 실제적인 것이나 가능성 여부도 고려할 수 있으며, 어떤 특징을 지닌 대상의 범주나 개념을 발달시킬 수 있다. 또 일반적인 규칙을 형성하고 사실에 비추어 이것을 검증하며 우연에 의한 방법으로 관념을 다루지 않고 체계적이고 과학적으로 다룬다. 그러므로 형식적 조작기는 세상에 대해서 보다 추상적인 방법으로 사고하는 시기이지만 사고는 어떤 경험과 직접적인 관련을 맺고 있지 않다. 여러 가지 대안에 대해서 사고할 수 있고 가설적인 견지에서 추론할 수 있으며 비유·은유를 이해한다.

2) 프로이트(S. Freud)의 심리성적 발달관계론

프로이트는 성본능 에너지를 리비도(libido)로 보며 이 에너지가 집중된 신체 부분을 성감대라고 하였는데, 성장함에 따라 리비도는 신체의 여러 감각기관에 집중된다고 한다. 이러한 성감대는 특정한 단계순서로 나타나며, 첫 번째 관심은 입에 집중되고, 다음은 항문에, 그리고 성기(性器) 부분으로 옮겨진다. 이러한 순서는 타고난 생물학적 요인들에 의해서 지배되며 경험 역시 결정적인 발달의 역할을 한다.

(1) 제1단계: 구순기(Oral stage: 0~18개월)

아이가 엄마의 젖을 빠는 행위는 영양섭취뿐만 아니라 쾌감을 준다. 이러한 행동은 배가 고프지 않으면서도 물건이나 손가락을 빠는 것으로, 이 쾌감을 자애적(autoerotic)이라고 한다. 약 6개월이 되면 어린아이는 독립적이고 필요한 존재로 엄마에 대한 개념이 발달하기 시작한다. 이와 동시에 치아가 자라서 물려고 하는 충동이 있게 된다. 사람은 모두가 성심리적 발달 단계의 모든 단계를 경험하게 되는데 어떤 단계에서 고착될 수도 있다. 고착(fixation)이란 어떤 단계를 지나서 얼마나 진전되었는지에 관계없이 전단계의 문제점이나 쾌락에 대한 지속적인 집착을 의미한다. 만일 구순단계에 고착되었다면 계속 음식에 집착하거나 물건을 빨고 뜯거나 해서 편안함을 느끼고 구순적 쾌감을 위해서 흡연, 음주에 몰두하기도 한다.

아동기의 고착의 강도와 현재 욕구좌절의 크기에 따라 퇴행(regression)하는 경향이 결정된다. 만일 구순단계에서 강하게 고착되었다면 현재 생활에서 비교적 가벼운 좌절이더라도 구순기로 퇴행할 충분한 이유가 되며, 고착이 강하지 않았다고 하더라도 매우 큰 좌절은 이전의 발달단계로 퇴행할 원인이 되는 것이다.

(2) 제2단계: 항문기(Anal stage: 1.5∼3세)

성적 쾌락의 원천은 항문으로 옮겨서 배설을 함으로써 쾌락을 느끼게 되나 배변훈련을 통해 쾌락을 조절하는 것을 배우게 된다. 이러한 배변훈련에 있어 부모가 너무 엄격하거나 지나치게 방임적이면 어린아이는 항문기에서 고착될 수도 있다. 배변훈련이 너무 엄격하면 분노발작을 일으킬 것이며 불결하거나 파괴적인 성격이 될 수도 있다. 그리고 어린아이는 변비가 될 때까지 배설물을 보유하는 것으로 반응하게 된다. 그 후 완고하고 인색하며 지나치게 정확하고 너무나 질서정연한 사람이 될 가능성이 있다.

(3) 제3단계: 남근기(Phallic stage: 3세 이후)

이 단계의 어린이들은 성기를 만지거나 수음의 쾌락을 가지게 되고 이성의 부모에 뚜렷한 애착이 발달하며 동성의 부모를 질투하는 시기라 할 수 있다. 이것을 오이디푸스 콤플렉스(oedipus complex)라고 한다. 그리하여 거세불안(castration anxiety)의 단계를 거쳐 동성의 부모에게 동일시(identification)하게 된다. 이 단계에서 고착은 허영심과 자기본위적이며 남자들은 성적 용감성에 자부심을 느끼거나 여자를 경멸함으로써 고착의 특성들을 일반적으로 나타낸다.

(4) 제4단계: 잠복기(Latency stage: 5, 6∼12, 13세)

이 단계에는 오이디푸스적 감정에 대한 강력한 방어를 수립하면서 성적이고 공격적인 환상들이 무의식 속에 단단히 얽매이게 된다. 따라서 어린이들 스포츠, 놀이, 지적 활동과 같은 구체적이고 사회적으로 받아들일 만한 일에 에너지를 쏟을 수 있을 정도로 자유롭다.

(5) 제5단계: 생식기(Genital stage)

사춘기 이후 주요 과제는 남자는 어머니에게 자유로워져 여인을 찾고 아버지와의 경쟁심을 풀게 되며 아버지의 지배로부터 자유로워진다. 여자도 자신의 삶을 수립하게 된다.

3) 에릭슨(E. Erikson)의 심리사회적 발달단계론

(1) 제1단계: 신뢰감 대 불신감(Trust vs. Mistrust)

태어나서 1년 동안의 영아들은 부모를 신뢰하는 것과 불신하는 것이 발달되는데, 일반적으로 요구가 충족되면 환경이나 자기 자신을 신뢰하게 되고 미래에 대하여 낙관적이게 된다. 반대로 욕구가 좌절되면 의심이 많고 두려워하며 안전성에 과다한 관심을 두게 된다. 영아들은 자신과 환경 사이에 상호작용을 통해서 성숙하며, 이러한 상호작용에서 제일 중요한 것은 돌보는 사람의 행동에서 일관성, 예민성, 신뢰성을 느끼는 것이다. 부모에 대해서 일관성 있고 믿을 수 있는 느낌을 가질 때 영아는 신뢰감이 발달된다.

(2) 제2단계: 자율성 대 수치심(Autonomy vs. Doubt)

이 단계의 신체적인 발달은 자율감을 증가시켜 주면 환경과는 더 많은 접촉을 가지게 된다. 걷기, 물건잡기, 배설기능의 통제를 학습하게 되는데 반목과 연습의 시도에서 계속 실패하면 자기의심이 생긴다. 어린이들은 자율감을 상실하지 않을 때 사회적 규제에 적응할 수 있다. 그러나 자기 결정이 무시당하게 되면 수치가 의심의 감정이 발달하게 된다. 부모나 다른 어른들이 어린이들의 노력을 얕잡아보면 수치심을 느끼기 시작하고 지속적 열등감에 사로잡히게 된다.

(3) 제3단계: 솔선성 대 죄책감(Initiative vs. Guilt)

이 단계는 운동기능을 계속 발달시키고, 자율감에 대한 노력이 더욱 효율성 있게 되며 목표지향적이다. 따라서 솔선성을 지닌 어린이는 계획을 세우고 목표를 수립하여 그것을 성취하려고 한다. 그런데 어린이들이 자신들이 세운 큰 계획과 희망이 무너지는 것을 인식하면 위기가 온다. 초자아는 행동을 사회화하는 데 필요하지만 어린이가 인생을 접하는 데 있어서 솔선성을 억압한다. 그러므로 부모들은 권위를 완화시켜 어린이들의 흥미 있는 계획에 그들과 같은 입장으로 참여함으로써 이러한 과정을 도와줄 수 있다. 이렇게 하여 어린이들은 그들의 야망을 포기하지 않고 자신들의 야망을 성인기의 사회생활 목표에 결부시킨다.

(4) 제4단계: 근면성 대 열등감(Industry vs. Inferiority)

이 단계는 자아성장의 가장 결정적 단계로 중요한 인지적·사회적 기능을 습득한다. 가족 내에서 이루어지는 과거의 희망이나 요구를 버리고 더 유용한 기술과 지식을 학습하는 데 열중한다. 그리고 꾸준한 주의력의 집중과 지속적인 근면성을 유지하는 자아를 발달시키고 또래들과 함께 일하고 노는 것도 학습한다. 이 단계에는 개인적인 관심, 생산적인 일, 독립적인 사회생활 등을 포함한 완전히 기능하는 어른이 되기 위해 필요한 기술을 반드시 배워야 한다. 성인세계의 일부가 되려는 노력에 실패하게 되면 자신은 부적절하고 열등한 존재로 결론 내려 근면하게 되려는 자신감에 대한 믿음을 상실하게 된다.

(5) 제5단계: 정체감 대 역할 혼미(Identity vs. Role confusion)

이 시기의 가장 중요한 과제는 새로운 자아정체감을 확립하는 것으로 나는 누구인가, 거대한 사회 속에서 자신의 위치는 무엇인가를 알게 된다. 정체감은 다수의 역할에서 내적인 연속감 혹은 정체감을 제공하는 일관된 양식으로 통합함으로써 성취된다. 사춘기 청년들은 급격히 성장하며 너무나도 다양한 면에서 변화가 일기 때문에 자신도 변화들에 대해 정확히 알아채지 못할 정도이고, 다른 사람들의 눈에 좋게 보이거나 기대에 어긋날지도 모른다는 생각은 사회적인 문제로서 이러한 것들이 정체감의 혼미를 수반한다. 이러한 현상으로 인해서 정체감을 바르게 형성하지 못하면 역할혼미나 절망감이 생기게 된다.

(6) 제6단계: 친밀감 대 고립감(Intimacy vs. Isolation)

성인 초기는 이성과 친밀해지는 시기로 결혼은 이러한 시도를 궁극적으로 취하는 형태다. 누군가를 사랑하기 위해 반드시 이전의 위기를 성공적으로 해결하고 정체감을 확립해야 한다. 이 정체감이 형성되어야만 친밀감을 획득하게 되며 다른 사람과 친숙한 관계를 형성할 수 있는데, 특히 연인들은 신뢰감을 가지고 솔선적이 될 수 있어야 서로 간에 친숙한 관계를 형성하게 된다. 이러한 상호관계를 이루지 못하는 정도, 즉 친밀성의 실패의 정도에 따라 고립감, 불완전감을 경험하게 된다.

(7) 제7단계: 생산성 대 침체성(Generative vs. Stagnation)

두 사람이 친밀성을 이루게 되면 그들의 관심은 두 사람을 넘어서 확대되기 시작하고, 다음 세대를 양육하는 데 관심을 가지게 된다. 생산성은 넓은 의미로서 아이를 낳고 기르는 것뿐만 아니라 일을 통해서 물건을 생산하고 아이디어를 창출하는 것을 말한다. 이 시기는 인생의 모든 부분에 있어서 생산적이고 창조적이 되며 개인의 모든 활동에서 의미와 기쁨을 발견하는 것이다. 그러나 생산성이 결핍되면 성격이 침체되고 인생은 단조로운 일이 되며 분개도 느끼게 된다.

(8) 제8단계: 자아통합 대 절망(Intergrity vs. Despair)

노인들은 일련의 신체적·사회적 상실에 대처해야 하며 다가오는 죽음과 타협하지 않으면 안 된다. 늙으면서 해야 하는 신체적, 사회적인 많은 적응을 인식하고 젊었을 때처럼 활동적이지 못함을 알게 된다. 그리고 모든 일자리에서 은퇴하여 일자리를 상실하면 절망하게 된다. 한편, 완전한 인격이 되어 자아통합을 갖게 되는데, 자아통합이란 자신의 인생을 그랬어야 했던 것과 다른 어떤 것으로도 바꿀 수 없는 것을 말한다. 즉, 자신의 인생을 받아들이게 된다.

제4절 교육심리와 학습 이론

1. 학습의 전통적 이해

1) 학습의 기본전제

전통적 학습이론의 대표적인 사상은 행동주의 이론이다. 학습이론으로서의 행동주의 이론은 다음과 같은 몇 가지 기본가정으로부터 출발한다.

첫째, 연구대상에 관한 가정이다. 심리학이 과학적으로 발전하기 위해서는 연구대상이 관찰가능(observable), 측정가능(measurable), 비교가능(comparabel)해야 한다고 가정한다. 즉 객관적 대상을 연구해야 한다는 것이다. 객관적으로 연구될 수 있는 유일한 연구대상이란 외적 행동이다. 따라 S-R이론에서는 외적 행동만은 연구해야 한다고 주장한다.

둘째, 인과론에 관한 가정이다. 학습현상을 과학적으로 연구하기 위해서는 자연과학에서 보편적으로 받아들이는 인과론, 결정론(determinism)에 따라 학습을 연구해야 한다고 가정한다. 모든 현상은 인과적 관점에서 이해되어야 하기 때문에 원인으로서 자극(S)과

결과로서 반응(R) 간의 관계, 즉 학습현상은 S-R 관계로 이행되어야 한다는 것이다.

셋째, 전체와 부분 간의 관계에 대한 가정이다. S-R이론에서는 전체란 그 전체를 구성하고 있는 부분들의 합과 같다고 가정한다. 물리학에서 어떤 물질의 성질을 연구하기 위해서 그 물질의 구성요소인 원자들을 연구하듯이 심리학에서도 환경과 행동을 분석하여 그들을 구성하는 기본단위를 연구해야 한다고 가정한다. 복잡한 환경은 특수한 자극(S)이라는 단위로 분석될 수 있고, 행동은 반응(R)이라는 기본단위로 분석될 수 있다고 가정한다. 복잡한 환경과 복잡한 행동 간의 관계란 수많은 S-R 연합으로 이루어져 있으며, 수많은 S-R 연합들의 합이 곧 복잡한 환경과 복잡한 행동의 연합과 같다는 것이다.

넷째, 인간학습과 동물학습 간의 차이에 관한 가정이다. S-R 이론에서는 인간의 학습과 동물의 학습 간에는 양적 차이만 있을 뿐, 질적 차이는 없다고 가정한다. 인간과 동물은 어떤 자극에 대해 같은 반응을 보이며, 동물에 비해 인간의 반응은 복잡할 뿐이라는 것이다. 복잡한 인간의 반응도 분석하면 동물들이 보여 주는 단순반응들로 구성된다는 주장이다. 그러므로 동물의 행동을 연구하면 인간의 학습행동도 설명할 수 있다고 한다.

'자극-반응(S-R)' 연결이 일반적인 학습이라는 주장은 행동주의 심리학자들의 공통적 견해이다. 그러나 어떤 종류의 반응(R) 연구대상으로 삼느냐, 자극과 반응이 어떻게(무엇에 의해서) 연결되느냐에 대해서는 견해를 달리한다. 일반적으로 S-R이론에서 전통적으로 강조되어 온 연합학습(connection learning), 감응학습(respondent learning)에 탐구하는 것이 중요하다.

2) 학습의 정의

학습이라는 것을 정의하는 데에는 다양한 입장이 있는데, 일반적으로 대표적인 학습정의 세 가지를 인용할 수 있다. 세 가지의 개념규정을 아울러 살펴봄으로써 학습이란 현상의 성제를 파악하는 네 충분한 길잡이가 되리리고 믿기 때문이다.

첫째, 학습이란 경험이나 연습에 의하여 일어나는 비교적 영속적인 행동의 변화라는 것, 둘째, 하나의 행동경향성의 비교적 영속적인 행동이며 강화(reinforcement)를 받은 연습의 결과라는 것, 그리고 셋째, 학습이란 개체가 주어진 상황 내에서 경험을 반복함으로써, 그 상황에 대한 개체의 행동과 행동잠재력이 변화하는 것을 가리킨다. 단, 이와 같은 행동변화는 개체의 생득적 반응경향이나 성숙 또는 일시적 상태(가령, 피로·마취·충동

등)에 기인하지 않는 것이라야 한다.

3) 학습이론

(1) 연합학습

손다이크(Thorndike)는 심리학 분야에서 최초로 동물실험을 실시하였다. 그는 문제상자(puzzle box, or problem box) 속에 굶주린 고양이를 가두고, 이 고양이가 상자의 문에 연결된 지렛대를 우연히 밟으면 상장의 문이 열리어 상자의 밖에 놓여 있는 먹이를 먹게 하는 행동을 관찰하였다.

이때 문제상자를 여러 가지 자극들(예컨대, 지렛대·끈·빗장·상자를 이루는 막대들)로 구성된 자극상황(S)이라고 한다. 이 자극상황에서 지렛대는 고양이가 탈출할 수 있게 해 주는 특수한 자극(S)이다.

(2) 감응학습

감응학습(respondent learning)이란 자율신경의 지배 아래에 일어나는 타액분비 반응, 위경련 반응 등과 같은 반응의 학습을 의미한다. 감응학습에 관한 체계적 연구는 파블로프(Pavlov)의 고전적 조건화(classical conditioning)이론에서 볼 수 있다. 고전적 조건화이론에서는 학습이란 S-R연결이라고 본다. 환경 속의 어떤 자극은 유기체의 어떤 반응을 불러일으킨다. 가령 굶주린 개에게 고기분말을 제시하면 침을 흘린다. 이 타액분비 반응은 아무런 연습 없이 자발적으로 일어난다. 이 때에 고기분말을 무조건자극(unconditioned stimulus: UCS)이라 하고, 타액분비를 무조건반응(unconditioned response: UCR)이라고 부른다.

다른 자극(벨 소리)이 음식(UCS)과 동시에 주어진다고 가정해 보자. 처음에는 벨 소리를 듣고도 개는 침을 흘리지 않는다. 즉 벨 소리는 중성자극(neutral stimulus)이다. 그러나 벨 소리가 음식과 함께 반복해서 제시된다면 그 개는 마침내 벨 소리만 듣고도 침을 흘리게 될 것이다. 여기서 벨 소리는 조건자극(conditioned stimulus: CS)이다. 그 개가 벨 소리(CS)만 듣고도 침을 흘릴 때 그 침은 조건반응(conditioned response: CR)이다. 조건화(conditioning), 즉 학습은 자극(CS: 벨 소리)과 반응(CR: 타액분비)의 반복적 연결로써 발생한다. 이 밖에도 근접학습이론, 작동학습이론 등이 있다.

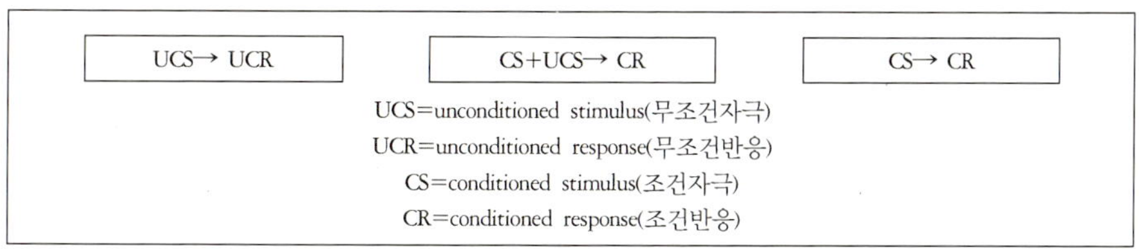

〈그림 5-1〉 자극-반응의 고전적 조건화 단계

2. 학습의 현대적 이해

1) 학습의 기본전제

일반적으로 학습의 현대적 이론을 대표하는 학파는 인지주의이다. 인지주의 이론은 다음과 같은 몇 가지 기본가정에서 출발한다.

첫째, 연구대상에 관한 가정이다. 행동주의 심리학자들은 외적 행동을 연구대상으로 삼는 데 반하여, 인지주의 심리학자들은 환경과 행동 간의 중간과정인 인간의 내적 과정(인지과정)을 연구대상으로 상정한다. 내적 과정 중에서도 쥐나 고양이의 과정이 연구대상이어야 한다고 가정(假定)한다. 이러한 가정 때문에 인지주의 심리학자들은 재생적 사고보다는 생산적 사고를 주로 연구한다.

둘째, 학습의 단위와 방법에 관한 가정이다. 행동주의 심리학에서는 학습의 단위를 '자극-반응연결'로 보고, 이 연결은 주로 '시행착오'적인 방법으로 이루어진다고 가정하는 데 반해, 인지주의 심리학자들은 학습의 단위를 '요소들 간의 관계' 또는 '요소와 스키마 간의 관계'로 보고 이러한 관계는 통찰(insight)에 의해 발견된다고 가정한다.

셋째, 인간과 동물의 차이에 관한 가정이다. 인지주의 심리학자들은 행동주의 심리학자들과는 달리 인간의 학습과 동물의 학습 간에는 양적인 차이가 있는 것이 아니라 질적인 차이가 있다고 가정한다. 인간은 외부의 자극에 대해 동물과 같이 기계적으로 반응하는 것이 아니라 외부로부터의 자극을 능동적으로 지각하고, 해석하고, 판단하는 사고과정을 통해서 행동한다는 것이다. 그러므로 인지주의 심리학자들은 인간만이 지니고 있는 고차적인 사고과정 그 자체를 연구대상으로 삼아야 한다고 본다. 이들이 고등동물이나 인간을 실험대상으로 이용하는 것은 이러한 가정을 반영한 것이다.

넷째, 전체는 부분의 합 이상이라는 가정이다. 이 가정은 인간의 지각에 대한 가정에서 유래된다. 인간은 환경을 지각할 때 낱낱의 자극체로 지각하는 것이 아니라 요소들 간의 관계를 기초로 전체를 지각한다는 것이다. 이를테면 깜깜한 방에 촛불이 켜져 있을 때 인간이 지각하는 것은 밝기 정도를 지각하는 것이 아니라 명암을 지각하며, 음계를 들을 때 각각의 음의 강도를 듣는 것이 아니라 음들 간의 관계 속에서 소리의 화음을 듣는다는 것이다. 이러한 지각의 원리로서 워스메어(Wertheimer)는 근접의 원리, 폐쇄의 원리, 유사의 원리 및 좋은 연결의 원리를 제안하였다.

2) 학습의 정의

(1) 요소들 간의 내적 관계의 이해

문제를 구성하고 있는 요소들 간의 내적 관계를 발견하는 과정이 학습이라는 견해는 구조적 이해(structural understanding)라는 말로 표현되어 왔다. 구조적 이해란 문제의 구성요소들의 상호관계를 파악하여 그들 간의 관계를 재구성하는 것을 의미한다. 다시 말해서 새로운 방법으로 문제상황의 요소들을 재조직하는 것을 구조적 이해라고 한다.

(2) 문제요소와 스키마타 간의 외적 관계의 이해

오수벨(Ausubel)과 바틀렛(Bartlett)은 학습의 의미를 주어진 문제와 그 문제에 관련된 학습자의 인지구조 혹은 스키마타 간의 관계로 설명했다. 스키마타란 스키마(schema)의 복수형이며, 스키마란 학습을 위하여 사용되는 하나의 일반적 지식 구조를 의미한다. 이 스키마는 들어오는 정보를 선택하고 선택된 정보를 조직체계 속에 의미 있게 그리고 통합되게 조직해 넣는 기능을 한다.

학습이란 문제의 요소와 스키마타 간의 외적 관계를 이해하는 과정이라는 견해는 브랜스포드(Bransford)와 존슨(Jhonson)의 '글의 제목의 영향'에 관한 실험에서 명백히 발견되었다. 그들은 어떤 글을 두 집단에게 주었다. 집단 A에게는 그 글의 제목을 미리 제시해 준 데 반하여 집단 B에게는 글을 읽은 다음 제목을 주었다. 실험이 끝난 후의 이해력 검사에서 집단 A는 집단 B에 비하여 글에 포함된 구체적인 내용들을 더 많이 기억하는 것으로 밝혀졌다. 이 실험에서 집단 A는 글의 제목을 스키마로 이용하여 글의 내용을 받아들인 결과로 해석된다. 즉 집단 A의 문제의 요소(글의 구체적 내용들)와 스키마(글의 제목) 간의 외적 관계를 이해한 것이다.

3) 학습이론

(1) 통찰이론

통찰이론은 일찍이 1916년 쾰러(Köhler)가 술탄(Sultan)이라는 원숭이를 대상으로 한 연구로부터 발전된 이론이다. 쾰러는 원숭이를 큰 우리 안에 가두고 천장에는 바나나를 매달고, 상자 몇 개를 우리 속에 놓아 주었다. 원숭이가 어떻게 바나나를 먹는가 하는 것이 그의 관심사였다. 그의 관찰에 의하면 원숭이는 처음에는 바나나 밑에서 껑충껑충 뛰어서 그 바나나를 따려고 하다가 곧 실망한 뒤 행동을 중지한다. 얼마 지난 후 원숭이는 상자들을 쳐다보고 바나나를 쳐다보는 행동을 반복하다가 갑자기 상자들을 쌓고 올라가 바나나를 딴다. 원숭이가 바나나를 따면 학습이 이루어진 것이다. 위의 실험에서 원숭이 힘이 미치는 영역은 원숭이가 갇힌 우리이다. 원숭이의 힘이 미치는 영역을 장(field),혹은 형태(gestalt, form)라고 한다. 우리 속(장)에는 바나나와 상자들이 있다. 이들을 장을 구성하는 요소라고 한다. 따라서 원숭이에게 처음 주어진 학습상황은 바나나와 상자라는 요소들로 구성된 장으로 기술될 수 있다. 이 장 속에서 원숭이가 해야 할 일을 바나나를 따기 위해서 상자들을 이용하는 것이다. 즉 원숭이는 바나나를 목적(goal)으로, 상자를 수단(means)으로 하는 요소 간의 관계를 발견해야 한다. 일단 이런 목적－수단 관계를 발견했을 때 이 상황의 '장을 재구성했다.', '장을 구성하고 있는 요소들 간의 관계를 재정립하였다.'라고 한다. 쾰러는 이런 상황을 학습이라고 부른다. 즉 학습이란 처음에는 아무런 관련이 없던 장의 구성요소들(바나나, 상자) 간의 관계를 '목적(바나나)－수단(상자)'이라는 관계로 재구성(재조직)한 상태인 것이다.

그럼 원숭이는 어떻게 바나나(목적)－상자(수단)의 관계를 발견했는가, 위의 실험에서 보듯이 원숭이는 '상자를 쳐다보고, 바나나를 쳐다보고 하다가 갑자기……' 발견했다. 이와 같은 발견 과정을 통찰(insight)이라 한다. 원숭이는 통찰에 의해 장을 재구성(요소들 간의 관계를 재구성)한 것이다[마치 아르키메데스가 목욕탕에서 부력의 원리를 발견하고 '유레카(Eureka)'를 부르짖던 그 순간에 정신작용이 통찰의 의미와 유사하다].

(2) 스키마 학습이론

근대 인지심리학의 선구자로 인정받고 있는 바틀렛은 인간이 기억(학습)하기 위해서 어떤 정신작용을 이용하는가? 에 대해 최초로 질문을 제기했다. 그는 기억(학습)이 스키마(Shema)에 기초를 두고 있다는 점을 강조한다. 그에 의하면 스키마는 들어오는 정보를 선택하여 선택된 정보를 조직체제 속에 의미 있게 통합하여 조직하는 일을 한다.

스키마 학습을 이해하는 데 도움을 주는 예를 들어 본다. 실험자가 피험자에게 'O-O' 과 같은 그림을 보여 주면서 이 그림은 '안경과 비슷하다.'거나 '아령과 비슷하다.'고 언급하면, 안경이라고 들은 학생은 안경을 그리고 아령이라고 들은 학생은 아령을 그린다. 이 때 안경 또는 아령이 스키마에 해당한다.

이와 같이 학습을 문제요소와 스키마 간에 외적 관계를 발견하는 것으로 보는 시각이 바틀렛의 시각이다.

3. 구성주의(構成主義)

일반적으로 구성주의에 대한 논의는 지식 구성 과정에 미치는 요소들에 대한 강조점에 따라 다양한 접근으로 이루어지고 있다. 이러한 다양한 접근을 구별하는 기준의 하나가 인지적 구성주의와 사회적 구성주의로 나누는 것이다. 이러한 구분의 근거는 지식을 구성하는 주요 요인으로 개인의 인지적 작용을 강조하느냐 혹은 개인이 참여하고 속해 있는 사회, 문화, 역사적 상황을 강조하느냐에 달려 있다. 인지적 구성주의는 개인이 지식을 구성해 나가는 과정과 인지적 작용에 주요 관심이 있는 반면에 사회적 구성주의는 개인에 의해 형성된 의미가 어떻게 사회적 지식을 형성하는가에 대해 보다 관심을 둔다. 두 접근은 기본적으로 지식이 개인적인 구성의 과정임은 인정하지만 그 구성에 영향을 미치는 주요한 요소로 인지적 구성주의는 개인의 활동을 사회적 구성주의는 사회적인 상호작용을 강조하고 있다. 이러한 인식의 차이는 결국 학습과 교수 방법에 대한 강조에 있어서도 차이를 가져오게 된다.

1) 인지적 구성주의: 개인 중심(초점)

인지적 구성주의는 지식의 구성을 개인의 정신적 활동에 근거한다고 전제하는 것으로, 피아제(Piaget)의 인지발달이론에 그 이론적 근거를 두고 있다. 피아제는 인간의 인지발달은 생물학적으로 결정지어지는 발달 과정의 틀 안에서 동화와 조절의 과정을 거치면서 능동적으로 발달해 간다고 보았다. 피아제는 인간은 평형을 유지하려는 본능을 가지고 있다고 전제하였다. 평형은 동화와 조절이라는 두 가지의 활동을 통해 유지된다. 동화란 새로운 정보 혹은 새로운 경험을 접할 때, 그러한 정보와 경험을 이미 자신에게 구성되어 있는 지적 도식에 적용시키려는 경향성을 뜻한다. 지적 도식은 우리가 세계를 이해하고, 반응하고 기능하기 위해 사용하는 지식이나 절차, 관계 등을 말한다.

이에 비해, 조절이란 새로운 정보 혹은 새로운 경험을 인식하기 위해 기존의 도식을 수정하는 것을 의미한다. 피아제는 인지발달이란 모순 없는 새로운 지식은 동화시키고, 기존의 지적 도식에 적절하지 않은 지식은 지적 도식을 변경하면서 끊임없이 지적 도식을 확장시키는 과정이라고 설명한다. 피아제의 주장에 따르면, 학습이란 생물학적으로 결정되는 인지발달 단계에 영향을 받게 되며, 효과적인 교수·학습은 적절한 발달 단계에 맞는 자극이 주어질 때 발생한다는 것이다. 동화와 조절의 과정은 인간이 수동적으로 지식을 전달받는 것이 아니라 인간이 스스로 능동적으로 정보를 내면화시킴을 의미한다. 따라서 인지적 구성주의는 이러한 인지적 활동이 지식 구성에 핵심적인 역할을 한다고 전제하고, 동화와 조절을 촉진할 수 있는 방법에 관심을 갖는다.

2) 사회적 구성주의: 사회·집단 중심(초점)

사회적 구성주의는 비고츠키(Vygotsky)의 이론에 기초를 두고, 학습에 영향을 미친 사회적인 요소에 관심을 갖는다. 사회적 구성주의에서는 인간의 인지적 발달과 기능은 사회적 상호작용이 내면화되어 이루어지는 것으로 보고 있다. 학생(학습자)은 자신의 세계를 스스로 구조화하고 이해하는 존재라고 생각한 피아제와는 달리, 비고츠키는 인지적 발달은 개인의 신체적인 성장뿐만 아니라 사회적인 상호작용의 결과로 보고 있다. 즉, 그는 학생이 타인과의 관계에서 영향을 받으며 성장하는 사회적 존재임을 강조함으로써, 인간에 대한 이해에 있어서 사회·문화·역사적인 측면을 제시한다. 그에 따르면, 인간의 정신은 녹립적 활동이 아니라 사회 학습의 결과이며, 일상에서의 과제 해결은 성인이나 혹은 뛰어난 동료와의 대화로부터 영향을 받는다. 이처럼 사회의 보다 성숙한 구성원들과 상호작용하는 동안 자신의 문화에 적합한 인지 과정이 아동에게 전이된다.

그는 사회적 상호작용이 중요성을 학생의 '근접 발달 영역(ZPD: Zone of Proximal Development)'을 통해 설명하고 있다. '근접 발달 영역'은 아동이 스스로 문제를 해결할 수 없지만 성인이나 뛰어난 동료와 함께 학습하면 성공할 수 있는 영역을 의미한다. 비고츠키는 인지발달이 학생과 어른 혹은 더 능력 있는 동료들과의 상호작용을 통해 발생한다고 믿었다. 근접 발달 영역에 속하는 아동에게는 구조화를 형성할 수 있는 단서를 제공하거나, 세부사항과 단계를 기억할 수 있도록 조력하고, 꾸준히 시도하도록 격려하는 도움이 필요하다. 이러한 도움과 격려는 성인이나 다른 더 능력 있는 동료들로부터 제공될 수 있다는 것이다. 이 영역이 바로 가르침이 필요한 단계이며, 진정한 학습이 가능한 단계이다. 아동이 지적으로 성장하는 데 필요한 요소를 지원하는 도움을 발판이라고 하며, 이는 궁극적으로 아동이 자신의 힘으로 문제를 해결할 수 있는 단계에 도달할 때까지 제공되는 도움이나 보조를 의미한다. 이 근접 발달 영역의 개념은 인지발달이 사회적 상호작용의 결과로 발전하다는 사실을 강조하고 있으며, 아동의 인지발달에 교사나 성인이 적극적으로 도움을 줄 수 있는 이론적 근거를 마련하고 있다.

따라서 이러한 비고츠키의 이론에 근거하는 사회적 구성주의는 지식 구성을 위한 사회적 상호작용의 중요성을 강조한다. 또한 사회적 구성주의는 지식은 전적인 개인의 경험에 의존하며, 모든 사람은 똑같은 이해에 도달할 수 없다는 극단적 구성주의의 한계점을 사회·문화적 상호작용으로 보완하고 있다. 결국 사회적 구성주의의 관점에 따르면, 지식의 구성은 개인 내면의 인지적 작용과 함께 사회·문화적인 상호작용이 통합적으로 이루어지는 역동적인 과정이라고 설명한다.

제5절 교육심리와 생활지도 이론

1. 생활지도의 개념

원래 생활지도는 영어의 가이던스(guidance)에서 유래된 말인데, 그 뜻은 안내, 지도, 인도, 향도, 유도, 학생지도 등으로 번역할 수 있다. 오늘날 생활지도라고 정착된 이 개념은 청소년들이 바람직한 방향으로 성장·발달할 수 있도록 안내하고 지도하는 것을 의미한다고 말할 수 있다. 따라서 생활지도는 지식과 기술의 전수에 초점을 두는 학습지도와 더불어 교육의 중요한 활동이다. 그런데 학자에 따라 생활지도를 서로 다르게 정의하고 있는데, 몇몇 정의를 살펴보면 그 의미가 좀 더 분명해질 것이다.

트랙슬러와 노스(Arthur E. Traxler & Robert P. North)는 '생활지도는 학생 각자로 하여

금 자신이 가지고 있는 능력, 흥미, 성격적인 제 특성을 이해하게 하여 이를 최대한으로 발전시켜 나가며, 자신의 생활목표와 결부시켜 마침내는 민주사회의 바람직한 국민으로서 원만하고도 성숙한 자기지도를 성취하도록 돕는 과정'이라고 정의하고 있다. 그리고 쉬르처와 스톤(B. Shertzer & S. C. Stone)에 의하면 '생활지도는 개인으로 하여금 자신과 자신의 세계를 이해하도록 조력하는 과정'이라고 되어 있다.

생활지도 활동은 교육의 다른 모든 활동과 마찬가지로 학생 개개인의 성장·발달을 극대화시키고 잠재능력을 계발해서 현재는 물론 장차 어떤 난관에 봉착하더라도 그것을 그들 자신의 힘으로 유효적절하게 해결해 나가도록 힘을 길러 주는 것이다. 생활지도란 '학생들이 일상생활에서 당면하는 여러 가지 문제, 좀 더 구체적으로 말해서 가정적·직업적·신체적·정서적·인성적인 여러 문제를 자력(自力)으로 해결할 수 있도록 지도하기 위한 조직적인 봉사활동'이다. 다시 말하면 생활지도는 '청소년들이 당면하는 현실적인 문제를 교사나 부모 등 성인이 대신 해결해 주는 것이 아니라, 그들 자신이 자기지도(self-direction)를 통해서 문제해결 능력을 기르고 동시에 직접 그들이 당면한 각종 문제와 대결해서 끝내 이겨 내도록 하는 데 있다.'는 것이다.

생활지도란 '인간 개개인의 인지적·정의적·신체적 특성과 잠재가능성을 바르게 이해하고 발달시켜서 개인의 교육적·직업적·사회적·심리적 발달을 가능성의 최고수준까지 도달할 수 있도록 원조하는, 즉 자아실현을 원조하는 봉사활동'을 의미한다. 또 생활지도란 '개인으로 하여금 자기 자신과 주위세계를 잘 이해해서 현명한 선택과 적응을 하여 건전한 사회의 일원으로서 성장·발달할 수 있도록 하는 일련의 지속적인 조력과정'이라고 볼 수 있다.

국내외 여러 학자들의 견해를 종합하여 보면 생활지도란 '교육의 목적을 달성하기 위한 방법으로 학생들이 일상생활에서 해결해야 할 여러 가지 문제, 즉 교육적·가정적·사회적·직업적·신체적·도덕적·정서적 문제를 자력으로 해결할 수 있도록 도우며 저마다 가지고 있는 흥미, 적성, 능력 성격 등 인격적 특성과 잠재력을 이해하고 발견하도록 하여 이를 최대한으로 발전시켜 나가며 개인에게 합리적인 사고와 의사결정을 통하여 현명한 선택과 적응을 위해 조직적이고 체계적인 봉사가 이루어지며 자유롭고 책임감 있는 민주사회의 육성과 자기지도 및 자아실현을 통한 올바른 행복한 삶의 추구가 가능하도록 지원해 주는 계속적인 과정'이라고 정의를 내릴 수 있다. 즉, 학생 생활지도는 개인의 적응을 돕고 자아실현을 돕기 위한 의도적 조력활동임을 알 수 있다.

2. 생활지도의 필요성

현대사회는 그 어느 때보다도 복잡다단하고 역동적이며 아울러 문화변천의 속도가 빠른 시대이다. 우리가 경험하는 생활문화의 변화와 다양성은 과거 어느 시대에도 찾아볼 수 없을 만큼 급변하고 있으며, 이러한 변화는 개인의 사회적 적응에 여러 가지 심각한 문제를 제기하고 있다. 따라서 지난날의 사고방식과 행동양식으로는 도저히 해결할 수 없는 문제들이 속출하고 있으며 이에 따라서 각 개인이나 집단은 보다 창조적이고 자율적인 문제해결력의 필요성을 절실히 느끼고 있는 것이다.

학교는 단순히 문화를 전달하는 것만으로는 변천하는 문화와 사회의 도전을 감당해 낼 수 없게 되었다. 현대의 학교는 전통적인 학교의 역할을 넘어 다양한 기능과 광범위한 역할을 수행하고 있다. 교육이 개인적인 차원에서는 개인의 최대한의 바람직한 성장과 발달을 도우며 사회적인 차원에서는 이상적인 사회와 문화의 창조를 돕는 데 그 의의가 있다고 볼 때, 학교교육은 한정된 교과내용의 지식을 넘어서 개인의 최대한의 자율적 성장과 조화로운 발달을 도와서 책임 있는 민주시민의 한 사람으로서 사회의 개선과 문화창조에 공헌할 수 있도록 돕지 않으면 안 된다.

이와 같은 교육의 목적과 기능으로 보아서, 또한 교육의 사회화라는 입장에서도 아동·학생 개개인의 필요와 문화 및 사회적 필요를 충족시키기 위해서 생활지도는 학습지도 못지않은 중대한 의의를 지니고 있는 것이다. 그러므로 현대교육에 있어서 생활지도는 학력신장과 쌍벽을 이루는 필수적인 교육활동으로 간주되고 있다.

1) 현대과학과 이념에 따른 필요

현대과학과 사상의 발전은 인류문화의 꽃을 피우게 하였을 뿐만 아니라 인간의 행동양식에마저 새로운 비판을 요구하고 있으며, 인간의 지혜에 의해 창조된 인류문화는 오히려 인간 개개인의 행동을 구속하고 있다. 이와 같은 사태에 적응하는 보다 효율적인 방법으로서 생활지도는 다음과 같은 요구에 대응하는 방법이기도 한다.

첫째, 20세기 심리학의 발전은 어린이의 본성을 보다 과학적으로 규명하기에 이르렀다. 그러므로 교육 또한 학생의 발달단계와 원리에 적합하고 학생의 심신구조나 기능을 계발하는 작용이 되어야 하며, 학생의 개성에 맞고 개성을 신장해 주는 작용이 되어야 한다.

이와 같은 교육의 변화는 곧 학교교육에 있어서의 생활지도의 필요성을 크게 요청하게 되었다.

둘째, 인간학의 다양한 발전은 인간형성에 새로운 방법을 요구하게 되었다. 현대과학의 발전은 인간 그 자체의 연구에 급진적인 발전을 가져왔으며 바람직한 인간형성을 유도하는 교육작용에서도 종래와 같은 기계적인 방법을 지양하고 실생활장면에 적용하고 문제해결에 도움이 되도록 조력하는 생활지도의 방법이 필요하게 된 것이다.

셋째, 19세기 미국의 실용주의 사상은 진보주의 교육사조를 낳게 되었고 이는 20세기 교육사조에 커다란 영향을 미치게 되었다. 진리와 인간행동의 기준을 현실적인 실용성과 효용도에 두는 이러한 사조의 결과로 교육의 내용과 방법 또한 현실성과 효용도를 중시하고, 지식보다는 실제적인 행동양식과 생활태도에 주력하게 되었으며, 학교교육에 있어서도 생활의 문제해결을 중심으로 현대적인 인간상을 실현코자 하는 생활지도를 도입하게 된 것이다.

2) 사회적 필요

교육이란 항상 사회적 요구와 개인적 요구를 주시하면서 양자를 절충하고 조화시켜서 이들을 적절히 충족시키도록 노력하지 않으면 안 된다. 따라서 교육을 논하는 교육자나 교육정책가는 항상 변화하는 사회의 정당한 요구를 수용하고 이를 교육의 목표·내용·방법에 충분히 반영시켜야 한다.

첫째, 보다 복잡하고 급격히 변천하는 현대사회는 더욱 이러한 변화에 효과적으로 적응할 수 있는 인간형성을 갈망하고 있으며, 이는 전통적인 학교교육에 보다 새롭고 올바른 생활지도 방법이 보강되어야 한다는 사회적 요구인 것이다.

둘째, 문화의 다양한 발전과 분화는 그 사회에 알맞은 인간을 요구하고 있으며, 따라서 현대 교육과정은 보나 폭넓고 현실적인 경험을 요구하게 되었고 학생들에게 이와 같은 경험을 갖도록 하는 방법으로 학교교육에 있어서 생활지도를 요청하게 된 것이다.

셋째, 민주사회는 민주시민을 요구하며 이와 같은 민주시민적 자질을 함양하고 그 자질을 양성하는 데 있어서는 생활지도가 가장 효과적인 방법이 되는데 이는 곧 생활지도의 중요한 한 부분이기도 하다.

3) 개인적 필요

민주사회는 개인의 인권이 선행되고 전체를 위하여 개인이 전적으로 무시될 수 없는 것이 그 특징이라고 할 수 있다. 따라서 민주교육에서는 최대한의 개인적 요구가 교육의 목적이나 내용 및 방법에 구현되지 않으면 안 되며 이와 같은 개인적 요구는 생활지도의 필요성을 강조하는 근거가 된다.

개인을 위해서 생활지도를 필요로 하는 구체적인 이유는 다음과 같다.

첫째, 자아실현의 방법으로서 생활지도를 필요로 한다. 개성의 신장은 자아의 실현에서 출발하며, 이는 인간의 기본적인 욕구이다. 학교교육은 학생 개인의 개성을 신장하고 자아실현의 기회를 최대한으로 부여해야 할 것이며 이를 실천하는 효과적인 방법의 하나가 곧 생활지도이다.

둘째, 개성을 신장시키는 성공적인 방법을 필요로 한다. 개인의 개성을 신장시킨다는 것은 자기실현과 인권존중의 한 방법인 동시에 민주사회에 이바지하는 한 방법이기도 하다. 따라서 아동·학생의 개성을 과학적으로 이해하고 개성의 신장에 효율적으로 기여할 수 있는 유효한 방법으로서 생활지도가 필요하게 되는 것이다.

이 밖에도 학생들의 인권존중 및 보람 있고 즐거운 삶을 누리게 도와주기 위하여 생활지도가 중요하고도 필요한 것이다.

3. 생활지도의 원리

생활지도는 전통적인 훈육과는 크게 다르다. 사람을 지도하는 기본관점에 있어서도 차이가 있지만, 방법 면에 있어서도 지도원리가 다르다. 훈육에 있어서는 일방적인 규칙·억압·처벌을 중시하지만, 생활지도에 있어서는 그렇지 않다. 일반적인 생활지도의 활동원리는 다음과 같다.

첫째, 생활지도는 모든 학생을 대상으로 한다. 교육이 모든 학생을 대상으로 하듯이 생활지도에 있어서도 그 대상은 모든 학생이다. 지능이 낮고 공부를 못하는 학생이나 신체적 결함이 있어서 사회적으로 고립되어 있는 학생만이 생활지도의 대상이 되는 것이 아니라, 지능이 높고 공부를 잘하며 신체적으로도 정상적일 뿐만 아니라 건강하고 사회적으로 잘 적응하는 학생도 생활지도의 대상이 된다.

이와 같은 견해는 생활지도가 모든 학생의 건전한 심신의 성장과 발달을 도모하기 위한 것이라는 생활지도의 기본개념과 목표에 비추어 볼 때 너무나도 당연한 것이다. 더욱이 우리의 현실적인 입장에서 보더라도 소수의 문제아동에 국한된 지도보다는 오히려 정상적인 학생을 대상으로 그들의 개인적 특징을 발견하고 신장시켜 주는 보다 적극적인 지도의 면이 요청되고 있는 것이다.

요컨대, 앞으로의 생활지도는 종래의 문제학생중심의 일부 학생을 대상으로 하는 편협한 입장에서 탈피하여 어떻게 하면 모든 학생의 필요와 욕구를 충족시킬 것인가 하는 방향으로 변화되어야 할 것이다. 이것은 생활지도의 기본원리에 부합되는 방향일 뿐만 아니라 현실적인 요청이기도 한 것이다. 생활지도는 문제아동에 의한 독점물이 아니며, 반사회적인 행동이나 반윤리적인 행동을 다스리기 위한 방법만도 아니다.

둘째, 생활지도는 처벌보다 선도를 앞세운다. 과거의 전통적인 지도는 처벌 위주의 지도였다고 할 수 있는 데 비하여, 앞으로의 생활지도는 처벌보다는 이해하며 지도하는 방향으로 지도의 방향을 돌려야 한다. 처벌·위협·억압 등의 방법은 인간의 행동을 일시적으로 수정시킬 수는 있으나 결코 근본적인 행동의 변화를 가져오기는 어렵다. 그러므로 처벌이나 억압적인 방법은 학생을 교사나 성인이 내세우는 어떤 규범 속으로 일시적으로 끌어들이는 손쉬운 방법이기는 하나 최선의 방법은 되지 못한다. 비록 그것이 학교 내의 일시적인 질서와 바람직하지 못한 개인행동의 중단을 가져온다 하더라도 거기에는 여러 가지 심리적인 부작용이 따르기 쉽다는 것은 주목할 만한 일이다.

따라서 생활지도에 있어서는 억압하기보다 이해하고, 처벌하기보다는 지도하는 방향을 모색하게 된다. 그러기 위하여 학교사태에서 흔히 일어나는 여러 훈육상의 문제를 처벌 위주로 다루지 않고 원인을 찾아내어 그것을 이해하고 좋은 점을 인정해 주면서 지도하는 것이 필요한 것이다. 그렇다고 생활지도에 있어서 처벌이 전혀 불필요하다는 것은 아니다. 다만 강조하고자 하는 것은 학생 자신이 저지른 행동에 대하여 그것이 처벌을 받을 만한 행동이었다는 것을 스스로 인정하도록 하고 그 후에 처벌이 가해져야 한다는 것이다.

이것은 무조건 처벌이 가해진다는 것과는 지도상의 커다란 차이점을 나타낸다. 옳지 못한 행동을 시정해 주기 위한 교사의 무분별한 처벌이 얼마나 많은 학생을 더욱 바람직하지 못한 행동으로 이끌어 가고 있는가는 생각해 보아야 할 일이다. 그러므로 학생들의 옳지 못한 행동을 찾아내어 처벌하기 위한 생활지도가 아니라 보다 적극적인 의미에 있어서 그들의 옳고 좋은 행동을 찾아내어 그것을 격려해 주고 이끌어 주는 생활지도가 되어야 할 것이다.

셋째, 생활지도는 치료보다 예방에 중점을 둔다. 현대의학의 초기에 있어서는 발생된 여러 가지 질병의 치료에 치중하였으나 최근에 와서는 그것보다 한 걸음 앞서 질병이 발생하지 않도록 하는 예방의학이 중요한 위치를 차지하게 된 것과 마찬가지로 생활지도도 그 출발은 문제해결과 치료에 있었으나 앞으로의 방향은 한 걸음 더 나아가 문제가 일어나지 않도록 하는 예방적인 지도에 치중해야 할 것이다.

학교에서 일어나는 사건이나 흔히 볼 수 있는 개인적인 문제 등을 살펴볼 때 학교에서 조금만 예방적인 지도를 하였어도 그와 같은 사건과 문제는 일어나지 않았을 것이라고 판단되는 예를 많이 볼 수 있다. 이것은 앞으로의 생활지도에 있어서는 치료보다 예방적인 지도가 앞서야겠다는 필요를 더욱 가중시켜 주고 있는 것이다. 엄청나게 많은 학생들을 한 명의 교사가 다루어야 하는 우리의 현실로 보더라도 생활지도의 효과적인 실시를 위하여 예방지도의 필요성의 더욱 절실하다. 왜냐하면 발생한 후에 그것을 치료한다는 것은 그리 쉬운 일이 아닐 뿐만 아니라 많은 노력과 시간이 필요한 것이다. 이에 비하여 예방적인 지도는 시간과 노력을 절약할 수 있는 장점을 지니고 있다. 치료보다는 예방이라는 입장을 앞세울 때 생활지도는 치료를 요하는 문제의 발견보다도 예방을 필요로 하는 문제의 발견에 더욱 힘써야 할 것이다.

넷째, 생활지도는 과학적인 근거를 기초로 한다. 생활지도의 문제를 찾아내어 그 문제의 원인을 규명하고 문제해결을 위한 조치를 취하는 행위는 결코 상식적인 판단에 기초해서는 안 된다. 상식적인 판단이 앞설 때 결과적으로 큰 착오를 가져올 가능성이 있기 때문이다. 예를 들어, 사교적이고 명랑한 성격의 소유자이므로 교우관계가 원만하리라고 판단한 학생이 교우관계 조사에서 의외로 많은 학생의 미움을 받고 잘 적응하지 못하는 결과를 나타내는 예를 흔히 볼 수 있는데, 그것은 교사의 주관적 판단이 큰 착오를 가져올 가능성이 많다는 것을 실증하는 경우라고 할 수 있겠다. 그러므로 앞으로의 생활지도는 보다 정확한 판단을 하기 위하여 객관적이고 과학적인 자료와 근거를 기초로 삼아야 한다. 다행히 우리에게 생활지도상의 여러 가지 문제에 관한 직접적인 자료를 제공해 줄 수 있는 과학적인 도구들이 많이 있다. 인간의 지능·학력·적성·흥미·학습습관 등을 측정할 수 있는 각종 검사가 그것이다. 비록 이와 같은 검사가 완전한 것이 되지 못한다 하더라도 우리의 주관적 판단에서 오는 여러 가지 오류를 시정해 주는 중요한 역할을 할 수 있는 것이다. 그러나 과학적인 방법과 수단을 지나치게 절대시하거나 맹신하는 태도는 바람직한 것이 못 된다. 그것은 어디까지나 어떤 판단과 해석을 내리는 과정에 작용하는 자료에 불과한 것이며, 그것이 그대로 결과와 판단이 될 수는 없는 것이다.

다섯째, 생활지도는 자율성을 기본원리로 한다. 민주사회에서 요청되는 시민적 자질이 하나로서 무엇보다도 중요한 것은 자율성이다. 모든 사람이 스스로를 잘 다스리고 규율을 지킬 때에 진정한 민주사회로의 발전이 이룩된다는 것은 너무나도 자명한 원리이다. 그러므로 민주교육은 모든 교육의 실제에 있어서 타율보다는 자율을 강조하게 되는 것이다.

생활지도도 민주교육이라는 테두리를 벗어날 수는 없다. 그럼에도 불구하고 종래의 지도는 자율성을 찾아볼 수 없을 정도로 너무나 지나친 타율적인 지도였음을 인정하지 않을 수 없을 것이다. 흔히 초등학교 어린이나 중학교 학생은 자율적인 지도를 하기에는 너무 어리고 자율적인 사고를 하기에는 아직 그 사고능력과 사고방식이 미숙하고 유치하여 그들에게 자율적인 행동을 기대하는 것은 무리라고 본다. 물론 초등학교 어린이에게서 자율성을 기대하기에는 너무 어리고 그 능력에 있어서 미숙함이 있는 것을 인정해야 한다. 그러나 중요한 것은 결과가 아니라 과정이며, 자율적으로 생각하고 행동해 보는 경험이 더욱 귀중한 것이다. 그러므로 앞으로의 생활지도는 보다 자율적인 방향으로 가야 할 것이다.

이와 같은 관점에서 볼 때 교육심리학의 입장에서 생활지도는 단순히 학생들이 당면하고 있는 문제를 해결해 주는 것으로 그치는 것이 아니라, 한 걸음 더 나아가 학생 스스로 문제를 해결해 볼 수 있는 경험을 가지도록 하는 데에 더욱 많은 노력을 기울여야 한다. 학생은 교사의 도움을 받아 이와 같은 경험을 쌓음으로써 마침내는 자신의 문제를 타인에게 의존하지 않고 스스로 해결해 나갈 수 있는 자기지도력을 구비하게 될 수 있는 것이다.

연구 문제

1. 피아제의 인지적 구성주의와 비고츠키의 사회적 구성주의의 공통점과 차이점에 대해서 논하시오.

2. 학생 교육에서 교육심리학이 중요한 이유를 개인차와 학습자 눈높이 교육과 견주어 설명해 보시오.

3. 인간행동의 발달, 성장, 성숙, 학습 등을 교육적 관점에서 비교하여 논(論)하시오.

4. 인간 발달의 원리를 제시하고 구체적으로 설명하시오.

5. 발달과업을 유아기, 아동기, 청년기, 성인기 등으로 구분하여 구체적으로 설명해 보시오.

6. 학습이론인 연합학습과 감응학습을 상호 비교하여 설명해 보시오.

7. 스키마 학습이론을 인지심리학적 입장에서 구체적으로 설명해 보시오.

8. 사회적 구성주의 이론의 '근접 발달 영역(ZPD)'의 중요성에 대해서 설명해 보시오.

9. 학생 생활지도에서 교육심리학 이론을 중요하게 적용해야 하는 이유를 설명해 보시오.

10. 학생 생활지도의 원리를 제시하고 구체적으로 설명해 보시오.

교육의 사회적 기초 탐구

 **학습목표**

- 교육사회학의 개념과 이론을 이해하고 탐구한다.
- 가정의 사회화 기능과 의미, 학교의 사회화 기능과 의미 등을 이해하고 파악한다.
- 사회와 교육의 평등 및 평등론과 불평등론을 이해하고 탐구한다.
- 교육평등론에 입각하여 수월성교육과 평준화(평등성)교육을 이해한다.
- 지역사회학교와 학교의 사회적 역할 및 사명을 이해한다.

주요개념

- 교육사회학의 개념, 교육사회학의 이론, 기능론, 갈등론, 해석학론, 신교육사회학론
- 사회화, 교육의 사회화 기능, 가정의 사회화, 학교의 사회화
- 또래집단, 사회적응, 사회적 선발 기능, 보호 기능, 사회결합 기능, 사회 개혁 기능
- 지역사회학교, 지역사회 조정자, 지역문화 센터
- 교육의 기회 균등, 교육의 평등과 불평등, 평등사회, 평등화론, 불평등 재생산론, 교육조건의 평등, 교육결과의 평등

제1절 교육사회학의 기초 개념

일반적으로 교육사회학은 교육에 대한 사회학적·사회적 탐구이자 접근이다. 따라서 교육사회학은 교육현상을 사회학적 방법으로 기술·분석·설명하는 과학이라는 점에서 사회학의 주요 이론적 전망에 의거 교육현상을 분석·설명하여야 한다. 그런데, 사회학적 접근과 탐구는 논자에 따라서, 그리고 대상을 포착하는 방법 및 분석의 방법이 달라진다.

사실 교육적 사실(事實)을 사회학적 방법으로 연구하는 데는 다양한 시각이 필요하다고 본다. 왜냐하면 사회현상을 보는 시각은 여러 사람들의 관점에 따라 달라질 수 있기 때문이다. 또한 교육은 의식적이든 무의식적이든 간에 그 내용·형태 및 과정에 있어서 특정의 결과에 기여하게 된다. 이는 교육이 중립적일 수는 없고 가치지향적인 성격을 지니고 있다는 것을 의미한다. 따라서 현대사회에서 교육의 실재를 밝히고 그 속에 내재되어 있는 사상이 무엇인가를 밝히고자 할 경우에, 그 주된 관점이 어디에 있는가를 중심으로 사회학적 이론들을 구분하는 경우가 대부분이다. 그런데 이들 사회학적 이론을 구분함에 있어서는 패러다임(paradigm)이라는 용어를 사용하기도 하고, 전망(perspective) 또는 지향(orientation)이라는 접미어를 붙여, 다양하게 분류되고 있는 것이 현실이다.

쿤(Kuhn)은 한때 군림하던 패러다임이 위기를 맞게 되면 그것이 과학혁명으로 귀결되어 새로운 패러다임이 출현하는 것으로 보았다. 그것은 누적적이라기보다는 혁명적이라는 데 요지를 주고 있다. 교육사회학보다도 한 발 먼저 사회학 내부에서 패러다임의 전환이 일어나고 있다고 말해도 좋을 징도로 큰 구조변동이 미국사회학계는 물론 영국 사회학계에도 일어나 왔다. 특히 미국에서는 1960년대 후반부터 베트남 전쟁의 여파, 대도시에서의 흑인문제, 그리고 대학의 갈등 등 사회의 위기 가운데 이제까지 압도적인 세력을 과시하여 오던 파슨스류의 구조 기능주의 사회학은 급속히 그 힘을 잃어 갔다.

사회를 항상성(homeostasis)과 균형(equilibrium)의 체계로 포착하고 그 안정성의 원천으로서 인간과 인간 간에 내재된 공통가치를 중시하는 방법은 현실의 혼란과 대비하여 볼 때 너무나도 공허한 것처럼 생각되게 되었다. 이러한 움직임을 배경으로 해서 사회학의 새로운 정체성(Identity)을 모색하고자 하는 경향이 나타났다.

이 동향은 크게 두 가지로 대별된다. 그 하나는 인간주의적 사회학, 즉 현상학적 사회학·민속방법론·상호작용론이고 다른 하나는 비판적 사회학·사회주의 사회학·급진주의 사회학이다. 이들 새로운 동향은 미국 및 영국의 교육 사회학계에 커다란 영향을 주었다. 1960년대의 교육개혁의 주안점으로서 교육에 걸었던 낙천적 기대가 무참하게 깨어진 양국의 교육사정은 사회학의 새로운 동향을 받아들이기에 충분하고도 필요한 여건을 형성하고 있었다. 특히 전자는 새로운 교육사회학(New Sociology of Education)으로 대표되는 영국의 교육 사회학계에, 후자는 갈등이론으로 대표되는 미국의 교육학계에 큰 영향을 주었다.

당시 사회적 패러다임의 전환은 교육사회학에도 영향을 미쳤다. 따라서 1960년대 중반까지 기능주의가 우세했던 교육사회학은 오늘날에는 그 연구방법 및 이론도 다양하게 분화되었으며 또한 연구대상의 영역도 놀랄 만큼 확대되기에 이르렀다.

이제까지 교육학의 영역에서 주장되어 온 각 이론을 패러다임화시킨 대표적인 학자들로는 카라벨과 할시(Karabel & Halsey), 폴스톤(Paulston), 그리고 블랙리지와 헌트(Blackledge & Hunt) 등을 들 수 있다.

우선 카라벨과 할시(Karabel & Halsey)는 교육사회학계의 연구물들을 포괄하여 두드러지게 나타나는 경향, 이론 및 입장을 다음과 같이 5가지로 제시하고 있다.

① 기능주의적 교육이론

② 경제적 인간자본론

③ 방법론적 경험주의(특히 교육 불평등의 실증적 연구에 관한 것)

④ 갈등론적 교육이론

⑤ 교육연구에 있어서 상호작용론적 전통과 새로운 교육사회학의 도전

한편, 폴스톤(Paulston)은 교육 및 사회변화의 이론을 검토하면서 종래의 균형 혹은 갈등론적 측면에서 각각 일방적인 것만을 강조하던 분석에서 벗어나 오늘날 사회현상을 설명하는 데 기본이 되는 균형이론과 갈등이론을 동시에 설명할 수 있는 모형을 제시했다. 그에 의하면 사회 및 교육변화의 이론모형은 균형이론과 갈등이론으로 대별되며 균형이론에는 진화론(evolution), 신진화론(new-evolution), 구조 기능론(structual-functionalism) 및 체제이론(system theory)이 속하고 갈등이론에는 마르크시즘(Marxism), 네오마르크시즘

(Neo-Marxism), 문화재건이론(cultural-revitalism), 그리고 무정부주의적 유토피아주의 (anarchistic utopianism)가 포함된다고 한다.

이 모형의 특징이라고 할 수 있는 것은 사회적 조화나 합의를 기초로 하는 경험적 합리성이나 과학성만을 강조하였던 분석에서 탈피하고 이데올로기나 갈등요인을 부각시켜 오늘날 사회현상을 설명하는 데 기본이 되는 기능주의와 갈등주의를 동시에 설명할 수 있도록 하였다는 데 그 특징이 있다. 그러나 이 분석모형은 분석의 수준을 거시적 수준에다 맞추고 교육과 사회의 변화를 설명하려 했기 때문에 교실 내에서 일어나고 있는 역동적 상호작용을 무시한 점과 학교교육의 과정을 단순히 암흑상자(black box)로 취급해 버렸다는 점에서 그 비판을 면치 못하고 있다.

이에 비해서 블랙리지와 헌트(Blackledge & B. Hunt)는 교육사회학의 주된 이론적 접근을 ① 기능주의적 전통, ② 마르크스주의적 전망, ③ 해석주의적 접근(interpretitive approach)의 셋으로 구분하였다.

이상에서 본 바와 같이 사회학의 주된 패러다임은 대체적으로 기능주의적 패러다임, 갈등주의적 패러다임, 그리고 해석적 패러다임으로 분류할 수 있다. 이와 같은 각 패러다임의 개요를 설명하면 다음과 같다.

먼저, 기능론적 패러다임은 사회를 기능적으로 상호 관련된 부분의 체제라고 본다. 즉 사회가 구체적으로 실재하며 질서를 부여하고 규제되는 상태를 지향하는 체제적 특성을 지니고 있다고 가정한다. 그러므로 사회는 질서와 안정을 지향하고 있다고 말한다. 사회의 통합을 위한 여러 전통적인 형태가 일반적으로 지지된다. 사회의 여러 기관이나 제도들은 그 사회의 통합에 기여하고 서로 밀접하게 관련되어 있다. 그리하여 사회에서 가장 두드러진 가치는 공공 목적이나 행위를 향한 사회의 단위에 따라 다양하다. 현존 제도를 통해 수행되는 사회통제는 개인이나 사회 모두에게 필요하고도 유일한 것으로 간주된다. 이 관점에서 개인의 발전과 반성은 현재의 규범과 가치에 동조함으로써 가장 잘 성취될 수 있다고 본다. 또한 일탈행동은 보통 바림직하지 않은 것으로 간주된다. 사회변동은 사회에 내재해 있는 잠재력으로 점진적인 전개를 의미한다.

반면, 이와는 달리 갈등론적 패러다임은 사회의 기본적 본질에 관해서 기능주의 패러다임과 다른 관점을 지닌다. 기본적으로 이 관점에서는 사회의 불안정과 변동을 강조한다. 사회는 여러 대립되는 지속적인 갈등관계를 지닌 집단으로 구성되어 있다. 이것은 사회에서의 물리적인 힘(force), 강압(coercion) 및 조작(manipulation)을 통해서 이루어진다.

사회통제는 개인과 사회의 모든 잠재력의 개발이나 발전을 방해하거나 지체시키는 경향이 있다. 사회가 종종 일탈행동이라고 규정하는 것은 갈등이론가들에 의해서는 개인적 성장의 촉진과 사회조직에 있어서 유익한 변동으로 종종 간주되기도 한다. 사회변동은 현존제도의 기본적인 개조를 포함하는 것이며 그리하여 본질적으로 혁명적인 것이다.

한편, 해석적 패러다임은 기능주의와 갈등주의 등 2가지 패러다임이 거시적인 시각인데 비하여 사회를 미시적이고 개인적인 수준에서 개념화하고자 한다. 이 패러다임은 사회를 있는 그대로 이해하고자 하며 주관적인 경험의 수준에서 사회세계의 근본성격을 이해하고자 한다. 또한 개인적인 의식과 주관성의 영역에서 행위의 관찰자로서가 아니라 참여자의 시각에서 사회를 설명하고자 한다. 이 해석주의적 관점은 일상세계의 본질을 이해하는 데 관심을 갖는다. 즉 이들은 지적 사회학이나 현상학 등에 영향을 받아 자명한 것으로 받아들여지고 있는 일상적인 지식을 회의적으로 접근하는 입장을 취한다. 따라서 사회화, 역할, 교환, 실재에 대한 개인적 규정을 통하여 그것과 사회적 환경과 개인의 관계에 초점을 맞춘다.

제2절 교육사회학의 이론적 접근

1. 기능론(기능이론 · 기능주의)

기능이론(functionalism) 또는 기능주의는 콩트(Auguste Comte, 1798~1857)와 스펜서(Herbert Spencer, 1820~1903)에게까지 올라갈 수 있을 정도로 오랜 전통을 가지고 있다. 한마디로 기능주의라고 부르지만 조금씩 다른 학자들의 이론도 포함되어 있으며, 명칭도 다양하여 기능이론 외에 구조기능이론(structural functional theory), 합의이론(consensus theory), 질서모형이론(order model), 평형모형(equilibrium model) 등이 있다. 명칭에 따라 강조점이 조금씩 다르지만 여기서는 포괄적으로 기능이론이라고 한다. 기능이론은 콩트와 스펜서에 의하여 기초가 형성된 뒤에 뒤르켐(Emile Durkheim, 1857~1917) 등을 거쳐 다양하게 발전하여 미국의 파슨스(Talcott Parsons, 1902~1979)에게서는 기능이론이 더욱 구체화되었다.

기능이론은 사회를 유기체에 비유한다. 유기체는 여러 부분, 예컨대 인체(人體)는 손,

발, 코, 귀, 위, 폐 등 여러 부분(기관)들로 구성되어 있다. 이 부분들은 각기 담당하고 있는 기능을 갖고 있어서 각각의 기능을 순조롭게 수행함으로써 인체의 생존과 활동을 가능하게 한다. 각 기관은 인체, 즉 전체로부터 떨어져서는 살아갈 수 없으며, 어느 한 기관이라도 결핍되게 되면 인체도 완벽한 활동을 할 수 없게 된다. 그러므로 인체의 각 기관은 각기 고유한 기능을 제대로 수행함으로써 유기체를 존속시키고 그렇게 함으로써 자체의 생존도 보장받을 수 있게 된다. 유기체는 항상 생존과 건강한 활동을 지향하며, 어떤 이유로 병을 얻어 부분 또는 전체의 기능이 약화되면 이를 회복하기 위하여 모든 노력을 기울인다. 유기체와 마찬가지로 사회는 각기 다른 여러 부분으로 구성되어 있으며, 각 부분은 전체의 존속을 위하여 필요한 각각의 기능을 수행한다는 것이 기능이론의 주장이다. 그런 의미에서 사회의 각 부분들은 상호 의존적이다. 사회는 항상 안정을 유지하려는 속성을 지니고 있으며 어떤 충격에 의하여 안정이 깨뜨려지면 이를 회복하기 위한 노력을 전개하게 된다. 그런데 사회를 구성하고 있는 각 부분 간에는 우열(優劣)이 있을 수 없고 각기 수행하는 기능에 차이가 있을 뿐이다. 다른 사람에 비해 더 많은 재산이나 권력을 가진 사람이 있는 것은 그가 다른 사람에 비해서 더 힘들고 중요한 기능을 맡고 있기 때문에 사회적 보상을 더 많이 받고, 동시에 기능 수행에 필요한 권한을 부여받기 때문이다. 그런 의미에서 계층은 기능의 차이에 바탕을 둔 차등적 보상체제의 결과가 생겨난 것이다. 따라서 기능이론이 보는 사회는 각기 다른, 질적으로 우열의 차이가 없는 기능을 수행하는 수많은 개인 및 집단의 통합체로서, 안정과 질서 유지라는 합의된 목표 아래 상호 의존적으로 살아가는 인간집단인 것이다.

기능이론은 1960년대까지만 하여도 대부분의 사회학 저서의 근간을 이루었으며, 1970년대까지도 주류를 이루었다. 기능이론은 파슨스가 체계화하였는데 그의 이론은 흔히 구조기능주의에 입각한 사회체제이론으로 불린다. 그는 어느 사회체제나 세 가지 속성을 지니고 있다고 생각하였다. 첫째, 하위체제를 구성하고 있는 요소들은 기능상으로 상호 의존적이나. 둘째, 한 체제의 구성 요소들은 그 체제의 계속적 작용에 적극적으로 공헌한다. 셋째, 한 체제는 다른 체제에 영향을 주며, 이 체제들은 한층 더 높은 수준의 체제, 즉 상위체제(super system)에 대한 하위체제(sub system)이기도 하다.

이러한 기능이론적 관점에서 볼 때, 교육은 사회체제의 한 구성 요소로서 사회의 유지와 안정을 위해서 사회화 기능을 충실히 수행하고 있는 것이다.

2. 갈등론(갈등이론 · 갈등주의)

갈등이론(conflict theory)은 개인 간 및 집단 간의 끊임없는 경쟁과 갈등을 사회의 속성으로 보고 있다. 즉, 세력다툼, 이해의 상충, 지배자의 압제와 피지배자의 저항, 그리고 사회의 끊임없는 불안정과 변동은 갈등이론이 보는 사회의 속성이다. 갈등이론은 흔히 마르크스주의(Marxism)와 동일시되지만 양자가 반드시 일치하는 것은 아니다. 마르크스주의와 신마르크스주의(Neo-Marxism)가 갈등이론의 큰 줄기를 이루고 있는 것은 사실이지만, 고전적 또는 비마르크스주의적 갈등이론도 독자적으로 발전해 왔다. 고전적 갈등이론은 베버(Max Webber)의 사회이론으로부터 잘 발전한 지위경쟁이론을 중심으로 많이 논의되고 있다. 그리고 라틴아메리카에서 형성된 종속이론(dependency theory)도 갈등이론의 범주에 속한다.

갈등이론은 인간이 소유하고자 하는 대상물은 제한되어 있고 인간의 소유욕은 무한한데 이 모순을 해결할 수 있는 길이 없기 때문에 인간 간의 경쟁과 갈등은 불가피한 것이 되고 있다고 전제한다. 살기 위한 필연적인 싸움 현실이라는 것이다. 싸움 자체가 인생이요, 사회라고 생각한 것이다. 그런데 마르크스주의적 갈등이론과 고전적 갈등이론은 싸움의 목표와 싸움의 무기에 대한 관점에 차이를 보이고 있다. 전자는 단일 요인을 주장하고 경제적 생산수단이 싸움의 목표이자 싸움의 무기라고 설명하지만, 후자는 복합요인을 내세워 경제적 부, 사회적 지위, 권위 등이 목표이고 무기라고 설명한다. 그러므로 마르크스주의적 갈등이론은 고전적 갈등이론에 비하여 이론이 단순하며, 단순하기 때문에 보기에 따라서 더 강력해 보인다. 그러나 양자의 보다 큰 차이는 역사관에서 나타나고 있다. 마르크스 및 신마르크스주의적 이론은 진보적이고 혁명 지향적이며 낙관주의적인 데 반하여, 고전적 갈등이론은 보수적이고 미래에 대하여 비교적 회의적이다.

학교교육에 대한 갈등론적 이론들은 몇 가지 유형을 나타나고 있다. 이들은 재생산론, 저항이론, 그리고 지위경쟁이론이다.

첫째, 재생산론(reproduction theory)은 경제적 재생산론과 문화적 재생산론으로 나누어진다. 경제적 재생산론(economic reproduction theory)을 주장하는 사람들은 학교교육의 사회적 기능을 자본주의 사회체제, 즉 경제적 관계와 분리하여서는 이해할 수 없다고 본다. 다시 말하면, 자본가 계급은 노동 생산력의 축적과 계급통제를 통해 그들의 경제적 이점을 고양시키려고 노력한다는 것이다. 경제적 재생산론에 의하면, 자본주의 체제에서의 학교교육은 경제적 모순을 은폐하고, 불평등한 구조를 존속·유지·심화시키고, 지배계급의 위치를 정당화하는 도구적 기관의 역할을 하고 있다는 것이다. 요컨대, 학교교육은 경제적 불평등을 정당화, 합법화함으로써 지배계급의 지위를 재생산하는 기능을 담당하고 있는 것이다. 이 주장에 대한 대표적인 인물로는 보울즈와 긴티스(S. Bowles & Gintis)가 있다. 한편 문화적 재생산이론(cultural reproduction theory)을 주장하는 사람들은 학교교육의 문화적 역할에 초점을 맞추고 있다. 이들은 자본주의 사회가 경제적 모순에도 불구하고 자연스럽게 유지되는 이유를 지배계급이 선호하는 문화를 학교교육에 투입시켜 불평등한 사회적 관계를 정당화하고 있다는 데서 찾고 있다. 즉, 학교교육은 지배계급이 선호하는 문화영역을 통해 계급적 불평등을 유지·심화시키는 재생산적 기구라는 것이다. 문화적 재생산론은 문화영역과 계급구조를 밝히고, 이를 통해 계급적 문화의 법칙을 밝힘으로써 그것이 정당화·합법화되는 사회적 이유를 설명하고 있다. 이 주장을 대표하는 인물로는 부르디외(P. Bourdieu)가 있다.

둘째, 저항이론(resistance theory)은 학교교육이 사회계급 구조의 불평등을 그대로 보존하거나 이행하는 것을 단순히 반영하는 것이 아니라 오히려 학교교육을 통해 사회 모순과 불평등에 도전하고 있다는 점에 초점을 두고 있다. 저항이론에서의 인간은 사회구조가 요구하는 대로 그 성격이 규정되어지는 존재가 아니라, 사회의 불평등한 구조에 대한 저항, 도전, 비판하는 능동적 존재인 것이다. 즉, 인간은 사회구조의 영향을 받기만 하는 수동적 존재가 아니라, 주체적 의지를 지닌 능동적 존재로서 사회모순에 투쟁, 비판, 거부하는 존재라고 믿고 있다. 이를 주장하는 대표적인 인물로는 윌리스(Willis)와 지룩스(Giroux)가 있다.

셋째, 지위경쟁이론(status-competition theory)은 막스 베버(M. Weber)의 전통에 따라 학교교육의 팽창과정을 지위, 권력, 명예를 위한 집단 간의 경쟁의 결과로 설명하는 데 초점을 맞추고 있다. 이를 대표하는 인물은 콜린스(R. Collins)와 헌(C. Hurn)이다. 과거뿐만 아니라 오늘날까지도 학력과 지위는 불평등하게 분배되고 있다. 교육은 높은 지위와 연결되어 있고 모든 집단들이 교육을 통해 그들의 자녀들이 높은 지위를 얻도록 노력하고 있다. 콜린스는 학교의 주된 활동의 무대인 교실의 안이나 밖에서 모두 특정 지위문화를 가르치고 있다고 주장한다. 학교는 기술과 지식을 전달하는 것이 중요한 것이 아니라 어휘, 억양, 심미적 취향, 가치와 예술 등을 중요시한다는 것이다. 학력은 높은 지위를 획득하는 수단이며, 지금까지 학력이 부족하여 낮은 계층에 남아 있었던 집단은 보다 높은 학력을 획득하여 높은 지위를 얻으려고 한다. 그러면 기존의 높은 지위를 점유하고 있던 집단은 위협을 느끼고 자신들의 학력을 더욱 높이게 된다. 이것은 다시 낮은 지위집단에게 보다 높은 학력을 요구하는 요인으로 작용하여 학력상승과 교육팽창을 유발하고 있다고 설명한다. 콜린스는 '지위문화'라는 개념을 만들어 냈고, 교육의 역사를 통해 학교는 특정한 지위문화가 전달되는 곳이라고 주장하고 있다.

3. 해석학론(해석학적 이론)

사회과학에서의 해석학은 19세기에 독일의 철학자 딜타이(W. Dilthey)를 중심으로 하는 사람들이 해석학적 기법을 발전시켜 인간의 행위와 제도를 포함한 사물의 이해에 적용하여 새로운 해석학을 발전시킨 데서 기인한다. 그들은 사물을 이해한다는 것은 바로 그것을 해석하는 것이라고 보았다. 우리가 무엇을 이해한다는 것은 그것의 의미 혹은 의의를 파악하는 것이며, 무엇을 해석한다는 것은 어떤 관점이나 상황에 비추어 그것이 의미하는 바를 깨닫는 것이다. 이해하거나 해석하는 사람은 이미 자신이 가지고 있는 기존의 지식 또는 이해 방식에 근거하여 자신의 마음의 눈으로 대상에 접근하는 것이다. 이러한 과정을 딜타이는 '이해(verstehen)'라고 하였으며, 인간과학의 참된 방법이라고 주장하였다. 해석(또는 이해)은 '인간행동의 의미, 사회적 상호작용의 맥락, 주관적 상태에 대한 명백한 이해, 주관적 상태와 행동 간의 긴밀한 관계'를 강조한다.

해석학적 패러다임은 하나의 계보로 이루어져 있지 않다. 현상학적 사회학, 상징적 상호작용론, 민속방법론 등의 사회학 계열은 해석학적 사회과학 영역에 해당된다. 이들 이론의 공통된 특징을 살펴보면 다음과 같다.

첫째, 내부자 관점(insider's point of view)을 강조한다. 연구자는 행위자(참여자)들과 같은 방식으로 관찰하고 해석하며, 그로부터 특정한 유형이나 규칙성을 찾으려 한다.

둘째, 총체주의(holistic approach)를 강조한다. 관심 대상이 놓여 있는 복잡한 상황 중에서 몇 가지 요소들을 발췌하여 분석적으로 탐구하기보다는, 문제 상황을 전체적으로 이해하고 탐구한다.

셋째, 맥락화(contextualization)를 강조한다. 모든 자료는 그 자료가 수집된 환경의 맥락 속에서 고려되어야 한다. 맥락 의존성이 바로 '해석'의 본질이다. 즉 사물을 개체로 보지 않고 관계와 맥락으로 파악하는 것이다.

4. 신교육사회학(신교육사회학론)

영국에서 시작된 신교육사회학은 지식사회학에 그 이론적 근거를 두고 있다. 지식사회학의 지식에 대한 견해는 '지식은 사회적으로 형성된다.'는 것이다. 그래서 지식의 존재구속성, 상대성, 가변성 등을 받아들인다. 신교육사회학은 지식사회학의 이러한 견해를 수용하고 있다. 신교육사회학은 지식이 역사적·사회적 산물이며, 그 존재조건에 영향을 받아 정당화되고 있다고 본다. 학교 지식 역시 중립적인 것이 아니라, 어떤 집단의 신념이나 관점을 반영하고 있는 사회적 산물 중에서 선택되어진 것으로 보고 있다.

사실 신교육사회학이라는 용어는 고버트(David Gorbutt)에 의해 제안된 뒤부터 널리 사용되게 되었다. 그는 교육내용에 대한 연구의 중요성을 강조하면서 이러한 학문적 동향을 기존 이론에 대한 대안적 패러다임(alternative paradigm)으로 소개하였다. 기능이론의 교육과정에 대한 편견은 "지식의 조직화나 선별은 일정한 사회적 가치나 목표에 부합된 것이다."라는 전제이다. 그런데 신교육사회학은 학교지식의 객관성, 중립성, 보편성에 의문을 제기한다. 학교에서 가르치고 있는 지식은 교육제도 속에서 선별적으로 처리된 것이다. 신교육사회학은 학교지식의 선택, 조직, 분배에 작용하는 사회적 문제를 탐구한다. 이러한 탐구는 교육과정 탐구의 범위와 방법론을 크게 확대시켰고, 교육사회학 연구를 교육내용에 관한 연구까지 확장시켰다.

역사적으로 볼 때, 신교육사회학은 영국에서 평등화를 위한 교육개혁의 역사적 경험으로부터 발생된 교육분석의 시각과 영역이 신교육사회학으로 정립된 것이다. 신교육사회학이 등장하기 이전인 1950년대와 1960년대에 영국의 사회적 상황은 학교교육을 사회평등 구현의 수단으로 여기고 이 문제에 대하여 큰 관심을 기울였다. 그 결과로 영국은 교육의 불평등을 초래시키는 요인을 제거하기 위하여 조기선발 시험제도를 없애고 복선제를 단선제화함으로써 교육의 기회를 개방하는 교육개혁을 단행하였다. 그럼에도 불구하고, 영국사회는 교육 불평등은 교육 그 자체의 속성 때문이 아니라 전체 사회의 구조적 불평등이 교육에 그대로 반영되기 때문이라는 것을 밝혀냈다. 신교육사회학에서는 교육 불평등의 결정요인이 되는 학교 내의 여러 현상을 연구하였는데, 교육내용의 성격과 그것을 가르치는 과정에 전체 사회의 구조적 불평등이 반영되어 있음을 발견하였다. 그리고 이 문제, 즉 교육과정과 학교 내 상호작용 과정에 집중적인 관심을 보였다. 신교육사회학은 학교가 지식을 분류, 처리하는 기관임을 강조한다. 따라서 신교육사회학은 교육과정

(잠재적 교육과정 포함) 속에 나타나는 지식과 사회구조와의 역학관계, 지식과 집단 간의 사상적 갈등을 집중적으로 분석하면서 교육과 사회평등에 관한 문제 논의의 새로운 지평을 열었다.

그래서 신교육사회학은 지식사회학의 관점에서 학교가 가르치고 있는 지식은 누구에 의해서 구성되었으며, 왜, 어떤 이유에서 선택되었고, 어떻게 학생들에게 분배되고 있는가에 관한 문제를 제기하고 있다. 나아가서 교사와 학생이 어떻게 조직되고 있으며, 그 준거는 무엇인가도 문제 삼고 있다. 이러한 문제의 분석을 통하여 신교육사회학은 교육과정 속에 숨어 있는 이데올로기를 분석해 냈다. 요약하면, 학교에서의 지식 전달은 세 가지 중요한 전달매체인 교육과정, 교수(수업), 그리고 평가를 통해서 이루어지고 있기 때문에 신교육사회학은 학교교육 내부의 구체적 과정 속에 나타나는 지식의 문제를 분석하는 것에 중점을 두고 있다.

신교육사회학은 기능이론과는 다르게 학교교육에 대한 새로운 이해방식을 제공하고 있다.

이와 같은 신교육사회학이 주는 의의를 종합하면 다음과 같다.

첫째, 지식의 사회성, 의식의 존재 구속성을 지적하면서 지식은 지식이 생산된 사회구조를 반영함을 일깨워 주고 있다. 종래의 객관적·보편적·절대적 지식관을 배격하고, 지식은 역사적·사회적으로 생성되는 것이라는 관점을 내세운다. 그래서 교육과정과 학교 내의 상호작용 과정에 대한 연구에서 새로운 사회학적 시각을 제공하였다.

둘째, 지식, 문화, 이데올로기, 규범 등의 지적인 과정을 통한 지배와 억압의 구조를 파헤침으로써 교육과 사회 불평등에 대한 이해의 폭을 넓혀 주었다. 개인의 해방(특히 의식의 해방)과 지배구조의 재편성을 통한 평등과 자율이 더욱 보장되는 사회를 이상적인 교육과 사회의 모습으로 가정하고 있다. 여기에 종래의 수동적인 인간관의 가정으로부터 능동적이고 주체적인 인간관으로의 변화가 포함되어 있다.

셋째, 종래의 교육제도와 기능중심의 교육사회학을 교육내용과 과정, 학교 내부현상에 관심을 두는 교육사회학으로 변화시켰다. 그리고 연구방법에서 질적 연구의 필요성과 중요성을 새롭게 인식하도록 하고 있다. 또한 거시적 분석으로부터 미시적 분석의 필요성과 중요성을 일깨워 주었다.

넷째, 교육과 사회 불평등에 관한 연구에서 개인주의적이고 능력주의적인 분석(기능론적 분석)을 비판하고, 역사적이고 구조적인 분석에 비중을 두게 하였다. 또한 종래의 제도

분석에 인간의 의식과 지식(문화)의 분석을 추가하였다.

다섯째, 학업성취와 교육과정에 대해 객관적이고 심리적인 분석을 포기하고, 합법화된 학교지식을 대상화시켜 분석하는 사회정치적 분석의 중요성을 일깨워 주었다. 학교지식의 성질, 학교의 조직, 교사의 이데올로기 등 교육에서의 여러 문제를 상대적인 것으로 보고 이때까지 자명한 것으로 생각했던 모든 전제에 의문을 제기하게 하였다.

여섯째, 학교와 교실에 대한 통제와 조직에 대해 경영적, 효율적, 기술적으로만 접근하는 방법을 비판하고, 그것에 대해 사회적으로 상호작용적이고 문화적인 면을 강조하는 비판적 견해가 중요하다는 것을 일깨워 주었다.

신교육사회학에서 교육에 대한 설명은 공통된 관점을 나타내면서도 학자들에 따라 조금씩 다르게 나타나고 있다. 애플(Apple), 영(Young), 부르디외(Bourdieu) 등은 한결같이 지식이 계층화되어 있고, 지적·문화적 자본이 사회집단 간에, 서로 다른 연령집단 간에, 서로 다른 권력집단 간에 불평등하게 분배되어 있음을 지적한다. 그리고 문화의 보존과 분배의 과정에서 어떤 특정집단이 어떤 종류의 지식을 소유하고 있지 못하고 있다는 사실은 정치적, 경제적 힘을 상실하고 있는 것을 의미하는 것으로 해석하고 있다. 그래서 애플은 학교와 같이 문화자본을 선택하고 분해하는 기관을 통해서 특정한 집단이 다른 집단에게 권력과 통제를 행사하게 되고 이들 간의 불평등한 사회구조가 학교를 통해서 재생산되고 있다고 주장하고 있다.

또한, 영(Young)은 헤게모니(hegemony)를 쥔 집단이 학교에서 가르치는 지식을 선정, 조식함으로써 학교는 문화자본에 의해 사회의 불평등한 구조를 재생산하고 있다고 주장한다. 여기서 헤게모니는 일상생활과 사회의식 속에 깊이 스며 있는 지배집단의 의미체계와 가치체계를 의미한다. 부르디외(Bourdieu)는 학교교육 과정을 사회적 재생산보다는 문화적 재생산의 도구로 보아야 한다고 주장한다. 사회적 재생산은 사회자본(social capital), 즉 경제력과 권력의 세대 간 상속으로, 부모 세대의 경제적 재화 및 권력구조 내의 위치가 사식 세내에 전수되는 것을 뜻한다. 문화적 재생산은 문화자본(cultural capital)의 세대 간 상속으로, 부모 세대의 가정의 생활양식과 그것 때문에 가정과 학교에서 얻게 되는 제반 경험이 자식 세대에 전수되는 것을 의미한다.

따라서 문화적 재생산은 교육사회학에서 새대 간생활양식(생활방식)과 경험(지식)의 전수와 계승적 측면에서 중요한 의의를 갖는다.

제3절 사회화(社會化)와 교육

1. 사회화의 의미

교육이 인간의 삶의 질을 향상시키고 인간의 성장을 돕는 작용이라고 볼 때 교육은 인간의 삶과 성장의 현장인 사회 속에서 이루어질 수밖에 없다. 교육은 크게 보아 사회화의 과정으로 볼 수 있다. 사회화의 의미, 사회화를 돕는 과정을 살펴봄으로써 교육과 사회와의 관계를 비교 분석하는 것이 중요하다.

인간은 무기력한 자연적 존재로 이 세상에 태어나 점차 사회적·문화적 존재로 성장해 가면서 그 사회의 구성원들과 상호작용하면서 새로운 지식, 기술, 태도, 규범, 가치 등을 배워 가게 된다. 이러한 인간의 사회적·문화적 특성의 영향에 따라 미국 사람과 일본 사람, 그리고 한국 사람은 각각 다르게 사회화되어 가게 된다. 이와 같이 인간이 자기가 소속해 있는 사회집단의 행동양식, 가치관, 규범과 같은 문화를 학습하여 내면화하고, 자기 자신의 독특한 개성과 자아를 형성해 가는 과정을 사회화(socialization)라고 한다.

2. 사회화의 기관

한 인간이 성장·발달해 가면서 사회적 학습을 하는 데 영향을 주거나 사회화의 매개체 역할을 해 주는 기관이나 담당자를 사회화의 기관(socializing agency) 또는 대행자(agents)라고 한다. 우리 주변에는 이러한 사회화 기관의 대행자는 무수히 많다. 가깝게는 부모, 친척, 형제자매로부터 교사, 친구, 이웃, 교회, 학교 등 수많은 사람들과 기관이 있다. 또 사회화 기관은 개인, 사회의 조직·기관뿐만 아니라 영화, 텔레비전, 라디오, 잡지, 신문 등 수많은 대중매체도 중요한 역할을 하게 된다.

이러한 수많은 사회화 기관이나 대행자 중에서도 가정, 학교 그리고 매스미디어는 가장 중요한 기관으로 그 사회화 역할과 기능이 매우 중요하다.

1) 가정의 사회화 기능

인간의 가장 원초적이고 일차적인 사회화는 가정에서 이루어진다. 인간은 누구나 출생과 더불어 가정의 구성원인 일원이 되면서 의도적이든 무의도적이든 그 가정의 생활방식에 따라 갖가지 행동, 태도, 가치를 배우게 되기 때문이다. 많은 심리학자들이 지적하듯이 가정은 인간의 가장 핵심적이고 기본적인 인격의 틀을 구축하는 곳이다. 인간발달 이론에 따르면 인간은 6세 이전에 모든 퍼스낼리티(personality)가 형성되는데, 이러한 역할은 주로 가정이 담당하게 된다.

따라서 가정의 자녀양육 방식이나 구성원의 인간관계 구조, 그리고 역할구조는 사회화에 일차적으로 가장 큰 영향을 주게 된다. 가정에서 언어를 습득하고 행동의 기본적 틀을 익히게 된다. 가정에서의 사회화는 가족구성원인 아버지, 어머니, 형제자매의 행동모방을 통해서 시작된다. 우리 옛말에 '장모를 보고 장가를 간다.'는 말과 같이 배우자의 모든 것은 그가 어릴 때부터 생활해 온 가정환경과 생활여건이 잘 나타내 주기 때문이다.

가정에서의 자녀양육 방식과 자녀의 행동특성은 밀접한 관계를 갖게 된다. 자녀를 지나치게 통제하는 가정에서 성장한 어린이는 복종적이고 의존적이며, 권위주의적이고 반항적인 성격을 갖게 되는 경향이 높다고 한다. 반대로 부모가 자녀를 지나치게 방임하면 행동의 통합성과 사회성이 결여되고 책임감이 약화될 우려가 있게 된다. 그리고 아동의 자율성을 장려하고 협동과 집단의 결속력을 강화하는 가정에서 자란 아동은, 사회성과 지도성 그리고 책임감이 높고, 학업성취의 우수성을 보이는 경향이 높아진다고 한다.

가정의 구조화 형태에 따라서도 사회화의 행동특성이 달라진다고 한다. 대가족제에서 자라난 아동은 핵가족에서 성장한 아동에 비하여 의존심이 강하고, 반면에 사교성이 발달하게 된다고 하며, 기독교 정신을 강하게 믿고 있는 가정의 아동은 독립성과 성취동기가 강한 행동특성을 가진다고 한다.

가족구성원의 관계와 사회화에 관한 연구에 의하면, 자녀의 출생순위와 사회화되는 행동특성의 차이를 밝히고 있다. 흔히 가정에서 장남과 장녀에게 부여하는 역할과 기대가 차남 이하의 자녀와는 다르다. 장남을 가정의 계승자로 알고 더 많은 기대를 하게 되고, 너 많은 책임과 권한을 부여하며, 엄격한 훈육을 하게 된다. 따라서 장남은 동생들을 통솔하고 지시하며, 양보하고 보호하는 행동을 학습하게 된다. 장남과 장녀는 동생이 태어나기 전까지 독차지해 온 부모의 사랑과 관심 그리고 지위를 동생에게 위임하게 되면, 한동안 시기와 질투로 동생을 미워하게 되지만, 성장하면서 점차 양보하고 동생을 보호하는 경향이 높아지게 된다.

가족구성원 간의 역할 관계와 권력관계가 그들의 상호작용 관계를 결정함에 중요한 영향을 미치게 되지만, 부모의 성격, 가치관, 태도, 동기 등의 특성도 그들의 상호작용 과정에 크게 작용하게 된다. 같은 유형의 지위와 역할을 가진 부부라 할지라도 그들의 성격과 동기에 따라 서로 대하는 태도와 자녀를 대하는 태도가 달라지며, 아동의 사회화에 미치는 영향도 달라질 수 있다.

2) 학교의 사회화 기능

학교는 각기 다른 가정환경에서 사회화된 이질적인 아동을 집단적으로 수용하여 새로운 사회화를 시도하는 독특한 체제와 구조를 가진 사회이다. 여기서 집단이란 모여 있는 구성원들이 어떠한 공동의 목표를 가지고 그 목표달성을 위해 각자가 맡은 역할에 있어 그 역할을 수행하면서 서로 상호작용하는 관계를 가지는 모임을 뜻한다. 학교나 학급은 어느 의미에서는 타의에 의하여 형성된 집단이며 그 집단의 목표, 과업, 역할 등도 학교에서 혹은 교사에 의하여 규정되는 경우가 있다.

따라서 학교는 가정 집단에 비하여 다분히 계획적·합리적·의도적인 사회화의 기관이라고 하겠다. 학생들은 학교생활을 통하여 일반적인 지식, 태도, 기술을 습득할 뿐 아니라 동료들과의 비공식적 상호작용을 통하여, 또는 교사나 동료들과의 관계를 통하여 사회적 역할을 배움으로써 사회화되는 것이다.

그러므로 학교에서의 사회화는 학교 자체의 역할과 친구 또는 동료집단의 역할로 이루어지게 된다.

학교사회는, 교사가 일정한 지식과 기술을 학생에게 전달하고 학생은 그것을 전달받고 배우는 곳만은 아니며 학교 및 학급 내부에서 이루어지는 교사와 학생, 그리고 학생 상호간의 인간관계를 통하여 서로 영향을 미치는 사회적 학습이 이루어지는 작은 사회인 것이다. 교사는 아동이 가정 밖에서 만나는 첫 번째 성인으로서 부모의 대리역할을 하게 된다.

교사의 아동에 대한 사회화 역할은 우선 사회화의 모델(model)로서의 역할이다. 어떤 의미에서는 여교사는 어머니를 대신하고, 남자교사는 아버지를 대리하여 여성적·남성적 행동특성을 배워 주는 역할을 하게 된다. 특히 초등학교 단계에서는 교사의 말투, 제스처, 성(性)역할 등과 같은 행동이 아동에게 깊은 영향을 주게 된다. 최근에 이르러 초등학교에 여교사가 지나치게 많아서 아동의 여성화에 대한 우려도 이러한 관점에서 깊이 재고되는 문제이다.

생활지도 과정에서 상이나 벌, 칭찬과 질책 등 다양한 방법으로 학생의 행동을 수정하게 된다. 또 가정이나 또래집단 등 여러 가지 학교의 생활 속에서 이미 형성된 잘못된 사회화로 이루어진 행동, 태도 등을 바람직한 행동으로 바꾸어 주는 역할도 하게 된다.

과거에 비하면 교사의 학생에 대한 훈육, 체벌 등 행동수정의 역할이 약화되었지만 아동의 올바른 사회화를 위한 행동수정의 역할은 매우 중요하다.

다음으로는 학교자체의 특성, 즉 학교의 전통이나 문화풍토, 역사, 학교집단 분위기 등으로부터 사회화되어지는 현상을 들 수 있다. 흔히 우리는 도시학교와 농촌학교, 여학교와 남학교, 인문계학교와 전문계학교(특성화학교) 등에서 학생들이 사회화되어지는 특징이 다른 것을 알 수 있다. 물론 이런 차이는 학교의 전통, 분위기, 교육이념 등 많은 요인에서 연유되지만 무엇보다도 학교의 규범에서 영향받은 경우가 많다. 이 규범은 구성원 상호 간의 약속에 의해서도 형성되며 서로가 갖는 기대에 의해서도 형성된다.

학교사회가 갖는 규범은 교육과정(敎育課程), 등교시간, 교육과정과 수행과정, 수업연한과 이수시간, 성적, 출석률 등을 명시하는 학칙과 누구나 지켜야 할 교칙, 그리고 교훈(校訓), 교풍(校風), 교사·학생 간의 인간관계 형식 등의 제 요소에 의하여 형성된다. 이러한 규범은 구성원 모두의 행동에 구속력을 갖게 된다.

3) 대중매체(mass media)의 사회화 기능

오늘날 우리 생활주변에 범람해 있는 각종 매스미디어는 넓은 의미의 교육작용의 주체가 되는 동시에, 그 목적에 대해서는 형식적이고 의도적인 교육을 충분히 수행해 주고 있다. 이들 매스미디어의 일상화는 늘어 가는 여가의 오락물로서만 아니라, 필요한 정보와 자료의 습득, 그리고 성인·아동을 동시에 학습시키는 사회교육의 수단으로서 크게 발전되고 있다. 각종 매스미디어 중에서도 텔레비전의 사회 교육적 기능이 가장 크게 부각되고 있다.

어떤 의미에서는 가정의 사회화 기능보다는 텔레비전을 통한 사회화 기능이 더 청소년에 영향력이 큰 것 같다. 연구결과에 의하면 미국의 경우 일반아동들이 학교수업에서 1년 동안 1,080시간을 소요하는 반면, 텔레비전을 보는 시간이 1,500시간을 넘는다고 한다.

『한국의 연구』(김병성, 1982)에서도 중등학교 학생의 TV, 라디오, 기타 대중매체에 접하는 시간이 매일 3~4시간 정도로 나타나 외국과 연간 총시간은 거의 비슷한 결과이다.

관련된 여러 연구결과를 참고해 보면, 현대사회에서 대중매체의 사회화 기능은 그것이 교육적이든 비교육적이든 청소년의 행동 및 의식성향에 절대적인 영향을 미친다는 점이다.

대중매체의 부정적 사회화 기능으로는 그 내용이 주로 흥미 위주로 되어 있어 아동의 건전한 사고발달에 도움이 될 수 없다는 점, 시력이 나빠진다는 점, 정서적 불안정감과 공포심을 유발한다는 점, 그리고 공격적 성격과 범죄행위를 모방하게 된다는 점 등을 들고 있다.

이러한 부정적인 견해와는 대조적으로 다른 연구에 의하여 지능증진, 사회성의 발달, 흥미의 다양화를 가져온다고 보고 있다.

특히 텔레비전은 인간의 마음속에 공통의식을 갖게 해 주고 경험의 세계를 넓혀 주어 사회규범, 관습, 협동심, 관용심 등을 구성원들에게 효과적으로 전달함으로써 개인의 사회화를 촉진시켜 주는 기능을 한다는 것이다.

4) 또래집단의 사회화 기능

(1) 또래집단의 성격

인간의 사회화 과정은 가정 안에서만 이루어지는 것이 아니다. 가정 밖에 여러 매개기관들이 있다. 이 중 또래집단(peer group)은 아동들에 있어서 매우 중요한 매개기관이다. 이 또래집단이란 동배집단 등 다양한 용어로 불리는데 간단히 말하자면 학생들이 사귀는 친구를 지칭하는 말이다.

산업화에 따라 가정과 지역사회의 사회화 기능이 약화되고 학교 등 전문교육·훈련기관의 기능이 강화되고 청소년기가 연장됨과 더불어 친우집단의 중요성이 커지게 되었다. 인간의 발달과정에서 유아기를 벗어나 아동기에 접어들면서는 비슷한 나이의 친구들과 어울리는 시간이 많아진다. 아동기의 단짝 친구관계(chumship)에서 출발한 친우집단은, 특히 학교에 다니면서부터는 친구들과 접촉하는 기회가 많아지며 그 영향력도 증가한다. 친우집단은 가족이나 학교, 직장과는 달리 근본적으로 사교적인 목적으로 존재한다. 즉, 어떤 공식화된 목표가 있는 것이 아니고 친구들 사이의 상호작용을 통해 우정으로 결속되는 집단이라고 볼 수 있다.

또래집단 속에서는 모든 아동들은 비슷한 위치에 있다. 가정이나 학교에서는 아동들이 갖는 인간관계가 아무리 민주적이라고 해도 대등한 관계일 수가 없으나 아동끼리의 관계는 처음부터 동등한 관계로 시작하는 것이다.

또래집단의 또 다른 특징은 학교나 가정에서의 부모와 교사의 관계에서는 수직적·종적·규범적인 성격이 강한 반면에, 친구들과의 관계는 놀이를 중심으로 이루어진다는 점이다. 따라서 아동끼리의 관계는 어떤 집단보다도 개방적인 특징을 지닌다고 할 수 있다. 일정한 규칙을 파괴하지 않는 이상 누구라도 동등한 입장에서 같이 어울리는 데에 참여할 수가 있는 것이다. 즉, 아동끼리의 관계는 규범적인 제약을 받지 않는 자유로운 분위기에서 형성된다는 점이다. 모든 관계는 순간순간의 자발적이고, 자유로운 분위기에서 형성되며, 상황 속의 즉흥적인 관심사에 따라 융통성 있게 영위되는 집단이다.

그러나, 경우에 따라서는 비공식집단을 형성하여 조직적 특성을 갖는 수도 있다. 이런 집단이 반사회적 특성을 가지게 되면 불량집단화하게 되며 청소년비행의 학습 및 반복에 중요한 통로가 된다.

(2) 또래집단의 역할

또래집단은 아동 및 청소년의 인성발달에 중요한 장소가 된다. 아동들은 친구와 상호작용하는 가운데서 상호 간에 지켜야 할 예의를 배우며, 타인과의 관계에서 자신을 억제하는 자제력을 습득하기도 한다. 또래아동과의 상호관계에서 작용하는 묵시적인 행동법, 말하는 법 등은 모두 이에 해당한다. 나아가 아동들은 이런 관계를 통해 성역할, 자신이 사회에서 차지하는 위치와 역할 등에 대한 일반적인 개념을 형성한다. 이성 및 여타의 여러 관계를 통해서 성역할과 다양한 사회적 역할을 나름대로 습득하는 것이다.

우선 아동들은 동료와의 관계를 통해 나이에 걸맞은 기능과 취미를 발달시키며, 비슷한 문제에 감정을 나누는 법을 배운다. 친밀한 아동들끼리는 자유로운 상태에서, 그리고 큰 고통 없이 자신의 관점과 취미, 감정, 이상 등을 나눌 수 있는 것이다. 청소년들은 고민을 자기들끼리 나누는 경우가 많다. 청소년기에 있어서 친우집단의 중요성은 청소년문제의 해결에 있어서 친우집단, 친우관계망을 활용한 방안들, 예를 들면 집단 상담이나 비행청소년의 집단치료의 개발 및 적용의 필요성을 시사한다.

특히 또래집단은 급격한 변화를 경험하고 있는 오늘날에 그 중요성이 더욱더 많아졌다고 할 수 있다. 대가족의 쇠퇴, 세대차의 심화, 성인사회로의 진입지연 현상 등으로 또래집단과 관계를 맺는 기관과 범위가 과거보다 훨씬 넓어졌기 때문이다. 따라서 아동들의 건전한 동료관계 형성을 위해 지속적인 교육적 관심이 필요하다고 하겠다.

이 밖에도 사회화에 영향을 미치는 집단은 준거집단, 종교집단, 군대집단, 이웃 등이 있다.

제4절 학교의 사회적 기능

1. 학교의 사회적응적 기능

교육은 기존사회의 지식, 기술, 가치관, 신념체제를 유지하고 계승하는 기능이 있는가 하면, 사회를 개혁하고 발전시켜 보다 나은 사회를 건설하고 새로운 문화를 창조하는 기능을 지니고 있다. 전자를 교육의 사회적응적 기능이라고 하며, 후자는 교육의 사회개혁적 기능이라고 한다. 그런데 교육의 가장 대표적인 기관이 학교이기 때문에 학교교육이 지니고 있는 교육의 기능에 대한 탐구는 매우 중요한 의의를 가진다.

1) 사회화 기능

자고로 모든 형태의 학교는 인류역사를 통하여 거의 모든 사회에 존재하고 있는 사회적 기관으로서 아동의 사회화를 담당하여 왔다. 사회에 따라서는 가정이나 종교집단 또는 지역사회가 가장 중요한 사회화 기관의 역할을 하였고, 또 하고 있는 곳도 있지만 대부분의 현대사회에서는 학교가 사회화 과정에 있어서 점점 더 중요한 위치를 차지하여 가고 있다. 학교에 취학시키는 것이 부모와 국가의 의무로 법제화되어 있는 나라가 대부분이다.

그렇기 때문에 학교의 사회화 기능의 중요성이 더욱 부각되며, 특히 다음과 같은 면에서 사회화의 기능을 수행하고 있다.

첫째, 학교는 다수인이 집단생활을 하는 곳이기 때문에 개인의 행동은 집단의 규범에 의하여 통제되며 따라서 일탈된 행동은 제재를 받는다. 학교에서는 지켜야 할 여러 가지 규칙들이 있다. 이 규칙들은 학교라는 집단생활을 영위하기 위한 것도 있지만 그 대부분은 사회에서 필요로 하는 규칙들이다.

또한 이러한 규칙 이외에 동배집단에서 요구하는 기대가 있다. 즉 학교는 교사라는 '중요한 타자(significant others)' 및 동배집단이라는 '일반화된 타자(generalized others)'를 통하여 사회화를 촉진시킨다.

둘째, 학교는 사회인으로서 필요한 기초적인 능력과 태도를 가르치는 곳이다. 이 점은 교육법에도 나타나 있으며, 초등학교는 초등보통교육, 중학교는 중등보통교육, 고등학교는 고등보통교육을 하는 것을 목적으로 하고 있다. 이 경우 보통교육이라 함은 국민 누구나가 갖추어야 할 기본적인 능력과 태도의 함양을 의미한다. 환언하면 학교는 국민의 많은 사람들이 소유하고 있는 '최빈적 인성(modal personality)'을 형성하는 곳이다.

셋째, 학교는 아동들이 장차 사회에서 활동할 때에 대비하는 가정과 사회의 교량적 기능을 수행한다. 현대의 산업사회에 있어서는 인간이 가정교육만으로 사회에 진출할 수 없게 되어 있으며 반드시 학교라는 전문적 기관에서 학생들은 장차 진로에 필요한 지식, 기술, 태도를 배우게 된다.

2) 사회적 선발기능

개인은 사회 속에서 일정한 지위를 가지고 그에 따른 역할을 수행함으로써 그 지위와 역할에 대한 보상을 받게 되는데, 사회가 그 구성원들에게 제공하고 있는 지위와 역할은 참으로 다양하며 따라서 그 보상과 권위도 여러 가지 수준이 있게 마련이다. 그리고 어느 사회를 막론하고 그 사회의 구성원들은 보다 높은 보상과 권위를 마련해 주는 지위를 얻으려고 하는 반면, 좋은 지위일수록 그 수가 제한되어 있기 마련이므로 보다 나은 지위를 얻기 위해서는 다른 사람들과 경쟁을 하지 않으면 안 되게 되어 있다.

전통적인 사회에서는 사회구성원들 사이에 계급적 구분이 비교적 뚜렷하고 고정적이어서 그 사람의 재능과는 거의 상관없이 어떠한 사회계층에 태어나느냐에 따라 그의 지위가 제한되게 된다. 그런데 현대의 개방적이며 분업화되고 전문화된 사회에서는 각 개인의 능력이 사회에서의 그의 지위를 결정하는 중요한 요소가 되고 있다. 현대의 다양화되고 문명된 사회 속에서 그가 담당한 지위를 보다 잘 감당하기 위해서는 다양하고도 전문적인 지식과 기능들이 필요하게 되는데, 그러한 지식과 기능의 전달을 담당하고 있는 사회기관이 바로 학교이므로 학교가 사회적 지위획득과 밀접한 관계를 맺고 있다는 것을 쉽게 짐작할 수 있다. 따라서 학력이 높다는 말은 그만큼 더 높은 사회적 지위에 나갈 수 있다는 보장이 되며 학력이 낮다는 말은 높은 사회적 지위에 나갈 수 있는 길이 제한된다는 것을 의미하게 된다. 그렇기 때문에 인기학과에, 그리고 상급학교에 진학하지 못하는 문제가 개인의 지위획득에 커다란 역할을 하게 되므로 각급 학교의 교육과 학습의 주된 관심사는 진학시험에 합격하기 위한 준비를 하는 데 있게 된다. 최근에는 초등학교를 중심으로 돌봄교실이 활성화되고 있다. 주어진 일정한 시간표와 학습진도 및 학습목표에 따라 움직여지는 각 학과는 시험에 잘 나올 만한 것을 암기시키고 푸는 데 중점을 두고 시험으로서는 잴 수 없는 다른 귀중한 지적·정의적 능력이나 인성 특성들의 육성에 대해서 교육적 배려를 하는 일은 소홀히 하게 된다. 학교는 하나의 시험 준비기관, 취직의 준비과정으로 변모하게 되고 인간다운 삶에 필요한 지적 안목과 정의적 특성을 기르려는 일에서 점점 소원해져 가고 있다. 학교의 사회적 선발기능이 가지는 이러한 역기능으로부터 학교의 본래적 기능을 보호·육성하는 일은 학교교육의 참다운 발전을 위한 중요한 과제가 되고 있다.

3) 보호기능

학교의 또 하나의 기능이로서 아이들을 맡아서 돌보아 주는 보모적 기능을 들 수 있다. 아이들을 일정시간 동안 매일 돌보아 줌으로써 가정의 주부들은 아이들로부터 해방이 되어 그들의 일을 할 수가 있게 된다.

사회적으로 볼 때도 청소년들이 할 일이 없어 나돌아 다닐 경우 여러 가지 사회적 문제를 일으킬 염려가 있는데 이들을 학교가 맡아서 관리해 줌으로써 사회적인 안정과 질서를 유지할 수 있게 된다. 따라서 그들은 학교 안에서 어떠한 교육이 이루어지고 있는지에 대해서는 별로 관심이 없으며 단지 아동들을 학교로 보내기만 하면 부모로서의 그리고 사회로서의 아동들에 대한 교육적 의무를 다한 것으로 착각하게 된다. 이러한 학교관은 학교의 교육을 계속적으로 개선해 나가는 데 도움이 되지 않는다.

4) 사회결합 기능

현재 세계적으로 초등학교의 교육은 의무적이다. 따라서 물론 현재 한국에서는 중학교까지 의무교육이지만, 초등학교 아동들의 사회·경제적 배경은 곧 국민 전체의 사회·경제적 배경의 표본이라고 볼 수 있다. 특수학교를 제외한 특정한 공립학교는 아동의 사회·경제적 배경이 곧 그 학구 지역사회 주민의 사회·경제적 지위의 표본이라고 볼 수 있다.

아침이 되면 고층누각의 지역에서, 빈민지역의 산비탈에서, 상가에서, 혹은 일반주택가에서 손에 가방을 들고 학교를 향한 대행진이 계속된다. 그들이 집 문을 나올 때까지는 먹는 음식, 가지고 놀던 장난감, 문화적인 여러 가지 시설, 사용하는 용어가 서로 달랐다.

또한 그들은 동리(洞里)에서 서로 어울려 놀 수 있는 기회도 거의 없었다. 사회·경제적으로 비교적 상류층에 속하는 지역에 사는 아동들과 빈민 지역에 사는 아동들이 동리에서 어울려 놀기에는 지리적인 거리가 멀었고 사회적인 거리가 멀었다. 이러한 아동들이 일단 교문에 들어서면 같은 환경 밑에서 공부하고 뛰어놀고 청소하고 뒹군다. 이와 같은 사실은 상류층의 문화가 하류층으로 흐르고 하류층의 문화가 상류층으로 스며들어 이로 인하여 계층 문화의 융화가 이룩될 수 있다는 점에서 대단히 중요한 뜻을 지닌다.

만일 학교가 존재하지 않는다면 국민 누구나가 지녀야 할 문화의 공통요인의 층이 얇아지는 반면에 계층문화의 층이 두터워짐으로 인하여 사회의 안정을 가져오는 데에 문제가 있을 것이다. 이와 같이 학교는 중요한 사회 통합적 기능을 지니고 있다.

2. 학교의 사회개혁적 기능

1) 학교의 사회개혁적 기능

교육은 기존사회의 계승·유지를 위한 기능이 있는가 하면, 다른 일면으로는 사회를 개혁하고 혁신하여 새로운 문화를 창조해야 하는 기능을 지니고 있다. 이 양자의 관계에 대하여 재건주의 교육학자인 브라멜드(Brameld)는 다음과 같이 말하고 있다.

"우리는 문화를 습득하는 놀라운 능력을 통하여 전달하는 것을 배우는 동시에 이를 변용하는 방법을 배우게 된다. 다시 말하면 우리가 습득한 여러 습관, 전통, 기술을 점차적 변화, 대로는 급진적으로 변용하는 방법을 배우게 된다. 우리는 전 세대로부터 물려받은 그대로의 문화적 과정을 다만 물려주는 것이 결코 아니다. 우리는 극히 작은 정도만이라도 옛 생활방식을 개선하고, 새로운 문세와 혼란을 해결힐 줄 이는 우리의 능력을 통하여 항상 우리의 문화를 변용하고 있다. 한편으로는 문화를 안정시키고 전달하고 유지하며 이를 보충하는 과정인 동시에 다른 한편으로는 전 세대로부터 물려받은 여러 특징을 시정하고 개선하고 교체하는 과정인 것이다."

학교는 아동들에게 사회개혁을 할 수 있는 지식, 기능, 태도, 신념을 형성해 주는 기능이 있다. 즉 학생들에게 어떤 경험을 제공해야만 사회 개혁적인 인간이 될 수 있느냐 하는 문제이다.

만일 우리나라가 튼튼한 민주국가로서 발전하기를 원한다면 현재의 어린이들에게 민주적인 생활을 시키고 민주적인 경험을 쌓도록 하여야 한다. 전제와 복종의 엇갈림 속에서 통제·지시·명령에만 움직이는 경험을 학생들에게 제공하면서 장차 이 사회를 민주사회로 개혁하고자 하는 어리석은 꿈이 있다면 전혀 앞뒤가 맞지 않는 연목구어(緣木求魚)의 격이 될 것이다.

학교의 사회개혁적인 다른 일면은, 학교가 중심이 되어 직접적으로 현 사회를 개혁하는 데 지도적 역할을 담당하는 일이다. 현 사회의 문제점을 발견하고 지역사회 주민과 협력하여서 이를 시정하고 개발하는 일이 또한 학교에 맡겨진 기능의 하나라고 보고 있다. 학교가 중심이 되어 성인교육을 실시하는 일, 학교의 시설과 설비를 개방하여 지역사회 주민에게 이용하도록 하여 그들의 여러 활동을 돕는 일, 학생과 교사들이 향토개발사업에 직접적으로 참여하여 봉사활동을 하는 일들이 이에 속한다.

2) 지역사회 학교

학교의 사회적 개혁적 기능을 강조하는 교육의 형태는 지역사회학교(community school) 운동으로 나타나고 있다.

올센(Olsen)은 모든 학교를 크게 세 가지로 나누고 이를 전통학교(traditional school), 진보적 학교(progressive school), 지역사회학교(community school)로 하였다. 올센(Olsen) 이외에도 여러 사람들에 의하여 지역사회학교의 특징에 대하여 논의된 바 있으나 이를 종합하고 한국 교육의 실정을 고려하여 그 특징을 요약하면 다음과 같다.

(1) 교과과정(교육과정)을 지역화하는 학교: 지역사회학교

지역사회는 모든 인간경험의 축도이기 때문에 이 안에서 무한한 학습문제와 학습자료를 찾을 수 있다. 구태여 교실 안에서 문자를 중심으로 하는 교육을 하지 않더라도 지역사회는 학습 실험장으로서의 역할을 충분히 다할 수 있을 것이다. 교육과정을 지역화한다 하여도 각 학교의 전통과 지역사회 및 학생의 필요에 따라 여러 가지로 그 구조를 계획할 수 있을 것이다. 지역사회 문제를 중핵으로 하고 모든 학습을 이에 통합시키는 중핵형·통합형적인 구조에서부터 교과서를 중심으로 그 자원을 최대한으로 지역사회에서 구하여 학습을 구체화하고 활기 있게 할 수 있는 교과형에 이르기까지 몇 단계가 있을 수 있다.

(2) 지역사회의 자원을 학습에 최대한으로 이용하는 학교

지역사회에는 학습에 직결되는 물적 및 인적 자료가 있다. 고적, 자연물, 공장, 행정기관, 의사, 법률가, 외교관 등과 같은 자원을 최대한으로 이용함으로써 학습을 구체화·다양화·사회화·개별화·활성화할 수 있다.

(3) 주민과 학교가 바람직한 관계를 유지하는 학교

지역시회 학교는 그 학교가 있는 바로 그 사회에 발판을 두고 있다. 좀 더 구체적으로 말하면, 지역사회 주민들의 마음속에 학교가 자리 잡고 있어야 한다. 만일 학교와 지역사회가 대립·반목·갈등·불신의 관계에 있다면 지역사회 학교의 건설은 불가능하다. 주민과 학교가 바람직한 관계를 유지하는 일은 교육과정의 지역화, 지역사회 개발, 학교시설 설비의 개방 등의 모든 문제 등의 성패를 좌우하는 관건이 된다.

(4) 지역사회 개발을 위하여 봉사하는 학교

종래에는 학교와 지역사회 개발은 아무 관계가 없는 것으로 생각하여 왔다. 학교에서도 그렇게 생각하였고, 지역사회에서도 이를 당연시하였다. 그러나 학교와 사회를 유리시켜서 생각할 수 없는 오늘의 교육은 학교가 지역사회 개발활동을 직접적으로 담당해야 할 것을 요구하고 있다.

(5) 지역사회의 주민 전체를 교육하는 학교

학교가 학생교육만을 담당하는 데서 한 걸음 나아가 지역주민 전체를 교육하는 일까지도 맡아야 할 것이다. 이렇게 해야 할 까닭은 학교에는 이러한 교육을 담당할 인적 자원, 시설·설비가 충분히 갖추어져 있기 때문이다. 어머니교실, 노인교실, 청소년학교, 유아교실 등의 설립이 요망된다. 다만, 이 경우 교사들의 근무부담의 과중과 시설·설비의 훼손, 소모가 문제되지만, 이러한 문제들은 별도의 행정·재정적 지원에 의하여 해결되어야 할 것이다.

(6) 학교의 건물·시설·설비를 지역사회 주민에게 개방하는 학교

어느 지역사회에서든지 학교와 같이 좋은 건물과 시설·설비가 있는 곳도 드물다. 이것을 학생교육에만 쓰고 오후 늦게부터 야간에 이르기까지 그대로 방치하여 둔다는 것은 경제적 입장에서 볼 때도 불합리하다. 학교의 대부분이 국가 및 지역주민의 도움을 받아 운영됨을 생각할 때 이는 마땅히 지역사회 주민이 이용하도록 개방하여야 할 것이다. 학교개방에 따르는 여러 문제점은 계획만 치밀히 한다면 해결할 수 있을 것이다.

(7) 지역사회의 여러 기관의 조정자의 역할을 하는 학교

지역사회에는 여러 기관(단체)들이 있다. 학교, 파출소, 읍·면·동사무소, 방범대, 우체국, 농협, 청년회, 부녀회 등 매우 많은 기관들이 있는데 이 기관들 모두가 지역사회 발전이라는 공동목표를 가지고 있다. 이러한 기관에서는 상호 밀접한 연결 밑에 각자의 목적을 달성할 수 있도록 협동하고 상호 조력해야 하는데, 이를 위하여서는 학교가 중심이 되어 각 기관의 조정자(coordinator)적인 역할을 하여야 한다. 학교가 이러한 일을 하는 데 가장 적절한 기관이라는 것이 점차로 인정되어 가고 있다.

(8) 민주적 과정을 실천하는 학교

지역사회 학교는 민주적인 학교인 것이다. 여러 가지 일들이 아무리 효율적으로 이루어진다 하여도 그것이 지시와 명령에 의한 것이라고 한다면 이는 지역사회 학교라고 할 수 없다. 상부명령에 의하여 각 단위학교들이 수족의 역할을 담당하여 지역사회 개발활동에 참여하므로 이를 지역사회의 발전이라고 착각하는 어리석음이 없어야 할 것이다. 교장의 행정방식, 직원회의 움직임, 학생지도의 방법이 민주적이어야 하며 민주적 과정이 학교생활 여러 면에서 찾아볼 수 있는 것이 지역사회 학교의 특징의 하나인데, 이 점이 많은 교육자들이 망각하기 쉬운 문제 중의 하나이다. 학교는 민주적인 절차에 따라 전 구성원들의 참여를 통한 민주적 실천을 실행하는 사실이어야 한다.

3. 교육의 기회균등의 기능

세계화 시대인 금세기에 들어와 교육사회학에서 관심을 불러일으키고 있는 문제 중의 하나가 교육의 기회균등의 문제이다. 이것은 지금까지의 교육이 공평하게 그 기회를 보장받지 못해 왔다는 말도 된다.

교육은 귀족이나 양반계층, 즉 상층의 자녀들에게 주어지고 또 그들이 사회의 상층을 차지하게 됨으로써 사회의 불평등을 해소시키지도 못했으며, 하층의 자녀들은 계속해서 하층에 머물러 왔다는 것이다.

교육기회의 불평등에 있어서도 종래에는 그 원인이 주로 학생의 타고난 능력이나 지능, 성취동기 등 학생 개인의 문제에 달려 있다고 보았으나 점차 이러한 문제는 개인적인 문제라기보다는 사회적 불평등이 반영된 구조적 차원에서 교육격차(difference)에 원인이 있다는 가설을 증명하려고 노력하고 있다.

플라톤(Platon)의 『국가론(The Republic)』에서는 국가나 개인을 3개의 계급으로 나누고 인간은 태어날 때부터 3개의 계급 중의 어느 하나에 속한다고 보고, 이들 계급에 맞는 교육을 해야 한다는 주장을 했다. 즉, 인간의 불평등과 교육의 불평등을 자연적인 결과로서 받아들이고 있다.

포퍼(K. Popper)는 『열린사회와 그 적들(The Open Society and It's Enemies)』이라는 저서에서 플라톤을 신랄하게 비판하고 있다. 로크나 루소는 인간의 불평등은 자연적인 필연의 결과가 아니라, 인간이 인위적으로 만들어 낸 결과라는 주장을 하고 있다.

20세기의 사회학자인 베버(Max Weber)는 마르크스(Marx)가 지적한 생산양식과 소유양식에 의해 불평등이 생긴다는 주장에 권력과 권위의 개념을 첨가하여 재산의 차이는 계급의 차이를, 권력의 차이는 정치적인 차이를, 권위의 차이는 지위의 차이를 생산하게 되어 사회의 불평등을 낳게 되었을 뿐이지 인간은 본래 평등하다는 주장을 하였다.

특히, 교육 기회가 균등하게 분배되지 않고 있다는 주장은 1970년대부터 제3세계 교육이론가들인 라이머(E. Reimer), 일리치(I. Illich), 프레이어(P. Freire) 등에 의해 고조되었다. 이들은 학교교육은 사회의 지배계층이 이해관계를 유지하기 위한 하나의 사회적 조정 장치나 계층재산상의 매개변인에 불과하다고 보는 갈등론자들이다.

콜먼(J. Coleman)은 교육 기회균등의 개념 변천을 다음과 같은 4단계로 구분하고 있다.

첫째 단계는 그는 교육 기회균등은 산업사회의 출현과 더불어 제기된 문제이며, 시대에 따라 그 개념이 계속 변화하였음을 밀하고 있다. 이러한 점에서 그는 교육의 기회균등이 과거에는 무엇을 의미하였으며, 현재에는 무엇을 의미하고 있으며, 또 미래에는 무엇을 의미할 것인지, 그리고 교육의 기회를 균등하게 제공해야 할 의무는 누구에게 있는 것인지의 문제를 제기하고 있다.

둘째 단계는 의무교육 초기의 교육 기회균등 개념은 교육에의 접근의 균등, 즉 지역, 계층, 성별, 인종, 가문 등의 귀속적인 요인에 의해서 통제받지 않는 자유로운 접근 기회의 부여(equality of access)와 학교에서 주어지는 교육과정, 시설, 교육비 등을 동등하게 하는 것을 교육 기회균등으로 보았다.

1919년 이후에는 학생 개인의 능력과 수준에 맞는 교육과정을 제공함으로써 그들의 잠재능력을 최대한 신장시켜 주고, 장래 직업적 정치(placement)에 성공하게 함을 의미했다.

셋째 단계는 1954년 이전까지의 개념으로 '분리나 동일(separate but equal)'이라는 명제, 즉 인종차별에 따라 학생들이 선호하는 학교를 자유로이 선택하게 하되 시설, 교육과정, 교사의 자질 등은 동일하게 제공해야 한다는 생각이다.

넷째 단계는 최근의 개념으로서 교육의 결과로 얻은 교육효과에서의 균등을 말하고 있다. 교육기회가 균등하게 분배되었다는 것은 그 결과가 동일해야 한다는 생각이다. 교육결과의 균등은 교육에의 접근기회의 균등이나 과정의 균등과는 달리 보다 적극적인 개념이라고 할 수 있다.

모름지기 인간은 선천적으로 능력이나 조건이 같을 수는 없다. 날 때부터 타고난 잠재능력이 다르므로 인해서 동등한 사회적·교육적 기회를 부여받는다 하더라도 결과의 차이는 생기게 마련이다. 출발점에서의 격차가 극복되지 않는 상태에서 주어지는 기회란 결국 능력 있는 사람에게 한정되는 기회일 뿐이다.

인류가 이상으로 하는 정의와 복지의 차원에서 보면, 누구나가 주어진 기회를 향유할 수 있도록 적극적으로 도와주어야 할 의무가 있다. 이는 출발점에서의 불평등을 보상해 줌으로써 주어진 기회를 누구나가 균등하게 활용하여야 하는 방안이 모색되어야 함을 뜻한다. 각기 능력이 다른 학생을 똑같은 학습수준까지 이끌어 올리려면 똑같이 다루어서는 안 된다. 능력이 낮은 학생에게는 더 많은 시간과 노력을 투자하여야 한다. 그래서 결과의 균등은 오히려 차별을 불러일으킨다.

한편, 라울스(J. Rawls) 같은 사람은 보상적 평등주의를 주장한다. 사람은 각기 다른 잠재력을 가지고 각기 다른 환경의 가정에서 태어난다. 그러나 이것은 순전한 우연의 복권 추첨(natural lottery)과 같은 것이다. 그가 잘나서 그러한 좋은 환경과 보다 많은 잠재력을 가지고 태어난 것이 아니라는 것이다. 따라서 좋은 가정, 우수한 재능의 학생들은 불리한 위치의 학생들이 따라올 때까지 참을 수 있어야 한다는 주장이다. 이러한 주장은 능력주의의 비판을 받기도 했다.

종합적으로 교육 기회균등의 개념은 다음과 같이 세 가지로 요약될 수 있다.

첫째, 지역, 성별, 계층, 종교, 인종 간의 차별이 없이 누구에게나 교육받을 수 있는 교육기회 접근의 균등을 의미한다.

둘째, 학교 간의 시설, 교육과정, 교사의 질, 학습자료, 교육비 등의 차이가 없는 교육과정의 균등을 의미한다.

셋째, 학생 개인의 능력의 차이에도 불구하고 그 차이를 적극적으로 보상하여 결과적으로 학업성취나 사회적 지위를 균등하게 해야 한다는 결과의 균등을 의미한다.

교육기회의 균등을 논의할 때 우리나라의 경우, 고교평준화, 고교등급제, 우열반편성, 영재교육, 특수교육 등에 대한 문제도 검토될 수 있을 것이다. 예를 들면, 음악적인 재능이 탁월한 학생이 경제적인 곤란으로 음악학원을 갈 수 없어 그 재능을 계발할 수 없었다면 교육기회의 문제는 어떻게 될까? 두뇌가 우수한 학생이 열등한 학생과 함께 섞여 있어 그 두뇌를 최대한 개발할 기회를 잃어버렸다면 어떻게 되겠는가?

사실 현대 교육에서 수월성과 평등성의 조화는 매우 어렵고도 중차대한 쟁점이 아닐 수 없다. 교육기회의 균등문제는 인간 잠재력의 최대한 신장과 인류사회의 공영에 이바지한다는 교육의 기본적 이상과 견주어 논의될 어려운 과제이다.

이와 같은 교육기회의 균등 문제는 보편적으로 복지, 선택적 복지 등의 미시적 차원을 넘어 정치, 경제, 교육 등 거시적 정책의 문제로 접근해야 한다.

제5절 사회와 교육의 평등

1. 평등사회

과거의 신분사회를 지탱시킨 인간관은 '사람은 혈통에 따라 질적 수준이 다르다.'는 신념에 근거를 두고 있었다. 그러나 이러한 혈통주의적 인간관은 근대 시민사회가 등장하면서 부정되었다. 사람은 누구나 동등한 존재라는 신념이 지배하게 된 것이다. 구시대의 신분제도를 무너뜨린 현대인들은 평등사회가 곧 실현될 것으로 믿었다. 그러나 불평등의 요소는 이곳저곳에 여전히 살아 있어서 평등사회의 실현이 매우 어려운 일이라는 것을 알게 되었다. 그리고 학교제도가 발달하면서 사람들은 학교가 평등사회의 구현에 큰 구실을 할 것으로 기대하였다. 오늘날도 그렇게 기대하는 사람들이 많이 있다. 그러나 현실은 불평등이 줄어든 것 같기도 하고 그렇지 않은 것 같기도 하다. 이 문제에 대한 논의는 평등화론, 불평등 재생산론, 무효과론으로 나누어 생각해 볼 수 있다.

1) 평등화론

학교가 사회 평등화를 실현할 수 있는 장치라는 생각은 오래된 것이다. 프랑스 혁명 이래로 진보주의자(progressives) 또는 자유주의자(liberals)들은 학교야말로 모든 사람의 삶의 기회를 평등하게 만드는 가장 중요한 기관이라고 믿었다. 1960년대와 1970년대에 미국과 유럽에서 전개되었던 불우계층의 어린이들을 위한 대대적인 보상교육(compensatory education) 프로그램도 이러한 신념을 바탕으로 하고 출발한 것이었다. 19세기 미국의 초등 의무교육운동에 앞장섰던 호레이스 만(Horace Mann)은 교육을 '위대한 평등장치(the great equalizer)'라고 부르기까지 하였다. 그가 초등교육의 보편화를 실현시키기 위하여 크게 노력한 것은 다음과 같은 그의 신념 때문이었다.

> "교육은 인간이 만들어 낸 창조물 이상으로 인간조건의 위대한 평형장치이다. 사회 기제 (機制)의 교육은 빈자가 부자에 대해 갖고 있는 적대감을 해소시킬 수 있는 좋은 기구이 며 가난을 막아주는 방편이다."

우리나라 교육 선각자들도 전국 방방곡곡에 현대적 학교제도를 수립하여 남녀노소 상하빈부를 가리지 않고 이들에게 교육받을 기회를 제공함으로써, 평등하고 부강한 나라를 세울 수 있다고 믿었다. 그들은 옛날부터 내려온 신분사회를 벗어나 모든 사람에게 차별 없는 교육을 제공하는 것은 정부의 당연한 책임이라고 주장하였다.

학교가 평등사회를 위한 장치라는 생각에는 두 가지 다른 내용이 포함되어 있다. 하나는 교육을 통하여 불평등을 해소 또는 감소시킬 수 있다는 것이고, 다른 하나는 교육을 통하여 사회적 지위의 분배를 능력본위로 실행한다는 것이다. 전자는 평등주의의 관점이고 후자는 능력주의 관점으로 둘 사이에는 분명한 차이가 있다. 평등주의 관점은 사회를 평등하게 만드는 것, 즉 계층구조 자체를 평등하게 만든다는 것을 뜻한다. 그렇게 해서 사회의 불평등 구조를 없애야겠다는 것이다. 한 사회 내의 불평등, 계층격차를 줄이면 그만치 평등해진다는 것이다.

반면에 능력주의 관점은 계층구조는 그대로 놓아두더라도 개개인의 계층배치를 능력본위로 이루어지게 하면, 과거의 귀속주의에 의한 사회 불평등이 해소된다는 것이다. 그런데 능력주의, 즉 학교가 개인의 능력에 따라 학생을 선발함으로써 적절한 수준의 학교교육을 제공하여 각자의 교육수준에 따라 사회에 배치하는 문제는 일차적으로 학교교육기회가 능력에 따라 분배되고 있는가에 달려 있다.

2) 불평등 재생산론

사실 마르크스주의자를 비롯한 갈등론자들이 교육에 대하여 부정적 입장을 취하고 있다. 이들은 교육이 사회 평등에 이바지하기는커녕 오히려 장애가 되고 있다고 주장한다. 교육은 기존의 불평등한 사회계층 구조에 어떤 변화를 가져오는 것이 아니라 오히려 재생산하고, 때로는 불평등을 더욱 조장하고 있다고 주장한다. 왜냐하면, 교육이 지배계층의 이익에 봉사하는 장치이기 때문이라는 것이다. 학교교육 기회가 모든 사람에게 평등하게 분배되는 것이 아니라 상급교육은 상층의 자녀에게 주어지고 그들이 다시 상층의 계층을 차지하므로 교육은 사회적 불평등을 재생산하고 있다는 것이다. 보울즈(Bowles)에 의하면, 미국의 교육사는 사회 평등화의 역사가 아니었다. 역사적으로 볼 때, 미국의 교육은 사회 불평등을 재생산하고 합리화해 온 것이다. 그래서 그는 다음과 같이 주장하고 있다.

첫째, 미국의 학교는 평등의 추구를 위하여 발전한 것이 아니고, 훈련받은 기술인력을 자본주의 기업가들에게 공급하고 정치적 안정을 위한 사회통제의 장치로 필요하였기 때문에 발전한 것이다.

둘째, 기술을 갖춘 교육받은 인력의 경제적 중요성이 높아짐에 따라 기존 계급구조를 다음 세대에게 그대로 재생하기 위하여 학교제도의 불평등이 점점 더 중요하게 되었다.

셋째, 미국의 학교제도는 지난 반세기 동안 줄어들지 않고 있는 계급 불평등에 오염되고 있다.

넷째, 학교위원회(school boards)나 기타 교육정책결정 기구에 대한 통제가 불평등하기는 하지만 이것만으로는 교육제도의 불평등성을 충분히 설명하지 못한다. 학교교육의 불평등의 원천은 학교제도 안에 있는 것이 아니고 학교 밖의 계급구조, 나아가 그러한 계급구조를 발생시킨 자본주의 경제체제에 있다.

이러한 보울즈의 견해는 1976년에 긴티스(Gintis)와 공동 저술한 『자본주의와 학교교육(Schooling in Capitalist America)』에도 나타나고 있다. 보울즈는 만인불평등의 원천이 자본주의 경제구조에 있는 것이라면, 교육개혁안은 불평등의 제도적 기반인 경제제도를 변혁할 수 있는 범위 내에서만 사회 평등화에 힘을 쓸 수 있을 것이라고 생각하고 있다. 결국, 교육은 사회 불평등을 지속시키고, 그렇게 함으로써 기득권층에 봉사한다는 것이다.

3) 무효과론

평등화론과 불평등 재생산론 등은 모두 교육이 사회 평등 또는 불평등과 밀접한 관계가 있다는 것을 입증하려고 노력한 것이다. 이에 반하여 무효과론은 교육이 사회 평등이나 불평등에 아무런 관계가 없다는 것을 증명하려고 한다. 교육이 사회 평등화에 기여하는 사실을 확인하기 어렵다는 연구는 여러 가지가 있다. 예를 들면, 버그(Berg)는 교육수준이 개인의 직업생산성(on-the-job productivity)에 영향을 준다는 근거를 찾을 수 없다고 주장하였다. 그러나 교육의 평등화 기능을 확인하지 못했다고 해서 이것이 곧 교육이 평등화에 기여하지 못한다는 주장의 근거가 될 수는 없다는 비판이 일어났다. 이 비판에 대해서 반론을 제기하는 사람들은, 교육이 사회 평등과 관계가 없으며, 설혹 관계가 있다고 하더라도 그것은 무시할 정도라고 주장한다. 이러한 주장의 배경에는 학자마다 조금씩 다르지만, 계층이동은 평등화의 방향이건 불평등의 방향이건 교육이 아닌 다른 요인들의 영향을 받는다는 전제와, 교육은 사회 평등화보다는 다른 가치를 추구한다는 전제가 깔려있다. 프랑스의 부동(Boudon)은 교육기회의 분배가 평등하게 이루어지고 교육의 차이가 지위상승에 결정적인 영향을 주는 가설적인 능력주의 상황을 설정하고, 이러한 상황 하에서 사회 평등화가 얼마나 실현될 수 있는가를 알아보기 위해서 모의분석(simulation)을 하였다. 그 결과는 역시 교육은 사회 평등화와 무관하다는 것이었다. 그는 일반적인 조건 하에서 교육기회의 확대는 사회적 불평등을 감소시키지 않으며, 이것은 교육기회의 불평등분배가 호전되어도 마찬가지라는 결론을 내렸다.

2. 교육평등관의 변천

평등은 근대사회의 개념이다. 그전에는 평등보다는 신분이 더 중요한 개념이었다. 그러나 신분제도가 무너지고 근대 시민사회가 형성되면서 사람들은 어떤 종류의 차별도 인정하려 들지 않는다. 모든 사람은 법 앞에 평등하다고 믿기 시작한 것이다.

그래서 교육에 대해서도 모든 사람은 평등한 대우를 받기를 바라고 있다. 교육평등에 대한 관점은 시대의 변화에 따라 바뀌어 왔다. 이것을 교육기회의 허용적 평등과 보장적 평등, 교육조건의 평등, 그리고 교육결과의 평등으로 나누어 볼 수 있다.

1) 교육기회의 허용적 평등

교육기회의 허용적 평등은 모든 사람들에게 교육받을 기회가 동등하게 주어져야 한다는 관점이다. 주어진 기회를 누릴 수 있느냐는 개인의 역량과 형편에 달린 것이고, 법이나 제도상으로 특정 집단에게만 기회가 주어지고 다른 집단에게는 금지되는 일은 철폐되어야 한다는 것이다. 즉, 교육받을 기회가 모든 사람에게 균등하게 허용되어야 한다는 신념이다. 그렇다고 해서 모든 사람이 같은 수준의 교육을 받아야 한다고는 믿지 않는다. 사람은 각기 다른 수준의 능력과 다른 종류의 재능을 타고난다고 믿었기 때문이다.

다만 이제까지 신분, 성, 종교, 지역, 인종 등을 이유로 차별해 오던 것을 철폐함으로써 누구나 원하고 또 능력이 미치는 데까지 교육을 받을 수 있도록 허용하는 것이다. 그러나 사람이 타고나는 능력은 각기 다르다고 믿었기 때문에 교육의 양은 능력에 비례하여야 한다고 생각하였다. 그러므로 교육기회는 아무에게나 주어지는 것이 아니고 엄격한 기준에 의한 선발을 거쳐야 한다. 물론 차별은 하지 않지만 중등교육과 대학교육은 능력 있는 인재들에게만 주어야 하는 것이다.

2) 교육기회의 보장적 평등

허용적 평등관은 일체의 제도적 차별을 철폐함으로써 모든 사람에게 교육받을 기회를 열어 주는 데에 기여하였다. 그러나 교육받을 기회를 허용하는 것만으로는 완전한 교육평등의 실현은 불가능하다는 것이 곧 밝혀졌다. 학교에 다니도록 허용되었다고 하더라도 경제적 능력이 없는 하위계층 자녀들은 교육을 포기할 수밖에 없다. 깊은 산골이나 외딴 섬에서 사는 어린이들은 그곳에 학교가 없기 때문에 학교에 다닐 수가 없다. 그러므로 교육평등을 실현하기 위해서는 취학을 가로막는 경제적, 지리적, 사회적 제반 장애를 제거해 주어야 가난한 집의 수재나 산골의 어린이들도 학교에 다닐 수 있게 된다. 이렇게 교육기회를 보장해 주어야 교육의 평등이 실현될 수 있다고 생각했다.

그러나 여기에는 새로운 문제가 나타났다. 교육 전문가들은 교육기회를 보장해 주면 계층 간의 교육 불평등이 완전히 해소될 것으로 기대하였는데 결과는 그렇지 않았다. 결국, 보장적 평등정책은 교육기회의 확대는 가져왔지만 계층 간의 분배구조를 변화시키는 데까지는 미치지 못한 것이다. 교육기회가 확대되는 것과 분배구조가 평등해지는 것은 다른 문제인 것으로 드러났다. 그 이유는 교육기회의 새로운 증가부분이 각 계층에 고르게, 또는 하위계층에 집중적으로 분배되는 것이 아니라, 상위계층부터 채워져 내려간다는 것이다.

3) 교육조건의 평등

교육조건의 평등은 학교의 시설, 교사의 자질, 교육과정 등에 있어서 학교 간의 차이가 없어야 평등하다는 생각이다. 왜냐하면 학교 간의 차이는 그 자체도 문제이지만, 상급학교 진학에 큰 차이를 가져오고 결국 상급 학교교육의 기회분배에 차이를 가져오기 때문이다. 그래서 학교의 교육여건과 교육이 진행되는 모든 과정이 평등하게 되지 않으면, 교육평등은 아직 실현된 것이 아니라는 것이다. 실제로, 초등교육과 중등교육의 취학이 보편화되면서 학교 간의 차이가 문제로 등장하였다. 학교에 따라 교사의 질적 수준이 다르고, 시설이 다르고, 주변 환경이 다른 것을 학부모들이 문제 삼기 시작한 것이다. 그러한 학교차가 교육결과에 차이를 가져온다고 생각하기 때문이다. 실제로 학교 간에는 학생들의 성적차가 나타나고 있다. 이러한 현상은 새로운 것이 아니고 이전부터 있어 온 것이다.

그러나 교육기회 분배의 평등화가 성취되자 새삼스럽게 문제로 인식하기 시작한 것이다. 성적 차이뿐만 아니라 비인지적 특성, 즉 행동방식, 태도, 성격 등의 차이도 뚜렷하게 나타나고 있다. 이러한 교육결과의 차이를 해소하기 위하여 학교차를 없애야 한다는 주장이 나왔으며, 이 주장은 그 나름대로 당연한 요구로 여겨지고 있다.

4) 교육결과의 평등

학교의 교육조건이 평등화되어도 교육결과의 평등이 보장되지 않는다는 것이 밝혀지고 있다. 그래서 교육결과, 즉 학업성취의 평등을 위한 적극적 조치를 취해야 한다는 주장이 나타난 것이다. 교육을 받는다는 것은 단순히 학교에 다니는 데에 목적이 있는 것이 아니고, 배워야 할 것을 배우는 데 있으므로 교육결과가 같지 않으면 결코 교육평등이 아니라는 생각이 형성된 것이다. 교육평등의 문제가 여기까지 이르면 한층 더 복잡해진다. 각기 능력이 다른 사람들을 같은 학업 수준까지 끌어 올리려면 똑같이 다루어서는 불가능하기 때문이다. 능력이 낮은 학생에게는 교사가 더 많은 시간과 노력을 기울어야 한다. 우수한 학생들보다 열등한 학생들에게 더 좋은 교육조건을 제공하지 않으면 결과의 평등은 이루어질 수 없다.

이것은 일종의 역차별이다. 이제까지는 약자가 차별을 당하였는데 이번에는 거꾸로 강자가 차별 당하게 된 것이다. 그러므로 교육결과의 평등은 쉽게 받아들여지지가 않고 심각한 논란의 대상이 되고 있다.

이 문제에 관해 논쟁은 롤즈(Rawls)의 저서 『정의이론(A Theory of Justice)』을 통해서 큰 영향을 미쳤다. 그는 사람들이 각기 다른 잠재능력을 가지고 각기 다른 환경의 가정에서 태어난다고 보았다. 어떤 사람은 명석한 두뇌를 가지고 태어나고, 다른 사람은 다소 모자라는 두뇌를 가지고 태어난다. 마찬가지로 어떤 사람은 여러 가지 환경조건이 훌륭한 가정에 태어나지만, 다른 사람은 불우한 환경의 가정에서 태어난다. 누가 어떤 잠재능력을 가지고 어떤 가정에 태어났느냐는 순전히 우연의 결과라는 것이다. 그러므로 좋은 잠재능력을 가지고 태어났거나 좋은 가정에서 태어난 사람은 불리해진 사람에게 어느 정도 적선을 하는 것이 도리에 맞는다고 롤즈는 주장하고 있다. 이 주장대로 사회는 마땅히 그러한 방향으로 제반 제도를 수립해야 하는 것이다. 이러한 평등사상을 흔히 '보상적 평등주의(redemptive ega-litarianism)'라고 부른다. 보상적 평등주의는 능력주의로부터 비판을 받고 있다. 사람은 타고난 능력에 따라 활동하고 그 업적에 따라 분배를 받는 것이 옳다고 주장하는 것이 능력주의자들의 관점이다.

결과의 평등을 위해서 실행된 교육적 조치는 저소득층의 취학 전 어린이들을 위한 보상교육(compensatory education)을 예로 들 수 있다. 미국에서 실시한 "Project Head Start", "Middle Start Project"의 영국에서 실시한 EPA(Educational Priority Arca)사업은 저소득층의 취학 전 어린이들에게 기초학습 능력을 길러 주어서 이들이 학교교육에서 뒤떨어지지 않고 학습할 수 있도록 하기 위한 예비적 조치였다. 불우한 가정에서 태어난 어린이들은 좋지 않은 가정환경 때문에 기초학습 능력을 발전시키지 못한 것이 취학 후 그들의 학교 성적을 낮게 하는 중요한 원인이 되고 있다는 연구결과들이 이러한 조기교육의 필요성을 뒷받침해 주었다.

연구 문제

1. 교육사회학의 두 갈래인 인간주의적 사회학과 비판주의적 사회학을 비교하여 설명해 보시오.

2. 교육사회학의 중심이론인 기능론(기능주의)와 갈등론(갈등주의)을 비교하여 설명해 보시오.

3. 교육사회학 이론 중 해석학적 이론의 특징을 구체적으로 설명해 보시오.

4. 교육사회학의 관점에서 사회화(社會化)와 재사회화(再社會化)를 설명해 보시오.

5. 구체적 조작기의 학생들의 생활에서 또래집단이 중요한 이유를 교육적 입장에서 서술해 보시오.

6. 학교의 사회 적응적 기능에 대해서 논(論해) 보시오.

7. 올센(Olsen)의 이론을 중심으로 지역사회학교의 중요성에 대해서 논하시오.

8. 갈등론자들의 이론인 '불평등 재생산론'에 대해서 자본주의 관점에서 설명해 보시오.

9. 교육조건의 평등과 교육 결과의 평등에 대해서 구체적인 사례를 제시하고 설명해 보
   시오.

10. 평등사회, 평등교육의 입장에서 '대학등록금 인하', '무상급식' 등의 이슈를 교육적
    입장에서 접근하고 자신의 견해를 논하시오.

교육과정(敎育課程)의 이해

학습목표

- 교육과정의 의미와 교육과정의 종류를 이해한다.
- 교육과정의 구성 요소와 과정의 파악하고 이해한다.
- 교육내용 선정의 원리와 방법, 교육내용 조직의 원리 등을 이해한다.
- 교육의 3요소인 교수자, 학습자, 교육내용(교육과정) 등의 상관관계를 이해한다.
- 현대 교육과정인 교과중심 교육과정, 경험중심 교육과정, 학문중심 교육과정, 인간중심 교육과정의 특징을 이해한다.
- 한국 교육과정의 변천 과정 및 내용을 '교수요목기'로부터 '2009 개정 교육과정기'에 이르기까지 분석하고 이해한다.

주요개념

- 교육과정의 의미, 교육과정의 구분, 교육과정의 구성, 교육과정의 내용 선정, 교육과정의 내용 조직
- 표면적 교육과정, 잠재적 교육과정, 영(零) 교육과정
- 교육목표 설정의 원리, 교육내용 선정의 원리, 교육내용 선정의 방법, 교육내용 조직의 원리
- 교과서법, 활동분석법, 사회기능법, 청소년 욕구법, 문제영역법
- 교과중심 교육과정, 경험중심 교육과정, 학문중심 교육과정, 인간중심 교육과정
- 교수요목, 제1차 교육과정, 제2차 교육과정, 제3차 교육과정, 제4차 교육과정, 제5차 교육과정, 제6차 교육과정, 제7차 교육과정, 2007년 개정 교육과정, 2009 개정 교육과정

제1절 교육과정의 기초

1. 교육과정의 의미

　　원래 교육과정(Curriculum)이라는 말은 라틴어의 'Curere'에서 유래한 용어이다. 'Curere'는 말(馬)이 달리는 경주로(course of race)라는 의미로 정해진 출발점에서 종착점까지 달려가는 과정을 의미한다. 교육과정은 최단거리나 효율적인 과정과는 다소간 거리가 있다. 즉 A라는 지점에서 B라는 지점을 달리는 과정에 지름길이나 최단거리가 존재할 수도 있지만 교육과정은 꼭 거쳐야 하는 모든 길을 직접 경험해야 하기에 비효율적인 과정으로 보일 수도 있다. 예를 들어 대학교 4년간 배우도록 구성된 교육과정을 주말과 방학을 이용해서 2년 만에 모두 학습했다고 해서 졸업이 가능하지는 않다는 것이다. 대학교의 교육과정이 4년을 전제로 계획되어 있다면 정해진 교육과정에 따라 교과목을 이수해야 하는 것이다. 교육과정은 그 계획과 설계에 있어 주어진 사회의 이념과 문화에 적합해야 하고 다양한 철학적, 사회적, 심리적 기초를 고려해 교육 가능한 수준으로 구성되어야 한다.

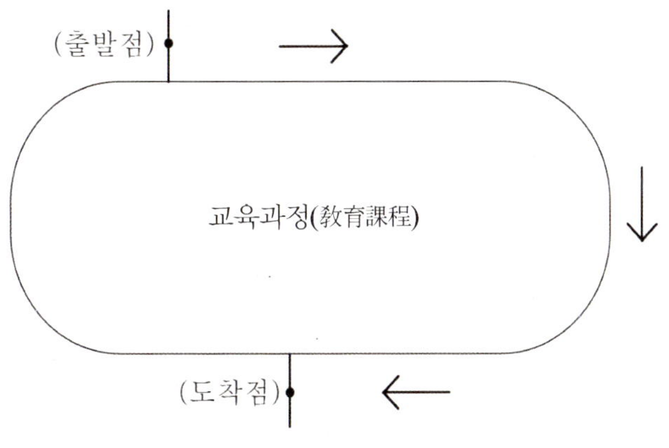

〈그림 7 - 1〉 교육과정의 개념도(출발점→도착점)

좁은 의미에서 교육과정은 학교를 비롯한 교육기관에서 사전에 계획된 교육일정에 따라 정해진 교과목을 학생들에게 교육하는 활동을 지칭한다. 이러한 관점에서 교육과정은 국가수준의 교육과정을 의미하고 더욱 좁게는 국어·수학·영어 등의 교과의 나열을 의미하기도 한다. 학교 교육과정은 단위 학교 수준의 교육과정을 의미한다.

광의의 의미에서 교육과정은 학생들이 학습상황에서 가지게 되는 모든 학습 내용, 생활경험, 인간관계 등을 통칭한다. 이때 교육과정은 국가수준의 교육과정이나 교과만이 아니라 다양한 교육적 활동, 즉 현장학습·교과 외 활동·수학여행·방과 후 활동 등의 생활경험이 모두 포함된다. 현대 교육과정의 개념은 학생들이 학교에서 가지는 '경험의 총체'이다.

다양한 의미와 해석의 여지를 가지고 있는 교육과정은 일반적으로 다음과 같은 의미로 설명될 수 있다.

1) 교수요목으로서의 교육과정

교육과정의 가장 고전적 견해로 교육과정이란 교수요목과 동일한 의미라는 견해이다. 이는 교육과정을 교과들의 목록이나 교과별, 학년별 교수내용의 체계라고 보는 것으로 가장 일반적인 수준에서 교육과정을 파악하는 입장이다. 교육과정은 문서에 명기된 교육목표, 교육내용, 교수·학습방법, 교육평가, 교육운영 등의 지침을 포함한다. 이러한 관점으로 교육과정을 파악하게 되면 교육과정의 주요 쟁점은 교과의 종류, 교과의 편제, 시수 배당, 필수·선택과목 여부 등이다. 이러한 교육과정은 문서상의 내용과 의미가 명확하지만 실제 교육과정 운영에 있어 문서로 명시되지 않은 교육내용에 대해 소홀할 수도 있다.

2) 교육적 경험의 총체로서의 교육과정

학교에서 교사의 지도하에 겪게 되는 학생의 교육적 경험의 총체를 교육과정이라고 보는 견해이다. 이 견해에 따른 교육과정은 학습자의 경험, 탐구, 문제해결 과정 자체를 의미한다. 따라서 교수요목으로 교육과정이 간과하기 쉬운 교과내용의 전수 상황에서 교수자-학습자 간의 상호작용, 학습자-학습자 간의 상호작용, 교육환경의 중요성 등이 주요한 변수가 된다. 만일 학습자가 재학 중 겪게 되는 모든 경험을 교육과정으로 인정하게 되면 학교를 벗어나 일어나는 학습자 개인적 경험 또한 교육과정의 변수가 될 것이다. 그렇다면 교육과정의 변수와 통제요소가 너무나 광범위해지기에 자칫 그릇된 방향으로 교육과정이 전개될 수도 있다. 따라서 학교에서 교사의 지도하에서 이루어지는 교육적 경험의 총체로 교육과정을 정의하여, 지나친 방만함과 통제 불가능성을 줄이고자 노력한 교육과정 개념이다.

3) 교육의 결과로서의 교육과정

교육의 결과로서의 교육과정에 대한 견해는 교육과정을 학교에서 계획된 교수·학습의 결과로 보는 것이다. 이 정의에 의하면 교육과정은 수업을 통해 도달해야 할 학습결과의 의도되고 계획된 측면을 의미한다. 동일한 조건에서 계획된 교육계획과 교육적 경험의 과정을 거쳐 달성된 결과로서 교육과정은 학습자의 심리, 사회문화적 환경, 경제적 조건 등 수많은 요인에 영향을 받을 수 있다.

2. 교육과정의 구분

1) 표면적 교육과정(表面的 敎育課程)

표면적 교육과정은 국가 수준 교육과정처럼 계획, 교육내용, 평가 등의 요인들이 명시적이고 설명 가능한 수준의 것이다. 교육과학기술부 장관 명의로 고시되는 '초·중등교육과정'이 대표적인 표면적 교육과정이라 할 수 있다. 표면적 교육과정에서는 교육과정 구성방향, 교육과정 편성 운영지침, 학교별·학급별 교육목표, 교과편제 시간배정 등의 총론과 교과의 성격, 목표, 내용, 교수·학습방법, 평가 등의 가론이 모두 포함되어 있다. 표면적 교육과정은 국가, 지역, 학교단위에서 진행될 교육과정을 구체적으로 제시한 문서의 형대로 존재하며 일반적인 의미의 교육과정을 말한다. 물론 문서화된 학교 교육과정도 표면적 교육과정이다.

2) 잠재적 교육과정(潛在的 敎育課程)

잠재적 교육과정은 학교의 물리적 조건, 제도 및 행정조직, 사회적·심리적 상황을 통하여 학교에서는 계획한 바 없으나, 학교생활을 하는 동안에 학생들이 은연중에 가지게 되는 경험을 말한다. 여기에서 학교에서 의도하는 바와 관련되어 있지 않은 경험이란 학교에서 의도는 되었으나 의도한 바와 다른 학습 결과가 나타나거나 또는 학교생활에서 학생 행동에 중요한 변화를 일으키는 경험 내용을 말한다. 잠재적 교육과정을 표시하는 용어는 숨어 있는(hidden), 비가시적인(invisible), 내현적(covert), 내적(internal), 비공식적인(unofficial), 비형식적(unformal), 비구조적(unstructure), 비조직적(unorganized), 기대되지 않은(unexpective) 등의 다양한 의미를 지닌다.

학교교육에서 학생은 형식적 교육과정을 통하여 의도적인 사회화를 경험하게 된다. 그러나 학생은 이런 의도적이고 형식적인 교육경험 이외에도 많은 비형식적인 교육경험을 하게 된다. 즉 학생은 표면적 교육과정뿐 아니라 학교의 물리적 조건, 제도 및 행정조직 그리고 사회 및 심리적 상황을 통하여 교과에서 의도한 바와 관련되지 않은 수많은 경험을 겪게 된다. 이러한 의도하지 않은 경험이란 주로 학교의 문화풍토나 교사의 인격감화를 통해 학습되는 비인지적, 정의적 학습내용이다.

표면적 교육과정은 의도적이고 지적인 것이며 교과, 단기적 학습, 교사의 지적 영향, 학교교육의 순기능과 관련이 있지만 잠재적 교육과정은 비의도적이고 비지적인 것, 문화풍토와 관련이 있다. 표면적 교육과정과 잠재적 교육과정의 차이를 살펴보면 다음과 같다.

첫째, 표면적 교육과정은 학교에 의하여 의도적으로 조직되고 가르쳐지는 반면에, 잠재적 교육과정은 학교에 의하여 의도되지 않았지만 학교생활을 하는 동안에 은연중에 배우게 된다.

둘째, 표면적 교육과정이 주로 지적인 것과 관련이 있다면, 잠재적 교육과정은 주로 비지적인 정의적 영역과 관련이 있다. 이와 같이 잠재적 교육과정은 학생들의 흥미, 태도, 가치관, 신념과 같은 정의적 영역의 발달과 관련을 맺는다.

셋째, 표면적 교육과정이 주로 교과와 관련이 있다면, 잠재적 교육과정은 주로 학교의 문화 풍토와 관련이 있다. 식물이 아무 곳에서나 정착하여 잘 자랄 수는 없듯이 각 식물의 특성에 적합한 풍토가 조성되어야 생존할 수 있다. 이와 동일하게 교육이 행해지는 풍토에 따라 교육의 결과가 달라질 수 있다.

넷째, 표면적 교육과정은 단기적으로 배우며 어느 정도 일시적인 경향이 있는 데 반하여 잠재적 교육과정은 장기적, 반복적으로 배우며 보다 항구적 특성을 지니고 있다. 사실이 교육적 과정은 여러 가지 면에서 표면적 교육과정보다 효과가 있는 것 같다. 이것을 통해 배운 내용은 오랫동안 잊어버리지 않는다. 왜냐하면 이것은 학교에 다니는 동안 그 영향력이 지속적이고 항구적이기 때문이다. 학생들은 매일 그것을 경험하며 모르는 사이에 학습하게 된다.

다섯째, 표면적 교육과정은 주로 교사의 지적, 기능적인 영향을 받으나 잠재적 교육과정은 주로 교사의 인격적인 감화를 받는다. 표면적인 교육과정이 교과, 지적인 것과 관련이 있기 때문에 교사의 지적인 기능적인 영향을 받는 것은 당연하다. 그러나 잠재적 교육과정에 있어서는 학생들이 교사를 동일시 대상으로 삼고 강한 영향을 받는다고 간주한다.

여섯째, 표면적 교육과정이 주로 바람직한 내용인 데 반하여 잠재적 교육과정은 바람직한 것뿐만 아니라 바람직하지 못한 것도 포함된다. 잠재적 교육과정을 통하여 학생들이 얼마나 바람직한 것을 배우느냐 못 배우느냐 하는 것은 전적으로 그 학교의 잠재적 교육과정의 장에 의하여 결정되는 문제이다. 학교에서 아동들이 욕설이나 일탈행위를 배울 수도 있지만 친구들에게 봉사하는 것을 배울 수도 있다.

일곱째, 표면적 교육과정과 잠재적 교육과정이 서로 조화되고 상보적인 관계에 있을 때 학생 행동에 강력한 영향을 미칠 수 있다.

3) 영 교육과정(零 敎育課程)

영 교육과정(null curriculum)은 학생들에게 꼭 가르칠 가치가 있는 중요한 내용이 교육과정 운영상 생략되거나 배제되는 것을 의미한다. 중요한 교육내용은 교육과정 설계 때부터 반영되어 표면적 교육과정에 명시적으로 반영되어 있다. 그러나 의도적이든 무의도적이든 학생들에게 교수되지 않는 경우가 종종 발생한다. 이러한 영 교육과정의 영향으로 학습자들은 그 내용에 대해 무지하거나 깊이 있는 사고력을 개발하지 못하게 된다. 그 결과 학습자는 비판적 사고의 결여, 편견 등을 가질 수 있다.

영 교육과정은 학교나 교사가 의도적으로 배제하거나 비의도적으로 빠뜨리거나, 여러 가지 여건으로 가르치지 않는 교육과정 내용이다. 예를 들면, 과거 남한에서 북한의 실정에 대해서 제대로 가르치지 않는 사례, 종교계 학교에서 타 종교의 내용을 일부러 가르치지 않은 사례 등을 볼 수 있다.

제2절 교육과정의 구성

1. 교육목표 설정

교육활동을 구성하는 교육과정 구성의 기본 전제는 교육목표의 설정이다. 즉 모든 교육활동은 교육목표의 달성을 위한 수단이라 할 수 있다. 교육목표는 사회의 상황을 반영하고 교과전문가를 중심으로 학습자의 특성을 고려해 설정되어야 한다.

1) 교육목표 설정의 기본원리

일반적으로 교육과정에서 교육목표 설정에 필요한 기본원리를 제시하면 다음과 같다.

첫째, 교육목표는 구체적이며 명확한 용어로 진술되어야 한다.

둘째, 교육목표는 실현 가능하고 일관성 있는 내용으로 설정되어야 한다.

셋째, 교육목표는 모든 교육활동 속에 내면화되어야 한다.

넷째, 교육목표의 타당성은 교육행위를 통해 검증되어야 하고 언제나 수정 가능해야 한다.

2) 교육목표의 수준

(1) 일반목표
① 국가 및 사회 수준의 목표
② 교과 수준의 목표

(2) 특수목표
① 단원 수준의 목표
② 단위 수업 수준의 목표

2. 교육내용 선정의 원리

1) 교육내용 선정의 일반 원리

(1) 유의성의 원리

일반적으로 교육내용은 교육목적과 교육목표의 기준에서 유의미한 것으로 선정되어야 한다. 즉 교육내용은 교육목적과 교육목표를 달성하기 위해서 일관성과 가치 지향성을 지닌 것으로 선정되어야 한다. 교육 자체가 가치 지향적 활동이므로 교육내용도 가치 지향성을 지녀야 하는 것이다.

(2) 기회의 원리

교육내용은 모름지기 학습자가 필요한 경험을 손수 터득(경험)할 수 있도록 선정되어야 한다. 진보주의 교육사조에서는 경험과 생활이 곧 교육활동으로 보고 있듯이 모든 교육내용은 학습자가 경험을 통해 수행할 수 있도록 선정되어야 한다.

(3) 가능성의 원리

교육은 잠재가능성을 발현하는 유의미한 활동이다. 따라서 교육내용은 학습자의 현재 학업 성취 능력, 발달 단계, 흥미와 요구 수준 등을 종합적으로 고려하여 선정되어야 한다. 그리고 이를 구현할 수 있는 가능성을 추구하도록 노력하는 것이다.

(4) 목표와 경험의 원리

목표와 경험의 원리는 일 목표 다 경험의 원리와 일 경험 다 목표의 원리 등 두 가지로 구분된다. 일 목표 다 경험의 원리는 하나의 목표를 달성하는데 여러 가지 경험, 즉 교육내용이 활용될 수 있다는 원리이다. 즉 특정한 교육목표를 달성하기 위한 교육내용은 다양할 수 있고, 제시된 다양한 내용 중에서 학습자 수준에 적합한 내용을 선택하여 학습효과를 극대화할 수 있다는 원리이다.

한편, 일 경험 다 목표의 원리는 하나의 교육 내용이 반드시 한 가지 교육목표만을 달성하지는 않는다는 원리이다. 하나의 경험을 통해서 다양한 교육목표를 달성할 수 있기 때문이다. 따라서 동일한 학습경험을 했더라도 교육의 결과는 천차만별로 다양하게 달라질 수 있는 것이다.

2) 교과중심 교육내용 선정원리

교육내용을 선정하는 입장은 크게 교과형과 경험형으로 구분하여 살펴볼 수 있다. 사실 교육과정의 구성에서 가장 어려운 일은 설정된 교육목표에 적합한 교육내용을 선정하는 일이다.

교육목표의 변화는 교육내용의 변화를 요구한다. 어느 교육기관에서든지 일정기간에 무한정의 양을 교육할 수는 없다. 최소의 내용으로 최대의 교육목표를 달성할 수 있는 길을 선택하여야 한다. 즉, 수업연한, 학생의 능력, 교육자료의 특성 등에 따라 교육내용 선정범위가 결정된다. 그러므로 교육내용을 선정하는 데 있어서는 어떠한 원칙을 가지고 범위를 정해야 한다는 점이 중요사항이 된다.

(1) 구조화의 원리

교육과정의 학문에 있어서 최근 많은 개혁자들의 시도는 지식의 기본적 구조를 강조하였고 한 지식과 다른 지식 간의 관계를 받아들였다. 즉, 교육내용을 선정하는 데 있어서는 엄청난 사회의 요구를 다 수용할 수 없다는 한계에 부딪히게 되었으며, 이를 극복할 수 있는 하나의 길은 기본적인 학문의 구조를 교수하는 데 있다고 보고 있다.

(2) 본질성의 원리

구조는 훌륭하다 할지라도 어떤 내용을 담느냐에 따라 교육목적 달성은 달라질 수 있다. 현대의 복잡한 지식의 폭발시대에 교육기관이 수행해야 하는 최소한의 본질적 내용을 다루어야 한다. 적어도 학문의 기본적 제 개념을 다루는 일은 매우 중요하다.

(3) 유용성의 원리

제시된 교육내용이 실제적인 생활활동에 얼마나 유용하느냐에 초점을 맞추어야 한다는 점이다. 즉, 어떤 동기, 필요, 흥미, 태도에 유용하며 그 동기의 유인(誘因)이 얻어지는 데에서만 학습이 이루어진다는 원칙이다.

그러나 때에 따라서는 유용하다고 생각했던 교육내용 선정이 학습자 입장에서는 오히려 역효과를 유발하는 경우가 종종 있음을 간과하지 말아야 한다.

예를 들면, 영어의 유용성 때문에 내용선정에 배려했던 것이 오히려 영어를 싫어하는 결과를 가져오는 경우이다. 체육 수업을 항상 교실에서 수행할 경우, 체육 수업을 싫어하는 학생들이 많이 나오는 경우 등이다.

(4) 사회요구와 아동욕구의 조화의 원리

인간의 출생과 생활은 사회 속에서 이루어지기 때문에 그 사회의 습관, 도덕적 가치, 사고양식, 언어생활 습관 등을 배우게 된다. 따라서 사회가 갖는 과제도 모두 다르고 사회에서 교육을 받는 사람에게 요구하는 것두 모두 다를 것이다. 그러므로 교육내용 선정에 있어서 사회적 과제가 충분히 고려되어야 할 것이다.

민주사회에서 아동의 소질계발과 개인의 자아실현을 위한 교육은 가장 기초가 된다. 아동은 유기체로서 육체적 욕구를 가지며 정신적, 지적, 정의적 발달에 대한 욕구도 갖는다. 또 이런 욕구는 아동의 발달단계에 따라서 다르기 때문에 각급 학교와 학년에 따라 고려해야 할 것이다.

즉, 사회와 아동의 조화는 교육의 보수적 기능이나 진보적 기능에서 모두 고려되어야 할 것이다. 이는 학교를 통해서 사회가 유지·존속되는 동시에 발전된다는 것을 의미한다.

3) 경험중심 교육내용 선정원리

(1) 목표추구의 원리

교육목적은 교육이 지향하는 방향이 된다. 때문에 교육내용과 교육목표는 적절하게 부합되어야 한다. 가령 목표는 민주시민 양성인데 전제적인 학교생활만 경험시킨다든가, 윗사람의 지시에는 무조건 복종해야 된다는 행동만을 교육내용으로 가르친다면 이 경험은 목표에 비추이 다당성이 없디고 할 것이다.

(2) 계속성의 원리

계속성의 원리는 미성숙과 성숙 사이에 간격이 있다는 것이 전제조건이 된다. 미성숙은 의뢰성을 갖고 있으며 이런 성질은 심적 균형이 깨져 있음을 의미한다. 유치원 어린이의 경험으로부터 성인의 경험은 계속 연결되어야 한다.

⑶ 상호작용의 원리

경험은 시간적·공간적 요인에서 상당히 상이한 양상을 지니게 되고, 그 모든 경험은 전체적·역동적 구조 속에서 유기적 관계를 갖게 된다. 아동은 최초에 모방에 따른 수동적 행동이 주가 된다. 그러나 최초의 수동적 행동이라 하여도 객관적 조건과 주관적 조건의 상호작용이 일어나도 능동적 행동을 할 경우에도 그 속에 경험과 재료와의 상호작용이 일어나게 된다. 교육내용으로 선정된 경험은 결코 단편적인 것이어서는 안 되며 전체 구조와 관계 지어져야 한다. 즉, 쌓았던 많은 경험은 하나의 목표와 밀접하게 관계된다.

⑷ 경험의 다양화 원리

교육내용은 교육목표를 달성하기 위한 수단임에는 틀림이 없으나 하나의 목표를 성취하는 데에는 한 가지 경험만이 대응되는 것은 아니다. 교육목표에 접근하는 방법은 다양하다. 이것은 개개인 학생의 능력이나 특성, 경험이 다양하기 때문이다. 그래서 다원적인 접근이 시도되는 것이다.

즉, 한 가지 목적에 대응할 수 있는 경험은 꼭 하나만 있는 것이 아니라, 여러 가지가 있을 수 있으므로 하나의 목적에 접근할 수 있는 타당성 있는 많은 경험을 선정하도록 해야 한다. 이 원칙은 교사, 교육과정 구성자들에게 동일한 교육목표 아래 두 교사, 두 학교, 두 지방이 서로 다른 학습경험을 마련할 수 있는 이론적 근거를 제시하는 동시에 학생의 개인차에 알맞은 학습경험을 선정하게 하는 융통성을 부여하여 차등 있는 적절한 교육과 창의적이고 융통성 있는 학습경험을 마련하게 된다.

3. 교육내용 선정의 방법

교육목표 달성과 교육내용과는 불가분의 관계이지만 최고 수준의 교육목표 달성을 위하여서는 교육내용 선정이 적절하여야 한다. 이러한 이유에서 그동안 여러 학자들에 의하여 교육내용 선정방법이 다양하게 시도되었다. 시도되었던 교육내용의 선정방법들을 살펴보면 어느 것은 전적으로 사고추리나 판단에 기반을 두고 하는 방법이 있는가 하면, 어떤 것은 엄격한 과학적 조사나 분석에 의한 방법이 있다. 또 어떤 방법은 성인의 활동분야를 통해서 선정원리에 따라 교육내용을 선정하기도 하며 어떤 방법은 교과서의 내용분석이나 사회기능 또는 청소년들의 욕구 등을 조사하여 교육내용을 선정하고 있다.

1) 교과서법

현존하는 교과서나 교재내용을 분석하여 교육내용으로 선정하는 방법이다. 장점으로는 오랜 전통을 가지고 있고 논리적·체계적으로 구성되어 있으며 중앙집권 통제가 용이하다.

2) 활동분석법

이 방법은 인간생활의 제 활동을 과학적으로 분석하여 사람이 살아가는 데 필요한 활동내용을 학습경험으로 선정하려고 시도한 방법이다. 활동분석법은 미국에서 1920~1930년대에 활발히 연구되었으며 연구한 대표적 인물은 보비트(F. Bobbit), 차터스(W. W. Charters), 해랩(H. Harap) 등이다.

보비트(Bobbit)는 인간생활 영역을 다음과 같이 10가지로 분석하였다.

① 언어생활
② 건강생활
③ 양친(兩親)생활
④ 직업적 생활
⑤ 공민적 생활
⑥ 여가생활
⑦ 종교적 생활
⑧ 일반적 사회생활
⑨ 정신 건강생활
⑩ 비전문적 실제생활

이상의 분석 내용은 성인생활을 분식했다는 점에서 성인중심 교육과정에 빠지기 쉽다는 비난을 받았다.

3) 사회기능법

이 방법은 사회기능 분석법, 사회요구법 등으로 불리기도 한다. 사회기능법은 사회면과 아동면과의 양자를 합리적으로 조정하면서 학습자인 아동의 사회구성원으로서의 필요를 결정하기 위하여 사회생활을 분석하고, 거기에서 명시된 사회학습의 필요를 교육과정의 범위 영역으로 결정하고, 학습경험을 선정하려는 방법이다. 이 방법은 변화하는 사회 동태에 대처할 수 있는 반면 사회를 강조한 나머지 개인의 필요를 무시할 우려가 있다. 대표적 연구자로서는 카스웰(H. L. Caswell), 캄벨(D. S. Campbell), 채프먼(J. C. Chapman) 등이 있다.

4) 청소년 욕구법

이 방법은 학습자의 심리적 특성을 근본원리로 삼고 청소년의 흥미, 필요 등의 욕구를 근본으로 하여 학습경험의 영역을 선정하려는 방법이다. 대표적 연구자는 홉킨스(L. T. Hopkins)이다. 청소년 욕구법은 지식문화나 성인중심의 사회관·생활관 쪽으로 치우친 교육내용 선정방법에 따라 청소년의 욕구가 소홀히 취급되었다는 점에서 강조된 방법이다.

5) 문제영역법

개인을 중심으로 한 교육과정이나 사회를 중심으로 한 교육과정은 다 같이 현대사회에서 보다 바람직한 인간형성을 위한 계획이므로 위의 방법들은 이러한 관점에서 볼 때 각각 결함이 모든 교육과정에 존재한다. 그러므로 개인을 사회적인 개인이라는 견지에서 보다 종합적인 생활문제를 중심으로 하여 교육내용을 선정하자는 주장이 문제영역법이다. 이 방법은 개인과 사회를 잘 조화시켜 Scope(교육내용의 범위로 규정)함으로써 정밀성과 학생의 지속적 향상을 가져오는 반면 Scope를 학습단원화하기 위해서는 사전연구와 계속적인 교육조사가 필요하다. 대표적 연구자로서는 알버티(H. Alberty), 스트레이트메이어(F. B. Stratemeyer), 맥킨(M. Makin), 포크너(H. L. Forkner) 등이 있다.

이상의 내용 외에도 교육내용의 선정 방법에는 목표법, 주제법, 실험법, 항상적 생활장면법 등이 있다.

4. 교육내용 조직의 원리

선정된 교육내용은 학습자가 학습현장에서 학습활동을 구체적으로 전개할 수 있도록 알맞게 조직하여야 한다. 건물을 지을 때 치밀한 계획에 따른 설계도를 기준으로 작업이 이루어지는데도 실패할 확률이 있다. 하물며 교육에 있어서 제시된 교육목표 달성을 위하여 선정된 내용을 유효적절하게 조직하는 일은 궁극적인 행동변화를 위한 구체적 과정이라고 보기 때문에 교육활동에서 매우 중요한 일이라 할 수 있다. 아무리 타당한 교육내용이라도 무계획적으로 교육할 수는 없다. 그러므로 교육목표 달성을 위한 체계적이고 계획적인 조직이 필요하다. 교육내용을 조직할 때 고려할 3가지 작업을 살펴보면, ① 교육내용의 수직적·종적 견지에서의 조직작업, ② 교육내용의 수평적·횡적 조직작업, ③ 학습현장에서의 실제적인 학습을 위한 핵심적 주제나 학습단원에 따른 조직작업으로 나눌 수 있다. 교육내용을 조직하는 원리는 학자에 따라 다양한 원리를 제시하고 있다.

　일반적으로 교육 내용은 교육목표 달성을 조직과 구성이 핵심이다. 따라서 교육내용의 구성과 조직의 초점은 범위(scope)와 계열성(sequence)이다. 범위는 교육내용의 폭과 깊이를 결정하는 것으로 수평적 조직의 문제이다. 일반적으로 연령과 학년이 올라갈수록 교육내용의 범위는 깊어지고 넓어진다. 따라서 교육내용의 조직에 있어 학년이나 발달에 따른 범위의 조절은 중요한 변수이다. 계열성은 시간에 따른 조직의 문제로 수직적 조직과 관련된 것이다. 이는 학습내용의 시간적 배열의 문제로 어떤 내용을 학습시킬 것인가, 먼저 배워야 할 것과 나중에 배워야 할 것의 결정 등과 관련된 문제이다. 범위와 수평적 조직이라면 계열성은 수직적 조직인 것이다.

1) 연속성(continuity)의 원리

　교육내용 조직과 구성 원리 중 가장 중요한 것이 연속성의 원리이다. 교육내용 조직의 연속성 혹은 계속성의 유지와 관련된 원리이다. 즉 교과의 학습에 있어 그 교과와 관련된 자료를 숙지하는 것이 일차적 목적이라 가정한다면, 자료를 연마하고 개발할 수 있는 기회가 계속적이고 반복적으로 주어져야 한다는 것이다

　반복의 원리라고도 하여 교육내용을 조직함에 있어서 중요한 개념, 원리, 사실 등의 학습이 어느 정도 계속해서 반복할 수 있도록 하기 위한 것으로 교육내용 조직에 있어서 종적 관계와 관련되는 원리이다. 이 원리는 학습심리면에서 망각의 법칙이 근거가 되는 것으로, 학습자가 학습한 내용을 망각되지 않을 정도까지 학습되게 하기 위해서 학습목표에 직결된 지식이나 과정 또는 행동양식이 어느 기간 동안 계속해서 반복학습이 되도록 조

직해야 하는 것이다.

예를 들면 애국심, 책임감, 준법성 등의 학습이다. 즉, 산지식이 되고 이루어진 교육활동이 내면화되도록 조직하는 것을 말한다. 이러한 계속성의 원리는 지식의 구조를 가르치는 교육과정 조직형태로서의 나선형 교육과정과 관련이 있다.

2) 계열성(sequence)의 원리

교육내용의 연계성은 계열성과 유사한 의미로 교육내용의 논리적 계열과 학습자의 발달단계, 사회문화적 계열 등을 고려하여 단계적으로 넓고 깊게 접근하는 방법을 의미한다. 이 원리는 교육내용 조직의 종적 관계에 관한 것으로 질적인 심화성과 양적인 확대성에 관한 원리이다. 계열성에 있어서는 선습과 후습을 정하는 데 있어 선습 내용을 기초로 하여 다음의 내용은 학습량이 보다 많아지고 그 수준도 높아지도록 조직해 나가는 원리이다. 교육내용을 조직함에 있어서 계열성을 살리기 위하여 그 기반이 되는 요인으로는 학습자의 성숙, 경험의 배경, 정신연령, 흥미, 실용성, 곤란성 등이 있으며, 또 실제로 이러한 제 요인에 따라 교육내용을 계열화할 때에는 논리성, 연대순, 구체에서 추상, 단순에서 복잡, 사회(지역)권의 확대 등의 원칙이 고려되어야 한다. 계열성의 원리는 동심원적 확대법, 지역확대법, 환경 확대법 등 교육과정 조직 방법과 그 궤(軌)를 같이하는 원리이다.

3) 통합성(integration)의 원리

통합성의 원리는 교육과정 요소의 수평적 연관과 관련된 것으로 교육내용들 간의 연계를 의미한다. 즉 여러 가지 교육적 상황에서 획득된 지식들이 연결되고 통합되는 과정을 통하여 사물을 종합적으로 이해하는 안목을 기를 수 있고 나아가 학습내용과 행동을 통합시킬 수도 있다.

통합성의 원리는 여러 학습경험 사이의 횡적 관계를 강조한다. 통합성은 한 영역의 한 가지 내용이나 경험 능력들이 다른 여러 영역의 그것들과 어떻게 상호관련을 시키도록 하느냐의 문제이다. 즉, 이 원리는 학습상황에서 얻어진 내용이나 경험들이 상호 독립적으로 단절되는 것을 의미하는 것이 아니라 상호관계를 유지하며 통합됨으로써 효율적인 성장과 발달을 보장하는 것이 되어야 한다는 원리이다.

예컨대, 중학교 수준의 교육과정을 구성함에 있어 같은 학년에 나타나는 국어, 수학, 영어 등 교과에서 다루어지는 목표나 내용의 수준 또는 종류가 횡적으로 일정하게 연결되어야 한다는 원칙이다. 다른 교과, 특히 도구교과 등에서 다루어지지 않는 개념이나 법칙을 학습된 것으로 전제하고 경험이나 내용을 조직하게 되면 교육과정 운영의 효과를 감소시킨다는 근거에서 강조되는 원칙이다.

이상의 세 가지 원리 이외에도 학생마다의 다양한 흥미와 요구를 찾아내어 구성해야 한다는 다양성의 원리, 민주시민으로서 지켜야 할 보편적인 내용이 조직되어야 한다는 보편성의 원리 등이 있다.

5. 교육내용 조직의 방법

1) 논리적 방법

이 방법은 교육내용을 조직함에 있어서 교과나 학문의 논리적 구조에 따라 조직하는 방법이다. 전통적인 조직방법이며 적용되는 원칙으로는 구체적인 것에서부터 추상적인 것으로, 쉬운 것에서부터 어려운 것으로, 단순한 데서 복잡한 것으로, 또는 연대순이나 사회(지역)권의 확대 등의 제 원칙이 있다. 논리적 방법은 교과서중심이나 학문중심 교육과정에서 적용되는 방법인데 학습자의 발달단계에 따른 흥미나 필요를 무시하고 있다는 비난을 듣는다.

2) 심리적 방법

심리적 방법은 교육내용 배열에 있어서 학습자의 제 특성을 기반으로 하는 방법이다. 따라서 학습자의 성숙이나 성장, 발달의 특징, 심리적·정신적인 경험의 민감성, 필요와 흥미 또는 관심, 학습의 곤란도 그리고 성공이나 실패가 학습에 미치는 영향 등을 연구하여 교육내용을 조직하려는 방법이다. 이 방법은 각 학습자의 개개인의 사정을 고려한 방법이어야 하는데 개인차를 최대한 고려하지 않으면 복잡한 문제가 개재(介在)된다.

3) 절충적 방법

　절충적 방법은 논리적 방법과 심리적 방법을 절충한 것으로 양자의 극단보다는 통합과 조화의 견지에서 연구되어야 한다. 현대 교육과정 이론들에 있어서는(예: 1960년대 이후 학문중심 교육과정) 극단적인 논리적 방법을 강조하기도 하였지만 사회의 복잡성과 관련하여 어느 한 측면만을 강조할 수는 없게 되었다.
　따라서 교육내용을 조직함에 있어서는 각 교과의 학문적 논리성과 학습자의 심리적 제 특성을 함께 고려하면서 양자의 조화를 이루어 성장·발달시키는 연구가 필요할 때이다.

6. 교육평가

　교육평가는 계획된 수업목표와 선정 조직된 학습경험이 실제로 실행되는지 또는 의도된 성과를 거두고 있는지를 확인하는 작업으로 교육과정의 필수적 요소이다. 교육평가의 과정을 통하여 교육프로그램의 설계, 구체적인 방법론의 장단점을 확인하고 이를 개선할 아이디어를 판별할 수 있다. 모든 평가의 준거는 교육목적이며 교육목적이 교육과정이나 학습지도에 의하여 어느 정도 학습자 행동의 변화를 이루고 있는지의 문제가 평가의 세부 항목이 된다.

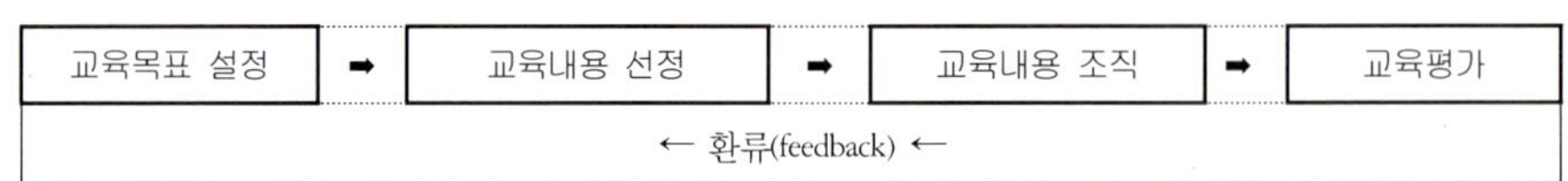

〈그림 7 - 2〉 교육과정 구성 과정도

제3절 현대 교육과정의 탐구

1. 교과중심 교육과정

1) 기본입장

교과중심 교육과정은 역사적으로 가장 오랜 전통을 가지고 동서양을 지배해 온 교육과정 이론이다. 교과란 인류의 문화유산을 논리적으로 조직한 것이며 그 조직은 각 교과의 전문가에 의해서 이루어진다. 교사는 교과를 가르치고 학생은 교과를 중심으로 학습하게 된다. 이러한 교육과정의 이론적 기초는 형식도야이론에서 찾을 수 있다. 교과중심 교육과정은 교육이란 선세대의 문화유산이나 정보를 후세대에게 전달할 것을 목적으로 하고 인간의 감성보다 이성을 중시하는 교육목표를 지향하였다. 학교의 교육과정은 교수요목 또는 교과별로 작성되기 때문에 이를 학과과정 또는 교과과정이라고도 한다.

2) 특징

첫째, 오랜 역사적 전통의 논리적·체계적인 문화유산을 교과로 본다. 역사적으로 가장 긴 전통을 갖고 있고, 그 연원을 고찰해 보면 서양은 7자유과, 동양은 고대 중국의 6예이다. 교과중심 교육과정에서는 문화유산의 핵심을 체계적으로 조직한 것을 교과로 보고, 이들의 목록인 교수요목을 교육과정으로 본다. 따라서 교육과정은 논리적이고 체계적인 특성을 지닌다.

둘째, 교사중심의 교육과정 운영이다. 교과의 전수가 교육의 목적이 될 때 교사는 해당 교과에 정통한 사람이 되어야 한다. 해당 교과에 정통한 교사는 배우는 학생보다 월등히 많은 지식을 소유하고 있으므로 교사중심의 교육이 된다.

셋째, 강의법 위주의 교수법을 사용한다. 교과중심 교육과정에서는 해당 교과에 정통한 교사가 논리적이고 체계적인 교과를 전문지식이 없는 학생들에게 강의를 통하여 전달하는 형식으로 교육이 이루어진다.

3) 장단점

(1) 장점

① 객관적으로 가치가 있다고 생각되는 것에 대한 논리적이고 체계적인 조직으로 학습
계획의 표준화와 관리가 용이하다.
② 학생들의 지적 성장을 위한 필수내용을 제공할 수 있다.
③ 국가나 감독기관에 의한 교육과정의 통제와 개정이 쉽다.
④ 교육과정 전반의 객관화를 통한 측정과 평가가 용이하다.

(2) 단점

① 어려운 교과내용을 학습하고 일상적인 문제를 경시하여 학생들의 흥미 부족을 초래
할 수 있다.
② 수동적인 교사의 강의법을 교육방법으로 채택하여 창의적, 능동적 사고력 함양에
어려움이 있다.
③ 교육과정이 분과중심으로 구성되어 통합적 교과운영이 어렵다.

2. 경험중심 교육과정

1) 기본입장

경험중심 교육과정은 미국에서 1930년대를 전후로 교과중심 교육과정에 회의를 느끼
기 시작하면서 나타났다. 이 시기는 듀이의 진보주의 교육사조가 대두됨에 따라 교과중심
교육과정으로는 학생들이 급변하는 사회에 적응할 수 없으며 현실생활과는 거리가 멀다
는 비판이 일어났다. 이러한 비판은 당시 미국의 사회·경제적 상황과 부합되어 쉽게 받
아들여질 수 있었다. 따라서 교과중심 교육과정에 대한 개정작업이 활발하게 진행되었는
데 이때에 나타난 것이 경험중심 교육과정이다.
경험중심 교육과정에서는 경험의 계열을 존중하는 교육과정으로서 학교의 지도 아래
학생이 가지게 되는 모든 경험을 교육과정으로 본다. 이것은 교육과정을 교과로 보는 교
과중심 교육과정과 큰 차이가 있다. 즉 교과중심 교육과정이 모든 학생들에게 제공하는

공통된 문서를 의미한다면, 경험중심 교육과정은 학생 개개인에 따라서 다르게 나타나는 경험 자체를 의미한다.

경험중심 교육과정은 학생들의 직접적인 관심, 흥미, 필요, 목적에 기반을 두고 교육과정을 구성하며 학습자의 자발적인 활동으로 전인적인 발달을 기하는 데 목적이 있다. 따라서 학생들에게는 교과서를 주는 대신에 실재적인 생활의 장을 부여하고 거기서 학생들의 문제를 중심으로 구안적인 단원을 구성하는 교육과정이다.

2) 특징

경험중심 교육과정은 학생들의 생활과 경험에 초점을 맞추는데, 그 특징은 다음과 같다.
① 경험중심 교육과정은 아동중심, 활동중심, 생활중심의 교육과정 등으로 표현되는데 학습자의 흥미, 활동, 생활, 경험 등에 근거한 새로운 교육과정 운동으로 발전하였다.
② 경험중심 교육과정은 학습자의 흥미와 필요를 가장 주요한 교육요소로 간주한다. 따라서 경험중심 교육과정은 학습자중심 교육과정과 상호 연계된다.

3) 장단점

(1) 장점
① 학습자의 흥미와 욕구를 기반으로 교육과정을 구성하므로 자발적인 참여가 가능하다.
② 생활중심 교육과정으로 일상적인 삶의 상황에서 문제해결에 유용한 지식의 학습이 가능하다.
③ 다양한 경험을 중심으로 통합적인 교육과정 운영이 가능하다.

(2) 단점
① 교육과정의 학문적 구조화가 어렵다. 또한 기본적인 지식과 문화적 전통의 학습에 난점이 있다.
② 교육과정 계획, 운영, 평가의 체계적 관리가 어렵다.
③ 교사의 능력에 따라 교육과정 운영의 전반적인 성패가 결정되므로 교사의 중요성이 교과중심 교육과정보다 더 강조된다.

④ 학습자의 흥미가 실제적, 즉시적인 것에 한정될 때 추상적, 과학적 지식의 학습에
   어려움이 있다.

<표 7 - 1> 교과중심 교육과정과 경험중심 교육과정의 비교

교과중심 교육과정	경험중심 교육과정
• 교과목중심	• 학습자의 경험중심
• 교사에 의한 교재의 심화 학습	• 학습자의 전인적 발달
• 미래를 위한 준비로서 교육	• 현재 삶 자체의 가치를 지향하는 교육
• 구조적 체계적 조직 관리의 유용성	• 비구조화된 경험의 통합적 접근

3. 학문중심 교육과정

1) 기본입장

1957년 구소련에서 인공위성 '스푸트닉 1호'를 인류 최초로 발사한 사건을 계기로 미국
의 과학교육에 대한 비판과 반성이 거세게 일어났고 이를 배경으로 대두된 교육과정이
학문중심 교육과정이다. 1959년 미국의 'Woods Hole'에서 과학자와 교육전문가들이 모여
경험중심 교육관의 문제점을 비판하고 브루너를 중심으로 작성한 보고서 "교육의 과정
(The Process of Education)"을 통하여 학문중심 교육과정의 실체가 드러났다. 경험중심 교
육과정이 그 구성방식에 있어서 지식의 체계성에 소홀함을 보였고, 학문적이고 체계적인
사고와 연구에 필요한 능력을 간과했음을 지적하고 이를 개선하기 위한 운동의 일환으로
전개되었다.

학문중심 교육과정은 생활경험을 강조하는 경험중심 교육과정에 대한 반발에서 출발
하였으나 지식의 체계를 전달하려는 교과중심 교육과정과는 달리 그 교과의 개념이나 법
칙과 관련된 원리와 사고체계를 학습자들이 스스로 발견하는 것을 중요시하고 있다.

교과의 내용 면에서는 체계적인 개념과 법칙, 즉 '지식의 구조'를 강조하고, 교육방법에
는 발견학습(discovery learning)과 탐구학습(inquiry learning)을 강조하였다. 1960~1970년대
에 걸쳐 가장 번성하였던 이 이론은 전 세계에 영향을 주었고, 한국에도 소개되어 1971년
의 제3차 교육과정 개정에 반영되었다.

2) 특징

① 지식의 구조를 핵심으로 교과내용을 조직한 교육과정이다. 각 교과 전문가들이 참
   여하여 학문의 기저를 이루고 있는 일반적인 아이디어, 기본개념 등으로 교과내용
   을 체계화해 놓은 지식의 구조를 중시한 교육과정이다.
② 학문중심 교육과정에서는 교과의 구조와 학습방법에서는 탐구학습을 중요시한다.
③ 교육내용의 조직 원리로서 나선형 조식을 권장하는 교육과정이다. 즉, 지역 확대법,
   동심원적 확대법을 강조한다. 이것은 아동의 발달단계에 따라 학습에 내재해 있는
   지식의 구조, 즉 핵심개념, 기본원리, 일반 아이디어를 잘 조직하면 아동, 학생의 사
   고방식에 알맞게 효과적으로 가르칠 수 있으며 학년의 진전에 따라 점차 심화, 확대
   해 가는 교육과정이다.
④ 학습동기 유발방법으로 내적 보상을 권장하고 있는 교육과정이다. 아동·학생이 학
   습의 문제해결에서 만족할 겨우 희열을 맛보는 내적 보상이 외적 보상보다 지속적
   이어서 학습자로 하여금 학습자료 자체에 흥미를 가지도록 해 주고 학습 내용을 학
   습자의 사고 형태에 맞도록 적절히 조성하는 것을 권장하고 있다.

3) 장단점

(1) 장점
① 학문중심 교육과정은 교과의 전체적인 이해와 본질적인 핵심에 대한 접근이 쉽고 원
   리의 이해에서 오는 장기간의 기억, 초급지식과 고급지식의 간격 축소가 용이하다.
② 기본개념과 원리를 학습하여 새로운 지식으로의 전이가 쉽다.
③ 자발적인 탐구학습을 통하여 추상적 사고의 확대 등에서 초래되는 학문적 즐거움을
   느낄 수 있다.

(2) 단점
① 교육내용으로 조직해야 할 개념과 법칙의 선정 및 조직에 어려움이 있고 교육과정
   개발이 특정 교과에 치중됨으로써 교과 간에 분절 현상이 일어날 수 있다.
② 학문중심 교육과정은 학습자의 정서적 성장을 간과하여 전인적 발달에 부정적 영향

을 미쳤다. 학문중심 교육과정이 지나치게 학문적이고 지적인 교육에 치중하여 학습자의 인성, 정서, 생활교육 등을 소홀하게 하였다.

③ 학습능력이 상위권에 있는 학습자에게 유리한 소수정예주의 교육과정이라는 지적을 받고 있다. 따라서 일정 수준 이하의 학습자의 교육은 고려하지 않고 비인간화 교육의 가능성이 존재한다.

④ 학문의 구조라는 순수 지식만을 협소하게 강조함으로써 학교 밖의 실생활과 유리되어 실용성이 적다는 것이 또 하나의 문제가 되고 있다. 학문중심 교육과정은 교육이 마땅히 관심을 가져야 할 사회적 문제를 무시하고 추상적 지식에 치중하여 일반적인 시민교육에는 부적합하다.

⑤ 교육과정 개발에서 과학과 수학 교과에 우선순위를 둠으로써 교육과정 전반의 균형을 유지하기가 어렵다.

⑥ 교사의 준비 부족, 학습 자료의 개발 미흡, 학생의 충분한 이해 부족 등의 문제가 해결되지 않는 상태에서는 심화된 지식의 습득을 달성하기 어렵다.

〈표 7-2〉 교과중심 · 경험중심 · 학문중심 교육과정의 비교

구분	교과중심 교육과정	경험중심 교육과정	학문중심 교육과정
장점	① 간단명료, 내용정선 ② 중앙집권, 평가용이	① 생활인 · 실천인 양성 ② 학습자 흥미 · 요구	① 체계적 전이 효과 ② 탐구방법 터득
단점	① 주입식 · 강의식 위주 ② 수동적 · 단편적 학습	① 학습의 계열성 문제 ② 무질서 · 통제 곤란	① 정의적 측면 소홀 ② 교과 간 통합 곤란

4. 인간중심 교육과정

1) 기본입장

인간중심 교육과정은 지적인 성숙을 위하여 질적으로 우수한 교육을 추구하던 학문중심 교육과정이 비인간화와 비민주화라는 비판에 직면하자 1970년대에 들어서 새롭게 강조되기 시작하였다. 이 교육과정은 현대산업사회의 기계문명과 거대한 사회조직에 의해 인간의 자유와 자율적인 행위의 가능성이 제약당하고 있다고 진단한다. 이로 인한 인간성 상실과 비인간화, 수단적 · 기능적 학교교육 등의 문제가 발생하였고 이는 학습자의 전인

적 성장을 저해한다. 이러한 문제를 반성하는 인본주의 심리학의 새로운 인간 인식 등의 영향으로 교육의 인간화를 강조하는 인간중심 교육과정이 전개되었다.

2) 특징

① 인간의 자아실현을 목표로 인간의 존엄성을 존중한다. 타인과의 경쟁을 통한 상급 학교의 진학이 목표가 아니라 한 개인의 발전을 가장 존중한다. 따라서 상대평가보다는 자기지향평가를, 금지 처벌보다는 권장과 칭찬을 장려함으로써 인간적인 분위기를 형성하기 위하여 노력한다.

② 잠재적 교육과정의 영향력을 중요시한다. 인지적 요소를 강조하는 표면적 교육과정과 달리 인간의 정서적, 사회 맥락적 요소를 강조하는 잠재적 교육과정은 인간중심 교육과정의 중요한 요인이다. 즉 의도된 교육과정의 실행에 내재된 잠재적 교육과정을 고려하여 학습자의 올바른 정서적, 인성적 발달을 중요한 가치로 설정한다.

③ 학교의 인간화를 위하여 노력한다. 인간중심 교육과정은 기존 학교의 인적·물적 환경의 비인간적 측면에 주목한다. 즉 대규모 학교, 과밀 학급, 학습자의 체격에 맞지 않는 시설, 학교 내의 차별, 인간소외, 서열화, 계급화 등의 문제가 기존 학교환경에 존재하고 이는 비인간화를 초래한다. 이러한 비인간적인 학교환경의 인간화가 인간중심 교육과정의 이상을 달성할 수 있는 기본적 여건이다.

3) 장단점

(1) 장점

① 교육의 인간화에 기여했다. 교육에서 학습자의 긍정적 자기인식과 인간적 가치를 인정하고 수단적 교육관을 거부하였다. 몰인정성을 배격하고 인간성 회복을 추구한다.

② 경쟁을 통한 선발을 중요시 하는 결과론적 교육관을 부정하고 교육과정 자체의 가치를 인정하는 과정적 교육관을 지지하였다.

③ 학교의 인간화를 시도하였다. 기존 학교의 비인간적 측면을 비판하고 새로운 대안적 학교체제를 운영하여 학교의 인간화를 시도하였다. 이때 인간화는 학교제도, 조직, 시설, 운영, 인식 등 학교 전반을 모두 고려한 것이다.

(2) 단점

① 인간중심 교육과정의 기본개념과 실천의 기준을 찾기 어렵다.

② 교육과정에서 학습자의 자율성을 지나치게 강조하여 기존 교육과정과의 병행이 어렵다.

③ 학습자 개인의 경험을 구체화할 교육과정의 운영이 어렵다.

〈표 7-3〉 교과중심 · 경험중심 · 학문중심 · 인간중심 교육과정의 비교

구분	교과중심 교육과정	경험중심 교육과정	학문중심 교육과정	인간중심 교육과정
목적	교과지식의 습득	전인적 성장	지식의 구조획득	자아실현
교육내용	교과(문화유산)	생활경험	구조화된 지식	인간관계
교사의 역할	주도적	보조적	주도적	보조적
교과조직	분과형	통합형	나선형	분과형, 통합형

제4절 한국 교육과정의 탐구

1. 교수요목기(1945~1954년)

한국의 교육과정기 중 교수요목기는 해방 후 미군정 당국에 의해서 이루어진 교육과정 운영기이다. 8 · 15 해방을 계기로 한국 교육은 기존의 일제 전체주의적 전시 교육에서 벗어나 개인의 존엄성을 인정하고 자유를 기본 원칙으로 하는 민주주의 교육으로 전환하였다.

교수요목기의 교육과정은 미군정 당국에 의하여 미국식 교육과 미국식 교육과정을 우리나라에 도입한 시기로서, 우리나라 교육이 미국식으로 나아가게 된 계기가 되었다. 다만, 우리나라 교육과정사에서 교수요목기는 미군정 학무국의 주도로 출발하기는 했지만, 한국식 교육과정 제정의 첫 걸음마를 시작했다는 데 큰 의의가 있다.

교수요목기에는 홍익인간 정신에 입각, 애국애족 강조를 교육과정의 기본적 특징으로 삼았다. 특히 교수요목기에는 초 · 중 · 고교 공히 교육과정의 각급 학교별 시간 배당 기준이 큰 틀이었다. 따라서 종합적인 교육과정이라고 하기에는 한계가 있기 때문에 교수요목이라고 칭하는 것이다.

〈표 7-4〉 한국 교육과정의 개념 변천

순	교육과정기	기간(년)	교육과정의 핵심 개념
1	교수요목기	1945~1954	교수 내용 주제
2	제1차 교육과정기	1954~1963	교과목 및 교육활동의 편제
3	제2차 교육과정기	1963~1973	학생들이 경험하는 모든 학습활동의 총화
4	제3차 교육과정기	1973~1981	교과와 학문의 본질에 내재된 구조화된 지식 체계
5	제4차 교육과정기	1981~1987	무엇을 어떻게 가르칠 것인가를 규정하는 계획
6	제5차 교육과정기	1987~1992	학생들의 교육적 성취를 의도하여 마련된 계획
7	제6차 교육과정기	1992~1997	학습자의 교육경험을 관리하는 구체적인 교육 프로그램에 대한 계획 (학교교육과정 도입)
8	제7차 교육과정기	1997~2007	학습자의 교육경험을 관리하는 구체적인 교육 프로그램에 대한 계획 (제6차 교육과정기와 동일)
9	2007년 개정 교육과정기	2007~2009	학교의 경영, 운영, 교수·학습활동 등을 총망라한 계획과 과정 및 비전
10	2009 개정 교육과정기 (상시 개정 체제 도입으로 '년'자 붙이지 않음)	2009~	학교의 경영, 운영, 교수·학습활동 등을 총망라한 계획과 과정 및 비전 (2007년 개정 교육과정과 동일)

2. 제1차 교육과정기(1954~1963년)

제1차 교육과정기는 최초로 국가수준의 교육과정이 정립된 시기이다. 이 시기는 6·25 이후 혼란한 사회를 바로잡고 우리나라 교육의 계통을 확립하고자 노력한 시기이다. 이 시기 영향을 미친 교육사조는 미국의 진보주의 영향을 받은 아동중심 교육사상이다. 교육 과정 구성을 교수요목의 나열이 아닌 아동의 경험영역으로 파악하고자 시도하였다. 제1 차 교육과정을 통하여 법적으로 '교육과정'이라는 용어를 최초로 사용하게 되었다.

교육과정 운영에서는 지식의 주입을 주로 하여 인격적 교육이 실시될 수 없었고, 경험 중심 교육과정을 교과중심으로 운영하는 모순점도 발견되었다. 제1차 교육과정의 교육사 적 의의는 국가수준의 정규 교육과정이 확립되었다는 점이다.

3. 제2차 교육과정기(1963~1973년)

제1차 교육과정에 대한 비판과 변화의 요구가 거세지자 문교부에서는 교육과정 개편을 위한 여론 조사를 통하여 새로운 교육과정을 발표하였다. 1963년 발표된 제2차 교육과정 의 실제적 적용은 교과서 검·인정 문제 등의 사유로 1966년부터였다. 제2차 교육과정의 특징은 다음과 같다.

첫째, 제1차 교육과정의 '시간배당 기준표'와 '교육과정'을 통합하여 '교육과정'이라 지 칭하였다. 즉 제1차 교육과정에서 각 교과마다 다른 시간배당 기준표와 교육과정이 따로 존재하였다. 이를 통합하여 교육과정으로 지칭하였다. 이는 교육과정을 정상적으로 이해 하기 시작했음을 의미한다.

둘째, 교육내용으로 생활경험을 중점적으로 상정하였다. 제1차 교육과정에서 경험중심 교육과정을 시도하였으나 실제 운영은 교과중심 교육과정과 차이가 없었다. 따라서 교육 과정을 '학생들이 학교의 지도하에서 경험하는 모든 학습활동의 총화'로 규정하고 생활 중심 교육과정 운영을 실시하였다.

셋째, 학습내용의 분량, 난이도의 조절을 실시했다. 제2차 교육과정은 시간당 배당 시 수만을 기술한 것이 아니라, 재학기간 중 이수해야 하는 단위 수를 제시하고 이에 따라 학교별로 교육운영을 실시하도록 한다. 1단위는 매주 50분 수업을 기준한 것이다. 단위제 를 기반으로 학습내용의 분량 조절, 난이도의 조절 또한 겸비하였다.

4. 제3차 교육과정기(1973~1981년)

제3차 교육과정은 기존 생활중심 교육과정을 지양하고 미국의 학문중심 교육과정의 사 상적 흐름을 수용하였다. 따라서 제3차 교육과정의 중심 목표는 '지식 기술 교육의 쇄신', '기본개념의 파악·지식의 구조를 이루는 기본개념과 그 관계를 이해하고 지적인 탐구방 법을 익힐 수 있는 지도내용' 등의 내용에서 알 수 있다. 제3차 교육과정기의 교육적 특징 을 설명하면 다음과 같다.

첫째, 국민교육헌장을 중심으로 교육이념을 정립하였다. 1968년 선포된 국민교육헌장 은 우리나라 고유의 '국적 있는 교육'을 실시하자는 의미에서 반포되었다. 그러나 국민교 육헌장에 나타난 국가주의적 성격이 비판의 대상이 되기도 하였다.

둘째, 학문중심 교육과정이 중요한 사상적 배경이 되었다. 스푸트니크 쇼크 이후 미국 교육계 전반을 좌우한 학문중심 교육과정의 다양한 교육원리가 제3차 교육과정에서 적용 되었다. 제3차 교육과정은 각 교과의 기초 개념과 원리를 중심으로 '지식의 구조'를 학습 하고 이를 학년이 올라갈수록 심화 확대하는 '나선형식 교육과정'의 체계를 가진다. 따라 서 발견학습, 탐구학습이 중요한 교육방법으로 대두되었다.

셋째, 교과 간의 통합과 신설이 실시되었다. 이전 교육과정에서 독립교과 영역이던 '반공·도덕'을 '도덕'으로 통합하였다. 또한 중학교 교육과정에서 '국사'를 독립된 교과로 신설하였다.

이상의 특징을 지닌 제3차 교육과정은 국민교육헌장을 중심으로 정부의 유신체제 확립에 교육적 지지를 보낸 점에서 비판받는다. 또한 학문중심 교육과정 운영으로 특정 교과에 대한 편중된 심화학습으로 학습자의 흥미를 간과한 점은 전인교육의 이상에 위배된다.

5. 제4차 교육과정기(1981~1987년)

1980년 새로운 공화국 출범과 함께 교육의 혁신을 위한 7·30 교육개혁을 단행하였다. 또한 각급 학교 교육과정 개발에 관한 사항이 한국교육개발원으로 이관되었다. 이러한 시대적 배경 아래 제4차 교육과정은 학문중심 교육과정에서 탈피하여 인간중심적 교육과정의 특징을 지닌다. 이는 기초교육, 일반교육, 전인교육, 인간교육을 표방하는 것에서 알 수 있다. 제4차 교육과정의 특징은 다음과 같다.

첫째, 종합적이고 복합적인 교육과정이다. 제4차 교육과정은 특정한 교육사조에 의존하지 않고 인간교육을 이상으로 다양한 교육과정을 종합하여 운영하였다.

둘째, 통합교과 운영이 실시되었다. 즉 도덕, 국어, 사회는 '바른생활'로, 산수, 자연은 '슬기로운 생활'로, 미술, 음악, 체육은 '즐거운 생활'로 통합되었다.

셋째, 자유선택 과목을 신설하였다. 자유선택 과목은 학교장의 재량에 따라 학생들의 희망과 지역사회의 요구를 수용하여 학교단위로 교육내용을 선정 운영할 수 있도록 하는 것이다. 그러나 각급 학교에 배정된 최저 시간이 '0'으로 실질적인 운영은 미약했다.

이상의 제1차에서 제4차에 이르는 교육과정 개편은 미국중심의 교육이론을 적용하여 교육과정을 구성하려 한 특징이 있고, 교육과정 개발 주기가 대략 10년에 걸쳐 있다. 그러나 교육과정 개발 의도와 실제 적용 간의 괴리는 여전히 비판의 여지가 있다.

6. 제5차 교육과정기(1987~1992년)

제5차 교육과정은 제4차 교육과정의 내용을 유지하면서 부분적인 개선을 유도한 것이다. 제5차 교육과정은 교육과정의 내실화, 적정화, 지역화를 개정 방침으로 하고 지속성,

점진성 등을 개정 전략으로 보았다. 이 중 교육의 지역화는 제5차의 중요한 특징으로 교육과정 운영에 있어 각 시·도 교육청(당시의 교육위원회)이나 단위학교의 특수성에 적합한 교육내용을 운영할 수 있는 여지를 열어 둔 것이다. 제5차 교육과정의 특징은 다음과 같다.

첫째, 제4차 교육과정의 통합교과 운영을 보완하였다. 즉 제4차 교육과정은 실제 교육과정 상으로 분리되고 교과서만 통합하였다. 그러나 교육과정에 있어 실제 통합교육과정 운영을 실시하였다. '국어', '산수'가 독립된 교과로 나왔고, 초등학교 제1학년에는 '우리들은 1학년'이라는 교과가 추가되었다.

둘째, 지역성을 강조하였다. 즉 초등학교 제4학년 '사회'과 교재가 각 지역별 교과서로 개발되었다. 이는 교육의 책임과 운영을 지역에 최초로 이관한 것으로 중요한 교육사적 의의를 지닌다.

셋째, 자유선택 교과를 실질적으로 운영하였다. 제5차 교육과정부터 '자유선택'을 '교양 선택'으로 지칭하고 최저 2단위로 배정하였다. 교양은 교육학, 심리학, 논리학, 철학, 생활 경제, 종교 등으로 구성되었다.

이상의 제5차 교육과정은 각 개인 학생의 학습능력을 고려하여 학습방법을 다양화하고 다양한 지역적 차이를 고려하는 교육과정 운영이 그 특징이라 하겠다.

7. 제6차 교육과정기(1992~1997년)

제6차 교육과정은 교육과정 편성 및 운영체계를 개선한 것이다. 주요한 내용으로 교육과정 개발과 운영에 관한 국가와 지역 학교의 역할을 분담하였다. 컴퓨터, 환경, 러시아어, 진로 직업교과를 신설하고 외국어에 관한 전문교과를 신설, 초등영어 교과 등을 신설했다.제6차 교육과정의 가장 큰 특징은 중앙집중적 교육과정 운영에서 지방분권형 교육과정 운영으로 전환되었다는 점과 각 시·도의 교육청, 각급 단위학교의 재량권을 확대했다는 점이다.

국가는 국가 수준의 '교육과정'을 문서로 고시하고 각급 교육청은 '교육과정 편성·운영지침'을 작성하여 각 학교에 제시하고, 각 학교는 '학교 교육과정'을 만들어 운영하였다. 이는 교육의 과정이 국가에서 단위학교, 학급, 교사에게 이관되는 것을 의미한다.

8. 제7차 교육과정기(1997~2007년)

제7차 교육과정은 21세기 지식 정보화·세계화 사회를 준비하기 위한 것이다. 이는 변화하는 미래사회를 주도할 경쟁력 있는 인간을 효과적으로 양성하는 것으로 다품종 소량 생산의 교육체제를 지향한다. 따라서 제7차 교육과정은 획일적인 교육과정 운영을 비판하고 다양성이 존중되는 교육운영을 목표로 한다. 구체적으로 제7차 교육과정의 특징을 살펴보면 다음과 같다.

첫째, 제7차 교육과정의 거시적 특징은 국민공통 기본교육과정을 구성하고 고등학교 선택중심의 교육과정 운영, 수준별 교육과정, 재량활동의 신설 및 확대, 능력중심의 교육 내용 선정, 지역 및 학교의 자율권 확대 등이다.

둘째, 교육과정 운영의 핵심은 수준별 교육과정이다. 수준별 교육과정은 단계형, 심화 보충형, 과목 선택형 등으로 나눌 수 있다. 단계형은 교과내용 요소 간의 위계가 분명하여 이전 학습의 결손이 이후에 영향을 미칠 것으로 예상될 때 적용된다. 심화 보충형은 내용 요소 간의 위계가 분명하지 않은 교과에 적용된다. 과목 선택형은 다양한 교과를 개설하여 학습자가 선택하도록 구성된 것이다.

셋째, 고등학교 제2~3학년에게 선택중심 교육과정 운영을 실시한다. 선택중심 교육과정은 공급자중심의 교육운영이 가지는 획일성, 경직성을 해결하고자 나온 것이다. 즉 학습자의 흥미, 적성, 관심, 진로 등을 종합적으로 고려하여 학생이 교육과정을 선택하도록 하는 것이다.

이상에서 살펴본 제7차 교육과정은 '수요자중심 교육과정'으로 요약된다. 이는 교사중심에서 학생중심으로, 중앙중심에서 지방중심으로 내려오는 교육과정 운영 주체의 변경을 대표하는 용어로 미래 우리나라 교육이 지향할 바이다. 그러나 수요자중심 교육이라는 용어에 포함된 다양한 의미를 잘 이해하여 교육과정 적용에 있어 오류를 줄여 나가는 노력이 필요하다.

우리나라 현대교육의 전개를 교육과정 변화 내용을 중심으로 설명한 것은 수많은 교육 담론 속에 객관성을 확보한 것은 공교육이 유일하기 때문이다. 수많은 대안교육과 사교육은 객관적 근거나 공적 제도의 확립 등에서 부족함이 많다. 역사적으로 사교육의 성공은 국가의 발전을 담보하지 못한 경우가 많았다. 한국교육의 역사를 거울로 삼아 현재를 조명하고 미래의 공교육의 길을 비추는 단초로 활용해야 할 것이다.

9. 2007년 개정 교육과정기(2007~2009년)

2007년 개정 교육과정은 교육과정의 수시 개정 체제에 따라 도입되었다. 일시적, 전면적, 교육과정 개정 체제의 비효율성 체제를 지양하고 사회의 다원화 및 급격한 변화에 대응하여 교육내용을 지속적으로 개선하여 국민 각계각층의 요구를 탄력적, 체계적으로 반영하기 위한 목적으로 도입된 상시 개정 체제에 따라 도입된 이전의 제7차 교육과정의 기본 철학과 기본 체제를 유지하면서 그동안 운영 과정에서 제기된 문제점을 개선하는 데 중점을 두었다.

2007년 개정 교육과정은 제7차 교육과정에서 표방한 바와 같이 '학생의 학습과 일상생활에 필요한 기초적 능력과 태도의 육성'에 중점을 두며 ① 기본 생활 습관 형성과 기초 교육의 충실, ② 재량 활동의 활성화, ③ 학습 부담의 경감과 교과 편제 구조의 점진적 확대, ④ 교과 학습 내용의 적정화, ⑤ 통합 교과의 견지 및 내실화 등을 주요 내용으로 하고 있다.

10. 2009 개정 교육과정(2009년~)

2009(교육과정의 상시 개정 체제 도입으로 '년'자 붙이지 않음) 개정 교육과정은 일명 미래형 교육과정 체제이다. 2009 개정 교육과정의 도입은 우리나라 교육과정 체제와 패러다임을 새롭게 전환하기 위한 새로운 시도에서 시작되었다. 따라서 개정 초기에 '미래형 교육과정'으로 명명되었다.

국가 수준의 교육과정은 학교교육의 방향을 제시하고 초·중등 교육의 경쟁력을 강화하기 위한 것이다. 교육과정이 보다 포괄적이고 실효성 있는 기준으로서 학교 교육 전반을 이끌기 위해서는 교육과정 전반에 대한 진단과 공감대 형성이 중요하다. 따라서 2009 개정 교육과정은 2007년과 2009년 두 차례의 '국가 교육과정 포럼'을 개최한 결과를 중심으로 도입되었다. 2009 개정 교육과정의 핵심은 다음과 같다.

첫째, 미래형 교육과정의 구상으로 2007년 개정 교육과정의 국민공통기본교육과정 기간을 초등학교 제1학년에서 고등학교 제1학년까지 10학년제를 개정하여, 공통교육과정 기간으로 하여 초등학교 제1학년에서 중학교 제3학년까지 총 9학년(9년)으로 조정하였다.

둘째, 교육과정의 편제는 교과와 교과 외 활동으로 이원화하여 교과, 창의적 체험활동

(자율활동, 동아리활동, 봉사활동, 진로활동)을 편성하였다.

셋째, 교과 영역의 편제에서는 교과(군) 접근을 통해서 학기당 이수 교과목수를 축소하고, 교과 간에 소통과 통합 지도의 가능성을 확대하였다. 또한 학년군(學年群)별 교과 교육과정 기준 제공으로 학생 수준에 맞는 맞춤형 교육과정을 제공하여 단위 학교에 교과 및 시간 운영의 융통성과 자율성을 부여하고자 하였다.

넷째, 수업 시수 편성의 자율성을 증대하기 위하여 '최소 수업 시수'를 적절하게 설정하되, 지역과 학교의 자율성을 확대하며, 학년별·교과별 세분에 의한 구획성, 경직성을 탈피하고 학생 집단의 특성과 필요에 따라 수업 시수를 융통성 있게 설정하도록 하였다.

다섯째, 고등학교 교육과정의 개선에서는 학생들의 진로와 적성 계발을 증진시키고자 선택중심교육과정을 고교 제2~3학년 2년간에서, 선택교육과정 고교 제1~3학년의 3년간으로 확대하였다.

여섯째, 교과 교육과정의 개선을 위하여 교육 목적과 목표 달성의 효과성을 제고하고, 학습 에너지의 효율성을 추구하며, 교수·학습 활동 여건 대비 실행 가능성을 고려하여 교과 교육과정의 경쟁력을 제고(提高)하였다.

<표 7-5> 한국의 교육과정 개정과 변천 과정 및 특징

교육과정기	연도(기간)	주요 특징
교수요목기	1945~1954	• 홍익인간 정신에 입각 애국애족 강조
제1차 교육과정	1954~1963	• 교과중심 교육과정
제2차 교육과정	1963~1973	• 경험중심 교육과정 ① 한문 신설(1972) ② 교련 신설(1969)
제3차 교육과정	1973~1981	• 학문중심 교육과정: 도덕, 국사, 일본어 신설(1973)
제4차 교육과정	1981~1987	• 인간중심 교육과정 ① 국민정신교육 강조 ② 학습량·수준 축소 조정 ③ 초등학교 제1·2학년 교과 통합 운영
제5차 교육과정	1987~1992	• 통합교과 ① 과학고, 예술고 제정 ② 초등학교 통합교과 신설 ③ 정보산업 신설 ④ 경제교육, 지역성 강조
제6차 교육과정	1992~1997	• 분권형 교육과정 ① 교육개혁의 일환 ② 교육과정 편성 운영 체제 개선 ③ 지방분권형 교육과정 ④ 컴퓨터, 환경, 러시아어, 진로·직업 신설 ⑤ 초등영어 신설
제7차 교육과정	1997~2007	• 학습자중심 교육과정 ① 국민공통기본 교육과정 ② 고등학교 선택중심 교육과정 ③ 수준별 교육과정 ④ 재량활동 신설 및 확대 ⑤ 지역학교의 자율권 확대
2007년 개정 교육과정	2007~2009	• 교육과정 수시 개정체제 도입 ① 국민공통교과 10개 교과 ② 특별활동: 자치활동, 적응활동, 계발활동, 봉사활동, 행사활동 ③ 격주 토요 휴업제 도입(특별활동 34시간 감축)
2009 개정 교육과정	2009~	• 공통교육과정과 선택교육과정 도입 ① 집중이수제 도입 ② 교과 수업 시수 20% 증감 ③ 교과군, 학년군 도입 • 공통교육과정 기간과 의무교육기간 합치 조정: 10년→9년(초 제1학년에서 중 제3학년까지) • 초·중·고교 연차적 적용: 2011학년도(초1·2학년, 중1, 고1), 2012학년도(초3·4, 중2, 고2), 2013학년도(초5·6, 중3, 고3) • 초·중·고교 주5일 수업제 완전 도입: 2012학년도부터 적용·시행

✎ **연구 문제**

1. 전통적인 교육과정과 현대적인 교육과정을 그 폭과 깊이를 중심으로 상호 비교하여 논하시오.

2. 표면적 교육과정과 잠재적 교육과정을 현행 교육과정의 설계(편성)와 실행(운영)을 중심으로 비교하여 논하시오.

3. 교육목표 설정의 기본 원리에 대해서 구체적으로 설명해 보시오.

4. 교육과정의 교육내용 선정의 원리에 대해서 설명해 보시오.

5. 교육과정의 교육내용 조직 및 구성의 원리에 대해서 구체적으로 설명해 보시오.

6. 교육과정의 시스템인 교육목표→ 교육내용→ 교육방법(지도방법)→ 교육평가 등의
   환류 시스템에 대해서 설명해 보시오.

7. 교과중심 교육과정, 경험중심 교육과정, 학문중심 교육과정, 인간중심 교육과정 등을
   상호 비교하여 설명해 보시오.

8. 학문중심 교육과정을 사실, 개념, 일반화 등의 지식의 구조를 중심으로 설명해 보시오.

9. 우리나라 교육과정의 변천과 각 교육과정기의 특징에 대해서 논하시오.

10. 2007년 개정 교육과정의 국민공통기본교육과정과 선택중심교육과정, 2009 개정 교
    육과정의 공통교육과정과 선택교육과정을 상호 비교하여 논하시오.

교육방법 및 교수·학습의 이해

학습목표

- 교육방법의 개념과 의미, 영역 등을 파악하고 이해한다.
- 교수ㆍ학습의 개념과 교수, 수업, 학습 간의 관계를 이해한다.
- 교육목표, 교육내용, 교육방법, 교수자, 학습자, 학습환경 등 교수ㆍ학습의 체계를 이해한다.
- 교수ㆍ학습의 원리와 모형 이론의 파악하고 이해한다.
- 교수ㆍ학습의 형태와 방법을 파악하고 이해한다.

주요개념

- 교육방법의 개념, 교육방법의 의미, 교육방법의 영역
- 교수, 수업, 학습, 교화 등의 의미와 사례
- 출발점 행동, 준비성, 자발성, 개별화의 원리, 사회화의 원리, 통합의 원리, 직관의 원리, 목적의 원리
- 글레이저(Glaser)의 교수ㆍ학습모형, 가네(Gagne)의 교수ㆍ학습모형, 캐롤(Carroll)의 학교 학습모형, 블룸(Bloom)의 완전학습모형, 브루너(Bruner)의 교수ㆍ학습이론, 스키너(Skinner)의 프로그램학습모형, 한국교육개발원(KEDI)의 수업모형
- 강의법, 문답법, 토의법, 버즈학습, 문제중심학습, 구안법, 시범수업, 모의수업법

제1절 교육방법의 개념

1. 교육방법의 의미

교육방법이란 교육과정의 세부 영역 중의 하나로 교수방법, 교육과정방법, 교육상담방법, 교육행정방법, 교육평가방법 등을 모두 포함하는 것이라고 할 수 있다. 교육방법이란 주로 교수방법에 관련된 것을 탐구하는 기법이다.

이 교수방법은 교사 및 기타 교수자들이 학습자에게 학습을 유포할 목적으로 설계·개발·적용·관리·평가 등을 하기 위한 지식과 실행력이라고 정의된다.

교육방법은 교육목적에 종속하는 관계에 있는 개념이다. 교육방법은 교육의 목적을 실현하는 데 요구되는 모든 수단적·방법적 조건을 통칭하는 것이라 할 수 있다. 교육방법은 그 자체의 독자적 영역을 가지면서 교육목적을 실현하기 위한 수단이라는 성격으로부터 목적 여하에 따라 그 내용구조가 이에 최적화되지 않으면 안 되는 존재이다. 교육의 목적론적인 접근은 어떻게 전인으로서 이상적인 인간육성을 위한 덕목들을 실천하도록 가르치는가에 있다.

교육방법의 개념은 사용자와 논의의 맥락에 따라 매우 다양하게 이해되고 있다. 일반적으로 학생이나 교사들이 사용할 때의 교육방법은 교수(teaching)행위와 관련지은 것이며, 주로 교실에서 이루어지는 상황에 관한 것이다. 그들의 관심은 교사의 교수행위 이상의 것도 포괄적으로 다루고 있음을 볼 수 있다. 교육방법의 주요 변인들로서 수업이 질을 결정짓는다. 교육방법은 결국 교사, 학생, 교육내용 간의 관계를 맺어 주는 작용이라 볼 수 있다. 즉 제시된 교육목표를 합리적이고 능률적으로 달성하기 위한 교사, 학생, 교육내용 간의 상호작용 체제로 볼 수 있다.

교수·학습 방법은 교사의 효과적인 교수활동과 학습자의 학업성취 간의 인과관계를 규명하는 연구이다. 이는 교수·학습과정에서 고려되어야 할 많은 변인들을 찾아서 그 변인들이 교수·학습 결과에 어떻게 작용하며, 어떤 영향을 미치는가를 보다 체계적으로 탐색하는 것이다.

사실 교육방법은 '교육'과 '방법'이라는 두 개의 단어로 구성된 합성어이다. 쉽게 풀면 '교육목적 달성을 위한 방법'으로, 낱말의 의미론적 해석만을 두고 본다면 교육방법이란 교육이라는 상위 목적을 달성하기 위한 효과적이고 효율적인 수단인 것이다. 즉, 교육의 포괄적 접근인 교육과정이 '무엇을 가르칠 것인가(what to teach)?'에 대한 의문이라면 교육방법은 '어떻게 가르칠 것인가(how to teach)?'에 대한 해답을 제시하는 교육의 영역인 것이다.

사실 궁극적으로 교육학의 주요한 관심사는 좋은 교육방법을 추구하는 것이다. 좋은 교육방법이란 무엇인지를 다음 두 사례를 통해 탐색해 보는 것이 의미있을 것이다.

첫째, 수학교과에서 인수분해 원리를 소개하는 과정에서 A란 방법을 사용했더니 3시간이 걸렸는데 B란 방법은 단 1시간 내에 대다수의 학생이 이해했다면 두 번째 방법이 첫 번째 보다 더 좋은 교육방법인 것이다. 엄밀히 말해, 여기서 B란 교육방법은 A방법보다 효율성(efficiency)이 높은 수업이라고 말해도 좋을 것이다. 두 번째 예로, 과학교과에서 가속도 법칙을 가르치려고 할 때, 동일한 시간에 컴퓨터 프로그램을 활용한 시뮬레이션을 활용한 C란 방법을 사용했을 때가 종래의 텍스트 중심의 D방법을 사용했을 때보다 학생들이 가속도 법칙에 대해 이해한 폭과 깊이가 증가하였다면, D방법보다 C방법이 효과성(effectiveness)이 높으며 우리는 C방법이 더 좋은 교육방법이라고 말할 수 있다. 이처럼 교육방법은 더 좋은 수업을 위해 예컨대, A와 C방법에서처럼 효과성과 효율성이 높은 수업방법을 개발하고 적용하여 현장 실천을 높이는 데 관심이 있다. 다시 말해 좋은 교육방법이란 교육목적 달성을 제대로 할 수 있으며(효과성), 최소의 노력으로 최대의 교육 결과를 얻을 수 있는(효율성) 방법이 무엇인지를 밝혀내고 현장에 실천하는 데 관심이 있는 것이다.

아울러 최근에는 매력성과 안전성(安全性)도 좋은 교육방법의 중요한 요소로 부각되고 있다. 나아가 최근의 학습자들은 효율성이나 효과성보다는 매력성을 더 중시하는 경향이 있으며, 장기적으로 보더라도 매력성이 다른 두 가지보다 훨씬 더 중요하다고 보는 학자도 많다. 따라서 교육방법은 배우고 가르치는 과정이 효과성, 효율성을 기본으로 하면서 보다 재미있으면서도 교육적인 가치가 높은 안전한 방법으로 교육과정이 수행되기를 바라는 것이다.

그렇다면 왜 좋은 교육방법이 요구되는 것이지에 대한 답은 어려운 곳에서 찾기보다 우리의 삶에서 쉽게 찾을 수 있다. 우리의 하루 일상은 24시간이라는 시간적 한계에 부딪쳐 있고 대부분의 사람들이 주어진 시간을 쪼개서 자신에게 부과된 일을 하거나 여러 사회 활동에 참여하고 있다. 한편 사회가 날로 첨단화되고 전문화됨에 따라 하루 중 배우는 데 사용되는 시간은 점차 많아지게 되고, 배움에 더욱 많은 시간을 투자하는 사람일수록 사회적인 위치도 상승한다는 사실은 주변에서 어렵지 않게 접할 수 있다. 좋은 교육방법은 이처럼 제한된 시간에 더욱 많은 지식을 습득해야 하는 현대의 교육 상황에서 학습에 따른 시간을 단축시켜 줄 수 있을 뿐만 아니라 그 과정을 즐겁고 안전하게 수행할 수 있도록 인도한다. 즉 효과성, 효율성, 매력성, 안전성 등 질 높고 좋은 교육방법을 통해서만 이 기하급수적으로 증가하는 지식을 성공적으로 학습하고 나아가 스스로도 새로운 지식을 만들어 낼 수 있는 인간을 육성해 낼 수 있기 때문이다. 이렇게 학습에 투자해야 할 시간과 노력이 줄게 되고 동시에 즐겁고 안전하게 학습할 수 있다면, 남은 시간으로 학습 내용에 대해 심도 높은 토론 시간을 늘리거나 평소 자신의 관심 영역에 더 많은 시간을 할애할 수 있다. 가족과 친구들과의 인간적인 만남 시간을 더 가질 수 있어 보다 윤택하고 인간적인 삶을 누리는 것은 교육방법의 발전에 따른 부가적인 혜택이다.

결국, 교육방법이란 종합적으로 교육목적에 도달하기 위해 적절한 교육내용을 효과적·효율적으로 전달하기 위한 의도적이고 계획된 활동으로 정의할 수 있다. 즉 교육목적을 가장 효과적으로 달성할 수 있는 바람직한 방법을 의미한다.

2. 교수와 수업

일반적으로 교수(Teaching)와 수업(Instruction)의 관계는 보는 측면에 따라 다음 세 가지로 분류할 수 있다.

첫째, 교수를 수업보다 포괄적인 개념으로 보는 관점이다. 수업은 학습자의 지적·탐구직 특성을 주로 지극히는 내용의 전달에 적용되는 말인 데 비하여, 교수는 학습자의 모든 능력을 자극하는 포괄적인 내용의 전달을 의미하는 것이다. 또 교수는 학습자가 보인 변화 중에서 의도적인 것과 비의도적인 것을 모두 포함한다는 점에서 수업보다 포괄적이다. 수업은 학습자에게서 어떤 변화를 일으키려고 하되, 체계적·의도적·계획적인 성격을 띠고 때로는 교사라는 인격체가 직접 나타나지 않고도 이루어지는 것으로 파악된다. 레이게루스(Reigeluth)는 교수란 수업에 비해 포괄적 의미를 갖는 것으로서 구체적으로 설계·

개발·실행·관리·평가 등을 포함하며, 수업은 주로 교사의 적용과 실행에 중점을 둔다고 하였다.

둘째, 수업을 교수보다 포괄적인 개념으로 보는 관점이다. 교수는 교사의 전문적인 역할을 수행하는 행위이고 학습은 학습자가 학습과제를 이행하는 행위이며, 수업은 교수·학습과정을 의미한다고 할 때 수업이 교수활동과 학습활동을 포괄한다고 볼 수 있다.

호스포드(Hosford)는 교수를 교사와 학생 간의 상호작용을 통해 학습자의 학습목표 달성에 영향을 주려는 시도라고 보는 한편, 수업은 학습자의 학습목표 성취에 간접적인 영향을 주는 것으로 보고, 수업을 교수보다 포괄적인 개념으로 규정하고 있다. 수업은 반드시 교사가 없어도 수업매체를 통해서 수업목표를 달성할 수 있다는 것이다. 이러한 관점에서 수업이 교수보다 포괄적인 개념이라고 할 수 있다.

셋째, 수업과 교수를 동일한 의미로 사용하는 관점이다. 이는 교수와 수업의 용어는 다소 차이가 나는 것은 사실이지만 학생의 변화를 의도적이고, 계획적으로 유도한다는 점에서 서로 일치하는 것으로 보는 견해다.

3. 교육방법의 영역

일반적으로 교육방법이라고 하면 교수·학습의 방법을 의미하고 생활지도를 합하여 생각하는 것이 보통이지만 교수·학습활동은 교수·학습의 내용과 별도로 해서는 안 된다. 내용과 방법과는 이론적으로는 서로 다른 영역을 가지고 있다. 따라서 연구 대상으로도 별도로 생각해야 할 것이지만, 실천적인 면에 있어서는 양자는 일체가 되며 양자 중 한쪽을 결한 경우에는 한쪽만의 기능을 할 수밖에 없다. 교육활동은 항상 하나의 과정과 방법(curriculum and methods)의 것이기 때문이다. 교육방법은 하나의 방법에만 국한한 것이 아니라 생활지도법의 한 측면을 의미하기도 한다. 따라서 교육적 과정(educative process)이라는 말이 적당할 것이다.

교육목적의 탐구에서부터 교육내용의 선택과 교육과정의 구성, 학습지도의 원리와 과정, 생활지도의 여러 가지 면을 교육 목적론과의 연속에 있어서 다루어지는 교육과정의 구성방법, 학습지도의 방법, 생활지도의 방법 등의 3대 영역을 총괄적으로 포함하는 것으로 다루는 것이 타당할 것이다.

역사를 돌이켜보면, 예로부터 후세를 가르친다는 것은 중요한 사회적 덕목으로 여겨졌고 이를 담당하는 전문직이 나타났다. 서양 역사에서 본다면 기원전(B.C.) 5~4세기의 소피스트들이 최초로 가르치는 일을 업으로 했다고 할 수 있다. 소피스트들은 준비된 강연, 즉흥적 강연, 자류토론 등 세 가지 방법을 주 교수방법으로 사용하였다. 그 후 소피스트들의 뒤를 이은 전문적 교수자들에 의해 교육의 효과성을 높이기 위한 새로운 형태의 교육방법이 제안되고 시도되었으며, 그러한 노력은 최근의 다양한 교육방법의 발전을 촉진시켰다.

다만 분명한 점은 세계와 시대, 지식정보화 사회를 맞이하여 교육과 교육과정의 영역이 크게 확대되고 있듯이 교육방법의 영역도 매우 확장되고 있다는 사실이다.

1) 교육의 주체에 따른 분류

교수·학습의 과정에서 누가 적극적으로 주도하느냐에 따른 분류로 ① 교사중심, ② 학생중심, ③ 혼합형 교육방법 등이 있다. 이 분류 기준은 교육방법 분류에 대한 가장 오래되고 일반적인 것으로, 새로운 교육 이론이나 방법 또는 교육매체가 소개될 때 지금도 중요한 논의 기준으로 고려되고 있다.

2) 수업 집단의 규모에 따른 분류

수업 집단의 규모에 따라 다양한 교육방법이 나타날 수 있다. 예를 들면, 학습 집단의 크기에 따라 ① 대집단 수업, ② 중집단 수업(흔히 일반 수업을 의미함), ③ 소집단 수업, ④ 개별 수업 등으로 분류될 수 있으며, 일반적으로 대집단 수업은 40명 이상, 소집단 수업은 20명 이하로 구성된다. 이 외에도 도달해야 할 학습목표의 양이나 수업 장소 등도 수업 규모의 하위분류로 사용되기도 한다.

3) 커뮤니케이션(소통)의 구조에 따른 분류

수업을 교사와 학생 간의 커뮤니케이션의 과정이라고 보는 관점으로 흔히 ① 일제 학습, ② 집단 학습, ③ 개별 학습 등으로 분류한다. 과거에는 주로 일제 학습의 형태가 지배적이었으나, 점차 여럿이 어울려서 생각하고 문제를 해결하는 집단 학습 형태가 다수 도입되었으며, 최근에는 평생교육 및 e-learning 등이 강조되면서 개별 학습 형태가 점차 주목받고 있는 추세이다.

4) 교수 · 학습 환경에 따른 분류

최근 사이버 교육의 성장과 더불어 새롭게 대두된 분류 기준으로, ① 면대면(또는 오프라인), ② 원격(또는 온라인 · 사이버), ③ 혼합형(blended learning) 형태로 나뉜다. 면대면 수업 방법은 교실수업을 중심으로 이루어진 전통적인 수업 형태이며, 혼합형 수업 방법은 컴퓨터, 네트워크 등의 온라인 매체를 활용한 수업 형태이다. 원격 수업 방법은 면대면 수업의 장점과 원격 수업의 장점을 혼합한 것으로, 기존 면대면 중심으로 이루어진 교육을 온라인 교육으로 보완하거나 자율 학습 방식에 온라인 협동 학습을 접목하는 방식, 다양한 온라인 학습 전략에 오프라인으로 보조하는 방법 등 다양한 방법으로의 확장을 시도하고 있다.

5) 현장 활용성에 따른 일반적 분류

현장 활용성에 따른 일반적 분류는 수업자나 학습자 혹은 이를 둘러싼 인적 · 물적 자원이나 토대에 대한 분명한 기준에 의한 것보다는 오랫동안 학교 현장에서 자주 활용되고 있는 일반적인 수업 형태에 관한 분류이며, 시대별로 강조된 교육 사상이나 가치와도 관련이 깊다. ① 강의법, ② 토의법, ③ 발견 및 탐구법, ④ 협동학습, ⑤ 자기주도적 학습의 다섯 가지 방법이 널리 알려져 있는데, 최근에는 IT 등의 첨단 매체를 활용한 다양한 수업방법이 소개되고 있다.

제2절 교수 · 학습의 개념

1. 수업의 개념

수업(instruction)이란 학습자가 특정한 목표에 도달할 수 있도록 학습자의 내적 · 외적 환경을 조정하는 과정이다. 코레이(S. M. Corey)는 "수업이란 개인으로 하여금 특정한 조건 하에서 또는 특정한 상황에 대한 반응으로서 특정한 행동을 나타내도록 학습하게 하거나 또는 그 특정 행동에 참여할 수 있도록 개인을 둘러싼 환경을 계획적으로 조작하는 과정”이라고 하였다.

게이지(N. L. Gage)는 “수업이란 학습자의 학습을 돕는 기술 내지 기예이며, 학습을 촉진하기 위한 지식·정보의 제공과 적절한 장면, 조건 또는 활동을 포함하는 것”으로 정의하고 있다.

수업은 특정한 교육목표의 달성을 위하여 환경을 계획적·의도적으로 조직하는 활동이다. 또한 학습자의 외적 환경의 자극과 내부의 동기·흥미·태도를 자극하여 적절하게 한다는 것노 수업개념에 속힌다.

수업은 교수활동과 관리활동과 이들의 유기적 관련 속에서 체계적으로 이루어지며, 교사라는 인격체가 직접 나타나지 않고도 이루어진다.

2. 학습의 개념

인간발달에는 학습적 발달과 성숙적 발달이 있다. 학습적 발달이란 개체가 환경변인의 작용에 의하여 변화하는 것을 말하고, 성숙적 발달은 유전적·잠재적 특성이 시간 경과에 따라 변화되는 것을 의미하나 양자를 엄격히 구분하기 어려우며, 또한 이들의 상호보완적 관계에서 개체가 발달한다.

모건(C. T. Morgan)과 킹(R. A. King)은 “학습(learning)이란 경험이나 연습의 결과로서 일어나는 비교적 지속적인 행동의 변화”라 하여 성숙과 구별하여 행동주의 심리학파의 견해를 대변하고 있다. 형태심리학파인 레빈(K. Lewin)은 “학습이란 인지구조(cognitive structure)의 변화를 말한다.”고 정의하였다.

한국의 이용걸 교수는 “학습이란 개인이 환경과 상호작용하는 과정에서 일어나는 여러 가지 형태의 비교적 지속적인 변화들이며, 따라서 선친적으로 이미 형성되어 있는 행동과 신경계통의 성숙으로 말미암아 거의 자연적으로 일어나는 변화 또는 피로나 약물 등으로 인한 일시적인 변화들은 학습에서 제외된다.”고 보았다.

이상과 같이 학습의 정의를 개관해 보면 행동주의 심리학에 근거를 둔 학자들의 학습의 정의는 “유기체에 대하여 어떠한 자극 또는 환경을 마련해 주어 그 반응으로 일어나는 비교적 지속적인 변화의 과정”이라고 하고, 형태심리학에 근거를 둔 학자들은 “인지구조의 변화과정"이라고 정의하고 있으며, 이용걸은 양자를 포괄하여 정의하고 있다.

한편, 메드닉(S. A. Mednick)은 학습의 특징을 다음과 같이 기술하고 있다.

첫째, 학습은 그 결과로서 행동의 변화를 일으킨다.

둘째, 학습은 연습이나 훈련의 결과로 일어난다. 따라서 성숙을 통하여 자연적으로 일어나는 행동변화는 제외된다.

셋째, 환경의 영향이라도 질병이나 피로 또는 약물에 의하여 일어나는 일시적인 행동상의 변화는 학습이라고 하지 않는다. 학습이란 비교적 영속적인 변화로 규정되기 때문에 이러한 요인(질병·피로·약물)에 의한 변화는 그런 조건이 사라짐에 따라서 그 변화도 없어지기 때문이다.

넷째, 학습은 직접 관찰할 수가 없으며 실천(performance)과 구별된다. 학습은 실천의 배후에 있는 행동경향성의 변화다. 학습과 실천의 관계는 말하자면 전기와 전기가 작용해서 나타나는 결과(관찰 가능한)의 관계에 비유될 수 있다. 학습을 교육과의 관계에서 보면 교육은 의도적·계획적 가치추구의 목적성을 가진 활동인 데 반하여 학습은 의도성이나 목적성이 없이 행동변화에 사용된다.

3. 수업과 학습의 관계

학습과 수업에는 개념상 다소 차이가 있다. 그러나 분명한 것은 '수업'이든 '학습'이든 아니면, '교수'든 간에 교수·학습 활동은 언제나 학습자에게 학습목표를 달성시키는 것을 목표로 하고 있으며, 문제를 해결하게 하는 능력의 육성과 교육활동을 통해 개개인 모두가 각자의 능력을 최대로 발휘할 수 있도록 기회를 주는 것을 그 내용으로 하고 있다. 따라서 수업에서는 다음의 세 가지 측면을 고려하여 실천할 때 그 효율성을 높여 나갈 수 있다.

첫째, 학습자에게 학습하는 태도를 갖게 하는 최적의 경험과 관련 측면이다. 학생들은 개인의 적성과 능력이 다르며 도달된 학업성취 정도도 다르다. 어떤 경험이 그 개인에게 적합한가하는 것은 주어진 경험이 학습자의 개성과 성취 정도에 어느 정도 알맞은 활동이냐에 달려 있다. 즉, 지나치게 곤란하거나 또 쉬운 경험은 학습자에게 좋은 성과를 기대하기 어렵다. 개개인에게 적합한 경험을 통한 수업은 학습에 대한 의욕과 태도를 가지게 하므로 학습의 성과를 높이게 된다.

둘째, 학습자가 정보, 지식을 적합하게 조직할 때 사용되는 구조의 문제이다. 새로운 지식의 증가는 더욱 격심해지며 지식의 구조화는 더욱 중요시될 것이므로 그 내용에 따른 구조의 분류가 연구되어야 한다. 지식의 내용에 따른 적합한 구조화는 학습의 성과를 높이게 될 것이므로 수업은 구조화의 분류를 중시해야 할 것이다.

셋째, 적합한 학습교재에 대하여 학습자가 접하는 순서를 조사하는 일이다. 일반적으로 학습과제는 계열적으로 배치되고 있다. 이와 같은 학습 내용이 어떤 기준에 의하여 질서 있게 수업으로 전개되었을 때 더욱 능률적인 결과를 얻을 수 있으며, 계속되는 다음 과제 학습의 촉진제가 된다. 따라서 수업 내용의 계열에 관해서는 충분히 연구되어야만 목적한 바를 달성할 수 있다.

수업에 있어서 목표가 있어야 한다는 말은 수업이 의도적으로 이루어져야 한다는 것이다. 따라서 수업 목표에 의한 학습이 실천된다고 하더라도 반드시 수업목표에 도달하는 수업이라고 확신할 수는 없다. 바람직한 수업이라고 할 수는 없지만 경우에 따라서는 수업 목표와 동떨어진 학습이 교시 현장에서 이루어질 수도 있다. 즉 교수가 이루어진다고 해서 반드시 학습이 이루어지는 것은 아니다. 따라서 수업과 학습은 같은 내용으로 볼 수 없으며, 수업과 학습 사이에는 다음과 같은 관계와 차이점을 지니고 있다.

첫째, 교수는 독립변인이고 학습은 종속변인이다. 독립변수라 함은 스스로 작용하는 변수이며, 종속변수는 작용결과로 나타나는 변수이다. 즉 교수는 작용하는 것이며, 학습은 작용 결과로 나타나는 학생 행동의 변화를 뜻한다. 훌륭한 수업이란 독립변수에서 예상되는 종속변수가 나타남을 의미한다. 흔히 작용하는 목표나 의도가 분명치 않기 때문에 또는 의도한 것 이외의 변인이 의외로 강하게 작용하기 때문에 나타난 결과가 다른 방향의 것이 될 수 있다.

둘째, 수업은 의도적이고 계획적으로 달성해야 할 목표가 있고, 비의도적인 경우도 있다. 수업은 의도적이고 계획적으로 달성해야 할 목표가 있고 내용과 대상이 있다. 그러나 학습은 반드시 의도적인 것은 아니며, 수업이 이루어지면 반드시 학습이 이루어지는 것은 아니다. 학습이 이루어질 수도 있고 이루어지지 않을 수도 있다.

셋째, 수업은 일의적(一義的)이지만 학습은 다의적(多義的)이다. 교사가 가르치는 것은 하나이지만 그것을 받아들이는 학생들은 자신의 흥미, 적성, 학습동기, 지능, 능력 등에 따라서 각각 다르게 받아들일 수 있다. 따라서 학생들이 받아들이는 내용이나 정도는 제각기 다르게 나타날 수 있다.

넷째, 수업은 처방적이지만 학습은 기술적이다. 수업은 학습의 문제점을 찾아내어 이를 고치기 위한 처방적 행동이라고 할 수 있다. 또한 목표에 접근시키기 위한 행동도 일종의 처방적 행동이라고 할 수 있다. 그러나 학습은 학생 생활의 변화된 모습을 있는 그대로 기술할 뿐이다. 이 기술 결과에 따라 새로운 처방을 하게 된다. 이와 같이 기술과 처방은 상호 관련적이며 좋은 처방은 결과의 기술이 좋게 나타날 것이다. 엄격히 말하면 처방은 개인에 따라서 달라야 하므로 개별 교수의 필요가 나타난다. 이와 같이 교수와 학습은 상호 불가분의 관계를 가지고 있으면서 다른 특성을 지니고 있기 때문에, 최근에 교수이론에 관한 연구가 급속도로 발전하고 있다.

제3절 교수 · 학습의 체계

일반적으로 교수 · 학습의 과정은 교육목표를 달성하기 위하여 상호작용하는 수많은 하위 구성요소들을 포함하고 있으며, 이 하위 구성요소들은 교육목표 달성을 위하여 서로 상호작용적 관계를 맺고 있는 체제이다. 또한 교수 · 학습의 체제를 구성하는 하위요소들 로는 다양한 시각과 관점이 있지만, 일반적으로는 교육목표, 교육내용, 교육방법, 교사, 학생, 교수 환경 등이 주로 거론되고 있다.

1. 교육목표

일반적으로 교수목표와 학습목표를 서로 구분하지 않고 사용한다. 교사가 가르치는 교수목표는 곧 학생이 학습하는 학습목표가 되기 때문이다. 이 두 용어를 모두 포함하는 의미로는 수업목표라는 용어를 사용하는 것이 무방할 것이다.

교사가 기대하는 목표와 학습자가 인식하는 목표가 서로 합치되어야만 수업목표가 더 효율적으로 가능할 수 있으며, 따라서 교사는 수업목표의 설정에서 학습자들이 수업목표를 보다 명확히 인식하도록 배려해야 할 것이다.

2. 교육내용

　　교육내용이란 교육목표가 무엇이냐에 따라 그 목표를 달성하기 위해서 제공되어야 할 학습경험(학습 내용)들을 의미한다. 교과중심 교육과정을 강조하는 학자들은 교육내용으로서 교과로 대변되는 인류문화의 유산을 중시하였으며, 생활중심은 변화하는 환경에 대한 적응력을 강조하였고 학문중심 교육과정은 학문의 탐구 능력을 교육내용으로서 매우 중요하게 생각하였다. 타일러(Tyler)는 학습경험을 교육내용과 학습자와의 상호작용이라고 하였다. 즉 수업에서 제공되는 교수자료들에 대하여 학습자들이 이런 경험을 하도록 할 것인가를 의미한다.

　　이처럼 해당 수업에서 제공되는 교육내용들은 그 특성에 따라서 적합한 서로 다른 교수방법 및 학습방법이 제공되어야 한다.

3. 교육방법

　　교육목표 달성을 위하여 교사와 학생 간에 내용을 중심으로 한 상호 의사소통의 과정을 말한다. 이 상호작용 과정에는 교사와 학생, 학생과 학생 간의 의사소통을 가능하게 하는 교육매체가 포함된다.

　　수업은 대부분 교사의 설명과 학생의 경험으로 이루어진다면 교사중심 수업 또는 설명식 수업이라고 볼 수 있고, 교사의 설명을 최소화하고, 학생의 질문을 최대한 이끌어 내는 수업이라면 이를 발견식 또는 탐구식 수업이라 해도 좋을 것이다.

　　학생과 학생 간의 상호작용은 협동학습, 토의식 수업, 문제 중심 수업 등에서 활발하게 논의되는 상호작용의 형태로서 학습자들 간에 이루어지는 상호작용의 형태를 말한다.

　　내용 또는 매체와의 상호작용은 수업에서 제공되는 교수자료에 내재된 내용과의 상호작용을 말한다.

　　마지막으로 학생과 자신과의 상호작용이란 학생이 학습을 수행하는 과정에서 자신의 사고 과정을 지속적으로 점검하고 반성하는 메타인지(meta cognition)적 과정을 의미한다.

　　연구 보고에 의하면 자신과의 상호작용이 활발한 학생일수록 보다 다양하고 적극적인 사고를 수행한다고 한다.

　　최근에 강조하고 있는 자기 주도적 학습의 아이디어는 결과적으로 이와 같은 자신과의 상호작용을 활성화함으로써 학습의 효과를 높이기 위한 시도라 할 수 있다.

4. 교수자(교사)

교사는 수업에서 중심적인 역할을 수행한다. 교사는 교과영역에 대하여 전문적인 지식과 안목을 갖춘 교과 전문가로서의 역할을 수행한다. 자신이 담당하는 교과영역에 대하여 정통(능통)하고 있어야만 교사로서의 전문성과 자율성을 갖출 수 있다. 해당 교과 영역에서 주로 탐구하는 탐구과제, 그동안의 탐구된 성과, 탐구방법 및 앞으로의 탐구과제 등에 대하여 깊이 있는 이해가 필요하다. 학생들이 학습해야 할 지식이나 개념, 원리, 아이디어 등 내용요소들을 잘 학습할 수 있도록 어떻게 해당 교과의 교수·학습 과정을 계획하고 이끌어 가야 할 것인가에 대한 전문적인 안목이 필요하다. 자신의 교과가 학생 개인의 삶 및 사회의 발전에 어떻게 기여할 수 있을 것인가에 대하여 답할 수 있어야 할 것이다.

5. 학습자(학생)

교수·학습 체제가 추구하는 목표는 결과적으로 학생이 학습으로 성취되어야 한다. 그러므로 학생에게 요구되는 것이 무엇이며, 그가 무엇을 필요로 하는가를 토대로 하여 수업이 계획되고 수행되어야 한다. 학생의 여러 가지 특성, 즉 인성적 특징이나 능력, 학습태도 등은 교수방법의 결정에 중요한 준거가 된다. 학생의 특성으로는 일반적으로 지능수준, 선수학습 정도, 학습 적성, 학습 양식, 학습 동기, 학습 태도 등이 거론되고 있다.

6. 학습환경(교수환경)

교수·학습 과정에 영향을 미치는 환경은 학교환경, 교실환경, 교사환경과 학생환경으로 나누어 살펴보겠다.

학교환경은 학교의 효과성에 영향을 미치는 환경 변인으로서 학교 교육행정의 경영 방식, 학교의 교수·학습문화, 교사집단 및 학습자 집단의 성격, 각종 교육시설 및 기자재 여건 등이 포함된다.

교실환경은 학급 경영에 영향을 미치는 환경 변인으로서 교실의 학습문화, 의사소통의 형태, 집단 응집성 등 심리적, 사회적 환경과 교수·학습자료, 교실의 조직, 교실의 크기 등 물리적 환경을 포함한다.

교사환경은 교사들의 교육에 대한 가치, 신념, 생활태도 등 교사 집단의 문화와 연령별, 성별, 경력별 등 교사 집단의 성격 등을 포함한다.

학생환경은 학습자 집단의 문화로서 부모의 사회 경제적 지위, 집단적 가치, 흥미 등 여러 가지 요인들이 반영된다.

제4절 교수·학습의 원리

1. 출발점 행동

1) 출발점 행동의 개념

출발점 행동(entery behavior)이란 학생이 도달하여야 할 도착점 행동(terminal behavior)의 학습을 시작하기 이전에 학습하였어야 하는 제 행동특성을 말한다. 다시 말하면 출발점 행동이란 교사가 목표한 어떤 학습을 시작하는 단계에 있어서의 학생들이 습득한 지식, 기능, 태도, 학습방법, 분석능력, 종합력 등 선수학습경험을 의미한다.

이 출발점 행동의 개념을 더욱 명백히 하기 위한 진단과 같다. 교수목표라 할 수 있는 도착점 행동은 '시계를 보고 1분 단위로 시간을 정확하게 말하고 쓸 수 있다.'이다. 이 경우 그 출발점 행동을 다음과 같이 규정할 수 있다.

① 시계의 두 바늘 중에서 큰 것, 작은 것을 분간할 줄 안다.
② 큰 바늘, 작은 바늘이 각각 무엇을 표시하는지 안다.
③ '작은 칸에 숫자를 써 넣으시오', '책장을 넘기시오' 등의 언어적인 지시를 따를 수 있다.
④ 1에서 60까지의 수를 분간하고, 쓰고 말할 수 있다.
⑤ 1에서 60까지 셀 수 있고, 5씩 모아세기로 60까지 셀 수 있다.

2) 준비성과 출발점 행동

준비성(readiness)이란 어떤 교수목표에 관련하여 학생이 현재 가지고 있는 능력의 적정성이다. 읽기 준비성은 학생이 읽기를 시작하기 전에 습득했어야 할 성취(performances)를 의미한다. 즉, 준비성이란 어떤 학습이 효과적으로 이루어질 수 있기 위한 학습자의 준비 상태 혹은 정도를 말한다. 크론바하(Cronbach)는 "준비도란 학습자의 요구나 목표, 이미 학습한 관념이나 기술 등 학습자가 갖추어야 할 준비가 되어 있는 것이다."라고 하였다. 준비성과 관계되는 것으로 손다이크(Thorndike)의 학습의 법칙으로서의 준비도가 있으며, 글레이저(Glaser)는 출발점 행동이라 하였고, 브루너(Bruner)는 학습경향성, 캐롤(Carroll)은 적성이라 하였다. 어떤 학습이든지 학습자가 그것을 배우기에 적합한 시기 혹은 가장 적합한 성숙의 시기가 있다는 것이다. 그런데 준비성과 성숙(maturity)을 혼동하는 경우가 많은데, 성숙은 유전의 영향에 크게 좌우되는 생물학적 성장인 데 비하여 준비성은 훈련이나 학습과 성숙의 공동산물이다. 일반적으로 준비성 요인으로 성숙, 지능, 생활연령, 선수학습경험, 개인차 등이 포함되는 것을 보아도 준비성과 성숙은 동의어가 아니다. 그러므로 준비성은 성숙의 일반적 기초 위에 이루어진 교육내용과 교육방법의 적응성의 소산이라 할 수 있다. 준비성의 평가는 위의 예시한 출발점 행동의 기술과 비슷하거나 혹은 출발점 행동과 관계시킴으로써 가능하게 된다.

읽기 준비성을 예로 들면, 읽기 준비성이라면 학생이 읽기를 배우기 전에 갖추고 있어야 하는 제 능력의 구비를 뜻한다. 이를 좀 더 세분하여 보면 다음과 같다.

① 대상의 형태나 색의 유사점·차이점을 가려낼 수 있다.
② 낱말 소리의 유사성·차이성을 귀로 듣고 가려낼 수 있다.
③ 자기의 경험을 논리적 계열이 바로 선 이야기로 꾸밀 수 있다.
④ 간단한 지시를 바로 듣고 그대로 따를 수 있다.
⑤ 문자의 모양을 보고 유사한 것, 다른 것을 가려낼 수 있다.
⑥ 책의 그림을 보고 거기에 쓰인 글자를 읽고 싶어 한다.
⑦ 어떤 일을 시작하면 중단하지 않고 끝날 때까지 해낸다.
⑧ 쉽게 성취되지 않거나 실패하는 일에 대해서 지나치게 동요되지 않는다.

사실 읽기 준비성의 기술은 출발점 행동의 기술과 분간하기 힘들다. 특히 준비성 기술에서 성취의 부분만을 본다면 출발점 행동과 전혀 다를 것이 없다. 그런데 많은 경우에 있어서 준비성을 성숙과 동일시하거나 그렇지 않더라도 성숙을 준비성의 가장 중요한 결정요소로 보는 경향이 짙다. 앞에서 인용한 읽기 준비성 중 시각대상이나 음의 유사성 혹은 차이성을 분간하는 능력 속에는 벌써 성숙의 요소가 다분히 포함된다. 사실상 준비성이라고 할 때, 성숙과 완전히 독립하여 생각할 수 없는 일이다. 준비성 그 자체가 성숙과 학습 혹은 훈련의 공동소산이기 때문이다.

2. 교수·학습의 원리

일반적으로 교수·학습지도의 원리로는 자발성의 원리, 개별화의 원리, 사회화의 원리, 통합의 원리, 직관의 원리, 목적의 원리 등을 들 수 있다.

1) 자발성의 원리

자발성의 원리란 학습자 자신이 스스로 자발적으로 참여하는 데 중점을 둔 원리이다. 학습자 자신의 활동과 노력을 중시하는 노작교육과 행함으로써 배운다는 사상은 페스탈로치(Pestalozzi), 듀이(Dewey), 킬패트릭(Kilpatrick) 등에서도 찾아볼 수 있다. 교사의 입장에서는 학생 스스로 학습하도록 하는 방법이 모색되어야 한다. 구안법, 문제법, 프로그램학습 등은 이와 같은 원리를 적용한 것이다. 이와 같은 자활이나 자발을 기초원리로 삼게 될 때 학습자가 가지는 창의성도 발휘될 것을 기대할 수 있다. 자기활동의 원리, 흥미의 원리, 창조성의 원리 등도 모두 여기에 속한다.

자발성의 원리의 구체적인 방법은 다음과 같다.

① 교재의 정도를 학습자의 발달단계나 능력에 맞춘다.
② 생활준비설의 견해에 따라서 학습의 중요성을 설명한다.
③ 동기유발의 방법을 사용한다.
④ 학습의 목적을 이해시키고 흥미를 유발시킨다.
⑤ 학습환경을 학습에 맞게 구성한다.

2) 개별화의 원리

개별화의 원리란 학습자가 지니고 있는 각자의 요구와 능력 등에 알맞은 학습활동의 기회를 마련해 주어야 한다는 원리다. 즉, 개인차를 존중한 학습을 말한다. 이러한 시도인 캠브리지 플랜(Cambridge Plan), 달턴 플랜(Dalton Plan), 위네트카 플랜(Winetka Plan) 등은 개별화의 원리에 바탕을 두었다고 볼 수 있다. 개별화의 원리와 자발성의 원리는 동전의 앞뒤 면과 같이 밀접한 관계가 있다.

개별화의 원리의 구체적 방법은 다음과 같다.

(1) 달턴 플랜(Dalton Plan)

달턴 플랜은 파커스트(Parkhurst) 여사가 1913년부터 연구하여 창안한 학습지도 방법으로 1920년 매사추세츠 주 달턴 시에서 실시되었으므로 그 명칭을 달턴 플랜이라 한다. 이 안은 몬테소리(Montessori)의 영향을 받은 것으로 고등학교 등 상급학년에 적용한 것이 그의 독창적인 면인 것이다. 즉, 일제교수를 지양하고 자유와 협동의 원리에 입각한 자주적이고 개별적인 교수·학습방법이라 할 수 있다.

그 내용을 간추려 보면 실험실을 설치하고 과제계약을 하며 진도표를 활용한다. 이 안은 학년이나 교과과정을 그대로 보존한다. 그 대체적인 내용은 다음과 같다.

실험실 설치: 종래의 학년제의 교실 대신에 학과마다 실험실을 설치하고 실험실에는 각 학과에 필요한 교재와 도서가 준비되어 있고 지도교사가 있어 학생은 자기과업을 자유롭게 학습할 수 있다.

① 과제계약: 교사와 학생이 협의하여 학생의 능력에 맞게 학과를 어느 정도까지 학습할 것인가를 계획한다. 이 계획은 일종의 계약이다. 일반적으로 1개월간의 계약은 단위제이며 20단위다. 학생은 성립된 계약에 의하여 매일 지도교사와 만나 학습진도를 보고하고 의논하는 협동의 과정이 따른다.

② 진도표: 학생용 계약도표에 학생 자신이 그의 진도를 기입한다. 그리고 교사용 실험실 도표에도 기록하여 교사가 보관한다. 학습도표에는 학급, 학생 전원의 전 교과에 대한 작업의 양이 주단위로 기입되는 것으로 학습의 진도를 가리킨다.

③ 이 안은 학년이나 교과과정을 그대로 보존한다. 이 안이 효과를 거두었으나 시설, 자료관계 등을 비롯하여 방법 자체가 내포하는 약점들인 학생들의 시간절약을 위한

조급성, 피상적 습득, 연체의 악습 등으로 쇠퇴하게 되었다.

(2) 위네트카 플랜(Winetka Plan)

1919년 미국 시카고(Chicago) 교외의 위네트카 지방의 교육장으로 있던 와쉬번(C. W. Washburne)에 의하여 실시된 교육의 개별화를 위한 교수체제의 일종이다. 모든 교과를 공통기본과목과 집단적·창조적 활동의 두 영역으로 나누어 공통기본과목은 특별히 고안된 교과서에 의하여 개별학생의 능력에 따라 자율학습을 하여 개별적인 진도를 평가하고 새로운 과제가 주어지며 진급된다. 집단적·창조적 활동은 주로 자기표현활동으로 학급 전체의 사유롭고 협동직인 활동으로 이끌어가되 평가를 통한 급락(及落)은 결정하지 않는다. 이것은 교육의 사회화와 개별화를 시도한 것으로 무학년제에 영향을 주었다.

3) 사회화의 원리

사회화의 원리란 학습내용을 현실사회의 사상과 문제를 기반으로 하여 학교에서 경험한 것과 학교 밖에서 경험한 것을 교류시키고, 공동학습(분단학습, 집단학습)을 통해서 협력적이고 우호적인 학습을 진행시키는 원리이다. 페스탈로치(Pestalozzi)가 협동적인 노작에 의한 학습방법을 제시하였고, 듀이(Dewey)는 학교는 사회의 축도이어야 한다는 '축도사회(縮圖社會)로서의 학교'라는 명제를 내세운 것은 모두 다 사회화의 원리를 역설한 것이다. 올센(E. Olsen)은 지역사회 학교(community school)에서 학교와 지역사회 간에 유기적인 연관을 맺어 교육의 사회화 및 생활화를 보다 철저하게 이룩하려고 하였던 것이다.

4) 통합의 원리

통합의 원리란 학습을 송합석인 선체보서 시도하자는 원리로 동시학습(concomitant learning)의 원리와도 같다. 즉, 학습이란 부분적·분과적으로 이루어지는 것이 아니고 지적·정의적·기능적 분야의 종합적인 전체에서 이루어져야 한다는 것이다. 단원학습법이라든가, 교육과정에서 특별활동의 비중을 교과활동과 같이 둔 것은 모두 이 원리에 기반을 둔 것이라고 할 수 있다. 교과 및 교재의 통합, 지도방법의 통합, 생활지도 등을 비롯한 지도영역의 통합 등을 통해 전인교육을 실시하자는 것이다.

5) 직관의 원리

직관의 원리란 어떤 사물에 대한 개념을 인식시키는 데 있어서 언어로써 설명하느니보다는 구체적인 사물을 직접 제시하거나 경험시킴으로써 효과를 볼 수 있다는 원리로서 오늘날 시청각교육이 강조되고 있는 근본 입장이 바로 여기에 근거한다. 이 직관교육은 근대 교수이론의 원조라고 볼 수 있는 코메니우스(Comenius)의 교수론을 적용한 『세계도회』가 유명하다. 코메니우스 이후 페스탈로치에 의해서 직관의 개념은 더욱 크게 강조되어 언어주의 교육에서 구체적인 실물이나 그림, 모형 등을 교구로 이용하는 직관교수를 실시하게 된 것이다.

6) 목적의 원리

교육은 목적을 가진 의식적인 활동이며 학습지도는 그 목적을 실현하기 위한 구체적인 방법이다. 먼저 학습자의 입장에서 보면 학습자에게 학습목표가 분명하게 인식되었을 때 학습자들은 자발적이며 적극적인 학습활동을 하게 된다. 한편 교사의 입장에서 목적의 원리를 고찰해 보면 학생들의 학습목표가 그들의 행동을 자발적으로 통정(統整)하고 자기평가를 행하는 준거가 되었던 것과 똑같이 교사가 갖는 교육목표도 교재를 선택하고 학습지도를 하는 등의 교육활동을 통정하고 교육의 결과를 평가하는 준거가 되는 것이다. 그러므로 합리적이고 효과적인 교육이 되기 위해서는 명확한 목적의식을 가지고 있어야 하는 것이다.

제5절 교수 · 학습모형의 이론

1. 글레이저(Glaser)의 교수 · 학습모형

글레이저(R. Glaser)는 교수의 과정을 하나의 체계적이고 조직적인 체계로 보고 처음으로 교수 · 학습과정의 개념 모형을 체계적으로 개발하였다. 그는 교수 · 학습단계를 네 단계로 구분하여 설명하였는데, 이것을 도식화하면 다음과 같다.

〈그림 8-1〉 글레이저(Glaser)의 수업모형

글레이저는 수업이 진행되는 교수과정을 하나의 체제(system)로 보고 그것을 교수(수업)목표, 출발점 행동, 수업절차, 성취도 평가의 4개의 요소로 구분하여 설명하고 있다.

이 모형의 특징은 수업은 한 단계 한 단계가 바로 뒤따르는 후속단계의 활동을 결정하는 계속적인 결정과 수정의 모형이다. 즉, 한 학습단원의 수업목표가 결정되면, 이 수업목표의 달성에 관련된 학생들의 출발점 행동의 양상이 정확히 진단되며, 그에 따라 이 학생들에게 어떤 학습지도가 주어져야 할 것인가 처방되며, 최종적으로 학습지도의 성과가 평가되도록 되어 있는 교수과정의 개념모형(conceptualization of the teaching process)이라 할 수 있다.

1) 교수목표(수업목표)의 설정과 진술

교수목표란, 교육이 궁극적으로 달성해야 할 가치실현의 인간행동을 포함하여 학습자들이 무엇을 학습하기를 원하는가를 알아보는 일과 교과의 내용을 분석하는 일 등이 포함되어야 한다. 수업목표 설정은 일련의 수업활동을 통하여 학생들이 성취해야 할 활동을 관찰, 측정, 기술이 가능한 수준으로 세분화하여야 한다. 미리 설정된 수업목표라 하더라도 수업 중이나 수업 후의 평가결과를 기초로 다시 수정, 보완되어야 한다.

수업목표는 관찰, 측정, 기술이 가능한 것으로 세분화하는 것으로부터 시작한다. 수업목표는 도착점 행동(terminal behavior)으로 설명될 수 있다. 도착점 행동이란 특정 교수과정이 끝났을 때 학생들이 보여 줄 수 있는 성취(performance)를 의미한다.

글레이저는 교수목표 대신 종착점 행동이라는 용어를 쓰기를 원한다. 종착점 행동은 최저한도의 성취표준과 최대한도의 성취수준이 정해질 수 있다.

2) 출발점 행동의 진단과 확인

교수목표를 달성하기 위해 학습자의 현재의 수준을 진단하는 일이다. 출발점 행동이란, 글레이저가 처음 사용한 말로서, 새로운 수업이 시작되는 단계에서 학생들이 가지는 선행

학습의 정도를 말한다. 출발점 행동 진단은 학습자간 또는 학습자 내 교과목별 개인차를 알아보기 위해 시행된다. 즉, 진단과정을 통해 선수학습 능력의 정도, 사전학습 성취수준의 판정, 반복되는 학습곤란의 심층적 원인 판명 등을 하게 된다. 진단 시기는 올바른 능력에 맞는 자리를 배치해 주기 위해 학년이나 학기 초에, 단원 혹은 특정 학습과제를 위해서는 매 단원 초에 이루어진다.

출발점 행동의 진단은 학습자의 과거 학습경험과 학습자의 지적 능력, 발달 그리고 학습과 관련된 여러 정의적 특성들(흥미, 태도, 성격, 자아개념 등)이 포함된다.

출발점 행동이란 투입행동(input behavior)이라는 말로 사용되는 것으로 학생들이 새로운 특정 도착점 행동을 습득하기 전에 이미 습득해 있어야 할 행동을 가리킨 것이다. 수업절차에 앞서 출발점 행동의 진단을 위한 진단평가(diagnostic evaluation)를 실시하여 학습결손아를 발견하고 처방방안을 강구할 필요가 있다. 그리고 교수절차에서의 학습지도 방법이 모색되어야 한다. 출발점 행동은 진단평가로 도출되는 것이다.

3) 수업절차의 선정과 실행

수업절차란 교사의 수업 전개의 활동을 진행하는 단계이다. 학습자가 교수목표를 성취하기 위하여 교사가 수립한 수업계획에 따라 가장 적합한 교수방법과 절차를 선정하고 다양한 시청각 매체와 학습 보조 자료를 활용하여 수업을 전개해 나간다.

수업절차라는 측면에서 이 단계는 크게 학습지도와 형성평가의 단계를 포함한다.

도입단계에서는 학습자들로 하여금 도달해야 할 수업 목표가 무엇인지를 명백히 인지하게 하고 학습동기를 유발하고 선행학습 내용과 본시 학습내용을 관련짓는 활동이 이루어진다.

전개단계에서는 학습자의 수업활동을 자극하고 유도하는 활동과 더불어 형성평가가 이루어진다.

수업 마지막 단계인 정리단계에서는 그동안 이루어진 학업을 다지고 강화시킨다. 학습된 내용들을 정리하고 이를 반복 연습시켜 강화하며, 확실하게 파지·전이(轉移)시킨다.

수업절차는 학생의 출발점 행동에서 시작하여 학생의 학습상황을 떠나는 사이의 과정으로 학습지도의 장면을 의미한다. 글레이저는 설정된 수업목표에 점진적으로 접근시킬 수 있는 보조행동(auxiliary behavior)의 활용을 강조한다. 이 단계에서는 학습지도 방법과 형성평가(formative evaluation)에 의한 교정학습이 중요시된다.

4) 학습 성취의 평가와 사정(査定)

이 단계에서의 평가활동은 마지막 단계로서 초기에 설정된 수업목표가 수업활동을 통하여 어느 정도 달성되고 있는가를 알아보는, 즉 수업이 끝난 후 학습자들이 나타내 보여준 행동의 변화를 알아보는 것이다. 평가는 형성평가와 총괄평가로 나누어 볼 수 있는데 형성평가는 교수·학습과정이 진행되는 동안에 실시하며 총괄평가는 학습이 완전히 끝난 후 실시되는 평가활동으로 학업싱취를 파악히여 교수 효율성을 확인하는 단계이다. 이 단계는 주로 총괄평가에 해당하며 일정기간의 수업이 끝났을 때 하는 평가로 학기 말 또는 학년 말 고사(평가)의 형태로 시행이 된다. 총괄평가에서 얻어진 정보는 설정된 표준에의 도달 정도를 판단하는 데 이용되고 다음 단위의 교수과정 설계의 기초자료로 쓰이게 된다.

수업절차가 끝난 다음 설정된 수업목표에 비추어 학습성과의 평가를 의미한다. 이때의 평가는 형성평가와 총괄평가(summative evaluation)로서 도착점 행동의 성취를 알아보는 것이다. 그러므로 어느 편이나 교육목표의 달성정도를 절대적으로 평가하는 준거지향적 평가(criterion referenced evaluation)이다. 교수·학습과정이 진행되는 동안에 일어나는 형성평가 활동과 교수·학습과정이 완전히 끝났을 때 실시하는 총괄평가의 두 가지 형태의 평가를 실시할 수 있다. 형성평가에서 얻어진 정보는 후속되는 교수·학습활동을 조정하는 데 이용하거나 교수목적을 다시 한 번 교수−학습상황에 적용하여 그 적부(適否)를 검토하는 기능의 역할을 한다. 한편 총괄평가에서 얻어진 정보는 설정된 표준에의 도달정도를 판단하는 데 이용되고 다음 단위의 교수과정 설계의 기초자료로 쓰이게 된다. 이러한 과정체제(system process)에서 평가에 의한 계속적인 환류(feedback)이 행해진다.

2. 가네(Gagné)의 교수·학습모형

가네(Gagné)의 수업이론은 목표별 수업이론 또는 학습위계에 따른 교수모형으로 불린다. 가네(Gagné)는 학습에 영향을 미치는 변인을 학습의 조건이라고 하고 이를 내적조건과 외적 조건으로 구분하였다. 내적 조건은 학습자가 이미 소유하고 있는 학습능력으로 선행학습, 학습동기, 자아개념 등이며, 외적 조건은 학습자의 외부에서 주어지는 것, 즉 교사가 학습자에게 제공해 주는 것으로 강화의 원리, 접근의 원리, 연습(반복)의 원리를 제시하였다. 이들 내적·외적 조건은 서로 상호작용하며 학습에 영향을 미친다.

지적 기능의 학습은 학습 과제의 성격에 따라 위계가 낮은 것부터 차례로 신호학습, 자극－반응학습, 운동연쇄학습, 언어연합학습, 변별학습, 개념학습, 규칙학습, 문제해결학습 등의 8가지 유형으로 분류하였다.

가네(Gagné)의 교수학습모형에서 사용된 개념을 설명하면 다음과 같다.

① 신호학습: 고전적 조건형성에 의한 반응으로 이루어진 학습으로 신호등의 빨간불, 파란불, 거리의 표지판 등에 해당되는 학습유형이다.

② 자극－반응학습: 조작적 조건형성의 원리에 의해 학습되는 형태를 말하며, 신호학습이 강요된 반응의 학습이라면, 자극－반응학습은 학습자의 자발적인 의사에 따라 행해지며, 또 그 행위에 따라 주어지는 보상과 결합하여 습관화되는 학습의 형태이다.

③ 연쇄학습: 하나하나의 단일 반응들이 적당한 순서로 연속해서 이루어지는 학습의 형태로 특별히 언어연합학습과 구별하여 운동반응의 연쇄를 의미한다.

④ 언어연합학습: 지시체인 대상과 그 대상을 표현하는 언어, 기호 등을 연합하는 언어학습 유형을 말한다.

⑤ 변별학습: 어떠한 사상을 서로 구별할 수 있게 되는 것을 말한다. 학생들은 어른과 아이의 차이를 알게 되고, 어른에게는 존댓말을 사용해야 한다는 것도 알게 된다.

⑥ 개념학습: 사물들 또는 사상들 간의 공통된 속성을 이해하여 그것을 기준으로 사물 또는 사상을 분류하게 되는 학습을 말한다.

⑦ 규칙학습(원리학습): 이미 배운 개념이나 법칙을 새로운 학습에 적용할 수 있게 되는 학습을 의미한다.

⑧ 문제해결학습: 이미 배운 원리를 응용하여 여러 가지 새로운 상황에서 당면하는 문제들에 대한 해결책을 발견하게 되는 학습을 말한다.

가네(Gagné)는 효과적인 학습을 위해 모든 과제는 여덟 가지의 학습위계에 맞도록 차례대로 구성되어야 하며, 제일 낮은 수준의 신호학습에서부터 문제해결학습에 이르기까지 모든 단계가 포함되어야 한다고 했다. 그는 효과적인 수업활동을 위하여 교수 장면에서 일어나는 일, 즉 교수활동을 제시하였다.

첫째, 주의를 집중시키고 통제한다. 어떤 외적 자극은 적절한 주의를 환기시킨다.

둘째, 학습자에게 교수목표를 알린다. 주로 학생과 언어적 대화를 통하여 학습자가 학습한 후 할 수 있는 성취행동을 말해 준다.

셋째, 적절한 선행학습 능력을 재생하도록 자극한다.

넷째, 학습을 위한 방향지도를 말한다. 보통 언어에 의한 의사소통을 통하여 학습자의 사고는 어떤 촉진 내지 암시를 받고 결국엔 본질적인 성취행동이 이루어진다.

다섯째, 결과의 지식(feed back)을 준다. 학습자는 새로 습득한 성취행동의 정확성에 대한 정보를 얻는다.

여섯째, 성취행동을 평가한다. 학습자에게 2개 이상의 장면에서 자기의 성취를 증명할 수 있는 기회를 부여한다.

일곱째, 전이에 대비케 한다. 새로이 학습된 학습능력의 일반화를 시키기 위하여 몇 개의 새로운 예를 제시한다.

여덟째, 파지가 되게 한다. 새로운 학습능력을 활용시킴으로써 그것을 기억하도록 배려한다.

이러한 순서는 일반적인 교수과정에서 진행되고 있다.

3. 캐롤(Carroll)의 학교 학습모형

캐롤(Carroll)의 학교 학습모형은 학교에서 이루어지고 있는 여러 가지 형태의 학습 가운데 특히 지적 학습에 작용하는 중요변인들을 추출한 다음 그 변인들 간의 상호관계를 기초로 하여 학교학습의 방안을 조직적으로 체계화시킨 것이다.

캐롤(Carroll)은 교수이론을 전통적인 학습이론 체계와의 관련에서 보기보다는 오히려 소정의 학습 성취를 위한 학교 학습의 경제에 보다 더 중심을 두고 있으며 그의 모형은 학교 학습의 계량경제학이라 부를 수도 있다고 하였다.

학교 학습모형의 기본 형태를 살펴보면 학습자의 학습 정도는 학습자가 주어진 학습과제를 학습하는 데 필요한 시간에 비하여 실제로 학습에 투입한 시간이 얼마인지 그 비율에 따라 결정된다는 것이다. 학습의 정도는 도달되어야 하는 목표 기준에 비추어 실제로 성취한 정도를 말한다. 학습에 필요한 시간은 주어진 학습과제를 주어진 기준선까지 학습하는 데 사용한 총 시간량을 말하며, 학습에 사용한 시간은 학습자가 능동적으로 학습과제에 주의를 집중시키며 학습에 열중한 시간을 의미한다. 이와 같은 캐롤(Carroll)의 명제를 방정식으로 나타내면 다음과 같다.

$$\text{학습의 정도} = f \frac{\text{학습에 사용한 시간(학습지속력, 학습기회)}}{\text{학습에 필요한 시간(적성, 수업이해력, 수업의 질)}}$$

캐롤(Carroll)은 이 모형에서 학습에 필요한 시간과 학습에 사용한 시간을 결정하는 변인으로 개인차 변인(individual variable)과 수업변인(instructional variable)을 제시하고 있다. 개인차 변인에는 적성, 수업이해력, 학습지속력이 포함되고, 수업변인에는 수업의 질, 학습기회가 포함된다.

이상의 제 변인들에 대해 설명하면 아래와 같다.

1) 적성

적성이란 특정 학습과제를 수행하는 데 필요한 시간을 말한다. 최적의 학습조건하에서 주어진 학습과제를 일정수준으로 성취할 때까지 필요한 시간을 의미한다. 학생 각자가 일정한 학습 성취에 필요로 하는 시간의 차이를 캐롤(Carroll)은 적성이라고 한다. 적성의 측정은 특정의 학습과제와의 관계에서 이루어진다. 학생이 소정의 학습과제를 성취하는 데 필요한 시간은 짧을 수도 길 수도 있다. 소요되는 학습시간의 길이로 따지는 적성은 여러 가지 종류의 학습과제에 연결되는 일련의 행동특징과도 깊은 관계를 가지게 된다.

2) 수업이해력

수업이해력은 학습과제의 성질과 교사의 수업절차를 이해하는 데 소요되는 시간을 의미한다. 따라서 수업이해력은 학습절차나 교과 혹은 교재의 이해를 위해서 필수적인 것이라 할 수 있다. 이러한 수업이해력은 학습자의 일반 지능과 언어능력으로 대표된다. 이 수업이해력과 적성과의 중요한 차이점은 전자가 일반적인 능력(general ability)인 반면에 후자가 특수적인 능력(specific ability)이라는 점에 있다. 즉, 한 학습자에게는 모든 종류의 과제마다 그 성질과 구성을 달리하는 여러 종류의 학습 적성도 있을 수 있다는 말이다. 수업이해력은 수업과 학습절차와 교재의 이해를 위해서, 그리고 적성은 학습과제 자체의 이해를 위해서 필요한 능력이다.

3) 수업의 질

캐롤(Carroll)은 수업의 질을 한 특정한 학습자에 대한 "학습과제의 제시 설명 및 구성이 최적의 선에 접근한 정도"로 정의한다. 즉 교사에 의해서 학습과제를 어떻게 효과적으로 조직하여 학생들에게 제시하느냐를 말한다. 수업의 질을 높이기 위해서 교사는 학습의 목표와 방법을 학습자가 이해할 수 있도록 명백히 설명할 것과 학습과제의 각 단계를 명확한 계열에 따라 조직하는 것이 필요하다.

4) 학습지속력

학습에 관한 지구력(perseverance)이라고도 하며, 학습자가 학습을 위해 사용하려 하는 시간을 의미한다. 학습의 기회가 외적으로 주어지는 시간이라면, 지구력은 학습자 내부에서부터 나오는 변인으로 동기의 개념과 비슷하다. 지구력의 정도의 차이가 어디에서부터 오는가 하는 문제는 복잡한 문제이나 대체로 학습과제의 종류, 내용, 적성, 수업이해력, 교수의 질, 학습 기회 등 학습에 영향을 미치는 것으로 생각되는 학습자의 모든 제 요인이 상호 역동적으로 영향을 주는 결과로 본다.

캐롤(Carroll)의 모형에서는 학생들이 소기의 학습이 성취되면 이에 시간을 더 소비하지 않는다는 가정 하에 과다학습은 생각하지 않는다. 따라서 지구력의 측정은 다음과 같다. 만일 어떤 학생이 특성 학습과제를 성취하는 데 2시간이 소요되는데 그 학생이 1시간 동안만 주의를 기울여 학습하고 나머지는 놀았다면 과제의 50%만 달성할 것으로 보는 것이다. 학습에 있어서 지구력은 다른 여러 가지 변인들의 기능에 불과하다. 동기 혹은 학습의욕, 정서적 학습과제의 곤란도, 교수방법의 질 등이 그 중요한 변인의 하나다.

5) 학습의 기회

학습의 기회란 주어진 학습과제의 학습을 위해서 외부에서 학습자에게 실제로 주어지는 시간으로서 이는 학습자의 개인차나 수업의 질에 따라 달라질 수 있다. 학습자들은 각기 학습 적성에 개인차가 있기 때문에 학습기회를 각각 다르게 제공해야 한다. 학습자의 개인차에 따라 적절한 학습시간이 주어졌을 때 학습의 정도는 높아진다.

4. 블룸(Bloom)의 완전학습모형

완전학습이란 학급 내의 약 95%의 학생들이 주어진 학습과제의 약 90% 이상을 완전히 학습해 내는 학습이라고 할 수 있다. 학교 수업에서 블룸(Bloom)은 교사들이 자기가 맡은 학생들 가운데서 약 3분의 1은 충분한 학습을 할 것이고, 또 약 3분의 1은 배우기는 배우지만 충분히 배우지는 못할 것이고, 그 나머지는 실패하거나 겨우 실패를 모면할 것이라고 기대한다. 이러한 기대는 자기충족적인 예언력을 나타내어 학기가 끝났을 때 학생들의 성격을 분류해 보면 불완전학습이 이루어질 것이라는 이상과 같은 기대가 거의 적중된다고 한다.

블룸(Bloom)의 완전학습을 위한 교수 전략의 기본 입장은 학습의 사용한 시간의 연장과 학습을 필요로 하는 시간의 단축이다.

1) 완전학습의 개념과 변인

(1) 완전학습의 의미

블룸(B. S. Bloom)은 학생의 대부분(95%)이 교수하고자 하는 것을 90% 이상 완전히 학습할 수 있다고 하였고, 그러므로 대부분의 학생이 소정의 학습을 완수하도록 돕는 방법을 찾아내는 것이 교수활동의 임무라고 주장하였다. 이러한 가정에서 고안된 것이 블룸(Bloom)의 완전학습(mastery learning)을 위한 교수전략이다.

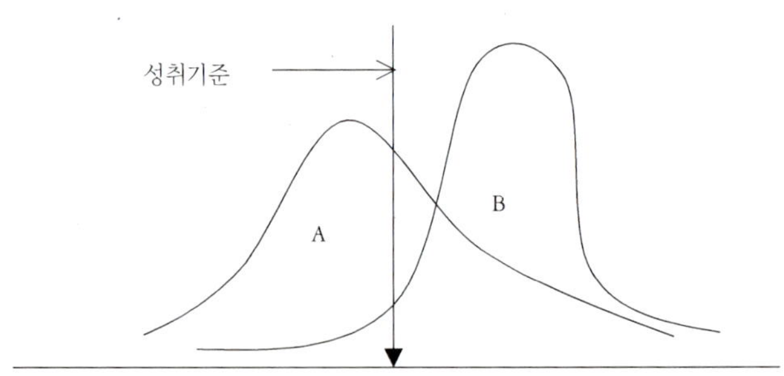

〈그림 8-2〉 정상분포(A)와 완전학습분포(B)

(2) 완전학습 전략의 제 요인

블룸의 완전학습 전략은 캐롤(Carroll)의 학교학습모형을 토대로 하고 있다. 즉, 캐롤 모형의 적성, 지구력, 학습기회, 교수의 질, 교수이해력의 5변인을 그대로 적용하고 그의 특유한 이론이 가미되었다.

① 적성: 학습에 대한 적성은 학습의 종류에 따라 다르며 학습에 필요한 시간으로 적성을 정의하는 것은 옳은 일이며 완전학습에의 기본전략은 학습에 필요한 시간을 단축시키는 데 있으므로 필요한 시간을 단축하는 방법으로는 적성수준을 높여주는 일과 학습조건을 개선하여 주는 일이다.

② 지구력: 지구력 자체를 높어 주는 깃도 필요히지만 그것보다도 교수방법과 학습방법을 적절히 조작해 주어 스스로 흥미를 갖고 계속하여 노력하도록 하는 것이 더 효과적이다. 즉, 효과의 법칙 등이 적용될 수 있다.

③ 학습기회: 적성과 학습속도는 반드시 일정한 관계를 유지하지 않는다는 것과 학습에 사용한 시간과 학습성적의 관계도 반드시 비례하는 것이 아니다. 오히려 시간을 어떻게 활용하느냐가 학습속도 및 학습성취에 영향을 미친다.

④ 교수의 질: 교수의 질을 높이는 방법으로는 학습의 개별화가 가장 중요시되어야 한다. 현재의 성취수준에 있어서의 다양한 개인차에 맞을 만큼 다양한 교수방안이 마련되어야 한다.

⑤ 수업이해력: 수업을 이해하는 데는 언어능력의 증진과 아울러 교수에 사용되는 언어수준을 학생들의 언어수준에 맞추어야 한다는 것이다.

(3) 완전학습모형

학습에 필요한 시간에는 적성, 교수이해력, 교수의 질의 변인을, 학습에 사용한 시간에는 학생의 지구력과 학습의 기회의 변인을 두었다.

이상에서 본 바와 같이 완전학습을 목적으로 한 교수·학습에시 중요히게 다루어져야 할 것이 형성평가와 이에 따르는 계속적인 보충·심화와 수정이다. 형성평가는 물론 진단적인 성격을 풍부히 지녀야 하며, 진단결과에 대한 구체적인 대처방법이 제시되어야 한다. 진단평가에 나타난 문제점을 학생 자신이 보충·수정하도록 기회를 마련해 주는 것이 좋다. 완전학습 전략이 가져올 수 있는 결과에 대해서 블룸은 두 가지를 지적하고 있는데, 그 하나는 대부분의 학생이 높은 성적을 낼 수 있게 된다는 것이다. 이것은 완전학습 전략의 일차적 목적이다. 두 번째 결과로서 학생의 정의적 성장을 들고 있다. 높은 성취에 대한 학습자 자신의 만족과 외부로부터의 인정은 ① 흥미의 증진, ② 다음 학습을 위한 강한 동기의 유발, ③ 자아개념의 향상을 가져올 가능성이 높다. 이것은 완전학습에 따라오는 결과이지만 교육의 중요한 목표들이라는 데 특별한 의의가 있다.

2) 완전학습의 요소

(1) 적성

블룸(Bloom)은 캐롤(Carroll)과 마찬가지로 적성이란, 그 과제를 완전 학습하는 데 소요되는 시간으로 정의하고 학습의 종류에 따라 각기 그 적성도 다르며 학습을 위한 적성정도가 그 학습의 성취도를 예언해 줄 수 있다고 하였다. 따라서 학습자에게 완전학습을 기대할 때 수업전략의 기본적인 문제는 완전학습에 소요되는 시간을 단축시키는 데 있고, 그러기 위해서는 적성수준을 높여 주는 일과 학습조건을 개선해 주는 일을 예로 들고 있다.

(2) 수업이해력

수업이해력을 증진시키기 위한 방법으로는 크게 두 가지로 생각할 수 있다. 그 하나는 학습자의 수업이해력 자체를 계발하고 육성하기 위하여 언어능력을 증진시키는 것이다. 이 언어 능력은 적절한 환경을 조성하고 훈련을 하면 어느 정도 증진 가능하다.

또 한 가지는 교수의 질을 높이는 것인데 그러기 위해서는 첫째로 학습자 개개인의 교수이해력에 알맞도록 교수를 해야 할 것이며, 둘째로 필요하면 소집단을 구성하고 학습과정의 어려운 점을 서로 검토하고 개선하는 기회를 마련하는 것도 고려할 수 있으며, 셋째, 경우에 따라서는 개인 교수를 통하는 방법도 있을 수 있다. 교수이해력을 증진시키기 위해서는 설명 방법과 그 수준이 서로 다른 다양한 교과서의 활용이라든지 프로그램 학습자료의 활용, 시청각 교구 등 여러 가지 보조 자료를 활용하는 것도 매우 큰 도움이 될 것이다.

(3) 수업의 질

수업의 질을 개선하는 최상의 방법은 개별화된 수업이다. 개별화된 수업을 하기 위해서는 먼저 교사가 학생의 제반 행동특성, 예컨대 적성, 선행학습 경험, 학습장벽, 학습습관, 성격, 흥미 및 동기와 같은 것에 대한 정보를 파악하고, 이를 기초로 해서 교수계획을 수립하고 교수를 진행해 나가야 된다. 또한 교수과정에서 항상 개선을 위한 단서를 파악하고 이를 토대로 피드백(feedback)하면서 교수의 질을 높여야 한다.

(4) 학습의 기회

캐롤(Carroll)의 모형에서 학습기회는 완전학습에 이르는 가장 중요한 개념으로 학습자에게 학습을 위해 실제로 주어지는 시간을 의미하였다. 그러나 블룸은 단순히 투입된 시간량이 반드시 학업성적과 정적 관계를 이루고 있는 것이 아니라 할당한 시간을 얼마나 유효적절하게 활용하느냐에 따라 완전학습이 좌우된다고 한다. 그에 의하면 적성과 학습속도는 일정한 것이 아니라고 한다. 그래서 블룸의 가설은 교수와 학습에 있어 만일 시간을 효과적으로 활용할 수만 있다면 대부분의 학생이 완전학습에 도달되는 시간을 단축할 수 있을 것이라는 것이다.

(5) 지구력

지구력이란 학생이 학습을 위해서 사용하기를 원하는 노력과 시간을 의미하였다. 학습의 효과를 위해 학생의 지구력을 증가시키는 것도 중요하다. 그러나 블룸(Bloom)은 지구력 자체를 증가시키는 것보다 지구력의 절대량을 줄임으로써 학습의 효과를 거둘 것을 강조하였다. 즉 최소의 노력으로 최대의 효과를 가져올 수 있는 방법을 탐색하여야 한다는 것이다. 이를 위해 그는 학생의 개인차에 맞게 학습자료를 조절할 뿐 아니라 학습자 특성에 맞는 개별 지도의 형태, 원활한 피드백의 활용, 학습 내용의 설명과 예시의 질을 포함하는 교수의 질의 개선을 예로 들었다. 블룸(Bloom)은 완전학습을 위한 수업 전개의 절차를 크게 수업 전 단계, 본 수업 단계, 수업 후 단계의 3단계로 구분하고 이를 다시 세분하여 모두 10단계로 구분하였다.

① 수업 전 단계
- 1단계: 진단평가의 단계로 기초학력의 진단평가단계
- 2단계: 기초학습 결합의 보충지도 단계

② 본 수업 단계

- •3단계: 수업목표의 명시단계
- •4단계: 수업활동이 활발하게 진행되는 수업단계
- •5단계: 수업활동을 위한 보조 활동 단계로 여러 가지 자료의 제시
- •6단계: 형성평가의 단계
- •7단계: 형성평가의 결과에 따라 피드백(feedback)이 이루어지는 보충학습단계
- •8단계: 심화학습 과정의 단계
- •9단계: 제2차 학습기회의 단계로 자율적, 협력학습의 기회

③ 수업 후 단계

- •10단계: 총괄평가의 단계로 수업이 종결된 후에 학습의 진전 정도 평가

5. 브루너(Bruner)의 교수·학습이론

브루너(Bruner)는 교수이론은 처방적(Prescriptive)이어야 하고 규범적(normative)인 이론이라고 보고 있으며 일반적인 교수이론의 성격을 다음 네 가지로 제시하고 있다.

1) 학습경향성

학습의 이론에서 학습에 대한 경향성을 특정 개인에게 가장 효과적으로 심어 줄 수 있는 경험에 대하여 명기하지 않으면 안 된다는 것이다.

일반적으로 학습에 대한 경향성은 흔히 학습의욕이나 문제를 해결하려는 의욕에 영향을 주는 문화적·동기적 및 개인적인 요소에 초점을 두고 논하는 것이 보통이다. 이는 교사와 학생 간의 권위적 관계나 학생 자신이 갖는 자신감의 정도나 사회적 전통 및 역할 등에 대해서도 관심의 대상이 된다. 학습경향성은 선행학습 경향성 또는 학습동기라 할 수 있으며 학습의 준비성, 출발점 행동과 유사한 개념이다.

2) 지식의 구조화

브루너(Bruner)는 모든 지식이 구조를 가지고 있다고 한다. 지식의 구조(structure of knowledge)란 학문을 구성하고 있는 가장 기본적인 아이디어, 개념, 원리, 법칙 등을 말한다. 지식이 구조화되어 제시될 때 몇 가지 특징적인 전제를 기술하였다.

① 모든 지식의 문제는 어떤 학습자로 충분히 이해할 수 있도록 단순화해야 한다.

② 어떤 영역의 구조도 표현방식, 경제성, 생성력의 세 가지 방법에 영향을 주며, 이는 학습자의 연령, 학습방법, 학습과제에 따라 달라진다.

③ 지식의 구조화의 과정은 동작직 표상, 영상적 표상, 상징적 표상을 포함한다.

④ 어느 정도까지 경제적이고 단순화, 표상화가 가능한 것인지는 지식의 영역에 따라 달라진다. 브루너는 어떤 과제(지식)라도 지적으로 옳은 형태로 조직하면, 어떤 발달단계에 있는 어린이들에게도 효과적으로 가르칠 수 있다고 하였다.

3) 학습의 계열화

학습의 계열화(sequence)란 학습내용을 학습자들이 이해, 변경, 전이하는 데 도움이 되도록 순서대로 조직하여 제시하는 것을 말한다. 일반적으로 쉬운 내용을 먼저 학습한 후에 어려운 내용을 학습하고 구체적인 개념을 학습하고 추상적인 개념을 학습하는 것이 계열성의 특징이다. 이를 위해서 교사를 학습자의 선행학습 정도나 발달단계, 학습과제의 성격 등을 고려해야 한다.

4) 학습의 강화

교수이론은 교수와 학습의 과정에서 적용해야 할 상이나 벌의 성질과 배열을 제시해야 하는데, 이것을 강화체제라고 한다. 수업장면에서 강화의 역할을 학습자에게 교정적 정보를 주는 데 의미가 있다고 브루너(Bruner)는 생각하고 있다. 강화는 내적 보상에 의한 것과 외적 보상에 의한 것으로 구별하였으며 외적 보상도 중요하지만 내적 보상을 우위에 두었다. 즉 학습에 대한 즐거움에 연결되는 발견의 기쁨, 성취의 만족 등은 내적 보상으로서 이들은 다른 어떤 보상보다도 훨씬 강하다는 것이다. 결과에 관한 지식을 높이 평가하면서 수업의 중요한 임무는 내적 보상과 외적 보상이 조화를 이루도록 하는 것이라고 하였다.

6. 스키너(Skinner)의 프로그램 학습

1) 프로그램 학습의 개념

프로그램 학습(PI: Programmed Instruction)이란 행동주의 학습이론가인 스키너(B. F. Skinner)의 강화이론과 학습내용 조직의 계열성의 원리에 기초를 둔 것으로 형태적으로 볼 때 "학생이 스스로 학습할 수 있도록 꾸며진 고안"으로서 "기계장치 또는 책의 형태로 되어 있는 프로그램 내용을 학생에게 학습시킨다는 교수(학습방법)를 지칭하는 용어"라고 할 수 있으며, 그 의미상으로 보면 "엄격한 과학적 절차를 통하여 제작된 계획적 교재를 각 아동이 개별적으로 학습하여 소기의 목적을 달성하는 과정"이라고 할 수 있다. 그리고 프로그램 학습내용을 담은 것을 교수기계라고 한다. 즉, 한 학습과제를 학습시키려면 간단한 내용으로 위계적으로 분석하고, 그것을 단계적으로 계속하여 목표에 접근할 수 있도록 강화함으로써 마침내 목적한 바의 학습을 할 수 있게 고안한 문제형식의 학습교재이다.

2) 프로그램 학습의 원리와 특징

① 적극적 반응의 원리: 학습자 자신이 적극적·능동적으로 학습에 참여함으로써 학습효과를 올릴 수 있다는 원리다. 프로그램학습은 각 단계(step)마다 학습자의 요구수준에 맞게 문제를 만들었으므로 학습자의 적극적인 참여와 활동이 이루어진다.

② 자기 구성의 원리: 학습에는 인지양식(recognition pattern)과 구성양식(reproduction pattern)이 있는데, 인지양식은 주어진 답지 중에서 정답을 골라내는 것이며, 구성양식은 자기 자신이 답을 작성해 내는 것을 말한다. 그런데 프로그램 학습에서는 인지양식보다 구성양식의 학습을 전개하는 것이다. 즉, 각 단계마다 학습자 자신이 문답을 구성하면서 학습을 하게 되면 정답을 맞혔을 때 더욱 성공감과 흥미를 주게 되어 학습이 계속된다.

③ 즉시 확인의 원리: 학습한 결과를 즉시 알려 주어 정반응이면 즉시 강화되어 학습내용이 정착되고, 오반응일 경우에는 이를 빨리 고쳐 나가게 된다.

④ small step의 원리: 교재 내용의 급간이 좁은 단계로 아주 쉬운 것에서 점진적으로 어려운 단계로 진행하도록 조직하자는 것으로 계열성의 원리와 같다. 이와 같이 점진적으로 조직되었을 때 학습자들은 무난하게 학습을 진행하여 결국 목표했던 바에 이르게 된다.

⑤ 자기 속도(pace)의 원리: 학습자의 능력에 따라 학습진도가 빠를 수도 있고 늦을 수도 있기 때문에 각자의 보조에 맞게 학습을 진행하자는 원리이다.

⑥ 자기 검증의 원리: 한 단계의 학습을 끝내고 다음 단계로 넘어가려고 할 때에 학습자 자신이 학습한 결과에 대해서 알도록 하는 것이 학습의욕을 높이는 좋은 방법이 되는 것이다.

이상 여섯 가지 원리에 부합되게 스키너(Skinner)는 다음과 같은 여섯 가지의 특징을 내세우고 있다.

첫째, 학습할 내용은 학습이 효과적으로 수행될 수 있도록 단계적으로 조직된다.

둘째, 학습자는 제시된 내용에 대하여 적극적인 반응을 나타내게 된다.

셋째, 학습자는 자기의 반응이 옳은지 그른지에 대하여 즉시 알아내게 된다.

넷째, 학습자는 학습의 내용을 작은 격차(small step)로 익혀 간다.

다섯째, 프로그램의 내용은 정답반응이 더 많이 나오도록 조직한다.

여섯째, 학습자는 자기의 학습능력에 맞는 문제로부터 손을 대기 시작하여 점진적으로 학습목표로 옮겨 간다.

7. 한국교육개발원(KEDI) 수업모형

1) 한국교육개발원의 수업모형

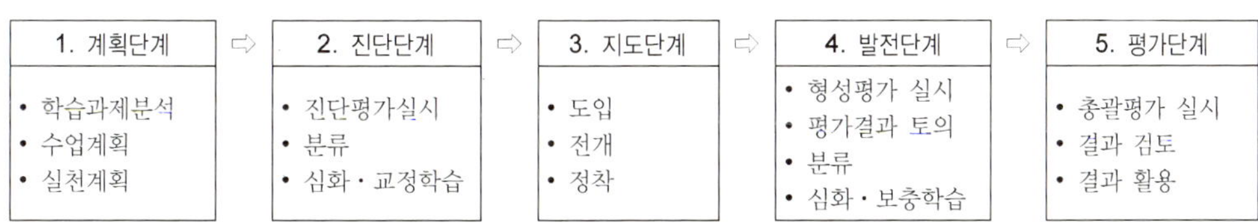

〈그림 8-3〉 한국교육개발원(KEDI) 수업과정의 일반모형

2) 한국교육개발원의 수업모형의 각 단계

(1) 계획단계

학습과제의 수업진행을 위한 계획에서 우선 학습과제의 분석을 통하여 수업목표를 명료히 하고 그 내용을 세분화하여 학습내용의 요소 간의 관계를 밝힌다. 수업계획에서는 학생활동, 교사활동, 학습계열, 매체 평가방법 등을 고려하여 어떤 교수·학습방법과 자료를 이용하여 교수·학습할 것인가를 결정한다. 실천계획은 일정, 교실, 인력, 교재, 교구, 지도 발전단계에서의 유의점 등을 고려하여 계획을 세운다(소요시간 0%).

(2) 진단단계

진단단계에서는 수업에 들어가기 전에 교사는 학생들이 그 학습에 들어갈 준비태세, 즉 선행학습의 정도가 어떠한가를 진단평가를 실시하여 파악하고, 학습 결손이 발견되면 교정해 주는 단계이다(소요시간 10%).

(3) 지도단계

학습과제에 대한 본 수업이 이루어지는 단계이다. 지도단계는 다음과 같이 도입, 전개, 정착단계로 나누어 설명된다(소요시간 70~80%).

① 도입단계: 수업목표 제시, 학습동기 유발, 선수학습과제와 관련짓는 등의 활동이 이루어진다.

② 전개단계: 학습과제의 내용을 제시하고 학생들은 이에 반응하며 이해하여 나간다. 이 단계에서 사용될 수 있는 교수·학습의 형태로는 다음과 같다.

•교사주도 수업: 강의·탐구수업, 문제해결학습, 토의, 실험 등

•학생주도 학습: 프로그램 학습, 관찰·견학·조사, 발표·토의·모의학습 등

•텔레비전 학습: 수업프로그램, 보도프로그램 등

③ 정착단계: 학습된 내용을 정리하고 연습을 통하여 확실히 하며 새로 학습된 내용을 학생의 지적 체계의 일부로 통합하고 내면화하며, 새로운 사태에 적용하고 일반화 내지 특수화할 수 있도록 지도한다(정리, 연습, 통합, 적용).

(4) 발전단계

지도단계에서 학습된 내용에 대한 학생들의 학습성취도를 형성평가에 의해 알아보고, 평가결과를 토의하고, 학습성취 정도를 분류하여 심화·보충학습의 기회를 제공한다(소요시간 10∼20%). 형성평가를 채점한 후 이루어지는 과정은 다음과 같다.

① 평가결과 토의: 문항별 정답률 조사, 상호 검토(협력학습), 곤란도가 높은 문항에 대한 지도, 전반적인 질의 및 토의

② 분류: 학습완성 그룹, 부분적 미완성 그룹, 전반적 미완성 그룹으로 분류

③ 심화·촉진학습: 프로그램학습, 조사실험학습, 특별활동, 학습강화 → 확인

•보충학습 Ⅰ: 프로그램학습, 연습교재, 상황학습 → 확인

•보충학습 Ⅱ: 프로그램학습, 연습교재, 소규모 특별지도 → 확인

즉, 형성평가를 통해서 평가결과를 토의하고, 평가결과를 분류하여 심화·촉진그룹, 보충학습 Ⅰ그룹, 보충학습 Ⅱ그룹으로 구분하여 각각의 그룹에 적합한 보충학습을 함으로써 설정한 교육목표에 도달할 수 있게 하자는 데 있다.

(5) 평가단계

단위 학습과제의 수업결과를 총괄평가를 통하여 알아보고 결과를 검토하고 활동하여 수업을 끝낸다(소요시간 0%). 총괄평가는 절대평가 방법에 의거해서 작성된다. 총괄평가의 결과는 과목·학습과제별로 학습 프로파일을 정리하여 교사는 자신이 담당한 학급의 학생들이 어떤 영역에서 교육목표를 잘 성취하고 어떤 영역에서 개선이 필요한지를 알아내어야 할 것이다. 또한 교사는 이 총괄평가의 결과를 학생들의 성적 판정에 사용하고 자신의 수업과정을 반성해 보는 자료로서도 활용해야 할 것이다.

제6절 교수·학습의 형태

1. 강의법(Lecture method)

가장 전통적인 교수법의 형태인 강의법(Lecture method)은 주로 언어를 통한 설명과 해설에 의하여 학생을 이해시켜 나가는 타율적 교수방법의 일종이다. 이 방법에 시청각적

방법을 곁들이면 그런대로 효과를 올릴 수 있다.

강의법의 장점으로는 첫째, 다양한 사실을 체계적으로 입으로 전달할 수 있으며, 둘째, 많은 학생을 동시에 짧은 시간에 교수할 수 있으므로 학습 경제상 유리하고, 셋째, 강의할 내용을 조정할 수 있으며, 넷째, 학습 보조자료를 적절히 제시하면 학생들의 동기유발도 되고 난해한 문제를 평이하게 설명할 수 있으며, 다섯째, 전체적인 전망을 제시하는 데도 유리하다.

강의법의 단점으로는 첫째, 교사중심이므로 학생들은 수동적이 되어 활동할 기회가 제약된다. 둘째, 따라서 표현력, 응용력 등의 고등 정신기능을 기르는 데 미흡하다. 셋째, 강의법은 획일적인 일제학습(一齊學習)이 되기 쉬우므로 학생들의 개인차를 고려한 학습이 곤란하다. 넷째, 교재 위주의 교수이므로 현실생활과 동떨어진 지식 위주에 빠지기 쉽다. 다섯째, 교사의 능력에 따라 학습효과가 결정되는 수가 많으며 학습능력이 저급한 학생에게는 부적합하다.

2. 문답법(Questions and answers method)

문답법(Questions and answers method)이란 질문과 대답에 의해서 학습활동이 전개되는 형태로서 강의법과 함께 오래전부터 사용되어 오던 학습형태의 하나로 질문법이라고도 한다. 소크라테스(Socrates)의 문답법을 반문법 또는 산파법(산파술)이라 부르는데, 반문법은 답변에 대해서 다시 질문을 하여 질문을 계속하면서 점차 고도의 지식을 습득시켜 나가기 때문에 붙인 이름이며, 산파법은 질문에 의해서 응답자가 대답함으로써 점차 응답자의 사상이나 지식이 발전되기 때문에 붙여진 이름이다.

1) 장점

① 학습한 문제점을 명백히 밝혀 주기 때문에 초점이 분명한 학습활동을 조성할 수 있다.
② 학습에 자극을 주어 활기 있고 적극적인 학습을 이룩할 수 있다.
③ 기(旣)습득사항의 정리 및 정착에 효과적이다.
④ 적극적인 흥미와 동기를 유발시킬 수 있다.
⑤ 학생 스스로 생각하고 해결을 시도할 수 있는 기회를 주어 사고력과 발표력을 길러

주며 학생의 주체적인 학습이 가능하다.

⑥ 학생의 주의를 환기시켜 준다. 일곱째, 교사와 학생 간의 의사소통이 잘 이루어진다.

2) 단점

① 사고의 통일과 연속을 방해할 우려가 있다.

② 교사중심으로 되기 쉽다.

③ 사고의 영역을 한정시키기 쉽다.

④ 우수아중심의 수업으로 흘러 부진아들에게는 좌절감을 주기 쉽다.

⑤ 학습속도가 지연된다.

3. 토의법(Discussion method)

토의법(Discussion method)은 공동학습의 하나의 형태로 학급조직을 고정시키지 않고 학습목적에 적합한 토의집단으로 구성해서 자유로운 토론을 통하여 문제해결에 협력하며 집단사고를 통한 집단적 결론으로 이끌어 가는 학습방법이다. 이 방법은 1914년 파커(S. C. Parker)가 문답법을 개선하여 회화법이라 부른 데서 연유되어 오늘날까지 널리 사용되고 있다. 토론학습은 사회과 수업뿐만 아니라 태도·가치·인생문제 및 현실적 정책문제 등에 각기 다른 의견을 가지고 있을 때 서로 의견을 발표함으로써 의견을 수렴하여 일정한 방향을 모색하는 데 효과적인 학습지도 방법이다. 즉, 의사소통을 통한 토의의 학습방법이다.

1) 장점

① 민주시민의 기초능력 함양에 효과적이다.

② 표현력 함양에 도움이 된다.

③ 고등 정신기능 함양에 효과적이다.

④ 문제해결력 배양에 도움이 된다.

⑤ 복잡한 교육목표의 달성에 효과적이다.

⑥ 논쟁이 심한 분야의 태도 변화에 효과적이다.

⑦ 의견의 합일점이 낮은 분야의 학습에 적절하다.

2) 단점

① 아직 나이가 어린 저학년에게는 형식적인 토의가 되기 쉽다.

② 토의에 임하기 전에 충분한 준비를 해야 한다.

③ 결과과정이 너무 완만하며 정보전달이 매우 느리다는, 즉 시간의 비경제성과 인원의 제한 등의 단점도 내포하고 있다고 할 수 있다.

④ 수학, 자연과학, 공학 등에는 적절하지 않다.

3) 일반적인 토의법의 유형

(1) 원탁식 토의(round table discussion)

일반적으로 10~14·15명의 적은 인원이 원탁에 자리를 잡고 앉아 자유롭게 토의하는 방법이며 이것이 토의의 이상적인 방법이다. 이 방법은 적은 수의 인원이 자리의 상하구별 없이 자유로운 분위기에서 자유롭게 발언하며 사회자도 민주적 과정에 의해 선출된다. 그러나 원탁식 토의가 아무리 순수한 이상적인 토의라 할지라도 한 학급이나 전교생이 다 같이 토의할 때는 많은 사람들이 실제로 발언이 불가능하기 때문에 앞으로 논의될 여러 가지 형식의 토의법이 생겼다.

(2) 배심 토의(panel discussion)

선출된 4~6명의 각기 의견이 다른 대표(배심원)가 의장의 소개와 안내로 토의에 들어가 각기 자기 의견을 발표하면 일반 청중은 경청하고, 발표가 끝난 후 의장은 청중에게 질문을 허락하고 발표자의 설명이나 답변을 구하게 되어 서로 의견을 교환하게 된다. 의장은 최종적인 결론을 짓고 이 토의는 끝나게 된다. 이 토의는 청중이 조용히 듣는 태도와 훈련이 필요하다. 이 방식은 초등학교의 저학년에게는 적용하기 어렵다.

(3) 강연식 토의(symposium)

일반적으로 2·3명∼4·5명의 연사가 동일한 문제를 다른 각도(관점)에서 미리 의견을 준비해 두고 사회의 진행에 의하여 강연을 하게 된다. 청중은 이에 대하여 질문하고 또 설명을 구하면 강연한 사람이 그에 대답하며 토의를 진행한다.

연사는 학생이 될 수도 있고, 교사가 될 수도 있으며, 전문가나 권위자가 될 수도 있다. 이 방법에서 유의할 점은 강연이 끝나면 반드시 강연자와 청중이 서로 토의할 시간을 마련해 두어야 한다. 그래야만 청중은 강연의 내용이나 취지를 충분히 이해할 수 있으며 강연자의 의도도 이해할 수 있다.

(4) 공개 토론(forum discussion)

고대 로마의 포럼(군중이 집중한 곳)의 형식을 취한 것으로, 한 사람이나 몇 명이 군중들 앞에서 연설을 하고 나서 연설에 대한 질문을 하기 위한 회의가 열린다. 의장이 집회에서 사회를 보고 청중은 강연내용에 대해서 질문하고 의견을 진술한다.

(5) 대화식 토론(dialogue discussion)

대화의 형식은 학생들이 학습에 있어서 전문가나 권위자를 학교에 초빙하거나 또는 선출된 몇 명의 학생이 권위자나 직장현장 등을 방문하고 면접하는 방법이다. 면접하여 질의와 응답이 전개되면서 학습목적을 달성하게 된다.

4. 버즈학습(Buzz learning)

버즈학습(Buzz learning)은 학급 내의 인간관계를 높이고, 학생의 기초 학력을 향상시키는 것을 목적으로 고안된 집단토의 학습방법의 하나이다. 이 방법은 필립스(J. D. Phillips)가 개발한 6·6법이 대표적인 방식이다. 즉, 한 분단을 6명씩으로 조직히고, 6분간 토의하고 그 결과를 가지고 다시 전체가 모여서 토의한다는 데서 유래되었으며, 토의과정에서 학생들이 벌 떼처럼 와글거리면서 학습한다고 해서 버즈학습이라 한다. 이 학습은 소집단의 그룹학습으로서 전체 토의를 소집단별로 나누어서 공통과제를 토의시키고 그 결과를 각 집단의 대표들이 발표하여 전체 토의를 진행시키는 방법이다.

버즈학습의 특징은 다음과 같다.

① 자아관여(ego involvement) 고양: 소집단 토의에 참여함으로써 전체의 활동에 참여하는 뜻을 갖는다.

② 사회적 협동심 고양: 협의하고 토의하는 가운데 민주적인 협동심이 생긴다.

③ 자기 의사표시의 기술 고양: 타인이 알아들을 수 있도록 발표내용을 정리하는 기술이 생긴다.

5. 문제중심학습(Problem based learning)

문제중심학습은 문제법(Problem method) 또는 문제해결법이라고도 하는데 이는 학생이 생활하고 있는 현실적인 장면에서 당면하는 여러 문제들을 해결해 나가는 과정에서 지식, 기능, 태도, 기술 등을 종합적으로 획득하도록 하는 학습방법이다. 원래 problem(문제)이란 그리스어의 '앞으로 던진다'라는 말로서 '해결을 위하여 학생 앞에 제시된 의문'이라는 말이다. 문제법은 듀이(Dewey)의 'How we think?'에서 밝힌 '반성적 사고과정'에 의하여 확립을 되었다고 할 수 있다.

1) 단계

문제중심학습에서는 문제의 내용이나 성질에 따라서 그 해결의 순서가 조금 다르나 일반적으로 다음과 같은 단계가 적용된다.

(1) 제1단계 - 문제의 제출 혹은 문제의 결정

필요하거나 관심이 있는 문제를 제출하여 결정하는 단계이다. 문제의 제출은 교사에 의해서 할 수도 있으며 학습자 자신에 의해서 할 수도 있는데 제출된 문제는 충분히 검토하고 그 본질을 정확히 파악하여 문제로써 결정해야 하며 문제에 대한 명확한 이해와 인식이 이 단계에서는 필수조건이다.

(2) 제2단계 - 문제해결의 계획

일단 문제가 결정되면 그 문제를 종류나 성질에 따라 나누고 분단별로 과제를 분담하느냐 또는 전원이 공동으로 해결하느냐를 결정하고 또 해결의 과정을 결정하며 자료의 수집방법 등을 계획해야 한다.

(3) 제3단계 - 자료의 수집 및 조사, 연구

이 단계는 문제해결에 관련되는 자료를 수집하고 조사, 연구하는 단계다. 개인이면 개인이, 공동이면 공동으로 각자 자기의 분담 분야에 따라 학습문제 해결의 자료, 즉 참고문헌, 실험자료, 사물관찰자료 등을 수집하고 그 가치를 검토한다.

(4) 제4단계 - 학습활동의 전개

해결방법의 실시단계이다. 이미 수집한 자료를 총동원해서 전체활동을 전개한다. 다각적인 활동과 순서에 의해서 학습활동을 전개하는데 이때 활동의 주체는 교사가 아니고 학습자이며 교사는 문제에 대한 정확한 지식과 경험을 가지고 학습자들에게 암시를 주고 질문에 응하며 문제해결과정에서의 곤란점 제기와 분위기 조성 등 환경정비에 힘써야 한다.

(5) 제5단계 - 결과의 검토

문제해결학습의 마지막 단계로서 결과의 반성단계이며, 고차원적인 문제를 발견하고 구상하는 단계다. 즉, 결과를 반성하기도 하고 지금까지의 학습경험을 토대로 해서 새롭고 다른 단계의 문제를 찾아내는 단계다.

위와 같은 과정을 거듭할수록 문제의 발견력, 자료의 분석력, 자료의 비판력, 자료의 종합력 등이 학습자들에게 길러지게 된다.

2) 장단점

(1) 장점
① 학습자의 자발적인 학습이 이루어진다.
② 실생활문제에 직결된 문제를 학습의 소재로 하여 학습자의 구체적인 행동과 경험을 통한 교육을 한다.
③ 생활을 주축으로 한 광범위한 영역에서 종합적인 학력(지식, 기능, 태도)을 기르게 된다.

④ 협동적인 학습활동으로 민주적 생활태도를 배양하게 된다.

⑤ 사고력·창의력 등 고등정신기능(고급사고력)이 길러진다.

(2) 단점

① 충실한 기초학력을 기를 수 없다.

② 교과의 체계적인 학습이 불가능하다.

③ 교육현장을 혼란케 하여 학습의 방향에 일관성을 잃게 한다.

④ 학습이 노력에 비하여 성취하는 능률이 낮다. 즉, 지적 성장이 비능률적이다.

⑤ 부단히 진보 발전하는 학문의 성과를 조속히 학습할 수 없다.

6. 구안법(Project method)

구안법(Project method)이란 학생이 마음속에 생각하고 있는 것을 외부에 구체적으로 실현하고 형상화하기 위하여 자기 스스로가 계획을 세워 수행하는 학습활동으로 이루어지는 형태이다. 원래 project란 '앞으로 던진다'는 뜻에서 '생각한다', '연구한다', '구상한다', '묘사한다'는 의미로 쓰인다. 구안법은 킬패트릭(Kilpatrick)이 1918년에 「구안법」이라는 논문을 발표함으로써 널리 보급되었지만, 이보다 앞서 리처드슨(Richardson), 스티븐슨(Stevenson), 스네든(Snedden), 웰슨(Welson), 파커(Parker) 등에 의해서도 연구되었다.

문제법과 구안법을 비교하면 다음과 같다.

〈표 8-1〉 문제법과 구안법의 상호 비교

문제법	구안법
• 반성적인 사고과정이 중심이 된다.	• 구체적인 결과를 만들어 내는 실천적인 면에 중점을 둔다.
• 이론적·상상적으로 문제를 해결해 가는 과정이다.	• 현실적·물질적 장면에서 해결되는 경우이다.
• 구안법은 문제법에서 발전하였다.	• 구안법에는 문제법이 포함된다.

1) 단계

구안법은 다음과 같은 목적의 단계, 계획의 단계, 실행의 단계, 평가의 단계 등의 과정을 거친다.

(1) 목적의 단계(purposing)

구안법에서 가장 기초적인 단계는 학습문제를 선택하고 학습목적을 설정하는 단계다. 학습자가 **project**에 대해 강한 흥미와 관심을 갖도록 하기 위하여 학습자 자신이 **project**를 선택하도록 하는 것이 바람직하다.

(2) 계획의 단계(planning)

계획의 단계에서는 먼저 목적을 달성하기 위한 여러 가지 방법을 생각하고, 비교·검토하여 가능성이 있고 가장 좋은 방법을 취하여야 한다. 이 단계에서는 학습자 자신이 토론하고 또 학습할 사항과 학습을 전개시켜 가는 순서를 확인해서 문제해결의 과정을 명확히 알고 있도록 계획을 세워야 한다.

(3) 실행의 단계(executing)

이 단계는 수행의 단계(accomplishment)라고도 부른다. 학습자들이 가장 활발하게 활동하는 단계다. 따라서 교사는 학생들의 흥미가 도중에 흐트러지지 않도록 지도해야 한다. 교사들은 개별적인 접촉을 하면서 격려를 하고, 그들의 창의성을 존중하며 환경조성에 유의하여 학생들의 끈기 있는 학습활동이 되도록 지도해야 한다.

(4) 평가의 단계(evaluation)

이 단계를 비판의 단계(judging)라고도 부르는데 구안법의 최종단계이다. 이 단계에서는 이전까지의 과정을 거쳐 완성시킨 일의 가치를 비판하고 평가하는 단계이다. 이 평가는 교사에 의한 평가보다는 학생들끼리 스스로 하게 하는 것이 좋다.

2) 장단점

(1) 장점

① 동기유발을 할 수 있고, 주동성과 책임감을 훈련시킬 수 있다.
② 창조적·구성적 태도를 기를 수 있다.
③ 학교생활과 실제생활을 결부시킬 수 있다.
④ 자발적이고 능동적인 학습활동을 촉구할 수 있다.

⑤ 협동성, 지도성, 희생정신 등을 기를 수 있다.

(2) 단점

① 능력이 부족한 학생에게는 시간과 정력의 낭비가 될 우려가 있고, 우수한 학생이 학
  습을 독점할 가능성이 있다.
② 자료가 많이 사용되어 자료를 얻기 곤란한 경우가 생긴다.
③ 수업이 무질서하게 될 우려가 있다.
④ 교제의 논리적 체계가 무시된다.

7. 시범수업(Demonstration method)

시범수업(Demonstration method)은 반두라(Bandura)의 사회학습이론에 근거를 두고 학습
자에게 기술이나 절차를 실제 또는 실제에 근접한 사례를 관찰하게 하는 수업의 형태이다.
그러므로 시범수업은 수업실행에 있어서 가르치고 배울 과제자료를 제시한다. 시범은
구두설명과 시각적 제시가 주종을 이루는 것으로, 교사나 훈련담당자들은 그림을 제시하
거나 자신이 실지로 수행동작을 해 보이면서 학습을 지원하고 촉진하는 방식을 취한다.
또, 칠판이나 OHP에 학습문제와 그 해답을 제시하기도 하며, VTR과 VCR을 활용하기
도 한다.

1) 장점

① 학습자들의 주의포착과 주의집중 수업에 효과적인 방법이다.
② 시범수업은 교실에서 가르친 원리와 실제상황을 관계 지으며 학습자들의 사고를 자
  극하는 도전적인 방법이다.
③ 시범수업은 융통성 있는 보폭(步幅)으로 학습자 요구에 맞추어 가변적으로 시범과
  연습을 필요에 따라 반복할 수 있다.

2) 단점

① 시범수업은 철저한 준비와 조직이 필요하다.
② 자칫하면 일부 학습자들은 제시되는 시범을 보고 들을 수 없는 경우가 있을 수 있
다. 그러므로 효과적인 시범을 제시하는 데 많은 비용과 시간이 필요하고 CC TV 등
을 이용하지 않으면 소수 연수생 집단의 대상에만 한정될 수밖에 없다. 등

8. 모의수업법(Simulation method)

모의수업법(Simulation method)은 실제와 유사한 상황을 인위적으로 만들어 제공함으로
써 실제에 있을 수 있는 위험부담 없이 학습할 수 있는 환경을 시뮬레이션(simulation)이라
하고 이러한 수업방법을 의미대로 번역하여 모의수업법이라 하였는데, 그대로 시뮬레이
션이라고 하는 것이 자연스러울 것 같다. 시뮬레이션으로 학습을 하는 학습자는 실제와
유사한 학습환경에서 다른 학습자와 그리고 어떤 기기, 도구를 가지고 환경과 상호작용을
하여 실제상황에서처럼 학습해 나간다. 시뮬레이션 학습을 설계할 때에 중요한 점은 실제
와의 유사성 정도이다. 사실성에 너무 가까우면 자체가 복잡해 중요한 것이 무엇인지 파
악하기 어려우며, 사실과 너무 멀면 학습하고 나서 실제상황에 적응하기 어렵다. 그러므
로 시뮬레이션 학습을 설계할 경우 학습자에게 가장 필요한 부분을 집중적으로 다루어
실제와 유사하게 연결시켜 학습하도록 하는 데 있다.

1) 장점

① 실제상황과 유사한 환경을 제공한다.
② 학습자의 위험부담이 없더,
③ 실제상황에서 중요한 부분만 집중적으로 학습시킬 수 있다.

2) 단점

① 학습자를 실제상황에 들어가게 하여 스스로 발견학습을 하는 방법이므로 강의식이

나 시범보다는 학습시간이 많이 걸린다.

② 잘못된 설계는 실제상황을 너무 단순하게 표현하여 학습자에게 오개념을 형성하게 할 수 있다.

연구 문제

1. 교육방법과 교수방법의 공통점과 차이점에 대해서 비교하여 설명해 보시오.

2. 교수와 수업, 학습 등의 핵심 개념을 비교하여 논(論)하시오.

3. 교육방법의 영역을 각 분류별로 구체적으로 설명해 보시오.

4. 교수·학습 방법의 체계인 교육목표, 교육내용, 교육방법, 교사, 학생, 환경 등에 대해서 각각의 특징과 중요성을 통합적으로 논(論)하시오.

5. 진단평가와 출발점 행동의 특징을 비교하여 설명하고, 이들 개념이 교육방법에 중요한 위치에 있음을 사례를 들어 설명하시오.

6. 캐롤(Carroll)의 학습모형에서 학습의 정도를 개인차, 수준별 학습 차원에서 접근하고 설명하시오.

7. 블룸(Bloom)의 완전학습모형의 구성 요소를 들고 각각의 특징을 중심으로 통합적으로 논(論)하시오.

8. 브루너(Bruner)의 교수·학습이론 중 학습 경향성에 대해서 구체적으로 설명해 보시오.

9. 교수·학습 방법 형태 중 문제법과 구안법을 상호 비교해 설명해 보시오.

10. 한국교육개발원(KEDI)의 교수·학습모형의 단계를 제시하고 학교 교실 수업 현장과 관련하여 구체적으로 설명해 보시오.

교육공학과 시청각교육의 탐구

 학습목표

- ○ 교육공학의 정의, 의미, 특징, 효과 등을 이해한다.
- ○ 교육공학의 발달과정을 파악하고 이해한다.
- ○ 교육공학의 영역과 교수전략을 연계하여 이해한다.
- ○ 시각교육과 시청각교육의 특징을 비교하고 이해한다.
- ○ 수업매체의 개념과 기능을 파악하고 이해한다.

 주요개념

- ○ 교육공학의 정의, 교육공학의 의미, 교육공학의 특징, 교육공학의 효과
- ○ 교육공학의 변천, 교육공학의 영역, 설계, 개발, 활용, 관리, 평가
- ○ 인쇄 테크놀로지, 시청각 테크놀로지, 컴퓨터 기반 테크놀로지, 통합 테크놀로지
- ○ 시각교육, 시청각교육, 경험의 원추
- ○ 수업매체, 수업매체의 개념, 수업매체의 기능, 매개적 보조기능, 정보전달 기능, 학습경험 구성기능, 교수기능

제1절 교육공학(教育工學)

1. 교육공학의 정의

교육공학(educational technology)이란 모든 인간학습에 관련된 문제들을 분석하고, 그 해결책을 고안·실행하고, 평가·관리하기 위하여 사람, 절차, 아이디어, 기재 및 조직을 포함하는 복합적이며 통합적인 과정이다.

영국의 전국교육공학심의회(NCET: National Council for Educational Technology)에서 교육공학은 "인간학습의 과정을 향상시키기 위한 체제, 기술, 보조물들의 개발, 적용, 평가와 관련된 학문"으로 규정하고 있다.

미국교육공학회(AECT: Association for Educational Communications and Technology)에서 5년간의 연구의 결과 교육공학의 정의를 한 권의 책자로 출간하였는데 교육공학을 교수공학으로 대치하여 설명하고 있다. 즉, "교수공학은 학습을 위한 절차와 자원을 설계, 개발, 활용, 관리, 평가하는 이론과 실제이다."라고 제시하고 있다.

교수공학과 교육공학의 용어상의 개념 정의는 학자에 따라 다르다. 교수공학을 주장하는 측에서는 공학의 기능을 기술하는 데 교수라는 말이 더 적합하고, 교육공학은 정규학교 교육상황만을 연상시키는 데 비해 교수공학은 보다 광범위한 상황을 포함한다는 것이다. 반면에 교육공학을 주장하는 측은 교수는 교육의 한 부분이고, 교수는 정규학교 교육상황에서 사용되며 교육은 보는 분야에서 팡빔위하게 사용된디는 것이다. 그런데 AECT에서 교수공학이라는 용어를 사용한 것은 첫째, 이 용어가 현재 미국에서 널리 통용되고 있으며, 둘째, 많은 실천현장을 두루 표현할 수 있으며, 셋째, 교육에서 공학의 기능을 더 정확하게 기술하며, 넷째, 교수와 학습이라는 두 개의 용어가 정의를 내리는 하나의 문장 안에 들어갈 수 있다는 점에서 교수공학이라는 용어가 채택되었다고 설명한다.

2. 교육공학의 의미

　일반적으로 교육공학에 대해 얘기할 때 '공학(工學, technology)'이라는 말에 낯설어하는 사람이 의외로 많다. 예를 들어, 기계, 생명, 건축, 전기, 전자, 소프트웨어 등과 결합한 생명공학, 전기공학, 소프트웨어공학 등은 쉽게 이해가 되지만 교육과 공학은 뭔지 모르게 어울리지 않는 연결로 보이는 것이다. 이는 우리가 자주 접하는 공학이란 말이 첨단 기계를 제작한다거나 건물을 짓는 것과 같이 '짜여 있으며', '인간 생활에 새롭고 유용하며 첨단 제품을 개발하는' 데에 주로 사용되기 때문이다. 이와 같은 생각은 교육계에 종사하는 사람들도 별반 다르지 않은데, 교육과 공학과의 관계를 제대로 이해하지 못하여 교육공학을 기껏해야 교실수업이나 교육환경에 텔레비전이나 비디오 혹은 컴퓨터 소프트웨어, 인터넷, 와이브로(Wibro) 등의 교육용 콘텐츠나 첨단 기자재를 수업에 활용하는 정도로만 이해하는 경우가 많다.

　이러한 오해는 공학을 사고(思考)의 합리적인 체계나 문제를 해결하는 과학적인 방법으로 인식하지 못하는 데서 연유하는 것이다. 사실, 공학이 담고 있는 보다 근원적인 의미를 살펴보면(이를테면 생명공학, 전기공학의 경우), 그 귀착점은 문제를 '과학적으로 해결'하려는 방법적인 요소와 관련 있으며, 그 근원에는 '사고를 체계적이고 합리적으로 수행'하려는 인지적(認知的)인 요소가 내재해 있다. 이를테면 생명공학은 생물학에 기반을 두고 있으며, 생물체의 유용한 특성을 이용하여 기초적 학문과 이를 기반으로 DNA 재조합 기술 등을 이용한 여러 가지 새로운 과학적인 방법을 제시하는 것을 목적으로 두고 있다. 다시 말해 생명공학은 생물체의 유용한 특성이 무엇인지를 체계적인 사고과정을 통해 이끌어 내고, 도출된 문제의 해결을 위해 여러 과학적인 방법을 동원하는 학문적 특성을 갖고 있는 것이다. 마찬가지로 교육공학도 교육학이라는 체계적인 이론에 두고 있다는 점과 교육문제 해결에 있어 과학적인 방법과 체계적인 사고를 중시한다는 점에서 생명공학이나 전기공학과 다를 바 없다. 다만 생물학에 기반을 둔 생명공학인지 물리학에 기반을 둔 전기공학인지, 교육학에 기반을 둔 교육공학인지가 유일하게 구별되는 특징인 것이다. 이런 점에서 본다면, 우리는 공학이라는 말이 공과(工科)·이과(理科) 계통의 말(言語)과만 어울리는 것이 아니라, 인문·사회계열의 말(言語)과도 자연스럽게 연결될 수 있음을 알게 된다.

　따라서 교육공학이란 교육의 효과를 높이기 위해 교육이론에 기반한 체계적인 사고와 과학적인 방법을 통해 교육적 관심사를 해결하려는 학문으로 정의할 수 있으며, 여기에는 교수·학습을 위한 과정과 자원을 설계, 개발, 활용, 관리, 평가에 관한 사항이 포함된다.

1) 교육공학의 특징

교육공학은 인간의 학습활동과 결과에 영향을 주는 것을 목적으로 한다는 점이다. 즉, 교육공학은 학습자의 인지구조, 지식, 태도, 행동 등이 변화하는 학습을 실제로 일어나도록 하는 데에 관심이 있다. 또한 교육공학은 학습을 위한 과정(processes)과 자원(resources) 등을 포괄적으로 다룬다. 즉, 학습이 이루어지도록 하기 위한 일련의 노력의 과정들을 연구·개발한다.

교육공학은 설계, 개발, 활용, 관리, 평가 등의 영역을 포함한다. 즉, 교육공학은 학습에 영향을 주기 위하여 과정과 자원을 설계하거나, 설계 안에 바탕을 두고 개발하고 개발된 자료 등을 활용하면서 관련 활동과 자원을 관리하고, 다양한 평가를 실시하는 학문영역이자 전문 활동인 것이다. 뿐만 아니라, 교육공학은 학습과 관련된 문제해결을 위한 지식의 적용 분야이자 실제를 뒷받침하는 지식을 생성해 내는 이론체계이다. 교육공학의 다섯 가지 영역인 설계, 개발, 활용, 관리, 평가 등의 영역에서는 다양한 연구방법에 바탕을 둔 연구와 경험으로부터 체계화된 지식과 모형을 만들어 내고 있으며, 이러한 지식과 모형들은 학습문제해결에 적용된다.

2) 교육공학의 효과

(1) 교육의 생산성 향상

교육공학을 적절히 활용하면 학생의 학습속도를 촉진할 수 있으며 교사의 잡무를 줄일 수 있다. 그러므로 교사는 교수활동에 많은 시간을 투입할 수 있고 학생은 보다 많은 학습을 할 수 있을 뿐만 아니라 학생들로 하여금 창의력과 인지전략을 발달시키도록 자극을 줄수록 교사들은 교수·학습에 전력을 할 수 있어 교육의 생산성을 향상시킬 수 있다.

(2) 학습의 개별화 도모

교육공학을 적절히 활용하면 개인차를 고려한 개별학습을 가능케 한다. 교육공학의 매체들을 이용하면 학습속도가 빠른 학생은 진도가 빠를 수 있으며 보충수업이 필요한 학습자는 보충수업 프로그램을 통해서 학습을 진행해 나갈 수 있어 개별화 학습을 가능케 한다. 즉 멀티미디어 매체를 활용함으로써 학습을 다양화할 수 있다.

(3) 풍부한 학습환경 제공

교육공학을 활용하면 풍부한 학습환경을 제공할 수 있다. 즉, 멀티미디어 프로그램 자체가 텍스트로 된 교과서나 참고서보다 더 풍요로운 학습경험을 제공해 주지만, 이것이 다른 네트워크와 연결이 되면 학습장소가 세계로 연결이 될 수 있기 때문에 더 풍부한 학습환경이 마련될 수 있다.

(4) 학습의 직접화 및 즉시화

교육공학을 학습에 적절히 활용하면 프로그램 자체가 역동적인 교수·학습 경험을 제공해 줌으로써, 학생들의 지식과 이해가 직접적인 것이 될 수 있으며, 또한 학습경험과 자료가 있는 그대로 생생하게 제공될 수 있으므로 학습의 즉시화가 가능하다.

(5) 시·공간을 초월한 학습의 기능

교육공학을 적절히 활용하면 언제, 어디서나 원하는 학습을 할 수 있다. 즉, 컴퓨터만 있으면 멀티미디어를 이용하여 학습하고자 하는 내용을 언제, 어디서든지 학습할 수 있다. 멀티미디어 프로그램이 인공위성이나 네트워크로 연결될 때에는 원격교육이 가능하다.

(6) 상호작용 학습의 가능

교육공학의 기술을 적절히 활용하면 상호작용의 학습이 가능하다. 즉, 멀티미디어 프로그램을 이용하면 프로그램과 사용하는 학습자간에 상호작용이 가능하게 되고 교사와 학습자, 그리고 학습자 간에 지적인 대화가 가능해질 수 있다.

(7) 교육의 과학화에 공헌

교육공학은 교육문제에 관한 과학적 연구방향을 제시해 줄 뿐만 아니라 그 결과를 교육현장에 적용하게 함으로써 교수·학습의 과정을 과학적이고 합리적으로 이루어지게 한다. 즉, 교육공학은 첨단 정보통신기술을 교수·학습에 이용함으로써, 교수·학습을 효과적으로 조직하고 관리함으로써 교육을 과학화한다. 특히 교수·학습의 효과를 고양하는 데 매우 중요한 구실을 한다.

3) 교육공학에 대한 비판적 우려

(1) 교육의 비인간화에 대한 우려

용어 자체에서 오는 거부감으로 교육을 기계로 대치시키고자 하는 비인간적 접근을 시도하는 학문으로 인식하는 데서 오는 우려이다. 비인간적이라는 의미는 기계와의 접촉을 강조하여 사람과의 접촉이 적다는 뜻이다. 이와 같은 비판은 공학을 초기의 좁은 의미인 교육에서의 공학으로만 해석하는 데서 기인한 것이다.

(2) 교육의 획일화에 대한 우려

교육공학이 학습을 기계에 의하여 행함으로 획일적이 될 것이라는 우려이다. 그러나 교육공학은 오히려 개별학습, 상호작용 학습이 가능하므로, 이와 같은 우려는 초기의 시청각자료의 잘못된 사용과 용어의 어의에서 유래된 우려인 것 같다.

(3) 학생들의 사회적·심리적 발달을 저해할 것이라는 우려

인간이 아닌 기계와의 접촉이 늘어남에 따라 다른 학생이나 교사와 완전히 격리되어 점차 인간의 상호작용능력이 저하되어 성격상 장애가 일어날 것이라는 우려다. 그러나 교육공학은 인간관계가 발전시키고 사회적 발달을 촉진시킨다. 멀티미디어 프로그램에 의하여 상호작용이 촉진되고, 교사도 교수부담이 줄어 많은 시간 학생과의 개별접촉을 할 수 있기 때문이다.

(4) 교육경비 증대에 대한 우려

교육공학의 잠재적 가능성이 충분히 발휘되기 위해서는 초기에 많은 비용이 소요될 수도 있다. 그러나 장기적인 측면에서의 비용－효과성(cost-effectiveness)을 고려해 보면, 오히려 기존의 전통적인 방법보다 저렴한 비용이 든다.

(5) 교육의 목적보다 수단을 중요시한다는 우려

　정보통신매체의 발달은 이들의 기술이 교육과정 자체에 깊숙이 침투하여 멀티미디어 자체에 대한 교육에 더 많은 시간을 투자하여야 하므로 중요한 교육내용까지도 간과할 수 있다는 것이다. 그러나 교육공학의 기술을 습득하는 것은 교육목적과 내용을 교수·학습하기 위한 수단이지 결코 그 자체가 목적이 아니다.

(6) 학생의 인간성을 속박할 것이라는 우려

　수업현장에서 인간인 교사 대신 기계가 교사의 역할을 대신해 주어 교사가 해야 할 일이 더 이상 존재하지 않는다는 우려가 있다. 그러나 교육공학은 필요한 곳, 필요한 때에 필요한 매체를 사용할 수도 있다는 것이지 기계로 인간을 대체할 수 있다는 의미가 아니다. 근래 인간화와 교육공학의 연계 내지 친환경적인 교육공학에 관심이 증가되는 시대 흐름에 주목할 필요가 있다.

3. 교육공학의 발달

1) 교육공학의 변천

　교육공학은 시대에 따라 많은 변화를 거쳐 왔다. 교육공학의 원인은 그리스의 소피스트와 유럽의 코메니우스 등에서부터 찾아볼 수 있으나 근대적 의미의 교육공학의 시작은 미국에서 '교육 엔지니어링(educational engineering)'이라는 개념을 사용한 20세기 초반부터라고 할 수 있다. 교육공학의 발전은 미국을 주도로 진행되었다고 해도 지나치지 않을 만큼 여러 학자들의 이론과 실천 사례들이 제시되었으며, 현재에 이르러서도 이론과 실천에 관한 적절성 논쟁이 끊임없이 제기되고 있다. 이러한 점에서 교육공학은 '현재 진행형이고 역동적이며 끊임없이 개척이 필요한 학문'이라고 할 수 있다.

　교육공학의 역사적 배경에 대해 발전과정을 살펴보면 다음과 같다.

　1923년 미국에서 시각교육국(Department of Visual Instruction)이 조직되면서, 종래의 판서나 교사 설명중심의 언어 위주 수업방식에서 탈피해 그림이나 사진 등의 시각자료를 수업에 적극적으로 활용하려는 움직임이 시작되었다. 이는 교육에 있어서 구체적인 경험을 강조하고자 하는 교육사조와 함께 대두되었는데, 그 당시 많은 학생들이 교실수업 상황에서 다양한 경험들을 실제로 접하지 못함으로 인해 다분히 추상적이고 불확실한 개념으로 학습 내용을 이해하는 경향이 강하다는 지적을 반영한 것이었다. 이때 미국 시각교육국을 중심으로 추상적인 개념의 이해를 돕는 여러 시각화된 교재가 출간되면서, 종래의 텍스트 일변도의 수업방식에서부터 현실을 투영하는 다양하고 생생한 그림과 사진을 활용한 수업방식으로의 변화를 모색하기 시작한 계기가 되었다. 이러한 시각교육(visual instruction)의 출발은 현대 교육공학의 서막을 알리는 의미 있는 일로 기록된다.

이후 1930년대 말부터 서서히 등장한 당시 신기술(new technology)에 바탕을 둔 음향 녹음, 축음기의 보급, 유성영화는 시각교육에 청각적인 요소를 통합하도록 하였는데, 이른바 시청각교육(Audio-Visual Instruction)으로 발전하게 된 기폭제가 되었다. 시청각교육은 다양한 시청각매체를 이용하여 학습자의 눈과 귀 등을 통한 감각기관을 통해 학습내용을 효과적으로 전달하기 위한 것으로, 시청각 교구를 효과적으로 사용하여 직접 경험하기 힘든 범위의 학습내용을 시간과 공간을 초월해 가르칠 수 있다는 점에서 시각교육보다 발전된 형태의 교육으로 평가된다. 한편 시청각교육은 시각교육에서 단지 청각적인 요소를 접목했다는 점 이상의 교육공학적 의미가 있는데, 이는 당시의 교육학자 데일(Dale)의 경험의 원추(Cone of Experience)모형에 의해서였다. 데일(Dale)은 경험의 원추 모형을 제시하여 종래의 시각교육의 이론적 한계를 극복하였으며, 시청각자료를 학습자가 가지는 경험의 단계에 따라 체계적으로 분류하고 교수·학습과정에서 시청각 자료의 활용이 어떠한 기여를 할 수 있는가를 보여 주었다는 점에서 현대 교육공학의 체계적 발전을 이끈 대표적인 학자로 자리매김하고 있다. 그러나 비록 당시 시청각교육이 기존 시각교육에 대한 인식을 뛰어넘는 진일보한 발전을 이루었으나, 여전히 시청각교재를 독립적인 교수자료가 아닌 교사에게 부여된 보조물만 간주하려는 경향이 강하였다. 또한 각 시청각매체의 상대적인 효과 비교에만 지나치게 관심을 가진 나머진, 전체 수업맥락 속에서 각 매체를 어떻게 바라보고 각 매체의 특성을 수업에 어떠한 방법으로 효과적으로 반영할 것인가에 대해서는 논의가 부족하였다.

시청각 커뮤니케이션 교육(Audio-Visual Communication Instruction)은 1970년대에 들어서 교수·학습체제의 개념을 도입하여 대두된 교육공학의 발전된 형태로 소개되었다. 이 이론은 사물과 기계 중심적인 산출물(product) 지향에서, 커뮤니케이션의 역동적 관계를 중시하는 과정(process) 지향으로 전환하는 데 큰 공헌을 하였다. 그러나 교수와 학습, 매체와의 통합적인 접근의 개념을 적용하는 것이 용이하지 않고, 커뮤니케이션의 개념이 실제와의 관련에 있어 미약하다는 제한점이 지적되기도 하였다. 그러나 이 이론은 교육에서 통신을 접목하였다는 점에서 최근 인터넷 기반의 교육공학의 시초를 제공하고 있다.

교육공학은 그 외에 교수심리학과 체제이론(systems theory), 커뮤니케이션 이론, 소프트웨어 개발이론, 인지과학 등 여러 분야의 영향을 받게 되었다. 특히 체제이론은 교육공학을 하나의 과학적 학문으로 정착시키고 발전시키는 데 가장 큰 공헌을 했다고 할 수 있다.

최근에는 21세기 세계화 시대를 맞이하여 지식기반사회, 열린교육사회, 평생교육사회에 적합한 교육체제로 사이버학습, e-learning, 원격교육 등이 주목받고 있으며, 새로운 세기와 함께 전개되는 정보사회에서 정보·통신 기술의 발달은 교육내용, 교수·학습방법, 교육평가 등의 교수·학습과정에서 지금보다 더 나은 수준의 학습자중심의 교육을 요구하고 있다. 이러한 시대적 요구에 대해 교육공학은 정보 및 자원의 공유, 상호작용의 용이성, 학습자중심의 적극적 학습, 행정의 효율성, 교육과정의 탄력성·용이성·비용효과성 측면에서 그 진가를 발휘하고 있으며 날로 그 필요성이 높아지는 교육영역이라 할 수 있다. 아울러 교육공학은 새로운 기술과 교육방법의 출현에 대해 항상 예의 주시하고, 과거와 현재, 미래 교육의 성공적인 조화·발전을 위해 지속적으로 적용(adaptive)하려는 노력이 요구된다. 이러한 점에서 교육공학은 그 발전 과정이 '현재 진행형이고 역동적이며 끊임없이 개척이 필요한 학문'인 것이다.

2) 교육공학의 개념과 관심 영역

교육공학의 개념은 미국교육공학회(AECT)에서 주도하였는데, 1977년에 처음으로 정의하였고 이후 교육공학 분야의 전문적인 측면과 테크놀로지 측면의 급격한 변화에 부응하고자 1994년도에 재정의하였다. 이 개념에는 그동안 연구를 통해 발전을 거듭한 교육공학의 다양한 영역이 제시되어 있다.

"Instructional Technology is the theory and practice of design, development, utilization, management and evaluation of processes and resources for learning."(Seels & Richey, 1994, p.9)

이를 우리말로 번역하면 "교육공학이란 교수·학습을 위한 과정과 자원을 설계, 개발, 활용, 관리, 평가하는 이론과 실제이다."라는 말이다. 이를 부분별로 나누어 설명하면 다음과 같다.

(1) 교수 · 학습을 위한

교육공학은 교수자의 교수능력 향상과 학습자의 학습력 향상을 위한 교수·학습 지원
에 목적을 두고 있다.

(2) 과정과 자원

과정(prpcess)이란 어떤 특정한 결과를 향한 일련의 조작 혹은 활동으로, 교육공학에서
관심을 가진 과정에는 설계과정과 전달과정이 있다. 과정은 구체적으로 투입(input), 활동
(actions), 그리고 산출(output)을 포함한 하나의 계열을 의미한다. 과정을 다룬 연구의 한
예가 최근에 실시되고 있는 교수전략에 관한 연구, 교수전략과 학습 유형과 매체와의 관
계를 다룬 연구 등이 있다. 자원이란 학습을 지원하는 원천으로서 지원체제, 교수자료 및
교수환경을 포함한다. 자원분야는 교수자료의 사용과 커뮤니케이션의 과정에 대한 관심
으로 성장하였으나, 자원이란 교수·학습과 과정에 사용되는 고안물과 자료뿐만 아니라
요원, 예산 및 시설까지를 지칭한다. 또한 자원은 개개인의 학습을 도와주고 능률적으로
수행하는 데 도움을 줄 수 있는 모든 것을 포함한다.

(3) 설계, 개발, 활용, 관리, 평가: 5영역

교육공학 분야에 종사하고 있는 전문직들이 연구하고 활동하는 영역을 의미한다. 과정
과 자원을 설계하고, 개발하며, 이를 현장에 적용하고 활용하며, 이에 필요한 인적, 물적,
시간적 자원을 관리하고, 그 과정과 결과를 평가한다.

(4) 이론과 실제

교육공학은 이론에 머무는 것이 아닌 실제적인 분야이다. 실제는 문제해결을 위한 지
식의 적용으로, 연구와 경험에 의해 축적된 지식체계가 있어야 하며, 이런 지식체계를 문
제해결에 적용하는 분야임을 의미한다. 교육공학은 이론에 바탕을 둔 실제적인 학문이고
실행이다. 교육공학은 교육적 탐구에 대한 이론과 실제의 연계이다.

3) 교육공학과 교수공학

　미국에서는 교육공학(Educational Technology)과 비슷한 의미로 교수공학(Instructional Technology)이라는 용어도 널리 쓰이고 있다. 한 때 우리나라에서도 교육공학과 교수공학의 의미를 체계적으로 구분해야 한다는 의견이 분분하기도 하였으며, 현재도 이 둘을 명확히 구분해 사용하는 학자들도 있다.

　하지만, 그 구분은 전체 교육공학의 위상을 흔들 만한 큰 의미를 가지고 있는 것은 아니라고 보는 견해가 많다. '교수공학'이라는 용어를 선호하는 사람들은 '교수'라는 말이 테크놀로지의 기능을 설명하는 데 더 적합하고, '교육공학'이라는 용어는 학교교육에만 한정적으로 쓰인다고 생각하는 경향이 강하다. 반면, '교육공학'이라는 용어를 선호하는 사람들은 '교육'이라는 용어가 '교수'를 포함하며 학교, 사회, 회사 등 어느 환경에서도 사용할 수 있는 포괄적인 용어라고 생각하기 때문이다. 우리나라에서는 학교교육의 영향에서 교육공학이라는 용어가 보편화되어 있지만, 서양에서는 교육계를 포함한 전(全) 영역을 포괄하는 의미에서 교수공학이 더 많이 쓰이고 있다. 다만, 의미상 대체로 동의어로 사용되고 있다.

4. 교육공학의 영역

　교육공학의 대영역은 설계, 개발, 활용, 관리, 평가 등 5영역이다. 이들 각 영역들은 상호 보완적이며 서로 영향을 주고받지만, 반드시 연속적인 관계는 아니다. 이론가나 연구자는 한 영역에 국한해서 활동할 수 있지만, 실무자는 대개 하나 이상, 또는 여러 영역에 걸쳐 능력을 발휘해야 하는 경우가 많다. 최근 '한국교육공학회'에서 제시한 각 영역의 세부 내용은 다음과 같다.

〈표 9-1〉 교육공학의 영역과 세부 내용

순	주요 영역	세부 내용
1	설계	교수매체 설계, 메시지 디자인, 교수전략, 학습자 특성
2	개발	인쇄 테크놀로지, 시청각 테크놀로지, 컴퓨터 테크놀로지, 통합 테크놀로지
3	활용	매체활용, 혁신의 보급, 실행과 제도화, 정책과 규제
4	관리	프로젝트관리, 자원관리, 전달체제관리, 정보관리
5	평가	관리 문제분석, 준거지향평가, 형성평가, 총괄평가

1) 설계(design) 영역

일반적으로 설계(design)란 학습에 관한 조건들을 구체화하는 과정이라고 할 수 있다. 설계영역은 교수심리학을 그 모체로 한다고 할 수 있다. 체제이론(systems theory)이 도입되면서 교수행위를 일회적인 행사로 보는 것이 아니라 여러 요소들이 긴밀하게 연결되어 서로 영향을 주고받는 거시적인 입장에서 체계적으로 바라보게 되었고 교육공학을 학문으로 정착시킨 원동력이 되었다. 설계영역에 대한 연구와 실제는 다시 교수체제설계(Instructional Systems Design: ISD), 메시지 디자인, 교수전략, 학습자 특성 등의 하위 영역으로 구분된다.

(1) 교수체제설계

교수체제설계(ISD)는 분석, 설계, 개발, 실행, 평가의 단계를 포함하는 조직화된 과정이다. 분석이란 무엇을 학습할지 결정하는 과정이고, 설계란 어떻게 학습이 이루어질지 구체적으로 정하는 과정이며, 개발은 교수자료를 제작하는 과정이며, 실행은 개발된 교수자료를 실지로 적용해 보고 상황에 맞게 전략을 펼치는 것을 의미한다. 평가는 교수의 적절성을 따져 보는 과정이다. ISD는 선형적이며 반복적인 과정이며, 일관성과 완벽성이 요구된다. 하나의 과정이 결핍되었을 때는 그 결과의 질이 크게 달라질 수 있기 때문에 개개의 절차는 매우 중요하다고 할 수 있다.

(2) 메시지 디자인

메시지 디자인이란 메시지의 물리적 형태를 어떻게 조작할 것인가 계획을 세우는 것을 의미한다. 메시지 디자인은 인지와 파지의 원리를 이용하여 송신자와 수신자의 직접적인 의사소통을 돕기 위한 메시지의 물리적 형태를 결정하는 과정이다. 미시적인 수준인 시각 기호, 페이지와 스크린에 관한 내용이 많으며 매체와 학습과제에 따라 디자인이 달라진다. 활자의 크기, 페이지의 편집, 색상의 결정이 메시지 디자인의 예라 할 수 있다.

(3) 교수전략

교수전략이란 한 학습단위 내에서 일어나는 학습활동들을 선택하고 순서화해 정하는 것이다. 교수전략에 관한 연구는 교수에 필요한 여러 구성요소에 대한 지식을 축적하게 해 준다. 교수전략은 학습상황, 학습내용, 바라는 학습결과 등에 따라 달라지며, 동기나 정교화 등 학습과정이나 절차에 관련된 요소들을 다룬다.

(4) 학습자 특성

학습자 특성이란 학습에 영향을 미치는 학습자의 경험적 배경이다. 이 영역에서는 설계 시에 고려해야 할 학습자의 특성들에 관해 다룬다. 학습자의 동기에 관한 연구 등은 학습전략의 영역과 중복되기도 한다.

2) 개발(development) 영역

개발이란 설계에서 구체화된 내용을 물리적으로 완성하는 것을 말한다. 개발의 원류는 시청각매체의 제작이라 할 수 있다. 영화의 제작은 시청각운동을 촉발시키고 현대적 의미의 교육공학을 정착시킨 시발로 볼 수 있다. 개발은 단순히 매체를 제작한다는 것 이외에 다음과 같은 사항을 내포하고 있다.
① 내용이 중심이 되는 메시지를 담고 있어야 한다.
② 이론에 기반한 교수전략이 포함되어야 한다.
③ 하드웨어, 소프트웨어, 교수자료 등 테크놀로지의 물리적 실재가 있어야 한다.

개발영역은 인쇄 테크놀로지, 시청각 테크놀로지, 컴퓨터 기반 테크놀로지(computer-based technology), 통합 테크놀로지(integrated technology) 등으로 나눠진다.

(1) 인쇄 테크놀로지

도서(圖書)와 시각자료 등을 제작하는 테크놀로지를 말하며 학습자료 제작의 기반을 형성하고 있다. 지각, 읽기, 정보처리, 학습이론 등의 영향을 받았다. 인쇄 테크놀로지는 선형적, 일반적, 정적이며, 학습자중심이다. 또한 학습자에 의해 정보가 재조직되거나 재구성될 수 있다.

(2) 시청각 테크놀로지

기계 또는 전자기기를 이용해서 시청각 메시지를 제작 또는 전달하기 위한 방법들이다.

시청각 교육은 교수에 있어서 하드웨어를 활용하는 특징을 갖는다. 이때는 음향이나 시각적 내용을 재생하기 때문에 언어 등 상징체계를 이해하는 데 전적으로 의존하지 않는다. 한편, 시청각 테크놀로지는 다음과 같은 특징을 가지고 있다.

① 대개 선형적이지만 역동적인 시각자료를 제공한다.

② 개발자에 의해 사용이 미리 결정된다.

③ 교사중심적이며 상호작용성이 낮다.

(3) 컴퓨터 기반 테크놀로지

컴퓨터를 이용해 디지털화된 자료를 제작하고 전달하는 방법이다. 컴퓨터 기반 테크놀로지는 정보가 디지털화되어 주로 스크린을 통해 전달된다. 컴퓨터 보조학습(computer-assisted instruction: CAI), 컴퓨터 관리학습(computer-managed instruction: CMI), 컴퓨터 기반학습(computer-based instruction: CBI) 등의 학습형태가 있다고 할 수 있다. 컴퓨터 기반 테크놀로지는 다음과 같은 특징을 갖는다.

① 순서대로, 또는 순서와 상관없이 무작위로 사용될 수 있다.

② 개발자의 의도뿐만 아니라 학습자의 뜻에 따라 사용을 달리할 수 있다.

③ 내용은 추상적인 형태로 언어, 상징체계, 그림과 함께 제시된다.

④ 개발과정에서 인지과학의 원리가 적용된다.

⑤ 학생중심적 학습이 이루어질 수 있으며 높은 상호작용성을 나타낼 수 있다.

(4) 통합된 테크놀로지

컴퓨터의 통제 아래 여러 형태의 매체를 포괄하는 자료의 제작과 전달 방법을 의미한다. 대용량의 하드드라이브와 메모리를 갖춘 컴퓨터와 비디오디스크플레이어, 오디오 시스템 등이 네트워크로 연결되어 있는 형태를 말한다. 통합된 테크놀로지는 다음과 같은 특징을 갖는다

① 순서대로, 또는 순서와 상관없이 무작위로 사용될 수 있다.

② 개발자의 의도뿐만 아니라 학습자의 뜻에 따라 사용을 달리할 수 있다.

③ 내용은 추상적인 형태로 언어, 상징체계, 그림과 함께 제시된다.

④ 개발과정과 적용에서 인지과학과 구성주의(constructivism)원리가 적용된다.

⑤ 학생중심적 학습이 이루어질 수 있으며 높은 상호작용성을 나타낸다.

⑥ 내용은 학습자의 경험에 비추어 학습자에 관련지어 사실적으로 전달된다.

⑦ 학습은 인지활동을 야기하며, 지식이 구성되도록 짜여 있다.

3) 활용(utilization) 영역

활용은 학습을 위해 과정(processes)과 자원을 사용하는 행위이다. 활용은 곧 학습자와 학습자료 및 활동들을 연결시키고, 학습자를 이에 맞게 준비시키며, 수업활동 중의 학습자를 이끌며, 결과에 대해 평가하며, 조직에서 이런 행위를 지속적으로 할 수 있도록 조직하는 일을 포함한다. 활용영역은 교육공학의 영역 중 가장 오랜 역사를 가졌다고 볼 수 있다. 체계적인 설계나 제작이 이루어지기 전부터 학교 현장에서 시청각매체가 이용되어 왔기 때문이다. 21세기 초에 미국에 학교 박물관이 생겨나면서 시각운동이 일어났다. 교사들은 교실에서 극장영화와 단막극을 사용할 방법을 찾았고, 이에 교육목적으로 제작된 필름 시장을 형성하게 되었다. 1920년대 이미 도시학교에서는 시각교육 예산으로 프로젝터, 스테레옵티콘(stereopticon: 초기 프로젝터의 일종으로 시각효과를 위해 2장씩 제작된 슬라이드를 투사하도록 만들어짐), 영화필름 대여, 호롱불 슬라이드 등을 지원하게 되었다. 매체의 활용에 관한 초기 실험연구도 이루어져 제1차 세계대전 기간 동안 군인 교육을 위해 개발된 영화의 효과를 민간인을 대상으로 알아보게 되었다. 1982년에는 하이니크, 몰렌다, 러셀(Heinich, Molenda, and Russell)이 제안한 ASSURE 모델이 매체의 활용을 체계화하였다. ASSURE 모델이란 매체의 체계적인 이용을 위한 절차 모형으로 학습자 분석(analyze learner), 목표 제시(state objective), 매체 및 자료선정(select media and materials), 매체 및 자료이용(utilize media and materials), 학습자 참여(require learner participation), 평가 및 개선(evaluate and revise)등의 절차를 거친다.

1960년대 후반 '혁신의 확산(diffusion of innovation)' 개념이 확산되면서 새로운 전기를 맞았다. 혁신의 확산이란 로저스(Rogers)의 저서에서 나온 개념으로 '새로운 아이디어를 받아들이도록 촉진시키며 정보를 알리기 위한 커뮤니케이션 과정'으로 요약할 수 있다. 이 개념의 도입으로 활용은 매체의 단순한 이용을 넘어 새로운 매체의 적용을 하나의 혁신으로 인식하고 정보제공자의 입장에서 새로운 아이디어를 받아들이도록 설득하는 데 관심을 갖게 하였다. 조직개발(Organizational Development: OD)의 개념도 도입되었다. 조직개발(OD)란 "조직 환경의 빠른 변화에 대응하기 위해 조직 내의 믿음, 태도, 가치, 구조를 변화시키기 위한 복잡다기한 교육전략"이다. **OD**는 조직의 계획된 변화를 야기하는 것을 목적으로 하는 것으로 개인에 관심을 갖는 혁신의 확산과는 대별된다고 할 수 있다.

일반적으로 교육공학의 활용의 영역은 다음과 같이 구분할 수 있다.

(1) 매체활용(media utilization)

학습을 위해 매체를 체계적으로 활용하는 것이다. 다시 말하면, 교수설계 계획에 맞게 의사결정을 하는 과정이다. 영화를 수업에 활용하는 방법은 학습자의 특성이나 요구에 맞게, 또는 교사가 바라는 수업의 결과에 따라 달라져야 한다.

(2) 혁신의 확산(diffusion of innovation)

개인이 새로운 아이디어를 채택하도록 의사소통하는 과정으로 인식, 설득, 결정, 활용, 확인의 단계를 거치며, 최종 목표는 변화이다. 로저스(Rogers)에 따르면 개인이 혁신을 받아들이거나 거부하는 데에는 다섯 단계를 거친다.

① 지식을 통해 존재를 인식한다.

② 일정한 태도를 형성하게 된다.

③ 수용할지 거부할지 결정을 내리게 된다.

④ 활용해 본다.

⑤ 활용해 본 후 일정한 심리적 보상을 요구하며, 이를 변화시키고 발전시키는 재창조 현상이 일어날 수 있다.

(3) 실행 및 제도화(implementation and institutionalization)

실행이란 교수자료나 전략을 실제 현장에 적용하는 것을 말한다. 제도화는 교수혁신이 조직 내에서 일회적 적용이 아닌 지속적이며 일상적인 형태로 이루어지며 문화로 자리잡는 것을 말한다. 실행에는 교수혁신이 조직 내에서 개인에 의해 제대로 이용될 수 있도록 주변 환경을 조성해 주는 것을 말한다. 제도화는 조직의 구조와 체제 내에 혁신을 통합시키는 것을 말한다. 실행 및 제도화가 중요한 것은 과거 거대한 교육공학 프로젝트들이 실행과 제도화에 필요한 적절한 조치를 해 주지 못함으로써 실패한 데 기인한다.

(4) 정책과 규제(policies and regulations)

교육공학의 확산과 이용에 영향을 미치는 사회의 규칙과 행위를 의미한다. 여기에는 교육방송을 위한 법 개정, 저작권 법, 시설과 프로그램의 설립기준, 행정 조직의 정비 등이 포함된다.

4) 관리(management) 영역

관리란 계획, 조직, 조정, 감독 등을 통해 교육공학을 통제하는 것을 말한다. 교수 조직의 크기가 증가함에 따라 인적, 물적 자원과 이에 따르는 설계와 개발의 노력이 달라진다. 관리는 성공적인 교수처치를 위해 거시적인 측면의 변화가 요청된다. 관리영역에는 다음과 같은 하위 영역이 있다.

(1) 프로젝트 관리

교수설계와 제작 프로젝트를 계획, 모니터, 통제하는 활동이다. 프로젝트 매니저들은 프로젝트의 수행이 원활하게 될 수 있도록 계획, 일정관리, 조정의 업무를 맡는다. 협상하고, 예산을 세우고, 정보모니터 체제를 수립하고, 프로젝트의 진행을 평가해야 한다. 프로젝트 관리는 종래의 다른 프로젝트와는 달리 다음과 같은 특징을 갖는다.
① 프로젝트 팀이 새로 구성되거나 단기간의 활동을 하는 경우가 많다.
② 프로젝트 매니저들은 한시적 상사이기 때문에 영향력이 적다.
③ 프로젝트 매니저들은 정규 상사들보다 더 많은 권한과 유연성을 가진다.

(2) 자원관리

자원관리란 자원을 지원할 수 있는 체제와 서비스를 계획, 모니터, 통제하는 활동이다. 자원이라 함은 인적 자원, 예산, 시간, 시설, 교수자원, 물품 등을 말한다. 비용효과성과 학습의 효과성을 정당화하는 것이 중요한 두 가지 특징이다.

(3) 전달체제

관리 교수 자료가 분배되고 전달되는 방식과 체제를 계획, 모니터, 통제하는 방식과 관계된다. 가령, 원격교육기관에서 교육이 이루어지기 위해서는 하드웨어와 소프트웨어, 학습자와 교사를 위한 기술 지원, 교수설계자와 교사를 위한 지침 등이 갖추어져야 한다. 흔히 전달체제관리는 자원관리체제에 의존한다.

(4) 정보관리

학습을 위한 자원을 제공하기 위해 정보의 저장, 전송, 처리를 계획하고, 모니터하고, 통제하는 활동이다. 개발영역에서 사용된 테크놀로지들은 저장과 전달에 관한 기법들이다. 전달과 정보의 전송 등은 통합된 테크놀로지를 통해 이루어진다. 정보관리는 접근성과 사용자 친근성을 담보하기 위한 중요한 요소이다. 기업의 질 관리를 달성하기 위해 각광을 받고 있는 정보관리는 교육계에도 영향을 끼치고 있다.

5) 평가(evaluation) 영역

평가는 교수와 학습의 적절성을 결정하는 과정이다. 평가영역은 교육연구 방법의 발달과 함께 성장하였다. 하지만, 평가와 전통적인 연구와 다른 점은 전통적인 교육연구가 지식의 확대에 그 목표가 있다면, 평가연구는 프로젝트, 프로그램, 제품의 개선, 확장, 중단에 따른 의사결정을 하기 위한 자료를 얻는 것을 목적으로 한다. 평가는 확고한 가치판단을 하기 위한 것이지 가설의 검증을 목적으로 하지 않는다. 평가영역은 다음과 같이 나눌 수 있다.

(1) 문제 분석

정보수집과 의사결정 전략을 사용해 문제의 속성과 범위를 결정하는 것이다. 문제 분석의 목적은 요구(needs)를 찾아내고, 문제가 교수적 처치로 해결될 수 있는 것인지 아니면 다른 접근 방법을 사용해야 하는지 결정하고, 한계, 자원, 학습자 특성을 파악하거나, 목표설정, 최우선 과제 설정 등을 하기 위한 것이다.

(2) 준거지향평가(criterion-referenced measurement)

학습자의 지식, 기술, 태도가 미리 설정된 기준에 도달했는지 측정하는 기법과 관계된다. 절대평가라고 불리기도 하는 준거지향평가는 "90점 이상 득점한 학생, 또는 20개 이상 맞는 학생은 시험을 통과한다."와 같이 기준을 정하고 이를 넘어선 학습자는 목표에 도달한 것으로 간주한다. 상대적 서열이 아니라, 절대적 목표 달성도가 초점이다.

(3) 형성평가(formative evaluation)와 총괄평가(summative evaluation)

형성평가는 교수자료나 교수의 지속적인 개선을 위해 정보를 수집하는 과정이다. 총괄평가는 교수자료나 교수의 가치나 적절성을 측정하기 위한 정보수집 과정이다.

제2절 시청각교육(視聽覺敎育)

1. 시각교육

1923년 교육공학 분야의 첫 번째 공식 기구로 시각교육국(DVI: Department of Visual Instruction)이 조직되어 시각교육(visual education)이 시작되었다.

시각교육운동의 목적은 구체적인 학습경험을 제공할 수 있는 그림, 모형, 사물, 고안물 등의 시각자료를 사용해서 학습내용을 구체적으로 표현함으로써 추상적인 개념을 명확히 하고, 피교육자의 흥미를 유발시키고, 학습활동을 자극하여 결과적으로 효과적인 학습을 성취할 수 있도록 하자는 데 있다.

시각교육운동은 교재의 구체성(concreteness)을 확대하고, 시각보조물(visual adis)의 발달을 도모하여 교과과정상에서 시각자료의 활용을 촉진하려는 운동이다.

2. 시청각교육

1930년대 말부터 음향녹음, 축음기의 보급, 그리고 유성영화의 출현 등으로 시각교육에서 청각적 요소가 통합된 시청각교육(audiovisual education)이 대두되기 시작하였다. 1947년 시청각교육국(DAVI: Department of Audio- Visual Instruction)으로 편성되면서, 전문적인 연구 및 활동을 전개하기 시작하였다. 시청각교육(audiovisual education)이란 시청각자료를 교육과정에 통합시켜 적절하게 활용함으로써 학습과정을 효과 있게 해 주는 하나의 교육방법이다. 따라서 정확하게 말한다면 시청각적 방법이라고 해야 할 것이다.

사실 시청각자료는 어구적으로 해석할 때 보거나 듣는 자료로서 학교에서 사용하는 모든 자료가 이 속에 포함된다. 그러나 기술적인 의미에서 시청각자료라 함은 데일(E. Dale)이 말한 것처럼 의미를 전달하기 위해서 주로 읽기에 의존하지 않는 자료라고 정의할 수 있다. 즉 영화, 슬라이드, 라디오, 녹음자료, 줄 사진, 괘도, 다이어그램, 견학, 모형, 실물, 전시, 모의물, 연식, 사진, 칠판, 게시판 등을 모두 포함한다. 시청각교육에서는 새 말의 의미를 다른 말들을 가지고 정의하려고 할 때는 무의미한 암기에 지나지 않는 언어주의(verbalism)에 빠지게 되기 쉬우므로 비언어적인 감각적 경험을 적절하게 제공해야 하며, 바로 이러한 감각적 경험을 효과 있게 줄 수 있는 것이 시청각자료라고 할 수 있다. 이에 따라 시청각자료를 비언어적 자료(non-verbal materials) 또는 감각적 자료(sensory materials)라고 부르기도 했고, 시청각교육을 비언어적 교육방법으로 규정하기도 한다.

이와 같은 시청각적 방법은 좋은 학습의 성립과정에 있어서 다음과 같은 특성을 발휘한다.

첫째, 학습에의 도입을 효과적으로 한다. 시청각적 방법은 짧은 시간에 학습 내용과 문제를 구체적으로 제시할 수 있고, 학습자의 주의와 흥미를 자극하며, 정서적인 흥분을 높일 수 있으므로 학습목표를 알리고 학습동기를 유발하는 학습에의 도입을 효과적으로 할 수 있다.

둘째, 인간의 감성적인 인식의 한계를 확대시킨다. 시청각적 방법은 인간 감성의 공감적인 한도를 넘어 멀리 떨어져 있는 지역이나 극히 작은 세계, 시간적인 한계를 넘어 과거의 세계, 관념의 세계, 초미속·초고속의 운동이나 변화를 감성의 대상으로 할 수 있으므로 인간의 경험 세계를 확대시킨다.

셋째, 산 개념의 형성을 돕는다. 시청각적 방법에 의한 경험은 올바른 개념형성에 필요한 소재를 제공함과 동시에 구체적인 경험을 정리하고 단순화시켜 주므로, 산 개념을 형성함과 동시에 구체적인 경험의 일반화, 추상화를 촉진한다.

넷째, 태도의 형성에 도움이 된다. 시청각적 방법은 정서에 강하게 호소하는 힘을 가지고 있으므로 태도의 형성에 도움이 된다.

다섯째, 영속적인 학습을 돕는다. 시청각적 방법에 의한 학습은 인상이 선명하고 유의미한 구조를 가지며, 다면적인 관념을 맺으므로 학습결과를 영속적인 것으로 할 수가 있다.

한편, 교수·학습에서 시청각교육은 다음과 같은 교육적 의의를 지니고 있다.

첫째, 학습지도의 효율화이다. 현실적이고 구체적이며 경험적인 감각수단을 이용하므로 교육활동의 효율화를 꾀할 수 있다.

둘째, 교육의 구체화 및 간략화이다. 복잡하고 이해하기 힘든 교육내용을 간략하게 정리하여 터득시키는 데 편리하다.

셋째, 학습 동기유발과 외부세계와의 교류이다. 산 경험을 제공하여 학습자로 하여금 학습동기를 유발케 하고, 외부세계의 풍부한 경험과 생활이 교실 속에서 소개된다.

넷째, 시간의 경제성과 집단이다. 현대 학급의 다수 인원의 특징을 시청각교육의 방법을 통하여 공동학습을 함으로써 시간을 절약할 수 있다.

다섯째, 과학적 사고방식의 함양이다. 측면적 효과로 시청각교육에 의하여 학습하는 동안에 과학적인 사고방식과 과학의 이용을 배울 수 있다.

이 밖에도 시청각교육의 기능으로 경험의 확대, 의미 있는 정보의 전달, 흥미의 자극, 적극적 수업 참여 유도, 교사의 육체적인 제한점의 보완, 문제해결 능력의 보완, 학습의 진단과 처방 등을 들 수 있다.

시청각교육의 문제점으로는 교사와 학생 간의 접촉의 결여에서 오는 문제점도 있다. 교사와 학생 간의 원만하고 빈번한 인간관계는 정서·인격교육에 중대한 영향을 주고 있다. 따라서 학습지도를 시청각교육으로 일관한다면, 인간관계의 면과 자발적인 창작능력의 함양 등에 좋지 않은 영향을 줄 수 있으므로 교육내용의 성질에 따라 적절히 조화를 이루어야 된다.

그 이외에도 경험의 구체성을 너무 강조한 나머지 설명적 교수를 도외시하는 경향이 있을 수 있으며, 반면에 추상적인 개념의 구체화가 곤란하다는 등의 문제점이 있다. 그러나 시청각교육은 제2차 세계대전 중 군대에서 단기간에 대량의 군인과 전문기술자를 효율적으로 훈련시키는 데 효과적으로 활용되는 등 학교교육에 보급되어 발달되었다.

3. 데일(Edgar Dale)의 경험의 원추

데일(Edgar Dale)은 진보주의 교육이론에 바탕을 두어 『시청각 교육방법(Audio Visual Methods in Teaching』(1954)이란 저서를 내어 현대적인 시청각 교육을 체계화시켰다. 그에 의하면 시청각자료란 "의미를 전달하기 위해서 주로 읽기에 의존하지 않는 자료"라고 하고, 시청각교육은 "세계를 교실 안으로 끌어 들이는 방법"이라고 하고, 학습에 있어서 시청각자료들의 각기의 역할과 성격을 밝히는 경험의 원추(cone of experience)를 제시하였다.

이 경험의 원추는 가장 구체적·직접적인 경험(행동)을 밑면으로 해서 점점 간접경험으로 배열하고, 상위로 올라갈수록 추상성이 강한 것으로 되어 정점에는 추상적인 언어기호를 위치시키고 있다. 이는 학습에 있어서는 직접적인 경험과 추상적인 경험이 모두 필요하다는 것을 시사하고 있다.

경험의 원추는 학습자의 발달단계와 관련되어 있다. 발달단계가 낮은 어린 아이일수록 직접적 경험에 가까운 방법을 통해 학습하고, 발달단계가 높은 고등학생이나 대학생은 상징적 언어에 의한 학습을 하는 것을 기대하고 있다. 그리고 학습자가 상위에 있는 상징적 매체에 의하여 학습하면 학습시간이 단축된다. 그러나 느리지만 확실한 학습을 보장받기 위해서는 원추의 하위단계의 매체를 이용하는 것이 바람직하다. 그러므로 성공적인 학습을 위해서는 가능한 원추의 하위단계에 있는 매체를 사용하고, 학습시간을 절약하기 위해서는 원추의 상위단계의 매체를 활용하는 것이 바람직하다. 경험의 원추는 직접경험이 간접경험에 비해 항상 효과적이라는 오류를 범하고 있으며, 매체에 담겨진 메시지의 내용과 방식에 따라 학습자에게 주는 의미가 달라질 수 있는데 경험의 원추는 이를 무시한 교사 중심의 분류방식이다. 세계화 시대인 현대에는 학습자의 관심, 흥미, 요구 등을 매체·자료에 반영하여야 한다.

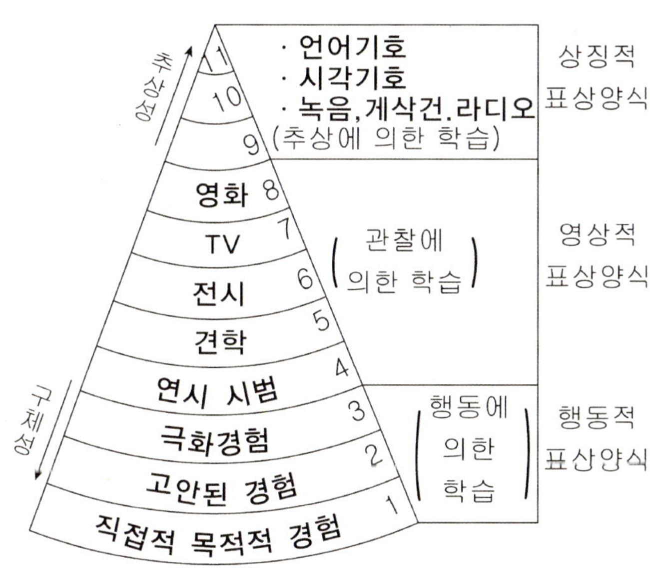

〈그림 9-1〉 경험의 원추 모형

제3절 수업매체

1. 수업매체의 개념

1) 수업매체의 정의

수업매체(instructional media)는 시청각 기재와 교재뿐만 아니라 인적자원(people), 지도내용(message), 학습환경(environment), 시설(facilities) 등 모두를 포함하는 포괄적이고도 종합적인 광의의 개념으로 보는 것이 현실적인 입장이다.

2) 수업매체(교수 · 학습자료) 활용의 효과

(1) 수업의 표준화

수업활동이 보다 표준화될 수 있다. 모든 학습자는 같은 매체를 통해서 동일한 메시지를 전달받게 되므로 교수활동이 보다 표준화될 수 있다.

(2) 흥미유발

가르치는 것을 보다 흥미롭게 해 준다. 수업매체는 학습자의 동기를 유발시켜 준다.

(3) 상호작용 학습

수업이론의 적용을 통하여 학습을 보다 상호작용적으로 만들어 준다.

(4) 수업시간 단축

수업에 소요되는 시간을 줄여 준다. 수업매체는 메시지를 전달하는 데 시간을 덜 소요한다.

(5) 수업의 질 향상

학습의 질을 높여 준다. 그림과 단어가 합쳐져 지식을 분명하게 전달하면 학습의 질이 향상된다.

(6) 시·공간을 초월한 학습

필요시 필요한 장소에서 수업활동이 일어날 수 있게 한다.

(7) 학생의 학습태도 변화

학생들은 배우는 것과 학습과정 자체에 대해 긍정적인 태도를 갖게 된다.

(8) 교사의 역할 변화

교사의 역할이 긍정적인 방향으로 바뀔 수 있다.

2. 수업매체의 기능

1) 매개적 보조기능

교사가 학습자를 지도할 때 보조수단으로 매체를 사용하여 학습효과를 높이는 기능이다. 교수매체를 사용하면 교사와 학습자가 의사소통을 보다 원활히 할 수 있고, 가르치는데 소요되는 시간을 줄일 수 있어서 수업을 좀 더 능률적으로 수행하게 된다. 또한 모든 학습자가 같은 매체를 보고 듣게 되므로 동일한 학습경험을 하게 되며 교수활동이 표준화될 수 있다. 그리고 무엇보다 명료한 메시지, 변화 있는 영상의 전개, 컬러(색상), 특수효과 등에 의해 학습자의 주의력을 끌기 때문에 학습을 즐겁게 할 수 있게 하여 동기유발을 시켜 주고 적극적인 학습태도를 갖게 한다.

2) 정보전달 기능

교사와 학습자 간에 또한 학습자들 간에 많은 지식이나 정보를 신속하고 정확히게 전달함으로써 학습의 효과를 높이는 기능이다. 매체를 사용하여 지식이나 정보를 전달하는 이유는 첫째, 매체가 시·공을 초월하여 지식이나 정보를 전달할 수 있고, 학습자가 여러 가지 감각채널을 통해서 받아들일 수 있도록 다감각적으로 정보를 전달하기 때문이다. 둘째, 언어, 영상, 음향, 기호 등 매체의 독특한 상징체계는 특정 상황에서 다른 매체보다 더 적절하게 정보를 전달해 주기 때문이다.

3) 학습경험 구성기능

　교수매체는 단순히 매개적 보조수단이나 정보를 전달해 주는 기능만이 아니라 매체 그 자체가 학습경험을 구성하는 기능을 한다. 매체가 이러한 기능을 하는 사례는 기능교육을 위해 타자기, 피아노, 사진기, 혹은 기기 등을 사용하는 것을 말한다. 이때 매체는 그 자체가 학습내용을 포함하고 있으며, 또한 기능을 획득하기 위한 대상물이 된다.

4) 교수기능

　교수기능이란 매체를 효과적으로 구성, 활용하여 학습자의 지적 기능을 개발시키는 것이다. 이러한 교수기능을 발휘하기 위한 매체에는 컴퓨터, 교육 TV, 교육영화, 상호작용 비디오디스크, 그리고 멀티미디어를 활용한 교수 프로그램 등을 들 수 있다. 매체가 교수 기능을 하는 것은 주의집중을 할 수 있도록 동기유발을 일으키게 하며 학습을 촉진시켜 주고 나아가 지적 활동을 원활하게 해 주기 때문이다. 또한 매체는 지각·인지·표현능력에 영향을 미친다.

연구 문제

1. 현대 교육에서 교육공학이 중요한 이유를 구체적으로 설명해 보시오.

2. 교육공학의 특징을 교육 효과를 중심으로 구체적으로 논(論)하시오.

3. 수업매체의 기능을 열거하고 구체적으로 설명해 보시오.

4. 시청각교육의 발달 단계를 나열하고 그 과정과 매체를 중심으로 설명해 보시오.

5. 교육공학의 영역 다섯 가지를 열거하고 각각의 세부내용에 대해서 통합적으로 설명
   해 보시오.

6. 교육공학의 변천 및 발달 과정에 대해서 구체적으로 논(論)해 보시오.

7. 과거의 인쇄매체 테크놀로지와 현대의 컴퓨터 디지털 테크놀로지의 특징과 장점 및
   단점 등을 비교해 설명하시오.

8. 현대 교육의 관점에서 교육공학의 역기능 및 비판적 시각에 대해서 종합적으로 논
   (論)하시오.

9. 데일(Edgar Dale)의 '경험의 원추'를 학생의 발달 단계와 견주어 그 의의와 시사점 등
   을 설명하시오.

10. 교육공학의 의미와 특징을 사례를 들어 구체적으로 설명하시오.

교육평가의 이해

 학습목표

- 교육평가의 의미, 기능, 유형 등을 파악하고 이해한다.
- 절대평가와 상대평가, 진단평가와 형성평가 및 총괄평가 등을 비교하고 이해한다.
- 교육평가의 절차와 동향을 분석하고 이해한다.
- 교육평가의 평가관과 유의점 등에 대해서 이해한다.
- 수행평가의 특성과 유형 및 절차 등을 이해한다.

주요개념

- 교육평가의 의미, 교육평가의 기능, 교육평가의 유형, 교육평가의 목적
- 교육평가의 종류, 절대평가, 상대평가, 진단평가, 형성평가, 총괄평가
- 교육평가의 절차, 교육평가의 동향, 교육평가의 문제점
- 교육평가의 평기관(評價觀), 교육평가의 유의점, 교육평가 도구의 제작, 문제 출제
- 수행평가의 특성, 수행평가의 유형, 수행평가의 절차, 포트폴리오(portfolio)

제1절 교육평가의 의미

인간이 존재하는 한 교육은 계속적으로 수행되고, 교육이 존속하는 한 어떤 형태로든 평가활동도 계속된다. 일정한 활동이 진행되면 그 후속절차로 평가가 따르기 마련이다. 역사와 인류가 지속되고 존재하는 한 평가는 사라지지 않고 유구하게 계속될 것이다. 일반적으로 교육과정은 목표, 내용, 지도 방법, 평가를 거쳐 다시 목표로 순환되는 과정을 거친다. 일련의 환류 시스템인 것이다.

그런 의미에서 본다면 인간, 교육, 그리고 평가라는 세 가지 개념은 서로 떨어질 수 없는 관계이다. 인간다운 인간을 만들기 위하여 교육이 평가를 하고 올바르고 참다운 교육을 하기 위해서는 평가가 필요하다. 반대로 보다 나은 평가결과나 자료에 의해 보다 개선되고 발전된 교육이 가능하고 이 같은 교육을 통해 인간은 보다 진취적으로 발전되어 왔다.

교육평가의 개념과 정의는 교육평가에 대한 견해와 강조점의 차이로 인하여 많은 학자들이 서로 다른 평가모형을 제안하고 이어 그 의미가 다양하다.

1. 학자별 교육평가의 의미

일반적으로 교육과정의 한 단계인 교육평가라는 개념은 어떻게 정의될 수 있는가? 몇몇 학자들의 견해를 제시하고 종합적으로 고찰해 보면 다음과 같다.

① 그론룬드(Gronlund): 평가란 측정 또는 비측정된 결과 정보에 의하여 가치를 판단하는 과정이다.

② 김정권: 진보적·향상적 가치추구 내지 창조를 목적으로 한 교육활동을 통해서 인간행동이 변화되어 가는 양과 질을 일정한 증거에 의해서 따지고 재는 과정이다.

③ 강봉규·이종성: 교육적 의사결정을 목적으로 교육활동의 가치와 효과를 결정하는 과정이다.

④ 타일러(Tyler): 평가의 과정이란 본질적으로 교육과정 및 수업의 프로그램에 의하여 교육목표가 실지로 어느 정도 실현되었는지를 밝히는 과정이다.

⑤ 스투플리빔(Stufflebeam) 외: 평가는 의사결정자에게 의사결정의 대안을 판단하는 데 필요한 적절한 정보를 획득, 기술하고 제공하는 과정이다. 교육적 의사결정의 종류에 따라서 맥락평가(process evaluation), 산출평가(product evaluation)로 나누고 이를 종합적으로 CIPP 모형이라고 명명하였다.

⑥ 스크리븐(Scriven): 평가는 다양한 교육적 수단들이 갖는 장점, 진가, 가치 등에 대한 질문에 해답을 추구하는 일이다. 평가는 그 자체가 이러한 가치판단의 결정을 위해 방법론적인 활동이다. 즉 평가는 가치의 판단 그 자체이지, 그것이 무엇을 위해 쓰이느냐 하는 것은 별개의 문제이다. 평가자는 판단에 독단이나 편견을 배재하기 위하여 탈목표평가(goal free evaluation)라는 개념을 제안하였다.

⑦ 파레트(Parlett)와 해밀톤(Hamlilton): 평가는 교육의 과정과 절차에 관련된 요소들을 명료화하여 보여 줌으로써 교육의 개선을 가져오고자 하는 사람들에게 도움을 주고 빛을 밝혀 주는 일이다. 곧 평가는 교육을 개선하기 위한 연구와 같은 의미를 가진다. 평가는 단순히 객관적인 자료의 수집을 통해 판단을 내리는 일만이 아니라, 교육활동 그 자체에 도움을 주고 조명의 길을 밝혀 주는 활동이다.

결국 교육평가에 대한 여러 견해를 종합해 보면, 교육평가란 '교육의 전체과정이나 활동에서 각 과정이나 활동의 적절성, 효율성, 타당성을 확인하고 보다 나은 교육의 과정을 설계하기 위하여 다양한 자료와 정보를 수집, 분석하고 그러한 자료와 정보에 근거하여 질적인 판단을 하는 과정'이라고 정의할 수 있다.

2. 관점별 교육평가의 의미

교육평가의 의미를 바라보는 관점은 크게 목표달성관점과, 의사결정관점 그리고 가치판단중심관점으로 나누어 볼 수 있다. 목표달성관점에서 바라보는 교육평가는 바람직한 행동변화가 실제로 어느 정도나 발생하고 있는가를 보는 것으로 이는 교육평가의 의미를 목표지향적으로 해석하는 관점이다. 목표달성형(Goal Aattainment Model: GAM)은 교육과정, 수업 또는 행정적 조치 및 경영·관리를 통해 교육목표나 교육을 위한 제도적, 행정적 목표가 달성된 정도를 사정(査定)하는 평가도구이다. 대표적인 학자들로는 타일러(Tyler), 프로버스(Provus), 하몬드(Hammond) 등이 있으며, 이들의 공통적인 특징으로는 목표성취 여부를 평가하기 위해서는 필연적으로 목표나 성취기준을 설정하지 않을 수 없다는 점이다.

의사결정관점(decision model)에서 평가의 본질은 그 어떤 것의 선택과 의사결정에서 찾으려는 관점으로 평가의 의미를 의사결정자에게 필요한 정보를 제공하여 의사결정을 돕는 과정이라고 본다. 즉, 의사결정자에게 필요한 정보를 제공하여 의사결정을 돕는 과정이라고 본다. 즉 의사결정을 필요로 하는 의문을 규명하고, 그것에 대한 여러 가지 해결대안을 마련하며, 이 대안들을 판별할 수 있는 정보를 수집하여, 마지막으로는 선택된 대안이 본래의 기대에 부응하였는가를 결정하는 과정이 곧 평가의 본질적인 의미라고 보는 입장이다. 이러한 의사결정 지향적인 평가관은 일찍이 크론바하(Cronbach)에 의해서 제안되었는데, 그는 교육평가를 교육 프로그램에 대한 결정을 내리기 위하여 정보를 수집, 사용하는 것이라고 보았다. 이 모형은 평가자의 역할을 의사결정에 필요한 자료를 기술하고, 획득하고, 제공하는 일에 국한시키려는 입장을 취한다.

가치판단모형(judgemental model)에서는 평가를 본질적으로 전문가에 의해 전문적 지식과 기술을 바탕으로 하여 평가하고자 하는 대상 또는 내용의 가치를 체계적으로 판단하는 활동이라고 보는 입장이다. 따라서 평가에 있어 목표가 얼마나 달성되었느냐는 문제뿐만 아니라 목표 그 자체의 가치에도 관심을 기울여야 한다는 것이다. 이것은 곧 평가자가 교육과정이나 교육 프로그램에 의한 목표를 수동적으로 받아들일 것이 아니라 그것이 가치 없는 것으로 판단되었을 때는 거부하는 태도도 가져야 한다는 것이다. 그리고 가치판단모형에서는 전문가의 지식과 기술, 자질과 경험을 중시하고 판단을 내리기 위해 어떤 기준을 사용할 것인가에 중점을 둔다. 스테이크(Stake)의 안면모형, 스크리븐(Scriven)의 탈목표모형 등이 이에 속한다.

한편, 교육평가 개념은 시험, 검사, 측정 등의 용어와 때로는 혼용하거나 엄격하게 구분하여 사용하지 않음으로써 문제가 야기되기도 한다. 특히, '교육평가'라고 하면 곧 '시험'을 의미하는 것으로 오해하는 사람들이 많다. 물론 교육평가 개념에는 시험의 의미가 포함되기는 하지만, 시험이 곧 교육평가라고 생각하는 것은 적절하지 않다. 검사나 측정도 마찬가지이다.

교육평가라는 개념의 의미를 보다 분명히 하기 위하여 유사한 개념의 하나인 시험의 의미를 포함하는 교육측정(educational measurement)과 비교해 보면 다음과 같다.

첫째, 발달순서로 볼 때 교육측정 활동은 교육평가보다 먼저 일어났다.

둘째, 측정이 객관성을 강조한 나머지 수량적 자료를 찾아내는 일에 주안점을 둔다면, 평가는 교육목표가 얼마나 달성되었는가에 주안점을 둔다.

셋째, 측정은 신뢰도에 보다 관심을 두는 데 비하여, 평가는 타당도에 보다 관심을 둔다.

넷째, 측정은 표준화된 도구에 개발에 신경을 쓰거나 그러한 도구를 보다 가치롭게 간주하는 것에 비하여, 평가는 구체적인 상황에 필요한 도구개발에 주력한다.

다섯째, 측정이 규준집단에 비추어 본 개인의 양적 기술(記述)을 강조하는 데 비하여, 평가는 교육목표에 비추어 본 양적·질적 기술을 강조한다.

여섯째, 측정은 환경변인을 무시하거나 오차변인으로 간주하는 데 비하여, 평가는 환경변인을 행동변화의 중요한 자원으로 파악하여 그 특성의 파악에도 주목한다.

일곱째, 측정이 횡단적 방법에 의한 검사 실시 방법을 적용하는 데 비하여, 평가는 횡단적·종단적 방법을 목적에 따라 혼용한다.

제2절 교육평가의 기능과 유형

1. 교육평가의 기능

교육평가는 그 목적과 형태에 따라서 다양한 기능을 갖는다. 교육평가는 그 자체로서 개선이나 반성, 방향 설정 등 긍정적 기능 또는 순기능을 응당 지니는 것으로 이해되고 있다. 그러나 시험이나 측정의 결과, 또는 평가자나 중요 타자의 태도, 행동양식 등에 따라 부정적 기능 또는 역기능을 하기도 한다. 따라서 교육평가 순기능뿐만 아니라 역기능을 잘 이해하고 그것의 억제방법에 대한 탐구가 요청되고 있다.

학교교육과 관련하여 교육평가의 기능을 고찰해 보면 다음과 같다.

레머스(Remmers)와 게이지(Gage)는 기준의 유지기능, 선발의 기능, 학습동기화 기능, 학습지도의 조력 기능, 교사·교수법·교재·교과내용 등의 평가와 판단기능, 교육경험의 제공기능 등 6대 기능으로 구분하였다. 린드퀴스트(Lindquist)는 학습촉진 기능, 학습지도 개선 기능, 생활지도 기능, 교육정치 기능 등 네 가지를 제시하였다. 또 김정권 교수는 교육평가의 기능을 심리적 기능(非目的 機能)과 교육활동의 효율화 기능으로 2대별하고,

전자에는 학습자에게 미치는 정적·부적 영향, 학생 의욕의 환기 기능, 인간형성적 기능 등으로 세분화하고, 후자는 학습의 진단과 치료, 생활지도, 상담의 자료 제공, 학습촉진, 학습자 자신의 자기평가, 교육과정과 학습지도법의 개선, 교육정치(教育定置), 학교교육의 수준 유지, 기타 등으로 세분화하여 제시하였다.

여러 학자들의 견해를 종합하면 교육평가의 기능은 다음과 같이 정리할 수 있다.

첫째, 학생 개개인의 학업성취도를 평가하는 기능이다. 일정한 목표와 목적을 지니고 체계적으로 이루어지는 활동이 교육이므로 교육목표가 집단적으로뿐만 아니라 개인의 경우, 어느 정도 달성되었는가, 그렇지 않으면 달성되지 못했는가, 달성되지 못한 주요 원인은 무엇인가 등에 대한 통찰을 얻도록 돕는 기능을 갖는다.

둘째, 개인차원과 집단차원에서 학습에 있어서 장애 요인(곤란한 점)이 무엇인가를 파악할 수 있는 기회를 제공하는 기능을 갖는다. 학습에 있어서 곤란점(애로점)은 다양하게 파악될 수 있다. 즉, 학습자가 지니고 있는 곤란점, 교사가 지니고 있는 곤란점, 교수·학습과정상의 곤란점, 교육환경이 안고 있는 곤란점 등을 고려할 수 있으며, 교육평가는 결국 어떤 점이 학습을 곤란하게 하며 교육목표 달성을 어렵게 하고 있는가를 이해하는 데 도움을 준다.

셋째, 학습촉진의 기능을 지닌다. 평가는 학생의 학습촉진을 위해 필요한 학습동기 유발기능을 수행한다. 물론 이러한 교육평가의 기능이 순기능으로서 이해될 수 있는가의 문제는 있다. 즉, 교육평가의 학습촉진 기능이 진정한 의미에서 자율적인 학습동기를 유발시키는 것인가, 아니면 학생들의 스스로 하고자 하는 마음에서 우러나는 학습촉진이라기보다는 강제된, 타율적인 힘에 못 이겨 수행하는 학습이냐 하는 문제다. 교육평가가 긍정적인 학습촉진 기능을 수행하기 위해서는 자율적이고 자의적인 학습 동기유발이 가능하도록 해야 한다. 그러기 위해서는 학생들의 개인차에 부응하는 평가, 시험이나 검사, 측정 등의 본질적 목적을 지향하는 평가가 되어야 하며 평가자의 생각 깊은 평가 방법에 대한 탐구가 요청된다.

넷째, 교육평가는 교육과정, 수업자료, 수업과정, 그리고 학급조직 등의 여러 측면에 대한 교육적 효과성을 점검하고 개선할 자료제공 기능을 수행한다. 따라서 교육평가란 결과로서의 교육성취도뿐만 아니라 투입요소와 과정요소에 대한 평가도 포함되는 넓은 개념이며 활동이다.

다섯째, 교육평가는 교육정책 결정을 위한 자료제공의 기능을 수행한다. 이 기능은 전국적인 규모 또는 특정 지역단위의 교육평가에 드러나는 기능이다.

　여섯째, 교육평가는 생활지도와 상담을 위한 기초자료 제공 기능을 수행한다. 어느 면에서는 생활지도 과정이나 상담과정도 교육평가 영역에 포함될 수 있다. 그러나 교육평가의 제1차적인 기능을 학생 이해에 둔다고 할 때, 그 이해에 바탕을 둔 생활지도와 상담이 보다 효과적으로 수행될 수 있는 것이다.

　교육평가의 여러 기능(순기능)과 더불어 반드시 고찰해야 할 것이 교육평가의 역기능이다. 교육평가란 순기능만을 수행하는 것이 아니라 학생들에게 부정적인 영향을 미치는 측면도 있다. 교육평가의 역기능 측면은 주로 학생들의 정의적 특성을 왜곡시키는 기능으로서 불안감 조성, 정서적 안정감 파괴, 부정적 자아개념의 형성, 부적절한 우월의식의 형성, 자포자기 등 다양하게 나타날 수 있다. 물론 이러한 현상들이 교육평가의 본질적 기능은 아니더라도, 그 과정에서 나타나는 것이 사실이다. 이러한 역기능 측면이 나타나는 원인은 다양하지만 가장 중요한 것은 평가자의 평가관과 평가과정, 평가결과의 해석 등의 부적절성을 지적할 수 있다. 평가란 항상 부적절성을 내포하고 있는 것이므로 분류나 선발, 처벌이나 인간규정의 절대적인 기준을 제공해 주리라는 기대는 버려야 할 것이다.

2. 교육평가의 유형

　평가의 유형은 그 준거에 따라 여러 가지로 분류될 수 있다. 즉, 평가기준에 따라 상대평가(상대비교평가·규준지향평가)·절대평가(절대기준평가·목표지향평가)로, 지도과정(평가시기)에 따라 진단평가·형성평가·총괄평가(총합평가)로, 비교 여부에 따라 비교평가·비비교평가로, 형식성에 따라 형식적·비형식적 평가로, 시점에 따라 사전평가·사후평가로, 방식에 따라 양적·질적 평가로, 평가의 주체에 따라 내부평가(자체평가)·외부평가로, 발달역사에 따라 전통적·대안적 평가로, 평가하는 인간특성에 따라 능력평가·인성평가로 분류된다.

　교육평가의 유형은 매우 다양한데, 학교 교육 평가현장에서 중요하게 다루어지고 있는 상대평가(상대비교평가·규준지향평가)와 절대평가(절대기준평가·목표지향평가)를 대비시켜 논의하고, 이어 학습상황과 밀접히 관련지어 이루어지는 진단평가, 형성평가, 총합평가 및 평가하는 인간특성에 따른 능력평가, 인성평가 유형에 대하여 고찰하면 다음과 같다.

1) 상대평가와 절대평가: 서열과 목표 달성도

상대평가는 상대비교평가 또는 규준지향평가라고도 하는데, 이는 학생을 그가 속해 있는 집단구성원들의 점수결과에 비추어 상대적 서열로 나타내는 방법을 말한다. 따라서 상대평가에서는 주어진 교육목표의 달성도와는 상관없이, 각 학생이 다른 학생보다 점수가 높은가, 낮은가에 따라 그의 위치(서열·석차)를 결정하게 된다. 그러므로 한 학생의 점수가 높다고 하더라도 그 집단의 다른 학생의 점수가 높으면 상대적으로 그 학생의 위치는 낮아지게 되며, 반대로 그의 점수가 상당히 낮다고 하더라도 다른 학생의 점수가 낮으면 상대적으로 그 학생의 위치는 높아지게 된다. 그렇기 때문에 여기에서의 평가기준은 집단의 내부에서 결정된다.

상대평가는 사물의 특성분포처럼 학습자의 능력이나 학업성취가 정규분포(정상분포, **normal distribution**)를 이룬다는 전제하에서 출발한다. 그러므로 교사는 자신이 아무리 효과적인 교수활동을 전제한다 하더라도 거기에는 우수한 학습자와 열등한 학습자가 존재하기 마련이라고 믿는다. 즉, 교사는 학습장면에서 충분히 학습을 하는 학생도 있고 불충분한 학습을 하는 학생도 있으며, 또한 실패하는 학생도 당연히 있기 마련이라고 기대한다. 상대평가의 기준은 학생집단의 내부에서 결정되는데, 각 학생들의 획득한 점수들이 바로 그것이다. 각 학생이 획득한 점수가 다른 학생들의 점수보다 높은가 또는 낮은가에 따라 그의 상대적 위치가 달라진다. 따라서 표시되어 나온 수치(석차)는 교육목표의 성취도라기보다는 같은 학생집단에서의 위치·서열을 의미하는 것이며, 그 이상의 의미를 주지는 못한다. 상대평가체제는 주로 학생들의 개인차를 밝혀내는 데 초점을 두기 때문에 '선발적 교육관'의 입장을 취한다.

끝으로, 교육평가에서 상대평가체제의 장단점을 종합해 보면 다음과 같다. 먼저, 상대평가의 장점을 살펴보면 다음과 같다.

첫째, 학생들의 개인차의 변별이 용이하다는 점이다. 상대평가는 여러 개인이 상대적인 비교를 기초로 하여 이루어지는데, 이러한 비교는 근본적으로 각 개인이 가진 개인차를 인정함으로써 가능하다.

둘째, 교사의 편견을 배제할 수 있다. 상대평가는 객관성 있는 개인차 변별을 강조하며 검사의 제작기술과 엄밀한 성적표시 방법을 채택하고 있기 때문에 교사의 편견이 개입될 가능성이 적다. 보다 객관성을 담보한 평가인 것이다.

셋째, 외적인 동기유발에 도움이 된다. 학교에서 실시하는 모든 시험은 그 결과로 얻어지는 자료수집에 목적이 있기도 하지만, 학생 상호 간의 경쟁을 통하여 더욱 열심히 공부하게 하는 자극제가 되기도 한다.

반면, 상대평가의 단점을 종합하면 다음과 같다.

첫째, 교육목표의 달성도에 상관없이 학생들의 등급을 매기고 서열을 정함으로써 지적 계급주의를 발생시킨다.

둘째, 평가의 기준은 그 집단 내부에서만 통하기 때문에 타 집단과의 비교가 불가능하다.

셋째, 참다운 학력평가가 불가능하다. 잘 못하면 평가의 본질을 왜곡할 우려가 있다.

넷째, 학생들 간의 경쟁의식을 지나치게 조장할 우려가 있어 학생의 정신건강에 좋지 않은 영향을 미칠 수 있다.

다섯째, 인간이 발전 가능성에 대한 신념이나 교육의 효과에 대한 신념을 흐리게 할 우려가 있다.

여섯째, 현대학습이론에 부합되지 않는다. 현대학습이론은 외발적인 동기가 아니라 내발적인 동기유발을 권장하고 있을 뿐만 아니라 적절한 교수활동에 의해 거의 모든 학생에게 만족스러운 성취를 가능하게 할 수 있다는 입장을 취하고 있는데, 상대평가는 이를 인정하고 있지 않다.

절대평가는 절대기준평가 또는 목표지향평가라고도 하는데, 이 평가체제는 학생을 그가 속해 있는 집단구성원들의 점수 결과에 비추어 나타내는 것이 아니라, 주어진 교육목표를 실질적으로 어느 정도 달성하였는가, 즉 교육목표의 달성도에 의하여 평가하는 방법이다. 따라서 절대평가체제에서는 평가기준이 되는 구체적인 교육목표가 사전에 반드시 설명되어야 하고, 학습 후의 학생의 학업성취도는 이 교육목표를 직접적으로 반영하여 평가되지 않으면 안 된다.

오랜 기간 동안 학교교육에서 상대평가체제가 채택된 것은 공교육제도가 선발적 교육관에 기초를 두고 있었기 때문이었다. 상대평가는 선발적인 교육체제의 맥락 속에서 발전되고 정당화되었다. 그러나 학교교육의 목적이 높은 수준의 교육을 받기에 알맞은 소수의 학생을 선발하고 예언하는 데 있는 것이 아니라 모든 학생들의 능력을 최대한으로 개발시키는 데 있는 것인 만큼, 이러한 '발달적 교육관'에 부합되는 새로운 평가체제로서 절대평가체제가 필요하게 되었다. 따라서 선발적 교육관에서 발달적 교육관으로의 변화는 절대평가체제의 출현의 원동력이 되었다. 또한, 교육의 질적 관리에 대한 관심의 증대도 절대평가체제의 필요성을 더욱 높였다. 일정한 교육기간에 투입된 물적·인적 자원이 올바르고 효과적으로 활용되었는가에 대한 판단은 학습자가 교육목표를 얼마만큼 달성했는가를 평가하지 않고서는 불가능하다.

한편, 교육과정의 설계에 있어서의 새로운 동향도 절대평가체제의 강화에 영향을 미쳤다. 즉, 교육효과를 높이기 위한 교육목표의 구체화, 교육내용의 적절화, 교수활동의 효율화, 그리고 이에 입각한 평가 및 평가결과의 활용이 강조됨으로써 절대평가가 더욱 필요하게 되었다.

절대평가의 특징은 평가의 타당성을 강조하는 데 있다. 상대평가체제에서는 평가도구의 신뢰도가 크게 강조되는 반면, 절대평가체제에서는 타당도, 즉 원래 측정하려고 의도했던 교육목표를 얼마나 충실하게 측정하고 있느냐를 강조한다. 또한, 절대평가체제는 효과적인 교수활동에 의하여 모든 학생이 설계된 교육목표를 달성할 수 있다고 믿기 때문에 자연히 검사점수의 분포는 부적 편포(負的 偏布), 즉 오른쪽으로 치우친 분포곡선이 될 것을 기대한다. 또한, 절대평가체제는 인간의 무한한 가능성과 교육의 효과에 대한 신념을 믿는다. 반면, 상대평가체제에서는 어느 집단이든 성공적인 학생과 실패적인 학생들이 섞여 있기 마련이며, 그것은 극히 자연스러운 현상이라고 믿고 있다. 그러나 절대평가체제에서는 인간이 노력하기에 따라서 무한히 발전될 수 있으며, 학습자는 누구나 그에 알맞은 학습기회가 제공된다면 주어진 교육목표에 도달할 수 있다는 기본철학을 신봉한다. 끝으로, 절대평가체제의 장단점에 대해서 고찰하면 다음과 같다.

먼저, 절대평가의 장점을 고찰해 보면 다음과 같다.

첫째, 교육개선을 위한 실질적인 자료를 제공한다. 여기에서는 평가의 결과를 누가적으로 비교·검토하게 함으로써 교육의 질적 향상을 도모할 수 있다.

둘째, 교수·학습활동의 개선에 도움을 준다. 학습자가 성취하고 있는 학습부분과 실패하고 있는 학습부분을 발견하기 매우 쉬우며, 교수·학습활동에서 보충 또는 개선되어야 할 부분이 무엇인가를 쉽게 알 수 있게 해 준다. 따라서 학습자 개개인이 학습 진전 상황을 밝혀 알맞은 지도를 실시하는 데 유리하다.

셋째, 학생들에게 성공감과 성취감을 맛보게 한다. 절대평가는 목표지향적인 평가이기 때문에 설정된 교육목표가 달성되었을 때 학습자에게 보다 많은 성취감 또는 성공감을 갖게 해 준다. 그럼으로써 학생들의 긍정적인 자아개념과 정서발달을 가능하게 하여, 정신건강에도 도움을 준다. 또한, 이러한 요소들은 학습에 대한 내발적인 동기유발의 요인으로 작용하게 된다.

넷째, 의미 있는 점수를 제공해 준다. 절대평가에서 얻어진 점수결과는 그 점수 자체가 중요한 의미를 가진다. 즉, 점수가 높을 때에는 그만큼 설정된 교육목표에 가깝게 달성되었음을 의미하고 반대로, 낮을 때에는 목표에 그만큼 미달하고 있음을 의미한다.

다섯째, 협동학습을 조장한다. 학습장면에서 학생들 간의 경쟁보다는 협동을 강조함으로써 협동학습을 촉진시킬 수 있다. 모두가 1등을 할 수 있는 평가가 절대평가이다.

여섯째, 불필요한 지적 능력의 구분을 배제한다. 학생들의 등급과 서열을 매겨 학생들의 능력을 구분하는 지적 계급주의를 배격한다.

반면, 절대평가의 단점을 고찰해 보면 다음과 같다.

첫째, 학생들의 개인차 변별이 어렵다. 학습자 개인 간의 능력 비교는 어렵고, 우열을 판정하기도 쉽지 않다.

둘째, 학습활동에 대한 외발적인 동기유발이 부적절하다. 학습장면에서는 외발적인 동기유발 방법도 중요하게 작용하는데, 학생들의 경쟁을 통한 외발적 동기유발에는 적절하지 못하다.

셋째, 통계적 자료 활용에 난점이 있다. 통계처리는 정규분포이론 하에서만 가능하기 때문에 이러한 정규분포를 인정하지 않는 절대평가에서는 통계처리가 불가능하며, 통계처리를 한다 해도 아무런 의미가 없다.

넷째, 절대기준의 설정에 어려움이 있다. 절대기준을 설정하기 위해서는 각 교과의 학문구조에 대한 분석과 학습과제의 위계적 분석이 필수적으로 요구되는데, 그 작업이 고도의 전문성을 요하기 때문이다. 교육에 있어서 절대기준은 교육목표이지만, 이러한 교육목표를 누가 정하고 어떻게 정하느냐하는 것은 결코 쉬운 일이 아니다.

2) 진단평가, 형성평가, 총괄평가: 평가 시기

의사가 환자를 효과적으로 치료하기 위해서 필수적으로 먼저 해야 할 일이 환자의 상태에 대한 정확한 진단인 것처럼, 교육활동에 있어서도 교사가 효과적인 교수·학습 진도를 하기 위해서는 학습자가 가지고 있는 출발점행동(기초학력의 정도, 선행학습의 정도, 언어능력 등의 인지적 출발점행동과 학습흥미, 학습동기, 성격특성 등의 정의적 출발점행동), 즉 학습 진도를 제대로 파악해야 한다. 이처럼 일정한 수업에 들어가기 전에 학습자의 출발점행동을 확인하는 평가를 진단평가라고 한다.

진단평가는 교수·학습지도에서 여러 기능을 가지게 되는데, 이러한 기능을 대략 네 가지로 정리하면 다음과 같다.

첫째, 출발점행동(인지적·정의적 출발점행동)을 확인하여 적절한 후속조치를 취하게 한다. 어떤 교과나 단원의 학습을 위해서는 학습자의 출발점행동을 정확히 확인하여, 그 후속조치가 필요할 경우 해당 조치를 취해야 한다. 교수활동은 학생들이 현재 가지고 있는 능력수준과 지식·기능 및 정의적 특성을 토대로 전개될 때 보다 훌륭한 효과를 기대할 수 있다.

둘째, 학생들은 특정 하위코스나 소집단에 정치(定置: 배치)하고자 할 때 그에 대한 증거를 제공해 준다.

셋째, 학습의 중복을 피하게 해 준다. 학생이 이미 알고 있는 내용을 중복해서 학습하게 하면 시간과 노력의 낭비는 물론, 학습자의 학습흥미를 잃게 할 염려가 있는데, 이를 예방하기 위해서 진단평가가 필요하다.

넷째, 학습곤란에 대해 사전대책을 포함한 교수전략의 수립에 도움을 준다. 진단평가는 학습자의 기초학력·선행학습정도·적성 등의 인지적 특성과 흥미·태도·성격 등의 정의적 특성을 밝혀, 이를 토대로 적절한 교수전략을 세우게 하는 데 도움을 준다.

진단평가의 유형에는 출발점행동 확인을 위한 진단평가, 정치를 위한 진단평가, 그리고 교수전략 수립을 위한 진단평가 등이 있는데 이를 대하여 차례대로 살펴보면 다음과 같다.

첫째, 출발점행동 확인을 위한 진단평가는 모든 학생들은 동등한 기초학력이나 특성을 갖고 있지 않으므로 이들을 동일한 출발점에서 지도한다는 것은 잘못된 것이다. 새로운 학습에 들어가기 전에 필수적으로 학습해야 할 과제의 숙달이 불충분한 학생과 충분한 학생을 함께 배치하여 수업을 진행시킨다면 만족스러운 학습결과를 기대하기 어렵다. 학생이 새로운 학습과제에 임할 때 가지고 있는 인지적·정의적 행동특성을 진단하는 데 이용되는 평가를 출발점행동 확인을 위한 진단평가라고 한다.

둘째, 정치를 위한 진단평가인데, 여기에는 학습자가 학교 간 정치(定置)를 위한 진단평가와 학습자의 학교 내 정치를 위한 진단평가, 그리고 학습자의 학급 내 정치를 위한 진단평가가 포함된다. 먼저, 학습자의 학교 간 정치를 위한 진단평가는 일반계·농업계·공업계·상업계·수산해운계·가사실업계·과학계·체육계·예술계·외국어계·국제계 고등학교 등과 같이 종류가 다른 학교에 학습자를 정치하기 위한 진단평가를 말한다. 그리고 학습자의 학교 내 정치를 위한 진단평가는 일반계 고등학교에 있어서 문과·이과나 취업계열·대학진학계열 등과 같이 학교 내에서 학생들을 정치하기 위하여 행해지는 진단평가를 말한다. 또한, 학습자의 학급 내 정치를 위한 진단평가는 학습자를 우수반, 열등반, 보통반으로 나누거나 혹은, 진단결과에 따라 적절한 수업집단으로 학생들을 분류하는 학급 내 정치를 위한 평가를 말한다.

셋째, 교수전략 수립을 위한 진단평가인데, 학습의 능력, 적성, 희망, 흥미 등의 개인차를 인정한다면 교수방법도 이 개인차에 따라 다양화되어야 한다. 이와 같이 학생들의 개인차에 부합되는 교수전략을 수립하기 위하여 행하는 평가를 교수전략 수립을 위한 진단평가라고 한다.

형성평가는 수업의 개선을 위한 평가로서 교수·학습지도 활동이 진행되는 도중에 학생들의 학습 진전 상황에 대하여 피드백을 주고, 교수·학습지도 방법을 개선하기 위해서 실시하는 평가를 말한다. 따라서 형성평가는 학습이 진행되는 도중에 실시되는 평가이므로 학습의 극대화를 위한 것이 가장 큰 목적이라고 할 수 있다. 또한, 형성평가는 학생 개개인의 현재 위치나 진전 상황을 분명히 밝혀 줌으로써 개인의 능력에 맞도록 학습 진도를 개별화할 수 있게 해 준다. 이러한 평가는 학습의 진행과정에서 주기적으로 자주 행해지게 된다. 여기에서의 '자주'라는 말의 한계는 명확한 것은 아니지만, 일반적으로 단원에 속하는 소단원 또는 주제에 대한 진도가 끝날 때마다 실시된다는 의미이다.

이렇게 함으로써 학습곤란(결손)의 누적현상을 미리 방지하여 효과적인 학습활동이 이루어지도록 한다. 형성평가의 결과에 의해서 학습자의 상당수가 학습곤란을 겪고 있거나 학습결손을 보이는 것이 밝혀지면, 이는 단순히 학습자에게만 책임을 돌릴 수 없다. 이 경우 교사는 필요하다면 교육목표를 학습자의 수준에 맞게 조정하고 교육내용의 구성을 보다 쉽게 하거나, 혹은 교수·학습지도 방법을 개선하도록 해야 한다.

형성평가는 각 문항별로 정답과 오답을 확인하여 교수의 효율성과 학습자의 학습결손 여부를 경정하는 데 활용하는 평가방식이기 때문에 절대평가체제로 행해지는 것이 좋다.

형성평가의 기능은 네 가지로 나누어 볼 수 있는데, 학습지도 활동의 조정, 학습활동의 강화, 학습곤란의 확인과 교정, 교수전략의 개선 등이 그것이다.

첫째, 교수·학습지도 활동을 조정하게 해 준다. 형성평가를 통해서 얻어진 정보를 토대로 교수·학습지도 활동을 조정하여 적절한 교정 또는 보충수업의 기회를 제공하게 되면 학습결손의 누적현상을 피할 수 있게 된다. 이렇게 되면 학습자는 새로운 학습과제를 성공적으로 성취할 수 있게 된다.

둘째, 학습활동을 강화해 준다. 형성평가를 통해서 교육목표 달성의 진전 상황을 학습자가 직접 확인하게 되면 자신감과 만족감을 얻게 되어 보다 적극적으로 후속학습에 임하게 된다.

셋째, 학습곤란을 확인하여 교정하도록 해 준다. 형성평가의 결과에 의해서 학생들은 자신의 학습곤란을 스스로 확인하며, 그것을 제거해 나가는 데 힘쓰게 된다.

넷째, 교수전략을 개선하게 해 준다. 형성평가의 결과에 의해서 교육과정 전반, 즉 교육목표의 조정, 교육내용의 변경, 교수·학습지도 방법의 개선, 교육평가 방법의 개선 등의 전반적인 교수전략을 재구성할 수 있다.

총합(총괄)평가는 진단평가나 형성평가와는 달리 한 학기에 1~2회 정도, 1년에 2~4회 정도 실시하는 평가로서 학기 말이나 학년 말에 종합적으로 교육목표의 달성도를 평가하는 것을 말한다. 이 총합평가는 대개 절대평가체제로 행해지는 것이 보통이나, 간혹 상대평가제로 행해지기도 한다. 이 결과는 학생의 성적으로 교육행정정보시스템(NEIS) 종합생활기록부에 기록되고 학부모에게도 통보된다.

총합(총괄)평가의 기능은 여러 가지로 설명될 수 있으나, 대략 여섯 가지로 종합·정리할 수 있다.

첫째, 성적을 판정하게 해 준다. 종합평가의 주된 목적은 주어진 교육목표의 달성도를 전반적으로 확인하여, 그 결과를 학생의 성적으로 부여하는 데 있다.

둘째, 후속 학습에 대한 성공을 예언하게 해 준다. 총합평가의 결과는 학생들의 학습지도와 생활지도의 기초자료가 된다. 교과목에 따라서 어느 정도의 차이는 있으나, 총합평가에 의해서 확인된 학생의 현재의 성적은 다음 학기나 학년 또는 상급학교에서 얻을 성적을 예언하는 데 도움을 준다.

셋째, 교수전략의 수립에 대한 정보를 제공해 준다. 총합평가는 해당 단원의 학습지도 방법의 개선에 대한 정부로 활용할 수는 없지만, 그 결과는 후속적인 교수전략을 수립하는 데 좋은 정보를 제공해 준다.

넷째, 집단 간의 학습효과를 비교할 수 있게 해 준다. 학교 간 또는 학급 간의 학업성취에 대한 총합평가에서 얻어진 결과에 의해서 이루어진다.

다섯째, 학생의 학업성취에 대한 피드백을 제공해 준다. 학생 각자의 학습진보가 어느 정도 이루어지고 있는가 하는 정보를 학생에게 알려 주는 것이 형성평가의 주된 목적인 데, 총합평가도 필요에 따라 이 같은 목적으로 활용될 수 있다. 교과목을 학습하는 도중에 비교적 넓은 범위에 걸친 총합평가의 결과나 교과목 전반에 대한 총합평가의 결과를 학생들에게 통지하는 것, 즉 학생에게 진전 상황을 알려 주는 것은 피드백의 효과를 거둘 수 있다.

여섯째, 자격을 판정하게 해 준다. 총합평가는 학생이 지닌 능력이나 기능, 지식이 요구하는 정도의 자격이나 기준에 부합되는지를 판정하게 해 준다. 입학시험이나 자격시험 등이 이러한 기능을 수행한다.

3) 평가하는 인간특성에 따른 유형

교육평가는 학습자의 어떤 인간 특성을 평가하느냐에 따라서 능력중심의 능력평가와 인성중심의 인성평가 등으로 구분할 수 있다.

(1) 능력평가: 능력중심의 평가

능력평가는 사람이 무엇을 할 수 있느냐, 어느 정도의 능력을 소유하고 있으며, 무엇이 얼마나 우수하고 무엇이 얼마나 부족한가를 확인하려는 것이다. 이 평가는 일반적으로 속도평가라고 할 수 있다. 즉 주어진 시간 동안에 문제를 해결하는 정도를 기준으로 능력을 평가하려는 것이다. 능력평가는 다시 적성평가(aptitude evaluation)와 학력평가(achievement evaluation)로 나눌 수 있다. 적성평가는 장차의 학습 및 특정 영역의 발달능력의 예언적 성격을 띤다. 적성은 다시 일반적성과 특수적성으로 나눈다. 일반적성은 지능을 말하며, 특수적성은 예언적성, 사무적성, 언어적성, 직업적성 등 보다 세분화된 분야에서 발달가능성과 능력 발휘 정도를 일컫는다.

학력평가는 과거, 현재, 혹은 미래의 학습 정도와 학습력을 평가하려는 것으로 교육현장에서 가장 보편화되어 있는 평가형태이다.

(2) 인성평가: 인성중심의 평가

인성평가는 이 개념이 의미하는 바와 같이, 인간심리의 내적 구조와 상태를 평가하는 거시다. 성격, 적응, 기질, 흥미, 태도, 가치관, 불안, 자아개념, 만족과 불만조도 등 다양한 인간 구인(constructs)의 현재 상태 혹은 변화 경향을 평가하는 것을 일컫는다.

인성을 평가하기 위해서는 그 방법이 적절해야 하며 신뢰로운 측정이 전개되어야 한다. 관찰법, 면접법, 사회측정법, 자기보고법, 표준화 검사법 등이 측정하고자 하는 특성에 따라서 유효적절하게 활용되어야 한다.

이와 같은 교육평가 유형 외에도 주관식 평가와 객관식 평가, 교사 적성평가와 표준화 검사를 이용한 평가 등으로도 구분할 수 있다. 오늘날 학교교육에서 특히 강조되는 평가의 형태는 수행평가(performance evaluation)이다.

수행평가란 학습자가 실제로 수행할 수 있는 것이 무엇인가를 중심으로 평가하는 것으로, '진실한 평가', '진짜평가' 등으로 불리기도 한다. 따라서 얼마나 알고 있느냐보다는 "무엇을 얼마나 잘할 수 있느냐"에 제1차적인 관심을 갖는 평가이다. 종래의 평가가 학습자들이 암기하고 있는 지식 소유 정도 평가에 치중한 점을 반성하고 학생들이 직접 말하는 것, 쓰는 것, 수행해 낸 산출물을 직접 평가 대상으로 삼아야 한다는 것이 수행평가의 근본적인 의도이다. 이와 같은 평가는 문제해결의 과정과 결과물, 작품구성 결과, 실험실습 장면, 보고서 작성 내용의 평가 등에 주안점을 둔다.

제3절 교육평가의 절차

1. 교육목표의 확인 및 교육목표의 구체적 분석

교육목표는 교수·학습활동의 지침이 될 뿐만 아니라 평가의 기준이 된다. 따라서 어떤 평가가 학습자의 교육목표 달성도를 충실히 측정해 준다면 그 평가는 좋은 검사라고 할 수 있다. 그러므로 좋은 평가를 만들기 위해서는 무엇보다도 먼저 교육목표를 재확인하고 학습자가 성취해야 할 수준을 알아보아야 한다. 이때 교육목표에는 교육과정을 구성할 때 이미 설정된 목표는 물론 교사 자신이 설정한 목표도 포함되어야 한다.

교육목표는 내용과 행동의 두 요인으로 규정되며, 이러한 내용과 행동의 두 요인을 교육목적의 이원적 요소라고 한다. 교육 내용이란 행동의 발현될 수 있는 원천으로서 학습경험 속에 포함된 것이고, 행동이란 그 내용을 통하여 얻게 되는 결과로서 교육의 궁극적 목표가 된다. 여기서 말하는 행동은 한 인간의 심리적인 과정 전체를 지칭하는 것으로서 외현적 행동은 물론 내재적 행동까지도 포함된다.

교육활동은 교육목표에 포함된 이 이원적 요소, 즉 내용과 행동에 비추어 교육목표를 구체적으로 분석하고 확인하는 작업에서부터 시작되어야 한다. 왜냐하면 교육목표가 구체적으로 분석되고 확인되지 않으면 평가의 기준이 불명확하기 때문에 어떤 내용을 소재로 어떤 행동을 측정하는 검사를 재작해야 하는지에 대한 객관적이고 타당한 기준이 마련될 수 없기 때문이다.

그러므로 교육목표의 진술은 내용의 구현을 위하여 있을 어떤 행동이라는 이원적 요소가 현저히 드러나 보이도록 구체적으로 결정해야 하며 이에 따라 단원을 전개하고 또 그 목표의 달성도를 평가하게 되는데 우선 내용과 행동 중심의 이원분류표의 작성이 필요하다. 이원목적분류표를 작성하는 일은 평가활동의 가장 기본적인 계획이며 이것을 작성하지 않고 제작한 검사는 타당성을 보장받기 어렵다. 이원목적분류표를 작성함으로써 교육목표에 부합되는 타당성이 있는 평가를 할 수 있고 또한 자칫하면 어느 한 부분에 치중하여 출제하게 될 위험성을 배제할 수 있기 때문이다. 따라서 교사제작 평가의 경우에 이원목적분류표를 이용하면 손쉽게 논리적 타당도를 검증할 수 있다.

한편 교육목표를 구체적으로 분석한다는 것은 학습의 결과로 학습자에게 나타나기를 기대하는 행동이 무엇인가를 명확히 파악하는 일이다. 행동면에서 생각해 보면 교육목표는 결국 어떠한 행동을 할 수 있는 인간을 만드느냐의 표시이므로 목표에 포함되고 있는 두 요소 중에서 행동이 핵심적 목표이고 내용은 행동이 발현될 수 있는 원천이라고 간주한다.

2. 평가 장면의 설정

교육목표에 대한 구체적인 분석작업이 이루어지면 세분화된 행동을 측정할 수 있는 평가장면을 설정하고 거기에 사용할 도구를 마련해야 한다. 여기에서 평가장면이라 함은 분류된 행동의 학습 정도가 가장 잘 나타날 수 있는 상황을 말한다.

교육평가의 검사장면은 물리적 기구에 의한 직접적인 측정이 가능한 신체검사의 경우보다 훨씬 더 복잡하고 다양하다. 그리고 교육평가의 평가장면은 평가자의 능력에 따라서 보다 적절하게 설정될 수도 있고, 보다 부적절하게 설정될 수도 있다. 따라서 교육평가에 있어서는 평가자가 측정하려고 하는 행동의 학습 정도가 가장 잘 노출될 수 있는 평가장면을 설정해야만 타당하고 신뢰로운 결과를 얻을 수 있다. 그리고 이와 같은 평가장면 설정의 적절성 정도는 평가자의 평가기술에 따라 좌우된다.

교육평가는 측정대상이 인간이라는 점에서 물리학적인 측정이나 다른 동물들을 대상으로 한 측정에 비하여 많은 제한점을 가지고 있다. 특히 많은 경우에 있어서 교육목표의 이원적 요소 중 행동면이 불명확해지고 대개 간접적인 측정결과를 거쳐야 하기 때문에 검사장면 설정에 고도의 전문적인 기술을 필요로 한다.

3. 평가도구의 제작

평가 장면을 설정한 다음에 해야 할 일은 실제로 평가에 사용할 도구를 제작하는 일이다. 즉 교육의 궁극적 목표인 행동의 증거를 수집하는 데 이용할 도구를 제작하는 것이다. 물론 검사장면을 설정하는 일과 검사문항을 제작하는 단계는 아주 밀접한 관계를 가지고 있고, 시간적으로 거의 동시에 이루어질 수도 있다.

평가도구는 그 질에 따라 측정결과의 타당도와 신뢰성이 좌우되며 평가목적의 충족 여부가 좌우된다는 점에서 매우 중요하다. 좋은 평가 문항을 제작하기 위해서는 평가문항의 제작 및 평가의 구성에 관한 전문적인 지식과 경험을 갖추어야 한다.

4. 평가의 실시와 결과 정리 및 분석

일반적으로 교육평가 내지 검사의 여러 단계, 즉 교육목표의 확인과 구체적 분석, 평가 장면의 설정, 평가 도구의 제작은 검사를 실시하기 위하여 이루어진 준비단계에 속한다. 이러한 준비 작업이 모두 완료되면 교육목표에 제시된 행동의 증거를 수집하는 검사의 실시 단계에서는 피평가자들이 충분히 그리고 솔직하게 있는 그대로의 행동을 발현시킬 수 있는 상황을 조정하는 일이 무엇보다 중요하다. 따라서 이 단계에서는 평가 실시의 횟수 및 시기, 검사장의 물리적 조건, 검사의 지시, 피평가자의 동기유발 등 검사 실시에 따른 제반 문제가 검토되어야 하는바, 다음과 같은 점에서 특별히 유의해야 한다.

첫째, 일반적으로 평가의 실시 시기는 평가의 목적이나 종류에 따라서 결정된다.

둘째, 평가 장소의 물리적 조건이 통제되어야 한다.

셋째, 평가의 지시는 간결하고 명확해야 한다.

넷째, 피평가자들에게 평가에 대한 동기를 유발시켜야 한다.

평가가 끝나면 피평가자들이 반응한 결과, 즉 행동의 증거를 정리해야 한다. 이 단계에서는 평가결과를 채점하고 채점한 점수를 기록하여 평가의 기초 자료를 만들어 낸다. 그러나 채점은 아무리 객관적으로 그리고 정확하게 했다고 할지라도 채점결과에는 거의 언제나 고정적 오차와 변산적 오차가 있다는 사실에 유의해야 한다.

교육목표의 달성도는 양질의 평가를 통하여 얻은 자료에 의해서 평가되어야 한다. 교육목표를 아무리 정확히 진술하고, 그에 따라 이원목적분류표를 작성하고 또한 그에 따라 문항을 제작하였다 할지라도 평가 문항 자체의 양호도를 검증해 보지 않았다면 그 평가의 결과에 대하여 확신을 가질 수가 없는 것이다. 그러나 대부분의 교사 제작 평가 문항은 이러한 통계적 절차를 밟지 않았기 때문에 평가의 질을 정확히 평가하기가 힘들다.

평가의 결과는 지속적으로 두고 활용할 수 있는 학생 이해 자료이므로 활용하기에 편리하도록 기록하고 관리해야 한다. 일반적으로 평가 결과를 기록하고 보존하는 데는 행정적 목적과 지도적 목적의 두 가지 목적이 있다. 행정적 목적은 문서의 형태로 보관하는 데 있지만, 지도적 목적은 피평가자들의 학업지도 및 생활지도에 수시로 활용하는 데 있다. 평가 결과를 기록하고 보존하는 데 있어서의 어려움은 이 두 가지 목적을 모두 충족시켜야 하는 데서 비롯된다.

우리나라의 학교현장에서는 현행 모든 평가 결과를 교육행정정보시스템(NEIS)의 종합생활기록부에 일원화하여 기록하고 이를 영구 보존하는 데 치중하고 있는 반면, 평가 결과를 지도적 목적으로 활용하는 경우는 간과하고 있다. 평가 결과는 학생들의 학업지도 및 생활지도에 수시로 활용될 수 있는 학생이해 자료라는 점을 감안해 볼 때, 앞으로는 평가 결과의 기록 및 관리에 있어서 행정적 목적뿐만 아니라 지도적 목적도 충족할 수 있도록 배려해야 할 것이다. 그러기 위해서는 우선 평가 결과의 기록을 행정적 목적의 기록과 지도적 목적의 기록으로 이원화해야 할 것이다. 그리고 지도적 목적의 기록양식은 학생 개개인에 대한 기록과 각종 검사 결과 및 여타 정보를 구체적이고 분석적이며 그리고 누가적으로 기록할 수 있도록 설계되어야 할 것이며, 활용에 편리하도록 카드화하는 방안도 검토해 보아야 할 것이다.

5. 결과의 해석 및 활용

교육평가 활동의 결과는 일차적으로 교육목표의 달성도라는 측면에서 해석된다. 그러나 부차적으로는 교육과정의 각 국면과 관련하여 해석될 수 있다. 즉, 교육평가 활동의 결과는 교육목표의 설정, 학습경험의 선정 및 조직, 학습지도 및 평가 등 교육과정의 제국면의 적절성과 효율성에 대한 정보를 제공해 줄 뿐만 아니라 각 국면의 개선에 활용될 수 있는 것이다.

학교 현장에서 교육평가 활동의 결과는 직접적으로 다음과 같이 활용할 수 있다

첫째, 교육적 정치(placement)를 위한 자료로 활용할 수 있다. 교육적 정치란 학생의 학력(學力)이 최대한 발휘될 수 있도록 교육 상태에 학생을 배치시키는 것을 말한다.

둘째, 학생들의 학습결손을 진단하고 이에 대한 교정지도 계획을 수립하는 데 활용할 수 있다.

셋째, 수업과정에서 학생들이 당면하는 학습곤란을 극복하고 학습지도 방법을 개선하는 데 활용할 수 있다.

넷째, 생활지도를 위한 자료로 활용할 수 있다.

다섯째, 학생 개개인의 성적을 평정하는 자료로 활용될 수 있다.

제4절 교육평가의 문제점과 동향

1. 교육평가의 문제

교육평가가 어떤 문제점을 안고 있으며, 반성하고 개선해 나가야 할 점이 무엇인가는 여러 가지 측면에서 논할 수 있다. 교육평가의 문제점을 평가관 및 평가목적상의 문제, 평가내용 및 대상의 문제, 평가방법상의 문제 등의 범주로 나누어 우리나라 각급 학교교육에서의 평가가 지니고 있는 일반적인 문제를 종합적으로 검토해 보는 것은 의미 있는 일이다. 아울러 현대 교육평가의 동향 탐색도 고려되어야 한다.

1) 평가관, 평가목적상의 문제

① 전도된 교육평가관: 인간이해가 아닌 인간규정 평가관, 측정관
② 총괄평가 위주(양 위주)의 결과중심 교육평가

③ 학생평가 위주의 평가 관행: 교육평가의 대상과 자료, 시간은 무한하고 다양함

④ 교육과정 자체의 평가관 부족

⑤ 시험이 곧 교육평가라고 보는 잘못된 관점

⑥ 인간 내 변산보다는 인간 간의 변산에만 주목하는 교육평가

2) 평가내용 및 대상의 문제

① 지적 영역 일변도의 평가관행

② 단순 지식의 암기와 이해 등 하등(저급) 정신능력 중심의 교육평가

③ 교과서중심의 교육평가 내용

3) 평가방법상의 문제

① 상대평가, 규준지향평가 위주의 교육평가

② 지필 평가 일변도의 평가방식

③ 사지택일형 객관식 중심의 평가방식

④ 너무 빈번한 평가 횟수

이 외에도 실제 학교 교육현장에서 발견되는 교육평가에 대한 몇 가지 신화적인 잘못된 믿음을 다음과 같이 지적할 수 있다.

첫째, 시험은 곧 경쟁이라는 믿음을 가지고 있다.

둘째, 시험은 학습동기를 유발한다는 믿음을 가지고 있다.

셋째, 숫자는 언제나 정확하다는 믿음을 가지고 있다.

넷째, 객관식 평가만이 신뢰할 수 있다는 믿음을 가지고 있다.

다섯째, 평가의 결과는 모두 학생의 책임이라는 믿음을 가지고 있다.

이와 같은 교육활동에 관련되어 있는 사람들이 교육평가에 대한 신화는 결국 교육평가의 본질을 왜곡시키는 결과를 초래한다.

2. 교육평가의 동향

　교육은 그 본질 추구를 위한 노력과 더불어 사회의 변화에 따라서 변화에 변화를 시도하고 있다. 교육의 목적이 바뀌고 있고, 내용이 변화하고 있으며, 교육방법이 하루가 다르게 바뀌고 있다. 이러한 변화는 교육평가 분야도 마찬가지다. 오늘날의 교육평가는 종래의 상대평가 체제의 결함을 반성 개선하며 학생의 능력신장과 교육의 책무성 평가라는 절대평가 체제(성취수준 평가체제)의 평가관으로 바뀌고 있다.

　특히, 최근 들어 세계적으로 교육평가 분야에서 관심 있게 다루는 내용은 국가수준의 성취도 평가, 교육기관의 교육체제 평가, 교육평가에서 컴퓨터 활용의 보편화, 교수·학습과정 개선평가, 학습자중심의 수행평가 등이다.

1) 수행평가의 정의 및 특성

　교육평가의 문제점으로 제기되어 오고 있는 평가 방법의 혁신이 요구되고 있다. 현행 교육의 개선을 위해서는 전통적인 교육평가의 절차나 방법이 보다 바람직한 것으로 바뀌어야 할 필요가 있다. 그러한 바람직한 방향이라 함은 우선 전인교육을 조장할 수 있으며, 학생 개개인의 장단점을 파악하여 수업이 진행되는 과정에서 교육적인 처방을 할 수 있고, 학생의 창의성이나 문제해결력 등 고등 정신기능(고급 사고력)을 신장시킬 수 있는 것을 말한다. 이러한 요구에 부응할 수 있는 평가방식으로서 최근에 많이 논의되고 있는 것이 질적 평가라고 할 수 있으며, 이 질적 평가의 방법이나 절차를 가장 잘 드러내는 것이 바로 수행평가이다.

　이러한 수행평가는 실상 전혀 새로운 것이라고는 할 수 없다. 즉 서술형 평가, 구술시험, 실기시험 등의 수행평가의 세부 유형들을 살펴보면 알 수 있듯이 대부분은 우리가 이미 알고 있지만 학교에서 주로 사용하지 않는 것들이다. 하지만, 일선 학교 교육 현장에서는 그 시행 환경이나 이론적 배경 등에 있어서 많은 차이가 있으며, 기본적으로 학생을 등수와 성적으로 양극화시켜 파악하는 것이 아니라 개개인의 특성과 개성을 파악하여 학생에 대한 질적 이해를 꾀한다는 점에서 주된 차이가 난다고 볼 수 있다. 또한 통제된 인위적인 상황보다는 가능하면 실질적이고 자연스런 상황에서 평가하고자 한다는 점을 차이로 들 수 있다.

수행평가에서는 학생이 배우고자 하는 지식이나 기능을 평가함에 있어서 객관식 평가에서와 같이 답지의 적절한 선택이 곧 지식이나 기능의 습득의 증거라는 가정을 부정하고, 학생이 답안을 작성하거나 행동으로 직접 나타내는 것을 통해 직접적으로 성취 여부를 측정하고자 한다. 이러한 수행평가를 정의하는 데에 있어서 학자마다 의견이 조금씩 다르지만, 대략 다음과 같은 대표적 정의로 제시해 볼 수 있을 것이다.

> 수행이란 어떤 구체적인 상황하에서 실제로 행동을 하는 과정이나 그 결과를 의미하고,
> 수행평가란 학생 스스로가 자신의 지식이나 기능을 나타낼 수 있도록 산출물을 만들거나,
> 행동으로 나타내거나, 답을 작성하도록 요구하는 평가방식이다.

대부분 단편적인 지식만을 암기하도록 조장하는 기본의 평가방식을 지양하고, 학생의 고등 사고 기능을 파악하고 개별적인 학습을 신장하기 위해 사용될 수 있는 수행평가의 성격은 다음과 같다.

첫째, 수행평가는 학생이 문제의 정답을 선택하게 하는 것이 아니라, 자기 스스로 정답을 작성(구성)하거나 행동으로 나타내도록 하는 평가방식이다. 한 가지 정답만을 선택하게 하는 평가 방법으로는 학생이 그 반응을 선택하게 되는 인지 과정이나 문제해결 과정을 파악하기 어렵다. 경우에 따라서는 자기의 능력과는 무관하게 우연히 정답을 선택하는 경우도 있을 것이다. 그러나 자신이 옳다고 생각하는 답을 직접 작성(또는 수행)하게 하면 (그것을 글로 쓰게 하든, 말로 하게 하든, 행동으로 하게 하든) 학생의 인지적 구조나 문제 해결 과정을 비교적 쉽게 파악할 수 있게 된다.

둘째, 수행평가는 추구하고자 하는 교육목표를 가능한 한 실제 상황하에서 달성했는지 여부를 파악하고자 한다. 예를 들어, 학생의 작문 실력이 좋아졌는지 여부를 파악하기 위해서, 가상적인(또는 강요된) 상황을 설정하고 다른 작가들이 이미 써놓은 작품들을 제시한 다음 잘 쓴 글을 선택하게 하거나 질이 낮은 글을 선택하게 하는 것이 아니라, 어버이날을 즈음하여 부모님께 편지를 직접 쓰게 한 다음 그것을 보고 평가하는 것이다. 다시말해서, 추상적인 상황하에서 정답을 선택하게 하여 평가하기보다는 실제적인 상황에서 직접 관찰할 수 있는 방식으로 평가하고자 하는 것이다. 이처럼 수행평가에서는 실제적인 (통제되거나 강요된 상황이 아니라 자연스러운) 상황을 강조하기 때문에, 통제된 상황하에서 이루어지는 전통적인 실기시험과는 다소 구별된다.

셋째, 수행평가는 단편적인 영역에 대해 일회적으로 평가하기보다는 학생 개개인의 변

화와 발달 과정을 종합적으로 평하기 위해 전체적이면서도 지속적으로 이루어지는 것을 강조하는 방식이다. 예를 들어, 어떤 한 시점에서 일부 영역에 대해 포괄적으로 평가를 하는 기말시험이나 대학수학능력시험, 혹은 대학별 입학시험보다는 교실에서 교사가 학생 개개인의 변화·발달 과정을 진단·평가하기 위해 수시로 관찰하거나 면담을 통해서 그 결과를 누가적으로 기록하는 형태의 평가가 수행평가의 입장에 더 부합한다고 하겠다.

넷째, 수행평가는 개개인을 단위로 해서 평가하기도 하지만 집단에 대한 평가도 중시한다. 예를 들어, 하나의 연구 과제를 주고, 팀을 이루어서 공동으로 그 과제를 해결하도록 한 후 팀 단위로 평가하는 것이다. 아울러 개인이나 집단을 평가할 때, 다른 사람이나 다른 집단과 비교해서 평가하는 것(상대평가)이 아니라 객관적인 평가 기준에 근거하여 평가하는 목표지향평가(절대평가) 형태를 취하게 된다. 따라서, 수행평가는 학생 상호 간의 지나친 경쟁을 유도하는 것이 아니라 학생 상호 간의 협력을 유도하게 된다.

다섯째, 수행평가는 학생의 학습 과정을 진단하고 개별학습을 촉진하려는 데 그 목적이 있다. 즉, 수행평가는 학생의 선발, 분류, 배치를 위한 목적에서 사용할 수도 있지만, 학생의 지적 수준을 진단하고 학생의 이해 수준을 높이며 개별 학습을 촉진하는 데 일차적인 목적이 이다. 따라서, 교수·학습 평가의 과정이 교수·학습 과정과 분리되기보다는 하나의 통합된 형태로서 교수·학습 과정의 한 부분이 된다고 할 수 있다.

여섯째, 수행평가는 학생의 인지적인 영역(창의성이나 문제해결력 등 고등사고 기능을 포함)뿐만 아니라 학생 개개인의 행동 발달 상황이나 흥미, 태도 등 정의적인 측면이나 신체적인 측면에서의 성취도를 파악하고 그것의 성장, 발달을 촉진하기 위해서 교육적인 애정을 가지고 끊임없이 노력해야 한다.

2) 수행평가의 유형

사실 수행평가의 유형을 보면 이제까지 전혀 볼 수 없었던 완전히 새로운 것들이라고는 할 수 없으며, 사실상 몇몇 덜 '학구적인' 지식영역에서는 이미 성공적인 표준으로 확립되어 오기도 하였다. 리사이틀, 연기, 예술작품 전시, 그리고 체육 경연 등은 많은 곳에서 활발히 시행되고 있는 것들이다. 수행평가의 유형들에는 그러한 것들 외에도 여러 가지가 포함될 수 있는바, 대표적인 유형들로는 서술형 평가, 논술형 평가, 구술시험, 찬반토론법, 실기시험, 실험실습법, 면접법, 관찰법, 프로젝트(연구보고서)법, 포트폴리오 등이 있다.

이러한 기법들은 새로운 것이 아니고 과거에도 있었던 것이기는 하지만, 기존의 권위나 가치관에 대한 수동적인 수용보다는 자기 나름의 세계를 재창조하는 과정중심의 인지심리학을 근거로 하여 창의성이나 문제해결력 등 고등 사고 기능을 파악하고 신장하기 위한 교육평가의 기법으로 새롭게 각광받고 있다. 특히, 수행평가는 통제된 상황하에서 이루어지는 전통적인 교수·학습 평가의 방식과는 달리 가능한 실제적인 상활을 강조하기 때문에 지행일치를 촉구하게 되고 전인교육을 강조하게 된다. 수행평가 각각의 유형에 대해서 간단히 요약하면 다음과 같다.

(1) 서술형 평가

서술형 평가는 흔히 주관식 평가라고 하는 것으로 문제의 답을 선택하는 것이 아니라 학생들이 직접 서술하는 평가형태이다. 모범답안을 상정하고 있는 경우가 많고, 수학의 경우 단순한 답의 암기보다는 문제해결의 과정을 보고자 한다.

(2) 논술형 평가

논술형 평가는 일종의 서술형 평가라고 볼 수 있으나 특별히 상정하고 있는 정답이 없는 상태에서 개인 나름의 생각이나 주장을 창의적이고 논리적이면서도 설득력 있게 조직해야 함을 강조한다는 점에서 구별된다. 논술형 평가는 서술된 내용의 깊이뿐만 아니라 글을 조직하고 구성하는 능력을 동시에 평가하게 된다. 또한 내용의 적절성, 무장 구조, 단어 사용, 원고 작성법, 문단 양식 등의 소영역으로 나누어 평가해 볼 수 있을 것이다. 이러한 논술형 평가를 통해 고등 사고 기능을 평가할 수 있게 된다.

(3) 구술시험(구술평가)

구술시험은 종이와 붓이 발명되기 전부터 시행되어 오던 가장 오래된 수행평가의 형태로서, 학생으로 하여금 특정 교육내용이나 주제에 대하여 자신의 의견이나 생각을 발표하도록 하여 학생의 준비도, 이해력, 표현력, 판단력, 의사소통 능력 등을 직접 평가한다. 구술시험은 학생들이 대학이나 대학원을 졸업하기 위해서 졸업논문 심사의 한 과정으로 거쳐야 하는 관문처럼 생각하는 시험의 한 형태이지만, 초·중등학교에서도 쉽게 사용할 수 있다.

(4) 찬반토론법

찬반토론법은 사회적으로나 개인적으로 서로 다른 의견을 제시할 수 있는 토론주제를 가지고 개인 혹은 집단별로 찬반토론을 하도록 한 다음 의견을 개진하기 위한 사전준비의 충실성, 토론 내용의 논리성, 반대의견을 존중하도록 태도, 토론 진행 방법 등을 총체적으로 평가하는 방법이다. 아울러 찬반토론의 과정을 자세히 관찰함으로써 토론 진행 과정에서 지도력을 발휘하여 토론을 이끌어 가는 사람, 당당하게 자기주장을 피력하는 사람, 남의 의견을 차분히 듣고 모두의 의견을 집약하는 능력을 발휘하는 사람, 또는 상대방에게 의견을 자유롭게 제시하도록 한 다음 결론은 자기 의견대로 끌고 가는 사람 등 여러 가지 유형의 성격도 파악할 수 있다. 이러한 찬반토론법은 논술형 평가와 구술시험을 통해 얻을 수 있는 정보를 모두 얻을 수 있는 장점이 있는 반면, 학생 수가 많은 경우 개별 학생들이 발언할 기회를 충분히 가지지 못하는 단점도 있다.

(5) 실기시험(실기평가)

수행평가에서 언급되는 실기시험이 기존의 실기시험과 다른 점은 실기를 하는 상황의 성격이다. 즉 통제되거나 강요된 상황이 아닌 실제적 상황을 중시한다. 예를 들어, 농구를 배우고 난 뒤의 실기시험에서, 기존의 평가가 정해진 자리에서 5개의 슛을 하도록 하여 골인된 숫자와 슛의 자세로 평가한다면, 수행평가에서는 학급 또는 학교 대항 농구시합을 실제로 하는 것을 관찰하여 학생들을 평가한다.

실기시험은 예체능 분야에서 주로 사용되어 오던 방법이나, 요즈음은 예체능 이외의 분야에서도 많이 시도되고 있다. 예를 들어, 말하기, 읽기, 쓰기 등의 분야에서 직접 학생들에게 말하거나, 읽거나, 쓰게 한 다음에 보통 2명 이상의 교사나 채점자가 평가하는 방식이다.

(6) 실험학습법(실험실습법)

실험학습법은 주로 자연과학 분야에서 많이 사용되는 것으로 어떤 과제에 대해서 학생들로 하여금 직접 실험·실습하게 한 후 그 결과보고서를 제출하게 한다. 이때 학생들은 개인 단위로 할 수도 있고 팀 단위로 공동작업을 할 수도 있으며, 평가자는 학생들의 실험 과정을 직접 관찰한 것과 제출된 결과보고서를 동시에 고려하여 평가한다. 계획 및 고안, 조작기능 및 실험 수행, 관찰 및 기록, 자료해석 및 실험, 책임감, 창의성 및 습관 등의 하위 영역으로 나누어 평가할 수 있다.

(7) 면접법

면접법이란, 평가자와 학생이 서로 대화를 통해서 얻고자 하는 자료나 정보를 수집하여 평가하는 방법이다. 즉, 평가자가 학생과 직접 대면하여 평가자가 질문하고 학생이 대답하는 과정을 통해 지필식 시험이나 서류만으로는 알 수 없는 사항들을 알아보고 그것을 평가하는 방법이다. 면접하는 방법은 한 명의 평가자와 한 명의 학생이 일 대 일로 하는 면접, 여러 명의 평가자와 한 명의 학생이 하는 다수 대 일로 하는 면접, 반대로 일 대 다수가 하는 면접 등이 있다. 면접법의 장점은 보다 심도 깊은 정보를 얻을 수 있으며, 사전에 예상할 수 없었던 정보나 자료를 얻을 수 있고, 진행상 융통성을 발휘할 수 있는 것 등이다.

(8) 관찰법

관찰법은 학생을 이해하고 평가하기 위한 가장 보편적인 방법이다. 교사들은 늘 학생들을 접하고 있으며 개별 학생 단위로나 집단 단위로나 항상 관찰하게 된다. 예를 들어, 학생들 간의 사회적 관계구조를 파악하기 위해 한 집단 내에서 개인 간 또는 소집단 간의 역동적 관계를 집중적으로 관찰하는 것이다. 특히, 나이가 아주 어리거나 지적 능력이 지나치게 낮은 학생들을 대상으로 평가하기 위해서는 평가상황을 의도적으로 마련할 수 없는 경우가 있기 때문에 인위적이 아닌 자연적인 상황에서의 관찰법을 자주 사용하게 된다.

객관적이고 정확한 관찰을 하기 위해서는 관찰 대상을 있는 그대로 기술하는 일화 기록법이나, 체크리스트나 평정척도 등을 이용하기도 하고, 경우에 따라서는 비디오 녹화를 한 다음 분석하기도 한다.

(9) 프로젝트(연구보고서)법

프로젝트(연구보고서)법은 교과별로나 범교과적으로 여러 가지 연구주제 중에서 학생의 능력이나 흥미에 적합한 주제를 선택하되, 그 주제에 대해서 자기 나름대로 자료를 수집하고 분석·종합하여 연구보고서를 작성하도록 하는 것이다. 프로젝트를 통해 학생들은 자신이 가진 지식과 기능을 겉으로 드러내게 된다. 프로젝트는 넓은 범위의 능력들을 요구하는데, 주로 학생들이 일을 착수하는 능력과 창의적으로 이끌어 나가는 능력을 보고

자 한다. 교사는 이미 잘 알려진 우수 행동의 표준에 비추어서 각각의 프로젝트에 점수를 매긴다. 학생들은 자신이 수행한 것을 교실에서 혹은 다수의 청중 앞에서 실제로 보여 주거나 전시할 것을 요구받는다.

프로젝트는 개인 학생 간 혹은 집단 간의 경쟁 형태가 될 수도 있고, 아니면 전체 학생들이 열심히 협력하여 함께 수행하는 형태가 될 수도 있다. 그룹 단위로 이루어지는 평가는 학생들이 계획, 연구, 토론, 집단 발표 등을 해야 하는 복잡한 문제를 함께 해결해 나가도록 해 준다. 학생들의 협동을 조장하고 가치로운 결과를 얻도록 해 주는 것이 이 기법의 큰 매력이라고 할 수 있다.

(10) 포트폴리오(Portfolio)

포트폴리오의 원래 뜻은 서류가방 또는 서류철이다. 이것은 교사에게 평가받기 위해 학생들이 제출하는 자료가 몇 개의 작품 혹은 수행 결과로 구성된 서류철이나 서류가방의 형식을 취하기 때문에 붙여진 이름이다. 포트폴리오는 하나 이상의 분야에서 노력, 진보, 성취 정도를 보여 주는 학생들의 작품을 의도적으로 모은 작품집이다. 간단히 말해서 포트폴리오란 학생의 경험과 성취를 기록한 다양한 정보를 포함하는 서류철인 것이다. 학생들은 차곡차곡 자신의 작품을 모아 둠으로써 자기 자신의 변화 과정을 스스로 파악할 수 있고, 교사들은 학생들의 과거와 현재 상태를 쉽게 파악할 수 있고 앞으로의 발전 과정에 대해서도 적절한 조언을 해 줄 수 있다. 이 방식은 단편적인 영역에 대한 일회적 평가가 아니며, 학생 개개인의 변화, 발달 과정을 종합적으로 평가하기 위해 전체적이면서도 지속적인 평가를 강조하는 것으로 수행평가의 대표적인 기법 중의 하나이다.

포트폴리오(Portfolio)는 장기적이고 종합적인 평가 방법 중 대표적인 방법이다.

3) 수행평가의 절차

학교현장에서 수행평가를 실시하는 절차를 보면, 먼저 학습자들이 개인차에 대한 진단을 실시하여 그들을 적절히 배치해야 한다. 그리고 나서 그들에게 부합되는 학습목표를 설정하여 제시하여야 하는데, 이때는 학습자들의 적극적인 참여가 마땅히 허용되어야 한다. 다음으로, 설정한 학습목표를 달성하는 데 필요한 다양한 과제를 선정해야 하는데, 여기에서도 학습자들의 참여를 적극 권장해야 한다. 그리고 수행평가 계획서를 작성하여 성취수준과 평가영역을 구체화한 다음, 평가방법의 선정 및 평가도구를 제작하여야 한다. 이어, 수행과제를 학생들에게 제시하여 성취해 나가게 하고, 그 수행과정은 물론, 결과에 대하여 다각적인 평가를 실시하여 그 평가결과들에 대한 분석자료를 수업활동과 학습활동의 개선에 적극 활용해야 한다. 끝으로, 평가결과에 대한 각종 기록을 잘 정리하여 후속적인 지도활동에 참고해야 한다.

연구 문제

1. 교육과정의 시스템을 교육목표, 교육내용, 교육방법(지도방법), 교육평가 등의 환류 과정으로 제시했을 경우를 상정하고 교육평가의 의의를 설명해 보시오.

2. 진단평가, 형성평가, 총괄평가(총합평가)를 상호 비교하여 설명해 보시오.

3. 교육평가에서 수행평가가 중요한 이유를 구성주의(構成主義)적 입장에서 논(論)하시오.

4. 수행평가의 유형과 종류를 열거하고 각각의 특징을 중심으로 설명해 보시오.

5. 교육평가를 시행할 때 그 유의점에 대해서 통합적으로 논(論)하시오.

6. 교육평가 문제(문항) 제작 시 고려할 점에 대해서 설명해 보시오.

7. 수행평가 방법 중의 하나인 'Portfolio'의 구체적 방안에 대해서 논(論)하시오.

8. 교육평가를 시행할 때 학습자의 입장을 고려해야 할 점에 대해서 구체적으로 설명해
   보시오.

9. 상대평가와 절대평가의 특징 및 장점과 단점 등에 대해서 상호 비교하여 서술하시오.

10. 국가수준학업성취도평가 등 집단평가를 시행할 때 특별히 고려해야 할 점에 대해
    서 논(論)하시오.

생활지도와 학생상담

 학습목표

- 생활지도의 개념, 의의, 목표 등을 심층적으로 이해한다.
- 생활지도의 특징, 영역, 제반 활동 등을 구체적으로 파악하고 이해한다.
- 학생상담의 기초, 개념, 목표 등을 이해한다.
- 인간중심 상담의 방법 및 장점과 단점을 구체적으로 이해한다.
- 학교상담의 목표, 특성, 상담교사의 자세와 역할 등에 대해서 이해한다.

주요개념

- 생활지도의 개념, 생활지도의 의의, 생활지도의 목표, 생활지도의 방법
- 생활지도의 특징, 생활지도의 영역, 생활지도의 활동, 학생조사활동, 정보제공활동, 정치활동(定置活動), 상담활동, 추수지도활동
- 학생상담의 기초, 학생상담의 개념, 학생상담의 목표, 심리치료
- 인간중심 상담의 방법, 인간중심 상담의 장점, 인간중심 상담의 단점
- 학교상담의 목표, 학교상담의 특징, 상담교사의 자세, 상담교사의 역할, 친화감(Rapport), 일치성, 진솔성, 공감, 수용

제1절 생활지도의 기초

1. 생활지도의 개념

학교교육은 교과와 교과 외 활동으로 구분된다. 물론 2009 개정 교육과정에서 과거 교육과정의 재량활동과 특별활동을 통합하여 '창의적 체험활동'이 새로운 교과 외 활동으로 도입되었지만, 전통적으로 생활지도의 중요성은 교과 외 교육의 근간을 이루어 왔다.

교육의 궁극적 목적은 학습자의 인격적 발달이다. 현대교육 상황을 고려할 때 학습자의 청소년기 대부분은 학교생활로 이루어진다고 보아도 무방할 것이다. 인생의 가장 중요한 시기의 지적, 정서적, 신체적 발달이 학교교육을 통해 이루어지고 있다. 학교교육에서 실시하는 교과지도는 인지적 발달과 밀접한 관련이 있다. 또한 생활지도는 교과지도 이외의 영역을 모두 포함하기에 학교교육에 있어 교과지도만큼이나 중요한 영역이 생활지도라고 보는 것도 무리가 아니다.

흔히 생활지도는 교육적으로 문제행동을 보이는 학습자를 대상으로 실시되는 것으로 인식되어 있다. 그러나 생활지도는 문제행동으로 보이는 학습자만이 대상이 되는 것이 아니라 모든 학생들을 대상으로 한다. 학습자 모두가 생활지도 대상이다. 즉 학습자의 바람직한 자아실현이 생활지도의 궁극적인 목표이며, 여기에는 학습자의 능력, 취미, 잠재적 가능성에 대한 이해와 지적, 정서적, 신체적 측면의 조화로운 발달, 정신건강 등이 포함된다.

생활지도는 역사적으로 보면 훈계, 좋은 습관 형성, 직업지도 등으로 시작된 것이지만, 본질적으로는 봉사적인 성격이 강하기 때문에 학생에 대한 봉사(student personal service)라고 지칭하기도 한다. 이러한 특성을 고려할 때 생활지도의 기본원리를 다음과 같이 제시할 수 있다.

첫째, 개인의 존엄과 수용의 원리이다. 생활지도는 기본적으로 개인의 존엄성을 인정하고, 모든 개인이 한 인간으로서 존중받아야 한다는 민주적 이념에서 출발해야 한다. 즉 생활지도는 학습자가 지적·정의적·사회적·도덕적 측면에서 성장가능성이 풍부하다는 신념 아래에서 성립될 수 있다.

둘째, 자율성 존중의 원리이다. 생활지도는 조력을 목적으로 하는 것이기 때문에 어떤 문제의 해결에 있어서 개인이 스스로 문제의 핵심을 파악하고 가능한 방안을 탐색하여 자신이 최종적으로 선택·결정하도록 하는 자율적 능력과 태도를 존중해야 한다.

셋째, 적응력 신장의 원리이다. 생활지도는 개인이 처한 사태나 생활에 잘 대처해 나갈 수 있는 적응력을 키울 수 있도록 도와주어야 한다. 적응력은 개인의 능력과 인성 형성에 있어서 상당히 긍정적인 영향을 미칠 수 있다. 특히 적응력의 결여는 자신에 대한 현실적인 이해와 통찰의 부족에서 오기 때문에 자신에 대한 이해를 통해 긍정적 자아개념 형성에 도움을 줄 수 있도록 지도해야 한다.

넷째, 인간관계 형성의 원리이다. 생활지도는 태도 형성이나 가치관 형성과 같은 정의적 행동의 변화와 관련 깊은데, 이런 정의적 행동의 변화는 교사와 학생 간에 진실한 인간관계, 즉 감정이 교류하는 관계가 형성될 때 비로소 가능하다.

다섯째, 자아실현 추구의 원리이다. 생활지도는 개인이 모든 잠재능력을 최대한 발휘할 수 있도록 도와주는 것이다.

2. 생활지도의 의의

생활지도는 영어의 'guide'에서 유래한 말로 이는 '인도한다, 지도한다, 조언한다, 안내한다' 등의 의미를 가진 단어이다.

생활지도는 광의의 교육과 같은 의미로 학교의 모든 프로그램은 생활지도의 목표를 실천하기 위하여 조직되어야 한다고 본다. 반면, 다른 견해를 가진 사람들은 생활지도를 직업지도 또는 도덕 관련 지도로 한정하고자 한다. 생활지도의 의미는 그 용어가 갖는 뜻이 다양하고 사람들에 따라 각기 다른 해석을 내리고 있기 때문에 한 마디로 정의내리기는 어려운 일이다.

존스(Jones)는 "생활지도란 현명한 선택과 적응을 위해서 개인에게 주는 조력을 의미하며, 이 선택은 생득적인 것이 아닌 것으로 지도가 필요하다."고 보았다. 이영덕(李榮德)은 "생활지도는 한 학생이 자신의 본래 성격을 정확하게 파악하고, 문제해결을 위한 이해와 통찰을 가짐으로써 보다 안정되고 통합된 성장을 할 수 있도록 도움을 주는 과정이다."라고 하였다.

한편, 트랙슬러(Traxler)는 "생활지도란 개인의 능력과 흥미를 이해시키고 가능한 정도까지 최고로 그들을 발달시키고 생활의 목표와 관련시켜서 최후로 민주 사회의 바람직한 시민으로서 원숙한 자기 지도가 될 수 있는 상태에 도달시키려는 것이다."라고 하였다.

스트랭거(Dtranger)는 "생활지도는 개개인의 가능성을 발견하고 그 자신의 노력을 통하여 그의 개인적인 행복 및 사회적 유용성을 목표로 하여 그것을 발달시켜 나아가는 과정이다."라고 주장하였다.

결국 이상의 여러 학자들의 견해를 종합해 보면, 생활지도란 공통적으로 첫째, 자신의 발견 및 이해, 둘째, 타고난 자질의 계발, 셋째, 현명한 적응과 선택을 통한 문제해결, 넷째, 원숙한 자기실현과 자기 지도 등으로 요약할 수 있다.

생활지도는 자기 이해, 자기 조정, 자기실현을 통하여 타인의 조력이 없어도 스스로 자신을 훌륭하게 이끌어 나갈 수 있는 자기 지도(self guidance)에 이를 수 있게 조력하는 과정이다. 즉, 생활지도란 각 개인이 일상생활에서 해결해야 할 여러 가지 문제를 해결할 수 있도록 지도하기 위한 조직적 봉사 활동이라고 할 수 있다.

3. 생활지도의 목표

일반적으로 학교에서의 학생 생활지도의 목표를 요약하면 다음과 같다.

첫째, 학생들로 하여금 당면 문제에 대하여 자발적으로 해결할 수 있도록 의욕을 북돋는다.

둘째, 학생들로 하여금 당면문제를 유능하게 해결할 수 있는 능력을 기르고 기법을 가르친다.

셋째, 학생들로 하여금 주어진 상황이나 사회에 잘 적응함으로써 부적응 행동을 예방하는 기능을 연마하도록 한다.

넷째, 학생 개개인의 개성과 문제를 정확하게 확인·이해하고, 자신의 진로를 현명하게 선택할 수 있도록 한다.

다섯째, 학생의 신체적 성장 및 발달, 인지적 발달, 정의적 발달, 사회적·도덕적 인격 발달이 균형 있게 이루어지도록 전인적 발달을 도모한다.

여섯째, 학생의 학업 또는 일상생활에서 긴장과 갈등 또는 불안의 원인이 되는 욕구불만의 해소 및 장애요소를 제거하여 정신적 건강을 유지하도록 한다.

이와 같은 생활지도의 일반적인 목표는 다음과 같이 5단계의 목표로 구현될 수 있다.

첫째, 자신의 능력과 흥미의 발견 및 이해이다. 생활지도는 인간의 존엄성과 가치에 대한 중요한 핵심 초점을 둔다. 생활지도는 각 개인이 속한 사회의 문화 가치 속에서 최고의 자기실현을 할 수 있도록 돕는 교육적 노력이다.

둘째, 능력과 흥미의 최대한 개발 및 발휘이다. 개인이 가진 흥미를 풍부하게 살릴 수 있도록 직업적 훈련의 기회를 만들고 원만한 인간관계를 기르도록 협동적 경험을 쌓는 것은 자신의 능력과 소질을 키워 가게 하는 생활지도의 중요한 목표가 된다.

셋째, 현명한 선택과 적응을 통한 문제해결력 신장이다. 일상생활에서 일어나는 문제들을 자신의 힘으로 부딪혀 보고 실제 경험을 통하여 자신의 능력을 더욱 이해하고 수정, 보완해 나감으로써 건전한 자아 개념도 형성할 수 있다. 생활지도는 사회적 변화와 개인의 내적 변화에 잘 적응하기 위하여 가정, 학교, 사회가 협동적으로 노력하여 학생들의 적응 문제를 해결하는 데 도움을 주고 있다.

넷째, 전인적인 발달 지향이다. 인간은 지적 영역의 발달만으로는 행복할 수 없으며 신체적, 사회적, 정서적 측면 등 모든 영역에서 성장과 발달이 잘 조화되고 통합되었을 때 가장 완전한 행복을 느낄 수 있다. 학교는 자라나는 학생들의 의지, 개성, 사회성 등을 고르게 발달시킬 수 있도록 지도하여야 한다.

다섯째, 유능한 민주 시민 육성이다. 인간의 개성에 대한 최대한 발달은 그 사회를 위하여 유익하게 사용될 때 가장 훌륭한 공헌이 될 수 있다. 그러므로 개인의 성장과 사회의 발달이라는 신념은 민주주의와 생활지도가 한 초점에 합일되는 중요한 가치이자 덕목이다.

제2절 생활지도의 특징과 영역

1. 생활지도의 특징

생활지도에 관한 여러 정의들이 함축하고 있는 특징들을 열거하면서 의미를 부연설명하면 다음과 같다.

첫째, 생활지도의 대상은 모든 학생이며, 대상영역은 개인의 삶과 관련된 모든 문제와 개인의 성장 및 발달을 위한 교육적 조치가 모두 포함된다. 즉, 모든 개개인이 직면하는 모든 생의 문제와 인간적 성장과 발달에 관심을 두는 것이다.

둘째, 생활지도는 개인의 전인적 발달과 사회적 존재로서 개인의 자아실현을 도모하는 것이 궁극적 목적이다.

셋째, 생활지도는 지시적이거나 전제적 지도방식에 의존하는 것이 아니라, 학생 스스로 문제를 해결하고 성장·발달할 수 있도록 돕는 지원적이고 봉사적인 의미의 지도활동이다.

넷째, 생활지도는 이론적이며 실제적인 체계를 기반으로 전개되어야 한다.

2. 생활지도 영역

1) 학생조사활동

학생조사활동(student inventory service)의 범위는 가정환경, 학업성취도, 지적 능력, 신체 및 정신건강, 교외생활, 학습 및 직업흥미, 성격 등이다. 학생조사활동을 위한 방법은 평가활동과 비평가활동으로 나눌 수 있고 구체적으로는 각종 표준화 심리검사, 학업성취도평가 등의 평가를 활용할 수 있다.

생활지도는 교육활동의 계획이나 실천을 위하여 보다 과학적이고 정확하게 학생들의 실태를 파악하거나 학생들의 자기이해를 돕기 위한 활동이다.

트랙슬러(Traxler)는 학생조사활동의 범위를 ① 가정환경, ② 출신학교의 성적, ③ 학업성적 및 지적 능력, ④ 신체 및 정신건강, ⑤ 교외생활, ⑥ 학습 및 직업에 대한 흥미, ⑦ 특수 능력, ⑧ 성격, ⑨ 미래를 위한 계획 등으로 분류하였다.

학생조사활동을 위한 방법은 주로 검사방법과 비검사방식으로 대별할 수 있는데 이를 구체적으로 살펴보면, ① 표준화 심리검사, ② 학업성취도검사, ③ 환경조사, ④ 질병검사, ⑤ 생활기록조사, ⑥ 가족관계조사, ⑦ 교우관계조사, ⑧ 관찰에 의한 행동의 누가(累加)기록 등의 각종 조사방법이 활용되고 있다.

이러한 학생조사활동이 보다 과학적으로 학생들의 자기이해와 문제해결을 돕는 것이 되기 위해서는 특히 다음 사항을 유의해야 한다.

첫째, 학생조사활동은 객관적이고 신뢰도가 높은 조사가 되어야 한다.

둘째, 학생조사활동은 생활지도의 목적에 합당한 것이어야 한다.

셋째, 학생조사활동은 여러 가지 가능한 방법이나 기술을 종합적으로 활용해야 한다.

넷째, 학생조사활동은 조사결과를 기록, 정리, 보관하여 실제지도에 유용하게 활용될 수 있도록 해야 한다.

2) 정보활동 · 정보제공활동

정보활동은 학생들이 원하고 학생들에게 필요한 각종 정보 및 자료를 제공하여 학생들의 개인적 성장과 사회적 적응을 돕기 위한 활동이다. 즉, 학생들로 하여금 그들의 여러 가지 문제를 해결하는 데 필요한 기본적인 지식을 갖게 하고 자기 자신의 문제를 자율적으로 처리할 줄 아는 책임감을 기르며, 나아가서 자기발달을 촉진하고 스스로 발달의 장애요인을 탐색하고 인식하도록 돕기 위한 활동이다.

학생들에게 제공되는 정보는 크게 교육정보, 직업정보 및 개인적 · 사회적 정보로 구분할 수 있다. 교육정보(educational information)란, 현재와 미래에 있을 수 있는 여러 가지 교육기회와 모든 형태의 타당하고 유용한 자료를 말하는데 정규교육 과정과 이에 행하는 교육과정, 입학조건 및 학생생활의 여러 조건과 문제들이 포함된다.

직업정보(vocational information)란, 직장과 직종에 관한 당당하고도 유용한 정보를 말하며 직업에 따른 의무, 입사조건, 작업조건, 보수, 승진 및 노동자의 수요와 공급 등이 포함된다.

개인적 · 사회적 정보(personal & social information)란 학생으로 하여금 자기 자신을 보다 잘 이해하고 다른 사람과의 관계를 개선하는 데 도움이 되게 하는 인간에 관한 정보인 개인적 정보와 대인관계에 영향을 주는 인적 · 물리적 환경에 대한 타당하고도 유용한 사회적 정보를 의미한다.

이러한 정보는 학교 자체에서 조사하거나 각종 인쇄물을 통해서 수집 · 정리 · 보관하여 개인상담이나 집단상담을 통하여 제공하게 된다. 정보제공 활동은 그 자체가 교육적 과정이라는 사실을 유념하여 학생들의 성취도나 요구 및 흥미에 맞추어 교육적으로 제공되어야 할 것이다.

학생의 생활과 계획 수립에 도움이 되는 정보제공활동(information service)의 세 가지 측면을 고찰하면 다음과 같다.

① 교육정보(educational information): 일반적인 학교생활에 관한 정보, 상급학교 진학에

관한 정보, 장학금에 관한 정보, 학습방법에 관한 정보, 과외활동에 관한 정보, 도서
관 이용 방법에 관한 정보 등
② 직업정보(occupational information): 직업군 또는 직업의 종류에 관한 정보, 직업에서
요구되는 기능이나 적성에 관한 정보, 직업교육 참여에 관한 정보, 직업선택 방법에
관한 정보, 직업선택 방법에 관한 정보, 직업조건 및 전망에 관한 정보 등
③ 개인 및 사회 적응 정보(personal-social information): 자기이해에 관한 정보, 타인이해
에 관한 정보, 인간관계 및 프로그램 참여에 관한 정보, 지역 사회 기관 이용에 관한 정
보, 가족관계에 관한 정보, 성교육에 관한 정보, 가치관·도덕·종교 등에 관한 정보 등

3) 정치활동(定置活動)

정치활동(placement service)이란 직업지도, 진학지도, 학과 선택지도 등에 있어서 자신
과 진로를 정확하게 이해하여 자신의 정치(定置: placement)를 현명하게 선택하도록 조력
하는 활동이다. 생활지도의 또 다른 목표는 학생에게 알맞은 다음 단계나 집단에 배치되
어 그 생활을 원만히 적응할 수 있도록 조력하는 것이다.

정치활동(定置活動)이란 취업지도, 진학지도 등에 있어서 자신을 정확하게 이해하여 자
기 자신의 위치(placement)를 현명하게 선택하는 일을 도와주는 활동이다. 이와 같은 정치
활동은 학교·학과의 선택이나 특별활동반(창의적 체험활동반)의 선택, 홈 룸(home room)
활동이나 클럽 활동의 부서선택과 같은 교육적 정치(educational placement)와 직장의 알선,
직업선택, 진로선택, 부직의 알선 등과 같은 직업적 정치(vocational placement)활동으로 구
분된다.

이와 같은 교육 및 직업정치 활동을 효과적으로 수행하기 위해서는 카운슬러만이 아니
라 전체 교직원이 협조하고, 가능하다면 지역사회 인사와의 상호협력을 통해서 보다 조직
적이고 종합적인 계획을 수립해서 실천하여야 하는데, 예를 들어 정치(定置) 센디
(placement center)를 설치하여 운영하는 것도 하나의 좋은 방법이 된다.

4) 상담활동

상담활동(counseling service)은 내담자에게 충분한 도움을 줄 수 있는 전문적 자격을 갖

춘 상담자와 도움을 필요로 하는 내담자와의 만남을 통해서 내담자의 문제해결을 돕는
활동을 말한다. 상담활동의 목표는 학생의 자율적인 발달을 돕는 것이다. 상담활동은 각
상담자마다 내담자와의 문제를 이해하기 위한 접근방법을 달리하고, 그에 따른 구체적 과
정도 차이가 있기 마련이지만 상호 신뢰를 바탕으로 지속적인 만남을 통해 공감적 이해
를 이룰 때 성공적으로 이루어질 수 있다.

상담활동은 생활지도 활동의 핵심적인 활동이라고 할 수 있는데, 상담자와 피상담자
간의 관계에서 상담·면접의 기술을 통하여 학생들의 자율성과 문제해결 능력을 키워 주
는 동시에 학생들의 적절한 감정처리를 위해 조력함으로써 정신건강을 향상시키고 적응
을 돕는 활동이다.

딩크메이어(Dinkmeyer)는 상담활동의 네 가지 측면을 다음과 같이 기술하고 있다.

첫째, 협력적인 관계가 설정되어야 한다. 즉 카운슬러와 내담자는 공동의 목표와 목적
을 설정하고 상호 협력해야 한다.

둘째, 현실생활 장면에 대한 내담자의 견해를 알기 위한 탐색이 이루어져야 한다. 즉,
카운슬러는 내담자의 불만(complain)이나 문제 또는 고민을 잘 검토해야 한다.

셋째, 카운슬러의 내담자에 대한 견해는 내담자의 감정과 그 속에 내포된 의미를 파악
하고 난 후에 판단되어야 한다.

넷째, 상담과정을 통해서 내담자가 자신의 그릇된 관념을 스스로 발견하고 보다 정확
한 관념을 갖게 하는 재방향화(reorientation)가 이루어져야 한다.

5) 추수지도활동(追隨指導活動)

추수지도활동(follow-up service)은 학생이 자율적으로 성장·발달할 수 있도록 계속적
으로 지도하는 활동이다. 추수 지도활동의 목적은 상담 또는 생활지도의 효과성, 즉 학생
들의 발전 상태를 지속적으로 점검하여 문제의 재발을 예방하고, 계속적인 성장·발달을
촉진시키는 데 있다. 추수지도활동을 통하여 학교의 생활지도 계획 및 지도방법을 반성·
평가하고 그 개성을 도모하는 자료를 제공할 수 있다.

추수활동(追隨活動)이란 생활지도를 받은 학생들의 추후의 적응상태를 항상 주시하고
부적응에 대한 조력을 통해서 보다 나은 적응을 돕는 활동이다. 추수활동은 면밀한 생활
지도 계획의 일환으로서 이루어지는 것도 있고 우발적으로 제공되는 경우도 있는데 트랙

슬러는 추수활동의 내용으로서 다음 4가지를 들고 있다.

첫째, 우발적인 추수지도 활동으로서 카운슬러나 교사들이 학생들에게 행한 지도나 조언의 결과를 알아보거나 정보를 얻기 위한 추후면접을 하는 경우이다.

둘째, 사례연구의 대상이 되었거나 집중적으로 교정지도를 받은 학생에 관한 추수지도 활동이다.

셋째, 졸업생과 중퇴한 학생들에 대한 추수지도 활동이다.

넷째, 졸업예정자에 대한 것으로서 직장을 얻고자 하는 학생이나 상급학교에 진학하고자 하는 학생들에 관한 추수지도 활동이다.

결국 학교에서의 생활지도활동은 그 문제·방법·형태에 있어서 각각 독립된 것이 아니고 각 분야가 서로 상호 관련되어 종합적·복합적으로 수행되는 교육활동이다. 즉, 어떤 학업상의 문제를 지도함에 있어서 그 문제의 해결을 돕기 위하여 필요에 따라서는 조사활동·정보활동·상담활동을 병행하여 실천하는 동시에, 필요에 따라서는 개인지도를 하거나 혹은 집단 내에 포함시켜서 집단지도를 하는 방법을 함께 수행하는 것이 효과적일 수 있는 것이다.

제3절 생활지도의 활동

생활지도는 원래 직업지도에서 시작되었으나 점차 그 활동영역이 확대되어 교육활동의 중요한 내용이 되었다. 따라서 오늘날의 생활지도는 교육의 전 영역에 걸쳐서 광범위하게 그 활동내용이 확대되고 방법 또한 다양화되었다.

생활지도 영역의 분류는 사실상 확실한 구분을 하기가 힘들고 또한 일정한 기준 아래서 분류된 각종 생활지도 활동도 실제 활동내용에 있어서는 복합적인 형태로서 나타날 때가 많다. 생활지도 활동의 전체적인 윤곽을 이해하기 위하여 이를 문제의 성질 활동방법 및 집단조직의 형태에 따라서 다음과 같이 분류할 수 있다.

1. 학생들의 성장과 발달을 돕기 위한 활동: 성장 발달별

학생들의 어떤 문제행동을 교정지도할 것이며, 어떠한 내용의 정보를 제공함으로써 현명한 자기결정과 적응을 가져올 수 있도록 할 것인가 등의 문제의 성질에 따라 생활지도 활동을 분류하면 다음의 6가지로 구분할 수 있다.

① 교육지도: 신입생을 위한 오리엔테이션, 학업부진아 지도, 학습방법 지도, 독서 지도 및 기타 학습상의 제 문제 지도

② 인성지도: 개성문제, 정서문제, 성격문제, 욕구불만의 진단과 해석, 습관교정, 적성과 적응문제 및 기타 심리적 여러 장애의 진단과 치료 및 교육

③ 직업지도: 직업적성 지도, 진로 지도 및 선직(選職) 지도와 정보제공, 추수지도

④ 사회성지도: 교우관계, 이성관계, 가족관계 및 기타 사회나 대인관계에서 생기는 여러 문제 지도

⑤ 건강지도: 신체장애, 각종 질병, 위생 및 기타 각종 건강에 관계된 여러 문제 지도

⑥ 여가지도: 여가선용, 각종 취미·오락활동, 놀이 및 기타 여가시간의 활용에 관한 지도

2. 지도방법에 따른 생활지도 활동: 지도방법별

지도해야 할 학생들의 문제성에 비추어 지도 계획과 지도 장면을 어떻게 구성할 것이며, 또한 어떤 지도기술을 적용할 것인가에 따라서 생활지도 활동의 방법은 달라지는데 이를 분류하면 다음과 같다.

① 학생조사활동(student inventory service)

② 정보활동(information service)

③ 상담활동(counseling service)

④ 정치활동(placement service)

⑤ 추수활동(follow-up service)

3. 지도대상에 다른 생활지도 활동: 지도대상별

조력을 받기 위한 집단조직 형태, 즉 조력의 대상자를 개인단위로 하느냐 집단으로 구성하느냐에 따라서 생활지도 활동을 분류할 수 있다.

① 개인지도(individual guidance)

② 집단지도(group guidance)

제4절 학생상담

1. 학생상담의 기초

1) 상담의 개념

상담(相談, counseling)의 일반적인 의미는 '구조적이고 허용적인 분위기에서 상담자와 내담자 간의 상호작용 과정을 통해서 내담자가 스스로 문제를 인식하고 문제를 해결해 갈 수 있도록 전문적인 상담과정을 전개하고 조력하는 것으로서 궁극적으로 내담자의 성장과 발달을 촉진·도모하는 과정'을 의미한다.

상담은 전문적인 상담자와 도움을 받으러 온 내담자의 관계로 이루어지며 상담의 목표는 내담자의 적응을 증진시키고 내담자의 행복을 도모하는 것을 우선 순위에 둔다.

상담의 개념은 크게 협의의 개념과 광의의 개념으로 나누어 생각할 수 있다. 협의의 개념으로 상담은 방법론을 의미한다. 반면 광의의 개념으로 상담은 방법이 발생하게 되는 상황에 대한 이해와 조건 등을 포함한다. 상담이란 고도의 심리학적 연구와 다년간의 경험이 뒷받침되어야 하는 매우 전문적인 과정이다. 따라서 단순히 교육현장에서 이루어지는 교사와 학생 간의 대화나 지도내용을 상담으로 볼 수는 없다. 인간의 심리적 측면을 다루는 상담은 전문적 교육을 받은 상담전문가에 의해 실시되어야 함이 원칙이다. 다음과 같은 활동과 상담은 구분되어야 한다.

첫째, 정보의 제공 자체는 상담이 아니다.

둘째, 충고·제안·권장이 곧 상담을 의미하는 것은 아니다.

셋째, 설득·유도·권고 등에 의한 신념·행동의 변화만을 상담이라 볼 수 없다.

넷째, 상담은 훈육·협박·경고·위협 등을 통해서 행동의 변화를 꾀하는 것이 아니다.

다섯째, 상담은 직접적인 대화나 면담만을 의미하지는 않는다.

교육학의 영역에서 이루어지는 상담은 상담전문가에 의한 심리치료의 측면과는 달리 학습자의 생활지도의 일환으로 관심과 도움을 요하는 학생을 대상으로 이루어지는 비교적 가벼운 수준에 있는 것이다. 즉 전문적인 상담관계는 전문적인 지식과 기능을 배경으로 하는 심리적인 조력과정이기 때문에 단순히 교사와 학생과의 관계처럼 무엇을 가르치고 배우는 관계가 아니라, 학생의 문제해결이나 학생의 정상적이고 효과적인 적응을 돕는 의미에서의 관계를 말한다. 상담에서 실시하는 심리적 조력은 가치 있고 의미 있는 과정으로 상담자와 내담자 사이의 정보공유, 공감적 이해, 치료 등이 필요하기에 원만한 의사소통과 상호 이해가 필요하다. 따라서 단순한 교사와 학생의 면담을 상담이라 볼 수는 없다. 상담과 전문적 심리치료의 차이점을 살펴보면 다음 표와 같다.

<표 11 - 1> 상담과 심리치료의 상호 비교

구분	상담(相談)	심리치료(心理治療)
모형	심리학, 교육학	정신의학
목적	예방: 전인적 성장과 발달	치료와 교정
상담영역	의식: 현실적 불안	무의식: 신경증적 불안
상담대상	선택과 결정의 문제	감정적 갈등, 신경증적 불안
학문영역	교육학, 심리학, 사회복지	의학, 임상병리학
인식	질병이 아닌 성장을 위한 진통으로 간주	질병으로 간주하여 비정상 상태의 완화나 완치

일반적으로 학생 상담의 특징은 다음과 같다.

첫째, 상담은 내담자 스스로의 자발적인 변화가능성을 신뢰한다. 상담 과정의 상담자와 내담자의 상호작용을 통해 내담자의 가능성을 발견하게 하고 종국에는 내담자 스스로 행동변화를 이룰 수 있게 하는 것이다.

둘째, 상담은 내담자의 자발적인 변화를 촉진하기 위한 제반조건들을 조성해 주는 것이고 그 과정은 지속적인 면담을 통해 가능하다.

셋째, 상담자의 경청은 내담자의 잠재적인 문제를 드러내고 문제해결의 실마리를 찾을 수 있는 중요한 상담의 요소이다. 공감적 이해와 경청은 상담의 기본적 요소이다.

넷째, 상담은 공적인 과정이지만 상담의 내용은 사적인 것으로, 논의된 내용에 대한 비밀유지는 상담의 필수적인 조건이다. 내자와 상담자의 신뢰관계와 지속적인 상담 효과를 위해 상담내용의 비밀은 꼭 보장되어야 한다.

2) 상담의 목표

(1) 행동변화

상담의 과정을 통하여 인간관계의 개선 및 새로운 인간관계의 형성, 바람직한 학습태도, 직업 및 진로에 대한 준비, 바람직한 일상생활 습관 형성 등의 행동변화를 이끌 수 있다.

(2) 정신건강의 증진

상담은 내담자의 정신건강 증진을 통해 바람직한 성격의 형성과 삶의 의욕을 길러 줄 수 있다. 상담은 상담자와 내담자 모두에게 유의미하고 긍정적인 사고와 신념을 부여해 준다.

(3) 문제의 해결

상담은 내담자가 처한 문제를 드러내고 문제를 해결할 수 있는 길을 안내한다. 그 과정은 허용적이지만, 문제의 핵심은 분명하고 명확하게 드러내야 한다. 상담자는 문제해결의 실마리를 제시하지만 문제해결의 주체는 내담자이다. 상담은 일방적·단선적·직선적인 관계가 아니라 쌍방적·입체적·종합적 접근이다.

(4) 개인의 효율성 향상

상담은 내담자의 생산적인 사고와 긍정적 인간관계 형성을 통하여 다양한 문제 상황에 효율적으로 대처하는 능력을 길러 주어야 한다.

(5) 의사결정

상담을 통하여 내담자는 스스로 의사결정을 할 수 있다. 상담자는 내담자의 효율적이고 합리적인 의사결정을 조력하는 역할을 한다.

3) 상담의 조건

상담은 상담자와 내담자 상호 간의 구조적인 수용적 관계 형성을 기본으로 하고 있다. 구조적 관계란 내담자로 하여금 자기 자신과 환경 및 조건에 대하여 의미 있는 이해를 증진하도록 하여 내담자 스스로가 효율적으로 문제를 발견하고, 의사를 결정하도록 하는 것을 목표로 한다. 따라서 상담은 내담자의 다양한 심리적인 특성을 긍정적으로 변화시키는 체계를 구축하는 것이 기본조건이다. 이러한 상담은 기본조건에 부가적인 조건은 다음과 같다.

(1) 수용

수용은 인간의 존엄성에 대한 인식에서 출발한다. 상담자를 찾아오는 사람들 하나하나가 어떤 인간적인 결점을 지니고 있든 간에 관계없이 그를 귀중한 인간으로 수용해야 한다.

(2) 공감적 이해

감정이입적(感情移入的) 이해라고도 한다. 내담자의 입장이 되어서 그를 이해하는 것이다. 즉 상담자는 내담자가 가진 감정, 견해, 가치, 이상, 고민거리, 갈등 등을 가지고 그가 처해 있는 여러 상황을 이해하는 것이다. 하지만 여기서 '공감'과 '동감'이 다른 것임을 주의해야 한다. 공감(共感)은 타인의 감정과 의견 등에 자신도 그러하다고 느끼는 것이고, 동감(同感)은 자신의 감정과 의견이 타인와 같다고 느끼는 것이다.

(3) 일치

진지성, 명료성, 순수성 등으로 불리기도 한다. 이 가치와 대립되는 개념은 허구성, 가식, 경박함, 불일치, 불순함 등이다. 일치는 상담자가 자유스럽고 깊은 의미에서 자기 스스로를 인식하고 자신의 인식을 정확하게 표현하는 실제적인 경험을 지니고 있는 것을 지칭한다.

4) 상담의 기본기법

(1) 기본전제: 친화감(親和感, Rapport) 형성

친화감(rapport)은 상담자와 내담자 사이의 신뢰관계를 의미한다. 상담은 공적인 절차지만 상담관계는 상담자와 내담자의 사적인 관계와 같은 인간적 신뢰와 협동 관계를 전제로 한다. 따라서 모든 상담의 기본 요건은 상담 초기 친화감(rapport)을 형성하고 이후 지속적으로 유지해야 한다는 점이다.

(2) 반영

내담자의 말과 행동에서 표현된 감정, 사고, 행동, 태도 등을 상담자가 새롭게 의미를 부여해 주는 과정으로 상담에 대한 관심과 공감 여부를 표현해 준다.

(3) 명료화

내담자의 말이나 생각 속에 포함된 의미나 암시 등을 상담자가 분명하게 제시해 문제를 명료화 해 주는 과정이다.

(4) 직면

내담자가 인식하지 못하거나 인식하기를 거부하는 문제를 내담자에게 보여 주는 것으로 상담자와의 상호 신뢰를 전제로 이루어져야 한다. 단순한 감정표현이나 좌절을 드러내는 과정과는 구별되어야 한다.

(5) 해석

내담자에게 의미를 전달하는 상담자의 시도로 내담자로 하여금 자신의 생각을 다른 관점에서 파악하게 하는 것이다. 상당히 어렵고 복잡한 정신적 과정을 다루는 부분으로 고도로 훈련받은 전문가가 신중하게 접근해야 하는 영역이다.

2. 현대 상담의 접근법

1) 정신분석학적 상담

정신분석학적 상담은 프로이트의 고전적 정신분석이론과 아들러, 융의 신정신분석이론을 바탕으로 발전된 기법이다. 정신분석학은 정상적·비정상적 행동을 모두 이해하고 인간의 의식적, 무의식적 정신활동을 탐구하기 위한 것으로 인간 사고에 있어 무의식의 중요성을 강조한다. 특히 정신분석학은 정서발달, 심리상담·치료방법, 행동을 동기화시키는 무의식적 요인, 정서발달을 결정짓는 요인으로서 초기경험(생후 5~6년)에 관심을 둔다.

(1) 기본가정

① 인간의 행동은 생후 5~6년간의 무의식적 요소, 즉 비합리적 본능적 동기, 무의식적 사고, 심리적·성적인 사건 등에 의해 결정된다. 즉 유아기 성장과정 중 경험하는 다양한 관계에서 발생하는 갈등이 무의식적으로 개인의 행동, 정서, 인지에 영향을 미친다.

② 무의식은 인간 행동의 동기이자 동력이다.

③ 상담자는 내담자의 불안에서 기인하는 불합리적, 충동적 행동을 통제하도록 조력하는 역할을 담당한다.

④ 급격한 행동수정보다 내담자의 준비성을 고려하여 점진적인 행동변화를 일으킨다.

(2) 상담의 목적

① 무의식적 행동과 사고의 원인을 밝혀 개인의 정서구조를 수정하는 것

② 정서적 행동이 지나치게 본능적 욕구에 치우치지 않도록 자아를 강화하는 것

(3) 주요 기법

① 자유연상법

• 내담자의 마음에 떠오르는 것을 모두 이야기하게 함.

• 무의식에 억압된 것을 의식 표면에 드러나게 함.

• 드러난 문제를 상담자가 해석해 주고 이를 통해 긍정적인 문제해결을 유도함.

② 꿈의 분석

• 꿈은 '무의식에 이르는 길'로써 수면 중 심리적 방어기제가 약해져 무의식의 감정이 표면화됨.

• 꿈에서 드러난 무의식적 욕구, 감정을 자유연상법을 통해 회상함.

• 상담자는 내담자의 꿈의 연상을 분석하여 꿈의 과거, 현재적 의미를 해석하여 내담자의 문제해결에 도움을 줌.

2) 행동주의적 상담

행동주의 심리학을 기반으로 스키너(Skinner)에 의해 발전된 상담기법이다. 행동주의 심리학에 따르면 인간의 의식은 관찰할 수 없기 때문에 과학적 연구는 인간의 외형적 행동만을 대상으로 해야 한다. 행동주의 심리학은 인간의 의식 자체를 부정한 것이 아니며, 객관적 외적 행동의 연구를 통하여 인간 의식을 이해할 수 있다는 입장이다.

(1) 기본가정

① 인간의 내적 의식 세계를 이해하기 위해서는 외적 행동을 관찰 평가해야 한다.

② 부적응 행동은 정상적인 행동이 학습되는 것과 동일한 방식으로 학습을 통해 어느
정도 획득된다.

③ 구체적이고 분명한 행동수정 목표를 설정하고 객관적인 과학적 원리와 절차를 따라
야 한다.

④ 지금 여기에 초점을 두고 인간 행동을 양적으로 측정할 수 있다.

⑤ 상담자는 상담의 주도권을 쥐고 능동적, 지시적 역할을 담당하며, 내담자의 역할 모
델을 담당한다.

(2) 상담목표

① 내담자의 부적응 행동을 수정, 개선하여 효율적으로 행동을 학습하는 것

② 내담자의 행동에 영향을 주는 요인을 발견하고 행동수정을 위한 처방법을 고안하는 것

(3) 주요 기법

① **체계적 둔감법**

불안을 초래하는 행동자극을 분석하고, 불안의 원인을 위계적으로 제시하여 불안에 대한 이완 과정을 거친다. 이완 과정에서 상상이나 상담자의 개입을 통하여 불안을 이완으로 대치시켜 둔감해지게 한다.

가령, 고소공포증 환자에 대한 체계적 둔감법은 다음과 같다.

- 집 지붕에 걸쳐진 사다리에 올라가려고 한다. 지붕 위의 눈을 치우기 위해서이다. 손으로 사다리를 잡는다. 다음으로 사다리에 발을 올려놓는다.
- 사다리의 3분의 1 지점에서 잠시 아래를 본다.
- 차를 타고 여행을 가는데 오르막길이 있다.
- 여행 중 오르막길 옆에 절벽이 있다.
- 절벽 옆에는 파도치는 해안이 있다.
- 절벽은 해안 50m 옆 지점에 있다.
- 절벽은 해안 10m 옆 지점에 있다.
- 절벽 끝에서 바다를 본다.

•지붕 위의 눈을 치우기 위해 올라간다.

•지붕 위로 올라간다.

•지붕 위에서 눈을 치운다.

② 모델링(Modeling)

모델링은 실제적 생활, 영상매체 등을 활용하여 모방하게 될 행동을 내담자에게 노출시키는 과정을 의미한다. 모델링의 효과는 시범하는 행동에 관한 감정과 태도의 변화와 내담자가 모델이 된 행동의 모방을 모두 포함한다.

•내담자가 관찰에 의해 새롭고 적절한 행동유형을 학습하는 습득기능을 담당한다.

•다양한 상황에서 모델의 행동에 대한 관찰은 보다 적절한 시기, 방식, 대상으로 올바른 행동을 유도하고 행동을 촉진하는 사회적 촉진 기능을 담당한다.

•모델링은 내담자가 공포나 불안 등의 원인으로 회피하고 있던 행동을 제거할 수 있다.

3) 인간중심적 상담

인간중심적 상담(personal centered counseling)은 1940년대 사회의 주류를 형성하던 지시적 상담의 대표적 이론인 정신분석적 상담에 반대하여 칼 로저스에 의해 창시된 비지시적 상담의 대표적인 이론이다. 이 이론은 모든 인간은 합리적이며, 사회화가 가능하고, 건설적이고, 성장과 자아실현을 추구한다는 전제에서 출발한 것으로 내담자의 잠재가능성과 성장을 계발해 주는 데 그 목적이 있다는 점에서 내담자중심 상담으로 지칭되기도 한다.

인간중심적 상담은 인간 행동을 이해하기 위해서는 인간의 주관적 이해에 해당되는 내적 준거체계에 대한 이해를 기본요건으로 본다. 또한 상담의 주도원은 내담자에게 있으며 내담자가 자발적으로 상담을 이끌어 갈 수 있도록, 상담자는 수용의 입장에서 조력할 뿐이라는 입장이다. 인간중심적 상담의 주요 개념을 살펴보면 다음과 같다.

(1) 기본 특성

① 모든 인간은 변화하는 경험의 세계에 존재하고 그 자신이 경험 세계의 중심이다. 이 경험의 세계는 자신만이 지각할 수 있고 타인은 완전하게 이해할 수 없는 세계이다.

② 개인은 경험하고 지각하면서 그들의 현실이라는 현상적 장(場)에 반응한다.

③ 행동이란 근본적으로 현상적 장에서 지각된 욕구를 충족시키려는 개인의 목적지향적인 행동이다.

④ 행동을 이해하는 데 가장 중요한 것은 개인의 내적 인식체계이다.

⑤ 개인이 선택한 행동방식은 자신의 자아개념과 일치된다. 이때 자아개념은 고정된 실체가 아니라 유동적이고 변화하는 과정이다.

⑥ 자기지각과 개인의 경험 간의 불일치는 불안으로 이어지고, 이는 방어기제를 불러일으켜 자아조직의 붕괴를 일으킬 수 있다.

⑦ 개인의 불안이 감소되려면 자아개념이 실제 경험과 일치되어야 한다.

⑧ 완전하게 기능하는 사람은 모든 경험에 완전하게 개방되어 있고 방어하지 않는 사람이다. 이러한 개인은 무조건적, 긍정적으로 자기존중을 이루고 자아개념과 경험이 일치하는 사람이다.

(2) 상담 목표와 과정

① 일치성 또는 진솔성

내담자를 위해서 선의의 거짓말을 하게 되면 내담자는 자기기만(自己欺瞞)에 빠지게 된다. 이것이 계속되다 보면 내담자는 치료자가 거짓말을 하고 있음을 알고, 치료자도 자신을 속이는 부류로 똑같이 분류한다. 그러므로 상담자가 느끼는 감정과 그 표현이 일치하도록 감정을 숨기지 말고 진솔하게 내담자에게 이야기해야 한다.

② 무조건적 · 긍정적 관심과 수용

내담자를 한 인간으로서 진정으로 깊이 있게 관심을 가지는 것이다. 이러한 관심은 무조건적이다. 심리상담 치료자는 내담자를 존중하고 조건을 달지 않고 따뜻하게 수용해야 한다. 이것은 "나는 ~할 때에만 당신을 존중하겠습니다."라는 태도가 아니라 "나는 당신을 있는 그대로 존중하겠습니다."라는 태도이다.

③ 정확한 공감적 이해

공감적 이해란 심리상담 · 치료자가 내담자의 감정에 빠져들지 않으면서 내담자의 감정을 자신의 감정인 것처럼 느끼는 것이다. 정확한 공감은 내담자들이 덜 명확하게 경험한 감정들을 분병하게 인식할 수 있도록 하는 것 이상의 의미를 가진다라는 점을 이해하고 있어야 한다.

(3) 장단점

① 장점

- 내담자의 주관적 세계를 상담의 영역으로 인정하는 인본주의적 기초를 확립하였다.
- 상담의 중심을 이론과 기법에서 인간관계, 태도 내담자의 열린 태도 등의 문제로 전환시켰다.
- 상담자의 경청과 공감, 수용 등을 통한 내담자의 자발적인 문제해결을 강조하여 지시적 상담보다 안전한 상담과정이다.

② 단점

- 인간중심적 상담을 상담자와 내담자의 공감적 이해 수준으로 단순하게 이해하는 경향이 있다. 따라서 관심과 반영 이외의 다른 기법이 없다.
- 인간중심적 상담은 자칫 비효율적이고 방향과 목적에 대한 회의적 관점을 초래할 수 있다.
- 모든 내담자들이 내적 방향을 신뢰하거나 문제해결을 할 수 있는 능력이 있는 것은 아니다.
- 안정되고 성숙된 사회적 환경에서 가능하다는 제한점이 있다.

제5절 학교상담

1. 학교상담의 목표

① 학교상담은 학습자 자신의 이해를 목표로 한다.
② 학교상담은 학습자의 잠재능력 개발을 목표로 한다.
③ 학교상담은 학습자의 의사결정 능력과 적응력 신장을 목표로 한다.
④ 학교상담은 학습자의 인간관계 향상을 목표로 한다.
⑤ 학교상담은 학습자의 문제행동과 사고의 변화를 목표로 한다.

2. 학교상담의 특성

① 학교상담을 통하여 학습자의 자발적인 변화와 전인적 성장을 이루는 과정으로 이해된다.
② 학교상담은 문제의 치료보다 예방적 지도의 의미가 강하다. 학교상담은 문제 발생 후 처치의 차원이 아니라 건강한 학교환경을 조성하는 생활지도 활동의 일환으로 문제의 예방역할을 담당한다.
③ 학교상담은 학습자의 의지와 관계없는 비자발적(involuntary) 호출을 통해 이루어지기 쉽고 호출된 학습자는 문제아로 낙인찍힐 우려가 있다.
④ 학교상담을 담당하는 교사가 교과담당 혹은 담임일 경우 이중관계(dual relationship)에 노출될 수 있다. 이중관계에 처한 학생과 교사의 역할은 객관성 유지와 역할 혼란을 초래할 수 있고, 상담이론에서도 비윤리적 행위로 규정되고 있기에 최대한 지양해야 한다.

3. 학교상담과 상담교사

1) 상담교사의 자세

① 상담교사는 교사 스스로에 대한 이해와 긍정적인 자아관을 가져야 한다.
② 상담교사는 학생에 대한 신뢰와 믿음을 전제로 문제 자체보다 학생의 전인적 성장을 염두에 두고 상담에 임해야 한다.
③ 상담교사는 학생의 문제해결 가능성에 개한 신뢰와 학생의 인격에 대한 존중을 전제로 상담에 임해야 한다.

2) 상담교사의 역할

① 상담교사는 학생에게 불안감이나 긴장감을 조성하지 말고 친근한 분위기를 조성하여 학습자 스스로 문제를 인식할 수 있도록 도와주어야 한다.
② 상담교사는 문제해결이 교사의 몫이 아닌 학생과 상호작용을 통해 학습자 스스로

해결해야 하는 것임을 주지시킨다.

③ 상담교사는 상담과정에서 학습자와 언쟁이나 의견 대립을 지양하고 학생의 진술내용 자체보다 이면(裏面)의 감정 상태 파악에 관심을 가져야 한다.

④ 상담의 목표가 학습자의 비판이나 처벌이 아니라 부드럽고도 따스한 문제해결 지원임을 인식하고 인내와 노력으로 상담에 임하여야 한다.

⑤ 상담자 교사는 평가자, 판정자가 아니라, 친절한 조언자, 조언자, 동반자의 입장에서 상담에 임하여야 한다.

연구 문제

1. 생활지도의 개념과 특징에 대해서 논(論)하시오.

2. 생활지도의 목표를 나열하고 이들을 교육적 관점에서 통합적으로 설명해 보시오.

3. 생활지도의 영역에 대해서 학교 현장을 중심으로 구체적으로 서술해 보시오.

4. 진로지도와 관련하여 정치활동(定置活動)의 중요성에 대해서 논(論)해 보시오.

5. 생활지도와 학생상담의 지향점에 대해서 구체적으로 설명해 보시오.

6. 학생상담과 심리치료를 상호 비교하여 설명하시오.

7. 학생상담을 자유롭고 허용적인 분위기에서 수행해야 하는 이유를 설명해 보시오.

8. 학생상담의 기본 전제인 친화감(Rapport)의 중요성에 대해서 설명해 보시오.

9. 현대 상담의 접근법에 대해서 구체적으로 논하시오.

10. 학교상담이 학생상담과 다른 점에 대해서 구체적으로 논(論)하시오.

학교경영과 학급경영

학습목표

- 학교경영의 개념, 영역, 원리 등에 대해서 이해한다.
- 학교운영위원회의 기본 방향, 성격, 구성, 기능 등에 대해서 이해한다.
- 학교운영위원회 운영위원의 선출 방법 및 역할 등에 대해서 이해한다.
- 학급경영의 개념, 성격, 과업, 영역 등에 대해서 이해한다.
- 학급경영의 원리, 담임교사의 직무 등에 대해서 구체적으로 파악하고 이해한다.

주요개념

- 학교경영, 학급경영, 교육행정, 학교운영위원회, 학교운영위원회 운영위원
- 학교경영의 개념, 학교경영의 영역, 학교경영의 원리, 학교경영 리더십, 민주화의 원리, 합리화의 원리, 과학화의 원리, 조직화의 원리, 효율화의 원리, 지역화의 원리
- 학교운영위원회의 기본 방향, 학교운영위원회의 성격, 학교운영위원회의 구성, 학교운영위원회의 기능, 운영위원의 선출 방법, 운영위원의 역할
- 학급경영의 개념, 학급경영의 성격, 학급경영의 과업, 학급경영의 영역
- 학급경영의 원리, 학급 담임교사의 역할, 학급 담임교사의 직무, 사무처리, 환경정리

제1절 학교경영

1. 학교경영의 개념

학교경영(school management)은 일반적으로 우선 학교의 교육목표 및 경영목표를 설정하고, 이를 달성하기 위해 학교체제 내의 제반 인적·물적 자원 및 기술정보를 확보하여 그것을 계획, 조직, 조정, 평가하는 일련의 활동과정을 의미한다. 이러한 면에서 학교경영은 학교관리나 학교운영과는 다소 차이가 있다.

학교경영이란 교육목표달성의 효율성을 극대화시키기 위해 학교장이 나름대로의 교육적 이상에 의한 자율적·창의적 관점에서 교육활동을 운영하는 것을 말한다. 반면에 학교관리란 법규 해석적 입장에서 교장이 위임된 법규하에서 교육목표를 달성하기 위하여 객관적·체계적으로 학교를 운영해 나가는 것을 뜻한다. 따라서 학교관리에서는 학교의 시설·재정·인사·교육과정 편성 등에 관한 교육법규의 의도를 정당하게 해석하고 적용하는 것이 일상적인 업무이다. 그러므로 학교관리에서 교장의 주 임무는 교육법규의 해석과 적용이며, 자신의 교육적 이상이 고려되지 않는, 객관적이고 강제적인 성격이 포함되어 있다. 학교운영은 교육계획이 실천되는 과정만을 언급한 것이다.

2. 학교경영의 영역

학교경영의 영역을 구체적으로 제시하면 다음과 같다.

① 학교경영상의 원칙적인 문제로서 교육방침을 수립하고 기본적이고 전반적인 교육계획을 실천하는 일의 영역

② 교직원의 신분, 복무, 현직연수, 후생복지 등 인사에 관한 일의 영역

③ 학교의 교지, 교사, 교구, 각종의 특별교실 등 시설을 관리하고 교육환경을 조성하는

부문의 일의 영역

④ 학교에 비치하거나 학교 내·외에 전달할 각종의 문서를 작성하고 발송, 접수, 보관, 보존하며 절차에 따라 공람하는 등 사무 처리에 관한 일의 영역

⑤ 학생의 입학, 진급, 퇴학, 제적, 졸업 등의 취학관리에 관한 일의 영역

⑥ 학생과 교직원의 보건, 위생에 관한 일과 학원 내 건전한 인간관계 형성의 일의 영역

⑦ 연간, 학기 간, 월간, 주간의 교육과정운영과 하루의 시정을 정하여 학생의 학력을 신장하고 규칙적인 학교생활이 영위되게 하는 데 관련되는 제반의 일의 영역

⑧ 학부모 단체, 동창회, 기타 지역사회 인사들과의 관계를 원만히 하여 학교교육에 이해와 협조를 높이는 일과 특히 지역사회의 발전에 학교가 기대되는 역할을 다하도록 그 방안을 강구 실천하는 일의 영역

⑨ 학교의 교육활동 전반에 관하여 그 성과를 평가 분석하는 일의 영역

3. 학교경영의 원리

1) 민주화의 원리

학교경영에서 가장 선행되어야 할 것은 민주화이다. 학교경영의 민주화란 교육목표설정, 교육계획 수립 등 의사결정과정에 전 교직원이 참여하여 결정하고 결정사항의 집행에 있어 과감한 권한의 위양이 이루어져야 함을 말한다. 뿐만 아니라 학교교육에 관계되는 제반 문제해결과정에도 관계된 교직원들이 참여하여 문제해결에 대한 방안을 함께 모색하도록 교장은 권장해야 한다.

이와 같이 하여 결정된 사항을 실현하는 데 있어서는 과감하게 교직원들에게 권한의 일부를 위양해야 한다. 교직원들의 참여에 의하여 결정되고 결정된 과업이 교직원들의 책임하에 실행될 때는 교직원들의 협조가 자동적으로 이루어지게 된다. 학교경영의 민주화는 무엇보다도 교장의 민주적 태도와 민주적 지도성의 발휘가 전제되는 것이다. 학교는 다원적 조직에 의하여 운영되는 것이다. 교직원조직, 학생조직, 학부모조직, 지역사회조직 등 많은 조직이 참여하여 민주적으로 운영될 때 교육의 효율성을 고양시킬 수 있다.

2) 합리화의 원리

학교경영의 합리화란 교육목적을 이상적으로 달성하기 위하여 합리적으로 체제를 개선해 나가는 것을 말한다. 합리적으로 체제를 개선해 나가는 것은 곧 학교경영의 근본인 것이다.

합리화는 일체의 우연을 배척하고 논리적 필연성에 의하여 대상을 구성하는 일이다. 그런데 합리화는 합리적 사고를 특징으로 한다. 합리적 사고는 어떤 사상(事象)을 분석하고 법칙성을 밝히거나 사실 또는 사건의 원인을 설명하는 사고방법인데, 합리적 사고의 특징은 추상적·개념적·객관적·논리적이며 동시에 작건 크건 간에 조직화되어 있다. 합리적 사고는 인식방법과 관련되는데, 참된 인식은 필연성과 타당성을 지녀야 한다고 주장한다. 이것은 또한 합리성에 근거를 두고 있다. 합리성이란 어떤 생각이나 주장에 대하여 정당한 근거나 이유를 가지고 있어야지 단순한 감정의 표현이나 허망한 생각을 가지고 있어서는 안 된다는 것이다. 합리성은 객관화할 수 있는 증거 혹은 이유를 수반하는 주장·판단·신념을 특징으로 한다. 이와 같이 합리성을 바탕으로 학교를 경영해 나가야 한다.

3) 과학화의 원리

학교영영의 과학화란 교육목표를 달성하기 위하여 과학적으로 문제를 해결해 나가는 방법을 말한다. 과학적으로 문제를 해결해 나간다 함은 사실에 근거를 두고 객관적 문제해결적 방법에 의하여 문제를 처리해 나가는 것을 말한다. 우선 문제를 파악하고, 필요한 사실을 모아서 분류하며, 해결방법을 모색하는 등 일련의 과학적 방법을 취한다.

과학적 방법의 구체적 단계는 적절한 문제를 선택하여 파악하고, 필요한 사실을 모으고 분석하며, 각종 해결방법을 모색하여 적절한 방법을 선정하고, 문제해결이 기준을 설정하며, 기준에 따라서 가설을 설정하고, 가설을 검증하고 해석하며, 추후 연구를 계속한다. 이와 같은 절차에 따라 교육문제를 해결해 나가야 한다.

4) 조직화의 원리

학교경영의 조직화란 교육목적을 달성하기 위하여 학교의 인적·물적 자원을 조직하는 것이다. 학교경영에 있어서 조직은 교장의 가장 중요한 기능 중의 하나이다. 모든 교육활동은 조직을 통해서 이루어진다. 그러므로 교장은 일차적으로 조직을 구성하고 조직을 통해서 그의 기능을 수행한다. 교직원조직·학생조직·학부모조직·지역사회조직 등의 인적조직과 교무조직·행정조직 등 사무조직과 각종 위원회에 이르기까지의 막료 조직 등 다양한 조직이 중층화(重層化)되어 있어 정교하게 이들은 관계를 유지하며 교육목표를 달성하기 위한 각각의 조직과업을 수행하는 것이다. 과업의 조직은 체계화되어야 하는 것이 현대 조직의 기본 원칙이다. 하나의 과업은 몇 개의 하위체제로 분류됨으로써 그 과업의 성격이 명백히 되며 또한 조정·통제가 수월해진다.

5) 효율화 원리

학교경영의 효율화란 교육의 대내·외적인 능률성과 효율성을 증진시킴을 뜻한다. 물론 이것은 교육의 외적 생산성과 내적 효율성을 확보함을 전제로 하고 있다. 교육의 능률성, 생산성, 효과성 등의 개념은 효율화 원리의 바탕이 된다.

능률성(efficiency)이란 경제적 원리로, 최소의 투입으로 최대의 산출을 얻자는 것이다. 즉 투입(input)과 산출(output)의 비율로 나타낸다. 생산성(productivity)이란 각 개인의 시간당 산출량이며 여기에는 산출물에 대한 질적 수준의 향상도 고려된다. 효과성(effectiveness)이란 설정된 목표의 달성 정도를 의미한다. 교육은 목표달성에 그 일차적인 노력이 경주되어야 한다. 그러나 경제원리인 능률성이나 생산성을 도외시할 수도 없다. 이와 같이 학교경영에서 교육의 능률성, 생산성, 효과성을 확보하는 것이 학교경영의 현대화의 중요한 관건이 된다.

6) 지역화의 원리

학교경영의 지역화란 학교가 위치하고 있는 지역사회의 특성에 맞도록 조화롭게 학교를 경영해야 한다는 것이다. 학교와 지역사회의 협조적 관계에서 학교가 운영됨으로써 학교의 사회화, 교육의 생활화가 이루어질 수 있다. 학생은 일정한 지역에서 태어나서 그 지역의 자연적·문화적 환경 속에서, 지역의 특수한 조건하에서 성장·발달한다.

학교는 지역사회를 이해하고 지역사회의 인적·물적 자원을 교육에 활용하고, 학교가 가진 지식과 기술을 지역사회에 제공함으로써 학교와 지역사회는 상호 협조하는 지역사회학교로 발전할 수 있다. 근래에는 대부분의 각급 학교에서 학교 시설 개발, 교문 및 담장 철폐, 지역사회 문화 센터 운영, 지역사회와 함께 하는 축제 운영 등을 지역사회와 함께하는 학교경영을 하고 있다.

제2절 학교운영위원회 운영

1. 학교운영위원회의 이해

1) 도입 배경

학교운영위원회는 지금까지 공급자 위주로 설계되고 운영되어 왔던 우리의 교육체제를 학생·학부모·지역사회의 다양한 요구를 수렴하여 반영하는 수요자중심의 교육체제로 변화시킴으로써 21세기 지식기반 사회에서 요구하는 교육을 실시할 수 있도록 하기 위하여 1995년 5월 31일 교육개혁과제로 발표되었다.

학교운영위원회는 헌법 제31조 제4항과 교육기본법 제5조 제2항에 근거하여 이루어졌다. 학교운영위원회의 내용에 관해서 설명하면 다음과 같다.

학교운영의 자율성을 높이고 지역의 실정과 특성에 맞는 다양한 교육을 창의적으로 실시할 수 있도록 하기 위하여 국·공립 및 사립의 초등학교·중학교·고등학교 및 특수학교에 학교운영위원회를 구성·운영해야 한다(초·중등교육법 제31조 제1항). 이 법에서 지적된 것과 같이 학교운영위원회는 학교자치의 일환으로 다음과 같은 방향에서 설치·운영되어야 한다.

첫째, 학교운영위원회는 학교와 지역사회 인사의 고른 참여를 통해 '학교공동체'를 구축하는 방향으로 설치·운영되어야 한다. '학교공동체'란 단위 교육기관으로서의 학교의 교육행위에 대하여 권리와 책임을 지닌 구성집단들의 공동체를 의미한다. 따라서 이 공동체에는 학교제도를 계획하고 운영하는 설립자집단(국가나 지방자치단체 또는 사학재단 등), 교육활동을 수행하는 전문가집단, 학생·학부모 등 학교교육의 수혜자집단이 모두 망라되어야 한다.

둘째, 학교운영위원회는 단위학교 책임경영제(school-based management)를 정착시키는 방향으로 설치·운영되어야 한다.

셋째, 학교운영위원회는 교육 소비자의 요구를 체계적으로 반영할 수 있는 방향으로 운영되어야 한다. 학교공동체의 입장에서 볼 때 학교교육에 대한 책임은 설립자나 운영자 입장에서만 행사되는 것이 아니라 교육의 수혜자이며 납세자인 학부모와 지역사회 등이 고루 나누어 행사되어야 한다. 학부모, 학생, 지역사회 등 교육소비자의 권한과 책임이 적절히 행사되기 위해서는 학교교육에 이들의 요구를 효율적으로 반영해야 한다.

2) 도입 의의

학교운영위원회는 학교운영에 학부모, 교원, 지역인사가 참여함으로써 학교정책결정의 민주성 및 투명성을 확보하고, 지역실정과 학교특성에 맞는 다양한 교육을 창의적으로 실시할 수 있도록 심의·자문하는 기구이다.

2. 학교운영위원회 제도의 원리

1) 자율의 원리

교육의 질은 그것이 이루어지는 일선 학교 현장의 요구에 기초해서 자율적으로 이루어져야 향상시킬 수 있다는 생각을 반영한 것이다.

2) 참여의 원리

참여의 원리는 학교 운영의 민주성과 공개성 및 투명성을 보장하기 위한 것이다.

3) 책임의 원리

학교운영위원회 제도는 일선 학교에 운영의 권한을 많이 주고, 학생, 학부모, 교직원, 교육행정가, 지역사회주민들이 합심하여 책임감을 가지고 좋은 학교를 만들려는 제도이다.

3. 학교운영위원회의 성격

기본적으로 학교운영위원회는 풀뿌리 교육자치의 핵심이다.

① 단위학교 차원의 교육자치기구이다.

② 학교 내외의 구성원이 함께 하는 학교공동체이다.

③ 개성 있고 다양한 교육을 꽃피울 수 있는 제도적 장치이다.

④ 학교운영위원회는 법정위원회이고 심의・자문기관이며 학교장과 독립된 기구이다.

4. 학교운영위원의 역할

① 학교운영위원회의 인적 구성이 다양하다.

② 학부모 위원, 교원 위원, 지역 위원들이 수행해야 할 역할은 서로 다르다.

③ 학부모 위원, 교원 위원, 그리고 지역 위원 각자는 다른 위원들의 입장에 관해서도 이해할 수 있어야 한다.

④ 학교교육에 대한 애정과 올바른 이해, 그리고 적극적인 참여가 필요하다.

⑤ 학교운영위원은 학교구성원의 의견을 적극적으로 수렴하여야 한다.

5. 학교운영위원회의 구성과 기능

1) 학교운영위원회 구성

① 학교운영위원회(이하 "운영위원회"라 한다)의 위원은 5인 내지 15인의 범위 안에서 학교의 규모 등을 고려하여 당해 학교의 학교운영위원회규정(이하 "규정"이라 한다)으로 정한다.

② 학생수가 200명 미만인 학교는 5인 이상 8인 이내, 학생수가 200명 이상 1천 명 미만인 학교는 9인 이상 12인 이내, 학생수가 1천 명 이상인 학교는 13인 이상 15인 이내로 운영위원회 규정에 설정한다.

③ 국·공립학교에 두는 운영위원회의 위원의 구성비율은 당해 학교의 학부모를 대표하는 자(이하 "학부모위원"이라 한다) 40% 내지 50%, 당해 학교의 교육을 대표하는 자(이하 "교원위원"이라 한다) 30% 내지 40%, 당해 학교가 소재하는 지역을 일상생활의 근거지로 하는 교육행정에 관한 업무를 수행하는 공무원, 당해 학교가 소재하는 지역을 기업활동의 근거지로 하는 기업경영자, 당해 학교를 졸업한 자, 기타 학교운영에 이바지하고자 하는 자(이하 "지역위원"이라 한다) 10% 내지 30%의 범위 안에서 구성하는 것을 규정한다.

2) 학교운영위원회의 선출

① 당해 학교의 장은 당연직 교원위원이 된다.

② 학부모위원은 학부모가 학부모 중에서 민주적 대의절차에 따라 선출한다. 전체 회의에서 직접 선출이 곤란할 때는 규정에 의하여 학부모 대표회의에서 선출할 수 있다.

③ 당연직 교원위원을 제외한 교원위원은 교원 중에서 선출하되, 교원 전체회의에서 무기명 투표로 선출한다.

④ 지역위원은 학부모위원 또는 교원위원의 추천을 받아 학부모위원 및 교원위원이 무기명 투표로 선출한다.

⑤ 운영위원회에는 위원장 및 부위원장 각 1인을 두되, 교원위원이 아닌 위원 중에서 선출한다.

3) 학교운영위원회의 기능

학교운영위원회는 다음 사항을 심의한다.

① 학교헌장 및 학칙의 제정 또는 개정

② 학교의 예산안 및 결산

③ 학교 교육과정의 운영방법에 관한 사항

④ 교과용 도서 및 교육자료의 선정에 관한 사항

⑤ 정규학습시간 종료 후 또는 방학기간 중의 교육활동 및 수련활동에 관한 사항

⑥ 교육공무원법 제31조 제2항의 규정에 의한 초빙교원의 추천에 관한 사항

⑦ 학교운영지원비와 학교발전기금의 조성·운영 및 사용에 관한 사항

⑧ 학교급식에 관한 사항

⑨ 대학입학 특별전형 중 학교장 추천에 관한 사항

⑩ 학교 운동부의 구성·운영에 관한 사항

⑪ 학교운영에 대한 제안 및 건의사항

⑫ 기타 대통령령, 특별시·광역시 또는 도의 조례로 정하는 사항 등

단, 사립학교의 장은 위의 각 항의 사항에 대하여 학교운영위원회의 자문을 거쳐야 한다. 다만 ①, ②는 학교법인의 요청이 있는 경우에 한한다. 그리고 각급의 국·공·사립학교는 학교발전기금의 조성·운용 및 사용에 관한 사항에 대하여 심의·의결해야 한다.

6. 학교운영위원회의 과제

① 학교운영위원회는 좋은 학교를 만들기 위한 제도적 장치이다.

② 학교운영위원회가 해야 할 두 번째 중요한 일은 학교의 활력과 자생력을 키우는 것이다.

제3절 학급경영

1. 학급경영의 개념

학급경영(classroom management)은 학교의 교육목적을 효율적으로 달성하기 위하여 인적·물적 자원을 활용하여 계획, 조직, 지시, 조정, 평가와 관련되는 협동적 활동이다. 학급의 활동 중에는 교수·학습을 위주로 하는 활동과 경영을 위주로 하는 활동이 있는데, 교수·학습을 제외한 모든 활동을 경영하는 과정을 학급경영이라 할 수 있다. 그러나 교수·학습을 제외한 모든 활동을 학급경영이라 하지만 실제로는 교수·학습의 계획, 조직

등이 포함될 수 있으므로 결과적으로 교수·학습도 관계된다. 그리고 각급 학교의 학급경영은 더욱 교수·학습과 밀접한 관계를 가지고 운영된다. 그런데 이와 같은 활동은 학급의 교수·학습활동이 효과적으로 이루어지도록 지원하기 위한 봉사적 활동의 성격을 띠고 있으므로 교수·학습의 지원조건일 수도 있다.

학급경영은 학교경영과 학년경영의 하나의 맥락에서 고려되어야 한다. 그리고 계획 → 실천 → 평가 → 환류의 순환적 흐름 속에서 이루어진다. 학급은 학교경영의 최하위 단위이며, 교수·학습활동의 단위조직이다. 그러므로 학급경영의 효율성이 학교경영을 좌우하게 되는 것이다.

2. 학급경영의 성격

학급경영은 학급의 목적을 추구하는 활동이다. 학급경영은 교육과정에 나타난 학교교육의 목적뿐만 아니라 학급구성원 개개인의 독특한 필요와 요구, 집단적 필요와 요구 및 사회적 기대까지 학급의 목표로 수용하여 추구하는 활동이다.

학급경영은 교육자원을 획득하고 배분하고 활용하는 활동이다. 인적·물적 자원을 확보하고 활용하는 일도 중요하지만 지식·정보·시간·노력 등의 교육자원을 창출하여 교육활동에 사용하는 교사의 경영활동이 학급경영에서 더욱 중요시된다. 또한 학급경영은 계획·조직·지도·조정·평가 등의 일련의 활동과정으로 이루어진다. 이러한 과정은 학급운영을 합리적으로 수행하는 데 필요한 과정이다.

일반적으로 학급경영은 집단적 협동체 활동이다. 학급경영은 학급이라는 집단적 협동체를 형성하고, 학급구성원 개개인이 학급조직을 기반으로 하여 집단적제 활동을 협동적으로 수행하도록 하는 활동이다. 학급경영은 개인적 수준의 개별행위보다는 집단적 수준의 조직행위에 관심을 갖는다.

3. 학급경영의 과업과 영역

앰머(Emmer)는 학급경영의 과업으로 물리적 환경정비, 학급절차의 확립과 유지, 학생행동점검, 문제행동의 해결처리, 학급활동에 대한 학생책임 유지, 수업 등을 제안하고 있다.

구체적으로 학급경영의 영역을 분류하면 교과경영, 생활지도경영, 건강지도, 독서지도,

환경의 구성 및 정비, 학급과 가정, 육성회 및 지역사회와의 연결, 교사의 문제, 학급 내의 문제아와 특수아, 학급의 사무적인 면 등을 들 수 있다.

학급경영의 영역을 8가지로 정리하면 다음과 같다.

① 학급경영 계획의 수립: 목표설정, 학생·가정환경·지역사회 조사 등

② 집단조직 및 지도영역: 규칙 및 절차의 수립과 시행, 소집단 편성 및 지도, 학급 분위기 조성 등

③ 교과학습 영역: 교수·학습과정안 작성, 가정학습지도, 특수아지도 등

④ 특별활동(창의적 체험활동) 영역: 자치활동, 클럽활동, 학교생활 등

⑤ 생활지도 영역: 인성지도, 학업문제지도, 진학·진로지도, 건강지도, 여가지도 등

⑥ 환경·시설관리 영역: 물리적 환경정비, 시설관리, 비품관리, 게시물관리, 청소관리 등

⑦ 사무관리 영역: 학사물관리, 학습지도에 관한 사무, 학생기록물관리, 가정연락물관리, 각종 잡무관리 등

⑧ 가정 및 지역사회와의 관계 관리 영역: 가정과의 유대, 지역사회와의 유대, 교육 유관기관과의 유대, 지역사회 자원 활용, 봉사활동 등

4. 학급경영의 원리

1) 교육적 학급경영 원리

교육적 학급경영은 모든 학급경영 활동이 교육의 본질과 목적에 부합되도록 운영하는 것이다. 이는 학급경영 그 자체가 교육활동이기 때문이다. 교육은 인간 성향의 가변성을 믿고 개인이 지닌 잠재적 가능성을 최대로 발전시키고자 하는 노력이다. 따라서 학급경영은 인간은 교육을 통해서 성장·발전한다는 신념 아래 학생 개개인의 흥미·적성·능력과 창의성을 최대로 개발하여 자아가 실현된 인간에 도달할 수 있도록 운영되어야 한다.

2) 심리이해적 학급경영 원리

심리 이해적 학급경영은 학급경영의 구상과 전개가 학생의 이해를 기반으로 하여 이루어져야 한다는 것이다. 그러므로 효과적인 학급경영을 위해서는 학생의 발달단계에 따른

지적·정서적·신체적·사회적 발달의 제 특징과 학습능력 및 준비도, 그리고 집단의 역할과 사회적 심리의 이해를 근거로 하여 학급의 제 활동이 구성되고 운영되어야 한다.

3) 민주적 학급경영 원리

민주적 학급경영은 민주주의의 원칙에 입각하여 학급을 경영하는 것을 말한다. 인간존중, 자유, 평등 및 참여와 합의 등은 민주주의를 특징짓는 이상과 원칙들이다. 따라서 민주적 학급경영은 이러한 민주주의 기본원칙에 의하여 학급을 조직하고 운영하는 것을 의미한다.

4) 효율적 학급경영 원리

효율적 학급경영은 효과적이고 능률적으로 학급을 운영함을 말한다. 학급경영의 효과성은 학급의 목표가 성공적으로 달성되는 것을 의미하며, 능률성은 학급의 자원을 경제적으로 사용하여 최대의 성과를 얻는 것을 말한다.

5. 학급 담임교사의 직무

1) 교육과정의 계획

학급교사는 교육목표를 설정하고 이 목표를 달성하기 위하여 어떤 교육내용과 경험을 선택하여 조직하고 어떻게 지도할 것인가를 먼저 계획해야 한다. 그러므로 교사는 교수·학습 이전에 무엇을 어떻게 가르쳐야 할 것인가에 대하여 계획을 수립해야 한다. 따라서 교사는 교육과정 계획자로서의 직무를 갖고 있다.

2) 교수·학습지도

교사의 직무 중 가장 핵심이 되는 부분이다. 즉, 가르치고 배우는 활동이다. 교사는 계획된 교육과정에 따라 학생들에게 지식·기능·태도·가치관 등 행동변화를 가져오게 하기 위하여 지도하고, 안내하고, 자극하는 활동이 있다. 또한 학생들은 문제를 발견하고 문제를 해결하기 위하여 자료를 수집하고 해결하기 위한 계획을 수립하고 실천하는 등의 활동이 이루어지는 가장 중요한 단계가 된다.

3) 생활지도

교수·학습지도 못지않게 중요한 부분이 생활지도이다. 학생이 자신의 문제를 스스로 해결해 나갈 수 있도록 지도·조언할 뿐만 아니라 자기지도력·문제해결력을 키워 주어야 한다. 학생의 학업·적성·성격·진로·과외활동 등 전 생활영역에 걸쳐 상담함으로써 학생의 성장과 적응을 도와주는 활동이 되어야 한다.

4) 교육활동의 평가

교육의 모든 활동, 즉 지적·정의적·신체적 등 모든 활동에 걸쳐 처음에 수립했던 목표에 비추어 그 결과를 평가하여 환류할 뿐만 아니라 목표달성도를 알아보고 정치(定置)활동의 자료, 반성의 자료 등으로도 사용해야 한다.

5) 특수아지도

학급담임교사는 학급 내의 특수아와 문제아를 조기에 발견하여 그들에 맞는 지도방법을 채택하여 지도해야 한다.

영재아를 비롯하여 지진아 등 지적 특수아, 정서적 특수아, 신체적 특수아, 그리고 문제아를 개별적으로 사례연구(case study) 등을 통하여 개별 지도해야 한다. 물론 유사한 문제를 가지고 있는 학생들을 대상으로 집단지도를 택하는 것도 한 방법이 될 수 있다.

6) 학교·학급사무의 처리

학급교사는 교무분장에 의한 학교사무와 담당학급의 학급사무를 처리해야 한다. 이와 같은 것은 학생들에 대한 교육활동에 관계되는 것이 위주가 되나, 때로는 학생지도와 직접적인 관계가 없는 것도 있어 교사들의 사무부담을 과중시키고 있다. 학교·학급사무 중 기계화, 전산화가 가능한 것은 이와 같은 체제로 전환시켜서 사무 처리에 들이는 시간과 노력이 학생지도에 투입되어야 한다.

7) 학급경영 및 학교행정에의 참여

학급교사는 학급운영을 비롯한 학교행정에 참여한다. 교직원회의, 각종 협의회, 학년회, 교무분장에 의한 분과회의 등에 참여하여 자신이 의견을 제시하고 합리적인 의사결정에 자료를 제공한다.

8) 가정 및 지역사회와의 협조

학급교사는 학급학생들의 학부모와의 관계뿐만 아니라 지역사회의 유관기관 및 지역사회 인사들과 협조관계를 유지해야 한다. 학교는 가정과 지역사회와의 관계에서 성장·발전하는 것이다.

9) 학급의 환경정리

교수·학습을 효과적으로 운영하기 위해서는 학생에 영향을 주는 학급환경정리를 합리적으로 수행해야 한다. 우선 면학분위기를 조성하기 위하여 학급풍토를 개방적·자율적 풍토로 이끌어야 한다. 그리고 물리적 환경구성을 해야 한다. 학생의 위생과 건강을 고려하여 아늑하고 명랑하고 아름답게 교실을 꾸며야 한다.

연구 문제

1. 학교경영과 학급경영의 특징을 구체적으로 설명해 보시오.

2. 학교운영위원회의 필수 심의 사항을 열거하고 구체적으로 설명해 보시오.

3. 학교장이 학교경영을 하는데도 불구하고 학교운영위원회를 법정 기구로 전국의 모든 학교에 개설한 이유에 대해서 교육개혁의 관점에서 논(論)하시오.

4. 학급 담임교사의 직무에 대해서 구체적으로 설명해 보시오.

5. 학급경영의 영역을 열거하고 학교 현장을 중심으로 설명해 보시오.

6. 학급경영의 원리에 대해서 구체적으로 설명해 보시오.

7. 학교경영의 원리에 대해서 구체적으로 설명해 보시오.

8. 학교경영의 민주화, 합리화에 대해서 한국 학교의 현실을 바탕으로 논(論)하시오.

9. 교육행정과 학교경영의 공통점과 차이점에 대해서 비교·설명해 보시오.

10. 현대 교육에서 바람직한 학급경영을 하는 데 필요한 학급 담임교사의 덕목에 대해
    서 설명해 보시오.

평생교육의 이해

- 평생교육의 기초, 개념, 발달과정 등을 파악하고 이해한다.
- 평생교육의 배경, 필요성, 새로운 패러다임 등을 이해한다.
- 한국의 평생교육 체제와 각종 제도에 대해서 이해한다.
- 한국 평생교육의 문제점과 쟁점에 대해서 탐구하고 이해한다.
- 한국 평생교육의 과제와 나아갈 방향에 대해서 탐구하고 이해한다.

- 평생교육의 기초, 평생교육의 개념, 평생교육의 발달과정
- 가정교육 · 학교교육 · 사회교육(평생교육)의 관계, 평생교육의 배경, 평생교육의 필요성, 평생교육의 새로운 패러다임
- 보상교육모형, 계속직업훈련모형, 사회개선모형, 여가추구모형, 학교교육모형, 총체적 패러다임모형, 포스트모더니즘모형
- 학점은행제, 독학사 제도, 교육계좌제, 문하생 학력인정제
- 한국 평생교육의 문제점, 한국 평생교육의 쟁점, 한국 평생교육의 과제, 한국 평생교육의 지향점

제1절 평생교육의 기초

1. 평생교육의 개념

1) 평생교육의 의미

일반적으로 평생교육(lifelong education)은 그 어원적 성격이 태어날 때부터 죽을 때까지의 교육인 생애교육(life + long + education)을 지칭하는 것으로 가정교육, 학교교육 그리고 사회교육 등이 서로 조화되고 통합되어야 하는 개념이다.

우리나라에서 평생교육이라는 개념이 쓰이기 시작한 것은 그리 오래되지 않았다. 2000년 이전에는 평생교육이라는 말 대신 '사회교육'이라는 말이 주로 쓰였다. 이는 일본에서 청소년 교육이나 도서관, 그리고 공민관(公民官)에서 실시하는 교육을 일컫는 사회교육이라는 말을 가져와 그대로 썼기 때문이다. 그러다 1999년 8월 31일에 '평생교육법'이 공포되고 2000년 3월 1일부터 시행되면서 사회교육이 평생교육으로 바뀌었다. 이에 따라 2000년 이후에는 기존의 '사회교육법'과 '한국사회교육학회' 등의 명칭도 '평생교육법'과 '한국평생교육학회'로 바뀌게 되었다.

평생교육은 평생 동안 이루어지는 교육의 과정이자 프로그램으로, 좁은 의미와 넓은 의미의 두 가지로 나누어 살펴볼 필요가 있다. 좁은 의미(협의)의 평생교육은 2007년 12월에 개정된 '평생교육법' 제2조에 의하면 "학교의 정규 교육과정을 제외한 학력보완교육, 성인 기초·문자해득교육, 직업능력 향상교육, 인문교양교육, 문화예술교육, 시민참여교육 등을 포함하는 모든 형태의 조직적인 교육활동을 말한다."고 정의하고 있다. 넓은 의미(광의)의 평생교육은 각자의 삶의 질을 향상시키기 위한 경험, 지식, 기능을 자기 주도적, 의도적, 체계적으로 평생 동안 배워 습득하는 일이다.

즉 평생교육의 개념은 생애 각 시기의 수직적 통합 교육으로 유아기, 청소년기의 교육에서부터 성인기와 노인기에 이르는 전 생애에 걸친 교육활동이며, 학습의 내용면에서는 기초교육 위에 생활 향상, 자아실현(교양교육), 지역사회의 발전, 직업(전문)적 능력 신장을 위하여, 학교와 같은 교육기관을 비롯하여 가정, 사회라는 공간에서 여러 교육기관이 가지고 있는 다양한 교육기능을 통하여 개인의 학습 요구와 사회적 기대에 부응하기 위하여 자발적 의사에 의해서 행해지는 교육이다.

2) 평생교육 관련 개념

평생교육과 유사한 개념으로 사용되고 있는 것은 사회교육(social education), 성인교육(adult education), 계속교육(further education), 비형식교육(nonformal education), 학습사회(learning society), 순환교육(recurrent education) 등이다.

우리나라에서는 오랫동안 사회교육을 평생교육으로 보아 왔다. 우선 우리나라에서 오랫동안 사용하여 오던 "사회교육"은 한·중·일 동아시아와 인도 등의 국가에서 사용하는 것으로 학교 밖의 사회에서 전개되는 모든 교육적 활동을 지칭하는 것으로 학습이 전개되는 장소의 특성을 강조하고 있다. 이는 성인을 대상으로 하는 모든 교육적 활동을 지칭하는 것으로 "안드라고지(adragogy)" 개념과 연결된다.

안드라고지는 전통적인 학교교육인 페다고지(pedagogy)와 구별하여 성인교육의 특성을 명확히 나타내기 위해서 사용하고 있다. 페다고지(pedagogy)가 '아동(child)'을 의미하는 'paid'와 '지도하다(leading)'를 의미하는 'agogos'라는 희랍어에서 유래되어, 아동·청소년을 가르치는 기술 내지 과학을 의미하는 데 반해, 안드라고지(andragogy)는 'andros(amn)'와 'agein(to lead)'에서 유래되어 성인을 가르치는 기술 내지 과학을 의미한다. 페다고지와 안드라고지 사이에는 학습자에 대한 관점과 이에 따른 교육방법에 차이가 있다. 페다고지적 접근에서는 권위적·형식적이고 경쟁적인 수업 분위기를 지지한다. 교육계획, 요구진단, 교육목표의 설정 및 평가 등 모든 교육과정에의 교사의 주도권을 인정한다. 따라서 수업은 교과목 및 내용의 논리에 따라 진행된다. 이와는 대조적으로 안드라고지적 접근에서는 상호존중과 비형식적이고 협동적인 학습분위기를 조성한다. 교육계획, 요구진단, 교육목표의 설정 및 평가 전 과정에서 교육자와 학습자의 상호협력이 강조된다. 학습과정의 계획은 학습준비도에 따라서 문제 중심으로 이루어지며, 그룹 토의·역할극·현장연구·실험·세미나·사례연구 등의 방법이 중요한 안드라고지적 기법이 된다. 교육자는 지식

전달자라기보다는 학습촉진자의 역할이 강조된다.

계속교육이라는 용어는 영국에서 주로 사용되는 것으로 성인교육이 주로 인문교양교육(liberal arts education)이었던 데 비하여 직업교육 중심의 성인교육을 계속교육(further education)이라고 강조하였던 것이다.

한편, 비형식교육은 형식교육인 학교교육에 대칭되는 개념으로 동남아시아 등의 저개발 국가에서 성인을 대상으로 한 기초교육을 지칭하던 것이다.

학습사회 개념은 "누구나, 언제, 어디서나" 원하는 교육을 받을 수 있는 평생교육 이념이 구현되는 사회를 지칭하는 것으로 허친스(R. M. Hutchins)의 『The Learning Society』(1968)에서 처음으로 소개되었다. 그가 말하는 학습사회란 "모든 성인 남녀에게 언제라도 정시제의 성인교육을 제공할 뿐만 아니라, 학습자가 자기충족(fulfillment)됨을 목표로 하여, 모든 제도가 그 목적의 실현을 지향할 수 있도록 가치의 전환에 성공한 사회(Hutchins)"라고 정의되고 있다. 물론 그가 제안한 학습사회는 단순히 교육기회가 모든 성인에게 개방된 사회라든가 교육제도가 발달된 사회를 의미하는 것만은 아니었으며, 자기의 능력을 최대한도까지 발달시키는 것을 목표로 하는 사회인 것이다.

마지막으로 1970년 경제협력개발기구(OECD)에서 주창하였던 순환교육은 사회변화에 유연하게 대응할 수 있도록 교육을 순환적으로 제공하여야 한다고 설명하고 있다. 이는 지금의 생활주기, 즉 교육기 → 노동기 → 은퇴기가 고정되어 있는 모델(front-end model)이기 때문에 시대 변화에 적절하게 대응할 수 없으며 이를 상호순환(recurrent)할 수 있는 교육체제로 변혁해야 한다고 주장하였다. 평생교육의 구체적인 방식으로 제시된 순환교육은 가정, 직업, 노동, 여가 등과 같은 활동과 더불어 사회경제적인 세력과 긴밀한 관계를 갖는 것이기 때문에 순수한 교육정책만으로 성립되는 것이 아니고, 특히 사회경제정책의 변화에 따라서 영향을 받을 가능성이 크다. 그러나 최근 평생교육 논의를 주도하면서 OECD는 순환교육을 평생학습이라는 용어로 전환하여 사용하고 있다.

2. 평생교육의 발달

현대에 들어 지식이 폭발적으로 증가하고 과학과 기술이 급속히 발달하면서 학교에서 배운 지식과 기능이 한계를 지니게 되었다. 평생교육이 필요한 직접적 원인은 이러한 사회적 구조의 발전상에 있다. 그렇지만 인간의 삶 전체를 총체적으로 이해하고 그에 능동적으로 대처하기 위해서는 주로 지식과 기능을 수동적으로 습득시키는 학교교육의 장(場)을 뛰어넘어야 한다는 주장이 첨가되면서 평생교육은 더욱더 중요한 것으로 부각되었다.

1960년대 이전에 네덜란드, 덴마크, 독일 등에 이미 국민고등학교나 사회교육 등 민중의 구제를 위한 교육이 없었던 것은 아니다. 그렇지만 평생교육의 중요성에 관한 보다 체계적인 주장은 1960년대 이후 프랑스의 랭그랑(P. Lengrand)과 포레(E. Faure)에게서 시작되었다고 할 수 있다. 랭그랑(1910~2003)은 유네스코의 성인교육국(Division of Adult Education) 국장이었다. 그는 1965년 12월 파리 유네스코의 성인교육발전위원회를 통해 '영속교육(L'education Permanente)'이라는 보고서를 제출했는데, 여기서 평생교육이라는 개념이 나오게 되었다. 이어 그는 1970년 유네스코 '세계교육의 해'의 기본 이념으로 평생교육을 제창하였고, 그 후 평생교육은 유네스코 교육사업의 기본 틀이 되었다.

포레(E. Faure)는 프랑스 급진주의를 이끌었던 정치인이자 학자로서 장관, 수상, 국회의장을 지낸 사람이다. 그는 1972년에 유네스코의 '존재를 위한 학습(Learning To Be)'이라는 보고서를 냄으로써 평생교육 사상, 실천, 연구의 기초를 닦은 사람이다. 당시 유네스코 사무총장이었던 마흐(R. Maheu)가 포레를 중심으로 일곱 명의 국제교육발전위원회를 만들었는데, 여기서 낸 보고서가 '포레 보고서'이다.

한편, 한국에서의 평생교육의 발달에서 1903년의 '황성기독교청년회'는 기독교적 특성을 지닌 한국의 초창기 평생교육단체라 할 수 있다. 이 단체는 여전히 남아 있던 신분체제 속에서 공업과 상업을 가르치고 외국 스포츠를 보급하였다. 헐버트(H. B. Hulbert)의 YMCA가 그 정신을 이어 각종 교양강좌, 토론회, 계몽운동, 농촌운동, 농민교육, 야학 등 다양한 활동을 전개하였으며, 일본어와 영어를 가르치고 직업교육에 역점을 두며 애국정신을 길렀다.

광복 후 문맹퇴치와 농촌계몽 활동이 한국의 평생교육에서 중요한 역할을 차지했다. 이후 사회교육이 보다 체계적으로 실시된 것은 1970년대부터라고 할 수 있다. 1970년대는 직업훈련원, 사설학원, 야학, 산업체 부설학교, 방송통신고등학교, 방송통신대학 등의 평생교육 시설이 생겼다. 이는 1960년대 후반부터 세계 각 나라가 평생교육을 중요하게 다루기 시작하면서 한국에서도 이에 관한 관심이 높아졌기 때문이다. 1973년 8월 평생교육의 이념과 전략을 주제로 한 세미나가 열린 것을 비롯해 제5공화국 직전의 1980년 '헌법' 제27조 제5항에서는 국가가 평생교육을 진흥한다는 것을 명기하였다. 1982년에 '사회교육법'을 제정해 법적 기반을 마련하였으나, 정작 그 실행은 실속 있는 것은 아니었다.

1995년 5월 대통령자문기구인 교육개혁위원회가 '열린교육사회, 평생학습사회'를 내세우며 평생교육의 중요성이 본격적으로 부각되기 시작했다. 그 후 1999년 8월 31일에 '평생교육법'이 공포되고 2000년 3월 1일부터 시행되면서 평생교육은 본격적으로 국가의 관심 사업이 되었으며, 현재는 2007년 12월 14일 전면 개정된 '평생교육법'에 의하여 주요 용어의 개념이나 방향 등이 정해지게 되었다.

3. 평생교육의 특징

평생교육은 기존의 학교교육과는 다른 다음과 같은 특징을 지니고 있다.

첫째, 평생교육은 교육 시기의 계속성과 항상성(恒常性)을 갖고 있다. 평생교육은 평생이라는 긴 시간 속에서 계속적으로 이루어지는 학습의 과정이다. 기존의 학교교육이 일정 기간에 이루어졌던 '교육'이었음에 비해, 평생교육은 인생의 모든 국면을 다루며 전 생애에 걸쳐 지속되는 '학습'의 과정이다. 평생학습의 틀은 전 생애에 걸쳐 모든 형식적·비형식적 학습 형태를 포괄하는 학습 기회를 제공한다.

둘째, 평생교육은 광역성과 통합성을 지니고 있다. 전통적인 교육에서는 학교 교육 만능의 교육관, 즉 교육은 학교 교육이 전부라는 학교 본위 개념에서 탈피하여 교육은 모든 부문과 양태가 등가치적으로 인식되고, 교육의 개념 인식이 학교 교육 이외의 여타 교육의 범주까지 실질적으로 확대되어야 한다고 보고 있다.

기존의 학교교육이 학교의 테두리 안에서 이루어졌음에 비해, 평생교육은 나이와 장소의 제한 없이 일어난다. '평생교육법'에서 학교교육 이외의 교육을 평생교육이라 했지만, 삶의 질을 향상시키기 위해 모든 기관과 장소에서 자발적으로 평생에 걸쳐 이루어지는 학습이 평생교육이다.

셋째, 평생교육은 교육 대상의 평등성과 전체성을 지니고 있다. 사회적 특권층만을 대상으로 하는 학교교육이 아닌 사회 전체 구성원을 위한 평등한 교육, 즉 교육의 대중화와 보편화 체계를 통해서 누구에게나 그들이 원하는 교육이 다양한 통로를 통해서 다양한 양태로 제공되는 교육이념을 의미한다.

평생교육은 계획적 학습을 통해 교육 기회를 확대하고 평등을 실현시킨다. 이를 위해 평생교육은 학교교육의 독점에서 벗어나 사회를 교육적인 환경으로 만들고, 이를 위해 일반교양교육과 전문교육을 조화시키거나 공식적 교육과 비공식적 교육을 통합하는 등의 다양성과 융통성을 추구한다.

넷째, 평생교육은 학습자중심의 자기 주도적 학습을 중시한다. 전통적 학교교육이 국가가 주관하는 교과목과 교사중심으로 일정 기간에 걸쳐 이루어진 것이었다면, 평생교육은 학습자 개인의 생존과 필요에 맞는 교육 내용과 경험을 중시하는 학습자중심의 교육이다. 특히, 학습자 자신이 자기의 학습을 스스로 주도하게 한다. 평생교육에서는 다양한 학습자의 다양한 요구를 충족시키기 위한 전략이 필수적이다. 따라서 평생교육에서는 교육수요자의 관심에 부응하도록 노력해야 하고, 학습동기를 육성하여 자기 속도대로(self-paced) 자기 주도적(self-directed)으로 학습하는 일을 중시해야 한다.

다섯째, 평생교육은 주로 비형식적 교육의 모습을 지닌다. 비형식적 교육이란 형식적 교육보다는 덜 체계적이고 학력을 인정해 주지는 않으나 비교적 조직적이고 지속적인 교육활동을 포괄한다. 평생교육은 기존의 학교교육 제도가 안고 있는 폐쇄성과 경직성을 극복하고 각 교육체제 간의 상호 유기적·탄력적 연계성을 확대시켜야 함을 지향하고 있다.

제2절 평생교육의 배경

1. 평생교육의 필요성

1) 산업의 발달과 지식정보사회의 도래

평생교육은 현대사회의 급격한 변동에 따른 산업구조의 변화와 가치 갈등, 인간 소외, 기술의 변화와 혁신, 청소년 문제 등은 학교 교육만으로는 대처하기 어려운 사회가 되었다.

사실, 산업 구조가 제1차 산업에서 제2차 산업으로, 제2차 산업에서 제3산업으로, 그리고 제3차 산업에서 '지식정보 산업'이라고 불리는 제4차 산업으로 이행하면서 제4차 산업의 비중이 크게 증대되었다. 이러한 지식정보 산업의 시대에 사회는 필연적으로 평생 학습 사회와 평생교육 시대로 변모하였다.

1970~1980년대에 '지식의 폭발'이라는 말이 풍미하면서 평생교육의 중요성이 부각되기 시작했다. 당시에 이미 세계는 지식과 정보의 '홍수'사회로 접어들었고, 21세기인 지금은 대량의 지식과 정보가 사회 생산의 근간이 되는 사회다. 리프킨(R. Rifkin)이 말했듯이, 지

식정보화 사회에서 지식노동자는 후기 산업사회와 후기 서비스업의 글로벌 경제를 구성하는 정보 흐름의 창조자이자 조정자이며 전달자다. 여기에 매스컴의 발달로 지식과 정보가 한층 더 빨리 확산되고 급증하게 되었다. 이러한 사회에서 학교교육은 구조적 한계를 드러냈고, 그에 따라 평생교육이 중요한 자리를 차지하게 되었다. 지식과 정보의 폭발적 확산과 과학기술의 급속한 발달은 기존의 지식과 정보주기를 단축시키게 되었다.

앨빈 토플러, 피터 드러커 등 미래학자와 경영학자들은 지식이 2020년에는 73일마다 2배로 증가하며 2050년에는 현재 지식의 1%만을 사용할 수 있을 것이라면서, 지식의 생성은 물론 그 소멸 주기도 급속히 짧아질 것이라고 예측한다. 이렇게 기존 지식과 정보의 단명화와 새 지식으로의 교체 요구 등은 평생교육을 더욱더 중요하게 부가시켰다.

2) 학습 주체와 기간의 변화

지식은 교육되는 것이 아니라 학습을 통해 획득되는 것이다. 지식은 교육을 통해서라기보다는 학습을 통해서 더 효과적으로 습득된다. '교육'이 주로 가르치는 자의 입장을 대변하는 것이라면, 학습은 학습자의 주체성과 능동성을 중시한다. '평생교육'이 '평생학습'으로 바뀐 데는 바로 이런 배경이 자리한다. 평생학습사회는 교사가 주도하는 학습(guided learning)을 넘어 학습자 스스로 선택하고 조직하는 자율적인 학습(do-it-yourself learning)을 중시하는 사회이다. 지금까지 교육이 특정 시기 동안에 학교 본위로 이루어졌다면 앞으로의 학습은 평생 동안 비형식학습(non-formal learning) 위주로 바뀔 수밖에 없다. 평생교육의 주체는 가르치는 자가 아닌 학습자이고, 가르치는 사람은 평생학습의 주체로서 끊임없이 공부해야 한다. 가르치고 배우며, 한편 배우며 가르치는 사회가 평생 학습 사회인 것이다.

인간이 주체적 존재로 사회를 주도하고 살아가기 위해서는 끊임없는 자기 성장과 자아실현이 필수적이기 때문이다.

3) 교육체제의 변화와 교육의 범위 확대

산업사회에서는 학교교육과 직업훈련이 인적 자원 개발의 중심이었다. 그러나 지식정보화 사회에서는 학교교육을 넘어선 평생교육이 인적 자원 개발의 핵심이다. 지식기반 사회에서는 경직된 학교교육의 틀을 벗어나 다양한 삶의 여건과 직업 세계의 요구에 맞는 새로운 형태의 학습이 필요하다. 누구나 어디서나 교육을 받을 수 있도록 교육의 대상과 장면을 확장하는 일이 평생교육의 기본 원리다.

지식정보 시대의 요청에 따라 교사가 주도하였던 학교교육을 넘어서서 스스로 선택하고 조직하는 평생학습이 중요하게 되었다. 또 학교교육을 보충하거나 공식적 정규교육을 받지 못한 사람의 교육 기회를 제공하고 그 영역을 확장하기 위해서, 그리고 생애의 각 발달단계에서 수행할 새로운 역할을 습득하고 새로이 나타나는 개인의 요구를 만족시키기 위해서 평생교육이 필요하게 되었다.

4) 고령화 사회의 도래와 여가의 증대

인간의 생활시간은 흔히 생리적 필수 시간과 노동 시간으로 구분되어 왔다. 과거에는 생산을 위해 한 사람이 노동의 전 과정에 개입해야 했지만, 분업이 이루어지고 생산기술이 향상되면서 자유 시간이 생겼다. 수면, 목욕, 식사 등의 생리적 필수 시간과 생산활동을 하는 노동 시간을 제외하고 각자의 만족을 추구하는 시간이 늘어난 것이다. 이에 따라 현대사회에서 여가가 노동시간보다 더 중요한 자리를 차지하게 되었다. 여가는 생계를 위해 꼭 투입해야 할 시간도 아니고 의무가 따르지도 않는 시간이다. 그러나 개인은 각자의 삶의 질 향상과 만족을 위해 여유로운 시간과 활동을 구가한다. 이렇게 여가 시간이 증대하고 개인이 여가를 통해 자아실현을 하려고 함에 따라 기존의 학교교육에서 제공하지 않았던 그 밖의 프로그램을 필요로 하게 되었다. 학교교육의 범위에서 벗어나 인생의 모든 단계에, 그리고 각자의 요구에 맞는 프로그램을 제공할 필요성이 커지면서 평생교육이 중요해졌다.

특히, 인간의 평균 수명의 증가와 노령화 사회로의 진입, 정년제도의 변화, 가족 구조의 변화, 여가 시간의 증대 등으로 새로운 사회 현상이 대두되면서 이에 따른 평생교육 체제가 절대적으로 필요하게 된 것이다. 또, 사회 계층 구조의 변화에 따른 교육 체제의 변화 요구로서의 평생교육이 요구되고 있다.

5) 사회와 교육에 대한 비판적 의식 고취

　세계화 시대인 현대에도 사회 곳곳에는 여전히 이데올로기 간 대립이 남아 있다. 대개의 이데올로기들이 민주화와 인간화를 주창하고는 있지만, 각 이데올로기들은 서로 대립의 각을 세우고 있다. 이러한 이데올로기 간 대립 속에서 개인은 정치적, 도덕적, 사회적 삶을 어떤 기준에 따라 어떻게 영위해야 할지 판단을 못 내리는 경우가 많다. 이런 상황에서 균형 있고 적극적인 비판의식을 육성할 필요성이 제기되었다. 각자가 처한 사회적 환경 속에서 인간의 존엄성과 자유, 그리고 민주적 삶을 유지하는 데 장애가 되는 이념들의 실체를 파악하고 그에 대처하는 능력도 요청된다. 특히, 각 이해집단의 숨겨진 의도나 이기적 정책 수립 내용을 비판적으로 보는 능력이 요청되는 것이다.

　특히, 기존의 정형적인 학교교육만으로는 복잡다단한 현대사회의 여러 문제를 슬기롭게 해결하는 데 한계성이 있음이 대두되었다. 따라서 학교 교육의 한계성과 제반 문제를 해결하기 위하여 평생교육의 새로운 필요성이 크게 증대되었다.

2. 평생교육의 패러다임

1) 보상교육 모형

　평생교육은 학교교육을 받지 못했거나 그 이전 단계의 교육적 결손을 보상하는 기능을 한다는 관점이다. 이 모형에서는 교육기회를 제공하는 일을 중시한다. 학교교육을 받는 단계에서 생긴 가정과 학교에서의 결손을 보충해 주려는 의도가 강하다. 교육적 차원의 복지 개념이 중요하게 원용되기 때문에 정권을 잡은 정당의 사회철학에 따라 평생교육의 지원규모가 결정된다.

2) 계속직업훈련 모형

　평생교육은 직장 내 직무 능력과 기능을 향상시켜 개인의 적응력을 높이며 실업을 겪지 않도록 하는 기능을 한다는 관점이다. 이것은 주로 직업 세계에 초점을 맞춘 것으로, 세계화의 경향 속에서 각국이 경제적 생활수준의 향상을 위해 평생교육을 활용하는 것을

강조하는 것이다. 최근에 인적 자원 개발이나 조기 퇴직 후 재취업을 위한 평생교육 등이
여기에 해당된다.

3) 사회개선 모형

평생교육은 성숙한 시민의식과 사회적 기술을 습득시키는 기능을 한다는 관점이다. 다
변화 · 다원화된 사회일수록 성숙한 시민의식이 필요하다. 즉, 세련되고 질서의식을 소유
한 구성원, 그리고 개성과 다양성을 존중할 줄 아는 시민이 있어야만 민주사회를 실현할
수 있기 때문이다. 평생교육은 바로 이런 사회를 지향하며 각자의 교양 있는 자세를 향상
시키려는 목적을 지니고 있다. 또 민주적 삶이나 자유로운 개인, 그리고 인간 존엄성을 훼
손하는 각종 제도적 장치에 대한 비판의식과 이를 위한 적극적 개선 태도를 육성하려는
노력도 이 모형에 해당된다.

4) 여가추구 모형

평생교육은 여가생활에 필요한 다양한 프로그램을 제공하는 기능을 한다는 관점이다.
현대에 들어 늘어난 각자의 여유 시간을 유익하고 효율적으로 사용할 수 있게 해 주는 것
이 평생교육이라고 보는 것이다. 여가는 생계를 위해 꼭 투입해야 할 시간도 아니고 의무
가 따르지도 않는 자유 시간이다. 이런 시간을 방탕하고 무익하게 허송하지 않도록 각자
의 요구와 의도에 맞는 프로그램을 제공하는 일이 평생교육의 임무라고 본다. 다만, 최근
대부분의 평생교육이 여가를 추구하는 쪽에 초점을 두고 있다는 비판이 일고 있다.

5) 학교교육 모형

평생교육은 비형식적인 교육을 존중하면서도 학교라는 기존 제도의 활용을 중시하는
관점이다. 학교교육을 평생교육의 틀 내에서 접근한 가장 대표적인 저작은 데이브(Dave)
의 『평생교육과 학교교육과정(Lifelong Education and School Curriculum)』이다. 이것은 학
교체제를 평생교육 과정 속에서 구체화한 중요한 저작이다. 데이브는 랭그랑과 포레 등의
기본 철학을 바탕으로 스무 가지 평생교육의 개념과 평생교육제도의 이론적 · 실천적 관

계 구조도를 만들었다. 이 모형은 모든 형태, 모든 단계, 모든 측면의 교육활동을 평생교육이라는 전체 틀로 포괄하고 있다. 평생교육의 체제를 이론적 측면과 실제 운영 측면의 유기적 연관성하에 체계화하고 있다. 이러한 의미에서 이 모형은 평생교육이 전체 체제와 갖는 상호 관련성을 체계적으로 구조화한 최초의 도식이라고 할 수 있다. 또한 파킨 (Parkyn)모형과 스폴딩(Spaulding)모형과 함께 평생교육의 개념 모형을 연구한 문헌 중 대표적인 것이며, 평생교육 시스템 구상 및 평생교육 이념에 입각한 학제 구상의 출발점 역할을 한다.

6) 총체적 패러다임 모형

총체적 접근이란 학습자 개개인에 맞는 성장을 중시하는 영성적(靈性的) 접근법이다. 여기에서 중시하는 영성적인 것이란 특정 지역, 인종, 종교 등에 구애받지 않는 윤리적·정신적 자세다. 이를 위해 기분, 몸, 명상, 요가, 기공훈련, 침묵, 풍요로운 마음, 기쁨, 의사소통, 언어, 개인적 이야기, 개인적 신념과 가치, 공간 구성, 문화적 다양성 등에 초점을 맞춘다. 그리하여 '내 성격은 내 마음'임을 인정하면서 '자기 나름의 삶을 살기'를 강조한다. 따라서 개인의 현재 기분과 영성적 성장을 위해 조화로운 학습환경을 조성하는 일을 중시한다.

7) 포스트모더니즘 모형

평생교육은 세계화, 환경 파괴가 부른 위기, 불확실성, 반성, 다양성, 차이 등의 문제에 봉착한 현대사회에서 개인이 어떤 삶을 살아야 하는지에 관한 모종의 나침반 기능을 한다는 관점이다. 어셔(Usher)는 포스트모던적인 사회에서 평생교육을 새로이 들여다보고 있다. 포스트모더니즘의 출현으로 전통적인 교양교과의 중요성은 상대적으로 약화되었다. 포스트모더니즘적 평생교육은 다양한 사회적 현실 속에서 요청되는 다양한 지식을 강조한다.

제3절 평생교육의 체제

1. 평생교육법의 제정

초기 평생교육론은 이념적 차원에서 출발하였다. 그러나 최근 각국에서는 평생교육을 교육정책의 지도 이념은 물론이고 실제 정책으로 받아들이고 있다. 우리나라도 1996년 교육개혁의 지도 이념으로 평생교육을 채택하였다. 일명 5·31교육개혁은 "21세기 급변하는 세계화·정보화 사회에서 누구나, 언제, 어디서나, 원하는 교육을 받을 수 있는 '열린 교육사회·평생학습사회'를 구축하여 교육복지국가(에듀토피아: Edutopia)를 건설함으로써 국민의 삶의 질 향상과 사회 발전에 기여"하는 것을 기본 목표로 하면서 추진되었다. 우리나라는 헌법에 "국가는 평생교육을 진흥해야 한다(제31조 제5항)."고 규정하고 있으며, 이에 근거하여 1999년 8월 31일 법률 제6003호로 평생교육법을 제정·공포하여 기존의 사회교육법을 개정하였다.

평생교육법의 주요 내용은 첫째, 고등교육기회 확대 등을 통해 학력사회에서 능력사회로 변화를 유도, 둘째, 국가와 지방자치단체의 평생교육적 책무를 확인하고 이를 추진할 전담기관으로서 국가 평생교육센터–평생교육정보센터(시·도 단위)–평생학습관(시·군·구 단위)을 설치, 셋째, 다양한 평생교육기관 운영으로 성인교육 기회를 확대, 넷째, 다양한 학습지원제도의 도입을 통해 평생학습 기회를 확대 등이다.

사회교육법에서 새롭게 개정된 평생교육법은 2007년 12월 다시 전면 개정되었는데, 새로이 개정된 평생교육법에서 추구하고 있는 평생교육의 이념은 '첫째, 모든 국민은 평생교육의 기회를 균등하게 보장받는다. 둘째, 평생교육은 학습자의 자유로운 참여와 자발적인 학습을 기초로 이루어져야 한다. 셋째, 평생교육은 정치적·개인적 편견의 선전을 위한 방편으로 이용되어서는 아니 된다. 넷째, 일정한 평생교육과정을 이수한 자에게는 그에 상응하는 자격 및 학력인정 등 사회적 대우를 부여하여야 한다.' 등의 네 가지로 제시되어 있다.

새로운 평생교육법의 특이점은 다음과 같다. 첫째, 교육과학기술부장관은 매 5년마다 평생교육 진흥기본계획을 수립하여야 하고 평생교육진흥위원회의 심위를 거쳐 확정하며, 시·도지사는 연도별 시행계획을 수립하여 제출토록 함을 정하고 있다. 둘째, 전국평생학습도시협의회의 구성과 평생학습도시에 대한 사항을 규정하고 있다. 셋째, 평생교육진흥원(국가)과 시·도평생교육진흥원 설치 및 지정·운영에 관한 사항을 정하고 있다. 넷째, 평생교육사의 등급과 자격조건, 연수기관 및 이수과정, 배치대상 및 기준을 정하고 있다. 다섯째, 평생교육기관의 설치자(설립자)의 기본적인 각종 책무사항을 정하고 있다. 여섯째, 학력인정 문해교육프로그램의 설치 및 지정기준과 문해교육심의위원회를 구성·운영토록 규정하고 있다. 일곱째, 전문대학 학력인정 평생교육시설 설치자격과 전문학사학위에 관한 내용을 담고 있다.

2. 평생교육 관련제도

현행 평생교육법에서는 그 내용에서 담고 있는 평생교육전담기관, 학점은행제, 독학사제도, 교육계좌제, 문하생 학력인정제 등을 제시하고 있다.

1) 평생교육 전담기관

영국의 성인교육센터, 호주의 지역사회교육센터, 이스라엘의 성인교육관, 일본의 공민관, 미국의 지역사회센터 등 선진국의 공적 평생교육 인프라가 오랜 역사를 가지고 있는 것과는 다르게 우리나라는 오랫동안 공적 평생교육전담기관이 없었다. 평생교육법이 제정되면서 중앙에 평생교육센터가 설립되고, 16개 시·도에 평생교육정보센터, 각 시·군·구 단위에 평생학습관이 지정되었다. 그 기능을 살펴보면, '평생교육법'에 명시된 ① 평생교육에 관한 연구, ② 평생교육 종사자에 대한 연수, ③ 평생교육에 관한 정보의 수집·제공 및 평생학습의 상담, ④ 지역 주민을 위한 평생교육 프로그램의 개발 운영, ⑤ 기타 평생학습에 관한 사항을 담당한다.

그러나 2007년 새로 개정된 평생교육법에서는 평생교육기관을 "평생교육법에 따라 인가·등록·신고된 시설·법인 또는 단체, '학원의 설립·운영 및 과외교습에 관한 법률'에 따른 학원 중 학교교과 교습학원을 제외한 평생직업교육을 실시하는 학원, 그 밖에 다른 법령에 따라 평생교육을 주된 목적으로 하는 시설·법인 또는 단체"로 정의하여 평생교육기관의 범위를 확대시켜 놓았다.

또한 2008년 평생교육진흥원을 설립하도록 하여 ① 평생교육진흥을 위한 지원 및 조사업무, ② 평생교육진흥위원회가 심의하는 기본계획 수립의 지원, ③ 평생교육 프로그램 개발의 지원, ④ 제24조에 따른 평생교육사를 포함한 평생교육 종사자의 양성·연수, ⑤ 평생교육기관 간 연계체제의 구축, ⑥ 제20조에 따른 시·도 평생교육진흥원에 대한 지원, ⑦ 평생교육 종합정보시스템 구축·운영, ⑧ '학점인정 등에 관한 법률' 및 '독학에 의한 학위취득에 관한 법률'에 따른 학점 또는 학력인정에 관한 사항, ⑨ 제23조에 따른 학습계좌의 통합 관리·운영, ⑩ 그 밖에 진흥원의 목적 수행을 위하여 필요한 사업 등을 하도록 규정하고 있다. 또 각 시·도에 평생교육진흥원을 두어 ① 해당 지역의 평생교육 기회 및 정보의 제공, ② 평생교육 상담, ③ 평생교육프로그램 운영, ④ 해당 지역의 평생교육기관 간 연계체제 구축, ⑤ 그 밖에 평생교육진흥을 위하여 시·도지사가 필요하다고 인정하는 사항의 업무를 수행하도록 규정하고 있다.

2) 학점은행제

소정의 기준에 의해 인정된 학습기관의 교육 프로그램을 이수하는 등의 방법으로 대학 울타리 밖에서 학위취득에 필요한 대학의 학점을 취득하여 학위를 받을 수 있는 제도로서, 학력중심 사회에 능력중심 사회로 전환하는 데 중요한 메커니즘이 될 수 있다고 평가되고 있다.

3) 독학사 제도

독학으로 취득한 지식을 국가시험을 통해 전환함으로써 4단계 평가를 거쳐 학위를 받을 수 있는 제도로서, 학점은행제와 연계될 수 있는 제도다. 현재 한국방송통신대학교에서 주관하고 있다.

4) 교육계좌제

교육계좌제(education account)는 국민의 평생교육, 특히 취업자의 계속교육을 촉진하기 위해 개별적으로 취득한 학력, 자격 등 인증된 학습경험과 학교의 교육 등에서 얻은 학습경험을 종합적으로 누적 기록·관리하고 이를 객관적으로 인증받기 위한 제도적 장치로서 성인용 '종합생활기록부'라고 할 수 있다. 교육계좌 정보망을 통해 개인별 평생학습경력을 누적 관리하여 학점·학력인정, 취업 및 인사 자료 또는 금융대출의 신용정보 자료 등으로 활용할 수 있으며, 평생학습활동 관리 체제 구축을 생애 학습설계 지원 등에 활용, 종합적인 인력관리를 통한 국가의 인적 자본 축적 강화, 국민의 실질적 학습권 보장과 교육복지 수준 향상에 기여하고자 할 수 있을 것이다.

5) 문하생 학력인정제

오랜 기간 동안 형식적인 학교교육 제도와는 무관하게 진행되어 왔던 국가 지정의 중요 무형문화재 전수교육을 평생교육체제인 학점은행제와 접목하여 전통문화전승자들의 전수경험을 대학 학점으로 등가치하여 인정하고, 보다 체계화된 교육내용을 통해 전승활동이 이루어지도록 함으로써 중요 무형문화재의 계승 발전을 도모코자 2002년부터 시행되고 있다.

3. 평생교육 체제

인간의 삶의 질을 향상한다는 교육의 궁극적인 목적을 달성하기 위하여 학교교육과 사회교육을 중심축으로 한 평생교육체제가 요청된다. 이는 한 개인의 전 일생에 걸친 다양한 교육활동을 제공할 수 있는 종합적 체제인 것이다. 이를 평생교육체제라고 하는데 이 개념은 학교중심의 교육관에서 벗어나 평생학습체계로의 이행을 도모하기 위한 것으로 교육시설과 학습자 사이의 연계망(network) 구축에 관심을 가지고 있다.

평생교육은 그 사회의 정치, 경제, 사회, 문화 등의 세력에 의하여 결정된다고 할 수 있다. 이러한 환경적 기초 위에서 개인의 교육은 출발하는 것이기 때문에 평생 교육체제의 하부 구조를 형성한다. 이제 교육체제 내부로 들어와서, 유아로부터 노인에 이르기까지 다양한 학습 주체가 교육체제의 지층을 형성하게 된다. 이들의 학습을 위하여 다양한 학습방법이 제시되게 되는데, 강의식 방법을 비롯하여 매스미디어를 이용한 방법, 실제 경험을 중시하는 방법에 이르기까지 각종 방법이 활용될 수 있다. 이상과 같은 개인의 학습요구는 학습장면으로 들어오게 되는데, 학습기관 단체는 학교를 포함하여 각종 교육기관이 네트워크를 형성한다. 이 교육기관들은 개인의 평생학습을 위하여 평생교육체제를 위하여 정비 확장되어야 할 것이다. 즉 평생교육체제의 하위체제라고 할 수 있는 학교교육과 사회교육으로 대별되어 형식적 교육부문은 학교교육체제로, 무형식·비형식 교육은 사회교육체제로 구성된다.

학교교육과 사회교육을 두 중심축으로 "평생교육체제"가 있지만, 이 체제를 행·재정적으로 지원하는 공공부문과 인적·물적 자원을 원조하는 민간부문이 필요한 것이다. 이는 평생학습을 지원·원조하는 체제를 의미하는 것으로 사회에 존재하고 있는 다양한 교육·훈련 자원 및 기구들을 유기적으로 통합시키는 틀이라고 할 수 있다.

이 개념의 도입으로 인하여 이전과 같이 각 교육 시스템에 대한 독립적 사고에서 탈피하여 지역사회의 여러 교육 자원들과 기능이 통합적으로 평생학습을 지원하는 시스템화의 사고방식으로 변화할 수 있다. 즉, 주민들이 평생학습에 참여할 수 있도록 다양한 학습 기회와 장을 제공하기 위해서는 사회교육과 학교교육뿐만 아니라 일반 행정과 민간도 참여하여야 한다. 의회와 정당, 중앙정부, 지방자치단체 등의 공공부문에서 행·재정 지원을 담당하고 지역의 인적·물적 자원, 시민단체, 산업체, 대학, 연구소, 병원 등의 민간부문의 원조 체제가 있다. 이는 평생학습을 지원·원조하는 체제를 의미하는 것으로 사회에 존재하고 있는 다양한 교육 자원 및 기구들을 통합시키는 구조라고 할 수 있다. 최근에는 교육과학기술부에서 평생학습도시를 제정·지원함으로써 이러한 지역단위의 평생교육체제가 자리 잡아 가고 있다.

제4절 평생교육의 쟁점과 과제

1. 한국 평생교육의 쟁점

평생교육과 관련하여 다루어야 할 쟁점은 우선 평생교육의 정의에 대한 문제가 대두되고 있다. 우리나라의 '평생교육법'에서 규정한 평생교육은 학교교육을 제외한 모든 형태의 조직적인 교육활동이다. 이러한 정의는 평생교육을 협의적으로 규정한 것이다. 그러나 다음과 같은 쟁점이 제기될 수 있다.

첫째, 평생교육을 위해서 정규 학교교육이 특정 방향으로 변해야 할 것인가, 아니면 평생교육이 정규 학교교육을 광범위하게 포함해야 하는가?

둘째, 학교 밖으로 나가려고만 하는 학생들의 요구를 어떻게 수용할 것이며, 그들의 교육과 학력 인정은 어떻게 할 것인가?

셋째, 지금까지는 평생교육을 부르짖으면서도 정작 핵심 관심사가 학교교육에 머무르는 경우가 많았다. 학교교육만이 교육의 전부는 아니다. 특히, 다변화하는 사회에 쉽게 적응하지 못하는 개인의 숫자에 비례해서 공교육제도에 적응하지 못하는 학생들도 많아지고 있다. 고정적이고 제도화된 학교교육은 이런 이단아, 부적응아, 변종아를 포용하지 못하고 있는 실정이다. 물론, 대안학교나 특성화 고등학교 등이 있지만, 그 대상은 특정 시기에 국한되어 있다. 연령에 관계없이 정규 학교교육을 대신할 평생교육체제가 가능한가?

넷째, 평생교육의 틀 안에서 학습자와 강사에게 교육과정 결정권을 부여하면서 학력을 인정해 줄 수는 없는가?

다섯째, 평생교육은 대부분 자격증만 부여되고 학력인정은 받지 못하고 있다. 그렇다면 현실 적합성을 지닌 평생교육이 되어도 학력을 인정할 수 없는 것인가?

여섯째, 평생교육 정책을 국가가 주도할 것인가 민간단체가 주도하게 할 것인가의 문제다. 현재 정부에서는 '평생학습도시'나 '평생학습축제'와 같은 사업을 국가와 지방자치단체가 주도하고 있지만, 이것이 각 지역이나 교육대상의 요구를 제대로 반영한 것인지와 그에 따른 구체적이고 실효성 있는 전략을 지니고 있는지는 엄격하게 따져 봐야 할 문제이다. 결과 위주의 슬로건보다는 과정 자체를 중시하고, 요구 사정에 근거해 실효성 있는 구체적 실천을 짤 필요가 있다. 더불어 민간 주도의 정책을 구안함으로써 그 경제적 효과를 제고해야 한다.

2. 한국 평생교육의 과제

평생교육 또는 평생학습이 해결해야 할 과제로는 다음과 같은 것을 고려해 보아야 할 것이다.

첫째, 학교교육과 평생교육이 경계를 허물어야 한다. 현재 각급 학교를 지역문화센터로 개방하도록 하고 있으나 지역평생학습관, 지역평생교육센터 등으로 확대·개편해 운영할 필요가 있다. 단순히 학교의 물리적 시설을 평생교육이라는 명분하에 이용하는 것보다 더 중요한 것은 보다 체계적이고 조직적인 차원에서 학교교육과 평생교육을 연계하는 것이다. 특히, 현직에서의 직무능력 개발 및 향상을 위한 대학의 개방, 중소기업 직업훈련 컨소시엄 구축, 지역사회와 연계한 콘텐츠 개발 등에 관한 것이 내실화되어야 한다. 그리하여 평생교육을 학력주의 타파의 도구로 삼아야 한다.

둘째, 직업교육과 자격 인정을 제도화함으로써 조기 퇴직 후 재취업이나 신규 채용이 현실적으로 이루어질 수 있도록 하는 제도적 장치가 필요하다. 평생교육 과정을 이수했어도 실제 취업은 불가능한 것이 현실이다. 평생교육 프로그램이 개인의 삶의 질 개선에 실질적인 영향을 줄 수 있도록 보다 체계적인 고용촉진 능력 개발 프로그램을 마련하고, 이를 이수한 사람들의 취업을 위한 구체적 조치가 제도화되어야 한다. 특히, 평생교육사 자격 취득자들의 취업과 취업 후 처우 개선이 제도화되어야 한다. 우리나라에는 현재 3만여 명의 평생교육사가 배출되었지만 이들의 채용은 이루어지지 않고 있으며, 설령 취업을 했더라도 급여 수준이 매우 낮은 실정이다. 고용보험기금 1조 원을 활용하자는 견해도 있으나, 법규 측면에서 구체적 고용 방침과 처우 문제를 마련하는 것이 중요하다. 이에 관한 실질적인 방안이 마련되지 않으면 '외치기만 하는' 허울뿐인 평생교육이 되고 말 것이다.

셋째, 평생교육은 소외계층의 교육기회를 확대하는 방편이 되어야 한다. 현재 서울과 부산 등 여덟 곳에 지정한 교육투자 우선지역의 소외계층에게 현실적인 평생교육적 조치가 취해져야 한다. 소외계층에게 일자리를 마련해 주지 않은 채 복지기금만 쏟아붓는 일은 국가적 낭비만 초래할 뿐이다. 따라서 이 지역 사람들에게 현실생활에 쓸모가 있는 지식을 획득할 수 있도록 하는 평생교육 프로그램 개발이 먼저 이루어져야 한다.

넷째, 평생교육은 고령화 사회를 대비해서 이루어져야 한다. UN이 제시한 노인인구비에 따른 사회 구분을 보면, 전체 인구 중 65세 이상 인구가 7% 이상이면 고령화사회, 14% 이상이면 고령사회, 20% 이상이면 초고령사회다. 통계청의 향후 추정에서는 한국은 2026년 노인 인구가 23.1%로 '초고령사회'가 될 것으로 보고 있다. 그러므로 평생교육적 차원에서 노령사회에 대한 대비가 시급한 시점이다.

다섯째, 평생교육은 보육과 조기 아동교육도 중시해야 한다. 한국의 출산율 저하는 세계적인 수준이다. 아이 낳기를 꺼리는 근본적인 이유는 만족할 만한 보육시설과 조기아동 교육체제가 완벽하게 수립되어 있지 않기 때문이다. 따라서 평생교육의 차원에서 보육과 조기 아동교육 문제에 접근할 필요가 있다. OECD 국가에서는 최근 여성의 노동시장 참여를 높이기 위해 조기 아동보육 서비스를 확대하고 있다. 조기 아동보육 서비스가 여성 노동자의 노동 참여를 높이기 위해서도 중요하지만 더 중요한 이유는 질 높은 조기학습 환경이야말로 장차 유능한 국민을 길러 낼 가능성이 높기 때문이다. 한국에서는 2012학년도부터 유치원과 어린이집 등의 초등학교 입학 전 5세 공통 교육과정을 '5세 누리과정'으로 통합 운영토록 규정을 개정하였다.

　여섯째, 평생교육은 지식기반 사회의 지식 창출과 관련하여 연구해야 한다. 지식기반 사회에서는 창조적 지식의 생성과 습득이 중요하다. 나아가 개인적인 노력으로 평생학습 체제를 이용하고, 그에 따라 새로운 지식을 습득하거나 만들어 낸 사람에게는 취업을 보장하는 제도가 마련되어야 한다. 지식정보 사회에서는 평생학습을 통해 창조적 지식에 접근하고 그것을 생산해 내는 능력을 습득하는 것이 중요하다. 이러한 능력을 갖춘 사람의 충원이 제도화되어야 사회가 발전한다.

1. 현대 교육에서 평생교육이 중시되는 이유에 대해서 설명해 보시오.

2. 평생교육과 사회교육을 비교하여 설명하시오.

3. 한국 평생교육의 과제를 미래 초고령사회 도래의 관점에서 논(論)하시오.

4. 현재 한국에서 시행하고 있는 평생교육과 관련한 제도를 열거하고 설명하시오.

5. 한국에서 2007년 사회교육법이 평생교육법으로 전면 개정된 이유와 핵심 내용 등에 대해서 설명해 보시오.

6. 평생교육의 패러다임(paradigm)을 제시하고, 이를 구체적으로 설명해 보시오.

7. 미래학자 앨빈 토플러, 경영학자 피터 드러커 등이 예견하는 미래 사회와 평생교육을 상호 연관성을 서로 연계하여 서술하시오.

8. 평생교육 차원에서 제도권 교육인 학교교육과 공교육이 나아갈 방향에 대해서 논(論)하시오.

9. 한국방송대학교, 디지털대학교, 사이버대학교, 원격대학, 개방대학 등 고등교육 기관과 평생교육의 활성화에 대해서 논(論)하시오.

10. 미래 원격 평생교육에서 교원, 특히 교사의 역할 변화상에 대해서 설명해 보시오.

학습목표

- 정보화 사회의 개념과 교육환경의 변화 모습에 대해서 이해한다.
- 교육정보화의 개념과 한국의 교육정보화 추진 과정을 교육 패러다임의 전환과 견주어 이해한다.
- 인터넷의 특징과 인터넷 활용 교육의 가치와 방법 등에 대해서 이해한다.
- 지식정보화 사회의 인간형과 교육적 과제에 대해서 탐구하고 이해한다.
- 사이버 공간에서의 정보통신윤리와 정보통신윤리교육에 대해서 이해한다.

주요개념

- 정보화 사회, 교육정보화, 교육환경, 교육 패러다임(paradigm), 휴먼 웨어(human ware), 인터넷 활용
- 신지식인, 골드 칼라, 다이아몬든 칼라, 르네상스 칼라, 디지털 맨, 우뇌형(右腦形) 인간
- 멀티미디어, 정보화 기술, 정보화의 순기능, 정보화의 역기능, 창의성 함양
- 정보화 사회의 바람직한 인간형, 정보화 사회의 교육적 과제
- 정보통신윤리, 정보통신윤리교육, 익명성(匿名性), 개인정보보호

제1절 정보화 시대 교육환경의 변화

1. 정보화 사회의 개념

21세기 세계화 시대인 오늘날의 현대사회를 '정보와 창조력의 사회', '정보 혁명의 사회', '지식기반 사회' 등의 다양한 명칭으로 일컫기도 한다. 이는 자원, 노동, 자본이 그 사회의 중요한 가치로 인정되던 사업사회를 벗어나 정보와 지식이 그 사회의 핵심적인 가치창출의 원동력이 된 '지식정보화 사회'가 도래하였다는 것을 말해 주는 것이라 할 수 있다. 즉, 산업사회에서 정보화 사회로 이행하는 역사적·사회적 대전환에 따라 정보처리, 통신 또는 커뮤니케이션과 그 통제관리가 사회와 인간행동의 중심적 측면이 됨으로써 극적이고 총체적인 변동이 일어나기 시작한 것이다.

과거의 전통적인 사회에서는 한 번 배운 지식이나 한번 습득한 정보의 수명(壽命)이 약 50여 년 이상 지속됨으로써 20세에 학교를 졸업할 때 보유하고 있던 지식정보는 70세에 수명이 다할 때까지도 얼마든지 유용하게 변함없이 활용할 수 있었다. 그러나 앞으로의 사회는 최소한 1년 단위로 지식정보의 수명이 다하고 변화되어 버림으로써 부단히 지식정보의 습득과 갱신을 위한 학습의 노력이 없이는 의미 있는 생존과 전문적 생명을 보존할 수 없는 그러한 초스피드 사회로 변모하고 있다.

정보화 사회(informationized society) 또는 정보 사회(information society)란 말은 1960년대 일본 학자들에 의하여 처음 사용된 용어이다. 정보화에서 '화(化)'의 의미는 '지배한다'와 '진행 중'의 두 가지 의미로 해석될 수 있다. 그렇다면 정보화 사회는 정보가 지배적인, 즉 모든 사회활동에서 정보를 수집·가공하고, 유통시키며 소비하는 행위가 다른 행위에 비하여 가장 중요하게 인식되는 사회를 뜻하며, 사회의 정보화는 아직 완성되지 못하였고 현재 변화가 진행 중이라고 풀이할 수 있을 것이다.

이러한 맥락에서 볼 때 오늘의 21세기 사회는 정보화 사회 혹은 지식기반 사회로서 정보와 지식이 사회를 움직이는 원동력이 되는 사회라고 할 수 있다. 다시 말하면 지식과 정보가 개인 및 국가의 경쟁력을 결정하는 사회라는 뜻이기도 하다.

2. 정보화 사회와 새로운 교육환경의 전개

다니엘 벨(Daniel Bell)은 이미 후기 산업사회에서 '고도정보화 사회'로의 전환을 예고했고, 앨빈 토플러(Alvin Toffler) 역시 그의 저서『권력이동』에서 동유럽과 소련 및 중국의 변화는 국제적인 '정보의 홍수' 때문이며, 세계가 산업 사회에서 정보화 사회로 옮겨가면서 사회를 지배하는 권력의 원천이, 과거의 '물리적인 힘과 돈'에서 컴퓨터로 상징되는 '지식'으로 대체되어 가는 소위 권력원천의 이동이 급속히 진행되고 있다고 분석하고 있다.

그런데 이러한 정보화 사회의 도래는 교육부문에서도 근본적인 변화를 요구하게 되어 학교교육현장은 다음과 같은 변화가 예측되고 있다.

첫째, 사이버 공간(cyberspace)을 통한 교육의 평창을 들 수 있다. 정보통신 기술이 비약적으로 발달하게 될 21세기에 학교교육의 대안으로서 등장하게 될 가장 강력한 대안 중의 하나는 바로 사이버 공간을 통한 교육이다. 이는 종래의 일정한 공간과 시간, 교사와 학생이라는 인간관계를 설정하고 진행되던 교육과는 전혀 다른 방식으로 이루어질 것이다. 공간과 시간 및 교사와 학생이라는 고정된 관계를 설정하지 않고도 학습이 가능해질 것이다. 그리고 오늘날 학교교육에서 일정 부분을 차지하고 있는 단순 정보전달 부분은 이러한 형태의 교육이 훨씬 더 큰 장점을 갖게 될 것이다. 거의 무한에 가까운 정보 탑재 능력과 접근의 가능성을 가진 인터넷은 정보의 전당에 있어서 종래의 학교교육에서 시도할 수 없는 다양하고 폭넓은 교육의 가능성을 열어 줄 것이다.

둘째, 다양한 매체의 영향력 증가와 매체를 통한 학습기능의 확대가 일어날 것이다. 오늘날에도 매체는 이미 상당 부분 학생들의 성장에 막대한 영향력을 행사하고 있는데, 21세기에는 이러한 매체의 영향력이 더욱 증가할 것이며, 증가된 매체의 영향력을 보다 적극적인 교육의 계기로 전환시키려는 노력이 확대될 것이다. 특히, 텔레비전과 인터넷 등의 연합을 통한 멀티미디어의 발달은 서책중심으로 이루어져 온 학교교육에 강력한 대응세력으로 등장할 것이다. 곧 21세기의 학생들은 다양하고, 생생하며, 재미있는 정보, 지식, 문화 등을 매체를 통해 학습하게 될 것이다.

셋째, 가정학교(home schooling)나 교육 네트워크의 증가를 예상할 수 있다. 대규모의 획일적인 학교교육에 동의하지 못하고, 만족하지 못하는 학생들과 학부모들은 이제 학교를 나와 나름대로 대안을 찾게 될 것이다. 그중 가정에서 직접 자녀들을 교육하는 가정교육이 확산될 것이며, 학교가 아니면서도 교육에 뜻을 같이하는 동우회 성격의 교육 네트워크나 작은 학교 운동과 같은 것들이 다양하게 나타날 것이다. 그리고 이러한 교육의 장(場)을 통하여 종래의 학교에서 제공해 주지 못했던 교육내용과 방법으로 학생들을 지도하게 될 것이다.

이와 같은 학교 밖의 다양한 교육적 변화는 종래의 학교중심 그리고 국가중심적인 교육과정과는 판이하게 다른 교육의 내용과 방법 그리고 매체들을 탄생시킬 것이다. 즉 교육에서 다루는 내용의 폭은 훨씬 더 넓어질 것이며, 학습자 주도적인 방법과 다양한 매체들을 동원하는 방법들이 등장하게 될 것이다. 뿐만 아니라 이러한 교육의 내용과 방법들은 학교교육 과정의 내용과 방법에 상당한 영향을 미치게 될 것이 분명하다.

제2절 정보화와 정보통신기술의 발달

21세기 세계화 시대를 맞이하여 정보화가 급속히 진행되고, 정보통신기술의 발달로 인하여 교육 환경이 상당히 변하고 있다. 과거 일방적이고 순차적이었던 통신기술은 이제 쌍방적이며 동시적으로 발전하고 있다.

전통적으로 책이나 도서실 등 현실의 공간과 매체에서나 존재했던 정보는 이제 사이버 공간에서 더 활기차게 유통되고 있다. 유통되는 방법도 수동적이 아니고 상호작용적이 되었다. 그 방향도 과거 일방향적 형태에서 쌍방향·다방향화로 나아가고 있다. 이러한 정보통신기술의 발달은 교육에 큰 변화를 주고 있다.

예를 들어, 교육이 전통적 3S식에서 3A식으로 발전하고 있다. 같은 학생들이 같은 시각에 같은 장소에서 교육을 받는 3S(same people, same time, same place)식 교육을 고집할 이유가 없어졌으며, 이젠 e-learning, 원격 강의, 웹 기반 교육, 온라인 강의, 원격 화상 수업, 사이버 학습 등 교수와 학생이 서로 얼굴을 맞대지 않고 수업을 진행하는 비전통적(3A식: anytime, anywhere, anyone) 교육방법들이 속속 등장하고 있다. 한정된 학생들을 가르칠 수밖에 없는 전통적 강의실 수업과는 달리 거의 무한한 학생들을 상대할 수 있기 때문에 효율성 입장에서 볼 때 무척 매력적인 교육방법들이다.

이와 같은 교육정보화의 발전에 따라 미래 사회의 교육은 시간과 공간의 제약에서 벗어나 아주 자유로운 유비쿼터스(Ubiquitous) 교육으로 발전할 것이다.

그러나 교원들은 정보통신기술의 발달로 인한 3A식 교육이 교육의 패러다임 자체를 바꿔 놓는다는 결과에 관심을 갖고 주목해야 한다. 교수자중심의 지식정보 유통이 학습자중심으로 이루어질 수 있는 통로가 생긴 셈이다. 문제중심학습(PBL), 학생중심학습, 학습중심교육, 실험적 학습(experiential learning) 등 학생들의 능동적 참여와 토론과 실습이 위주가 된 교육방법들이 용이하게 되었다. 교육자는 현재의 '교수자중심 교수법'을 좀 더 효과적으로 사용할 수 있도록 하는 대신 새로운 교수법 패러다임을 도입할 수 있어야 한다. 누군가 학교 전반에 걸쳐 새 시대의 교육 패러다임이 도입되고 안착되도록 리드해야 하겠다.

하지만 한국에서는 우수한 학생들일수록 죄다 공무원이나 의사되고 싶어 한다는 매스컴 보도가 아직도 흔한 것이 사실이다. 그러나 '청소년'들이 '공무원'이란 꿈을 스스로 꾸지 않았고 분명 주변의 어른이 그리 유도했을 것이다. 따라서 한국 교육의 가장 큰 문제는 주입식 교육이 아니고 청소년의 꿈마저도 주입되고 있다는 점을 꼽을 수 있을 것이다. 청소년의 꿈을 청소년 본인들이 꾸고, 그리고 전개해 나아가야 하는데, 우리나라에서는 그것을 보호자인 학부모들이 대행하고 있는 기형(奇形)을 보이고 있는 것이다.

과거 우리의 보릿고개 시절 우리가 물질적 빈곤 시대에 살았다면, 요즘 우리 학생들은 정신적 빈곤 시대를 살아가게 될지도 모른다. 이제는 물질적 빈곤 대신 정신적 빈곤이 더 큰 이슈가 될 것이다. 우리에게 중요한 것은 굶주린 배를 채우는 것이 아니라 굶주린 정신을 채워 주는 것이다. 그리고 나아가 물질적 빈곤과 정신적 빈곤을 치유하여 물질적 풍요, 정신적 풍요를 함께 누리도록 노력하여야 할 것이다.

21세기 세계화 시대, 정보화 시대를 맞아 자아성취가 중요한 시대가 도래하였다. 이젠 우리 학생들은 하고 싶은 일을 해야 살 수 있는 시대가 되었다. 이젠 좋아하는 일을 해야 오래 버틸 수 있는 저력이 나올 것이며, 계속해서 발전하고 싶은 내적 동기를 얻을 수 있을 것이다. 교원들을 비롯한 기성세대들은 오늘날의 우리 학생들을 정신적 영양실조로부터 구해 주는 데 노력해야 할 것이다.

사실 글로벌 인재는 큰 꿈과 비전을 지녔다. 꿈이란 이것저것 이해타산을 따진 후 머리로 요모조모 재는 것이 아니라 뜨거운 가슴으로 품는 것이다. 그 꿈과 비전을 성취하기 위해 이제 학교에 머리만이 아니라 가슴도 함께 있는 학생들을 기르는 데 교육의 초점을 맞추어야 할 것이다.

제3절 정보화와 인터넷의 활용

1. 교육정보화의 개념

정보화의 거대한 흐름은 교육부문에도 커다란 영향을 미치고 있다. 교육은 변화하는 사회의 요구를 보다 효율적으로 수용하고 적절히 대응할 수 있어야 한다. 오늘날 인터넷이라는 정보통신 기술공학의 발달은 교육의 개념을 바꾸어 놓고 있다. 과거의 '가르치는(teaching)' 개념에서 '학습(learning)'의 개념으로 전환되고 있으며, 시·공간을 초월한 교육이 가능하게 되었다. 전통적인 교육환경의 개념이 교사와 학습자가 물리적인 공간에서 면대면(face to face)으로 이루어지는 것이었다면, 인터넷을 이용한 오늘의 새로운 학습 환경은 물리적인 공간뿐만 아니라 교사와 학습자가 직접 만남이 없이 가상공간(cyberspace)에서도 학습이 이루어질 수 있다. 학습자가 원하는 시간, 원하는 장소에서, 원하는 내용을 학습하는 것이 가능해진 것이다. 이러한 맥락에서 볼 때, 우리의 학교교육에서는 이제 모든 사람들이 정보화 사회에 능동적으로 대처할 수 있는 자질을 함양할 수 있도록 교육정보화에 총력을 기울여야 할 것이다. 우리나라는 이미 교육정보화를 통하여 '언제·어디서나·누구에게나' 열린교육을 제공할 수 있는 새로운 교육 패러다임의 창출을 교육개혁의 중요 전략 중의 하나로 인식하고, 모든 학교를 인터넷으로 연결시키고 있다. 그러면 교육정보화란 무엇을 의미하는지 숙고해 볼 필요가 있다.

교육정보화란 다양한 정보기술(information-technology)을 이용하여 교육수요자가 필요로 하는 정보를 적시에 활용할 수 있게 하고, 교육수요자의 개성과 특성에 맞는 학습기회를 제공하여 언제, 어디서, 누구나 평생학습이 가능하도록 함으로써 교육의 본질적 목표를 달성하고자 하는 것을 말한다. 따라서 교육정보화는 협의의 개념으로는 정보기술을 활용한 학습방법의 변화와 정보소양교육을 의미하며, 광의의 개념으로는 정보기술을 교수, 학습, 연구, 학사, 교육행정 등 교육활동 전반에 걸친 활용과 교육체제의 겉근끼지를 포함하는 포괄적인 의미를 내포하고 있다. 이러한 교육정보화를 실현하기 위해서는 정보의 전자통신화와 교육시설 및 장비의 첨단화가 이루어져야 하고, 휴먼 웨어(human ware)의 구비 및 그에 따른 법적·제도적 기반이 구축되어야 한다. 앞으로 컴퓨터를 비롯한 정보통신 기술은 교육개혁 및 교육구조 개선의 새로운 수단으로 등장하여 전달 교육에서 직접 교육으로 교육방법을 변화시키고, 지식 및 통제 중심에서 안내 및 코치 기능으로 교사의 역할을 변화시킬 것이다. 뿐만 아니라 이러한 교육정보화로 인해 학습 내에서도 개별화 교육이 가능하게 되고, 공간적 제약을 해소하여 세계의 모든 정보를 교실로 끌어들일 수 있으며, 원격교육이나 재택교육도 가능하게 될 것이다.

2. 한국 교육정보화의 추진 목표

교육정보화는 오늘날 전 세계적으로 정부의 주도하에 급속히 전개되고 있다. 우리나라에서의 교육정보화는 그래도 다른 국가들에 비해 비교적 빠른 1995년 5월 31일, 교육개혁위원회가 발표한 이른바 '5·31교육개혁안' 사업의 주요 핵심과제 중의 하나로 설정되어, 1996~1997년, 2년간 정부의 적극적인 주도하에 추진되었다. 이는 지식 정보화·세계화 시대의 도래에 따른 지식·정보의 폭증과 그 생성·소멸 시기의 단축으로 인해 모든 개인이 일생 동안 계속하여 교육을 받아야 하는 평생교육의 필요성에서 시도된 것이다. 다시 말하면 언제, 어디서, 누구나 자신의 여건과 능력에 따라 운하는 교육을 받을 수 있도록 교육체제를 개방하고 평생학습 기회를 제공해야 한다는 시대적 요청에서 비롯된 것이었다. 따라서 5·31교육개혁의 근간은 '열린 교육, 평생학습사회 건설'이었으며, 열린 교육개혁의 핵심은 공급자 위주의 교육에서 교육수요자중심의 교육체제로 전환하는 것이었다. 이는 학습자, 교육시기, 교육기관, 교육내용, 교육방법 등 모든 분야에서 경직된 현 교육체제로부터 수요자의 요구를 고려하는 개방된 교육체제로의 패러다임의 전환을 의미한다.

이와 같은 패러다임의 전환을 의미하는 교육정보화는 현재의 우리 교육을 새로운 사회에 적합한 교육으로 재구성함에 있어 정보통신 기술을 활용하여 교육의 내용과 방법, 교육의 형태를 다양화하고 개선하려는 노력이라 할 수 있다.

그 후, 국민의 정부(김대중 정권), 참여 정부(노무현 정권), 이명박 정부 등을 거치면서 한국은 컴퓨터 보급률과 인터넷 활용률이 세계 수위에 오르는 괄목할 만한 정보화의 발전을 이루었다. 2010년 이후에도 우리나라의 컴퓨터 보급률, 인터넷 활용률은 획기적으로 증대되고 있다.

다만, 이와 같이 세계 최고 수준의 컴퓨터 보급률, 인터넷 활용률에도 불구하고 한국의 교육정보화, 정보화 교육은 정보통신윤리교육 강화 등 많은 과제를 알고 있는 것도 사실이다.

〈표 14-1〉 교육 패러다임의 전환

현재의 교육 패러다임	미래의 교육 패러다임
• 노동집약적·획일적 강의 중심	• 다양한 학습자원 및 경험을 통한 학습
• 대단위중심 지도	• 개별지도 및 소집단 프로젝트 중심 지도
• 폐쇄적 시스템(시간, 공간, 연령)	• 개방적 시스템(언제, 어디서, 누구나)
• 공급자중심 교육과정	• 수요자중심 교육과정
• 교실중심 교육	• 현장중심, 분산 시스템
• 일방적 의사 전달	• 다자간 상호작용
• 국민적·국가적 관점/ 단일 사고	• 세계적 관점/ 다양한 사고
• 변화에 둔감	• 변화에 민감
• 통제적 분위기 교육	• 역동적·허용적 분위기 교육

한편, 교육과학기술부가 교육정보관리국을 신설하고 교육정보화를 위하여 추진키로 한 주요 목표의 요점을 정리하면 다음과 같다.

① 학교정보화 3개년(1997~1999) 계획 추진으로 교육정보화의 기반 조기 구축

② 교원연수 내실화로 교원의 첨단 정보통신기술 활용능력 배양

③ 다양한 소프트웨어의 개발·보급으로 교육의 효과성과 교육행정의 생산성 제고

④ 위성교육방송 실시, 교육정보화를 통한 사교육비 절감

⑤ 학습자 중신의 개별화 교육 및 협동 학습체제 구축

⑥ 교육정보화를 학교현장 혁신운동으로 확산

3. 인터넷 교육적 활용

1) 인터넷 시대의 특징

인터넷(internet)이란 'international'과 'network'의 합성어로서 컴퓨터와 컴퓨터가 연결된 전산망이라 불리는 네트워크(network)가 전 세계적으로 연결된 것을 말한다. 다시 말하면 인터넷이란 전 세계의 컴퓨터망을 연결하여 각각의 컴퓨터가 가지는 정보를 서로 교환할 수 있는 컴퓨터 통신망으로서 전 세계 170여 개국의 컴퓨터 네트워크가 연결된 전산망들의 총집합을 의미한다. 최근 세계적으로 급속히 확산되고 있는 인터넷 통신망은 정보통신 기술의 발달과 더불어 우리 사회에도 급속히 전파되어 생활환경의 새로운 변화를 일으키고 있다. 인터넷이 우리 사회 및 학교현장에 도입된 기간은 짧다. 우리나라에서 인터넷이 학교에 본격적으로 도입되기 시작한 것은 1996년 언론기관에서 인터넷을 학교교육에서

활용하자는 운동이 전개되면서부터이다. 인터넷을 활용한 교육은 그것이 지니는 장점으로 인하여 미래사회에 적합한 인간 형성을 위한 하나의 새로운 교육방법 및 대안으로 제시되고 있다. 왜냐하면 인터넷은 다양한 멀티미디어 자료의 제공과 시·공간을 초월한 커뮤니케이션, 그리고 무엇보다도 전 세계적인 네트워크를 형성하여 풍부한 정보와 지식을 제공할 수 있다는 장점이 있기 때문이다. 이러한 점에서 볼 때, 인터넷은 바로 교육적으로 활용할 수 있는 매체로서의 역할을 충분히 해낼 수 있는 도구이자 수단인 것이다.

오늘날과 같은 세계화·정보화 및 인터넷 시대의 몇 가지 특징을 살펴보면 다음과 같다.

첫째, 시·공간을 초월하는 시대이다. World Wide Web(WWW)의 출현과 더불어 인터넷은 획기적인 도약을 하여 사용자들이 원하는 시간에, 원하는 장소에서 시·공간을 초월한 다양한 형태의 정보검색은 물론 자유로운 커뮤니케이션을 할 수 있게 한다.

둘째, 쌍방향적 커뮤니케이션이 가능한 시대이다. 인터넷은 일방적으로 정보를 전달하는 TV나 라디오 또는 인쇄매체와 달리 사용자와 정보제공자 간의 상호 교류를 가능하게 한다.

셋째, 네트워크화 시대이다. 인터넷은 기본적으로 네트워크의 네트워크이다. 따라서 과거의 분절되어 있는 단위조직을 서로 연결시켜 주고 있다. 기종의 경계조직을 허물며 언제, 어디서나, 누구와도 커뮤니케이션이 가능하게 되어 다양한 종류의 네트워크를 형성할 수 있게 되었다.

넷째, 세계화 시대이다. 인터넷은 세계 각국의 국경을 무너뜨리고 있다. 전 세계의 누구와도 커뮤니케이션이 가능하며, 특히 경제적인 측면에서는 무역과 투자, 기술의 흐름에서 국제적인 거래의 확산인 가능해짐에 따라 무역자유화가 급속히 확대되고 있다.

다섯째, 개인주의화 시대이다. 인터넷이 일반화되면서 사람들은 컴퓨터 앞에 앉아 있는 시간이 증가되고, 이는 현실생활에서 다른 사람들과의 공동생활을 소홀히 하는 결과를 가져왔다. 아이들은 친구들과 함께 놀기보다는 인터넷을 검색하고 게임하기를 더 좋아한다. 이러한 개인주의가 사회 전반에 퍼지면서 과거와는 다른 많은 사회·문화적 변화를 가져왔다.

여섯째, 정보의 일반화 시대이다. 인터넷의 확산은 과거 소수에 의해 독점되던 정보를 일반 대중들이 접할 수 있는 기회를 제공하였다. 인터넷상에는 무수한 정보가 도처에 깔려 있으며, 개인은 원하는 대부분의 정보를 얻을 수 있다. 그야말로 정보의 홍수시대라고 할 수 있다. 따라서 인터넷 시대에는 어떤 정보가 어디에 있고, 그것을 어떻게 수집·가공해서 얼마나 잘 활용할 줄 아느냐가 성공의 관건이고 지식인의 기준이 된다고 하겠다.

2) 인터넷의 교육적 가치와 활용

인터넷은 정보화 시대와 열린교육 시대에 학습자들에게 정보화 능력을 키워 주고, 자신의 선호도와 능력에 적합한 개별화 학습을 하도록 도와주는 첨단 매체이다. 따라서 학교교육 현장에서는 교사와 학생은 물론 학교구성원 모두가 인터넷을 교육적으로 잘 활용하여 가장 효과적인 학습결과를 이루어 내는 것이 중요하다. 학교교육에서 인터넷의 가치, 즉 인터넷의 교육적 가치를 네 가지 측면에서 고찰하면 다음과 같다.

첫째, 학생의 측면에서 볼 때, 인터넷은 학습자 주도적인 학습을 가능하게 하고, 학습자 스스로를 능동적인 존재로 인식하게 할 뿐만 아니라 적극적인 입장에서 전 세계의 동료나 전문가들과 함께 시의(時宜) 적절한 정보를 찾아낼 수 있게 한다. 인터넷을 통하여 학습자는 다양한 경험을 접할 수 있으며, 학습자 스스로 학습계획을 수립하고 필요한 정보를 찾을 수 있다.

둘째, 교사의 측면에서 볼 때, 인터넷은 교사들이 다른 교사들과 해당 분야의 전문가를 쉽게 만날 수 있게 하며, 학생들을 위한 온라인 프로젝트를 계획·실행할 수 있고, 교육과정 개발을 위한 협조자를 찾을 수 있게 한다.

셋째, 학교의 측면에서 볼 때, 인터넷은 가치 있는 자원과 협력적인 학습환경을 제공하여 학생들의 학습과 교사들의 전문성 신장에 도움을 주며, 행정업무를 수월하게 해 줄 수 있다.

넷째, 지역사회의 측면에서 볼 때, 인터넷은 학교와 지역사회 간의 관계를 밀접하게 해 줄 수 있다. 각 학교의 웹 페이지는 지역사회 구성원들에게 학교활동에 대한 각종 정보를 제공하는 장이 될 수 있으며, 지역사회의 지원을 받는 데 활용될 수 있다.

뿐만 아니라 인터넷 시대에 각급 학교에서는 인터넷을 수업에 활용하는 기회를 증가시켜, 학습자들이 정보화 시대와 열린교육 시대에 효율적으로 적응할 수 있도록 지도하여야 하는 바, 학교현장에서 인터넷을 교육적으로 활용할 수 있는 방안으로는 다음과 같은 점을 들 수 있을 것이다.

첫째, 인터넷을 통해 정형화된 교실중심 교육을 다양하게 할 수 있다. 인터넷은 학생이 교실이라는 공간에서 교사나 또는 학생들끼리 교호작용하듯이, 전 세계의 컴퓨터를 서로 연결하여 각국의 다양한 정보를 접하게 함으로써 학생들에게 지적 호기심과 동기유발을 시킬 수 있고, 다양한 학습경험을 제공할 수 있다. 예컨대, 웹을 활용하면 학습자로 하여 금 지루하기 쉬운 학습 영역들도 감각적인 학습자료와 역동적인 협력활동들을 통해 학습 효과를 극대화할 수 있다.

둘째, 인터넷에서 정보를 탐색하여 교사나 학생 개인의 교수·학습 과정에 이용할 수 있다. 인터넷을 이용하여 원하는 정보를 탐색, 수집, 분석, 가공하여 자신의 학습과정에 활용하는 것으로 인터넷을 개인 학습자원센터로 활용하는 것이다. 또한 단원수업에 필요 한 자료를 인터넷에서 찾아서 학생에게 배포하거나 수업에서 학습자료로 이용함으로써 정보자원을 학습 구성원들과 공유할 수도 있다.

셋째, 인터넷을 학교의 수업장면에 활용하여 학습과제를 협동적으로 해결할 수 있다. 학생들이 수업목표와 관련한 다양한 인터넷 자료를 탐색하거나 교사와 학생 간에 인터넷 을 이용한 학습방법을 통해서 학생 자신이 해결하기 힘든 과제를 쉽게 해결할 수 있다.

넷째, 인터넷은 종합적인 사고력을 배양하는 데에 활용할 수 있다. 인터넷의 정보를 탐 색하고 활용하는 일 자체가 판단력, 비판력, 분석력, 적용력 등과 같은 수준 높은 고등사 고 능력을 신장시키는 기초가 되는 것이다. 따라서 인터넷을 활용한 교수·학습 상황에서 는 지식정보를 단순 암기하거나 검색하는 것보다는 그것을 어떻게 탐색, 정리, 분류 또는 종합하여 자신에게 필요한 지식정보로 만들어 내느냐 하는 것이 중요하다.

다섯째, 인터넷은 사이버학교를 포함한 원격교육에 활용할 수 있다. 인터넷을 통한 원 격교육 프로그램은 대개 학생 개인이 자기 특성에 맞게 개별학습을 할 수 있도록 개발된 컴퓨터 보조수업 형태나 멀티미디어 보조수업 형태를 통해 제공되는 것이다. 원격교육은 직접 출석할 수 없는 강의를 수강하거나 또는 보충학습이나 심화학습 등의 학교재량 교 육과정 운영에 활용할 수 있다.

여섯째, 인터넷은 사용자를 차별하지 않는다는 점을 들 수 있다. 인터넷상에서는 외모, 학벌, 재산, 성별, 인종의 구분이 사라지고 동등하게 취급된다. 이는 학문을 배우며 어떤 형태로든 느낄 수 있는 열등의식을 느끼지 않아도 된다는 점이다. 이는 인터넷을 사용하 면 할수록 학문적 자율성이 신장되는 기대효과도 성취된다.

제4절 정보화 사회의 인간형과 과제

1. 21세기 세계화 시대와 지식정보화 사회의 미래 인간형

지식정보화 사회는 지식과 정보가 개인, 기업 그리고 국가의 성과는 물론 경쟁력 및 부 (wealth)를 결정하는 핵심 요소가 되고, 그와 같은 의식, 가치관, 문화가 지배하는 사회이다. 따라서 정보혁명이나 기술혁명이 직업혁명으로 이어지고 정보나 지식이 가치 창출과 부의 원동력이 되는 지식정보화 사회에서는 고도화된 지식집약형 직업에 어울리는 새로운 21세기 미래 인간상이 요구된다. 급변하는 시대적 상황에서 21세기 지식정보화 사회를 주도하게 될 미래 인간형을 고찰하면 다음과 같다.

1) 신지식인(新知識人)

끊임없는 자기 개발이 요구되는 21세기 지식정보화 사회에 추구하는 인간상으로 소위 '신(新)지식인'이 부각되고 있다. 현재의 위기를 극복하고 미래를 이끌어 갈 인간형으로 '신지식인'을 제시하고 있다. '신지식인'의 개념이 꼭 학자나 교수 등 지식인만을 지칭하는 것은 아니며, 학력이나 학벌에 관계없이 모든 분야에서 새로운 발상과 기법을 통한 창조적인 지성으로 미래를 개척하는 사람들을 포괄하는 의미이다. 즉 신지식인이란 틀에 박힌 사고방식에서 벗어나 창의력을 바탕으로 어떤 분야에서나 가치 창조의 원천이 되는 새로운 지식을 습득하고, 이를 타인과 공유하고 활용하면서 차원 높은 지식과 부를 창출하고자 끊임없이 자기 주도적으로 노력하는 사람을 의미한다. 최근 취업에 있어서의 학력 철폐론의 대두와 직업에 대한 고정관념의 붕괴 그리고 IMF체제 이후 화이트칼라의 급속한 몰락은 이런 추세를 보여 주는 예고편이라고 볼 수 있다.

경영학자인 피터 드러커(Peter Drucker) 교수는 지식근로자(knowledge worker)에 대해 '자신의 일을 끊임없이 개선·개발·혁신하여 부가가치를 올리는 창조적인 지식인'이라고 규정한 바 있다. 이러한 지식인은 항상 자신의 부가가치를 높여 왔고, 앞으로도 현재의 직장뿐만 아니라 어디서든지 부가가치를 높일 수 있는 능력을 갖춘 지식근로자이기 때문에 정년을 넘어서면서까지 평생고용이 가능한 것이다. 분명히 21세기 세계화·정보화 시대를 주도하는 인간은 특별한 영역에서 남보다 더욱 노력하는 미래형 인간이 될 것이다.

2) 칼라형(Collar model) 인간: 골드칼라, 다이아몬드 칼라, 르네상스 칼라

21세기 지식기반 사회에는 '화이트칼라(white collar)'나 '블루칼라(blue collar)' 시대는 붕괴되고, '골드칼라(gold collar)' 시대가 될 것이다. 골드칼라란 산업사회의 사무직 노동자인 화이트칼라나 육체노동자인 블루칼라와는 달리 지식정보 사회를 이끌어 가는 인재들을 일컫는다. 즉 골드칼라는 국제화, 정보화, 지식화, 복합화, 상생화하고 있는 21세기형 경제환경에서 고도의 창조력과 전문지식을 가진 신(新) 직종군(職種群)으로서 자발성과 창의성을 갖고 스스로 좋아하는 일에 새로운 가치를 창출해 내는 사람이다. 화이트칼라가 학력과 경력을 중심으로 사무능력과 행정능력을 발휘하는 관리자라면, 골드칼라는 적성분야에서 자발적 열정과 창의력으로 높은 성과를 내는 창조적 인재를 가리킨다. 골드칼라라는 명칭은 금처럼 반짝이는 아이디어로 높은 가치를 창조하는 인재라는 뜻에서 붙여진 명칭으로 미국 사회는 이미 실리콘 밸리를 중심으로 활동하는 첨단 직종군들을 일컬어 골드칼라로 부르기 시작했다.

한편, 블루칼라와 화이트칼라에 뒤이은 제3세대 직업군인 골드칼라에 뒤이어 네트워크라는 개념이 등장하면서 네트워크에 대한 적응 여부가 사회생활의 성패를 좌우하게 되었는데, 이때 나타난 네트워크에 능한 신 인간형을 '다이아몬드칼라(diamond collar)'와 '르네상스칼라(renaissance collar)'로 부르기도 한다. 네트워크란 물리적인 네트워크뿐만 아니라 인간적인 네트워크를 함께 말한다. 이들이 바로 제4세대 직업군이라고 할 수 있다. 다이아몬드는 아래 축의 뾰족한 각을 중심으로 상부에는 여러 장향으로 방사형으로 뻗어 있다. 이들은 한 가지 직종에 근무하면서도 다른 분야에 다양한 네트워크를 갖추고 있는 사람들이다.

자기 일에 대한 전문성 외에도 다양한 인프라를 갖추고 있는 사람들로서 전문 지식과 사회성이 잘 결합된 형태인 셈이다. 정보통신업종(IT)에서는 물론 이러한 인간형이 인기를 모으고 있다. 또한 요즘 새로이 인터넷 업계에서 주목받는 사람들을 르네상스칼라로 부르기도 한다. 르네상스 맨이라고 하면 문화면 문화, 정치면 정치, 경제면 경제 등 모르는 것이 없는 사람들을 말하는데, 르네상스칼라도 이와 비슷하다. 이른바 만능인, 전천후 인간 등으로 해석할 수 있다.

특히 'All Round Player(모든 포지션을 담당할 수 있는 선수)'를 원하는 인터넷 업계에서는 다채로운 경력을 가진 사람들이 발군의 활약을 보이고 있다. 요즘 인터넷 업계에서는 정보통신에 일찍부터 관여한 토박이들보다는 아날로그 세상에서 좀 더 다채로운 경력을 쌓은 사람을 요구한다. 즉 인터넷 업계에서는 컴퓨터 실력보다는 창의력과 순발력이 뛰어나고 그야말로 다양한 경험을 쌓아 변화에 익숙한 사람들, 그러면서도 자기 분야의 전문성을 쌓아 신세계를 개척해 나가는 사람들이 요구되는데, 이들이 바로 르네상스칼라라고 볼 수 있다.

3) 디지털 맨(Digital man)

21세기는 디지털(digital)을 중심으로 한 직업들이 유망한 직업으로 부상하고, 인터넷 네트워킹 환경을 중심으로 조직의 형태와 인간관계가 급격히 변화하여 가는 디지털 시대로서 아날로그 시대는 이제 종말을 고하게 되었다. 이에 따라 '모로 가도 서울만 가면 된다.'는 식의 눈에 보이는 것(out put)만으로 사고하는 아날로그 세대는 사라지고, '생각은 컴퓨터처럼 일은 개미처럼' 한다는 식의 디지털 세대인 '디지털 맨(digital man)'이 선전포고를 하고 나섰다. 이제부터는 디지털 맨이 21세기 지식정보화 사회를 이끌어 갈 새로운 세대로 등장한 것이다.

디지털 맨의 의미는 보는 관점과 시각에 따라 다소 차이는 있겠으나, 대체로 컴퓨터와 함께 놀고 생활하면서 컴퓨터와 함께 성장해 컴퓨터를 매개로 살고 있는 세대를 '디지털 맨'으로 규정한다. 이들의 삶은 컴퓨터와 상관없이 나이 먹어 온 아날로그 세대와는 다르다. 그리고 디지털 맨은 뭐든 한 가지만 잘하면 공부를 못해도 상관없다는 새로운 교육을 받으며 자란 덕분에 각자 취향이 다양하다. 아날로그 맨이 손발로 오가는 활동을 인간이라면, 디지털 맨은 모든 것을 정보화 기기를 통한 원격 조정의 달인인 것이다.

4) 우뇌형(右腦型) 인간

전통적인 산업사회에서는 수리력과 분석력을 측정하는 지수로서 지능지수(IQ: Intelligence Quotient)가 높은 인간형을 요구하는 경향이 지배적이었다. 그리고 그 후 한때는 정서적인 능력을 측정하는 감성지수(EQ: Emotional Quotient)가 부각되기도 했다. 남의 감정을 이해하고 자신의 감정을 조절하는 능력이다. 기능주의(functionalism)의 퇴장과 인성 재발견을 시도했다는 점에서 의미 있는 변화였다.

세계화 시대인 21세기 지식정보화 사회에서는 경험하지 못한 일이라도 추리할 수 있고, 짐작으로 윤곽을 파악할 수 있으며, 배후의 의미를 짚어 내고 미래의 방향을 조망할 줄 아는 '유추지수(AQ: Analogy Quotient)'가 높은 우뇌형 인간이 필요하다. 즉 두뇌로 분류한다면 AQ는 우뇌형이다. 1981년에 노벨상을 받은 미국 캘리포니아 공대의 로저 스페리 교수는 인간의 양쪽 뇌가 다른 기능을 한다는 사실을 발견했다. 왼쪽 뇌(左腦)는 주로 지능, 수리적 분석력, 논리적 사고력을 지배한다. 반면 오른쪽 뇌(右腦)는 감성, 비논리적 직관, 주관적 사유, 예술적 감각을 이끌어 낸다. 또한 좌뇌는 언어나 수리력을 담당하는 데 비해 우뇌는 영상과 음향을 맡는다. 좌뇌의 기억이 전후문맥에 의존하는 직렬적 기억이라면, 우뇌의 기억은 이미지에 의존하는 병렬적 기억이다. 인과론(因果論)이 적용되지 않는 세계는 우뇌적 사고에 익숙한 인간이 주도할 수밖에 없다. 남성에 비해 감각과 직관이 앞서는 여성이 다음 세계를 이끌 것이라는 예견이 나오는 것도 그래서이다. 현실에서 우뇌적 사고로의 전환이 가장 활발하게 일어나고 있는 분야는 역시 컴퓨터와 정보통신 쪽이다. 도스(DOS)를 대체한 윈도(window) 프로그램은 전형적인 우뇌적 사고의 산물이다. 도스에서는 사용자가 일일이 명령어를 입력해야 했다. 컴퓨터는 입력한 대로 따른다. 윈도에서는 그래픽으로 이미지화된 아이콘을 클릭하기만 하면 된다. 영상인식으로의 대체이다.

이제 화이트칼라(white collar)의 일은 머리 좋은 기계의 몫이 되고 있다. 그래서 인간은 골드칼라(gold collar)로서의 새 역할을 모색해야 하는 시점이다. 사고라는 인간 유일의 자산을 극대화하는 일이다. 그 길은 우뇌적 인간, AQ가 높은 인간을 길러 내는 환경을 만드는 데서 출발한다. 이는 곧 교육이 달라져야 하고 인재를 판별하는 기준이 바뀌어야 하는 이유를 말해 준다.

일반적으로 21세기의 교육은 이러한 지식정보화 사회를 주도할 역량을 갖춘 인간의 형성에 목적을 두어야 하는데, 특히 다음과 같은 인간상을 구현에 노력하여야 한다.

첫째, 폭발적으로 쏟아져 나오는 정보 중에서 정보를 취사선택하고 분석·종합하여 새로운 정보를 생산할 수 있는 사람이다.

둘째, 적절한 정보를 수용하여 새로운 지식을 탐색할 수 있는 자기 주도적 학습능력을 갖춘 사람이다.

셋째, 자신의 문화와 생활방식을 주체적으로 발전시켜 나갈 수 있는 사람이다.

넷째, 남의 개성을 존중하며, 남과 협력하고 경쟁할 수 있는 사람이다.

즉 지식정보화 사회에서는 무한한 상상력과 창의력, 예술적 영감, 컴퓨터와 같은 첨단 정보기기를 활용할 수 있는 능력, 수많은 새로운 정보를 올바르게 걸러 내는 능력, 그 과정에서 인간사회에 유용한 가치가 무엇인지를 생각하고 남과 함께 살아가는 지혜를 터득하고자 하는 마음, 그리고 이러한 모든 것을 결합하여 더불어 살아가는 살맛나는 사회 환경을 건설할 수 있는 능력을 갖춘 인간 형성이 요구되는 것이다.

2. 지식정보화 사회의 교육적 과제

미래 학자인 앨빈 토플러(Alvin Toffler)는 그의 저서 『미래의 충격』에서 '미래 사회의 급격한 변화는 개인과 국가에게 있어서 하나의 커다란 충격'이라 하였으며, 이러한 충격을 극복할 수 있는 힘은 교육을 통해서만 가능하다고 역설했다. 이처럼 교육은 인간 사회에 있어 그 역할이 막중하다고 할 수 있다.

21세기 세계화 시대를 이끌고 시대적 요청에 부응하는 인간을 형성하고, 21세기 지식정보화 사회에 대처해 나가기 위해서 교육이 수행하여야 할 역할의 재조명이 필요하다. 21세기 지식정보화 사회에서는 그에 적합한 새로운 교육체제의 구축이 요구되는 바, 그 실현을 위한 교육적 과제로는 다음과 같은 내용을 들 수 있다.

1) 평생교육 · 평생학습 사회, 열린 교육체제로의 전환

지식정보화 사회는 지식정보의 폭증과 조기 노후화를 통한 지식정보의 수명단축 현상을 특징으로 한다. 미래 학자들의 주장에 따르면 연간 15만 종 이상의 새로운 지식정보가 폭증하며, 그중 절반에 가까운 지식정보는 1년 이내에 못쓰게 되어 버리는 지식정보의 조기 노후화와 수명단축 현상이 일어나고 있다고 한다. 이러한 정보의 속성에 따라 기존 정보의 효용성은 급격하게 떨어지고, 새롭고 참신한 정보가 절실히 그리고 끊임없이 요구되는 것이다. 열린 교육체제에서는 누구나, 언제, 어디서나 원하는 교육을 받게 됨으로써 모든 국민이 자아실현을 극대화할 수 있는 교육복지국가를 건설하는 것에 그 목적을 두고 있다.

세계화 시대, 지식정보화 사회에서는 글로벌 지구촌 구성원들인 세계인 모두가 열린 마음, 열린 자세로 평생교육 · 평생학습에 임하여야 한다.

2) 정보통신과 멀티미디어 기술을 기반으로 한 교육체제의 수립

정보화 사회의 가장 큰 특징은 컴퓨터와 정보통신 및 멀티미디어 기술이 사회의 모든 부문에서 지배적인 영향력을 행사하는 사회이다. 오늘날 컴퓨터나 정보통신 기술은 멀티미디어와 초고속 정보망을 탄생시켜 인간의 생활양식과 사고의 패턴을 바꾸어 놓고 있다. 초고속망 구축과 멀티미디어의 실용화는 세계를 이웃 마을처럼 하나의 생활권으로 묶어 멀티미디어 정보의 교환은 물론 시공을 초월하는 상호작용이나 의사소통을 가능케 해 준다. 그리고 멀티미디어 정보통신 기술의 발달은 문자를 비롯한 그림, 동영상, 음성, 음향 등 다양한 형태의 자료 제공을 가능케 하여 학습방법을 더 효과적으로 할 수 있다. 따라서 정보화 사회에서는 초고속 정보통신망, 종합 정보통신망 등의 정보통신 기방과 멀티미디어 정보처리 기술의 발달에 부응하는 새로운 교육체제의 수립이 요구된다.

3) 정보 창조력의 배양과 정보화 기술 재교육 체제의 구축

정보화 사회에서는 정보가 가장 중요한 자원이며, 이 자원들을 잘 활용할 수 있는 정보기술(information-technology)이 필수기술이 되고, 또한 정보 활용의 능력에 따라 개인이나 기업의 우열이 좌우된다. 그리고 정보화 사회에서는 자기만의 독특한 기술, 즉 '노하우(know-how)'가 아닌 '노웨어(know-where)'가 중시되는 사회이다. 노웨어란 '내가 필요한 정보가 어디에 있는지를 신속정확하게 찾아내는 기술'이다. 따라서 정보화 사회는 정보의 가속화와 폭증현상에 따라 적합한 지식을 가공, 처리, 분배할 수 있는 능력은 물론 정보의 가치를 극대화하는 기술로서의 정보 창조력을 길러야 한다. 이와 함께 끊임없이 변화하는 정보의 가변성에 적응하기 위해 정보화 기술에 대한 계속적인 재교육이 필요하다.

4) 교수 · 학습의 개별화와 창의성 함양 교육체제의 실현

정보화의 영향은 산업사회에 요구되는 행동양식과는 전혀 다른 새로운 가치관과 능력에 의한 행동양식을 요구하게 될 것이다. 즉 산업화에 의하여 규격화, 대중화, 중앙집권화된 사회가 정보화에 의하여 탈규격화, 개성화, 다양화, 분권화된 사회로 변모함에 따라 정보화 시대에서는 물질보다는 정보와 지식을 중히 여기며, 획일화된 모방과 동조보다는 개성화된 창조력과 독창력을 중시하는 행동양식이 주류를 이룰 것이다. 따라서 학교교육은 이러한 추세에 비추어 교수・학습의 개별화와 창의성 교육의 강조는 물론 개개인이 타고 난 잠재력을 최대한 개발하여 자아실현을 이룰 수 있는 교육체제로 전환되어야 한다.

5) 정보화 사회의 역기능 극복과 인간 존엄성 교육의 강화

정보화가 인류의 생활을 편리하게 하는 데 공헌할 것은 자명하나 그 역기능에 대한 교육적 대처도 필요하다. 정보화 사회는 첨단 기기의 의존도가 높기 때문에 개인은 개체의 생존과 만족에만 몰두하는 성향이 형성되기 쉽다. 뿐만 아니라 정보화는 간접 체험의 증가, 획일적 다양화, 삶의 보람에 대한 정서 문제 등 인간성 형성에 부정적 영향을 미칠 수 있다. 그러므로 교육을 통해 정보화 사회의 역기능과 부정적 측면을 최소화하고, 정직과 도덕성 및 책임의식, 공동체의식과 개인의 인간성 존중 등과 같은 사회의 기본적인 규범을 생활화하는 자세의 확립이 필요하다.

제5절 정보통신윤리 교육

오늘날은 급격한 변화와 함께 정보 사회가 대두되었다. 그야말로 사이버 시대라고 일컬어지고 있다. 사이버 시대가 도래하면서 인간관계의 양상은 매우 달라졌으며, 새로운 인간관계의 양식을 창출하게 되었다. 따라서 최근에는 인터넷 심리학이라는 새로운 학문이 등장할 만큼 사이버 매체는 우리 삶의 매우 깊숙한 곳에 자리하고 있다. 이러한 변화는 인간관계의 질과 양에 많은 변화를 가져오고 있다.

1. 사이버(Cyber) 공간의 특성

사이버 공간은 어떤 장치에 의해 존재하는 것을 실재 물리적 공간에서 벗어나 시청각으로만 접하는 전자 접촉을 의미하며, 컴퓨터를 통해 이루어지는 것을 대표하는 의미로 쓰이고 있다. 사이버 공간은 더 이상 우리의 생활과 별개의 자리에 있지 않다. 인터넷이 우리에게 미치는 영향은 매우 크며, 무엇보다도 개인의 정체성과 관련이 크다고 볼 수 있다. 스톤(Stone)과 투르클(Turkle) 등은 개인이 자신의 정체성을 드러내지 않는 상태에서 자신에게 억압되었던 생각이나 사상 등을 자유스럽게 표현할 수 있는 공간을 갖게 되었다고 하였다. 투르클은 익명성을 가지고 자신의 의사나 생각의 자유를 누리는 것은 대체적으로 긍정적인 측면을 가지고 있다고 주장한다. 즉, 인터넷 세상에는 개개인이 가지고 있는 고정관념에서 벗어나 좀 더 융통성과 유연성을 가질 수 있고, 평소의 남의 시선에 대한 의식에서 자유로워질 수 있다. 표현도 훨씬 자유로워진다. 따라서 사이버 공간에서는 낯선 사람들과의 만남조차도 매우 친밀감을 갖고 표현 또한 매우 쉽게 할 수 있다.

사이버 공간에서는 인간관계가 보다 빠르고 가깝게 맺어지는 반면, 익명성으로 인해서 발생하게 되는 인간의 공격성이 직접적으로 표현된다. 상대방에 대한 배려 없이 자신의 감정적인 노출이 매우 적극적으로 이루어지는 문제점이 두드러지게 증가하고 있다.

1) 익명성과 자기표현성: 윤리성과 자율성

사이버 공간상에서 개인의 이름은 ID로 표현된다. 이 ID는 때때로 닉네임(nickname)이라는 별명이 대신하여 이용될 수 있지만, ID는 일차적으로 사이버 공간에서의 이름이자 주소이기도 하다. 자신을 어떤 이미지로 만들 것인가의 문제는 바로 사이버 공간상의 교류의 일차적인 특성이기도 하다. 타인이 나를 알지 못할 것이며, 또 알 수 없다는 익명성은 결국 타인에 대해서 나 자신의 이미지를 내가 새롭게 만들 수 있다는 자유를 경험하게 한다.

(1) 머드 게임 속에서 창조된 인간관계

사이버 공간에서 한 개인이 자신의 다양한 특성을 표현하고 이것을 구체적으로 경험하게 되는 예가 바로 머드 게임이다. 머드(mud)라는 말은 '다수 사용자 영역(Multi-User Domains)' 또는 더 역사적으로 정확하게 이야기하면 'Multi-User Dungeons'에서 나왔는데, 1970년대 말부터 1980년대 미국의 고등학교와 대학교에서 선풍적인 인기를 끌었던 'Dungeons & Dragons'라는 환상 역할놀이 게임에 그 뿌리를 두고 있다. 머드 게임이 국내에 알려진 것은 1990년대 초 컴퓨터 관련 학생들 사이에 보급되다가 1993년 일반인을 위한 PC 통신상용 서비스로 등장하면서부터이며, '바람의 나라', '쥬라기 공원', '단군의 땅' 등 18개의 상용 서비스가 선보였다.

머드 게임의 특징은 인터넷 등 컴퓨터 통신망을 통해 개인이 돌아다닐 수 있는 사이버 공간상에서 이루어진다는 데 있다. 머드는 일종의 새로운 가상놀이공간에서의 게임이지만, 심리적인 측면에서 보면 참여자가 일종의 가상적 인간관계를 만들 수 있는 새로운 형태의 공동체이기도 하다. 게다가 문자로 그 내용을 나타낸다는 측면에서 새로운 형태의 집단 저작물이기도 하다. 머드게임의 참가자들은 머드 게임의 저작자이기도 하며 이 매체의 사용자이자 제작자이다. 사용자들은 이 게임에 참가하면서 단순히 내용을 만들 뿐 아니라, 새로운 사회적 관계나 사회적 상호작용 속에서 새로운 자신의 모습을 창조하는 경험을 하게 된다.

머드 게임에서 개인은 다른 수백 명, 수천 명의 게이머들과 함께 사이버 공간에서 서로 경쟁하고 협동하면서 자신이 꿈꾸어 왔던 새로운 자신의 모습을 만들거나 서로 힘을 합쳐 어떤 활동을 하고 한다. 이 게임의 진행은 비교적 간단하다. 예를 들어 내가 슈퍼맨이라는 이름의 어떤 역할을 하고 있을 때, 내가 '말했다'라고 문장을 만들면 모든 참가자들의 화면에는 '슈퍼맨이 말했다'라고 나타나게 된다. 물론 특정 사용자에게만 메시지를 보낼 수도 있다. 어떤 머드 게임은 아이콘(icon)으로 불리는 그림으로 각자의 모습을 나타내기도 한다.

머드 게임의 매력으로 가장 많이 지적되는 것은 현실세계에서 도저히 불가능한 창조적인 경험을 사이버 공간에서 할 수 있다는 것이다. 그러나 이 매력은 더 구체적으로 설명하면 실제 현실에서 표현하지 못하는 자신의 모습을 만들 수 있다는 것이다.

(2) 인간관계의 실험장: 채팅에 나타난 접속의 자유

개인 자신의 모습을 사이버 공간에서 표현하는 경우는 머드에만 국한되지 않는다. 현실세계와 가장 유사하면서도 익명성을 누리는 만남으로 채팅이 있다. 채팅에 의한 교류는 교류방식이 현실의 모습을 띠면서 현실과는 또 다른 공간속에서의 만남이 이루어진다는 데다 현실감이 있다.

채팅에서의 만남은 구체적인 만남 그 자체이지만 관계를 지속하고 중지하는 데에 심리적인 부담감이 없다. 그뿐 아니라 이런 교류에는 자신이 투자해야 한다는 심리적 부담이 없으면서 새로운 인간관계를 구체적으로 경험할 수 있다. 특히 채팅이란 컴퓨터 화면상에서 나타나는 언어적 표현을 통해 이루어지기에 인간관계의 모습이 구체적인 실제 그대로 표현된다. 채팅의 참가자는 사이버 공간 속의 만남에서 이전에 자신이 경험했던 인간관계에서 자신이 억제해 왔던 욕구나 갈등을 표현하는 하나의 손쉬운 현실적 대안이 되는 경우로 발전하고 한다.

'접속'이라는 영화는 채팅을 통해서 인간관계의 만남을 수정하고자 하는 사람들의 이야기를 다루고 있다. 컴퓨터라는 기계를 통해 만들어지는 공간 속에 자신의 심리적 내용을 투사하는 과정을 보여 준다. 채팅의 경험은 현실 속에서 인정하지 못하거나 거부해야 했던 자신의 모습을 어떤 방식으로든 구체화해야 한다. 왜냐하면 채팅 과정에서 자신을 어떤 방식으로든 나타내야 하고, 이것은 막연히 느껴지는 자신이 아니라 타인에게 보이는 구체적인 모습을 만들어야 하기 때문이다.

현실에서의 만남이 아무 생각 없이 우연히 이루어지거나 고통스런 모습으로 나타나야만 했다면, 가상적 세계에서의 만남은 자신에 대한 모습을 비교적 객관적으로 알고 시작하기 때문에 새로운 사람과의 만남이나 그들과의 관계에 대한 자기성찰이 가능해지게 된다. 즉, 인간관계의 형성과 진행, 그리고 그 변화 상태에 대해 비교적 객관적인 느낌을 가지면서 그 관계 속에 자신을 두는 경험을 할 수 있는 것이다.

2) 주관적 경험의 구체화

화면에 표현되는 내용은 그 자체로는 혼란스런 자신의 내적 상태를 반영하는 것이기도 하지만, 자신의 내적 자아를 위해 현실보다 훨씬 안전한 만남이기에 쉽게 빠져들게 된다. 이런 경우 채팅이 이루어지는 사이버 공간은 마치 대화하는 사람들의 내면적 속성이 거울처럼 그대로 비쳐지는 곳이 된다. 즉, 화면 속의 글들은 사이버 공간에서 하나의 거울과 같은 모습을 띠면서 자아가 가진 혼란을 개별적인 상태로 전환시켜 준다. 예를 들면, 많은 청소년들은 사이버 공간의 채팅에서 음란행동이나 저속한 행동을 쉽게 저지르는 경우가 많다. 이것은 대부분의 경우 현실적으로 억압했던 자신의 모습을 사이버 공간상의 어떤 대상에게 퍼부어 놓는 상황이 된다.

채팅의 대화에는 자신이 타인에게 보여 주고 싶은 모습을 가능한 거칠게, 통제 불가능한 방식으로 나타내고자 하는 욕구가 작용한다. 특히 각각 다른 채팅 상대에게 동일한 방식으로 모습을 나타내지 않으려고 한다. 이처럼 자신의 모습을 가능한 한 예측할 수 없는 움직임으로 나타내려고 하는 것은 자신의 다양한 변신 모습 속에서 경험하는 우월감과 통제감의 환상 때문이다. 현실세계에서 폭주족들이 거리를 주름잡으려고 하면서 자신의 존재를 굉음이나 스피드로 나타내고자 하는 욕망이 있다면, 사이버 공간에서는 음란성이나 상대방에 대한 무제한적인 행동, 거친 표현 등으로 억제된 자신의 모습을 표현하게 되는 것이다. 마치 어린아이가 장난감이나 인형으로 놀이세계를 만들어 내듯이, 사이버 공간에서 구체적인 성격이나 역할을 통해 놀이세계를 만드는 것이다.

사이버 공간에서 나타나는 다양한 자기의 모습에 대한 흥미와 관심은 마치 나르시스의 경험과 같다. 나르시스의 경험이란 다른 사람들에게 보이는 자신의 모습을 사랑하게 되는 것이다. 사이버 공간에서 표현된 자신의 역할과 성격에 대한 매료는 바로 연못에 비친 자신의 모습에 대한 사랑과 같은 것이다. 우리는 상징적인 측면에서 문학이나 시, 그림을 통해 자신을 은유적으로 표현하기도 한다. 그러나 이제 컴퓨터를 사용하여 무엇을 지시할 수 있고, 이것은 '가상적 세계에서 자신이 얼마나 멍청한지 또는 얼마나 강력한 존재인지와 같은, 인정할 수 없는 자신의 모습도 알 수 있게 되었다.'라고 표현할 수 있는 상황을 만든다. 이것이 바로 사이버 공간에서의 자신의 정체성 발견과정이며 복합 정체성의 창조과정이다.

3) 복합적 자기표현

사이버 공간에서 일어나는 인간관계의 경험을 통해 청소년들은 이제 단일적이고 고정된 자신이 아니라, 관계와 역할에 따라 다양한 모습으로 자신을 표현한다. 가상적 공동체 속에서 나타나는 정체성의 모습은 지속적이고 일관적인 것이 아니라 복합적이며 다차원적인 모습으로 나타난다. 개인의 정체성은 급격한 외부 환경의 변화 속에서 자신과 세상을 비교적 지속적이고 안정적으로 경험할 수 있게 하는 것이다. 이것은 독립적인 존재로서 자신을 나타내고자 하였던 인간이 변화하는 세상 속에서 안정적인 심리 상태를 유지할 수 있게 만든 적응 기제이기도 하다. 그러나 이런 자기적응 방식은 사이버 공간에서는 더 이상 적응적이지 않다. 개인을 특징짓는 자아의 단일적인 정체성이 해체된다는 것은 개인의 존재나 의식을 부정하거나 무시하는 것이 아니다. 단지 개인의 자기정체성 개념이 사이버 공간에서 이루어지는 인간관계에 기초한 공동체를 특징짓는 집단의식 또는 가상 공동체 의식이라는 개념으로 지칭되는 것이다. 개인의 정체성은 일종의 가상 공동체 의식으로 변형되어 유지된다. 이것은 바로 사이버 공간이라는 새로운 사회문화적 환경 속에서 현실세계와 사이버 공간의 연결고리를 갖추면서 일종의 통합적인 자기개념을 유지하려는 적응 기제를 보여 준다. 이는 결국 사이버 공간이 관심에 따라 다양하게 표현되는 개별적 정체성을 통합해 주는 가상 공동체가 출현하는 환경을 제공해 줄 수 있기 때문에 가능한 것이다.

청소년 시기에 개인적·사회적 정체성을 형성함으로써 일관된 심리 세계와 자아의 모습을 가지는 것은 무엇보다도 중요한 발달 과업으로 받아들여졌다. 이런 주장은 근대 이후 '특정 개인은 비교적 고정된 정체성 개념이나 역할로 표현되어야 할 뿐 아니라, 그럼으로써 안정적인 심리세계를 유지할 수 있다.'는 기본적인 가정과 부합하였다. 이런 이유로 우리는 개인 존재의 다양성을 필연적으로 개인의 정체성 혼란으로 해석하였다. 가상공간에서 경험하는 한 개인의 존재는 다양한 모습으로 서로에게 다가간다. 그 속에서 사람들은 자신의 본질적인 모습을 찾음으로써 타인관계를 만들고 유지하는 것이 아니라, 공간 속에서 주어진 공통적인 역할과 관심사를 통해 새로운 동질성을 발견한다. 가상공간에서의 공동체 의식의 출현은 결국 다양성 속에서 자신의 정체성을 찾고자 하는 현실세계의 우리의 모습이다.

사이버 공간에서의 복합 정체성의 형성이란 자유롭게 자신의 정체성을 표현할 수 있는 상황을 의미한다. 이것은 인간의 사고 능력의 확장을 의미할 뿐 아니라 사고 수단의 확장을 의미한다. 사이버 공간에서 자신이 상상하는 어떤 존재나 특성으로 또는 어떤 사회적 관계를 만들고 경험함으로써, 현실세계의 경험이나 학습 정도에 의해 우리가 땜질하듯이 만들어 내는 사고나 개념의 제한으로부터는 벗어날 수 있을 것이다. 그럼에도 불구하고 이런 복합 정체성의 경험이 아무런 대가 없이 우리에게 자유를 제공하는 것은 아니다.

복합 정체성을 경험함으로써 현실세계에서의 정체성의 혼미와 유사한 적응상의 문제가 생길 가능성이 있다. 머드 게임에 빠진 사람이 느낄 수 있는 중독증이나 지나친 자기 통제 의식은 사이버 공간에서 경험할 수 있는 정체감 혼미의 한 예가 될 것이다. 이런 현상은 물론 현실적인 인간관계보다는 사이버 공간에서 경험하게 되는 인간관계가 더 직접적이고 진지하게 다가온다는 새로운 역설을 경험하는 과정에서도 예견된다. 가상 공동체 의식은 표면적인 실체를 있는 그대로 받아들일 때 청소년들이 경험할 혼란과 상실의 경험을 상쇄하는 역할을 한다. 이런 기능을 하는 가상 공동체 의식이 구체적으로 표현되는 예는 아마도 네티즌이라는 개념일 것이다.

4) 가상 공동체의 경험

(1) 개인적 정체성의 표현과 가상 공동체

사이버 공간에서 청소년들은 자신을 다양한 정체성으로 표현하고 자신의 모습이 각기 독립적으로 다른 개체와 만나는 현상을 경험한다. 이런 경험을 통해 개인은 자신의 정체성이 사이버 공간에서 만남이 이루어지는 상황에서의 역할이나 성격 특성으로 달라지는 것을 알게 된다. 구체적인 역할과 맥락 속에서 나타나는 자신의 다양한 모습을 주워 모으는 과정에서 청소년들은 추상적인 새로운 자신의 모습을 경험한다. 이것은 자기가 신이 되어 스스로 창조한 생명체의 운명이나 행동을 조절하는 느낌을 통해 초자연적인 힘이 자기에게 생긴다고 믿는 것과 같다. 그러면서 구체적인 현실 속에서 그 모습의 특성을 그려 나가는 것이다. 이런 측면에서 가상공간에서의 개인의 정체성 개념은 고정적이라기보다는 끊임없이 확장되고 변화하며, 또 새롭게 창조되는 정체성이다.

가상 공동체에서 출현하는 새로운 정체성은 현실에서처럼 제한되고 결정적인 속성을 띠는 것이 아니라 가변적이면서 실재하는 모습이다. 특히 변화의 양상이나 속도가 현실과는 비교할 수 없는 정도로 진전된다. 그뿐 아니라 이 변화의 경로를 규정하거나 인도하는 특정 기준이나 내용이 존재하지 않는다. 이런 특성은 특정 개인이 자신의 모습을 규정하게 되는 사회적 정체성 이동에 따라, 그리고 서로서로 어떤 공통점을 찾느냐에 따라 달라진다. 인터넷상에 있는 수없이 많은 뉴스 그룹이나 관심 집단 또는 동호회의 형성, 자신의 정체성을 나타내는 홈페이지, 채팅은 가상공간에서 각 개인이 자신의 모습을 새롭게 정의하고, 타인과의 관계 속에서 새로운 정체성을 형성하는 가상 공동체의 표현이다.

사이버 공간을 새로운 사회 환경이라고 할 때, 이 환경 속에서 개인의 정체성이 구체적으로 표현되는 방식은 동아리, 즉 모임이다. 모임이 개인의 정체성을 나타낸다는 의미는 그 모임 자체가 참가하는 사람들의 특정 성격이나 역할을 대표하기 때문이다. 이 모임은 한 참가자의 입장에서 자신을 새롭게 표현할 수 있는 정체성을 제공한다. 그뿐 이니라 참가자들 모두에게는 이 모임이 하나의 공동체로 작용하기도 한다. 개인의 정체성이 사이버 공간에서는 '모임'이라는 가상으로 나타나는 것이다. 모임이라는 사이버 공간 속의 동아리는 심지어 지역 특성을 가진 학교 동문회, 특정 연예인 팬클럽 등 다양한 주제와 참여자로 이루어져 있다. 그리고 이런 모임들은 관심 분야가 상당히 세분화되어 있기도 하다.

(2) 가상 공동체의 형성과 특성

사이버 공간에서의 공동체 발달은 참가자 모두를 포용하는 공동체를 만든다는 생각보다 개인적 정체성의 표현에 기초한 공동체를 말한다. 그럼에도 사이버 공간의 공동체는 현실세계의 공동체의 속성을 너무도 많이 내포하고 있다. 따라서 사이버 공간의 공동체에도 일반 사회 속의 질투와 싸움, 배타적 관계가 항상 존재한다. 특히 현실세계의 윤리 의식이나 사회규범 또는 사회적 질서에 부합하는 행위가 동일하게 존재한다. 그리고 현실세계의 타인에 대한 차별이나 배타성, 심지어 폭력적인 행위가 사이버 공간에도 엄연히 존재한다.

현실과 달리 사이버 공간에서는 자신의 정체성에 대한 변신과 파괴, 그리고 새로운 정체성의 창조가 가능하다. 이것은 개인이 자신의 모습에 대해 지속적인 특성을 유지하지 않고 변화시키려는 속성을 더욱 부각시킨다. 사이버 공간에서는 개인적 정체성의 유지라는 개념도 상실되어 개인의 정체성의 개념으로 폐쇄되고 제한되었던 인간 자아의 모습이 다양한 정체성으로 구체화된다. 이런 경우, 경험을 통해 형성되는 심리적 결과는 결국 새로운 사회적 관계나 표현양식, 그리고 새로운 가상 공동체 의식을 학습하는 것이다.

2. 사이버 공간의 현상

사이버 공간에서의 억제 해제 효과로 인간관계의 실제 상황에서는 상상할 수 없는 일들이 발생한다.

첫째, 생활에서의 상호 간의 상호작용이 감소되는 현상이 일어난다. 인터넷에서 시간을 보내는 만큼 실제 생활에서 사람들과 보내는 시간이 감소하는 것은 자명하다. 또한 인터넷 중독자들은 컴퓨터 앞에서 보내는 시간 때문에 인간관계와 사생활에 많은 어려움을 겪고 있다.

둘째, 인간관계가 쉽게 발전하고 소멸되는 현상이 생긴다. 억제 해제 효과로 인터넷에서 자신의 욕구를 좀 더 분명히 할 수 있다 보니 관계가 쉽게 가까워질 수 있지만, 자신을 노출할 만큼의 정서적인 인간관계 기술이 현실에서는 부족하기에 쉽게 뜨거워진 인간관계는 쉽게 식고 만다.

셋째, 인터넷은 새로운 계층을 만들어 내고 또한 새로운 형태의 차별을 가능하게 했다. 전통적으로는 인종, 학벌, 사회적인 지위를 가지고 타인을 평가하면서 차별적인 행동이 있었지만, 이제 인터넷에서는 자신의 정체성이 쉽게 사라지고 새로운 형태의 정체성을 형성하면서 자신들만의 특별한 집단을 형성하여 다른 집단에 대해서 우월감을 느끼고 차별적인 행동을 하는 것이 가능해졌다.

넷째, 자신의 비현실적이거나 비정상적인 욕구를 실현할 가능성이 높아지고 있다. 인터넷을 통해서 청소년 성매매의 대상을 구한다든가, 사제폭탄 제작에 대한 정보를 얻어서 사제폭탄에 대한 호기심을 해소한다든가 하는 것과 인터넷 성폭력, 자살 사이트 등의 설치 및 운영 등을 들 수 있다.

3. 사이버상의 대인관계

일반적인 생활에서 나타나는 적극적인 대인관계에서는 자기개방이 우선된다. 그런데 자기개방이라고 하면 실제 상황에서 경험함으로써 갖게 되는 감정, 생각, 원하는 바 등을 자연스럽게 노출하고 자신의 의견을 반영하거나 타인의 의사를 존중하는 것이다. 타인의 의사 존중은 나는 틀리고 너는 옳다는 관점이 아니라 '나도 옳고 너도 옳다.'라는 입장의 차이에 근거하는 것이 바람직하다. 그러나 사이버상에서는 자신에게 솔직하고 적극적인 자기개방과 자기수용 및 타인의 수용이 이루어진다고 보기가 매우 어려운 것이 현실이다. 그리고 대인관계의 태도와 함께 의사소통의 유형에 따라서도 다양한 경험을 하게 된다. 그렇다면 사이버상에서의 인간관계는 적극적이라기보다는 매우 수동적이라고 볼 수 있다.

또한 현실 공간에는 사람들의 의견이나 감정의 표현을 조절하고 억제하게 만드는 다양한 장치가 발달되어 있다. 법률, 규범, 관행, 보복 등과 같은 외부적 장치는 물론이고 책임의식, 체면 혹은 무의식적인 자기규제와 같은 내부적 장치도 있다. 그러나 사이버 공간에서는 그러한 억제 장치들이 힘을 잃는다. 따라서 사이버 공간에서는 네티즌들이 자기감정과 욕구에 충실하다. 즉, 다른 사람의 눈치를 보지 않으면서 자기감정에 따라서 움직여 과장된 행동이나 표현이 많이 나타난다. 이를 뒷받침할 수 있는 다양한 연구 결과들을 통해서 알아보면 다음과 같다.

일반적으로 인터넷 중독의 위험군에 있는 대상들은 비위험군에 있는 대상들보다 사이버상에서 대인관계가 활발하게 이루어지고 있다. 그리고 사이버상에서의 의사소통은 다양한 유형으로 이루어지고 있었는데 회유형이 가장 많았다. 회유형 의사소통의 특징은 자신의 감정이나 사고를 주장하기보다는 타인의 감정이나 사고가 중요하다고 여기고 긍정적인 반응을 보이는 것이다. 그리고 비난형 의사소통을 사용하는 사람들은 산만형 의사소통을 사용할 가능성이 컸다. 비난형, 산만형 의사소통을 사용하는 사람들의 경우에는 충동성이 높은 것으로 나타났다. 요약하면, 인터넷을 중독적으로 사용하는 위험군이 대인관계는 원만하나 더 충동적이며 의사소통도 산만하여 지나치게 합리적으로 상황만을 중요시하거나 지시적이고 명령적일 수 있다는 것이다.

사이버 공간을 사용하는 두 집단, 즉 병리적 사용 집단과 정상적 사용 집단으로 분류된 집단을 대상으로 한 연구 결과에 따르면 병리적 사용 집단은 남성이, 정상적인 사용 집단은 여성이 더 많은 것으로 나타났다.

그리고 대인관계적인 서비스를 주로 이용하는 사람들이 병리적인 경향을 더 많이 보일 것이다. 대인관계적인 서비스는 채팅, 온라인 게임, 동호회 등과 이메일, 정보검색 서비스였다. 대인관계적이라는 의미는 사이버 공간에서의 대인적인 교류를 의미한다. 채팅을 통해서 대화를 나누고, 온라인 게임을 통해서 타인과 경쟁을 하며, 동호회에서 같은 취미를 공유하는 것을 말하며, 이메일의 경우에는 대부분이 현실에서 아는 사람들과 의사소통을 하기 위해 사용되기 때문에 그 자체가 사이버 공간에서 대인 교류적 기능을 한다고 볼 수는 없다.

따라서 사이버 공간에 빠져드는 경향이 있는 사람들은 그 안에서는 사회적 지지를 충분히 지각하고 있지만 현실 생활에서는 낮은 수준으로 지각하고 있으며, 이로 인해 한 개인의 입장에서 지각하는 대인관계 지지의 수준이 건강한 사용자들에 비해서 낮다는 결론을 내릴 수 있다. 이 결과에 대해서는 두 가지 해석을 내릴 수 있는데, 하나는 사이버 공간에서 보내는 시간이 너무 많아 현실 생활에서 충분한 양의 대인관계를 유지하지 못하므로 대면적 상황에서만 얻을 수 있는 지지를 지각할 수 없기 때문이다. 그러나 이 경우는 반드시 그 원인이 사이버 공간이 아니더라도 생길 수 있는 결과일 것이다. 사이버 공간이 아닌 어떤 다른 대상과 특별히 오랜 시간을 보낸다면 타인과 상호작용할 시간적 여유가 없을 것이다. 따라서 대인관계 지지를 지각하는 수준이 낮아질 수 있다. 다른 하나는 특별히 사이버 공간의 사용에 의한 것으로, 사이버 공간에서 제공하는 대인관계의 매력이 만족을 주어 그 안에서의 관계만으로 개인의 대인관계를 모두를 채워 버리기 때문이다.

가정과 학교 등 현실의 사회 구조와 인간관계에서 소외되어 무기력해진 청소년들은 기존 체제와 현실세계에 회의를 느끼기 쉬우며, 미래에 대한 기대수준과는 달리 사실상 미래가 비관적이라고 판단하거나 현실세계에서 미래 지위에 대한 자아상이 불투명해지는 무의미감(sense of meaninglessness)을 느낄 때 정상적인 현실 생활과 인간관계에서 이탈되는 행동을 하기 쉽다. 특히 대면적인 접촉이 줄어들고 개별적인 성향이 더욱 확대되며 컴퓨터 등 대상물을 통한 가상세계 접촉이 늘어나는 인터넷 정보화 사회에서 현실의 인간 소외 현상은 더욱 심각해질 가능성이 높다.

오늘날 컴퓨터와 초고속 인터넷의 보급, PC방의 번창은 청소년들이 인터넷 가상세계를 접하고 이에 몰입하기에 매우 용이한 상황과 환경으로 작용하고 있다. 또한 익명성이 보장되고 현실에서의 자기와는 다른 모습으로 자신을 드러내며, 인간관계에서 억제해 왔던 욕구나 갈등을 마음대로 드러낼 수 있는 인터넷 사이버 세계만의 독특한 특성은 관계에 따른 사랑, 소속, 인정 등의 기본 욕구를 충족시키지 못하고 무력감, 무의미, 규범 상실, 사회적 고립 등의 소외를 경험하고 있는 현실에서 가상의 세계를 향한 도피와 인터넷 중독 등의 부적응적인 행동양식을 학습하게 하였다.

사실 인터넷 중독 경향이 클수록 현실에 대한 통제력이 떨어지고, 현실 사회의 여러 가지 사건이나 일들이 지니는 목적과 의미 파악 및 결과에 대한 예측 능력이 떨어지며, 주어진 목적 달성을 위해서 사회적으로 용인되지 않는 수단의 필요성을 더 많이 느끼고, 실제 사회적 관계에서 거리감을 더 많이 갖게 된다. 그리고, 사회에서 높이 평가하는 문화적 가치나 이상을 거부하거나 평가절하 하는 성향이 높고, 무엇보다도 현실에서 자신이 하고 있는 일에서 만족이나 보상을 얻지 못하는 정도가 크다는 것을 시사(示唆)한다고 보인다.

4. 사이버 시대의 규범

사이버라는 문명의 이기의 주인은 인간이다. 이러한 문명의 이기는 인간의 부정적인 욕망이나 욕구를 충족하기 위한 수단으로 사용될 수도 있고, 인간 간의 상호작용을 증가시키는 긍정적인 수단이 될 수도 있다. 긍정적인 수단으로 사용하기 위해서는 인간의 바람직한 자세가 요구된다.

첫째, 사이버 공간은 인간의 만남을 위한 수단이 되어야지 목적이 되어서는 안 된다. 인간의 만남을 사이버 공간으로 대치할 수는 없다. 아무리 사이버 공간이나 수단이 발달해도 인간이 만나서 즐기는 스킨십과 만남에서 얻는 정서적인 교감을 대치할 수는 없다. 사이버 공간으로의 도피나 중독은 인간은 사회적인 동물이라는 것에 대한 도전이 될 수 있다. 사이버 공간으로 빠져서 심한 경우에는 정신과적인 치료 문제가 발생하게 된다.

둘째, 문자적인 정보의 교환이 주는 제한점을 이해해야 한다. 현재의 수준에서 인터넷의 정보는 주로 문자의 교환이다. 문자로 서로의 감정을 주고받을 때는 비언어적인 정보, 즉 얼굴 표정, 억양, 신체적인 반응 등이 생략되어 있어서 서로 간에 오해가 생길 여지가 많다. 그러나 우리가 정보를 교활할 때 비언어적인 정보가 차지하는 중요성은 70%, 언어적인 정보의 중요성은 20%로 보고 있는데, 문자적인 정보에 의지해서 상호작용을 하고 결정을 내리는 것은 의사소통의 정확성에서 문제가 된다고 볼 수 있다. 어떤 특정한 언어의 해석도 여러 가지 의미가 있기에 서로 시간을 가지고 자세히 정보 교환을 하는 것이 중요하며, 사이버상의 문자적인 정보 교환의 제한점을 이해하고, 의미 있는 관계를 원한다면 상대방을 이해하려는 더 많은 노력이 필요하다.

셋째, 수직적인 관계보다는 수평적인 관계에 더 관심을 두어야 한다. TV가 우리의 안방에서 주인공 역할을 하면서 가족 간의 수평적인 교류보다는 TV화면을 보는 수직적인 관계로 전락하고 말았다. 더욱이 컴퓨터의 화면에 몰두하면서 인간의 교류가 단절되고 있다. 한쪽으로 치우치면 중용을 잃게 마련이다. 디지털의 수직적인 공간과 인간 간의 수평적인 관계를 활성화하는 작업이 많이 이루어져야 한다. 만남에 의한 스킨십, 자연과의 만남에 의한 삶의 여유 등 인간 교류에 상대적으로 더 많은 시간을 보내야 한다.

넷째, 사이버를 통한 저질 정보를 통제해야 한다. 악화가 양화를 구축한다는 말이 있듯이 디지털 시대에 정보의 홍수 속에서 저질 정보가 유통되어 소비자들에게 피해를 주고 양질의 정보를 몰아내는 경우도 있다. 예를 들어, 인간의 원초적인 감각을 자극하는 정보를 담은 문학작품들은 대중성은 있지만 양질의 정보는 아니고 오히려 이러한 문학작품이나 정보는 우리의 영혼을 오염시키게 된다. 말초적인 자극과 쾌락을 추구하게 하는 사이버 정보의 범람은 원초적인 통제되지 않은 인간의 충동을 더 자극해서 인간의 저질화를 부채질할 가능성이 있다. 또한 이성적인 결정을 마비시키고 감정적인 쾌락적 결정을 하도록 이끄는 경향이 있다. 따라서 사이버상의 저질 정보의 제한과 추방 운동도 벌여 나가야 한다.

다섯째, 사이버의 정보 교환의 윤리 제정과 그에 대한 처벌 등이 갖추어져야 한다. 검증되지 않은 정보에 의한 선의의 피해자가 속출하는 것이 사이버 시대의 특징이다. 정보의 전파력을 감안한다면 누군가를 중상 비방하는 정보가 얼마든지 난무할 수 있다. 그리고 그 정보가 사실이 아닐 경우에 피해자는 엄청난 손실을 입는다. 사이버 공간이 인간에게 도움이 되도록 하기 위해서는 사이버 공간을 책임 있게 이용할 수 있는 윤리강령을 제정하여 이를 교육하고 실행에 옮겨야 할 것이다.

여섯째, 사이버 공간의 이용에 적극적인 예방책이 필요하다. 사이버 공간은 어떤 의미로는 중립적인 공간이다. 사이버 공간 자체가 악이거나 선은 아니다. 이를 악용하는 사람에게 일방적으로 당할 것이 아니라 예방적이고 더 적극적인 활용이 필요하다. 예를 들어, 자살 사이트가 문제를 일으킨다면 자살 사이트를 폐쇄하는 데만 신경을 쓰지 말고, 자살 예방 사이트와 우울 환자들의 관심을 끌 수 있는 사이트를 개설해서 그들에게 다가가는 전략을 사용해야 한다.

일곱째, 개인의 프라이버시 침해에 대비해야 한다. 컴퓨터 해커들에 대한 컴퓨터 내 개인 비밀 정보의 무방비는 어느 시대보다도 개이의 프라이버시를 위협하고 있다. 옛날에는 연애편지를 비밀리에 보관만 잘하면 자신의 프라이버시 공간에 간직할 수 있었지만, 이제 자신의 컴퓨터에 저장된 정보는 해커들에 의해 유출되고 악용될 소지가 많아지게 되었다. 이에 대한 대책, 법 제정, 기본적인 윤리 실천이 중요하다.

여덟째, 사이버 공간이 인간의 주인이 아니라, 인간이 사이버 공간의 주인이라는 의식 확립이 필요하다. 사이버의 가상현실에서는 자신을 더 잘 드러낼 수 있을 뿐만 아니라 자신의 감정을 통제하기 어려운 측면도 있다. 인간의 기본적인 사회적 욕구, 친밀감, 스킨십, 상호작용은 변함이 없기에 이러한 것을 더욱 늘여 가고, 다른 사람들의 사이버 공간을 존중해 주는 배려가 필요하다. 또한 사이버 공간에서보다는 인격적인 만남을 증가시켜야 한다.

1. 현대의 교육 패러다임(paradigm)과 미래 교육의 패러다임(paradigm)을 상호 비교하여 설명하시오.

2. 교육정보화의 개념과 특징에 대해서 구체적으로 논(論)해 보시오.

3. 한국의 컴퓨터 보급률, 인터넷 활용률 등이 세계적으로 높은데도 불구하고 그 역기능 또한 매우 높은 점을 전제하고, 역기능 개선 방안에 대해서 논(論)하시오.

4. 현대 인터넷 사회의 특징에 대해서 한국 사회를 바탕으로 하여 논(論)하시오.

5. 인터넷 교육의 교육적 가치에 대해서 설명해 보시오.

6. 교육정보화 사회에서의 교육적 과제에 대해서 논(論)하시오.

7. 지식정보화 사회에 갖추어야 할 신지식인의 덕목에 대해서 설명해 보시오.

8. 교육정보화 사회에서 디지털 맨, 우뇌형 인간 등이 필요한 이유에 대해서 설명해 보
   시오.

9. 미래 사회의 교육에서는 비면대면 교육(非面對面 敎育), 전자책(e-book) 등이 크게 확대
   될 것이다. 이러한 점을 전제하고 미래 학교교육이 나아갈 방향에 대해서 논(論)하시오.

10. 학교 교수·학습에서 신문활용교육(NIE), 인터넷활용교육(IIE) 등이 활성화되어야
    하는 이유에 대해서 논(論)해 보시오.

교직사회의 이해: 교사론

학습목표

- 교직의 특성과 교육 전문성에 대해서 이해한다.
- 교직관을 성직관(聖職觀), 노동직관(勞動職觀), 전문직관(專門職觀) 등으로 구분하고 이해한다.
- 교원의 역할과 윤리, 자질, 임무 등에 대해서 탐구하고 이해한다.
- 바람직한 교직윤리와 교직윤리헌장에 대해서 이해한다.
- 현대사회의 새로운 교원상(교사상)에 대해서 이해한다.

주요개념

- 교직의 특성, 교육 전문성, 직무의 자율성, 교직단체 조직, 직업윤리
- 교직관(敎職觀), 성직관(聖職觀), 노동직관(勞動職觀), 전문직관(專門職觀)
- 교원의 역할, 교원의 윤리, 교원의 자질, 교원의 임무, 교원의 직무
- 교육공무원과 교원, 동일시, 교육애(敎育愛), 교직윤리, 사도헌장, 사도강령, 교직윤리헌장
- 현대사회의 교원상(교사상), 솔선수범, 학행일치(學行一致), 봉사와 희생, 자기 연찬

제1절 교직과 교육전문성

1. 교직의 특성

일반적으로 사회(社會)는 사람들의 상호작용으로 형성되는 생활공간이다. 사람은 누구나 사람들과 어울려서 일을 하면서 살아왔고, 앞으로도 일하면서 살아갈 것이다. 직업은 성인들의 일상적인 활동으로써 경제적으로 보상되는 활동이며 자아실현의 한 과정이기도 하다. 인간은 직업을 통해 자신의 능력을 발휘하고 자아실현을 한다. 따라서 직업은 개인적으로는 생계수단인 동시에 자아실현의 과정이며, 사회적으로는 사회 구성원의 책무로 사회적 역할 수행이라고 할 수 있다. 직업관은 직업 생활에 대한 일정한 견해나 마음가짐으로 이는 직업에 대한 이해나 해석의 정도에 따라 달라질 수 있다.

인간의 직업에 대한 보다 구체적인 이해를 위해 개인적 측면과 사회적인 측면에서 살펴보면, 개인적 측면에서 직업은 대체로 성인들이 생계유지를 목적으로 수행하고 있는 일상의 생산적 활동인 동시에 자신의 능력을 실현하는 자아실현의 과정이다. 인간은 자신과 가족의 생계를 유지하기 위해 경제적 소득을 목적으로 일을 한다. 이러한 생계 유지수단으로 직업은 생존을 위해 어쩔 수 없이 해야 하는 강제된 의무이므로 노동의 개념이 강하다. 그러나 인간은 단지 먹고살기 위해서만 일하는 것은 아니다. 일하는 과정을 통해서 인간은 자신의 능력과 개성을 발휘하며, 그러한 과정 속에서 삶의 기쁨과 보람을 느끼게 된다. 이러한 과정이 바로 자기실현의 과정인 것이다. 자신이 하는 일이 강제적 의무가 아니라 내적인 필요에 의해서 자주적이고 자유스러운 동기에서 행해질 때 직업은 고통스런 것이 아니라 개인의 재능, 능력, 개성을 발휘하는 과정이 되며, 삶의 희열을 느끼는 것이 된다. 그러므로 직업은 생계유지의 수단뿐만 아니라, 자기의 능력과 개성을 실현함으로써 기쁨과 보람을 느낄 수 있는 삶의 활력소가 되어야 한다.

사회적 측면에서 직업은 사회 구성원의 책무로서 사회적 역할 수행이라고 할 수 있다.

직업은 단지 개인적 차원에서의 생계유지나 자아실현에 그치지 않고 개인이 자신의 역할을 수행함으로써 사회가 유지되고 발전되는 역할을 수행한다. 사회적 측면에서 직업이란 사람들이 분화된 사회기능 속에서 개인이 특수적·전문적 분야를 분담함으로써 사회가 유지되고 발전되는 것이다. 인간은 직업을 통하여 사회조직 속에 들어가며 사회적 연대를 형성하여 그 사회의 구성원이 된다. 따라서 직업은 독립적이고 개별적인 것이 아니라 상보적인 관계를 지니며 직업 속에서의 역할수행을 통하여 한 사회가 성립할 수 있는 것이다. 그러므로 직업은 단순한 생계유지나 자기실현을 넘어서는 사회적인 역할을 수행하게 되는 것이다.

직업에 따라 다양한 특성이 있지만, 그중에서도 교직(敎職)은 특별한 의미를 지니고 있다. 왜냐하면 교직은 2세들의 교육을 담당하는 교사들의 직업으로서 다양한 인간성을 지닌 아동들을 대상으로 하기 때문이다. 교육은 인간세계의 가장 근원적이고 밀착된 현상으로 인류의 역사와 더불어 시작되었다. 교육이란 현상 및 작용이 우리 인간의 존재와 생활에 지극히 근원적인 것으로 좀 더 나은 인간생활을 하기 위해 인류에게 반드시 필요하기 때문이다. 나약한 인간이 만물의 영장으로 우수성을 지닐 수 있었던 것은 부모가 자녀에게 이 우수성을 전수하고 자녀는 이것을 교육활동을 통하여 한층 더 발전시켜 왔기 때문이다.

이처럼 교육이 지극히 오래되며, 근원적인 것이라는 것은 인간은 교육에 의해서 인간이 된다는 것, 교육이 없으면 참다운 인간이 될 수 없기 때문이다. 이렇게 인간의 생육에 많은 시간을 필요로 하는 것은 인간에게 얼마나 교육이 필요하며 얼마나 중요한가를 말해 준다. 즉 인간은 교육적 배려 없이는 생물로서 생육과 성장도 어려우며, 만물의 영장으로서 지능과 덕성에서 뛰어나는 일도 불가능하다. 이렇게 중요한 교육은 기본적으로 인간을 보다 바람직한 인간으로 형성시키는 작용이므로 인간에게 그것보다 더 중요한 일이 따로 있을 수 없기 때문에 인간 생활에서 가장 근원적이며 중요한 위치를 차지하고 있다.

이렇게 볼 때 인간은 교육을 통해서만이 인간다워질 수 있다. 이러한 교육은 과거, 현재, 미래에 걸쳐 중요한 기능을 발휘한다. 교육의 기능을 변천하는 사회의 차원에서 볼 때는 과거를 중시하는 사회개조 기능이 있다. 교육에서 유형유지 기능이란 제도화된 문화유형의 계속적인 안전을 유지하기 위한 기능, 즉 사회의 유지·존속을 위한 문화유산의 전달 기능을 말한다.

교육은 사회생활의 필요에 의하여 사회존속의 수단으로 시작되었다. 사회의 존속이란 성인시대가 생물학적으로 사멸하면 다음 세대가 그 사회의 성원이 되어 생명을 이어 간다는 의미뿐만 아니라 그 사회의 문화유산을 다음 세대에 전달하고 또 그다음 세대는 그것을 계승함으로써 사회는 정신적으로 존속하여 간다는 것이다. 따라서 교육은 인류가 수천 년의 역사를 통해서 축적해 온 여러 영역에 걸친 문화유산을 다음 세대에 계승 유지시키고 나아가서 그들의 창의적 활동을 통해서 확장시키는 것을 의미한다.

학교교육에서 문화유산의 전달은 근본적으로 청소년의 사회화에 관계된다. 학교에서 교사는 학생들에게 사회생활과 복지에 필요한 언어와 기술을 훈련시키고, 사회의 규범과 관습에 숙달하게 하며, 문화의 기본적 가치를 익히도록 한다. 또한 교사는 아동에게 문화유산을 전달하되 그들이 비판적으로 학습하도록 지도해야 한다.

교육은 기존 사회의 문화를 계승하고 유지하는 기능뿐만 아니라 사회를 개혁하고 새로운 문화를 창조해야 하는 기능을 가지고 있다. 즉 교육은 그 사회 구성원을 사회함으로써 우선 그 사회에 적응할 수 있는 자질을 갖추게 하고, 이런 성원의 사회 참여를 통해서 새 가치, 새 체제, 새 문화의 창출을 꾀하는 사회개조를 위한 기반 조성이 된다. 따라서 교사는 아동에게 현존하는 사회질서의 비판 및 새로운 가치규범과 가치관을 추구함으로써 사회개혁을 할 수 있는 지식, 기능, 태도, 신념 등을 형성해 주어야 한다. 학교의 사회개혁적인 다른 일면은 학교가 중심이 되어 직접적으로 현 사회를 개혁하는 데 지도적 역할을 담당하는 일이다. 현 사회의 문제점을 발견하고 지역사회 주민과 협력하여서 이를 시정하고 개발하는 일이 또한 학교에 맡겨진 기능의 하나라고 본다.

교원(敎員) 내지 교직(敎職)은 일반 타 직업에 비해 다음과 같은 특성을 지니고 있다.

첫째, 교직은 인간을 대상으로 하는 직업이다. 인간을 대상으로 하는 직업은 다양하지만 그들의 대상은 인간 그 자체를 주 대상으로 하기보다는 신체적인 혹은 정신적인 어떠한 기능의 일부만 대상으로 한다. 이와는 달리 교사가 대상으로 하는 인간은 개체인 인간의 어느 부분적인 기능을 말하는 것이 아니며, 전인으로서의 인간, 즉 지적, 정신적, 신체적, 정서적, 사회적, 문화적, 정치적 특징을 지닌 인간 그 자체를 대상으로 히는 깃이다. 이것이 바로 교직만이 갖고 있는 특징이며, 다른 직업과의 차이점이다. 그러므로 교사는 지식을 가르치는 것도 중요하지만 전인적인 인간, 인간다운 인간을 길러 내는 것이 더 중요하다고 하겠다.

둘째, 교직은 미성숙자를 대상으로 하는 직업이다. 교사는 아직 장성하지 않은 어린이, 아직 성숙하지 않은 사람을 대상으로 다룬다. 아동기는 가소성(plasticity)이 큰 시기로 교육 정도에 따라서 개인의 삶이 얼마든지 바뀔 수 있다. 따라서 교사는 현재의 미성숙한 인격을 가진 학생을 이상적인 인간으로 성장·발달할 수 있도록 도와주어야 한다. 즉 교사는 미성숙한 인간을 성숙한 인간이 되도록 도와주는 직업이다.

셋째, 교직은 사회에 봉사하는 직업이다. 물론 교직도 일반 직업처럼 경제적 보수를 목적으로 하는 것은 분명하지만 여타 직업에 비해 사회봉사가 더욱 요구되는 것은 분명하다. 그러므로 교직은 봉사직으로서의 사명이 더욱 요구되는 전문직이다. 이 점에서 교직을 인류와 사회에 대한 봉사직이며, 희생을 감수해야 할 직업이라 하여 천직(天職) 또는 성직(聖職)이라고도 한다.

넷째, 교직은 국가와 민족에 대하여 지대한 영향을 주는 공공사업이다. 교직은 피교육자인 어린이에게 관심을 가져야 하는 동시에 그들이 구성원이 될 사회를 고려하여야 한다. 교직은 개인적으로는 피교육자인 어린이와 가장 친근한 사적인 관계를 맺는 동시에 사회적으로 국가나 민족의 장래에 대하여 지대한 영향을 미치는 공공사업이다. 물론 다른 직업도 직접·간접으로 국가사회나 민족의 운명과 밀접한 관계를 갖기는 하지만 교직은 이와는 차원을 달리하여 국가나 민족의 정신적 교화의 주역이 되며, 나아가서는 국가나 민족이 당면한 문제를 가장 효과적으로 해결해 나갈 수 있는 원동력을 가지고 있다는 점에서 국가나 민족의 운명과 직결된다. 오늘날 국가마다 교육부분에 막대한 경비를 투자하고 있다. 이것은 교육이 국가와 민족의 흥망성쇠와 직결되는 중대한 문제기 때문이다. 세계 동서고금의 역사를 통틀어 보면 교육은 국가와 사회 발전의 원동력으로서 결정적 역할을 자임해 왔다.

다섯째, 교직은 사회 발전에 중대한 역할을 담당한다. 교육의 중요한 기능은 인류가 쌓아 온 문화유산을 보존하고 계승하여 새로운 문화를 창출하는 것이라고 할 수 있다. 따라서 교육을 담당하는 교사는 인류가 축적해 온 문화유산을 다음 세대에 전달하는 동시에 현재를 출발점으로 하여 보다 나은 미래 문화를 창조하는 일에 주역이 되어야 한다. 그러므로 교사는 현상유지에 급급하고 무사안일하게 행하는 보수적이고 소극적인 자세에서 벗어나 미래를 위해 적극적이고 진취적인 자세로 행동해야 하는 미래지향적으로 대처해야 한다.

이처럼 교직은 미성숙자인 아동을 대상으로 하여 이상적인 전인적 인간으로의 성장·발달을 도모하고, 나아가 아동으로 하여금 훌륭한 사회인이 될 수 있도록 교육함으로써 사회와 국가발전에 기여할 수 있는 전문적이고 봉사하는 직업으로서 막중한 역할을 수행하여야 한다. 특히 미래사회를 나아갈수록 교사의 역할은 더욱 강조될 것이다.

2. 교직의 전문성

1) 장기적 교사교육(교원교육)

전문직은 일반직보다 어렵고 직무가 미치는 영향력이 크기 때문에 이에 상응하는 오랜 기간의 교육과 훈련이 필요하다. 과거에는 전문직 중에서는 아직 분화가 덜 되고 사회적 인식이 널리 보급되지 않은 직업은 준비에 있어서 개인교습이나 도제방식(apprentice) 등 특별한 방법을 실시하였다. 그러나 현대에 들어와서 사회적 인식이 넓고 직업이 요구하는 기능이 고도로 발달된 전문직에서는 직업에 필요한 자질을 장기간의 교육과 훈련과정을 통해 습득하게 된다. 교직에 있어서도 직무의 원활한 수행을 위해서는 일정기간 교육을 받아야 한다. 이러한 취지에 따라 한국에서는 교사가 되기 위해 최소한 16년 이상의 정규 교육을 이수해야 한다. 오늘날에는 대학교육 후에도 대학원 이상의 교육을 이수하는 교원들이 크게 증가하였다. 과거에는 교사교육을 위한 특별한 교육과정이 없었다. 교사교육이 국가적 과제가 된 것은 근대국가가 성립된 이후의 일이다. 여기서 말하는 교사교육은 교직 이전(pre-service)의 '양성교육'과 현직에 근무하면서 받는 '현직교육(in-service)'을 전부 포함한다. 전문직으로서의 교직을 수행하기 위해서는 투철한 교육관과 고도의 지식 및 기술을 중심으로 한 교육과 훈련을 교사가 되기 이전(以前)이나 이후를 막론하고 계속적으로 해야 하기 때문이다. 더욱이 오늘날과 같이 신속히 변화하는 사회에 적응하기 위해서는 교사 자신이 여러 가지 노력을 통하여 계속적인 변화를 모색해야 한다.

한국에서는 교직의 전문직 자질 향상을 위해 교사양성제도를 오래전부터 확립하여 현재에 이르고 있다. 그러나 이러한 교사양성과정이 교육 전문직을 원활히 수행할 수 있도록 편성되었는지에 대해서는 여러 가지 이론(異論)이 제기되고 잇다.

일반적으로 한국 교사양성기관인 교육대학교와 사범대학의 문제점을 열거하면 다음과 같다.

첫째, 현행 교사양성기관은 사명감이 투철한 교사를 양성해 내지 못하고 있다. 교직은 분명히 일반적인 직업과는 여러 가지 면에서 다름에도 불구하고, 현행 한국의 교사양성제도는 교직의 사명감을 불러일으킬 수 있는 내용이 부족하다.

둘째, 교사양성기관으로서 사범대학이나 교육대학교의 교육내용이 일반대학과의 비교에 있어서 많은 차이를 보이지 않는다. 사범대학이나 교육대학교의 학생들은 장차 교직수행을 위해서 좀 더 심화된 교육과정을 실시하여야 함에도 불구하고 현행제도는 일반대학의 교직과정 운영과 크게 차별화된 과정을 설치하지 못하고 있다. 이와 같은 교원양성기관의 문제점들은 전문성 있는 교원을 양성하는 데 있어서 많은 한계를 보이고 있으며 결국 교직의 전문성을 위협하는 요인으로 작용하고 있다. 현행 교사양성제도에 있어서 이러한 문제점을 극복하고 합리적인 교원양성체제를 유지·운영할 수 있도록 하는 것이 시급한 과제로 지적되고 있다.

2) 직무의 자율성

일반적으로 대부분의 직장에서는 직무에 대한 의사결정이 계층적으로 이루어져 있는 경우가 많다. 그러나 전문직의 경우는 대부분의 직무가 자율성에 바탕을 두고 민주적인 과정을 통해 이루어지도록 되어 있다. 그것은 전문직이 고도의 지식과 기능을 필요로 하고 여러 가지 문제들을 다양한 입장에서 해석해야 하기 때문이다. 만일 전문직에 종사하는 사람들에게 자율성이 제한된다면 그러한 직업은 전문직으로서의 성격을 갖추지 못했다고 볼 수밖에 없다. 어떤 직업이든지 전문성을 띤 직업일수록 자율성이 보장되고 장려된다. 교사는 자신의 철학에 의해 학생들을 가르치며 평가할 수 있는 자율성이 보장되어 있다. 이는 교사가 어떤 교과나 내용을 교육할 때 자신에게 맞는 방법을 자신이 선택하여 교육할 수 있음을 뜻하는 말이다. 그러나 이러한 자율성은 무한정으로 보장되는 것은 아니고 현실적으로 많은 제한을 받게 된다. 왜냐하면 전문직의 자율성은 여러 가지 상황에서 자기가 자유로이 선택한 가치에 대해서 책임을 져야 하기 때문이다. 전문직에 종사하는 사람으로서 명심해야 할 사항은 자신의 직무에 자율을 누릴 수 있는 만큼 거기에 따르는 자격을 갖추어야 하며 거기에 따른 책임을 감수해야만 한다는 것이다. 한국에서는 교직의 자율성 확보를 위해 중앙집권화로 이루어지던 종래의 교육조직운영을 완화하고 지방에 권한을 이양하는 등 많은 노력을 경주하고 있지만, 아직도 개선해야 할 점들이 많다. 이러한 점들을 고찰해 볼 때 교직의 자율성 확보를 위한 교사 자신의 노력이 절실히 요구된다고 볼 수 있다.

3) 책임감

전문직은 그 직무가 미치는 사회적 영향과 효과가 넓게 나타나기 때문에 거기에 따르는 책무성(accountability)을 지니고 있어야 한다. 대부분의 전문직의 경우 직무준비 기간이 길고 직무의 수행이 어렵기 때문에 자신의 직무를 원활히 수행하기 위해서는 직무에 대한 책임감을 가져야 한다. 교사는 성장과정에 있는 학습자에게 가장 많은 영향을 미치는 사람 중의 하나이다. 장차 교직에 종사하기 위해 준비하는 사람들은 평소 이러한 사명감을 가지고 이에 따른 책임을 감수해야 한다. 직업에 대한 사명감은 자신의 직업에 책임감을 가졌을 때 더욱 강화되기 때문이다. 이와 같이 교사는 전문직의 어느 직종보다도 직무에 대한 사명감과 책임이 요구되는 직업이라는 것을 명심해야 한다.

4) 봉사정신(봉사심)

봉사는 자신의 이해를 돌보지 않고 남을 위해 일하는 것을 의미한다. 직업의 역할은 경제적 욕구를 충족시키며 사회적 참여를 통해 자아실현을 이루는 것이다. 사회생활을 하는 대부분의 사람들은 각자의 직업에 종사함으로써 궁극적으로는 사회전체에 봉사를 하면서 살아가고 있다. 오늘날 많은 직업의 종류 중에서 특히 전문직에서 봉사를 강조하는 이유는, 전문직의 경우 봉사활동의 수혜가 여러 사람에게 미치고 또한 많은 사람들이 전문직의 봉사정신을 요구하고 있기 때문이다. 따라서 전문직에 종사하게 되면 보통의 직업보다 봉사활동의 범위가 넓어지고 책임이 커진다. 더구나 교직은 원래 인간 생활에 있어서 가장 중요하다고 볼 수 있는 사람을 가르치는 직업이기 때문에 교사는 항상 봉사정신에 입각하여 자신의 직무를 수행하여야 한다는 점을 잊어서는 안 된다.

5) 교직단체 조직

전문직은 직업의 성격상 직업에 종사하는 사람들의 근무조건 향상이나 권익보호를 위한 단체가 있어야 한다. 전문직의 경우 장기간 준비가 필요하고 직무를 안정적으로 수행할 수 있는 제도가 마련되어야 하기 때문이다. 이러한 취지에서 대부분의 전문직에서는 자신의 직업에 권익을 보호하기 위해서 전문직 단체가 구성되어 있으며 교사들도 이러한 단체가 조직되어 있다. 교원단체에 있어서는 국제적으로 WCOTP(세계교직단체총연합회)와 IFFTU(국제자유교사연맹) 등과 같은 전문단체가 결성되어 있었으나 EI(세계통합교원조직)로 통합되었으며, 미국에서도 AFT(미국교원연맹)와 NEA(전국교원연맹)와 같은 단체가 결성되어 있다. 한국의 교원단체(교직단체)는 1947년 대한교육연합회에서 시작하여 1989년 명칭을 변경한 한국교원단체총연합회(한국교총)와 전국교직원노동조합(전교조), 1999년 한국교원노동조합(한교조), 2010년 자유교원조합(자교조) 등이 결성되어 있다. 이와 같은 교원단체의 역할을 분류하면 다음과 같다.

첫째, 교원단체는 교사의 의견을 대변하는 역할을 한다. 교원들은 저마다 교육과 교직에 관련된 공동의 관심사에 대하여 다양한 견해를 가진다. 그러나 이러한 의견은 수렴되어 단체적으로 제시되어야 실효를 거둘 수 있다. 교원단체는 이와 같은 다양한 견해를 수렴하여 교육정책에 반영시키는 역할을 담당한다. "구슬이 서 말이라도 꿰어야 보배"라는 말이 시사하듯이 교사의 의견은 일정한 조직을 통해서만이 제대로 반영될 수 있다는 뜻에서 교원단체는 교사들의 의견을 대변하는 성격을 띠고 있다고 볼 수 있다.

둘째, 교원단체는 교원들 자신은 물론 교육에 관련된 사람들을 위한 압력단체의 기능을 한다. 대기업이나 중소기업을 위해서는 경제인 단체나 중소기업단체 등이 있으며 산업근로자들을 위해서는 이들을 위한 근로단체가 존립한다. 이 밖에도 수많은 직능단체들이 각기 자신들의 권익보호를 위한 단체를 조직하고 있다. 민주 사회의 기본적인 특징 중의 하나는 다양한 이익단체들이 저마다 압력단체의 기능을 수행하고 있다는 것이다. 교원단체가 교원들의 자치단체이면서 교직자를 위한 압력단체의 역할과 기능을 하는 것은 민주 사회의 기본조건의 하나이며 교육발전을 위한 바람직한 일이다. 이와 같이 교원단체가 전문직의 단체라고 본다면, 교원단체는 안으로는 교원들의 전문적 자질을 향상시키고 밖으로는 교원들의 지위를 향상시키는 동시에, 이의 효과적인 성취를 위하여 교육정책 결정에 능동적으로 참여하여야 한다. 한국의 교원단체는 과거보다 그 조직이 상당히 다양해졌으며 교육정책결정에 있어서도 역할이 높아지는 등 교직의 전문성 신장을 위해 많은 역할을 하고 있다.

6) 직업윤리의 강조

전문직은 그 직무의 성격상 고도의 직업윤리와 책무성이 필요하다. 모든 직업은 직무

수행에 있어서 양심과 책임감이 요구되지만, 특히 전문직에 있어서는 그 직업이 미치는 영향이 크기 때문에 직무에 대한 윤리의식이 절대로 필요하다. 교육은 교사와 학생 사이에 학습내용을 통하여 이루어지는 상호활동이다. 교사가 수행하는 교직이라는 직업이 다른 직업과 다른 것은 교직은 아직 성숙단계에 있는 학생들을 대상으로 하는 직업이라는 것이다. 때문에 직무수행에 있어서 다른 직업과는 달리 일정한 한계를 나타낼 수밖에 없고 이에 따라 많은 어려움이 수반된다. 더구나 현행 제도에서는 교사의 교육활동에 대한 질(質)을 판단할 수 있는 장치가 없다. 따라서 교사 자신의 양심이나 도덕성이 더욱 많이 요구되는 것이다.

과거에는 교사의 수가 적고 직업의 종류가 많지 않아서 교직은 다른 어떤 직업보다도 존경을 받는 직업이었다. 그러나 현재는 직업의 종류가 많아지고 교직에 있어서도 인원이 상당히 팽창되었다. 이로 인해 종전의 교직관과는 좀 더 다른 시각에서 교직을 대하는 모습들을 보이고 있으며 심지어는 교직에 대한 불신을 보이는 경우가 나타나기도 한다. 이와 같은 이유는 여러 가지가 있겠지만 교직에 대한 윤리적인 문제로부터 기인되는 경우가 많다. 한국에서는 전문직으로서의 교사의 도덕성을 강조하여 종전의 '교사윤리 강령(1958)'을 변경하여 '사도헌장(1982)'과 '사도강령(1982)'을 설정하여 교직윤리의 중요성을 강조하고 있다. 또한, 2005년에는 '교원윤리헌장'을 제정하고 이를 공표하였다.

제2절 교직관(敎職觀)

교직의 중요성은 교직관에 관한 기본적인 시각과 관점의 차이에 따라 교사의 교직과 교원 단체에 대한 가치관과 태도에 차이가 생기고 그것은 교육의 수행에 엄청난 결과를 빚게 되는 데 연유한다. 어떠한 교직관이 우리 사회의 교직 발전과 국가발전에 보다 적합하고 적극적인 기여를 하고 있느냐에 관한 논쟁은 오래된 것은 아니다. 일반적으로 교직관에 대해서는 다양한 관점에서 정의되어 왔지만 전통적으로 성직관·노동직관·전문직관이라는 세 가지 유형이 제시되고 있다. 이 세 가지 유형의 교직관은 각기 다른 철학적 기초, 사회적 배경, 현실적 감각, 문제인식을 갖고 있다.

1. 성직관(聖職觀)

　교직을 성직이라 일컫게 된 연유를 살펴보면 교육하는 일은 서양의 중세사회에서는 종교가와의 겸직이었다. 따라서 서양 중세사회의 직업에는 교사는 독립된 하나의 직업으로 취급되고 있지 않았다. 이와 같이 교사라는 직업은 처음에는 종교가가 맡고 있었기 때문에 성직으로 불렸고, 국가에 의한 국민 교육제도가 확립된 이후도 교직을 성직시하는 경향이 계속 이어져 오고 있다.

　교육을 담당하는 일은 기계로 물건을 생산하거나 물건을 판매하는 직업과는 달리 인간으로 하여금 장래의 성공적인 사회의 일원이 되도록 하기 위하여 피교육자의 성장·발달을 돕고 인격 형성을 도모하는 업무이기 때문에 다른 직업과는 비교조차 할 수 없는 숭고한 가치를 갖고 있는 업무이므로 교직을 성직으로 보는 것이 타당하다. 교직은 고도의 정신적 봉사활동이기 때문에 세속적인 것과는 거리가 먼 직업이 되어야 한다는 생각인데 이러한 생각은 그동안 많은 교직자들 자신은 물론이고 사회 각계 인사들이 바라는 바였다.

　따라서 교사교육은 성직자적 교사상을 함양하기 위하여 무엇보다도 교사의 권위를 중요시하였고 엄숙한 몸가짐과 태도, 성직자와 같은 사랑과 헌신, 희생과 봉사를 강조하였다. 이러한 견지에서 교직은 하나의 성스런 정신적 활동으로 보는 관점은 오랜 전통을 이루어 왔으며, 오늘날에 있어서도 상당히 광범위한 호응을 받고 있다. 그것은 교육의 본질이 인간의 영혼과 정신을 다루는 것이며, 그리고 세속적인 것과는 거리가 먼 정신적 자세로 교직에 종사한 사람이 많았기 때문에 이와 같은 교직관이 형성되었을 것이다.

　이와 같은 성직관은 교사의 높은 윤리성과 인격성을 강조하는 점에서는 긍정적이다. 특히 한창 성장기에 있는 학생들에게 있어 교사는 주요한 동일시 대상이기 때문에 교사가 윤리적, 도덕적으로 모범적인 생활을 보여 주고 높은 인격으로 학생들을 감화시켜 주는 일은 충분히 강조되어야 할 것이다.

　그러나 교사가 봉건적 사회질서를 유지하는 가치관과 세계관을 학생들에게 강제로 주입시켰던 중세사회에서는 시의적절한 교직관이라고 볼 수도 있다. 그러나 현대는 다원적인 가치와 민주적인 생활양식이 중시되는 사회다. 따라서 획일적인 가치체계에 의해 존속되던 전통사회에 적합한 교직관을 그대로 유지할 수는 없다. 따라서 현대사회에 보다 적합한 새로운 차원의 인격성과 정제된 고도의 윤리성이 요구되어야 할 것이다.

2. 노동직관(勞動職觀)

　교사가 아무리 인간형성이라는 중요한 업무에 종사하고 있다고 할지라도 역시 교사도 학교라는 직장에서 일정한 근무조건에 따라 보수를 받고 일하고 있기 때문에 기본적으로는 노동자의 근무구조를 갖고 있음을 강조한다. 이러한 주장에 의하면 교사도 노동자의 범주에 속한다. 따라서 다른 노동직과 마찬가지로 노동의 반대급부로서 임금을 지불받고 노동조건의 개선과 처우의 개선을 위하여 단결하고 집단적으로 교섭하여야 하며 경우에 따라서는 단체행동도 불사한다는 입장이다. 교직(교원)을 근로자·노동자로 인식하는 입장이다.

　노동직관은 교원도 여타의 노동자나 근로자와 마찬가지로 학교라는 직장에 고용되어 정신적 노동이나 근로를 제공한 대가로 생계를 유지할 수 있는 보수를 받는다는 점에서 노동자나 근로자에 불과하다는 견해이다. 국·공립학교의 경우 국가나 공공단체가, 사립학교의 경우 사학재단인 학교법인이 사용자 또는 고용주이고, 교원은 피고용인인 노동자 또는 근로자이며, 학교의 고객과 소비자는 아동과 학생이라는 생각이다.

　산업화 과정에서 노동자들이 단결하여 그들의 권익을 지키기 위한 수단으로 조합주의를 택했던 것과 같이 노동직관을 가진 교사들은 그들 자신의 권익을 옹호하는 수단으로서뿐만 아니라 교육의 발전을 위해서도 조합주의와 집단행동이 필요불가결한 조건임을 강조한다.

　이러한 노동직관은 교사의 지위 향상도 오직 노동자로서의 권리행사를 통하여 이룩될 수 있다고 믿는다. 교육과 교직의 문제를 이상적이고 당위적인 차원에서가 아니라 실제적이고 사실적인 차원에서 접근함으로써 자본주의 사회에서 교육 또는 교직에 관련된 부정적인 문제해결에 어느 정도 기여하고 있다고 평가할 수 있다. 또한 노동직관은 교사들의 사회·경제적 지위를 향상시키고 교육에 대한 외부의 부당한 침해를 차단하려는 노력에 있어서도 긍정적인 평가를 내릴 만하다.

　그러나 교직을 노동직으로 정의하는 개념은 사실 애매모호한 점이 있다. 왜냐하면 교직을 노동직으로 볼 경우 누군가에게 고용되어 보수를 받는 모든 직업은 노동직이며 그들은 노동자인 것이다. 또한 노동직관에서 주장하는 노동 3권의 완전한 보장은 교육현장에 있어서 위험성적 요소를 지니고 있다. 가령, 교사의 단체행동권을 인정하여 교사의 태업 또는 파업, 즉 수업거부를 합법적인 노동쟁의로 인정하게 될 경우 학생들에게 그 직접적인 피해로 돌아갈 수 있다. 그러나 어떤 경우에도 교사가 교육행위 자체를 거부하는 일은 정당화될 수 없다. 한국에서 전국교직원노동조합(전교조)을 합법화하면서도 단체행동권을 인정하지 않은 것도 바로 이러한 문제가 발생할 가능성이 있기 때문일 것이다. 일반 공무원과 교원의 차이를 대상인 학생의 유무라는 관점에서 바라본 것이다.

3. 전문직관(專門職觀)

서양의 경우 전통적으로 대학(교)에서 전문인을 양성하였기 때문에 신학, 법학, 의학의 학문적 배경과 지적 훈련을 바탕으로 인간을 위해 봉사하는 성직과 의사 및 법률가, 그리고 이들을 양성하는 대학의 교수직을 전문직의 전형으로 삼고 있다. 이들 직종은 현재에도 여전히 전문직으로서의 역할을 하고 있다. 그런데 사회의 변동과 발전에 따라 직업이 점차 세분화되고 고도화되면서 전문직의 범위가 확대되어 전문직과 비전문직을 구분하는 기준에 따라 전문직을 정의하기가 모호하고 불분명하게 되었다.

일반적으로 전문직의 의미를 파악할 때 전문직이라는 개념 자체를 정의하기보다는 전문직의 속성이나 특징을 열거하여 전문직을 결정하는 준거로 삼는다. 리이버만(Lieberman)은 전문직의 요소에 대해 ① 독자적이고 분명하며 본질적인 사회적 봉사, ② 봉사를 수행함에 있어서 지적 기능(intellectual techniques)의 강조, ③ 장기간의 전문적 양성교육, ④ 개인 실무자로서나 전체 직업집단으로서나 광범한 자율권, ⑤ 전문적 자율권의 범위 내에서 내린 판단이나 행동에 대한 책임의 수용, ⑥ 경제적 이익보다는 자기가 행한 봉사의 중요성, ⑦ 실무자의 광범한 자치조직 등으로 파악하였다.

전문직으로서의 교직관에 있어 가장 중심적 특징은 전문적 자율성이다. 교직은 특히 이 부분이 중요시된다고 보여진다. 그 이유는 교육이라는 일이 인간 정신의 내면에 관한 것으로 그것은 매우 섬세한 일이고 규격화하기 어려운 성질의 것이기 때문이다. 전문적 자율성이란 직무의 수행에 있어 전문적인 사항에 관해서는 자주적인 판단과 기술을 행사하는 자유를 인정받는 것이다. 자율성이 사회적으로 용인되고 적정하게 행사되기 위해서는 고도의 전문성과 책임성이 전제되어야 한다. 교직은 교사의 직무 수행에 있어 전문적인 사항인 교육내용과 교육방법을 결정하는 데 있어서는 교사의 자유가 허용되어야 하는데 이러한 자유의 남용을 방지할 수 있는 것은 교사가 학생을 교육한 결과에 대해서 책임을 진다고 믿기 때문이다. 따라서 전문직관에서의 교사상은 전문적 교사·자율적 교사이다.

전문직으로서 교사는 교육목적을 달성하기 위하여 자신이 맡고 있는 학생들에게 상응하고 적합한 교육내용을 선정할 줄 알아야 하고 교육내용에 따른 다양한 교수법을 구사해야 한다고 보기 때문에 교사의 교직기술을 대단히 중요시하는 입장이다. 교사의 정치활동에 관한 견해에 있어 이들은 학교교육의 장(場)에 교사의 정치성이 학생에게 부당한 영향을 끼쳐서는 안 되기 때문에 교사는 정치적 중립을 엄정하게 지켜야 한다는 입장이다. 또한 교사의 경제적 지위에 있어 교직에 유능한 인재를 확보해야 한다는 관점에서 교사의 보수는 다른 직업인의 보수보다 높게 책정되어 있어야 한다는 입장이다.

교직을 성직이나 노동직으로 보지 않고 하나의 전문직으로 보는 이 입장은 교직을 고도의 지성과 정신적 봉사활동을 위주로 하는 직업으로서 국가 사회가 공인하는 엄격한 자격을 소유한 자라야 종사할 수 있다고 본다. 교원들은 전문적 지식과 기술을 소유한 자로 공인된 자이기 때문에 업무수행상의 자율성과 더불어, 그 업무의 애타적 봉사성 때문에 고도의 윤리성이 요구된다.

교직을 이와 같이 전문직으로 인식하여 교직에 종사하는 교원에게 요구되는 것은 우선 자기가 가르치는 교과에 대한 전문지식이 필요하고, 다음에는 그것을 가르치는 교육방법, 가르친 바를 평가하는 방법, 교육내용의 선정과 구성, 학생에 대한 이해, 생활지도의 방법 등이 필요하다고 본다. 그리하여 교원 양성 대학교의 교직과정의 구조가 전공교과와 교과교육 및 교직이론으로 구성되고 있는 것이다.

이처럼 교직을 종교적, 윤리적 측면을 강조한 성직으로 보느냐(성직관), 경제적 측면과 더불어 교원의 권익을 보다 중요시하여 노동직이나 근로직으로 보느냐(노동직관), 또는 교육을 수행하는 학교사회나 교육조직의 독자성과 역할수행의 전문성을 인정하여 전문직으로 보느냐(전문직관)의 관점에 따라 교원의 자질과 역할 수행에 영향을 주게 된다.

제3절 교원의 역할과 윤리

1. 교원의 역할

일반적으로 이야기하는 '인간은 사회적 동물이다.'라는 명제가 시사하는 바는 인간은 홀로 존재할 수 없으며 반드시 두 사람 이상이 모여 집단이나 조직을 이루고 생활하는 존재라는 것이다. 현대인은 조직 속에서 각자의 욕구를 충족하면서 공동의 이익이나 목적을 추구하고 있다. 각자의 욕구를 최대한으로 충족하면서 조직의 공동목표를 최대한으로 추구하려면 조직을 구성하고 있는 사람들의 협동적 노력이 필요하고, 이를 가장 능률적으로 효과적으로 달성하는 방법이 기능적인 분업화라는 것이다. 그리하여 조직은 상사와 부하 간이라는 종적, 수직적인 분업체제로서 계층이 있고, 같은 계층 간에도 과업의 성격에 따른 부서라는 횡적, 수평적인 분업관계가 형성되어 있다 현대인은 이와 같은 종적, 횡적으로 구성되어 있는 조직의 어떤 자리를 차지하고 인생을 영위하고 있는 것이다.

역할이란 이와 같이 조직에서의 자리·위치·직위, 즉 지위를 차지하고 있는 사람에게 기대되는 일·과업·업무·직무·책임·의무·행동 등을 개념화한 것이다. 결국 역할이란 지위에 기대되는 행동, 즉 지위의 역동적 측면을 말하고 지위란 역할의 정태적 측면을 말한다. 따라서 지위와 역할은 동전의 앞뒤와 같이 불가분의 관계에 있다. 교장의 역할은 교장의 지위에서 수행해야 할 책임과 의무를 의미한다. 그런데 이와 같은 역할은 그와 관련된 상대적 역할과의 관계에서 더욱 분명해진다. 예컨대, 한 가정에서 남편의 역할은 부인의 역할과, 부모의 역할은 자녀의 역할과의 관계를 떠나서 존재할 수 없고, 학교에서 교장의 역할과, 교사의 역할은 학생과의 관계를 떠나서 규정될 수 없듯이, 관련된 역할과의 상보적 관계에서 분명해진다. 그리고 역할은 역할담당자의 특성을 고려하지 않고 모든 역할담당자가 그 자리에 주어진 역할은 동일하게 수행하기를 기대하고 개념화된 것이다. 따라서 교사의 역할은 학교라는 조직에서 교사라는 지위에 있는 모든 사람들에게 기대되는 행동유형인 것이다. 그러므로 교사의 역할에 포함된 기본개념은 교사의 지위와 기대 및 행동이다.

〈표 15-1〉 교육공무원과 교원의 비교

교육공무원	교원
• 국·공립학교에 근무하는 자들만 포함	• 국·공립학교, 사립학교에 근무하는 자들을 포함
• 전임강사 및 법령상 정원 내에서 임명된 조교 포함	• 시간강사 및 유급 조교도 포함
• 각급 학교 교원, 교육기관, 교육행정기관 및 교육연구기관에 근무하는 교육전문직 포함	• 각급 학교에 근무하는 교원만 의미
• 대학 교원과 교육공무원 가운데 대학 교원은 법정 자격 기준 요건만 갖추면 되고 자격증은 제도에 비적용	• 대학 교원을 제외한 전 교원들은 법정 자격 기준에 해당하는 자로서 교원 자격 기준에 해당하는 자로서 교원 자격 검정령의 규정에 의하여 교육과학기술부 장관이 수여하는 자격증 소지

2. 교원의 자질

　교육전문직으로서의 교사로 종사하기 위해서는 나름대로 직업에 필요한 자질과 자격 기준이 필요하다. 교사는 교육에 있어서 핵심적인 역할담당자로서 질 좋은 교육이 이루어지기 위해서는 훌륭한 자질을 갖춘 교사가 필요하다. 교사의 자질이란 교사에게 부여된 역할을 성공적으로 수행하기 위해서 교사에게 요구되는 자질로서 교사가 갖추어야 할 인간적인 바탕을 뜻하는 것이다. 따라서 훌륭한 교사는 다음과 같은 자질을 갖추어야 할 것이다.

　교직을 원활하게 수행하기 위해서도 여러 가지 자질이 필요하지만, 그중에서 대표적인 것을 거론하면 다음과 같은 것을 들을 수 있다.

　첫째, 교과내용에 대한 정확하고 풍부한 지식을 갖고 있어야 한다. 교사는 무엇보다도 먼저 자신의 담당교과의 내용에 대한 이해가 있어야 한다. 특히 실기교사는 담당교과에 대한 지식뿐만 아니라, 실기 내용도 함께 알고 있어야 한다.

　둘째, 학생들의 생활지도에 대한 이해와 관련 지식을 갖고 있어야 한다. 교사는 학생들의 학교생활을 원활하게 할 수 있도록 학생들의 발달단계에 따른 심리적 특성과 학생들의 수준에 대한 정확한 이해를 할 수 있어야 한다.

　셋째, 인간관계에 대한 중요성을 파악하고 이해하여야 한다. 교직 수행은 교사와 학생과의 관계뿐만 아니라, 교사 상호관계나 학부모와의 관계, 그리고 지역사회와의 관계 등 다양한 인간관계를 필수적으로 접하게 된다. 때문에 인간관계에 대한 지식과 상대방을 배려하는 자세 등을 파악하고 이해하여야 한다.

　넷째, 인간존중의 마음과 봉사정신이 투철하여야 한다. 교직은 근본적으로 사람을 대상으로 하는 직업이기 때문에 교사는 항상 인간에 대한 이해와 존중의 자세를 지녀야 한다. 사람은 개개인 모두가 다른 어떤 대상과도 비교되지 않는 중요한 존재임을 잊지 말아야 한다. 특히 교사는 종전의 권위적인 입장을 지양하고 학생들의 입장을 이해하며 교육하는 인간주의적인 교육관을 지니고 있어야 한다.

　다섯째, 신체적으로 튼튼하고 건강하여야 한다. 어느 직업이나 건강한 직업인을 요구하지만 교직에 있어서 교사의 건강은 가장 필수적인 요소라 하겠다. 왜냐하면 가르치는 일은 무척 힘든 일이기 때문이며 교사의 건강이 좋지 않은 경우에 그 영향이 직접 학생들에게 전달되기 때문이다. 건강한 교사는 모든 일에 적극적이고 진취적이다. 또한 건강한 교사는 학생들을 가르치고 지도하는 일에 싫증을 내지 않으며 교사의 생활 자체가 명랑하고 낙천적이며 역동적이 될 수 있는 것이다. 이에 비해 건강치 못한 교사는 소극적이고 수동적이며 학생들을 가르치고 지도하는 일에 소홀하며 기계적으로 될 가능성이 높다.

여섯째, 정신적으로 건강하며 정서적으로 안정성을 갖추어야 한다. 교사에 있어서 정신적 건강과 정서적 안정성은 신체적 건강 못지않게 중요한 것이다. 늘 불안해하는 교사, 감정의 기복이 많은 교사, 항상 비판적이고 공격적인 교사, 타인을 곤경에 몰아놓고 쾌감을 느끼는 교사, 교직에 있으면서 학생을 싫어하는 교사 등은 모두 정신적으로 불건강한 상태에 있으며 정서적으로 안정되지 못한 상태에 있는 것이다. 만일 이러한 교사들이 현직에서 학생들을 다루고 있다면 그들에게 미치는 영향은 매우 클 것이다. 정신적으로 건강하고 정서적으로 안정되어 있는 교사는 자신이 처해 있는 위치를 바로 볼 줄 알며, 그 토대 위에서 학생들과의 인간관계를 포함한 모든 사회관계를 원만하게 처리할 수 있는 것이다. 학생들은 이러한 교사의 영향에 따라 민감한 변화를 가져오기 때문이다.

일곱째, 풍부한 상식과 교양을 겸비하여야 한다. 훌륭한 교사는 지식의 전달자로서의 역할뿐만 아니라 광범위한 분야의 상식과 교양을 쌓을 필요가 있으며, 넓은 분야의 교양을 갖추고 있어야 할 것이다. 훌륭한 교사는 학생들에게 교과서의 지식 전달에만 그치지 않고 넓은 의미의 생활지도를 해야 하므로 풍부한 교양이 절실히 요망된다. 교사에게 있어서 일반적인 교양만큼 중요한 것이 전문학과의 교양이 필요하다. 특히 중등학교의 교사에게 있어서는 전문적인 교양이 절실히 요구된다. 교직을 전문직이라 함은 교사 각자가 자기가 맡은 분야에 대해서는 전문적인 지식을 갖추고 있음을 의미하는 말이다. 따라서 교사는 자신의 분야에 있어서 전문적 지식을 갖추고 있을 때 학생들을 올바르게 지도할 수 있는 것이다.

여덟째, 인생의 통합성을 갖춘 균형 잡힌 수범인이어야 한다. 교사는 교사이기 이전에 한 인간이다. 인간답게 살고 인간답게 즐기고 다른 인간과 생의 뜻을 발견하고 자기가 알고 지낼 수 있는 인간이어야 하겠다. 더구나 교사는 항상 자라나는 청소년들과 생활함으로서 한 마디로 원만한 인간이어야 할 것이다. 교사로서의 참된 인간성은 그의 사람됨에서 출발하는 것이므로 교사가 먼저 자신의 인격부터 수양해야 한다. 교육이 단순한 지식의 전달로서 끝나는 것이 아니고 또 참된 교육이 생활 속에서 학생들에게 주는 교사의 인간적 감화라고 한다면, 이 인격의 통합성 문제는 교사가 갖추어야 할 자질의 하나로서 매우 중요하다.

3. 교원의 임무

교원의 임무란 교사의 지위에 부여되는 기대에 따라 한 교사가 수행하는 행동을 말한다. 기대는 보통 규범성을 가지고 있어 개인의 사회적 행동에 영향을 주고 있으나 어떤 지위에 부여된 일반적 기대만으로 그 지위의 모든 사람이 똑같이 행동할 것이라고 예언할 수는 없다. 따라서 여러 가지 원인에 의해 실제 수행하는 역할행동과 역할기대 간에 일치 또는 불일치 현상이 일어난다.

1) 학습의 지원자

학생들에게 필요한 지식을 교수한다는 것은 교사의 주 임무다. 학생들은 교사가 살아 있는 교과서의 구실을 해 주기를 바란다. 교사의 지식 정도는 학생들의 학업성취와 밀접한 관련이 있는 점으로 보아 지식의 공급원으로서 학생들의 학습을 조력해야 하는 것이다. 그러나 교사의 역할이 단순히 지식을 전달하는 데 그쳐서는 안 된다. 학생들이 중요한 지식을 이해하고 새로운 지식을 찾아내고 이미 습득한 지식을 적용하여 새로운 문제를 해결하는 등의 학습과정에서 교사는 유능한 조력자로서의 역할을 수행해야 하는 것이다. 특정한 개념이나 원리를 학습자의 발달단계에 맞도록 설명해 주는 일, 학생들의 개인차에 맞도록 학습과정을 마련해 주는 일과 같은 학습조력자로서의 역할을 수행하는 일이다.

2) 인생의 안내자

학생들은 교사와의 인간적인 상호작용을 통하여 성장·발달하게 된다. 따라서 교사는 학생들의 인간적인 성숙을 기하기 위하여 다양한 역할을 수행하게 되는데, 이를 인생 안내자로서의 역할이라고 할 수 있을 것이다. 교사는 학생들보다는 이미 다양한 경험을 했으며 이러한 경험은 진학지도나 취업지도, 학습지도 등과 같은 학생지도에 귀중한 자료가 될 수 있다. 또한 학생들의 바람직한 인격과 지식의 습득, 그리고 학생집단의 질서를 유지하고 공공의 규칙을 지키는 태도를 기르기 위해서는 엄격한 훈육자로서의 역할도 수행해야 할 것이다.

3) 편안한 상담자

학생은 성장해 나가는 과정에 있어서 여러 가지 불안을 겪게 된다. 자기가 처해 있는 상황에 대한 이해의 부족으로 또 그러한 상황을 처리할 수 없는 자신의 능력부족에서 오는 불안은 자연히 성인의 도움을 필요로 하게 된다. 상황에 대한 적절한 설명, 학생들의 안정된 생활에 맞게 상황을 통제하는 일 등, 교사는 학생의 불필요한 불안을 제거해 주는 역할을 한다. 그러나 한편 교사의 행동은 학습자에게 불안을 제거해 주기도 하지만, 새로운 불안을 가져다주는 경우도 있다. 학생들로 하여금 지나친 경쟁 상태에 처하거나, 학생의 능력한계를 벗어난 기대, 일관성 없는 훈육 등은 학습자에게 불안을 가져다줄 수 있는 가능성을 포함하고 있다.

4) 자아실현의 후원자

성장 중에 있는 학습자들이 당면하는 문제에는 자신을 잃게 하는 일, 자기부족을 느끼게 하는 일, 열등감을 느끼게 하는 일 등이 있다. 현실적인 목표를 세우고 작업 과정에서 성취감을 맛보게 하고, 성취에 대한 주위의 인정을 받도록 하는 일들은 모두 학생의 자아를 옹호해 주고 증진시켜 주는 일에 속한다. 항상 새로운 학습과업에 부딪치게 되는 학교의 생활 상황에서 학생들의 자아를 옹호해 주는 일은 교사에게 맡겨진 중요한 책임 중의 하나다.

5) 동일시의 대상자(Role model)

학생들의 사회화 과정에서 교사는 사회의 가치와 생활양식의 동일시 대상으로서의 역할을 담당하게 된다. 교사는 학생들에게 있어서 가장 대표적인 동일시 대상으로서 교사의 행동과 사고방식은 학생들의 성장과 발달에 큰 영향을 미치므로 교사의 역할은 매우 중요하다. 그것은 교사가 학생들의 동일시(identification) 대상이 된다는 의미이다. 그러므로 교사의 모든 행동은 학생들에 의해서 모방되기 마련이다.

이 밖에도 교사의 역할에 대해 브렘백(C. S. Brembeck)은 학습매개자, 평가자, 훈육자, 상담친구, 도덕성의 대리자, 부모의 대행자, 조력자 등의 역할을 제시했으며, 레들과 와텐

버그(Redle & Wattenberg)는 교사의 역할을 학생과의 심리적 관계를 중심으로 살펴보면서, ① 사회의 대표자로서의 역할, ② 판단자로서의 역할, ③ 지식 자원자로서의 역할, ④ 학습조력자로서의 역할, ⑤ 심판자로서의 역할, ⑥ 훈육자로서의 역할, ⑦ 불안 제거자로서의 역할, ⑧ 동일시 대상으로서의 역할, ⑨ 자아옹호자로서의 역할, ⑩ 집단지도자로서의 역할, ⑪ 부모 대행자로서의 역할, ⑫ 적대감정의 표적으로서의 역할, ⑬ 친구로서의 역할, ⑭ 애정 대상자로서의 역할 등으로 구분하였다. 이 외에도 학급경영자로서의 역할, 학교직원으로서의 역할, 지역사회 자원인사로서의 역할 등 교사의 역할은 매우 다양하다.

4. 교원과 교육애(教育愛)

일반적으로 경제학은 경제에 대한 이론과 현상에 대한 학문이고 행정학은 행정을 연구의 대상으로 삼는 학문이며 정치학은 정치에 대한 이론과 구조를 연구하는 학문이다. 이에 비해 교육학은 인간을 대상으로 하는 학문이기 때문에 교육의 궁극적인 초점은 결국 인간에 대한 이해와 사랑에 달려 있다. 따라서 교육을 실제로 담당하고 있는 교사는 다른 직업에 비해 사람에 대한 특별한 관심과 애정이 있어야 한다. 이와 같이 교육에 있어서의 인간에 대한 사랑은 교육애(教育愛)라고 한다. 교육애와 관련하여 인간 삶에 있어서 가장 기본이 되는 참된 사랑이다.

1) 종교적 사랑

종교는 인간이 자신의 능력에 한계를 느끼고 이를 절대자에게 귀의함으로써 현실 생활의 어려움을 극복하고자 하는 활동이다. 종교가 추구하는 여러 가지 덕목이 있지만, 표현의 용어가 다를지라도 그 공통적 의미는 사랑의 덕목으로 귀결이 된다고 볼 수 있다. 왜냐하면 현실세계의 고통은 모든 사람들이 겪고 있는 것이기 때문에 고통을 받는 사람끼리 서로 아끼고 사랑을 해야만 어려움을 극복할 수 있기 때문이다.

기독교에서의 사랑은 현실생활에서는 실천하기 힘들지라도 많은 것을 사랑의 범주에 포함시키는 헌신적인 사랑이다. 때문에 오늘날과 같이 어려운 교육여건을 개선하기 위해서는 이와 같은 기독교적인 사랑이 필요하다고 볼 수 있다.

불교에 있어서의 사랑은 그 범위를 인간뿐만 아니라, 생명을 가진 모든 대상에게 확대

함으로써 사랑의 영역이 무한함을 나타내고 있다. 이러한 불교의 사랑은 오늘날 모든 생명윤리의 근본이 되고 있으며 생명의 무한한 가치를 대변하고 있다. 불교적인 사랑 역시 현실적으로 나타나고 있는 생명존중에 대한 실제와는 상당한 차이가 있지만, 교육애의 궁극적인 목표가 교육을 받는 대상만을 가리키는 것이 아님이 명백하기 때문에 결국은 교육애의 근본이 됨을 부인할 수 없다.

유교에서의 사랑은 그 표현이 인(仁)으로 나타난다. 인의 의미는 여러 가지가 있지만 사람을 측은(惻隱)하게 여기는 마음에서 시작된다. 이러한 의미는 교육을 실천하는 교사가 교육애와 상당히 밀접한 관련이 있으며, 따라서 유교에서 말하는 인(仁)의 의미가 결국은 교육애의 바탕이 된다는 것을 시사하는 것이다.

2) 교사의 사랑: 교육애(敎育愛)

교육애는 교사가 학생에게 가지는 사랑을 의미하며 교사에게 필요한 절대적인 요소이다. 교육은 교사가 학생에게 가지는 사랑에 의해서만 가능한 것이며, 교사의 덕목 중 가장 중요한 것이 사랑이다. 교사가 가져야 할 제자에 대한 사랑은 다음과 같이 종합할 수 있다.

첫째, 가르침을 받는 자에 대한 사랑이다. 제자에 대한 사랑이 없는 학교는 정서적으로 죽은 학교다. 사랑은 가르치는 사람과 가르침을 받는 사람과의 마음 사이에 놓이는 다리다. 이 사랑이라는 다리를 통하여 오감이 교류되지 않으면, 두 마음을 교통하는 길이 끊기고 만다. 이 길이 있음에, 두 마음은 연결되고, 참된 주고받음이 있을 수 있다. 이 다리가 걸려 있음에 두 마음 사이에 따뜻한 교섭이 있을 수 있다. 이 통로를 거쳐서만이 한 인격이 다른 인격에 부딪칠 수 있고 마음의 공감이 일어날 수 있는 것이다. 그러나 교사의 사랑은 어머니가 자식을 향하여 가지는 감정과는 그 성질이 다르다. 어머니의 사랑은 혈연에서 자연적으로 흘러나오는 느낌이다. 이것은 거의 맹목적이요, 무의도적인 사랑이다. 하지만 교사의 사랑은 인간의 존엄성을 소중히 여기는 마음에 원천을 둔 사랑이다. 그의 무한한 가능성을 의식하는 데서 흘러나오는 사랑이다. 그의 선함을 믿고, 그의 쉬지 않는 성장을 믿는 데서 오는 사랑이다. 사회의 죄악과 타락에 물들지 않은 순진성을 보는 데서 솟아오르는 사랑이다. 하루하루 그의 제자들이 자라고 있음을 지켜보는 희열에서 샘솟는 사랑이다. 이러한 사랑이 없는 교실은 마치 물건을 만드는 공장과도 같은 곳이다. 기계를 돌려 상품을 제작하는 과정의 작업장에 지나지 않는다. 사리(私利)에 이끌려 노동이 강요되는 비인간적 직장에 불과하다. 우리가 지키는 교실은 이와 같은 한기가 도는 살벌한 곳이 될 수는 없다. 따뜻한 사랑의 훈풍이 감도는 온정의 교실이 될 때, 비로소 참된 교육이 이루어질 수 있는 것이다.

둘째, 교사의 사랑은 그가 하고 있는 가르치는 일에 반영되어야 할 것이다. 교직은 외부로부터 우리에게 부과된 직업이 아니다. 이것은 우리 스스로 선택한 것이요, 우리 자신의 양심에 부름을 받아 짊어진 십자가이다. 소명감에 심금을 울려 우리 스스로가 자진하여 짊어진 짐이다. 밖으로부터 우리가 받은 노동이 아니라 안으로부터 우리 자신이 우리에게 준 직업이다. 그러므로 교직은 노동의 대가를 위하여 하는 일이 아니라, 우리 스스로를 사도에 봉헌하는 과업이다. 따라서 이것은 물질적 보수를 목적으로 강요되어 수행되는 노동이 아니라 우리가 사랑하고 우리의 모든 정열을 바치는 봉사다. 가르침에서 행복을 느끼며, 제자의 성장에서 기쁨이 차는 섬김이다. 기계적인 말(言)은 사람을 움직이지 못한다. 이것은 소리의 전달에 불과하다. 오직 말에 정열이 끓고 있을 때 비로소 듣는 자에게 영감을 불러일으킬 수 있고 감화를 줄 수 있다. 그룬트비히가 덴마크의 청년들을 감동시킨 것은 결코 그의 해박한 지식이나 정연한 이론이 아니었다. 그의 정열, 그의 열애가 그들의 마음을 뒤흔들었고, 그들을 분기시킨 것이다. 앤 설리반 메이사가 헬렌 켈러로 하여금 장님, 귀머거리, 벙어리라는 신체적 장애를 능히 극복하고 작가, 연사, 자선가로서 그 이름을 세상에 떨치게 한 것은 결코 학식도 아니요, 간호도 아니었다. 불우한 한 여성에 대한 사랑에서 오는 헌신과 열정이었다. 사랑이야말로 자기 임무에 대한 정열과 한선의 원천인 것이다.

셋째, 교사의 사랑은 진리에 대한 사랑을 의미한다. 교사는 진리의 영원한 추구자다. 세계가 숨기고 있는 비밀의 발견자요, 인간 사회의 질서와 개인 행위의 기준이 되는 가치의 탐구자이며 최상의 생명에 비결을 탐색하는 구도자다. 그는 베이컨이 말한 각종 '우상'에서 해방되어 참을 발견하고 따르는 목마른 사슴과 같은 사람이다. 거짓을 미워하고, 허위를 증오하며, 부정을 혐오하는 사람이다. 진리를 찾아 쉴 줄을 모르는 사람이며, 허위를 파헤치기에 용감한 사람이요, 불의를 깨뜨리기 위하여 헌신하는 사람이다.

결국, 교육의 질은 교사의 질에 달려 있다고 해도 지나친 말이 아닐 것이다. 이와 같이 교사는 교육의 근본은 사랑이라는 것을 명심하고 이를 몸소 실천할 때, 진정한 의미의 교육자가 될 수 있는 것이다.

5. 교직윤리

윤리란 사람의 품성이나 행위의 규범이고, 도덕의 근본관념인 도리, 의무를 뜻한다. 다시 말하면 윤리란 개인행동이나 개인과 개인의 상호작용이 이루어질 때 지켜야 할 규범이나 도덕을 말한다. 따라서 교직윤리란 교사로서 지켜야 할 도리를 의미한다.

교직은 개인의 성장과 국가사회 발전의 원동력이 되는 교육을 하는 직업이다. 따라서 교사에게는 법규적·공식적인 규칙의 준수도 중요하지만 학생지도나 조직생활에서 요구되는 윤리의 실천이 더욱 중요하다. 교직이 다른 직업에 비하여 법규나 법률보다는 윤리나 도덕이 더욱 강조된다. 이는 교직관에서 나타난 바와 같이 교직은 성직이며, 전문직이기 때문이다. 교육의 성과는 교육력에 의하여 좌우되고, 교육력은 교권의 수준과 같은 관계가 있다. 그러므로 교권이 확립되지 못할 때는 교육력이 약화되어 제도나 시설, 방법 등이 아무리 좋아도 높은 수준의 교육성과는 기대할 수가 없다. 아울러 학생의 바람직한 성장은 교사와 학생 간의 바람직한 인간관계에서 이루어지기 때문에 교사나 학부모의 윤리성은 학생의 발달에 많은 영향을 미친다. 이처럼 교사의 학생에 대한 사랑이나 신뢰는 학생의 성취에 절대적인 영향을 미치기 때문에 교사의 윤리 문제는 매우 중요하다.

교직윤리란 교직자가 교직 실천에서 지켜야 할 것으로 기대되는 행동 규범이다. 그런데 교사가 교직 실천을 하려면 자기를 어떻게 관리해야 할 것이며, 학생, 가정 및 지역사회에서 사람들과의 관계는 어떻게 유지·처신하며, 교직 직무수행을 어떻게 해야 할 것인가가 중요하다. 이와 같은 사실에 대한 사회적 규율을 교직윤리라고 할 수 있다. 교직윤리의 규율은 강제적·타율적이 아니라 자발적이며 능동적이다. 교직 수행의 전 과정에서 교사 스스로 실천하기를 기대하는 규범이 교직윤리이다.

교직(teaching profession)이란 교육직, 다시 말하면 교원의 직무를 의미한다. 교원의 직무는 한 마디로 교육하는 일로서, 가르치는 직무를 말한다. 교육하는 일이란 사람을 가르쳐 사람을 만드는 일로서 개인적 입장에서 볼 때는 개인의 능력과 자질 그 도덕적 품성을 형성하는 일이며, 국가 사회적 입장에서 생각할 때는 시민 혹은 국민의 생산력과 도덕적 자질을 만드는 일이다. 교직은 일반 생산 노동자가 아니고 단순한 공무원도 아니다. 개인의 일생에 영향을 미치며, 국가·사회에 미래에 막중한 영향을 미치는 시민의 도덕적 성품과 자질을 형성하는 일이다. 그러므로 교직자는 다른 어떤 직종의 사람들보다도 높은 도덕관과 표준적 윤리관을 가지고 있어야 한다. 교직자의 교육 실천 행위는 누구의 간섭도 받지 않지만 사회적 요구와 기대라는 보이지 않는 윤리적 규제의 대상이 된다.

　물론 교사의 행동을 규제하는 통제 메커니즘으로서 국가적으로는 성문법으로서의 법규가 있다. 법규는 헌법, 초·중등교육법 등 기본법에서부터 교육공무원법, 교육공무원법 시행령 등 각종 법률과 명령에 의한 규제를 직접 받는다. 이는 외적·공식적 측면에서 강제적으로 교사의 행동을 규제한다. 그러나 교사 행동의 적절성 또는 적부의 판정은 이와 같은 외적, 강제적, 형식적 통제만으로 충분하지는 않다. 따라서 내면적, 자발적, 잠재적 규제가 뒷받침되어야 한다. 인간형성이라는 교직의 직무는 정형화되어 있는 것이 아니고 다양하며, 자유재량의 폭이 매우 크다. 그러므로 교사의 내적, 심리적, 잠재적 동기와 자발적, 능동적 규율이 중요하다. 인간의 도덕적 품성의 형성은 내적 동기와 자발적 의지에 의해 더 크게 영향을 받는 것이다. 그러므로 교사의 법규 준수 그 자체보다도 교사행동에 대한 윤리성이 중시되는 것이다.

　전문직의 속성이나 전문직으로서의 교사관에서 교사에게 고도의 윤리성이 강조된다. 다른 전문직과는 달리 교직에서 윤리성이 더욱 강조되는 것은 무엇보다도 교사의 봉사대상이 미성년인 학생들이기 때문이다. 학교가 일종의 공익조직이면서 학교가 그 이익과 혜택을 보장해 주려는 대상이 학교의 교직원이 아니라 다름 아닌 학생들이기 때문에 이들을 위주로 모든 학교 운영이 영위되어야 하기 때문이다. 그런데 '교실왕국'이라는 말이 있을 정도로 학생들은 교사에게 일방적으로 지배되고, 통제되는 나약한 위치에 있고, 자기들에게 최선의 이익이 무엇인가를 잘 알지 못할 뿐만 아니라 그것을 안다 하더라도 교사에게 그것을 정당하게 주장할 수 있는 위치에 있지 못하다. 따라서 이와 같은 교사와 학생 간의 일방적이고 경직된 상하관계를 완화하고 학생의 학습과 성장을 최대한으로 보장하려면 교사의 도덕적 성실성과 윤리 의식에 의존하지 않을 수 없는 것이다.

　현재 세계 각국은 법규면에서 교사의 권리와 더불어 의무를 규정하고 있을 뿐 아니라 교직단체를 통하여 교사들 스스로의 윤리 강령을 제정하여 이를 생활규범으로 준수하고 있다.

　첫째, 사랑과 신뢰의 교직 윤리를 강조하고 있다. 사랑과 신뢰는 교직생활에서 꼭 지켜야 할 으뜸 되는 윤리로 학생지도에 가장 큰 영향을 미치는 덕목이다. 그러므로 성공적인 학생지도를 위한 윤리의 덕목으로 사랑과 인내와 신뢰가 매우 중요하다.

　교사는 제자를 사랑하고 개성을 존중하며 한 마음 한 뜻으로 명랑한 학풍을 조성해야 하고, 학생의 인권을 존중하고, 학생을 공평하게 지도하며, 개성을 존중하고, 교사는 언어와 행동이 사회의 존경을 받도록 교양을 높여야 한다.

둘째, 성실과 창조의 교직 윤리를 강조하고 있다. 교사에게 있어서 성실성을 매우 중요시되는 항목으로 교사는 폭넓은 교양과 부단한 노력으로 교직의 전문성을 높여 국민의 사표가 되고, 원대하고 치밀한 교육계획의 수립과 성실한 실천으로 맡은 책임을 완수해야 한다. 또한 교사는 언제나 품위 있는 언동으로 학생을 지도하고, 사회의 일원으로서 모든 책임과 의무를 완수하며, 자기의 성장을 위하여 부단히 연구·조사하고 이러한 회합에 적극적으로 참여해야 할 것이다.

셋째, 협동과 봉사의 교직 윤리를 강조하고 있다. 교사는 서로 협동하여 교육의 자주혁신과 교육자의 지위 향상을 위하여 적극 노력하고, 가정교육, 사회교육과의 유대를 강화하여 복지국가 건설에 공헌해야 할 것이다. 또한 교사는 가정과 유기적인 관계를 맺도록 노력하고 가정교육에 적극 협조하고 자녀에 대한 부모의 책임을 존중하고 그 의견을 학교교육에 반영하며, 동료 간의 친목과 협조로서 건실한 학원 분위기 조성에 노력해야 한다. 이처럼 교사는 사랑과 신뢰, 성실과 창조, 협동과 봉사의 덕목을 고루 갖추어야 할 것이다.

교사들은 이와 같은 교직윤리를 철저히 지켜야 한다. 그러나 교사들이 이와 같은 윤리를 지킨다고 반드시 교육이 잘 된다는 보장은 할 수 없다. 교육력의 바탕이 되는 교권은 상대적인 성격을 띠고 있기 때문에 윤리실천을 위한 교사의 노력만으로 교권이 확립되는 것이 아니라 사회와 학부형이 교육을 바르게 이해하고 윤리적으로 성숙이 될 때 교직윤리의 실천도 가능하여질 것이다.

직업의 역할 중의 한 가지는 경제적 욕구의 충족이기 때문에 직업에는 반드시 윤리적인 문제가 따르게 된다. 특히 교직은 그 영향이 많은 사람에게 미치기 때문에 다른 직업보다도 더욱더 윤리적인 자세가 필요하다. 교직이 윤리를 강조하는 것은 원래 교육의 어원과 관계가 있다. 교육의 어원은 '장선(長善)'이라고 하여 착한 행동을 장려한다는 의미가 있기 때문이다. 특히 유학에서는 학문자체가 윤리적인 내용과 매우 밀접한 관계가 있기 때문에 교육과 윤리는 불가분의 관계가 있다. 한국에서는 교사의 윤리를 강조하여 특별히 교사에 대한 윤리강령을 제정한 바 있다.

한국에서는 교직 윤리와 교원 윤리의 표상으로 1982년 5월 15일 발표한 사도헌장과 사도강령, 2005년 교직윤리헌장이 각각 공표되었다.

1) 사도헌장

오늘날 교육은 개인의 성장과 사회의 발전과 내일의 국운을 좌우한다. 우리는 국민교육의 수임자로서 존경받는 스승이요, 신뢰받는 선도자임을 자각한다. 이에 긍지와 사명을 새로이 명심하고 스승의 길을 밝힌다.

① 우리는 제자를 사랑하고 개성을 존중하며, 한마음 한뜻으로 명랑한 학풍을 조성한다.

② 우리는 폭넓은 교양과 부단한 연찬으로 교직의 전문성을 높여 국민의 사표가 된다.

③ 우리는 원대하고 치밀한 교육계획의 수렵과 성실한 실천으로 맡은 바 책임을 완수한다.

④ 우리는 서로 협동하여 교육의 자주혁신과 교육자의 지위향상에 적극 노력한다.

2) 사도강령

민주국가의 주인은 국민이므로 나라의 주인을 주인답게 길러 내는 교육이 가장 중대한 국가적 과업이다.

우리 겨레가 오랜 역사와 찬란한 문화를 계승·발전시키며 선진 제국과 어깨를 나란히 하며 인류복지 증진에 주도적으로 기여하려면, 무엇보다도 문화국민으로서의 의식개혁과 미래사회에 대비한 창의적이고 자주적인 인간육성에 힘을 기울여야 한다. 그러기 위하여 우리 교육자는 국가발전과 민족중흥의 선도자로서의 사명과 긍지를 지니고, 교육을 통하여 국민 각자의 능력을 최대한으로 계발하여, 개인의 자아실현과 국력의 신장, 그리고 민족의 번영에 열과 성을 다하여야 한다.

또한 교육자의 품성과 언행이 학생의 성장·발달을 좌우할 뿐만 아니라 국민윤리 재건의 관건이 된다는 사실을 명심하고, 사랑과 봉사, 정직과 성실, 청렴과 품위, 준법과 질서에 바탕을 둔 사도확립에 우리 스스로 헌신하여야 한다.

이러한 우리의 뜻은 교직에 종사하는 모든 교육자가 공동체 의식을 가지고 노력하여야만 이루어질 수 있다는 것을 인식하고, 사도헌장 제정에 때맞추어 우리의 행동지표인 현행 교원윤리강령을 사도강령으로 개정하고 이를 실천함으로써 국민의 사표가 될 것을 다짐한다.

(1) 스승과 제자

스승의 주된 임무는 제자로 하여금 고매한 인격과 자주정신을 가지고 국가사회에 봉사할 수 있는 유능한 국민으로 육성하는 데 있다. 그러므로

① 우리는 제자를 사랑하고 그 인격을 존중한다.

② 우리는 제자의 심신발달이나 가정의 환경에 따라 차별을 두지 아니하고 공정하게 지도한다.

③ 우리는 제자의 개성을 존중하며, 그들의 개인차와 욕구에 맞도록 지도한다.

④ 우리는 제자에게 직업의 존귀함을 깨닫게 하고, 그들의 능력에 알맞은 직업을 선택하도록 지도한다.

⑤ 우리는 제자 스스로가 원대한 이상을 세우고, 그 실현을 위하여 정진하도록 사제동행한다.

(2) 스승의 자질

스승은 스승다워야 하며, 제자의 거울이 되고 국민의 사표가 되어야 한다. 그러므로

① 우리는 확고한 교직관과 긍지를 가지고 교직에 종사한다.

② 우리는 언행이 건전하고 생활이 청렴하여 제자와 사회의 존경을 받도록 한다.

③ 우리는 단란한 가정을 이룩하고, 국법을 준수하여 사회의 모범이 된다.

④ 우리는 학부모의 경제력·사회적 지위를 이용하지 아니하며, 또 이에 좌우되지 아니한다.

⑤ 우리는 자기 향상을 위하여 전문적인 지식과 전문화된 기술을 계속 연마하는 데 주력한다.

(3) 스승의 책임

스승은 제자 교육에 열과 성을 다하며 맡은 바 책임을 다하여야 한다. 그러므로

① 우리는 사회의 일원으로서 모든 책임과 의무를 다한다.

② 우리는 교재연구와 교육자료 개발에 만전을 기하여 수업에 최선을 다한다.

③ 우리는 생활지도의 중요성을 인식하여 제자들이 올바른 사람이 될 수 있도록 지도에 철저를 기한다.

④ 우리는 교육의 성과를 공정하게 평가하고, 이를 교육에 충분히 활용한다.

⑤ 우리는 제자와 성인들을 위한 정규 교과 외 활동에 적극 참여한다.

(4) 교육자와 단체

교육자는 그 지취의 향상과 복지의 증진을 위하여 교직단체를 조직하고 적극 참여함으로써 단결된 힘을 발휘할 수 있다. 그러므로

① 우리는 교직단체 활동을 통하여 교육자의 처우와 근무조건의 개선을 꾸준히 추진한다.

② 우리는 교직단체의 활동을 통하여 교육자의 자질향상과 교권의 확립에 박차를 가한다.

③ 우리는 편당적·편파적 활동에 참가하지 아니하고, 교육을 그 방편으로 삼지 아니한다.

④ 교직단체는 국가의 중요 교육정책 결정에 참여하여 교육자의 여망과 주장을 충분히 반영시킨다.

⑤ 교직단체는 교육의 혁신과 국가의 발전을 위하여 다른 직능단체나 사회단체와 연대 협동한다.

(5) 스승과 사회

스승은 제자의 성장·발달을 돕기 위하여 학부모와 협력하며, 학교와 사회와의 상호작용의 원동력이 되고, 국가발전의 선도자가 된다. 그러므로

① 우리는 학교의 방침과 제자의 발달상항을 가정에 알리고, 학부모의 정당한 의견을 학교교육에 반영한다.

② 우리는 사회의 실정을 정확하게 파악하고, 지역사회의 생활과 문화향상을 위하여 봉사한다.

③ 우리는 사회의 욕구를 교육계획에 반영하여 학교의 교육활동을 사회에 널리 알린다.

④ 우리는 국민의 평생교육을 위하여 광범위하게 협조하고 그 핵심이 된다.

⑤ 우리는 확고한 국가관과 건전한 가치관을 가지고 국민의식 계획에 솔신수밈하며, 국가 발전의 선도자가 된다.

3) 교직윤리헌장

(1) 교직윤리헌장

우리는 교육이 인간의 가치와 존엄성을 높이며, 개인의 성장과 자아실현은 물론 국가와 민족의 미래에 중대한 영향을 준다는 사실을 명심하고, 국민으로부터 부여받은 교육자의 책무를 다하기 위해 최선을 다한다.

우리는 균형 있는 지·덕·체 교육을 통하여 미래사회를 열어 갈 창조정신과 세계를 향한 진취적 기상을 길러 줌으로써, 학생을 학부모의 자랑스런 자녀요 더불어 사는 민주사회의 주인으로 성장하게 한다.

우리는 교육자의 품성과 언행이 학생의 인격형성을 좌우할 뿐만 아니라 사회 전반의 윤리적 지표가 된다는 사실을 깊이 인식하고, 윤리성과 전문성을 높이기 위해 노력한다.

이에 우리 모두의 의지를 모아 교직의 윤리를 밝히고, 사랑과 정직과 성실에 바탕을 둔 교육자의 길을 걷는다.

(2) 우리의 다짐(10개 항)

하나, 나는 학생을 사랑하고 학생의 인권과 인격을 존중하며, 합리적인 절차와 방법에 따라 지도한다.

하나, 나는 학생의 개성과 가치관을 존중하며, 나의 사상·종교·신념을 강요하지 않는다.

하나, 나는 학생을 학업성적·성별·가정환경의 차이에 따라 차별하지 않으며, 부적응아와 약자를 세심하게 배려한다.

하나, 나는 수업이 교사의 최우선 본분임을 명심하고, 질 높은 수업을 위해 부단히 연구하고 노력한다.

하나, 나는 학생의 성적평가를 투명하고 엄정하게 처리하며, 각종 기록물을 정확하게 작성·관리한다.

하나, 나는 교육전문가로서 확고한 교육관과 교직에 대한 긍지를 갖고, 자기개발을 위해 노력한다.

하나, 나는 교직 수행과정에서 습득한 학생과 동료, 그리고 직무에 관한 정보를 악용하지 않는다.

하나, 나는 학생이나 학부모로부터 사적 이익을 취하지 않으며, 사교육기관이나 외부업체와 부당하게 타협하지 않는다.

하나, 나는 잘못된 제도와 관행을 개선하는 데 앞장서며, 교육적 가치를 우선하는 건전한 교직 문화 형성에 적극 참여한다.

하나, 나는 학부모와 지역사회를 교육의 동반자로 삼아 바람직한 교육공동체 형성을 위해 함께 노력한다.

제4절 현대사회와 새로운 교원상

사회가 발전하고 시대가 변함에 따라서 교육관, 교직관이 변화되고 따라서 기대되는 교사상도 변천하기 마련이다. 그럼에도 불구하고 일반인들이나 교사 자신이 생각하는 교사상에 대한 관점인 큰 변화가 없었던 것이 사실이다. 21세기 사회는 교직의 보편적이고 항구적인 역할담당자로서의 교사뿐만 아니라, 미래를 지향하는 교사를 요구하고 있다. 또한 미래의 한국 사회는 전문성, 전인교육, 평생교육, 국제화의 요구에 부응할 수 있는 교사를 요구하고 있다. 이를 바탕으로 미래사회가 요구하는 교사상은 다음과 같이 파악된다.

첫째, 자기가 가르치는 교과에 대하여 넓고 깊은 지식을 가지며 실력이 있어야 하고 동시에 자기가 가르치는 교과를 좋아하여야 한다. 교사의 첫 번째 임무는 교수·학습지도에 있으며 스스로 가르치는 교과에 대하여 충분히 알고 튼튼한 실력을 지녀야 함은 너무나도 당연하다. 동서고금을 막론하고 변함없는 기대의 하나는 교사 자신이 자기가 가르치는 교과에 대하여 철저하고 정확한 지식을 가져야 한다는 점이다. 이는 교직의 전문성을 나타내는 척도이기도 하다.

둘째, 교사는 이해와 사랑과 봉사에 철저해야 한다. 교사는 필연적으로 어떤 복잡한 인간관계의 망 속에 들어가게 된다. 교사는 학생들을 사랑과 이해와 친절과 따뜻함으로 대해야 한다. 받는 사랑이 아니라 주는 사랑을, 한없이 베푸는 사랑을 해야 한다. 똑똑한 학생을 칭찬하는 대신 학습부진아에 대한 동정과 책임감이 교사가 갖추어야 할 성품이며, 성서에서 말한 대로 잃어버린 한 마리의 양을 찾아 헤매는 목자와 같은 성품을 지녀야 한다. 교사는 학생을 사랑하고 학생 개개인을 바르게 이해하고 잘 알고 있어야 한다. 학생의 개성을 존중하고 그 능력과 적성 및 발달 단계에 맞게 교육하는 것이 올바른 교육의 길이다. 학생의 발달단계, 능력 및 적성에 맞는 교육을 실시해야만이 올바로 학생을 사랑하고 이해하며 그 바탕 위에서 교육이 성립되는 것이다.

셋째, 교원은 스스로 자기의 품성과 자질, 능력 등을 꾸준히 발전시키고 향상시키는 데 앞장설 것이 기대되며 모든 일에 솔선수범하여야 한다. 교원은 학생들로 하여금 잠재적 능력을 계발 신장하도록 도와주어야 한다. 남을 지도하면서 스스로 노력하지 않는다면 위선자가 되거나 무능력자가 되기 쉽다. 제 아무리 훌륭한 실력을 가졌다 하더라도 오늘날과 같이 급변하는 사회에 있어서 꾸준히 노력하지 않고서는 탁월한 실력을 유지하기란 힘들다. 우리는 이 사실을 운동세계에서 자주 접하게 된다. 매일 갈고 닦지 않으면 한때 제 아무리 명성이 높은 선수라 하더라도 언젠가는 쇠락의 길을 걷게 된다는 사실이다. 꾸준히 자라나는 세대에 대하여 참다운 스승으로서 존경을 받고 신뢰를 받기 위해서는 부단한 노력 속에서 가능하다 할 것이다.

교사는 행동으로 옮기는 사람이 되어야 한다. 학행일치(學行一致)라는 말이 있듯이 교양과 인간애를 갖추었으면 그것을 실제로 행해야 한다. "남을 움직이려거든 내가 먼저 움직여야 하고 남을 감동시키려거든 내가 먼저 감동해야 한다."라는 말이 있듯이 교사의 행동이나 언어 하나라도 세심한 배려로써 행할 때 다른 사람을 감동시키는 폭발적인 힘이 발휘되곤 한다. 이는 교사만이 지니는 특권이요, 신비스런 작용이다. 그래서 교사는 자기 자신을 보다 세련되게 다듬는 자기반성의 시간을 게을리 해서는 안 된다.

솔선수범의 자세는 인격교육의 원리에서 당연히 그러하거니와 학습지도 면에서도 인격적 교섭관계 속에서 교육이 이루어진다는 사실을 상기한다면 거의 모든 면에서 수범이 선행되어야 한다. 물론 교사라고 해서 모든 면에서 모든 학생을 앞설 수만은 없을지도 모른다. 그러나 학습지도나 품성지도에 있어서 바른 본보기를 보여 주지 못한다면 학생은 누구를 본받게 될 것이며 그렇게 될 때 교직은 아무런 의미가 없는 직업으로 전락하고 말 것이다.

넷째, 교사는 학생들에게 희망을 주는 사람이 되어야 한다. 교사의 얼굴에는 그림자나 어둠이나 실망이 없고, 언제나 미래를 내다보는 희망이 깃들어 있어야 한다. 학생이 잘못을 저질렀을 때 비관하는 얼굴이 아니라 바른 길로 가도록 격려하는 얼굴이다. 그의 얼굴은 오늘날 우리 사회의 부조리에 낙망하는 것이 아니라, 내일의 비전에 용기를 가지는 얼굴이다. 교사가 가져야 할 희망적인 생활 태도는 주위환경의 조건에 따라가는 것이 아니라 현실을 보다 바람직하게 개선하고 개혁하며 혁신하려는 굳은 의지를 갖추는 것이다. 교사는 미래에 대해 희망적인 전망을 가져야하고, 설령 미래가 밝은 전망을 내다볼 수 없을 때에도 희망을 갖고 이 희망을 주위 사람들에게 불러일으켜 잠자는 혼을 깨워야 한다.

다섯째, 교사는 교육혁신에 대하여 적극적이고 능동적으로 참여하며 스스로의 위치에서 교육의 혁신을 추진하고 실천하는 변화의 촉진자 역할을 해야 한다. 교육혁신과 문화창달은 국가정책적·제도적 차원에서의 변화는 물론 보다 새로운 교육풍토를 이룩하고 교육의 운영과 방법에 대해서도 끊임없는 쇄신과 발전을 기하고자 하는 정책지향을 추상적으로 표시한 것에 불과하다. 교사는 항상 교육발전과 쇄신에 대한 구상을 가져야 하며 그것을 실천함에 있어서 방관자의 입장을 떠나서 능동적으로 비판하고 창의적으로 참여하는 실천인이 되어야 한다. 교사들이 정책발전이나 정책형성은 물론 집행과 평가의 과정에서 보다 활발하게 의견을 개진함으로써 교단중심 교육행정이 이루어지도록 돕는 것도 중요하다. 그보다 더 중요한 것은 스스로 학생을 지도하는 과정에서 구습을 버리고 항상 새로운 창의와 개척의 정신으로 개선과 향상을 기하려는 진취적 의지와 자세를 가져야 한다는 점이다. 스스로의 위치와 처지에서 변화, 보다 나은 방향으로의 변화를 설계하고자 하는 자세를 견지하여야 함을 강조하려는 것이다.

여섯째, 세계화에 대응하는 안목과 능력, 태도를 가져야 할 것이다. 새로운 세계화 시대, 세계 속의 한국으로 크게 부각되고 있는 개방사회 지향의 시대적·사회적 요청을 받아들여 보다 넓은 시야와 관점에서 자라나는 세대의 젊은이들을 이끌어 나갈 수 있는 안목과 능력, 태도 등을 가져야 할 것으로 기대된다. 교사들 스스로가 세계적인 교육이나 교육정책의 사조와 추세를 이해함은 물론 자라나는 청소년들로 하여금 자주적 정신과 더불어 세계를 향하여 개방된 진취적 태도를 견지할 수 있도록 유의하여야 할 것이다. 다른 민족과 문화에 대한 이해를 증진하게 함은 자기중심적인 세계관을 버리고 폭넓은 시야와 아량과 도량을 가질 수 있도록 스스로 본보기를 보여 주어야 할 것이다.

21세기 세계화 시대인 오늘날, 한국 교육계에 교권 추락과 교권 실추에 대한 우려의 목소리가 높은 게 사실이다. 체벌 금지 등을 통한 학생 인권 보장, 학부모의 교육 수요자 권리 확대 등의 주장이 강력히 대두되고 있다. 하지만, 정작 교원의 교수권, 즉 교권은 방치되고 있다는 지적이 있다.

그렇지만, 모든 교원들은 이와 같은 교육계의 진통, 교직계의 산고를 이겨 내고 오직 제자인 학생들의 교육에 최선을 다해야 할 것이다. 추락된 교권 회복도 이와 같은 교원들이 학생들을 위한 참다운 교육에 매진할 때 성취될 것이기 때문이다.

우리 모두가 겨레의 스승으로서 오늘도 헨리 반 다이크의 '무명교사 예찬가'를 가슴속에 새기고 교단에 서서 경건한 마음으로 진솔한 교육, 훌륭한 수업을 전개해야 함은 엄숙한 소명(mission)이라는 점을 간과해서는 안 될 것이다.

연구 문제

1. 교직(교원)이 전문직인 이유에 대해서 구체적으로 설명해 보시오.

2. 현대사회의 새로운 교원상에 대해서 구체적으로 설명해 보시오.

3. 한국에서 교직 윤리와 교원 윤리의 표상으로 1982년 5월 15일에 사도헌장과 사도강령, 2005년 5월 15일에 교직윤리헌장이 각각 공표되었다. 구체적인 내용을 제시하고, 이들 덕목을 몇 개의 큰 덕목과 윤리로 종합하여 설명해 보시오.

4. 21세기 세계화 사회에서 교사의 자질과 학생의 태도를 제시하고 설명해 보시오.

5. 교직(교원)이 여타 다른 직업과 다른 점에 대해서 구체적으로 논(論)하시오.

6. 학부모의 교육수요자 권리 주장, 학생의 인권과 학습권 보장 요구 팽배 등의 현대 교육의 현실 속에서 교원들의 교직윤리가 더욱 확고하게 확립되어야 하는 이유에 대해서 논(論)하시오.

7. 현재 한국에서 조직되어 활동하고 있는 교직단체를 열거하고 각각의 목적과 사업 등에 대해서 비교하여 설명해 보시오.

8. 현대 교육에서 교원의 진정한 임무에 대해서 논(論)하시오.

9. 세계화 사회에서 바람직한 교원의 역할에 대해서 논(論)하시오.

10. 일반적으로 교직관의 종류로 제시되는 성직관, 전문직관, 노동직관 등을 상호 비교하여 사례를 들어 설명해 보시오.

참고문헌

강영삼(2000). 장학론. 서울: 세영사.

강영삼 외(2011). 교육학 개론. 서울: 교육과학사.

강인애(1997). 왜 구성주의인가?. 서울: 문음사.

고벽진 외(2007). 최신 교육학의 이해. 서울: 교육과학사.

고재희(2011). 교육과정 이해와 개발. 파주: 교육과학사.

고형일(1987). 교육사회학 탐구. 서울: 교육과학사.

공영석 외(2002). 현대교육학. 서울: 가산출판사.

구병두(1996). 학업성취 관련변인. 서울: 양서원.

권석만(2000). 인관관계 심리학. 서울: 학지사.

권창길 외(2000). 교육학 개론. 서울: 학지사.

영남대학교교육학과연구실편(1996). 교과교재 연구의 이론과 실제. 대구: 영남대학교 출판부.

구광현 외(1994). 교육학 개론. 서울: 양서원.

구병두(1996). 학업성취 관련변인. 서울: 양서원.

권건일(2000). 교육학 개론. 서울: 양서원.

권대봉(2001). 평생교육의 다섯 마당. 서울: 학지사.

권석만(2011). 인간관계 심리학. 서울: 학지사.

권정숙 외(2011). 교육학 개론. 서울: 태영출판사.

권창길 외(2000). 교육학 개론. 서울: 학지사.

길형석 · 손충기(2003). 교육과정과 교육평가. 서울: 동문사.

김경식(1999). 교육사 · 철학신론. 서울: 교육과학사.

김경식 · 곽성기 · 박혜신(2001). 중등실기 교사를 위한 교육방법 공학. 서울: 교육과학사.

김경희 외(2011). 교육학 개론. 파주: 집문당.

김경자 외(2011). 학교 교육과정론. 파주: 교육과학사.

김경중 외(2001). 교육학 개론 아동발달심리. 서울: 학지사.

김정현 외(2011). 서울: 태영줄판사.

김귀성 · 노상우(2001). 현대교육사상. 서울: 학지사.

김기석 편(1987). 교육사회학탐구: 학교교육의 신화와 현실. 서울: 교육과학사.

김기현(2002). 대학: 진보의 동아시아적 의미. 서울: 사계절.

김달효(2011). 교육학 개론. 서울: 시그마프레스.

김대현(2011). 교육과정의 이해. 서울: 학지사.

김대현 · 김석우(1996). 교육과정 및 교육평가. 서울: 학지사.

김동원(2011). 학교 교육과정 길라잡이. 서울: 신정.

김두범 외(1996). 교육학의 이해. 서울: 학이당.

김두정(2011). 한국 학교교육과정의 탐구. 서울: 학지사.

김명희·이경희 공역(1998). 다중지능의 이론과 실제. 서울: 양서원.

김미환 외(2007). 현장교육학. 서울: 동문사.

김범주·구병두(2011). 교육학 개론. 고양: 공동체

김병구(1993). 교육철학 및 교육사. 서울: 재동문화사.

김병성(2002). 교육사회학이론 신강. 서울: 학지사.

______(2004). 교육과 사회. 서울: 학지사.

김병욱(2007). 교육사회학. 서울: 학지사.

김봉석 외(2004). 현대교육의 이해. 서울: 양서원.

김봉진·김종화(2011). 교육과정 및 교육평가. 서울: 형설출판사.

김선구 외(2002). 사회변화와 교육사상. 서울: 원미사.

김성권(1983). 교육과정과 평가. 서울: 형설출판사.

김신일(2005). 교육사회학. 서울: 교육과학사.

______(2011). 교육사회학. 서울: 교육과학사

김언주 외(2002). 아이들이 행복할 때 교사도 행복하다: 다가가는 선생님이 되기 위한 교육심리. 서울:
　　　창지사.

김연희 외(2011). 교육연구방법. 서울: 동문사.

김영찬(1980). 생활·문화·교육. 서울: 교육과학사.

김영채 역(2001). 학습심리학. 서울: 박영사.

김영화(1992). "학부모의 교육열: 사회계층 간 비교를 중심으로". 교육학연구. 제30권. 제4호. 한국교육
　　　학회.

김윤섭(2000). 교육학 강의. 서울: 한올출판사.

김정환·강선보(2011). 교육학 개론. 서울: 박영사.

김종철(1983). 교육행정의 이념과 실제. 서울: 교육과학사.

김준건·옥장흠(2011). 신교육학 개론. 서울: 태영출판사.

김진규(2000). 교육학 개론. 서울: 재동문화사.

김창걸(1998). 교육행정학 및 교육경영 신강. 서울: 형설출판사.

김창걸 외(2011). 교육학 개론. 서울: 형설출판사.

김천기(1998). 교육의 사회학적 이해. 서울: 학지사.

김충기 외(2002). 교육학 개론. 서울: 동문사.

김희복(1991). "한국인의 교육열 탐색". 경성대학교 학술저널. Vol.11. No.3 경성대학교.

남정걸 외(1995). 교육조직론. 서울: 학교교육행정학회.

남정걸(2000). 교육행정 및 교육경영. 서울: 교육과학사.

노종희(1992). 교육행정학: 이론과 연구. 서울: 문음사.

______(1983). "상황적 리더십 이론". 한국교육행정학의 이론적 접근. 서울: 교육과학사.

리처드 오스븐. 윤길순 역(2001). 사회학. 서울: 김영사.

문낙진(1993). 학교·학급경영의 이론과 실제. 서울: 형설출판사.

문용린 역(1998). 피아제가 보여 주는 아이들의 인지 세계. 서울: 학지사.

박도순 외(1994). 신교육학 개론. 서울: 문음사.

박동서(1987). 한국행정론. 서울: 법문사.

박병량·주철안(2000). 학교·학급경영. 서울: 학지사.

박상호 외(1995). 교육학 개론. 서울: 집문당.

박승배(2001). 교육과정학의 이해. 서울: 양서원.

박용헌(1968). 학교사회. 서울: 배영사.

박은종(2011). 창의적 체험활동 교육과정의 실행: 이론과 실제. 파주: 한국학술정보(주)

박인학 · 이두헌(2011). 교육학 개론. 서울: 대왕사.

박종렬(1989). 학교경영론. 서울: 성원사.

박희경 역(2002). 학습과 공부: 연구 조망. 서울: 시그마프레스.

방인옥 외(2011). 유아교육개론. 서울: 정민사.

백현기(1960). 교육행정학. 서울: 을유문화사.

변영계(1999). 교수 · 학습이론의 이해. 서울: 학지사.

서울대학교 교육연구소(2005). 교육학대백과사전 Ⅰ · Ⅱ · Ⅲ. 서울: 하우동설.

_____________________(1981). 교육학용어사전. 서울: 배영사.

서정화(1989). 한국인사행정론. 서울: 세영사.

_____(1996). 교육인사행정론. 서울: 세영사.

석태종(1996). 교육사회학. 서울: 교육과학사.

송미섭 · 라동환(2000). 교육행정 및 경영. 서울: 형설출판사.

송병순(1987). 교육사회학. 서울: 문음사.

송화섭(2010). 교육행정이론과 경영론. 파주: 양서원.

신동로(2011). 교육과정 및 교육평가. 서울: 형설출판사.

신중식 · 강영삼(2000). 교육행정학 및 교육경영. 서울: 교육출판사.

신철순(2010). 교육행정 및 경영. 파주: 교육과학사.

오만록(2011). 교육과정론. 서울: 동문사.

오성삼 외(1998). 교육학의 이해. 서울: 양서원

오욱환(2000). 학교교육과 불평등. 서울: 교육과학사.

윤건호 · 김봉석(2011). 교육학 개론. 서울: 창지사.

윤운성(2001). 교육의 심리적 이해. 서울: 양서원.

윤정일 외 역(1986). 교육과 사회발전. 서울: 대영문화사.

이건만(1994). 마르크스주의 교육사회학. 서울: 교육과학사.

이규환(1998). 비판적 교육사회학. 서울: 한울.

이성호(2011). 교육과정론. 차주: 양서원.

이승복 외 역(1997). 심리학사. 서울: 학문사.

이영석 외(2000). 최신 유아교육학 개론. 서울: 교육과학사.

이정희 외 역(2000). 성격 유형과 학습 스타일. 한국심리검사연구소.

이종각(1996). 교육사회학총론. 서울: 동문사.

이형행 · 권영성(2011). 교육학 개론. 고양. 공동체.

_____(2011). 교육과정 탐구. 서울: 박영사.

이혜림(2000). 실기교육방법의 이해. 백산출판사.

이홍우(1992). 교육의 개념. 서울: 문음사.

임석진 감수(1985). 철학사전. 서울: 이삭.

전영국 외(2011). 교육과학과 교과교육의 실제. 파주: 교육과학사.

정범모(1973). 교육과 교육학. 서울: 배영사.

정석환(2011). 교육학 개론. 파주: 양서원.

주삼환 외(2006). 교육행정 및 교육경영. 서울: 학지사.

최호성(2011). 교육과정 및 평가. 파주: 교육과학사.

한공우(1995). 교육학 개론. 서울: 동문사.

한국교육과정학회(2011). 교육과정: 이해와 개발. 서울: 교육과학사.

한국교육학회(1996). 인간과 교육. 서울: 문음사.

한국진로교육학회 역(2000). 진로교육의 이론과 실제. 서울: 교육과학사.

한상길 외(2011). 교육학 개론. 고양: 공동체.

한준상(2000). 신교육사회학. 서울: 학지사.

함종규(1997). 학습지도. 서울: 문음사.

허운나(2000). 교육방법 및 교육공학. 서울: 교육과학사.

허혜경 · 김혜수(2011). 교육학 개론. 서울: 창지사.

홍후조(2011). 알기 쉬운 교육과정. 서울: 학지사.

황정규(1995). 학교학습과 교육평가. 서울: 교육과학사.

황정규 · 이돈희 · 김신일(2008). 교육학 개론. 파주: 교육과학사.

Bass. B. M.(1985). Leadership and performance beyond expectations. New York: Free Press.

Berg. I.(1970). Education and Jobs: the great training robbery. New York: Praeger.

Bruner. J. S.(1960). The process of education. New York: Vintage Books.

Cohen. M. D.. March. J. G. & Olsen. J. P.(1972). A garbage can model of organizational choice. Administrative Science Quarterly. 17.

Denzin. N. K.(1989). Interpretive interactionism. Newbury Park: Sage.

Doll. R. C.(1992). Curriculum improvement: decision making and process (8th).

Doyle. W.(1986). Classroom organization and management. In C. Wittrock. (ed.).

Eisner. E. W.(1994). The educational imagination: on the design and evaluation of school programs(3rd). New York: Macmillan.

Goldman. A. H.(1992). professional ethics. In L. C. Becker (ed.). Encyclopedia of ethics. Vol Ⅱ. New York: Garland.

Hamm. C. M.(1991). Philosophical issues in education: an introduction. London: The Falmer Press.

Hoy. W. K. & Miskel. C. G.(1996). Educational administration: theory. research. and practice(5th ed.). Boston: McGraw-Hill.

Kamii(1985). Young children reinvent arithmetic. New York: Teachers College. Columbia university.

Gardner. H.(2002). Learning from extraordinary minds. In M. Ferrari (Ed.). The pursuit of excellence tbrougb education. Mahwan. NJ: Erlbaum.

Hanger. P.(1995). Lifelong education: An idea come of age? Paper Presented at the AARE Annual Conference. Hobart. Nov. 1995.

Lengrand. P.(1975). An Introducion to Lifelong Education. NY: Unipub.

Morgan. C. T.. King. R. A. & Robinson. N. M.(1999). Introduction to Psycbology. Mcgraw-Hill.

Roger. A.(2003). What is the difference? A new critique of adult learning and teaching.

Tyler. R. W.(1942). General statement on evaluation. *Journal of Educational Researcher*. 35. pp.492 – 501.

UNESCO(1997). 5th International Conference on Adult Education. London and New York: Routledge.

Yukl. G. A.(2002). Leadership in organizations (2nd ed.). New Jersey: prentice Hall.

Zimmerman. B. J. & Blotner. R.(1979). Effects of model presistence and success on children's problem solving. *Journal of educational Psychology*. 71. pp.508 – 513.

2010학년도 공립 초등학교(유치원·특수학교) 교사

신규 임용후보자 선정경쟁시험 기출문제(교육학)

제 1교시

교 육 학

| 성명 | | 수험번호 | |

○ 이 문제지는 50문항(문항 당 0.6점)으로 구성되어 있습니다. 문항수를 확인하십시오.

○ 문제지와 답안지 해당란에 성명과 수험 번호를 정확히 쓰십시오.

1. 철수에게 태권도 품세를 노래에 맞추어 가르치는 교사의 수업 장면이다. <보기>의 내용과 그에 해당하는 행동주의 학습 원리를 옳게 연결한 것은?

<보 기>

ㄱ. 노래를 여덟 소절로 나누고, 각 소절마다 네 가지의 품세들을 배열하였다.

ㄴ. 수업 시작부터 장난을 치며 친구들을 방해한 철수에게 점심시간에 좋아하는 축구를 하지 못하도록 하였다.

ㄷ. 의기소침해 있는 철수를 수업에 집중시키기 위해, 철수가 동작을 정확하게 수행할 때마다 칭찬을 해주었다.

ㄹ. 철수의 수업 집중도가 높아진 후에는 정확한 행동을 세 번 하면 한 번씩 칭찬하였다.

	ㄱ	ㄴ	ㄷ	ㄹ
①	과제분석	부적 강화	계속성 강화	고정비율 강화
②	과제분석	제거성 벌	프리맥 원리	변동비율 강화
③	과제분석	제거성 벌	계속성 강화	고정비율 강화
④	응용행동분석	제거성 벌	계속성 강화	변동비율 강화
⑤	응용행동분석	부적 강화	프리맥 원리	변동비율 강화

2. 그림은 왼쪽 도형을 오른쪽 배경에서 찾아내는 수준에 따라 개인의 인지양식을 진단하는 '잠입도형검사(Embedded Figure Test)'의 예이다. 이 검사 점수가 높은 학생들의 인지양식에 맞추어 지도한 교사의 행동을 <보기>에서 고른 것은?

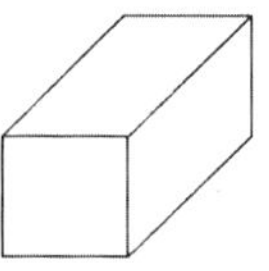

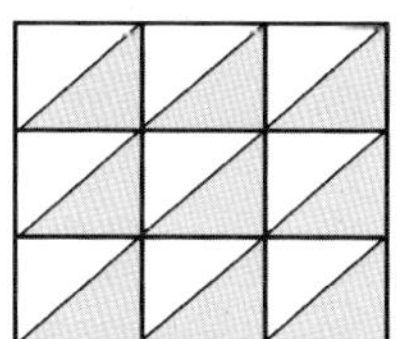

<보 기>

ㄱ. 외적 보상을 통해서 동기를 유발하였다.

ㄴ. 안내와 시범 없이 스스로 수학문제를 풀도록 하였다.

ㄷ. 모둠별 활동보다 개인별 활동을 할 수 있도록 하였다.

ㄹ. 교사가 작성한 구조화된 표를 주고 암석의 종류를 비교해 보도록 하였다.

---

① ㄱ,ㄴ ② ㄱ,ㄷ ③ ㄱ,ㄹ ④ ㄴ,ㄷ ⑤ ㄴ,ㄹ

3. 영희의 행동특징을 피아제(J. Piaget)의 인지발달 이론에 기초하여 파악한 교사가 영희의 발달단계에ㅐ 맞게 지도한 교수활동이라고 할 수 <u>없는</u> 것은?

> 영희는 요즘 들어 물건 정리에 재미를 붙인 듯하다. 학급문고의 책들을 위인전과 동화책으로 나누어 다른 칸에 꽂더니 곧 위인전은 두꺼운 순서대로, 동화책은 표지의 색깔별로 정리하고 있다. 책 정리 다음에는 친구들의 연필을 모두 모아서 길이대로 늘어놓는다.

① 교실과 교무실의 크기를 비교하게 한 후, 면적의 차이를 가르쳤다.

② 친척이라는 추상적인 개념은 가계도 그림 자료를 활용하여 설명하였다.

③ 오징어와 문어의 그림을 보고 공통점과 차이점을 설명해 보도록 하였다.

④ 감추기-찾기 놀이를 통해 눈에 보이지 않는 물건도 세상에
　 존재함을 알게 하였다.
⑤ 지도에 경계선을 그려가며 서울의 행정구역 단위인 구(區)
　 와 동(洞)의 포함관계를 가르쳤다.

4. 다음 세 교사의 견해를 설명할 수 있는 동기이론들이 옳게
　 연결된 것은?

> 이 교사 : 학생들이 새로운 일을 해야 할 때, 그 일을 잘 해
> 　　　　 낼 수 있는가뿐만 아니라 그 일이 본인에게 얼마
> 　　　　 나 중요한가에 따라서도 동기 수준이 달라지는
> 　　　　 것 같아요.
> 최 교사 : 학생들은 자율적이고 싶어해요. 자신의 행동을 스
> 　　　　 스로 통제하고 조절할 수 있다는 믿음에 의해서
> 　　　　 동기가 유발되는 것이지요.
> 윤 교사 : 실수를 해도 새로운 일에 도전하고 그 일을 하면
> 　　　　 서 느끼는 성취감이 중요하다고 생각하는 학생들
> 　　　　 이 있는 반면, 어떤 학생들은 점수도 점수지만 항
> 　　　　 상 친구들과의 비교를 중요하게 생각하더군요.

	이 교사	최 교사	윤 교사
①	귀인 이론	목표지향성 이론	기대-가치 이론
②	귀인 이론	욕구위계 이론	목표지향성 이론
③	기대-가치 이론	자기결정성 이론	목표지향성 이론
④	기대-가치 이론	욕구위계 이론	자기결정성 이론
⑤	목표지향성 이론	자기결정성 이론	기대-가치 이론

5. 다음의 민호에게서 나타나는 문제행동의 원인에 대한 가설
　 을 상담이론별로 다양하게 세울 수 있다. 주요 상담이론과
　 가설이 옳게 짝지어진 것은?

> 초등학교 5학년, 외동아들인 민호는 엄격하고 폭력적인 아
> 버지와 무엇이든 다 받아주는 어머니 밑에서 자라왔다. 어
> 려서는 얌전하고 말을 잘 듣는 아이였으나, 커가면서 점점
> 폭력적이고 반항적인 아이로 변해가고 있다. 최근에 민호는
> 싸움 중에 친구의 앞니를 부러뜨렸는데, 어머니가 사태를
> 해결해주지 않으면 학교에 안 가겠다며 버티고 있다.

① 인지치료 - 엄격하고 폭력적인 아버지의 행동방식을 보고
　 배운 것이다.
② 행동수정 - 존중과 이해를 받지 못해 부정적 자아개념을
　 형성한 것이다.
③ 정신분석 - 무조건 다 받아주는 어머니로 인해 폭력적인
　 행동이 강화되었다.

④ 인간중심 - 폭력적인 행동의 이면에는 외동아들로서의 의
　 존적 성격이 깔려 있다.
⑤ 현실치료 - 결핍된 힘의 욕구를 충족하기 위해 폭력이라는
　 잘못된 방법을 선택한 것이다.

6. 시험불안 증상이 있는 학생과의 상담에서 해결중심(solution
　 focused) 상담이론의 전형적인 질문의 예시라고 할 수 없는 것은?

① 시험을 볼 때마다 불안하다고 했는데, 혹시 불안하지 않은
　 적은 없었니?
② 만약 오늘 밤 기적이 일어난다면, 내일 아침 무슨 일이 일
　 어나 있을 것 같니?
③ 그렇게 불안해 하면서도 어떻게 그 동안 결석 한번 없이
　 학교를 잘 다닐 수 있었니?
④ 시험을 앞두고 매 번 반복적으로 떠오르는 생각이 있니?
　 그렇게 생각하는 근거는 뭐지?
⑤ 가장 불안할 때를 10점, 전혀 불안하지 않을 때를 0점이라
　 고 한다면, 지금은 몇 점 정도 될까?

7. 상담에서 활용되는 심리검사와 관련된 진술로 옳은 것은?

① 문장완성검사는 투사법 검사의 일종이다.
② 아동용 회화통각검사(TAT)는 성격평가를 위한 표준화 검
　 사이다.
③ MBTI는 성격문제의 원인과 증상 정도를 평가하는 임상진
　 단검사이다.
④ MMPI는 성격유형의 장단점을 밝혀줌으로써 진로결정 등
　 에 도움을 준다.
⑤ 개인용 지능검사는 주로 영재판별 목적으로 쓰이며, 상담
　 교사라면 실시와 해석이 가능하다.

8. 상담을 구조화하기 위해 상담교사가 학생에게 하는 말로
　 적절한 것을 <보기>에서 모두 고르면?

> ─────<보 기>─────
> ㄱ. 상담은 40분에서 50분 정도 하게 될 거고, 일주일에 한
> 　 번씩 약 네 번쯤 만나게 될 거야.
> ㄴ. 나는 진심으로 너를 도와줄 생각이야, 그러니까 힘든 일
> 　 이 있을 때는 언제든지 나를 찾아와도 돼.
> ㄷ. 이 시간은 훈계를 듣는 시간이 아니니까 네가 생각하고
> 　 느끼는 것을 솔직하게 이야기하는 게 무엇보다 중요하
> 　 단다.
> ㄹ. 여기서 하는 이야기는 모두 비밀이야. 하지만, 너나 다
> 　 른 사람에게 해로울 수 있는 내용에 대해서는 예외가
> 　 있을 수 있지.

ㅁ. 우선 이렇게 시작하지만, 혹시 힘든 점이 있으면 중간에
라도 이야기해주면 좋겠구나. 어떤 식으로 할지는 다시
정할 수 있으니까.

① ㄱ, ㄴ   ② ㄱ, ㄷ, ㅁ   ③ ㄴ, ㄷ, ㅁ
④ ㄱ, ㄷ, ㄹ, ㅁ   ⑤ ㄱ, ㄴ, ㄷ, ㄹ, ㅁ

9. 다음은 우리나라 초등학교에서 이루어지는 학교 교육과정
개발의 일반적인 절차를 나타낸 것이다. (가) 단계에서 필
수적으로 이루어져야 할 활동으로 가장 적절한 것은?

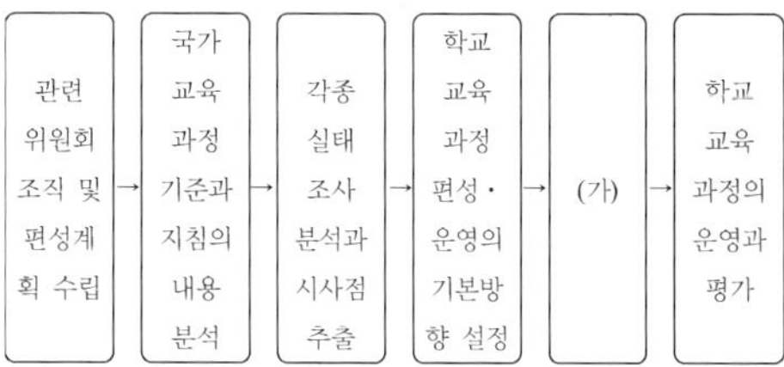

① 관계 법령 분석
② 학교 여건 분석
③ 내년도 교육과정 개선을 위한 의사결정
④ 편제와 시간 배당, 수업 일수 및 시수 결정
⑤ 전년도 교과, 특별활동, 재량활동의 운영 실태 평가

10. 다음 대화에서 추론할 수 있는 교사와 교장의 교육과정 실
행에 대한 관점을 옳게 연결한 것은?

김 교사 : 국가가 정한 교육과정에 얽매이기보다는 교사가
창의적으로 교육내용을 만들어서 가르치는 것이
중요하다고 봐요. 교육과정은 교사와 학생이 함
께 만들어가는 교육경험이라 할 수 있잖아요.
이 교장 : 글쎄요. 국가 교육과정은 전국적인 교육의 질을
보장하기 위하여 공통된 내용을 정하여 실시하
는 교육계획이지요. 그렇다면 교사가 수업을 임
의로 해서는 안 되고, 당초 국가 교육과정에서
정한 목표와 내용을 중심으로 가르쳐야지요.
박 교사 : 두 분 말씀은 알겠는데요. 교육과정을 실제로 운
영하는 것은 복잡한 일입니다. 국가 교육과정뿐
만 아니라 교실 상황, 학습자 수준, 교사의 요구
도 함께 고려해야죠. 교육과정 개발자와 사용자
간의 의견조정도 중요하다고 봐요.

	김 교사	이 교장	박 교사
①	형성(생성) 관점	충실성 관점	상호적응 관점
②	형성(생성) 관점	상호적응 관점	충실성 관점
③	충실성 관점	상호적응 관점	형성(생성) 관점
④	충실성 관점	형성(생성) 관점	상호적응 관점
⑤	상호적응 관점	충실성 관점	형성(생성) 관점

11. 다음 사례에 공통적으로 나타나는 교육과정 개념에 대한
설명으로 가장 적절한 것은?

● 어느 국가에서는 생물 수업 시간에 진화론을 가르치지
않는다.
● 어느 국가의 경제 교과서에는 노동자의 인권에 대한 내
용이 배제되어 있다.
● 어느 국가에서는 자국(自國)에 불리한 역사적 사실을 학교
교육내용에서 제외시킨다.

① 공식적 문서로서의 표면적 교육과정
② 학교교육에서 의도되지 않은 학습결과
③ 상황맥락성을 강조하는 내러티브적 교육과정
④ 공식적 교육과정에 결여되어 있기 때문에 학습할 수 없는
내용
⑤ 공식적 교육과정에 포함되지 않으나 학생들이 경험하는 교
육과정

12. 다음 대화에서 각 교사가 직면한 문제의 해결 방법으로 가
장 적절하게 연결된 것은?

김 교사 : 매 단원마다 같은 내용이 반복되어 제시되다 보
니 학생들이 지루해 하는 것 같아요. 학생들의 학
습을 심화, 발전시켜야 하는데 말이죠.
이 교사 : 저도 비슷한 고민을 해요. 미술 시간에 그림 그리
기 준비를 하다 보면 정작 그리기 수업은 제대로
못하고 끝나버려요. 어떻게 하면 수업 시간을 안
정적으로 확보할 수 있을까요?
박 교사 : 저는 조금 다른 문제로 고민 중입니다. 추석이 다
가와서 친척들의 호칭을 가르쳐 주고 싶은데, 관
련 단원이 마지막에 편성되어 있어서 어떻게 하
면 좋을지 모르겠어요.
최 교사 : 저는 사회 시간에 역사적 사실과 그것을 배경으
로 하는 문학 작품을 함께 가르치고 싶은데, 어떻
게 하면 좋을까요?

	김 교사	이 교사	박 교사	최 교사
①	계열적 조직	연속운영 (block time)	단원 재구성	상관형 조직
②	계열적 조직	진도조정	범교과학습 활용	분과형 조직
③	계속적 조직	연속운영 (block time)	단원 재구성	분과형 조직
④	계속적 조직	진도조정	범교과학습 활용	상관형 조직
⑤	계속적 조직	진도조정	범교과학습 활용	분과형 조직

13. 검사도구의 제작과정에서 문항의 특성과 문항분석에 대해 바르게 이해하고 활용한 사례로 가장 적절한 것은?

① 문항변별도가 음수로 나온 문항은 수정하거나 검사에서 제외시켰다.
② 문항변별도를 높이기 위해 검사 문항들을 난이도 순으로 배열하였다.
③ 검사의 변별력을 높이기 위해 문항난이도가 0과 1인 문항을 많이 포함시켰다.
④ 문항 선택지들의 매력도를 높이기 위해 특정 오답지에 반응이 집중되도록 하였다.
⑤ 정답을 추측해서 맞힐 확률은 문항 선택지가 많을수록 높아지므로 선택지의 수를 줄였다.

14. 어느 초등학교 6학년 전체 학생을 대상으로 다섯 교과의 시험을 실시한 후, 국어와 다른 네 교과 점수 사이의 상관계수를 계산하여 다음과 같은 결과를 얻었다. 이 자료에 대한 올바른 해석을 <보기>에서 모두 고르면?

X변인 Y변인	수학	영어	사회	과학
국어	0.58	0.87	0.29	0.12

<보 기>

ㄱ. 이 학교 6학년에서 국어를 못하는 학생들은 과학도 못한다.
ㄴ. 이 학교 6학년에서 국어를 잘하는 학생들은 영어도 잘하는 경향이 있다.
ㄷ. 국어점수와 통계적으로 유의미한 상관을 보이는 과목은 영어뿐이다.
ㄹ. 국어점수와 수학점수 간의 상관은 국어점수와 사회점수 간 상관의 2배이다.
ㅁ. 국어점수와 영어점수 간의 상관은 수학점수와 사회점수를 합한 점수와 국어점수 간의 상관과 같다.

---

① ㄱ　　② ㄴ　　③ ㄱ, ㄷ ④ ㄴ, ㄹ ⑤ ㄹ, ㅁ

15. 다음의 (가)와 (나)는 학생의 성별과 교수방법이 학업성취도에 미치는 영향을 탐색하기 위해 수행한 두 연구의 결과를 요약한 그래프이다. 각 연구에 대한 진술로 옳은 것을 <보기>에서 모두 고르면?

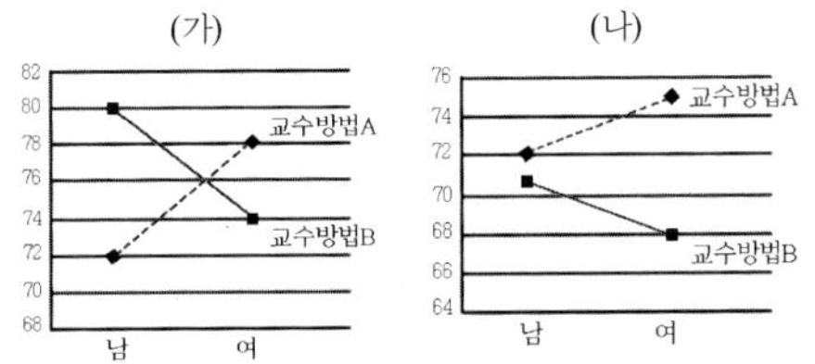

<보 기>

ㄱ. (가)에서는 학생의 성별과 교수방법 간의 상호작용이 예상된다.
ㄴ. (나)에서는 학생의 성별과 교수방법 간의 상호작용이 예상되지 않는다.
ㄷ. (가)에서는 결과 분석을 위해 교차분석 (X2검증)의 적용이 적합하다.
ㄹ. (나)에서는 결과 분석을 위해 이원분산분석의 적용이 적합하다.
ㅁ. (가)와 (나) 모두에서 교수방법 A가 B보다 학업성취도에 미치는 영향이 크다.

---

① ㄱ, ㄹ　　② ㄴ, ㄷ　　③ ㄱ, ㄷ, ㅁ
④ ㄱ, ㄴ, ㄷ, ㄹ ⑤ ㄱ, ㄴ, ㄷ, ㄹ, ㅁ

16. '중간고사 대체용으로 활용된 표준화 검사의 신뢰도가 교사가 제작한 중간고사용 검사의 신뢰도보다 높았다.'는 진술에 대한 가장 적절한 해석은?

① 표준화 검사가 교사가 제작한 검사보다 실용적이다.
② 표준화 검사의 실시절차가 교사가 제작한 검사의 실시절차보다 간편하다.
③ 표준화 검사의 점수가 교사가 제작한 검사의 점수보다 타당한 측정치이다.
④ 표준화 검사가 교사가 제작한 검사보다 교실에서의 수업내용을 많이 반영하고 있다.
⑤ 표준화 검사가 교사가 제작한 검사보다 재고자하는 특성을 일관성 있게 측정하고 있다.

17. 정 교사는 그림과 같이, 학습 성취수준이 낮은 학생에게 필요한 학습 전략을 시범해 보이면서 사회적 상호작용을 통해 도움을 주되, 학생의 수준이 목표치에 도달할 때까지 교사의 도움을 점차적으로 줄여 나갔다. 정 교사가 적용한 수업전략과 가장 가까운 것은?

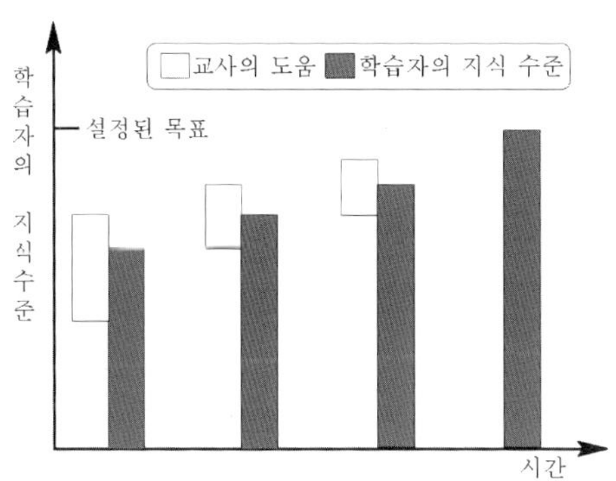

① 궤도학습(orbitals)
② 비계설정(scaffolding)
③ 과잉학습(overlearning)
④ 정착수업(anchored instruction)
⑤ 차등적 과제(tiered assignment)

18. 다음의 과제제시 방법을 통해 박 교사가 향상시키고자 하는 학생들의 능력은?

박 교사는 학생들에게 다음과 같이 구성된 '학습목표카드' 과제를 제시하고, 스스로 날마다 수행하고 점검하도록 하였다.
• 그날 배운 과목들의 내용을 간략하게 정리하기
• 다음날 배울 과목들의 내용을 계획하기
• 다음날 배울 과목들의 예상 학습목표를 세우기
그 결과, 학생들은 점차로 자신이 무엇을 배우고 있고, 어떻게 배워야 하며, 왜 주어진 학습활동을 해야 하는지, 그리고 자신이 공부를 제대로 하고 있는지 등에 대해 더욱 명확하게 인식해 갔다.

① 초인지(metacognition)
② 다중지능(multiple intelligence)
③ 조작적 행동(operant behavior)
④ 선택적 주의(selective attention)
⑤ 개념적 표상(conceptral representation)

19. 그림은 칙센트미하이(M. Csikszentmilhalyi)가 제시한 플로우(flow)를 설명하기 위한 것이다. 학습자가 학습의 즐거움에 심취되어 최상의 몰입경험을 할 수 있는 가능성이 가장 높은 부분은?

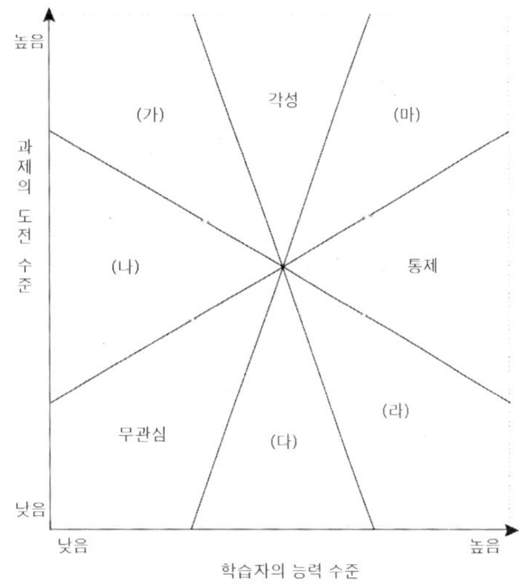

① (가) ② (나) ③ (다) ④ (라) ⑤ (마)

20. 다음은 사이버 가정학습용 콘텐츠 개발에 참여하게 된 교사들의 대화이다. 각 교사들의 화면설계 전략과 밀접하게 관련된 것은?

김 교사 : 각 화면의 교육내용을 학생들에게 효과적으로 전달하기 위해서는 글만 제시하지 말고 그림을 함께 사용하면 좋을 것 같아요.
최 교사 : 화면에 글과 그림들을 배열할 때는 관련된 요소들끼리 서로 가까이 배치하는 것이 좋겠네요.
박 교사 : 좋은 생각이네요. 그런데 한 화면에 너무 많은 글과 그림이 동시에 들어가게 되면 학생들의 이해를 방해할 수도 있을 것 같아요.

	김 교사	최 교사	박 교사
①	병렬분산처리	근접성의 원리	인지적 과부하
②	병렬분산처리	유사성의 원리	인지적 과부하
③	이중부호화	근접성의 원리	인지적 과부하
④	이중부호화	유사성의 원리	정보처리 역행간섭
⑤	이중부호화	근접성의 원리	정보처리 역행간섭

21. 다음 내용을 공통적으로 포함하는 인터넷 활용 수업 모형은?

① 혼합 학습(blended learning)
② 온라인 개인교수(online tutorial)
③ 웹퀘스트 수업(WebQuest instruction)
④ 온라인 시뮬레이션(online simulation)
⑤ 온라인 인지적 도제학습(online cognitive apprenticeship)

22. 다음은 교수매체의 효과성에 대한 두 학자의 주장이다. B
    학자의 주장을 가장 잘 반영하고 있는 매체활용 사례는?

① 시간절약을 위해 현장학습 대신 동영상 시청 후 토론수업
   을 진행하였다.
② 나팔꽃의 개화과정을 보여주기 위해 비디오의 시간압축 특
   성을 활용하였다.
③ 인쇄비를 절감하려고 한 학기 보충학습 자료를 CD매체에
   저장하여 제공하였다.
④ 방과후 학교 강사를 구하기 힘들어서 다른 학교의 방과후
   수업을 촬영하여 인터넷으로 제공하였다.
⑤ 새로운 매체사용으로 인한 신기효과(novelty effect)를 얻기
   위해 수업에 컴퓨터를 사용하였다.

23. <보기>의 수업지도 계획과 그에 적용된 수업설계 전략을
    옳게 연결한 것은?

	ㄱ	ㄴ	ㄷ
①	미시조직 전략	관련성 전략	일차적 자료 제시
②	미시조직 전략	주의환기 전략	이차적 자료 제시
③	정교화 전략	관련성 전략	일차적 자료 제시
④	정교화 전략	주의환기 전략	일차적 자료 제시
⑤	정교화 전략	주의환기 전략	이차적 자료 제시

24. 다음 「고려사(高麗史)」의 발췌문에 나타난 교육기관과 그
    것에 대한 진술로 옳은 것은?

① 문헌공도(文憲公徒) - 생도들에게 구경삼사(九經三史)를 가
   르쳤다.
② 문헌공도(文憲公徒) - 국자감의 박사(博士)들이 교육을 담당
   하였다.
③ 광헌공도(匡憲公徒) - 주자(朱子)가 저술한 사서집주(四書集
   註)를 주로 가르쳤다.
④ 광헌공도(匡憲公徒) - 문묘(文廟)인 대성전(大成殿)을 갖추고
   봄과 가을에 제사를 지냈다.
⑤ 동서학당(東西學堂) - 민간 교육시설로 미혼의 평민 자제에
   게 유학(儒學)을 가르쳤다.

25. 다음 진술에 공통으로 해당되는 것은?

- 이 책은 일상생활에서 지켜야 할 유교적 행위 규범들을 주로 포함하고 있으며, 세부 편명은 입교(立敎), 명륜(明倫), 경신(敬身), 계고(稽古), 가언(嘉言), 선행(善行) 등이다.
- 이이(李珥)는 「학교모범(學校模範)」에서 다른 유학경전에 앞서 이 책으로 근본(根本)을 배양해야 한다고 하였다.

① 가례(家禮)
② 소학(小學)
③ 격몽요결(擊蒙要訣)
④ 입학도설(入學圖說)
⑤ 오륜행실도(五倫行實圖)

26. 다음은 퇴계 이황(李滉)이 풍기군수로 재직 시 경상도 관찰사에게 보낸 글의 일부를 번역한 것이다. (가)와 (나)에 들어가야 할 것은?

제가 현재 국학(國學: 성균관)을 살펴보니, 진실로 어진 선비들의 관문(關門)입니다. 그러나 지방 군 현(郡 縣)에 설치되어 있는 교육기관의 경우는 한낱 허울에 불과합니다. 그 교 육이 크게 무너져 선비들이 [(가)]에 머물며 공부하는 것을 수치로 여기니, 시들고 피폐함이 매우 심합니다. 어떤 방법으로도 고칠 수 없으니 한심하다 하겠습니다. 오직 [(나)]에서의 교육이 지금부터 활발하게 일어난다면 아마도 학정(學政)의 부족한 부분을 채울 수 있고, 배우는 사람들이 돌아와 의탁할 곳이 있게 될 것입니다.

「퇴계선생문집(退溪先生文集)」

	(가)	(나)
①	사학(四學)	도회(都會)
②	서원(書院)	사학(四學)
③	영학(營學)	도회(都會)
④	영학(營學)	향교(鄕校)
⑤	향교(鄕校)	서원(書院)

27. 갑오개혁기에 시행된 교육개혁에 관한 진술로 옳은 것을 <보기>에서 모두 고르면?

<보 기>

ㄱ. 외국어교육을 위해 「외국어학교관제」를 제정하였다.
ㄴ. 교원양성기관인 한성사범학교(漢城師範學校)를 설치하였다.
ㄷ. 관립의 고등교육기관이 설립되어 성균관(成均館)은 폐지되었다.
ㄹ. 「서당규칙(書堂規則)」을 제정하여 서당(書堂)을 소학교로 인가하였다.
ㅁ. 초등단계교육 실시를 위해 「소학교령」과 「소학교규칙대강」을 제정하였다.

① ㄱ, ㄷ 　② ㄴ, ㄷ 　③ ㄱ, ㄴ, ㅁ
④ ㄱ, ㄷ, ㄹ 　⑤ ㄴ, ㄹ, ㅁ

28. 덕성교육에 대한 다음과 같은 아리스토텔레스(Aristoteles)의 진술이 성립되기 위해서 (가)와 (나)에 들어가야 할 것은?

- 인간이 선량하고 도덕적으로 되는 데에는 세 가지의 조건이 있는데, 그것은 [(가)]과 [(나)] 그리고 이성이다(『정치학』, 1332a).
- [(가)]은 [(나)]을 통하여 통제되거나 소용없게 되며 보다 좋거나 나쁜 성향들로 바뀌게 된다((『정치학』, 1332a-b).
- 이성은 모든 경우에 힘을 발휘하는 것이 아니라, 듣는 사람들의 영혼이 [(나)]을 통해서 고귀하게 기뻐하고 미워하는 것으로 미리 준비되어 있어야 힘을 발휘한다(『니코마코스 윤리학』, 1179b).
- 성품적인 덕은 [(가)]에서 저절로 생겨나는 것이 아니며, [(가)]에 반하여 생겨나는 것도 아니다. 우리는 성품적인 덕을 받아들일 수 있는 가능성을 갖추었을 뿐이며, [(나)]을 통해 성품적인 덕을 형성하게 된다(『니코마코스 윤리학』, 110.a).

	(가)	(나)
①	습관	감성
②	감성	본성
③	습관	직관
④	직관	본성
⑤	본성	습관

29. 페스탈로찌(J. H. Pestalozzi)가 말하는 합자연(合自然) 교육의 방법적 원리와 그에 대한 설명을 가장 적절하게 짝지은 것은?

① 자발성의 원리 - 자발성은 외부적 자극에 의해 촉발되므로, 외부로부터의 주입과 주형이 교육의 근간이 되어야 한다.
② 도덕성 중시의 원리 - 교육은 손(기능), 가슴(심정), 머리(지력)의 조화로운 발달을 도모하지만, 그 중심은 가슴이 되어야 한다.
③ 안방(거실) 교육의 원리 - 교육의 목적은 사회적 인간을 육

성하는 것이기 때문에, 안방교육은 공공교육기관의 원리를 따라야 한다.
④ 일반도야의 원리 - 인간적인 실존의 바탕은 직업이기 때문에, 직업교육이 전인교육에 앞서야 하며 전인교육은 직업교육에 종속되어야 한다.
⑤ 직관의 원리 - 직관은 감각이 아니라 마음의 눈을 통해서 세계의 본질을 직접 파악하는 것이기 때문에, 감각 중심의 교육을 지양해야 한다.

30. 다음의 재구성된 동굴비유에서 밑줄 친 부분을 플라톤 (Platon)의 관점에 기초하여 교육학적으로 해석한 것으로 적합하지 <u>않은</u> 것은?

사람들이 어릴 적부터 사지와 목이 결박당한 채로 지하의 <u>동굴 속에 살고 있다.</u> 그들은 동굴의 벽면에 비치는 그림
　　　(가)
자들을 보면서 살아왔기 때문에 그것들을 실물이라고 생각한다. 그런데 그들 중 하나가 결박하여 풀려나서 뒤쪽에서 타고 있는 모닥불을 바라보도록 강요받자, 그는 눈이 부셔서 고통스러워하며 보다 진실한 것을 제대로 보지 못한다.
또한 <u>누군가가</u> 그를 험하고 가파른 <u>오르막길</u>을 통해서 동
　　(나)　　　　　　　　　　　　(다)
굴밖으로 억지로 끌고 나가자, 그는 더욱 고통스러워한다. 처음에는 눈이 부셔서 어느 하나도 제대로 볼 수 없지만, 익숙해지면서 차츰 실물들을 보게 된다. 마지막으로 그는 하늘의 <u>태양을</u> 보고 나서, 그것이 계절을 가져다주며
　　　　　(라)
모든 것의 원인이 된다는 것을 알게 된다.
더불어 그는 자신이 살던 곳의 동료들을 떠올리면서 자신은 그 모든 변화로 인해서 행복하지만, 그들은 불쌍하다고 생각하게 된다. 그래서 그는 <u>동굴로 내려가서</u> 결박된
　　　　　　　　　　　　　　　(마)
자들을 풀어주어 위로 이끌고 가려고 한다.

『국가론』, Ⅶ권, 514a 이하

① (가) - 인간은 자기 자신에게만 책임을 돌리기 어려운 무지와 오류의 가능성 속에 살고 있다.
② (나) - 그(누군가)의 핵심적인 활동은 학습자의 영혼이 올바른 방향으로 전환하도록 이끄는 것이다.
③ (다) - 오르막길은 세계를 감각적으로 경험하는 상태에서 지성적 인식의 상태로 상승하는 것을 상징한다.
④ (라) - 태양은 학습과 탐구를 통해 최종적으로 그리고 각고의 노력 끝에 보게 되는 선의 이데아를 상징한다.
⑤ (마) - 동굴로 내려가는 이유는 그 안에 갇힌 사람들의 보지 못하는 눈에 시력을 넣어 주듯이, 그들의 영혼 속

에 지식을 넣어 주기 위해서이다.

31. 포스트모던주의자의 주장과 그 속에 함축된 교육적인 변화요청을 가장 적절하게 짝지은 것은?

① 전체성(全體性 : totality)에 대한 거부 - 자기 실험과 자기 창조의 윤리에 입각하여 차이를 존중하는 생활지도를 해야 한다.
② 정초주의(定礎主義 : foundationalism)에 대한 거부 - 여러 영역으로 세분화된 언어게임을 재통합시켜줄 형식논리학 교육을 확대해야 한다.
③ 권위주의(權威主義 : authoritarianism)에 대한 거부 - 지식교육의 패러다임을 교육(instruction)에서 교화(indoctrination)로 전환해야 한다.
④ 대서사(大敍事 : grand narratives)에 대한 거부 - 인간해방과 역사의 진보를 교육이념으로 채택함으로써 교육활동의 정당성을 확보해야 한다.
⑤ 본질주의(本質主義 : essentialism)에 대한 거부 - 지식의 유한성과 상대성을 극복할 수 있도록 보편적 이성에 기반을 둔 학습을 강화해야 한다.

32. 다음과 같은 학급상황을 설명하는 데 가장 적합한 이론은?

우리 학급 친구들은 대체로 쾌활하고 말이 많은 편이다. 영어 교과전담 선생님은 학급 분위기가 들떠 있어서 수업을 제대로 진행할 수가 없다고 하면서, 우리를 '문제 학생'이라고 부르며 자주 꾸짖으신다. 영어시간만 되면 힘들고 수업 분위기도 가라앉는다. 그런데, 담임 선생님은 우리를 '명랑 학생'이라고 부르며 자주 칭찬해 주신다. 담임 선생님의 수업 시간에는 적극적으로 의사표현을 하게 되고 수업 분위기도 활발하다.

① 저항이론　　② 구조기능론　　③ 경제 재생산론
④ 문화 재생산론　　⑤ 상징적 상호작용론

33. 번스타인(B. Bernstein)이 학업성취에서 노동계급의 자녀들은 중류계급의 자녀들에 비해 불리하다고 주장한 이유로 가장 적절한 것은?

① 부모의 낮은 지적능력이 자녀들에게 유전되어 학습부진을 초래하기 때문이다.
② 부모의 교육수준이 낮아서 자녀들의 학교과제를 제대로 도와줄 수 없기 때문이다.
③ 부모가 자녀교육에 대한 관심과 열정이 부족하여 자녀와

교육적 상호작용이 부족하기 때문이다.

④ 부모의 소득수준이 낮아서 자녀들의 학습활동에 필요한 경제적 지원을 충분히 하지 못하기 때문이다.

⑤ 부모의 정교하지 못한 어법을 습득한 자녀들이 학교의 공식적 교육상황에 적응하는 데 어려움을 겪기 때문이다.

34. 다음 사례에 나타난 학업성취도와 가정환경의 관계를 가장 잘 설명해 주는 이론은?

> 진영이의 학업성적은 매우 우수하다. 사실 진영이의 가정은 경제적으로 어렵고, 부모님의 교육수준도 낮은 편이다. 그렇지만 부모님이 자녀교육에 대해 관심과 열의가 높아서, 평소 진영이의 공부를 잘 도와주는 것은 물론 대화도 자주 나눈다. 진영이는 이러한 부모님이 있어서 든든하다.

① 콜먼(J. Coleman)의 사회자본론
② 콜린스(R. Collins)의 계층경쟁론
③ 뒤르껭(E. Durkheim)의 아노미론
④ 애플(M. Apple)의 문화적 헤게모니론
⑤ 보울즈와 긴티스(S.Bowles & H. Gintis)의 대응이론

35. 고등학교 의무교육제도화에 관한 교사들의 대화내용과 교육 평등관을 가장 적절하게 연결한 것은?

> 홍 교사 : 이제 우리나라 경제수준도 높아지고 했으니, 모든 국민이 고등학교 교육을 받을 수 있도록 고등학교 무상의무교육제도를 도입하는 것이 좋을 것 같아요.
>
> 정 교사 : 개인의 고등학교 진학 여부는 국가에서 개입하기보다는 당사자의 능력과 노력에 맡기는 것이 좋지 않을까요?
>
> 박 교사 : 글쎄요. 저는 요즘 같은 사회양극화 시대에는 고등학교 무상의무교육제도 도입에서 한발 더 나아가, 계층 간 학업성취도의 격차를 좁힐 수 있도록 소외계층 학생을 위한 적극적 배려 정책이 필요하다고 보는데요.

	홍 교사	정 교사	박 교사
①	기회 허용적 평등	조건의 평등	기회 보장적 평등
②	기회 보장적 평등	조건의 평등	결과의 평등
③	기회 보장적 평등	기회 허용적 평등	결과의 평등
④	조건의 평등	기회 허용적 평등	기회 보장적 평등
⑤	조건의 평등	결과의 평등	기회 허용적 평등

36. 교사들의 대화내용과 공교육의 개혁방향에 대한 관점을 가장 적절하게 연결한 것은?

> 김 교사 : 학교에 대한 국가의 획일적 통제와 학교의 비효율성이 문제입니다. 수요자의 선택권과 학교 간 경쟁을 강화하고, 민간주도의 교육서비스를 확대해야 합니다.
>
> 정 교사 : 그런 방식은 계급 간 교육 불평등을 더욱 심화시킬 뿐입니다. 교육 불평등을 줄일 수 있는 대책을 세워야 해요. 지배집단의 관점에 치우친 교육과정도 수정해야 하구요.
>
> 최 교사 : 저는 학교교육이 학습자의 자율성을 억압하는 것이 문제라고 생각해요. 누구나 자율적으로 학습할 수 있도록 학교를 '학습 조직망'으로 대체하는 것이 문제해결의 열쇠가 될 수 있을 것 같아요.

	김 교사	정 교사	최 교사
①	신자유주의	신마르크스주의	탈학교론
②	신자유주의	포스트모던주의	생태주의
③	포스트모던주의	신자유주의	탈학교론
④	포스트모던주의	탈학교론	생태주의
⑤	탈학교론	신마르크스주의	생태주의

37. 노울즈(M. Knowles)가 말한 안드라고지(andragogy)의 기본 가정에 해당하는 것을 <보기>에서 모두 고르면?

> ─── <보 기> ───
>
> ㄱ. 학습자의 학습 성향은 생활 · 과업 · 문제 중심적이다.
> ㄴ. 학습은 내적 동기보다 외적 동기에 의해 이루어진다.
> ㄷ. 학습자는 자신의 결정과 삶에 대하여 책임지려고 한다.
> ㄹ. 학습자는 학습하기 전에 학습할 필요가 있는지 알고자 한다.
> ㅁ. 학습자의 경험은 학습자원으로 중요하게 간주되지 않는다.

① ㄱ, ㄴ, ㄷ　　② ㄱ, ㄷ, ㄹ　　③ ㄴ, ㄷ, ㅁ
④ ㄷ, ㄹ, ㅁ　　⑤ ㄱ, ㄴ, ㄹ, ㅁ

38. 교사들에게 보상을 대가로 일정한 노력을 요구하기보다는, 교사들의 의식을 변화시키고 지적 자극을 주어 학교 조직의 변화를 도모하려는 리더십을 지닌 교장이 일반적으로 가지는 교사관이나 학교 경영 전략이 아닌 것은?

① 교사들의 잠재력이나 업무 수행 능력 등을 발전시키는 일
   은 교장의 책임이라고 생각한다.
② 교사들이 수동적이고 학교 변화에 저항적인 것은 그들의
   과거 교직 경험에서 기인한다고 생각한다.
③ 교장이 통제하지 않아도 교사들은 스스로 자기 책임을 수
   행하고 자기 통제를 행사할 수 있다고 믿는다.
④ 교장은 학교의 여건과 운영 방식을 개선하여 교사들이 스
   스로 조직 목표를 위해 노력하도록 해야 한다고 생각한다.
⑤ 학교 경영은 학교의 변화를 주도하기 위하여 교사들의 행
   동을 관리하고, 그들에게 책무성을 요구하는 과정이라고
   생각한다.

39. 다음은 교장과의 의사소통에 곤란을 겪고 있는 교사들의
    대화 내용이다. 각각의 경우에 교사들이 교장에게 기대하
    는 교육조직에서의 의사소통 원리를 옳게 짝지은 것은?

> 박 교사 : 교장 선생님은 부장 선생님에게만 말씀하시면
>   그것으로 다 됐다고 생각하시나 봐요. 어제는
>   나를 보자마자 지난번에 말한 일은 어떻게 됐냐
>   고 하시지 뭐예요. 글쎄 알아보니 부장 선생님
>   께만 말씀하셨던 모양이에요. 그렇게 중요한 일
>   이면 저에게도 알려주셨어야죠.
> 최 교사 : 그랬어요? 저도 지난 주 운동회 진행하느라 정
>   신없이 바쁜데, 운동장에서 다음 달에 있을 학
>   교평가를 앞두고 준비할 일을 자세하게 말씀하
>   셔서 힘들었어요. 그런 일이면 조용할 때 교장
>   실에서 말씀하시면 좋잖아요.

	박 교사	최 교사
①	분포성	적응성
②	적량성	명료성
③	일관성	적응성
④	적응성	명료성
⑤	분포성	일관성

40. <보기>는 2006년 12월에 개정된 「지방교육자치에 관한 법
    률」에 따라 현재 시행되고 있거나 시행될 예정인 교육자
    치제도의 내용이다. <보기>의 내용과 그에 반영된 교육자
    치의 원리를 가장 적절하게 연결한 것은?

─── <보 기> ───

ㄱ. 교육의원이 과반수가 되도록 교육위원회를 구성한다.
ㄴ. 교육감과 시·도지사가 지방교육행정협의회를 구성
   한다.
ㄷ. 교육감은 주민의 보통·평등·직접·비밀 선거에 따
   라 선출한다.
ㄹ. 일정한 교육경력 또는 교육행정경력을 가진 자만이
   교육의원 후보자가 될 수 있다.
ㅁ. 심의·의결기관이던 교육위원회를 시·도의회 상임위
   원회로 전환하여 기관 통합형으로 운영한다.

① ㄱ - 적도집권 원리   ② ㄴ - 전문적 관리 원리
③ ㄷ - 주민 통제 원리   ④ ㄹ - 자주성 존중 원리
⑤ ㅁ - 전문적 관리 원리

41. 다음은 한 초등학교의 '2008 학교회계 세입·세출 예·결
    산 총괄표'이다. 이 표에 대한 설명으로 옳은 것은?

<세입 세출 예·결산 총괄표>

(단위 : 천원)

구분	관항별		예산액	결산액	비교증감	비고
	관	항				
세입	교육비 특별회계 전입금	교육비 특별회계 전입금	702,872	702,871	-1	
	학부모 부담수입	수익자 부담경비	935,220	934,835	-385	
	자체수입	사용료 및 수수료, 잡수입	14,071	14,133	52	
	보조금 및 지원금	보조금 및 지원금	71,141	71,141	0	
	이월금	이월금	72,583	72,582	1	
	세 입 합 계		1,795,897	1,795,562	-335	
세출	인건비	기타직 인건비	137,266	125,136	12,130	
	학교 운영비	학교 운영비	720,759	674,476	46,283	
	수익자 부담경비	수익자 부담경비	935,220	934,835	385	
	예비비	예비비	2,652	0	2,652	
	세 출 합 계		1,795,897	1,734,447	61,450	

① 교육청에서 총 702,872,000원이 학교로 전입되었다.
② 학교운영비는 당초 예상보다 총 46,283,000원이 초과 집행
   되었다.

③ 총 61,450,000원의 잔액이 발생하였으며, 이 잔액은 다음
해 학교 수입으로 계상된다.

④ 학부모 부담 수입 총 934,835,000원에는 학교발전기금으로
부터의 전입금이 포함되어 있지 않다.

⑤ 교무보조원 인건비가 집행되었다면, 이는 학교운영비 총
720,759,000원에서 지출되었다.

**42. 학급경영의 주체를 다음과 같이 파악하고 있는 교사들이
학급 경영 과정에서 보이는 행동 특성을 <보기>에서 모두
고르면?**

> 교육의 목적은 학생들이 민주 사회의 시민으로 성장하도
> 록 돕는 데 있다. 자율적으로 자신의 책임을 다하는 시민만
> 이 민주 사회에서 바람직한 삶을 영위할 수 있다. 학급경영
> 에서도 마찬가지이다. 학생들이 학급 공동체를 구성하고,
> 자율적으로 학급 내의 문제를 발견하고 해결할 권리와 책
> 임이 있다.

────── <보 기> ──────

ㄱ. 학생들의 개인차를 중시한다.

ㄴ. 학급 내의 의사결정에서 학생에게 재량과 자유를 충분
하게 부여한다.

ㄷ. 학급경영에 소요되는 시간을 의미 있고 생산적인 것으
로 활용한다.

ㄹ. 학급경영 과정에서 스티커 제도를 활용하는 등 보상적
권한을 자주 행사한다.

ㅁ. 문제행동을 할 때, 예상되는 결과의 경중에 따라 학생
이 자연적 결과를 경험하도록 지켜보기도 한다.

① ㄴ, ㄹ   ② ㄱ, ㄴ, ㄷ   ③ ㄱ, ㄷ, ㄹ
④ ㄱ, ㄴ, ㄷ, ㅁ   ⑤ ㄱ, ㄴ, ㄷ, ㄹ, ㅁ

**43. 임용후보자 선정 경쟁시험을 거쳐 임용되는 공립 유치원·초
등학교·특수학교 교사의 신분에 관한 설명으로 옳은 것은?**

① 특수경력직공무원으로서 국가공무원의 신분을 갖는다.
② 복무에 관해서는 국가공무원법의 규정을 적용받지 않는다.
③ 법관·검사·경찰공무원·군인과 함께 특정직공무원으로
분류된다.
④ 형의 선고를 제외하고는 본인의 의사에 반하여 면직당하지
않는다.
⑤ 교육감과 임용계약 관계에 있는 고용직공무원으로서 지위
를 갖는다.

**44. 교육공무원인 공립학교 교사의 임용에 관한 설명으로 옳
지 않은 것은?**

① 임용은 자격·재교육성적·근무성적 기타 능력의 실증에
의한다.
② 능력에 따라 균등한 임용의 기회를 보장하는 것이 임용의
원칙이다.
③ 임용에는 신규채용 외에도 승진, 전직, 전보, 휴직, 해임 등
이 포함된다.
④ 교사의 승진은 상위직인 부장교사, 교감, 교장으로 임용되
는 것을 말한다.
⑤ 전직은 종별과 자격을 달리하는 것으로, 교사가 장학사로
임용되는 것이 한 예이다.

**45. 초등학교 교사의 행위 중 위법인 경우를 <보기>에서 고
르면?**

────── <보 기> ──────

ㄱ. 환경보호를 강령으로 하는 정당에 가입하고 퇴근 후에
이 정당이 주관하는 환경보호활동에 참여하고 있는데,
근무시간 이후니깐 괜찮겠지?

ㄴ. 그동안 교원단체에 가입해 왔는데, 교원노조법이 법제
화된 후에 교원노조에도 가입했어. 모두 합법적인 단체
들이니깐 양 단체에 동시에 가입해도 괜찮겠지?

ㄷ. 학교폭력대책자치위원회 위원인데, 분쟁조정이 어려워
지역상담교사 모임에 사건경위와 가해 및 피해학생의
성명 등을 소개하고 자문을 구했는데, 전문가들이니까
괜찮겠지?

ㄹ. 지난 주 일요일에 교원노조에서 당국에 신고하고 허용
된 공교육정상화를 위한 촉구대회를 열기에 참석했었
는데, 집회도 평화적으로 끝났고 내가 조합원이니깐 괜
찮겠지?

① ㄱ,ㄴ   ② ㄱ,ㄷ   ③ ㄴ,ㄷ   ④ ㄴ,ㄹ   ⑤ ㄷ,ㄹ

46. 교원단체와 교원노동조합 모두에 적용되는 진술은?

① 학교의 장과 대학의 교원은 가입할 수 없다.
② 파업 및 태업 등 일체의 쟁의행위를 할 수 없다.
③ 교육감 또는 교육과학기술부장관과 단체협약서를 작성한다.
④ 교육기본법에 근거하여 지방자치단체와 중앙에 조직할 수
있다.
⑤ 사립학교 설립·경영자는 전국 또는 시·도 단위로 연합하
여 교섭해야 한다.

[47~50] 다음 상황을 읽고, 물음에 답하시오. (4문항)

> 푸른 초등학교에는 5학년 담임교사가 세 명이다. 이들은 교육과정을 운영해가는 방식에서 차이를 보인다.
>
> 박 교사는 <u>학생의 지적 능력은 일반적인 단일능력이기 때문에 지능이 높은 학생은 전 교과에서 높은 성취를 보일 것이라고 생각한다.</u> (가) 박 교사는 모든 영역에서 고른 성취를 강조하고 열심히 공부하는 학급분위기를 조성하기 위해 학생간 상호경쟁을 유도하고 있다. 또한 우수한 학생과 열등한 학생을 변별하여 개인의 상대적 위치를 확인시켜 주기 위해 평가를 활용하고 있다.
>
> 최 교사는 어떤 학생이건 자기 수준에 맞는 적절한 학습경험이 제공되면 올바른 학습습관과 지적 성장을 이루어 갈 것이라고 생각한다. 따라서 최 교사는 학생들이 교육과정을 통해 얼마나 성장하고 있는가에 관심을 둔다. 최종 성취수준에 대한 관심보다는 초기 성취수준에 비추어 얼마나 능력의 향상을 보이고 있는가를 중시한다. 최 교사는 학생들의 학습을 돕고, 학생의 노력과 성취의 변화과정을 확인하기 위한 목적으로 평가를 한다.
>
> 김 교사는 해당 학년에서 성취해야 할 교육과정상의 목표가 있으며 그 성취정도를 평가해 성취목표 달성수준에 대한 정보를 제공하고, 학습자가 성취목표를 달성할 수 있도록 효과적으로 돕는 것이 중요하다고 생각한다. 이와 같은 생각에서 김 교사는 교육과정을 <u>백워드(backward) 방식으로</u> (나) 설계하는 것이 적절하며, 이는 성취기준과 교육의 책무성이 강조되는 최근 상황에도 부합한다고 본다. 또한 <u>김 교사는</u> (다) <u>학생들의 성취목표 도달 정도를 확인해 이미 학습목표를 성취한 학생들과는 학습계약을 맺어 별도의 학습과제를 부여해 수업시간을 낭비하지 않도록 하고 있다.</u>

47. (가)의 관점을 비판하는 가드너(H. Gardner)의 주장과 가장 가까운 것은?

① 인간의 지적 능력은 문화권과 무관하게 규정된다

② 지능은 고정적이고 개인에게 내재된 불변의 특성이다.

③ 인간의 지적 활동은 조작, 내용, 산출의 3차원 상호조합에 의해 발휘된다.

④ 인간의 지적 능력은 상호독립적인 여러 개의 지능으로 구성되므로 특정 영역에서만 뛰어난 성취를 보이는 경우도 있다.

⑤ 인간의 지적 능력은 언어이해력, 언어유창성, 추리력, 기억력, 공간지각력, 지각속도, 추리력 등 일곱 개의 기본정신 능력으로 구성된다.

48. (나)의 백워드 교육과정 설계 방식을 가장 잘 설명한 것은?

① 학습자 흥미를 강조하는 활동 중심으로 설계한다.

② 탈 목표(goal-free) 모형에 의해 평가가 이루어진다.

③ 목표설정, 평가계획, 수업활동계획 순으로 설계한다.

④ 교사와 학생의 협동 작업을 강조하는 구안법을 활용한다.

⑤ 학습자의 경험을 중시하는 과목 간의 횡적 통합을 강조한다.

49. 김 교사가 (다)와 같이 수행한 방법과 가장 가까운 것은?

① 발견학습(discovery learning)

② 협동학습(cooperative learning)

③ 상보적 학습(reciprocal learning)

④ 선행조직자(advanced organizer)

⑤ 교육과정 압축(curriculum compacting)

50. 어떤 학생이 시험에서 84점을 얻었을 경우, 위의 세 교사가 관심을 지니게 될 질문과 참조틀을 <보기>에서 고르면?

> ――――― <보 기> ―――――
>
> [질문]
>
> ㄱ. 이 학생이 얻은 84점은 과거보다 향상된 점수인가?
>
> ㄴ. 이 학생은 84점을 받았는데 다른 학생들의 점수는 어떤가?
>
> ㄷ. 84점은 이 학생이 성취목표를 어느 정도 달성했다는 의미인가?
>
> [참조틀]
>
> a. 규준 참조
>
> b. 준거 참조
>
> c. 성장 참조

	박 교사	최 교사	김 교사
①	ㄱ - c	ㄴ - a	ㄷ - b
②	ㄱ - c	ㄷ - a	ㄴ - b
③	ㄴ - a	ㄱ - c	ㄷ - b
④	ㄴ - b	ㄷ - c	ㄱ - a
⑤	ㄷ - b	ㄱ - c	ㄴ - a

제 1교시

교 육 학

성명 [　　　　] 수험번호 [　　　　]

○ 이 문제지는 50문항(문항 당 0.6점)으로 구성되어 있습니다. 문항수를 확인하십시오.

1. 에릭슨(E. Eriksom)의 인성발달 이론에 근거할 때 (가)와(나)에 들어갈 말로 가장 적합한 것끼리 짝지은 것은?

> '근면성 대 열등감' 단계의 아동은 지금까지의 가정이나 유치원 이외의 더 큰 세계로 나아가면서 인지적·사회적 능력의 개발이라는 새로운 과제에 직면하게 된다. 학업뿐만 아니라 또래 및 성인과의 상호작용에서 근면성을 발휘하게 되면 (가)을 갖게 되는 반면, 이들 과제 수행에 어려움을 겪거나 실패하면 열등감을 갖게 될 수 있다. 이 단계의 심리·사회적 위기를 잘 극복한 아동은 긍정적인 자아개념을 획득하고 (나)을 갖게 되어 능동적이고 활발한 성격을 형성하게 된다.

	(가)	(나)
①	자신감	유능감
②	자신감	의지력
③	자율성	신뢰감
④	자율성	의지력
⑤	친밀감	유능감

2. 지능에 관련된 설명으로 옳은 것을 <보기>에서 모두 고르면?

> ──── <보 기> ────
>
> ㄱ. 플린 효과(Flynn effect)란 인간의 지능검사 점수가 해를 거듭할수록 점차 낮아지는 세계적인 경향을 말한다.
> ㄴ. 가드너(H. Gardner)의 다중지능 이론에서는 여러 지능들이 상호 독립적이며 각각의 상대적 중요성이 동일하다고 가정한다.
> ㄷ. 카텔(R. Cattell)의 결정성 지능(crystallized intelligence)이란 환경적·문화적·경험적 영향에 의해 발달하는 지능으로, 자신의 학습과 경험을 적용하여 획득한 능력을 말한다.
> ㄹ. 스턴버그(R. Sternberg)의 삼원지능 이론에서 창의적 지능이란 현실 상황에 적응하거나 상황을 선택·변형하는 능력으로, 일상이 문제해결 능력이니 사회적 유능성과 같은 지능을 말한다.

① ㄱ, ㄴ　　　　② ㄴ, ㄷ　　　　③ ㄷ, ㄹ
④ ㄱ, ㄴ, ㄷ　　　⑤ ㄴ, ㄷ, ㄹ

3. 다음은 김 교사의 교수 활동 사례이다. 김 교사가 학생들에게 촉진시키고자 한 정보처리의 전략으로 가장 적절한 것은?

> ○ 학생들에게 기억해야 할 새로운 정보를 선행지식과 연결하게 함으로써 정보의 유의미성을 높였다.
> ○ 학생들에게 새로운 정보의 의미에 대해 토론하게 하거나 글의 요점에 대해 설명해 보도록 하였다.
> ○ 학생들에게 새로운 정보에 대해 생각할 수 있는 시간을 주면서 다음과 같은 질문들을 적절히 활용하였다.
> ─이 정보의 예로는 어떤 것들이 있을까요?
> ─이 정보로부터 어떤 결론을 도출할 수 있을까요?
> ─이 정보를 일상생활에서 어떻게 활용할 수 있을까요?

① 맥락(context)　　　　　② 시연(rehearsal)
③ 심상(imagery)　　　　　④ 묶기(chunking)
⑤ 정교화(elaboration)

5. 영철이의 진로 선택 요인을 가장 잘 설명해 주는 상담이론은?

> 김 교사는 '진로와 직업'이라는 집단상담 프로그램을 학생들에게 실시하였다. 김 교사는 학생들에게 직업카드를 보여주고 좋아하는 직업을 선택하게 한 후 그 이유를 발표하게 하였다. 변호사 카드를 선택한 영철이는 변호사가 되어 억울한 사람을 도와주고 싶다고 말하였다. 영철이는 최

근 아버지가 친구의 빚보증을 섰다가 억울하게 법적 소송
에 휘말려 어려움을 겪고 있는 사정을 이야기하였다.

① 로우(A. Roe)의 욕구 이론
② 홀랜드(J. Holland)의 인성 이론
③ 파슨스(F. Parsons)의 특성-요인 이론
④ 크럼볼츠(J. Krumboltz)의 사회학습 이론
⑤ 헤켓과 베츠(G. Hackett & N. Betz)의 자기 효능감 이론

6. 다음에서 무단결석을 한 철수의 문제행동에 대한 박 교사
   의 생각인 (가)에 가장 부합하는 상담이론은?

> 철   수 : 어제 늦잠을 잤어요. 아무리 서둘러도 1교시 수
>   업에 늦을 것 같아 '지각할 바에는 학교에 가서
>   뭐하나'하는 생각을 했어요.
> 박 교사 : 음, 그래서 결석을 했구나! …… 그런데 조금 늦
>   게라도 학교에 왔으면 좋지 않았을까?
> 철   수 : 어차피 수업에 늦을 바에는 학교에 안가는 게 나
>   을 것이라고 생각했어요.
> 박 교사 : 지각할 바에는 결석하는 게 낫다고 생각했구나.
>   (박 교사는 철수의 무단결석이 흑백 논리적 사
>   고 때문이라고 보고, 그가 보다 합리적으로 사고
>   할 수 있도록 도와주어야겠다고 생각하였다.)
>   (가)

① 인지행동 이론   ② 교류분석 이론
③ 게슈탈트 이론   ④ 정신분석 이론
⑤ 실존주의 이론

7. 다음의 사례에 나타난 방어기제는?

> 초등학교 3학년인 민호에게 동생이 태어났다. 동생이 태어
> 난 이후로 민호는 나이에 어울리지 않게 손가락을 빨고, 바
> 지에 오줌을 싸는 등의 행동을 다시 하게 되었다.

① 퇴행   ② 억압   ③ 투사
④ 부인   ⑤ 동일시

8. 다음의 (가)와 (나)에서 최 교사가 학생들의 문제를 해결해
   주기위해 사용한 상담기법을 바르게 짝지은 것은?

(가) 수희는 학생들 앞에서 발표할 때마다 앞이 캄캄해지
     고 전날 준비한 발표 내용이 전혀 기억나지 않는다.
     어지럼증이 나고 숨쉬기도 힘들어진다. 최 교사는 먼
     저 수희에게 이완 훈련을 실시한 후 긴장될 때마다
     이를 활용하도록 하였다. 다음으로는 불안을 유발하
     는 요인들을 그 강도에 따라 순서대로 적어 보도록
     하였다. 마지막으로 이완된 상태에서 발표 장면을 상
     상하며 불안 강도가 낮은 것부터 높은 것까지 떠올려
     보는 연습을 반복하게 하였다.
(나) 재 영 : 선생님, 저는 엄마 잔소리 때문에 괴로워요.
             엄마는 제가 조금만 쉬고 있어도 "공부 안 하니?" 하
             고, 학교 마치고 집에 조금만 늦게 가도 "왜 이렇게
             늦게 오니?" 하며 야단치세요. 엄마는 칭찬은 않고 늘
             꾸중만 하세요.
    최 교사 : 엄마가 잔소리하고 야단만 쳐서 속상한 모
             양이구나. 그런데 그건 너에 대한 엄마의 관심의 표
             현일거야. 너를 많이 사랑해서 그러시는 게 아닐까?

	(가)	(나)
①	역설적 개입	재구조화
②	역설적 개입	탈중심화
③	체계적 둔감법	직면
④	체계적 둔감법	재구조화
⑤	홍수법(flooding)	탈중심화

9. 다음은 교육목표에 관한 타일러(R. Tyler)와 블룸(B. Bloom)
   의 견해를 대화 형식으로 구성한 것이다. (가)~(다)에 들어
   갈 말을 바르게 나열한 것은?

> 타일러 : 저는 일찍이 [(가)]의 입장에서 교육목표를 진술
>   해야 한다고 말한 바 있습니다.
> 블 룸 : 예, 잘 알고 있습니다. 선생님께서는 또한 [(나)]
>   으로 이루어진 이원적 목표 진술을 강조하셨죠?
> 타일러 : 물론입니다. 그런데 선생님이 동료들과 함께 분류
>   하려고 한 것은 그 중의 어느 것입니까?
> 블 룸 : 저희들은 그 두 차원 중에서 [(다)]의 차원을 분류
>   했습니다.

	(가)	(나)	(다)
①	교사	지식과 기능	기능
②	교사	내용과 행동	행동
③	학생	지식과 기능	기능
④	학생	지식과 기능	지식
⑤	학생	내용과 행동	행동

10. 다음은 4~5학년 과학과 교육과정의 일부를 예시한 것이다.
이에 관한 세 교사의 대화와 교육내용 조직 원리를 가장
적절하게 짝지은 것은?

<table>
<tr><td>(4학년)</td><td>(5학년)</td></tr>
<tr><td>
○ 식물의 생김새와 특징
　 알아보기
○ 식물이 사는 곳에 따른
　 생김새와 생활 방식 알
　 아보기
○ 비슷한 특징을 가진 식
　 물끼리 묶어 보기
</td><td>
○ 뿌리의 기능 알아보기
○ 물관을 통한 물의 이동
　 실험하기
○ 증산작용 실험하기
○ 광합성의 산물 알아보기
</td></tr>
</table>

박 교사: 4~5학년에는 식물이라는 주제가 반복적으로 등장
하도록 조직되어 있네요.

이 교사: 4학년은 식물의 겉모습에 초점을 두고 있는데, 5
학년은 식물의 구조와 기능으로 심화되는 내용으
로 조직되어 있네요.

노 교사: 5학년의 식물이라는 주제를 실과의 '꽃 가꾸기'와
하나로 묶어 조직하는 것도 좋을 것 같네요.

	박 교사	이 교사	노 교사
①	계속성	계열성	통합성
②	계속성	통합성	계열성
③	계열성	계속성	통합성
④	통합성	계속성	계열성
⑤	통합성	계열성	계속성

11. 다음을 핵심적 주장으로 내세우는 교육과정 이론가 집단은?

교육과정에 관한 오늘날의 생각은 인구와 학교가 기하급
수적으로 팽창하던 시대와는 다르다. 그 당시에는 교육과
정을 구성하고 조직하는 일이 교육과정 연구의 주된 관심
사였다. 그 당시는 교육과정 개발의 시대였던 것이다. 그러
나 교육과정 개발의 시대는 1918년에 시작하여 1969년에
막을 내렸다. 지금 우리는 다른 시대에 살고 있다. 교육과
정 연구는 교과간의 관계, 각 교과의 쟁점, 교육과정과 세
계 간의 관계 을 드러내는 데에 초점을 두고 있으며, 더
이상 개발에 주력하지 않는다. 오늘날의 교육과정 연구는
개발이 아니라 이해에 주력해야 한다.

① 교과중심 교육과정론자　　② 경험중심 교육과정론자
③ 학문중심 교육과정론자　　④ 인간중심 교육과정론자
⑤ 교육과정 재개념화론자

12. 스킬백(M. Skilbeck)의 교육과정 개발 모형이다. (가)와
(나)에서 수행해야 할 활동을 <보기>에서 골라 바르게 짝
지은 것은?

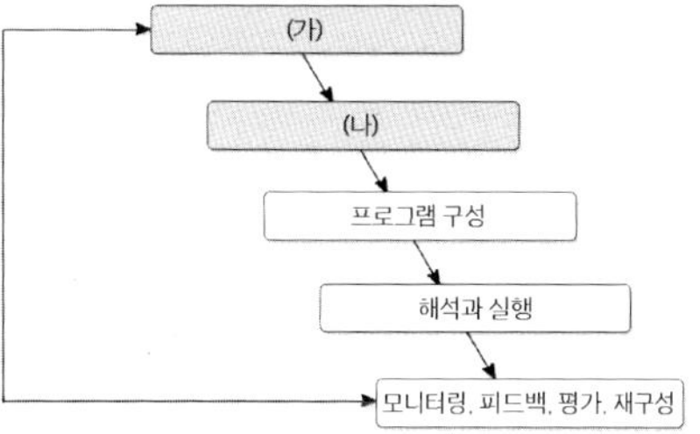

───── <보 기> ─────

ㄱ. 교육 활동의 방향을 설정한다.
ㄴ. 기대되는 학습 성과를 진술한다.
ㄷ. 교사의 가치관, 태도, 경험 등을 확인한다.
ㄹ. 학생들의 적성, 능력 및 교육적 요구를 조사한다.

	(가)	(나)
①	ㄱ, ㄴ	ㄷ, ㄹ
②	ㄱ, ㄷ	ㄴ, ㄹ
③	ㄱ, ㄹ	ㄴ, ㄷ
④	ㄴ, ㄷ	ㄱ, ㄹ
⑤	ㄷ, ㄹ	ㄱ, ㄴ

13. 준거 타당도(criterion validity)를 확인하는 사례에 해당되
는 것을 <보기>에서 고르면?

───── <보 기> ─────

ㄱ. 성격검사의 타당도를 검증하기 위해 성격심리학을 전
공한 전문가 집단에게 성격검사 문항에 대한 내용 분
석을 의뢰하였다.
ㄴ. 새로 개발한 지능검사의 타당도를 검증하기 위해 이미
타당성을 인정받고 있는 표준화된 지능검사와의 상관
계수를 추정하였다.
ㄷ. 불안 수준 검사의 타당도를 검증하기 위해 불안 수준을
구성하는 3개 하위 요인(자신감, 도전성, 개방성) 간의
상관계수를 추정하였다.
ㄹ. 대학 수학능력 시험의 타당도를 검증하기 위해 대학 수
학 능력 시험 점수와 대학 학점 간의 상관계수를 추정
하였다.

① ㄱ, ㄴ　　　② ㄱ, ㄷ　　　③ ㄴ, ㄷ
④ ㄴ, ㄹ　　　⑤ ㄷ, ㄹ

14. 방과 후 학교 프로그램을 평가하는 데 참여한 각각의 교사들이 선호하는 교육평가 모형을 가장 적절하게 짝지은 것은?

> 김 교사 : 목표 달성 여부를 확인하기 위해 프로그램에 참여한 학생들의 학업성취도를 평가하는 것이 좋겠습니다.
>
> 이 교사 : 제 생각에는 평가의 주된 목적은 프로그램 개선을 위한 의사결정을 돕는 데 있다고 봅니다. 이를 위해서는 상황, 투입, 과정, 산출의 네 가지 측면에서 프로그램을 평가하는 것이 좋다고 생각합니다.
>
> 박 교사 : 저는 프로그램의 부수적인 효과까지 평가 항목에 포함해 분석하는 것이 더 좋다고 생각합니다. 목표 달성에는 실패했지만 부수적인 효과가 큰 경우 그 프로그램을 계속 채택할 수 있기 때문입니다.

	김 교사	이 교사	박 교사
①	타일러(Tyler) 모형	스테이크(Stake) 모형	스터플빔(stufflebeam) 모형
②	타일러 모형	스터플빔 모형	스크리븐(Scriven)모형
③	타일러 모형	스크리븐 모형	스테이크 모형
④	스테이크 모형	스크리븐 모형	타일러 모형
⑤	스테이크 모형	타일러 모형	스크리븐 모형

15. 다음은 전국 초등학교 3학년 학생들의 국어과와 영어과의 학업성취도를 알아보기 위해 101명을 무선 표집하여 시험을 실시한 결과이다. 이에 대한 해석으로 옳은 것을 <보기>에서 모두 고르면?

교과	평균	표준편차	평균의 표준오차
국어	50	10	1
영어	60	20	2

─── <보 기> ───

ㄱ. 영어시험의 성적분포가 국어시험에 비해 더 동질적인 것으로 해석할 수 있다.

ㄴ. 국어시험 점수의 중앙값이 60점이고 최빈값이 68점일 때, 국어시험의 성적분포는 정적으로 편포되어 있다.

ㄷ. 영희는 영어시험에서 80점을 받았다. 영어시험의 성적 분포가 정규분포를 이룬다고 가정할 때, 영희의 T점수는 60점이다.

ㄹ. 국어시험의 성적분포가 정규분포임을 가정할 때, 전국 초등학교 국어시험 점수의 평균은 95% 신뢰수준에서 대략 48.04~51.96점 사이에 존재할 것이다.

① ㄱ, ㄴ   ② ㄴ, ㄹ   ③ ㄷ, ㄹ
④ ㄱ, ㄴ, ㄷ   ⑤ ㄱ, ㄴ, ㄹ

16. 다음 대화에서 김 교사 범하고 있는 평정의 오류는?

> 박 교사 : 이제 학생들의 실기평가 채점을 하도록 하지요. 오늘 학생들 중에서 제일 잘한 학생을 누구로 할까요?
>
> 이 교사 : 철수가 제일 연기를 잘한 것 같아요. 동작의 섬세함이나 대사의 표현력에서 다른 학생들보다 더 뛰어나게 연기한 것 같아요.
>
> 김 교사 : 그래요? 저는 철수가 평가장에 들어올 때부터 첫 느낌이 좋지 않았어요. 그래서 연기력도 별로인 것 같아 낮은 점수를 주었어요.

① 대비의 오류(contrast error)
② 관대성의 오류(leniency error)
③ 근접의 오류(approximate error)
④ 인상의 오류(error of halo effect)
⑤ 집중화 경향의 오류(error of central tendency)

17. 다음 사례에서 김 교사가 사용한 표집방법으로 가장 적절한 것은?

> 유치원에 근무하고 있는 김 교사는 행동장애 유아의 특성에 관한 조사 연구를 수행하고자 한다. 김 교사는 '유치원 교사 경력 5년 이상인 자로서 유아특수교육학을 전공한 석사 학위 취득자'라는 표본 선정 기준을 설정하고, 전국의 유치원 교사 중에서 이 기준을 충족한 100명의 유치원 교사를 대상으로 설문조사를 실시하였다.

① 군집 표집(cluster sampling)
② 의도적 표집(purposive sampling)
③ 체계적 표집(systematic sampling)
④ 유층 표집(stratified random sampling)
⑤ 단순무선 표집(simple random sampling)

18. 문제중심 학습(problem-based learning)에 관한 진술로 옳은 것을 <보기>에서 모두 고르면?

─── <보 기> ───

ㄱ. 구성주의적 인식론에 바탕을 둔 학습모형이다.

ㄴ. 학습 문제는 기본적으로 구조화된 형태로 제시된다.

ㄷ. 문제 해결을 위해 요구되는 정보, 지식, 해결 방법 등을
   자기 주도적으로 탐구한다.
ㄹ. 학습자에게 제시되는 문제는 일상에서 접하게 되는 수
   준의 복잡성과 실제성을 가지는 것이 좋다.

① ㄱ, ㄷ　　　　② ㄴ, ㄹ　　　　③ ㄱ, ㄷ, ㄹ
④ ㄴ, ㄷ, ㄹ　　　⑤ ㄱ, ㄴ, ㄷ, ㄹ

19. 다음 내용에 가장 부합하는 교수·학습 방법은?

○ 교사는 학생의 역할을 하면서 수업에 참여하기도 한다.
○ 교사와 학생이 함께 대화를 주고받는 과정에서 학습이
  이루어진다.
○ 학생은 교사의 역할을 하면서 교사로서 제기할 질문을
  스스로 만들어 본다.
○ 예측하기, 질문 만들기, 요약하기, 명료화하기가 수업
  활동의 핵심적인 요소가 된다.

① 직접 교수(direct instruction)
② 협동 학습(cooperative learning)
③ 상보적 학습(reciprocal learning))
④ 유의미 학습(meaningful learning)
⑤ 자원기반 학습(resource-based learning)

20. 다음 사례에서 (가)와 같이 학생들의 의사를 수용하여 교
사가 수업 전략을 수립할 때 활용할 수 있는 이론으로 가
장 적절한 것은?

김 교사 : 여러분, 오늘은 신나는 노래를 부르면서 영어 공
         부를 하도록 해요.
영　　희 : 선생님, 노래 말고 다른 활동을 하면서 공부하면
         안 돼요? 저는 노래를 못하는데 영어 공부를 노
         래로 하라고 하시니까 힘들고 재미도 없을 것
         같아요.
철　　수 : 우리가 잘하고 좋아하는 활동을 하면서 영어 공
         부를 했으면 좋겠어요. 저는 역할놀이를 좋아하
         니까 역할 놀이를 하면서 공부하면 좋겠어요.
김 교사 : 그래? 그러면 너희들 각자가 좋아하고 잘하는
         방식으로 공부하는 방법을 생각해 보자꾸나.
                              (가)

① 발견 학습 이론　　　② 학습 양식 이론
③ 시행착오 학습 이론　④ 인지적 도제 학습 이론
⑤ 조작적 조건 형성 이론

21. 다음에 활용된 수업 도입 전략으로 가장 적절한 것은?

김 교사는 신라의 역사에 관한 수업의 도입 단계에서 신라
건국 시조인 박혁거세의 탄생에 얽힌 전설과 즉위 후에 보
여준 뛰어난 지도력에 대한 이야기를 들려주었다. 학생들
은 김 교사의 이야기를 들으면서 수업시간에 배울 내용에
대해 흥미를 갖게 되었다.

① 심미적(aesthetic) 도입 전략
② 서술적(narrational) 도입 전략
③ 경험적(experiential) 도입 전략
④ 근원적(foundational) 도입 전략
⑤ 논리적-양적(logical-quantitative) 도입 전략

22. 쉐논과 슈람(C. Shannon & W. Schramm)의 통신 모형을 수
업 과정으로 해석할 때, 설명이 바르지 <u>않은</u> 것은?

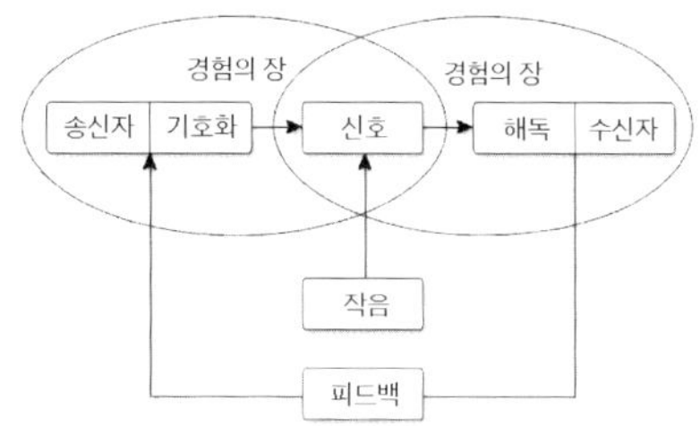

① 학생은 교육내용을 자신의 경험의 장에 비추어 받아들인다.
② 교사와 학생의 의사소통 과정에 불필요한 잡음이 개입될
   수 있다.
③ 교사가 교육내용을 전달하는 방식은 교사의 경험의 장에
   영향을 받는다.
④ 교사와 학생 사이에 공통된 경험의 장이 없더라도 효과적
   인 의사소통이 이루어진다.
⑤ 교사와 학생의 의사소통 과정에서 전달내용이나 서로의 경
   험차이에 관한 피드백이 이루어진다.

23. 웹기반 학습에 관한 다음의 대화에서 두 교사가 활용한 교
수·학습 전략을 바르게 짝지은 것은?

김 교사 : 복잡한 개념을 가르치기 위해 다양한 관점을 보
         여주는 여러 사례들을 모은 웹사이트를 만들었
         어요. 그래서 학생들이 비계열적 방식으로 자유
         롭게 사례들을 찾아다니며 그 개념을 이해할 수
         있도록 했어요.
박 교사 : 글쎄요, 그럴 경우 학생들이 방향감을 상실할 수

도 있지 않을까요? 그래서 저는 학생들이 웹상의 정보를 탐색할 때마다 스스로 목표를 정하여 학습하게 하고, 그 후에는 정보 탐색 활동에 대한 기록과 점검을 통해 자기평가를 수행하도록 했어요.

	김 교사	박 교사
①	정착(anchored) 수업	순차식-발견식 수업
②	분지형(branching) 프로그램	자기조절 학습
③	분지형 프로그램	정착 수업
④	인지적 유연성(flexibility) 이론	자기조절 학습
⑤	인지적 유연성 이론	순차식-발견식 수업

24. 딕과 캐리(W. Dick, L. Carey, & J. Carey)의 체계적 교수설계 모형을 활용하여 방과 후 영어수업 프로그램을 개발하고자 할 때, 교사가 (가) 단계에서 수행해야 할 활동으로 적절하지 <u>않은</u> 것은?

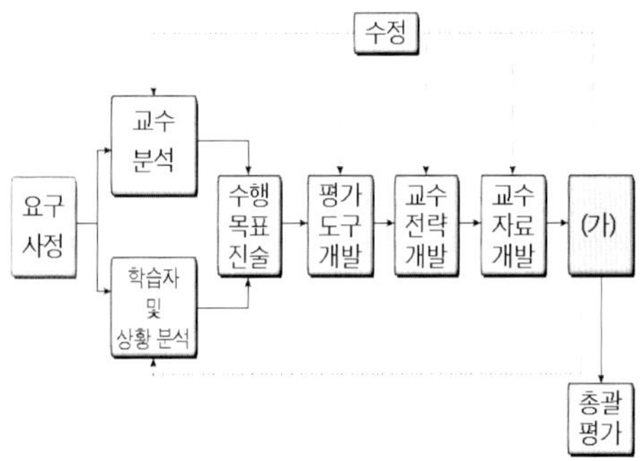

① 개발된 영어연극 교수전략이 학습자 특성에 부합하는지 점검하기 위해 소집단 평가를 실시한다.
② 개발된 교수자료의 영어 표현들이 적절한지를 확인하기 위해 원어민 영어교사에게 검토를 의뢰한다.
③ 개발된 프로그램이 타 학교 방과 후 프로그램보다 더 효과적인지를 판단하기 위해 지필 평가를 실시한다.
④ 개발된 영어능력 평가 문항들의 타당성을 확인하기 위해 세 명의 학생을 선정하여 일대일 평가를 실시한다.
⑤ 개발된 프로그램을 정해진 수업시간 내에 실행할 수 있는지 확인하기 위해 학습자를 대상으로 현장 평가를 실시한다.

25. 인터넷을 활용한 인지적 도제 수업을 설계하고자 할 때 (가)에 가장 적합한 수업 활동은?

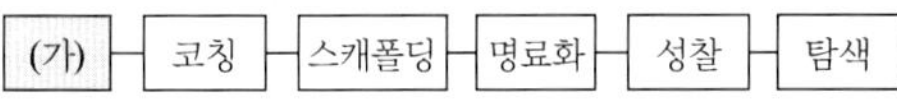

① 학생들에게 문제해결 과정을 블로그에 스스로 정리하게 한다.
② 학생들에게 과제수행에 필요한 자료를 인터넷으로 조사하게 한다.
③ 학생들에게 과제수행 과정에 대한 UCC를 제작하여 수업 게시판에 올리게 한다.
④ 전문가의 과제수행 과정이 담긴 동영상을 인터넷에서 찾아 학생들에게 보여준다.
⑤ 과제수행 중 문제에 봉착한 학생들에게 문제해결의 단서를 트위터를 통해 제공한다.

26. 고려시대 전문기술 분야의 교육 및 선발 제도에 관한 설명으로 옳은 것을 <보기>에서 모두 고르면?

──── <보 기> ────

ㄱ. 율·서·산학은 성종 11년(992) 국자감 설립 당시부터 국자감에 속해 있었다.
ㄴ. 의학, 천문·지리학 등은 태의감, 태사국과 같은 실무 관서에서 운영하였다.
ㄷ. 광종 9년(958) 과거 시행 첫해부터 문관 선발 시험과 함께 의(醫), 복(卜)등 전문기술관 선발 시험도 시행되었다.
ㄹ. 전문기술관 선발 시험으로는 명법업, 명산업, 명서업, 의업, 지리업 등이 있었다.

① ㄱ, ㄴ   ② ㄱ, ㄹ   ③ ㄴ, ㄷ
④ ㄴ, ㄷ, ㄹ   ⑤ ㄱ, ㄴ, ㄷ, ㄹ

27. 다음과 같은 방식으로 운영된 조선시대의 교육 제도는?

○ 서울에서는 매년 6월 사학(四學)에서 각 20명의 유생을 뽑아 남학에 모아 놓고 경서를 강론하거나 문장을 제술하도록 하여 그 중 우수한 성적을 거둔 유생 10명을 생원·진사 시험의 복시에 바로 나갈 수 있게 하였다.
○ 지방에서는 각 도의 관찰사가 매년 6월 도내 향교(鄕校)의 유생 중 우수한 자들을 적당 수 선발하여 모아 놓고 강경이나 제술로 시험하여 그 중 우수한 성적을 거둔 자 (경상·전라·충청도는 5명, 그 외는 3명)를 생원·진사 시험의 복시에 바로 나갈 수 있게 하였다.

① 도회(都會)   ② 순제(旬製)   ③ 원점(圓點)
④ 월강(月講)   ⑤ 재회(齋會)

28. 다음은 조선 후기에 편찬된 두 교육용 도서의 저자 서문 중 일부이다. (가)와 (나)에 들어갈 말로 바르게 짝지은 것은?

○ 안정복(1712~1791): 후세의 학자들은 [(가)]을 비천하다고 생각하여 탐탁히 여기지 않고 항상 천인성명(天人性命)과 이기사칠(理氣四七)의 말에만 매달리지만, 가만히 그 행실을 따져 보면 칭찬할 만한 것이 없으면서도 상달(上達)을 모르는 것만을 부끄럽게 여긴다. 그리하여 종신토록 학문을 해도 덕성(德性)은 끝내 이루어지지 않고 재기(才器)도 끝내 성취하지 못한 채 여전히 학문을 하지 않은 사람의 모양을 하고 있으니, 이는 [(가)]의 공부를 몰라서 그런 것이다.

○ 이덕무(1741~1793): 사람들은 항상 [(나)]에 얽매이지 말라고 하지만, 나는 일찍이 그 밀이 경전에 위배되는 것이라 생각하였다. 『서경』에 이르기를, "세세한 행실을 삼가지 않으면 마침내 큰 덕(德)을 더럽힌다."라고 하였으니, 여기의 세세한 행실이 바로 [(나)]이다.

	(가)	(나)
①	하학(下學)	곡례(曲禮)
②	하학(下學)	소절(小節)
③	소학(小學)	곡례(曲禮)
④	소학(小學)	소절(小節)
⑤	실학(實學)	인정(人情)

29. 한국 근대 시기의 초등교육에 관한 설명으로 잘못된 것은?

① 한성사범학교관저(1895년)의 공포·시행으로 근대적 초등교원 양성 교육이 시작되었다.
② 소학교령(1895년)에 의하여 심상·고등 두 과를 둘 수 있는 관·공·사립의 소학교가 설립되어 나갔다.
③ 통감부 치하에서 제정된 보통학교령(1906년)에 의하여 기존의 소학교가 보통학교로 명칭이 바뀌고 수업연한이 4년에서 5~6년으로 연장되었다.
④ 제1차(1911년)·제2차(1922년) 조선교육령 시기에는 조선인 자녀들이 다니는 보통학교와 조선에 거주하는 일본인 자녀들을 위한 소학교가 별도로 존재하였다.
⑤ 제3차 조선교육령(1938년)에 의하여 기존의 보통학교가 일본과 동일한 소학교로 명칭이 바뀌었지만, 이후 학교에서 조선어의 사용과 교육이 금지되는 등 황국 신민화 교육이 더욱 강화 되었다.

30. 다음은 플라톤의 대화편 『프로타고라스』의 일부를 재구성한 것이다. 덕(德)에 관한 소크라테스의 견해에 비추어, 빈칸에 들어갈 가장 적절한 말은?

소크라테스	: 용감한 사람은 어떤 사람입니까?
프로타고라스	: 적군을 향하여 주저 없이 나아가는 사람이 용감한 사람이지.
소크라테스	: 그러면 물불 안 가리고 앞으로 돌진하는 사람도 용감한 사람입니까?
프로타고라스	: 그야 절대 아니지.
소크라테스	: 그러면 무엇을 향해 나아가는 사람이 용감한 사람입니까? 선(善)의 이상(理想)입니까? 아니면 추한 욕망입니까?
프로타고라스	: 그야 물론 선의 이상이지.
소크라테스	: 그러면 ______
프로타고라스	: 그렇지. 무지한 사람은 용감한 사람이 될 수 없다네.

① 용감한 사람은 착한 사람이겠군요?
② 용감한 사람은 대담한 사람이겠군요?
③ 용감한 사람은 무서운 것이 없는 사람이겠군요?
④ 용감한 사람은 선이 무엇인지 아는 사람이겠군요?
⑤ 용감한 사람은 자신의 욕망을 실현하는 방법을 아는 사람이겠군요?

31. 르네상스 시기의 인문주의 교육에 관한 설명으로 옳은 것을 <보기>에서 고르면?

―――――― <보 기> ――――――
ㄱ. 과학혁명의 성과가 반영되어 과학이 가장 중요한 교과가 되었다.
ㄴ. 자유교육을 통하여 완전한 인간과 선량한 시민을 길러 내고자 하였다.
ㄷ. 키케로의 문체를 작문의 유일한 표본으로 삼은 사람들은 언어적 형식주의에 빠져 있다는 비판을 받았다.
ㄹ. 자국 문화와 언어에 대한 관심이 높아지면서 라틴어가 퇴조하고 모국어가 교육의 주된 언어로 자리 잡았다.

① ㄱ, ㄴ   ② ㄱ, ㄷ   ③ ㄱ, ㄹ
④ ㄴ, ㄷ   ⑤ ㄴ, ㄹ

32. 다음 주장에 함의되어 있는 교육관으로 가장 적절한 것은?

교육은 가르침이요, 가르침은 지식이다. 지식은 진리이며, 진리는 모든 곳에서 동일하다. 그러므로 교육은 모든 곳에서 동일하다.

-허친스(R. Hutchins)

① 교육은 생활을 위한 준비가 아니라 생활 그 자체이어야
 한다.
② 교육은 인간 본성인 이성을 계발하는 일이므로 지식을 중
 심으로 이루어져야 한다.
③ 교육은 아동의 흥미와 필요를 존중하고 아동의 발달 단계
 에 근거하여 이루어져야 한다.
④ 교육은 새로운 사회 질서의 창조에 전력해야 한다는 점에
 서 사회적 자아실현을 추구해야 한다.
⑤ 교육은 한 사회의 고유한 문화적 전통과 가치를 전수함으
 로써 그 사회의 후속 세대를 길러 내야 한다.

33. 다음은 지식교육에 대한 듀이(J. Dewey)의 주장이다. (가)
와 (나)에 들어갈 말로 바르게 짝지은 것은?

> ○ [가]는 흔히 [나]과 단절된 것으로서 그것과 별도로
> 개발될 수 있는 것으로 생각되어 왔다.
> ○ [가]는 우리가 하고자 하는 것과 그 결과로서 일어나
> 는 것 사이의 관련을 파악함으로써 [나]을 의미 있는
> 것으로 만들어 준다.
>
> – 듀이, 『민주주의와 교육』

	(가)	(나)
①	교과	습관
②	도야	경험
③	도야	습관
④	사고	성격
⑤	사고	경험

34. 다음 두 교사의 주장에 가장 부합하는 이론을 바르게 짝지
 은 것은?

> 김 교사 : 국가 차원에서 교육의 양과 질을 계획적으로 조
> 절하는 것은 당연합니다. 이 과정에서 적지 않은
> 비용이 투입되기는 하지만, 경쟁력 있는 인재를
> 양성하고 합리적 가치를 지향하는 사회가 형성
> 되어 결과적으로 국가적 이익이 창출되는 것이
> 지요.
> 박 교사 : 그런데 실제로는 모든 국민이 아닌 특정 계층에
> 게만 혜택이 돌아가고 있습니다. 교육의 과정에
> 서 상위계층의 자녀들에게는 다양한 기회가 주
> 어지지만, 하위계층의 자녀들에게 그것은 허상
> 일 뿐입니다. 결국 빈부의 대물림으로 이어지는
> 것입니다.

	김 교사	박 교사
①	발전교육론	재생산이론
②	발전교육론	지위경쟁이론
③	지위경쟁이론	종속이론
④	지위경쟁이론	재생산이론
⑤	상징적 상호작용론	종속이론

35. 가정배경과 관련된 철수 아버지와 영희 아버지의 대화에서
 찾아볼 수 있는 자본으로 가장 적절한 것끼리 짝지은 것은?

> 철수 아버지 : 저는 교육적 차원에서 철수에게 틈틈이 박
> 물관이나 클래식 연주회에 다녀오도록 해
> 요. 교양서적도 자주 읽도록 해 견문을 넓히
> 게 하지요. 이젠 스스로 알아서 합니다.
> 영희 아버지 : 저희 부부는 영희와 대화를 자주 합니다. 대
> 화시간을 늘리기 위해 텔레비전을 없앴고,
> 가급적 식구들이 함께 식사를 해요. 고민도
> 들어주며 때로는 친구가 되고, 때로는 든든
> 한 후원자가 되려고 노력해요. 영희도 집안
> 의 화목이 공부하는 데 큰 힘이 된다고 자주
> 말해요

	철수 아버지	영희 아버지
①	인간 자본	문화적 자본
②	인간 자본	경제적 자본
③	문화적 자본	경제적 자본
④	문화적 자본	가정 내 사회적 자본
⑤	경제적 자본	가정 내 사회적 자본

36. 교육팽창과 관련된 설명으로 옳은 것을 <보기>에서 모두
 고르면?

> ───── < 보 기 > ─────
> ㄱ. 학벌주의란 학력(學歷)보다 지적·기술적 능력이 지위
> 결정에 중요한 요소로 작용하는 사회적 풍토를 말한다.
> ㄴ. 학력 인플레이션이란 학력의 공급이 수요에 비하여 지
> 나치게 많아 그 가치가 노동시장에서 평가절하되는 것
> 을 말한다.
> ㄷ. '졸업장 병(diploma disease)'이란 학력이 지위 획득의
> 수단으로 작용하여 더욱 높은 학력을 쌓기 위한 경쟁
> 이 계속되는 것을 말한다.

① ㄴ   ② ㄱ, ㄴ   ③ ㄱ, ㄷ

④ ㄴ, ㄷ   ⑤ ㄱ, ㄴ, ㄷ

37. 부르디외(P.Bourdieu)가 말한 '상징적 폭력(symbolic violence)'
에 해당하는 사례를 <보기>에서 고르면?

① ㄱ, ㄴ   ② ㄱ, ㄷ   ③ ㄱ, ㄹ
④ ㄴ, ㄹ   ⑤ ㄷ, ㄹ

38. 다음 상황에 가장 적합한 평생교육 제도는?

새봄초등학교에서는 학부모와 지역 주민을 대상으로 방과
후와 주말에 평생교육 프로그램을 운영하고 있다. 학부모
와 지역 주민들이 프로그램에 참여하는 주된 목적은 취미
와 여가를 위한 것이다. 주민들은 자신들의 평생교육 경험
이 체계적으로 누적되어 사회적으로 인정받을 수 있도록
국가가 관리하고 인증해 주기를 바라고 있다.

① 독학학위제   ② 학습계좌제   ③ 학습휴가제
④ 직업능력인증제 ⑤ 문하생학력인정제

39. (가)~(마) 중에서 현재 시·도교육청의 세입 재원이 아닌
    것은?

시·도교육청의 예산은 중앙정부로부터의 재정 지원이 대
부분을 차지하지만, 지방자치단체로부터의 재정 지원도 적
지 않은 비중을 차지하고 있다. 즉, 중앙정부로부터의 <u>보통
교부금</u>, <u>특별교부금</u>, <u>봉급교부금</u>, <u>국고보조금</u>뿐만 아니라
  (가)   (나)   (다)   (라)
<u>지방자치단체로부터의 전입금</u> 등이 그 세입 재원을 이루
           (마)
고 있는 것이다. 따라서 교육자치와 일반자치는 재정적 측
면에서도 동반자 관계를 맺고 있다고 할 수 있다.

① (가)   ② (나)   ③ (다)   ④ (라)   ⑤ (마)

40. 가을초등학교에서 김 교장이 직면한 사태를 설명할 수 있
    는 리더십 이론으로 가장 적절한 것은?

김 교장은 9월에 여름초등학교에서 가을초등학교로 전보
발령을 받았다. 그는 여름초등학교에서 리더십이 뛰어나
학교를 크게 발전시켰다는 평을 들었다. 그러나 중진 교
사들이 대부분인 가을초등학교에서는 리더십을 발휘해도
별다른 성과를 거두지 못했다. 교사들이 "몇 년 후에 승진
을 해야 하는데 교장이 내게 해 줄 수 있는 것이 아무 것도
없다."라고 하면서, 김 교장의 지시를 따르지 않고 승진 점
수를 취득하는 일에만 몰두했기 때문이다. 그의 리더십도
승신 앞에서는 무용지물이 되어 버린 것이다.

① 슈퍼 리더십 이론   ② 리더십 특성 이론
③ 변혁적 리더십 이론   ④ 서번트 리더십 이론
⑤ 리더십 대용 상황 이론

41. 다음 사례를 읽고 (가)~(마) 중에서 현행 지방교육자치제
    도에 비추어 잘못된 것을 모두 고르면?

초등학교에 근무하던 김 교사는 <u>정당의 추천을 받아</u> 교육
                              (가)
의원 선거에 출마하였다. 참신하고 현실성 있는 공약을 내
세운 덕분에, 그는 <u>주민의 보통·평등·직접·비밀 선거에</u>
                              (나)
<u>의해 선출되는 교육의원</u>에 당선될 수 있었다. 취임을 한
후, 그는 <u>도의회의 상임위원회인 교육위원회의 위원</u>으로서
                    (다)
<u>교육 예산안을 심사(심의)·의결하고</u>, <u>교육규칙을 제정하</u>
        (라)   (마)
<u>는</u> 등 교육의원으로서 의미 있는 일들을 많이 하였다.

① (가), (나)   ② (가), (다)   ③ (가), (마)
④ (나), (다), (마) ⑤ (나), (라), (마)

42. 호이와 미스켈(W. Hoy & C. Miskel)의 학교풍토 유형에서
    (가)에 대한 설명으로 옳은 것은?

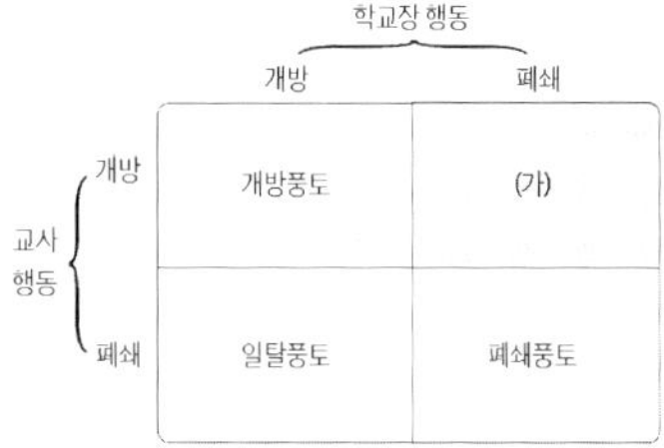

① 학교장의 관리가 비효율적이지만, 교사들의 업무 수행은 효율적으로 이루어지는 풍토이다.
② 학교장과 교사들 사이에 신뢰는 있지만, 교사들의 전문적인 업무 수행은 미흡한 풍토이다.
③ 교사에 대한 학교장의 관심과 지원이 미흡하여 교사들이 업무 수행을 태만하게 하는 풍토이다.
④ 학교장은 교사들의 제안을 잘 받아들이고, 교사들은 업무 달성을 위해 매우 헌신하는 풍토이다.
⑤ 학교장이 불필요한 업무만을 강조하기 때문에 교사들이 반감을 가지고 업무를 태만히 하는 풍토이다.

43. 다음 내용에 가장 부합하는 교육정책 결정 모형은?

> ○ 정책 결정이 항상 합리적으로 이루어지는 것은 아니다.
> ○ 부족한 자원, 불충분한 정보, 불확실한 상황 등이 정책의 합리성을 제약한다.
> ○ 때때로 직관이나 초합리적인 생각도 정책을 결정하는 데 중요한 요인이 된다.
> ○ 창의적인 정책 결정에 도움을 주지만, 너무 이상에만 치우칠 수 있다는 비판을 받는다.

① 최적 모형(optimal model)
② 만족 모형(satisfying model)
③ 점증 모형(incremental model)
④ 혼합 모형(mixed-scanning model)
⑤ 쓰레기통 모형(garbage can model)

44. 교원의 인사행정과 관련된 진술로 옳은 것은?

① 국·공립·사립학교 교원의 신분은 교육공무원이다.
② 공립학교 교사의 임용권은 대통령으로부터 교육감에게 위임되어 있다.
③ 교육공무원인 교원의 임용은 자격·재교육성적·근무성적 기타 능력의 실증에 의하여 행한다.
④ 초·중등교육법에 규정된 교원의 자격은 교장, 교감, 수석교사, 부장교사, 정교사(1급·2급)로 구분된다.
⑤ '음주운전'은 파면·해임된 뒤 다시 신규 또는 특별 채용될 수 없는 사유의 하나로 교육공무원법과 사립학교법에 규정되어 있다.

45. 국·공립·유·초·중등학교 교원에게 적용되는 국가공무원법상 복무 규정에 관한 설명으로 옳은 것은?

① 소속 기관장의 허가 없이 다른 직무를 겸할 수 없다.
② 퇴직 후에는 직무상 알게 된 비밀을 엄수할 의무가 없다.
③ 직무상 관계가 없는 경우 그 소속 상관에게 증여할 수 있다.
④ 직무 외적인 경우에는 품위 유지의 의무가 적용되지 않는다.
⑤ 외국 정부로부터 증여를 받을 경우에는 대통령의 허가가 필요하나 영예의 경우는 불필요하다.

46. 교직관에 대한 설명으로 가장 적절한 것은?

① 노동직관은 일부에서 주장되고 있지만 아직은 법적으로 전혀 인정되지 않고 있다.
② 전문직관은 교원 양성기관의 설립과 자격제도의 도입으로 설명될 수 있는 교직관이다.
③ 성직관은 성직자가 교직을 담당하였던 것에서 유래한 것으로, 오늘날 전면 부정되고 있다.
④ 공직관은 국가공무원 신분에 근거한 것이므로 공·사립학교 교원에게는 해당되지 않는다.
⑤ 성직관, 전문직관, 노동직관, 공직관은 상호 배타적이기 때문에 한 시대에 공존할 수 없다.

[47~50] 다음 글을 읽고 물음에 답하시오.(4문항)

> (가) 김 교사가 전보 발령을 받은 푸른초등학교에는 다문화 가정 학생이 점차 증가하고 있다. 그들 대부분은 학업성취도가 낮을 뿐만 아니라 언어 문제를 비롯하여 학교 적응에 많은 어려움을 겪고 있다. 김 교사는 여러 선생님들과 함께 학교 차원의 대책을 세우기로 하였다.
>
> (나) 김 교사는 다문화 가정 학생들에게 시급하게 요구되는 언어 능력을 향상시키기 위한 프로그램을 만들었다. 이 프로그램은 학생들이 자주 접하지만 표현이나 발음이 서툰 일상적 어휘에서 시작하여 점차 교과서나 학습 장면에서 사용되는 낯선 어휘들에 대한 학습으로 이어지도록 구성되었다. 이 프로그램으로 학생들을 지도한 결과 언어능력이 눈에 띄게 향상되었고, 학교생활에서도 활력을 되찾았다.
>
> (다) 김 교사는 프로그램을 개발하고 시행하는 과정에서 자신이 이 분야에 대한 전문성이 부족하다는 점을 절감하였다. 그래서 다문화 교육 관련 학술서적을 찾아 공부하는 한편, 좀 더 체계적으로 연구하기 위해 그동안 미루어 두었던 대학원 석사과정에 자비로 진학하기로 결심하였다.

(라) 김 교사는 대학원 강의에서 뱅크스(J. Banks)가 다문화
교육을 위해 제안한 '공평한 교수법'을 공부하였다. 이
것을 예전에 공부하였던 콜브(D. Kolb)의 네 가지 학
습유형(learning style)과 연결하면 다문화 가정 학생들
의 특성에 적합한 교수법을 고안하는 데 도움을 줄 수
있을 것 같았다. 김 교사는 대학원에 와서 공부하기를
참 잘했다는 생각과 함께 학생들의 해맑은 얼굴이 떠
올라 살며시 미소를 지었다.

47. (가)에 나타난 다문화 가정 학생의 교육과 관련된 설명으
로 옳은 것을 <보기>에서 모두 고르면?

─────── <보 기> ───────
ㄱ. 다문화가족지원법상 다문화 가족이란 결혼이민자로 이
   루어진 가족만을 가리킨다.
ㄴ. 국내 거주 사실이 서류상으로 확인된 외국인 근로자의
   자녀들은 초등학교에 취학할 수 있다.
ㄷ. 언어교육 등 다문화 가정 학생의 교육을 지원하는 것뿐
   만 아니라 일반 학생 대상의 다문화 이해 교육도 필요
   하다.
ㄹ. 2010년 현재 다문화 가정 학생 수는 초·중·고등학교
   중에서 초등학생이 가장 많고, 그 다음이 중학생, 고등
   학생 순이다.

① ㄱ, ㄴ   ② ㄴ, ㄹ   ③ ㄱ, ㄷ, ㄹ
④ ㄴ, ㄷ, ㄹ   ⑤ ㄱ, ㄴ, ㄷ, ㄹ

48. (나)의 언어교육 프로그램이 따르고 있는 교육과정 구성
방법으로 가장 적절한 것은?

① 연대순에 따른 방법
② 논리적 선행 요건에 따른 방법
③ 교육내용의 친숙성에 따른 방법
④ 주제를 중심으로 통합하는 방법
⑤ 전체에서 부분으로 나아가는 방법

49. (다)에서 김 교사가 계획한 연수는?

① 위탁 연수   ② 자격 연수   ③ 자기 연수
④ 지정 연수   ⑤ 직무 연수

50. (라)에 언급된 콜브의 네 가지 학습유형 중 (ㄱ)에 속하는
학습자의 특성을 가장 잘 설명한 것은?

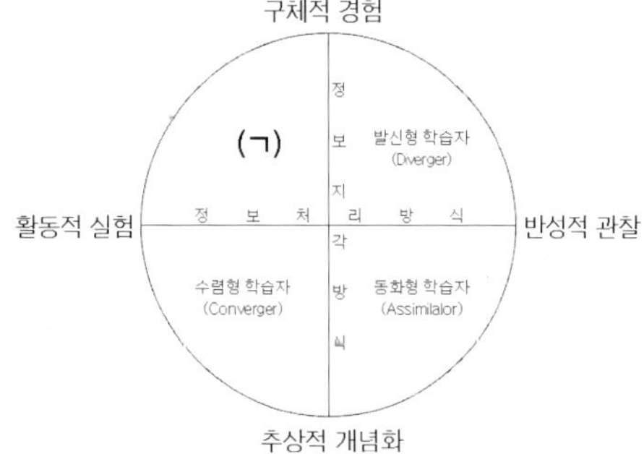

① 논리성과 치밀성이 뛰어나고 귀납적 추리에 익숙하므로 이
   론화를 잘한다.
② 상상력이 뛰어나고 상황을 여러 관점에서 조망하며 다양한
   분야에서 많은 아이디어를 낸다.
③ 계획 실행에 뛰어나고 새로운 경험을 추구하고 새로운 상
   황에 잘 적응하며 지도력이 탁월하다.
④ 여러 아이디어를 잘 종합하고 다각적으로 이해할 수 있어
   서 이론적 모형을 만드는 일을 잘한다.
⑤ 아이디어를 실제적으로 잘 응용할 뿐만 아니라 가설 설정
   과 연역적 추리에 익숙하며 기술적인 과제와 문제를 잘 다
   룬다.

2010학년도 공립 중등학교 교사

신규 임용후보자 선정경쟁시험 기출문제(교육학)

교 육 학

1차 시험	1교시 (공통)	40문항 20점	시험 시간 70분

○ 문제지 전체 면수가 맞는지 확인하시오.

○ 문항의 배점은 0.5점입니다.

○ 각 문항의 정답을 컴퓨터용 흑색 사인펜을 사용하여 OMR 답안지에 표시 하시오.

---

1. 김 교사는 헤르바르트(J, Herbart)의 '교수 단계론'을 현대적 관점에서 해석하여 자신의 국어 수업에 적용해 보았다. <보기>에 기술된 김 교사의 교수행위를 헤르바르트의 '교수' 단계론에 따라 순서대로 배열한 것은?

───── <보 기> ─────

ㄱ. '시(時)의 구조'를 학생들이 이미 배운 시에 관한 지식과 관련지어 설명하였다.

ㄴ. 이번 시간에 배운 '시의 구조' 개념을 새로운 시에 적용하여 해석할 수 있도록 설명하였다.

ㄷ. '시의 구조' 개념과 관련된 내용 요소를 세분하여 학생들에게 명료하게 설명하였다.

ㄹ. '시의 구조'를 구성하고 있는 지식들 사이에 체계적인 질서가 있음을 설명하였다.

① ㄱ-ㄴ-ㄷ-ㄹ   ② ㄱ-ㄷ-ㄹ-ㄴ
③ ㄴ-ㄱ-ㄷ-ㄹ   ④ ㄷ-ㄱ-ㄹ-ㄴ
⑤ ㄷ-ㄴ-ㄱ-ㄹ

2. 중세 서양 대학에 대한 기술로서 옳지 않은 것은?

① 대학의 기능과 역할은 일차적으로 교육보다 연구에 있었다.
② 대학의 기원과 도시 자치권의 확대 사이에 긴밀한 관련이 있었다.
③ 중세 초기 대학의 설립과 운영에 있어서 교회의 발언권이 강했다.
④ 유니버시티(university)라는 말은 본래 선생과 학생의 조합을 뜻했다.

⑤ 이탈리아와 남부 프랑스의 대학들은 볼로냐(Bologna) 대학을 모범으로 삼았다.

3. 다음과 같은 교육학 연구에 공통적으로 영향을 끼친 철학 사조는?

○ 아이즈너(E. Eisner)의 교육과정 이론
○ 반 마넨(M. van Manen)의 체험적 글쓰기
○ 스프래들리(J. Spradley)의 문화기술 연구
○ 랑에펠트(<M. Langeveld)의 아동의 인간학
○ 마이어-드라베(K. Meyer-Drawe)의 학습이론

① 구조주의   ② 실존주의   ③ 비판철학
④ 포스트모더니즘   ⑤ 현상학

4. 다음은 듀이(J. Dewey)의 『민주주의와 교육』의 내용을 서술한 것이다. [   ]에 공통적으로 들어갈 말은?

[   ]은/는 어원적으로 볼 때 '사이에 있는 것', 즉 거리가 있는 두 사물을 관련짓는 것을 뜻한다. 교육의 경우에, 두 사물 사이의 메워야 할 거리는 시간적인 것으로 생각할 수 있다. 어떤 것이 발달하는 데 시간이 걸린다는 것은 너무도 자명하다. 그래서 성장에는 시작 단계가 있고 완성 단계가 있으며 그 사이에 밟아야 할 과정, 즉 중간 과정이 있다. 학습의 경우에, 학생이 현재 갖고 있는 능력과 성향이 학습의 출발 단계가 되며, 교사는 최종적으로 도달하게 될 교육목표를 설정한다. 이 두 가지 사이에 있는 [   ]이/가 바로 수단(means)인데, 그것은 학생이 어떤 사물에 몰입하는 상태이다. 이 수단을 통해서만 애초에 시작한 교육활동이 만족스러운 최종 결과에 도달하게 된다.

① 경험   ② 흥미   ③ 지력   ④ 도야   ⑤ 구성

5. 삼국시대에서 고려시대까지의 교육에 대한 서술로서 옳은

것을 <보기>에서 모두 고른 것은?

	(가)	(나)
①	사학(四學)	향교(鄕校)
②	사학(四學)	서원(書院)
③	향교(鄕校)	서원(書院)
④	사학(四學)	서당(書堂)
⑤	향교(鄕校)	서당(書堂)

<보 기>

ㄱ. 고구려에는 평민도 교육 받을 수 있는 교육기관이 존재했다.

ㄴ. 백제는 박사 파견 등을 통해 고대 일본의 학문과 교육 발전에 영향을 미쳤다.

ㄷ. 신라의 화랑도 교육에는 고유의 사상 및 종교의 요소가 있었다.

ㄹ. 고려의 학교교육은 불교사상을 근간으로 전개되었다.

① ㄱ, ㄷ   ② ㄴ, ㄹ   ③ ㄱ, ㄴ, ㄷ
④ ㄱ, ㄷ, ㄹ   ⑤ ㄴ, ㄷ, ㄹ

6. 주자학(朱子學)에서 제시하는 바람직한 공부의 모습과 거리가 <u>먼</u> 것은?

① 위기지학(爲己之學)을 통한 참된 본성의 실현을 지향한다.
② 공부의 전(全) 과정에서 경(敬)의 자세가 근간이 된다.
③ 소학(小學)에서 대학(大學)으로 이어지는 단계를 밟는다.
④ 지(知)와 행(行)이 서로를 밝히고[相發] 함께 진전한다[竝進].
⑤ 독서 공부는 순서상 역사서를 두루 읽은 후 사서(四書)로 나아간다.

7. 다음은 조선 중기 학교교육의 위기와 그 극복의 노력에 관한 이황(李滉)의 견해이다. (가)와 (나)에 들어갈 명칭을 바르게 짝지은 것은?

일찍이 듣기로, 사람에게는 도(道)가 있지만 가르침이 없으면 금수에 가깝게 된다. 성인(聖人)이 이를 염려하여 사람의 도리[人倫]를 가르쳤으니 삼대(三代)의 학교는 모두 사람의 도리를 밝히고자 한 것이다. 후세에 이르러 성왕(聖王)이 일어나지 않고 옛 도가 무너짐에 따라, 문사(文詞)와 과거(科擧), 이록(利祿)의 풍습이 사람의 마음을 어지럽혀 광란으로 치달아 돌아오지 못하게 하였다. 이에 안으로는 국학(國學)이, 밖으로는 <u>(가)</u> 이/가 모두 어두워 가르침을 알 수 없고 막연하여 배움을 일삼지 못하게 되었다. 이것이, 뜻 있는 선비들이 발분(發憤)하고 개탄하며 한 짐의 책을 짊어지고 깊은 산중에 들어가 서로 들은 바를 강론하여 도를 밝히며 자신을 이루고 남도 이루어 주게 된 까닭이니, 후세에 <u>(나)</u> 이/가 만들어진 것은 그 상황의 형세가 그렇지 않을 수 없었던 것이다. 그 일의 가상함이 어떠한가?

－『퇴계전서(退溪全書)』42권 <기(記)> 중－

8. 인본주의 교육과정(humanistic curriculum)의 관점과 관련이 깊은 것을 <보기>에서 모두 고른 것은?

<보 기>

ㄱ. 개인의 잠재적 능력 계발과 자아실현을 지향한다.

ㄴ. 사회가 요구하는 직업 능력을 갖춘 사회 구성원 양성을 주 목적으로 한다.

ㄷ. 교사와 학습자 간의 관계에서 존중, 수용, 공감적 이해를 중시한다.

ㄹ. 대표적인 학자로 메이거(R. Mager), 마자노(R. Marzano) 등이 있다.

① ㄱ, ㄷ   ② ㄴ, ㄷ   ③ ㄴ, ㄹ
④ ㄱ, ㄴ, ㄹ   ⑤ ㄱ, ㄷ, ㄹ

9. 1980년대 미국 교육과정에서 나타난, 주지주의 교육으로의 복고 경향과 관련이 깊은 것을 <보기>에서 모두 고른 것은?

<보 기>

ㄱ. 환경 교육, 소비자 교육, 인권 교육 등의 새 프로그램 개발

ㄴ. 중핵교육과정(core curriculum)의 강조

ㄷ. 파이데이아 제안서(Paideia Proposal)의 발표

ㄹ. 조직화된 지식 습득과 지적 기능 계발의 강조

① ㄱ, ㄴ   ② ㄱ, ㄹ   ③ ㄷ, ㄹ
④ ㄱ, ㄴ, ㄷ   ⑤ ㄴ, ㄷ, ㄹ

10. 블룸(B. Bloom)의 인지적 영역 교육목표 분류와 크래쓰월(D. Krathwohl) 등의 정의적 영역 교육목표 분류에 대한 설명으로 적절하지 <u>않은</u> 것은?

① 인지적 영역 목표의 분류 준거는 복잡성이다.
② 하위수준의 인지능력은 상위수준의 인지능력을 성취하기 위한 선행조건이다.
③ 정의적 영역 목표는 위계적으로 구성되어 있다.
④ 정의적 영역 목표의 분류 준거는 다양성이다.
⑤ 정의적 영역 목표는 감수, 반응, 가치화, 조직화, 인격화이다.

11. 타바(H. Taba)의 교육과정 개발 모형에 대해 바르게 설명
한 것을 <보기>에서 모두 고른 것은?

─────── <보 기> ───────
ㄱ. 귀납적 접근 방법을 사용하였다.
ㄴ. 요구 진단 단계를 설정하였다.
ㄷ. 내용과 학습경험을 구별하여 개발 단계를 설정하였다.
ㄹ. 반응평가모형을 제안하였다.

① ㄱ, ㄷ   ② ㄱ, ㄹ   ③ ㄴ, ㄹ
④ ㄱ, ㄴ, ㄷ   ⑤ ㄴ, ㄷ, ㄹ

12. 김 교사는 문항별 배점이 4점인 5지 선다형 수학 시험 25문
항을 제작하여 100명의 학생에게 실시한 후, 문항별 평균과
표준편차를 구하였다. 다음<표>는 이 결과의 일부이다.

문항	평균	표준편차
문항1	2.0	2.0
문항2	0.8	1.6
문항3	3.4	1.4
문항4	0	0
문항5	4.0	0

[이하 생략]

<보기>는 위의 결과를 근거로 김 교사가 각 문항에 대해 판단
한 내용이다. 옳은 것을 모두 고른 것은?

─────── <보 기> ───────
ㄱ. 문항1은 문항2보다 편차점수 제곱의 합이 더 크다.
ㄴ. 문항2는 문항3보다 변별도가 더 높다.
ㄷ. 문항4의 변별도는 0이다.
ㄹ. 준거참조평가인 경우라면, 문항5는 불필요한 문항이다.

① ㄱ, ㄷ   ② ㄴ, ㄹ   ③ ㄷ, ㄹ
④ ㄱ, ㄴ, ㄷ   ⑤ ㄱ, ㄴ, ㄹ

13. 박 교사는 즉시적 보상을 활용한 교수방법이 학업성취도
에 미치는 효과를 알아보기 위해 다음과 같이 A, B, C 세
가지 실험 설계를 구상하였다. 각 실험설계에 대한 설명으
로 가장 적절한 것은?

실험설계 A ───── O_1 ──── X ──── O_2 ─────

: 단일집단 사전-사후 설계
(one-group pretest-posttest design)

실험설계 B ───── O_1 ──── X ──── O_2 ─────
            ───── O_1 ───────────── O_2 ─────

: 비동등 통제집단 설계
(nonequivalent control group design)

실험설계 C ──────────────── X ──── O_2 ─────
            ────────────────────── O_2 ─────

: 비동등집단 사후검사 설계
(posttest with nonequivalent groups design)

단, X : 즉시적 보상을 활용한 교수방법의 실시

O_1 : 사전 학업성취도 검사

O_2 : 사후 학업성취도 검사

(척도는 양적척도이며 정규분포를 EK름)

집단별 사례 수 : 20명

① 실험설계 A : 대응표본 t검정으로 효과를 검정할 수 있다.
② 실험설계 A : 성숙에 의한 문제가 발생할 가능성은 없다.
③ 실험설계 B : 통계적 회귀의 문제가 발생할 가능성은 없다.
④ 실험설계 C : 피험자 선발의 문제가 발생할 가능성은 없다.
⑤ 실험설계 C : 진실험설계이다.

14. 학생들에게 독일어와 일본어 시험을 실시하였다. 독일어
의 원점수 분포는 정적편포를 이루고 일본어의 원점수 분
포는 부적편포를 이루고 있었다. 다음 식을 활용하여 이
두 과목의 과목별 점수를 T점수로 변환하였다. T점수로
변환한 결과에 대한 예측으로 옳은 것을 <보기>에서 모두
고른 것은?

$T = 10\left[\dfrac{X-\mu}{\sigma}\right]+50$ (X:원점수, μ:X 의 평균, σ:X 의 표준편차)

─────── <보 기> ───────
ㄱ. 독일어와 일본어에서 각각 만점을 받은 학생이라 하더
라도 T점수는 서로 다를 수 있다.
ㄴ. 독일어 과목에서 각 학생의 원점수에 대응하는 T점수
를 좌표평면에 나타내면 S자 형태가 된다.
ㄷ. 일본어 과목의 T점수들의 분포는 부적편포를 이룬다.

① ㄱ   ② ㄴ   ③ ㄱ, ㄷ
④ ㄴ, ㄷ   ⑤ ㄱ, ㄴ, ㄷ

15. 다음의 교수·학습 방법에서 강조하는 교사의 역할과 가
장 거리가 먼 것은?

> ○ 팰린사(A. Palincsar)와 브라운(A. Brown)이 독해력 지도
> 를 위해 제안하였다.
> ○ 교사는 독해력을 지도 할 때 질문하기, 요약하기, 명료
> 화하기, 예견하기의 4가지 인지전략을 사용한다.
> ○ 리더 역할은 경우에 따라 교사나 학생이 모두 수행할
> 수 있다.

① 수업의 처음 단계와 마지막 단계를 교사가 통제한다.
② 학생에게 현재 수준에 맞는 피드백과 조언을 제공한다.
③ 학생이 능동적으로 지식을 구성하도록 교사가 격려한다.
④ 사회적 상호작용을 통해 학생의 사고 발달을 교사가 촉진
한다.
⑤ 도입 단계에서 교사는 학생에게 인지전략을 설명하고 시범
보인다.

16. 음식 만들기 수업에 교사가 적용한 교수 기법 중 정보처리
이론과 관련이 깊은 것을 <보기>에서 모두 고른 것은?

> —— <보 기> ——
> ㄱ. 자료를 제시하고 요리법을 설명하면서 중요한 부분에
> 밑줄을 그어 주의를 유도하였다.
> ㄴ. 음식을 만드는 데 필요한 재료 목록을 제시하고 유사한
> 항목끼리 묶어 기억하도록 하였다.
> ㄷ. 음식을 만드는 주요 과정을 랩 가사로 만든 후 학생이
> 익숙한 노래 가락에 맞추어 부르게 하였다.
> ㄹ. 음식 만들기를 성공적으로 수행한 학생에게는 자신이
> 평소 하고 싶었던 게임을 하도록 허용하였다.

① ㄱ, ㄴ   ② ㄴ, ㄹ   ③ ㄷ, ㄹ
④ ㄱ, ㄴ, ㄷ   ⑤ ㄱ, ㄷ, ㄹ

17. 박 교사는 오수벨(D. Ausubel)의 유의미 수용학습 이론에
따라 수업을 하고자 한다. (가), (나), (다)에 들어갈 내용을
바르게 짝지은 것은?

> 박 교사는 학생들에게 먼저 수업목표를 명확히 제시하고,
> 수업내용을 쉽게 이해하도록 하기 위해 수업내용을 포괄
> 하는 예를 │ (가) │로 제시하였다. 박 교사는 │ (가) │가 학생
> 들의 인지구조 내에서 새로운 학습내용을 │ (나) │하여 의
> 미 있는 수용학습이 이루어지도록 촉진할 것이라고 기대
> 하였다. 그 이유는 수업내용을 학습하기 전에 수업내용에

> 관한 포괄적인 예를 제시하면 그것이 │ (다) │의 역할을 수
> 행하여 학습의 정교화를 촉진할 것이기 때문이다.

	(가)	(나)	(다)
①	비교조직자	대조	정착아이디어(anchoring ideas)
②	비교조직자	포섭	지식망(knowledge network)
③	설명조직자	대조	정착아이디어(anchoring ideas)
④	설명조직자	포섭	지식망(knowledge network)
⑤	설명조직자	포섭	정착아이디어(anchoring ideas)

18. (가)와 (나)에 해당하는 협동학습모형을 바르게 짝지은 것
은?

> (가) 교사는 단원을 몇 개의 소주제로 나누어 원집단에 질
> 문의 형식으로 제시한다. 원집단의 구성원들은 소주제
> 를 하나씩 나누어 맡는다. 각 구성원은 원집단에서 나
> 와, 같은 소주제를 맡은 다른 집단의 구성원들과 전문
> 가 집단을 형성하여 맡은 과제를 집중적으로 학습한
> 다. 학습이 끝나면 원집단으로 돌아가 습득한 전문 지
> 식을 다른 구성원에게 가르친다. 마지막으로 단원 전
> 체에 대해 개별 시험을 치른 후, 집단 보상을 받는다.
> (나) 교사와 학생들이 토의를 통해서 학습과제를 선택한
> 후, 이것을 다시 소주제로 분류한다. 학생들은 각자
> 학습하고 싶은 소주제를 선택하고, 같은 소주제를 선
> 택한 학생들끼리 팀을 구성한다. 팀 구성원들은 소주
> 제를 더 작은 미니주제들(mini-topics)로 나누어 개별
> 학습한 후, 그 결과를 팀 내에서 발표한다. 팀 별로 보
> 고서를 작성한 후, 학급 전체에서 발표한다.

	(가)	(나)
①	과제분담학습Ⅱ(Jigsaw Ⅱ)	팀경쟁학습(TGT)
②	과제분담학습Ⅱ(Jigsaw Ⅱ)	자율적 협동학습(Co-op Co-op)
③	과제분담학습Ⅱ(Jigsaw Ⅱ)	팀보조 개별학습(TAI)
④	성취-과제분담(STAD)	팀경쟁학습(TGT)
⑤	성취-과제분담(STAD)	자율적 협동학습(Co-op Co-op)

19. 다음은 켈러(F. Keller)의 개별화 교수체제(Personalized
System of Instruction, 일명 Keller Plan) 모형을 적용하여 e-
러닝과 교실수업을 혼합한 블렌디드 러닝(blended
learning)을 설계한 것이다. 밑줄 친 ㉠~㉡중 개별화 교수
체제 원리를 잘못 적용한 것은?

> 학생들의 수학 교과 기초능력 결손을 보완하기 위해 김 교
> 사는 개별화 교수체제 원리를 토대로 보충수업을 설계하

였다. 김 교사는 (ㄱ) <u>전체 학습과제를 소단위로 나누어 단계적으로 학습하도록 e-러닝 콘텐츠를 설계하였다.</u> 학생들은 인터넷을 통해 가정에서 (ㄴ) <u>자신의 학습속도에 맞게 e-러닝을 진행하였다.</u> 각 소단위 학습을 마치면 곧바로 해당 단위에 대한 온라인 평가가 실시되고, (ㄷ) <u>해당 소단위 목표를 달성한 경우에만 다음 단계의 소단위 학습을 할 수 있었다.</u> 소단위 학습 목표 달성에 실패할 때는 해당 단위를 다시 학습하고 평가도 다시 받도록 하였다. e-러닝 시스템은 각 평가문항에 학생이 응답하면 즉시 정답 여부를 알려 주었다. (ㄹ) <u>별도의 학습 조력자 없이 학생들이 개별적으로 전체 학습을 진행하도록 하였다.</u> 김 교사는 학생의 개별학습에 개입하는 것을 최소화하기 위해 모든 학습자료와 전달 사항을 인쇄물로 나누어 주었다. (ㅁ) <u>김 교사는 학생들에게 학습 동기유발이나 학습의 전이를 촉진할 필요가 있다고 판단될 때, 이를 위해 교실에서 강의식 수업을 간단하게 실시하였다.</u>

① (ㄱ)　　② (ㄴ)　　③ (ㄷ)　　④ (ㄹ)　　⑤ (ㅁ)

20. 가네(R. Gagne)가 학습결과 중의 하나로 분류한 문제해결력을 기르기 위한 수업을 딕(W. Dick)과 캐리(L. Carey)의 체제적 교수설계 모형에 따라 설계하고자 한다. <보기>에서 옳은 것을 고른 것은? (단, 학습과제는 구조화되어 있다고 가정한다.)

―――― <보 기> ――――
ㄱ. 학습목표는 '문제 해결에 필요한 원리와 법칙을 정확하게 설명할 수 있다.'로 설정한다.
ㄴ. 문제해결력을 육성하는 학습목표에 관한 교수분석은 문제해결력에서부터 시작하여 하향식 위계분석을 실시한다.
ㄷ. 교수분석과정에서 출발점 행동을 설정하기 위해 해당 학생들이 이수한 교육과정 분석과 학생 관찰 결과를 활용한다.
ㄹ. 문제해결력 학습에 필요한 하위능력은 구체적 개념, 정의된 개념, 변별력, 원리와 법칙의 순서로 가르친다.
ㅁ. 학습목표에 기술된 조건과 성취행동(또는 수행)에 부합하는 연습 기회와 교정적 피드백을 제공한다.

① ㄱ, ㄷ, ㄹ　　② ㄱ, ㄷ, ㅁ　　③ ㄴ, ㄷ, ㄹ
④ ㄴ, ㄷ, ㅁ　　⑤ ㄴ, ㄹ, ㅁ

21. 체제적 교수설계 모형(ADDIE 모형, ASSURE 모형, Dick & Carey 모형)에 따라, 김 교사는 가장 먼저 개발할 교사 직무 능력 향상 프로그램을 선정하기 위해 요구분석을 실시하였다. (가)와 (나)에 적합한 활동을 <보기>에서 고른 것은?

요구분석 단계	요구분석 활동
직무수행의 바람직한 상태 설정	여러 자료를 토대로 직무별로 바람직한 교사의 수행 상태를 설정하였다.
교사의 현재 직무수행 상태 측정	동료 교사와의 인터뷰, 관찰 등을 토대로 교사의 직무별 현재 수행 상태를 측정하였다.
요구의 크기 계산	직무별로 '바람직한 직무수행 상태'와 '교사의 현재 직무수행 상태' 간의 차이를 계산하였다.
요구 우선순위 결정	(가)
요구 발생원인 분석	(나)
직무연수 프로그램 개발 대상 요구 선정	위의 (나)에서 선정된 요구 중 우선순위가 가장 높은 요구를 충족시키기 위해 직무연수 프로그램을 개발하기로 결정하였다.

―――― <보 기> ――――
(가)
ㄱ. 직무별 요구의 크기에 따라 요구들의 우선순위를 결정하였다.
ㄴ. 직무별 요구의 크기와 직무 중요도에 따라 요구들의 우선순위를 결정하였다.

(나)
ㄷ. 요구 발생 원인을 분석하여 환경, 조직 운영 및 학교 교육정책의 문제로 초래된 요구를 선정하였다.
ㄹ. 요구 발생 원인을 분석하여 교사의 건강, 업무분장 및 업무량의 문제로 초래된 요구를 선정하였다.
ㅁ. 요구 발생 원인을 분석하여 교사의 지식과 기능 부족으로 초래된 요구를 선정하였다.

	(가)	(나)
①	ㄱ	ㄷ
②	ㄱ	ㅁ
③	ㄴ	ㄷ
④	ㄴ	ㄹ
⑤	ㄴ	ㅁ

22. 다음은 각 교수·학습이론과 그것을 구현하기 위한 e-러닝 방법을 짝지은 것이다. 옳은 것을 모두 고른 것은?

구분	교수 · 학습이론	e-러닝 방법
ㄱ	벤더빌트 대학 CTGV의 정착교수(anchored instruction) 이론	상호작용 비디오 체제 활용 수업
ㄴ	브루너(J. Bruner)의 발견학습(discovery learning) 이론	개인교수형 컴퓨터 보조 수업
ㄷ	스피로(R. Spiro)의 인지적 유연성(cognitive flexibility) 이론	하이퍼텍스트와 하이퍼미디어 활용 수업
ㄹ	라이거루스(C. Reigeluth)의 정교화 교수 이론(elaboration theory of instruction)	온라인 문제 기반 학습

① ㄱ, ㄴ   ② ㄱ, ㄷ   ③ ㄴ, ㄹ
④ ㄱ, ㄷ, ㄹ   ⑤ ㄴ, ㄷ, ㄹ

23. 다음은 효과적인 질문 기법에 관한 일련의 연구 결과들에서 도출한 내용이다.

> 질문할 때 교사는 자주 질문하되, 가능한 한 모든 학생을 골고루 호명하여 소수 학생이 응답 기회를 독점하지 않게 해야 한다. 또한 질문을 먼저 하되 응답할 학생을 호명하기 전과 후에 잠시 침묵하여 생각할 수 있는 시간을 주어야 하며, 학생을 적절히 격려하여 참여를 유도해야 한다. 그러나 질문 내용이 기초 기능의 연습에 관련된 것이라면 대답은 빠를수록 좋다.

위 내용에 근거해서 판단할 때, 수업 상황에서 교사가 바르게 사용한 질문 전략을 <보기>에서 모두 고른 것은?

> ─── < 보 기 > ───
> ㄱ. 주 교사 : 학생들에게 간단한 암산 문제를 제시하고 가급적 빠른 시간 내에 대답하도록 하였다.
> ㄴ. 장 교사 : 만유인력의 법칙에 대해 질문하고 호명한 학생이 당황하여 대답을 못하자 안심시킨 후 좀 더 알아듣기 쉽게 질문하였다.
> ㄷ. 조 교사 : 지구과학 수업 중 질문하기 전에 먼저 한 학생을 지목하여 일어서게 한 후, 시승의 형성 과정에 관해 질문하고 설명하게 하였다.
> ㄹ. 정 교사 : 특수한 역사적 사건의 의의에 관해 질문하고 잠시 학생들에게 생각할 시간을 준 다음, 학생들을 한 명씩 호명하여 각자의 생각을 말하게 하였다.

① ㄱ, ㄴ   ② ㄴ, ㄷ   ③ ㄷ, ㄹ
④ ㄱ, ㄴ, ㄹ   ⑤ ㄱ, ㄷ, ㄹ

24. 다음은 피아제(J. Piaget) 인지발달이론의 형식적 조작 단계에서 나타나는 사고의 특징을 설명한 것이다. 이를 가장 잘 나타내는 개념은?

> ○ 구체적인 경험과 관찰의 한계를 넘어서, 제시된 정보에 기초해서 내적으로 추리한다.
> ○ 사고에 대한 사고, 즉 메타사고(meta-thinking)의 과정을 통해 자신의 사고 내용에 대해 숙고하는 과정이다.
> ○ 문제를 해결하는 과정에서 기존의 지식을 새로운 장면에 쉽게 적용하거나 새로운 지식을 창조하는 일에 깊이 관여한다.
> ○ '할아버지와 할머니의 관계는 아버지와 어머니의 관계에 해당한다.'와 같이 대상들 간의 관계를 유추하는 과정에서 작용한다.

① 자동화(automatization)
② 탈중심화(decentration)
③ 명제적 사고(propositional thinking)
④ 반성적 추상화(reflective abstraction)
⑤ 가설연역적 추론(hypothetic-deductive reasoning)

25. 청소년기의 심리적 발달 특징에 대한 학자들의 견해를 잘못 기술한 것은?

① 안나 프로이트(A. Freud)는 청소년기를 정서적 갈등과 별난 행동으로 특정지어지는 심리적 불안정의 시기라고 가정하였다.
② 해비거스트(R. Hvighurst)는 부모나 다른 성인으로부터 정서적으로 독립하는 일을 청소년기 발달과업 중 하나로 제시하였다.
③ 에릭슨(E. Eriksom)은 심리사회적 발달이론에서 정체감 위기를 겪고 있는 청소년들의 지배적인 심리 상태를 심리적 유예라고 명명하였다.
④ 셀만(R. Selman)은 조망수용이론에서 형식적 조작 과제를 통과한 청소년들의 조망수용 능력이 사회정보적 조망 수준에 머물러 있다고 설명하였다.
⑤ 엘긴드(D. Elkind)는 청소년기에 나타나는 자아숭심적 사고의 특징을 상상적 청중(imaginary audience)과 개인적 우화(personal fable)로 기술하였다.

26. 다음 실험 결과들에 공통적으로 관계되는 인지학습이론은?

○ 피험자들에게 '○-○'와 같은 모호한 형태의 그림을 보여
   주면서 '안경과 비슷하다.'라는 말을 했을 때, 피험자들
   은 회상 검사에서 안경을 닮은 그림을 더 많이 그렸다.
○ 두 집단의 피험자에게 '집에 관한 글'을 제시하고 각각
   '주택구입자'의 관점과 '좀도둑'의 관점에서 읽도록 했
   을 때, 두 집단의 피험자가 기억한 내용은 서로 달랐다.
○ 음악 전공 학생들과 체육 전공 학생들에게 '카드 게임'
   이나 '즉흥 재즈 연주'로 해석할 수 있는 이야기를 들려
   주었을 때, 음악 전공 학생들은 즉흥 재즈 연주로 이해
   한 반면에 체육 전공 학생들은 카드 게임으로 이해했다.

① 통찰이론(insight theory)
② 도식이론(schema theory)
③ 초인지이론(metacognition theory)
④ 신경망이론(neural network theory)
⑤ 이중부호화이론(dual coding theory)

27. 상담이론에 대한 설명으로 옳은 것을 <보기>에서 고른 것은?

─────── <보 기> ───────
ㄱ. 합리적 정서적 행동치료(REBT)에서는 정서적 문제를
    유발하는 원인이 사건 자체가 아니라 그 사건에 대한
    비합리적인 신념 때누이라고 본다.
ㄴ. 인간중심 상담이론에서는 성장을 위한 적절한 조건이
    갖추어지면 누구나 자아실현을 이룰 수 있다고 본다.
ㄷ. 정신분석 상담이론에서는 '지금-여기'에 초점을 두며
    접촉을 통한 자각으로 통합을 이루게 된다고 본다.
ㄹ. 게슈탈트 상담이론에서는 죽음과 비존재, 실존적 불안,
    삶의 의미를 강조한다.

① ㄱ, ㄹ   ② ㄱ, ㄹ   ③ ㄴ, ㄷ
④ ㄴ, ㄹ   ⑤ ㄷ, ㄹ

28. 진로이론에 대한 설명 중 옳은 것을 <보기>에서 고른 것은?

─────── <보 기> ───────
ㄱ. 수퍼(D. Super)의 발달이론에서는 직업 선택이 부모-자
    녀 관계에서 형성된 개인의 성격과 욕구구조에 의해서
    결정된다고 본다.
ㄴ. 홀랜드(J. Holland)의 인성이론에서는 성격유형과 직업
    환경을 각각 6가지로 분류하고, 개인의 성격유형에 맞
    는 직업환경을 찾아야 한다고 본다.

ㄷ. 파슨스(F. Parsons)의 특성요인이론에서는 자아개념을
    중요시하며, 진로선택을 타협과 선택이 상호작용하는
    적응 과정으로 본다.
ㄹ. 블로(P. Blau)의 사회학적 이론에 따르면 가정, 학교, 지
    역 사회 등의 사회적 요인이 직업 선택에 큰 영향을 미
    친다.

① ㄱ, ㄴ   ② ㄱ, ㄷ   ③ ㄴ, ㄷ
④ ㄴ, ㄹ   ⑤ ㄷ, ㄹ

29. 상담면접 방법 중 '감정의 반영'에 대한 설명으로 옳은 것
    을 <보기>에서 모두 고른 것은?

─────── <보 기> ───────
ㄱ. 상담자는 내담자가 진술하거나 함축적으로 표현한 감
    정을 내담자에게 반영해 준다.
ㄴ. 상담자는 내담자가 자신의 문제를 새로운 관점에서 볼
    수 있도록, 행동, 사고, 감정의 새로운 의미를 설명해
    준다.
ㄷ. 상담자는 내담자로 하여금 자신의 감정을 알아차리고
    경험하게 함으로써 문제해결에 이르도록 돕는다.

① ㄱ   ② ㄴ   ③ ㄱ, ㄷ
④ ㄴ, ㄷ   ⑤ ㄱ, ㄴ, ㄷ

30. 다음 내용과 공통적으로 관련된 개념은?

○ 애플(M. Apple)이 교육사회학 이론에 활용한 그람시(A.
   Gramsci)의 개념이다.
○ 학교는 지배 이데올로기를 정당화하는 역할을 한다.
○ 학교교육이 교육의 기회를 공정하게 제공하고 능력에
   따라 사회계층을 결정하게 한다.'고 믿게 하는 지배력
   행사 방식이다.

① 프락시스(praxis)   ② 아비투스(habitus)
③ 문화적응(accommodation)   ④ 모순간파(penetration)
⑤ 헤게모니(hegemony)

31. 신자유주의 관점에 기초한 교육개혁과 관련성이 가장 적
    은 것은?

① 교육복지정책을 확대하려고 한다.
② 교육에 대한 국가 역할을 축소하려고 한다.

③ 공교육 유지를 위한 비용의 한계에서 비롯되었다.
④ 학교 민영화를 통해 비효율적 요소를 개혁하려고 한다.
⑤ 학교 선택권 확대를 통해 교육 경쟁력을 제고하려고 한다.

32. 대학입학전형에서 실시하는 기회균형선발제(affirmative action)에 대한 설명으로 적절하지 않은 것은?

① 사회 구성원의 통합에 기여한다.
② 업적주의 교육관에 바탕을 두고 있다.
③ 대학 구성원의 다양성 확보에 도움을 준다.
④ 구체적인 시행 방법으로는 할당제, 가산점제, 목표설정제 등이 있다.
⑤ 교육기회의 불평등과 사회적 차별을 교정하는 차원에서 발전되었다.

33. 현행 『평생교육법』에 의하여 학력이 인정되는 평생교육시설 유형은?

① 사업장 부설 평생교육시설
② 사내대학 형태 평생교육시설
③ 언론기관 부설 평생교육시설
④ 시민사회단체 부설 평생교육시설
⑤ 지식·인력개발사업 관련 평생교육시설

34. 다음 설명에 해당하는 평생교육제도 모형은?

○ 사상적 기초는 개인주의이다.
○ 교육에 드는 비용은 학습자가 주로 부담한다.
○ 교육에 대한 국가 통제력은 약하다.

① 시장모형　　② 통제모형　　③ 복지모형
④ 발전주의모형　　⑤ 사회주의모형

35. 다음은 어떤 교육행정이론에 대한 설명이다. 이 이론을 적용한 학교 행정의 특징으로 옳은 것을 <보기>에서 모두 고른 것은?

○ 교육행정의 민주화에 공헌하였다.
○ 비공식 집단의 중요성을 강조한다.
○ 인간은 경제적 유인보다는 사회적·심리적 요인으로 동기 유발된다.

<보 기>
ㄱ. 조직 구성원 간의 권위의 위계가 명확하다.
ㄴ. 동료 교사 간의 인간관계와 교사의 개인적 사정에 대한 배려를 중시한다.
ㄷ. 교사와 행정직원의 역할 구분이 명확하여 교사는 가르치는 일에 전념한다.
ㄹ. 교장은 의사결정 과정에 교사 친목회, 교사 동호회의 의견을 반영한다.
ㅁ. 교원 평가 결과를 바탕으로 성과 상여금을 지급한다.

① ㄱ, ㄷ　　② ㄱ, ㅁ　　③ ㄴ, ㄹ
④ ㄱ, ㄷ, ㄹ　　⑤ ㄴ, ㄹ, ㅁ

36. 다음은 어느 교육청의 인사발령에 관한 내용이다. (ㄱ)~(ㅁ) 중 전직(轉職)에 해당하는 것을 모두 고른 것은?

(ㄱ) 교육청 중등교육과장(장학관)이 A중학교의 교장으로 부임하였고, (ㄴ) 이전 교장은 인근 고등학교의 교장으로 이동하였다. 한편 (ㄷ) 관내 초등학교 교사가 A중학교 국어교사로 부임하였고, (ㄹ) 이전 국어교사는 교육청의 장학사로 이동하였다. 또한 (ㅁ) 교육청 중등교육과장(장학관)에는 교육연수원에 근무하던 교육연구관이 임용되었다.

① (ㄱ), (ㄹ)　　② (ㄴ), (ㅁ)　　③ (ㄴ), (ㄷ), (ㅁ)
④ (ㄱ), (ㄴ), (ㄷ), (ㄹ)　　⑤ (ㄱ), (ㄷ), (ㄹ), (ㅁ)

37. 학교조직에 대한 학자들의 설명으로 옳지 않은 것은?

① 코헨(M. Cohen) 등에 의하면, 학교는 구성원들의 참여가 고정적이고 조직의 목표와 기술이 명확한 조직이다.
② 민츠버그(H. Mintzberg)에 의하면, 학교는 전문적 성격이 강하지만 관료적 성격도 동시에 지니는 전문적 관료제 조직이다.
③ 에치오니(A. Etzioni)의 순응에 기반한 조직 분류에 의하면, 학교는 규범적 권력을 사용하여 구성원들의 높은 헌신적 참여를 유도하는 규범 조직이다.
④ 파슨스(T. Parsons)의 사회적 기능에 따른 조직 분류에 의하면, 학교는 유형유지 조직에 속하며 체제의 문화를 유지하고 새롭게 하는 기능을 수행한다.
⑤ 와익(K. Weick)에 의하면, 학교는 조직 구조 연결이 자체의 정체성과 독립성을 가지고 있어서 다른 조직에 비해서 구조적으로 느슨하게 결합되어 있는 조직이다.

38. 헌법 제31조에 규정되어 있는 조항을 <보기>에서 모두 고
    른 것은?

---<보 기>---

ㄱ. 모든 국민은 능력에 따라 균등하게 교육을 받을 권리를
   가진다.
ㄴ. 모든 국민은 그 보호하는 자녀에게 적어도 초등교육과
   3년의 중등교육을 받게 할 의무를 지닌다.
ㄷ. 교육의 자주성·전문성·정치적 중립성 및 대학의 자
   율성은 법률이 정하는 바에 의하여 보장된다.
ㄹ. 국가는 특수교육을 진흥하여야 한다.
ㅁ. 학교교육 및 평생교육을 포함한 교육제도와 그 운영,
   교육 재정 및 교원의 지위에 관한 기본적인 사항은 법
   률로 정한다.

① ㄱ, ㄷ, ㅁ   ② ㄴ, ㄷ, ㄹ   ③ ㄴ, ㄹ, ㅁ
④ ㄱ, ㄴ, ㄷ, ㄹ ⑤ ㄱ, ㄴ, ㄷ, ㅁ

39. 현행 지방교육재정교부금 제도에 대한 설명으로 옳지 <u>않</u>
    <u>은</u> 것은?

① 지방교육재정교부금은 보통교부금과 특별교부금으로 나누
   어진다.
② 지방교육재정교부금의 목적은 지방교육의 균형 있는 발전
   을 도모함에 있다.
③ 특별교부금은 시책사업수요, 지역교육현안수요, 재해대책
   수요가 있을 때 교부한다.
④ 의무교육기관 교원에 대한 종전의 봉급교부금은 보통교부
   금에 통합되어 있다.
⑤ 보통교부금의 재원은 내국세 총액의 20% 해당액과 교육세
   세입액 전액을 합한 금액이다.

40. 다음에서 공통적으로 설명하고 있는 학교경영 관리 기법은?

○ 드러커(P. Drucker)가 소개하고, 오디온(G. Odiorne)이 체
  계화 하였다.
○ 조직 구성원의 전체적인 참여와 합의를 중시한다.
○ 활동의 과정과 결과에 대해 평가하며 수시로 피드백 과
  정을 거친다.
○ 학교운영의 분권화와 참여를 통해 관료화를 방지할 수
  있다.

① 델파이기법(Delphi Technique)
② 비용-수익분석법(Cost-Benefit Analysis)
③ 목표관리기법(Management by Objectives)
④ 영기준예산제(Zero-Base Budgeting System)
⑤ 정보관리체제(Management Information System)

신규 임용후보자 선정경쟁시험 기출문제(교육학)

교 육 학

1차 시험	1교시 (공통)	40문항 20점	시험 시간 70분

○ 문제지 전체 면수가 맞는지 확인하시오.
○ 문항의 배점은 0.5점입니다.
○ 각 문항의 정답을 컴퓨터용 흑색 사인펜을 사용하여 OMR 답안지에 표시 하시오.

---

1. 삼국시대 및 통일 신라와 발해의 교육에 대한 설명으로 옳은 것은?

① 백제 성왕 대에는 전업박사(專業博士)가 사서(四書)를 가르쳤다.
② 신라 진흥왕 대에는 화랑도(花郎徒)를 개편하고 국선(國仙)을 두었다.
③ 신라의 국학(國學)은 독서삼품과(讀書三品科)를 통해 입학생을 선발하였다.
④ 고구려의 경당(扃堂)은 태학(太學) 입학을 준비하기 위한 귀족 교육기관이었다.
⑤ 발해는 국자감(國子監)에 왕족 여성 교육을 위한 여사(女師) 제도를 두었다.

2. 다음 글에 대한 설명으로 옳은 것만을 <보기>에서 모두 고른 것은?

> 맹자는 말하였다. "군자에게는 세 가지 즐거움이 있는데, 천하에 왕 노릇함은 여기에 들지 않는다. 부모가 모두 생존해 계시며 형제가 무고한 것이 첫 번째 즐거움이요, 위로는 하늘에 부끄럽지 않으며 아래로는 사람들에게 창피하지 않은 것이 두 번째 즐거움이요, 천하의 영재를 얻어 교육(敎育)하는 것이 세 번째 즐거움이다. 군자에게는 세 가지 즐거움이 있는데, 천하에 왕 노릇함은 여기에 들지 않는다.
>
> － 『맹자(孟子)』<진심장구상(盡心章句上)> 중 －

───── <보 기> ─────

ㄱ. '교육(敎育)'이라는 단어는 사서오경 중 이 글에서 처음 나타난다.

ㄴ. 첫 번째 즐거움은 나의 의지를 통해 천명(天命)을 극복할 때에 얻어질 수 있다.

ㄷ. 두 번째 즐거움은 군자로서 솔성(率性)의 삶을 살아가는 도덕적 떳떳함을 뜻한다.

ㄹ. 세 번째 즐거움은 만남과 교학상장(敎學相長)을 통해 얻어지는 행복감이다.

① ㄱ, ㄴ   ② ㄷ, ㄹ   ③ ㄱ, ㄴ, ㄹ
④ ㄱ, ㄷ, ㄹ   ⑤ ㄴ, ㄷ, ㄹ

3. (가)~(라)에 대한 설명으로 옳은 것만을 <보기>에서 모두 고른 것은?

> 옛날 배우는 자는 벼슬을 구하는 것이 아니라, 단지 (가) 학문이 성취되면 위에서 천거하여 쓰이게 되었으니, 대개 벼슬은 남을 위한 것이요, 자기를 위한 것이 아니다 지금은 그렇지 아니하여 (나) 과거(科擧)로 인재를 뽑게 되므로, 비록 천리를 통하는 학문이 잇고 남보다 뛰어난 해일이 있어도 과거가 아니면 도를 행할 수 있는 지위에 나갈 수 없다 그러므로 아비가 자식을 가르치고 형이 아우에게 권하는 것이 과거 외에 다른 것이 없다 선비가 관직을 탐하는 풍습은 과거(科擧)에 기인한다. 지금의 선비가 부모의 희망과 문중의 계획 때문에 비록 과거 공부를 그만둘 수는 없다 하더라도 마땅히 자기의 재주를 기르며 시기를 기다려 득실은 천명에 맡길 것이지, 탐하고 열중하여 (다) 자신의 초지(初志)를 잃어서는 안 된다.
>
> 출처: (라) 이이(李珥)의 『격몽요결(擊蒙要訣)』

───── <보 기> ─────

ㄱ. (가)와 같이 지방관이 인재를 중앙에 추천하는 제도를 공거제(貢擧制)라 한다.

ㄴ. (나)에 속하는 생진과(生進科)는 초시, 복시, 전시의 세 부문으로 나누어 시행되었다.

ㄷ. (다) 에서의 초지(初志)는 위인지학(爲人之學)을 의미한다.

ㄹ. (라) 는 도학(道學) 입문서로 수양과 생활 규범 및 학습
　　 방법 등을 담고 있다.

① ㄱ, ㄹ　　　　② ㄴ, ㄷ　　　　③ ㄱ, ㄴ, ㄹ
④ ㄱ, ㄷ, ㄹ　　　⑤ ㄴ, ㄷ, ㄹ

4. 도산 안창호의 교육활동에 해당하는 것은?

① 초등교육기관인 강명의숙(講明義塾)을 설립하였다.
② 점진학교(漸進學校)를 설립하여 남녀공학으로 운영하였다.
③ 교육구국을 위해 서우사범학교(西友師範學校)를 설립하였다.
④ 모곡학교(牟谷學校)를 설립하고 토론과 변론술을 연마시켰다.
⑤ 독립운동에 필요한 인재를 양성하기 위하여 오산학교(五山
　　 學校)를 설립하였다.

**5. 다음 대화에 나타난 교사의 견해를 뒷받침하는 고대 그리
스 철학자는?**

> 학생: 선생님, 아는 것과 행동하는 것이 반드시 일치하지는
> 　　　 않는 것 같습니다.
> 교사: 그 둘 사이의 불일치 문제는 고대 그리스어 아크라
> 　　　 시아(akrasia)에 해당하는데, 이 단어는 본래 자제력
> 　　　 이 없다는 의미를 가진단다.
> 학생: 자제력은 어디서 오는 것인가요?
> 교사: 자제력은 앎에서 오는 것이 아니라, 감정이나 정서에
> 　　　 서 오는 것이지.
> 학생: 그럼 도덕이 합리성에만 의존하는 것은 아니네요?
> 교사: 그렇지 도덕성은 합리성 그 이상을 의미하고, 거기엔
> 　　　 정서의 문제가 함께 자리하는 셈이지.

① 플라톤(Platon)　　　　② 고르기아스(Gorgias)
③ 소크라테스(Socrates)　　④ 이소크라테스(Isocrates)
⑤ 아리스토텔레스(Aristoteles)

6. 18세기 서양 계몽주의 교육사상에 관한 설명으로 옳은 것은?

① 예술적 능력의 배양을 주요 목표로 삼았다.
② 아동이 갖고 태어나는 신성(神性)의 발현을 강조하였다.
③ 감정이나 종교적 계시보다 합리성을 기르는 데 초점을 두
　　 었다.
④ 참다운 인간성을 고대 그리스 문학과 예술에서 찾고자 하
　　 였다.
⑤ 역사와 민족성을 근거로 하여 국민적 자각을 강조하는 경
　　 향이 있었다.

7. 다음 내용에 공통적으로 영향을 끼친 현대철학 사조는?

> • 특정 사회의 정치·경제 구조가 교육에 미치는 영향에
> 　 관한 분석
> • 교육에서 발생하는 억압 관계와 인간 소외 문제를 개선
> 　 하는 방안 마련
> • 교육의 과정에서 왜곡된 의사소통을 합리적인 의사소통
> 　 으로 전환시키려는 시도
> • 교육이념의 사회적 발생 조건을 학문적으로 밝히고 그
> 　 잘못된 영향을 드러내려는 시도

① 현상학　　　　　　② 비판이론
③ 분석철학　　　　　④ 생태주의
⑤ 실존주의

**8. 다음과 같은 교육과정의 관점을 반영하여 교육내용을 가장
적절하게 조직하는 방법은?**

> 어떤 교과든지 그 교과를 특징적으로 교과답게 해 주는 골
> 간(骨幹)으로서 구조가 있다. 교과의 구조란 각 교과가 모
> 태로 삼고 있는 학문 분야의 기본적인 아이디어나 개념 및
> 원리를 말한다. 이러한 구조는 기본적이고 일반적이므로
> 단순하다. 그래서 어린 나이에도 지식의 구조 학습이 가능
> 하며 나아가서는 새로운 문제에 대한 적용 범위도 넓다. 그
> 리고 구조 학습을 통해 초보 수준의 지식과 고등 수준의
> 지식 간의 간극을 좁힐 수 있다.

① 구안법을 통하여 활동 중심으로 내용을 조직한다.
② 교과의 논리보다 학습자의 심리를 우선하여 조직한다.
③ 작업단원법에 따라 생활 영역을 중심으로 내용을 조직한다.
④ 사회의 주요 문제를 중심으로 핵심 및 주변 과정을 조직한다.
⑤ 기본 개념을 반복하면서 폭과 깊이를 확대·심화시켜 조직
　　 한다.

**9. 다음은 교사들이 교육과정 설계에 관하여 문제를 제기한
것이다. 이를 해결하기 위한 가장 적합한 전략을 올바르게
짝지은 것은?**

> 김 교사: 시(詩) 수업에서의 행동목표는 너무 구체적이고
> 　　　　　 명세적이기 때문에 문학의 의미를 가르치는 데
> 　　　　　 많은 한계가 있다.
> 이 교사: 중학교 3년 동안 배워야 할 교과목 수가 너무 많
> 　　　　　 아 학생들의 학습 부담이 크다.
> 박 교사: 어떤 교과목은 중학교 3학년과 고등학교 1학년

간의 교육내용 수준의 차가 크다.

최 교사: 내가 가르치고 있는 과목의 내용이 너무 분과적
이고 중복이 심하다.

	김 교사	이 교사	박 교사	최 교사
①	학습과제분석	계열(sequence)조정	연계적 조직	통합
②	표현목표설정	범위(scope)조정	연계적 조직	통합
③	표현목표설정	계열(sequence)조정	중핵적 조직	압축
④	문제해결목표설정	범위(scope)조정	중핵적 조직	통합
⑤	문제해결목표설정	계열(sequence)조정	연계적 조직	압축

10. 2009 개정 교육과정의 특징을 바르게 반영한 학교만을
<보기>에서 모두 고른 것은?

——— <보 기> ———

ㄱ. A 중학교는 1학년 1학기에 학생들이 이수하는 과목을
8개 이내로 편성·운영한다.

ㄴ. B 중학교는 학교의 특성과 학부모의 요구에 따라 교과
(군)별 수업시수를 20% 범위 내에서 증감 운영한다.

ㄷ. 일반계인 C 고등학교는 보통 교과의 경우 각 교과목을
4단위로 편성하고 각 교과목별로 2단위 내에서 증감
운영한다.

ㄹ. 일반계인 D 고등학교는 학생의 요구와 적성 등을 고려
하여 학교 자율과정에서 진로 집중 과정과 관련된 교과
목의 심화학습이 이루어질 수 있도록 편성·운영한다.

① ㄱ, ㄴ   ② ㄴ, ㄷ
③ ㄱ, ㄴ, ㄹ   ④ ㄱ, ㄷ, ㄹ
⑤ ㄴ, ㄷ, ㄹ

11. 다음의 교육과정 관점에 대한 설명으로 옳지 않은 것은?

인간의 정신은 몇 개의 능력들(faculties)로 이루어져 있고,
이 능력들을 단련하는 데에는 거기에 적합한 교과가 있다.
교과교육에서 무엇을 기억하고 추리하느냐가 중요한 것이
아니고, 기억되고 추리되는 내용이 무엇이든지 간에 그것
을 기억하고 추리한다는 섬이 중요하다. 따라서 교과는 인
간의 정신을 도야하는 가치에 따라 그 중요성이 결정되며,
정신능력들을 도야하는 데 적합한 교과들을 학교에서 가
르쳐야 한다.

① 교과 학습에서 흥미가 없는 교과라도 학습자의 노력이 중
시된다.

② 교과 내용의 가치를 개인 생활의 의미와 사회적 유용성에

서 찾는다.

③ 교과의 중요성은 구체적인 내용에 있기보다는 내용을 담는
형식에 있다.

④ 능력심리학에 근거하여 심근(心筋) 단련을 위한 수단으로
교과를 강조한다.

⑤ 교과를 가르치는 방법으로 훈련과 반복을 강조하고 일반적
전이를 가정한다.

12. 다음은 10명의 학생들에게 문항 당 배점이 1인 10개의 사
지선다형 문항의 시험을 치르게 한 후 답안을 채점한 결
과의 일부분이다. 총점을 상위기준으로 상위 50% 학생들
을 상위집단, 하위 50% 학생들을 하위집단이라고 할 때,
다음 표에 대한 해석으로 옳지 않은 것은?

문항 학생	1	2	3	4	5	…	9	10	총점
A	0	1	1	1	1	…	1	1	9
B	0	1	1	1	1	…	1	0	8
C	1	1	0	0	1	…	1	1	8
D	0	1	0	0	1	…	1	1	7
E	1	0	0	0	1	…	1	1	7
F	1	1	1	1	1	…	0	1	6
G	0	0	1	1	1	…	0	0	4
H	1	0	0	1	1	…	0	0	3
I	0	0	1	0	1	…	0	0	3
J	1	0	0	0	1	…	0	0	2

① 문항1은 변별도를 고려할 때 수정이나 삭제가 필요하다.

② 문항2는 상위집단과 하위집단을 잘 변별한다.

③ 문항3과 문항4의 변별도 지수는 같다.

④ 문항3과 문항4의 난이도 지수는 다르다.

⑤ 문항5의 오답지 반응·비율은 0으로 오답지들이 매력적이지
않다.

13. 다음은 김 교사가 학기말 시험문제를 출제하는 과정을 진
술한 것이다. 김 교사가 출제과정에서 고려한 타당도로 가
장 적합한 것은?

중학교에서 국어를 가르치고 있는 김 교사는 다음과 같은
방법으로 학기말 시험문제를 출제하였다. 우선 이원분류표
에 근거하여 수업목표 및 교수·학습과정에서 중요하게 다
루었던 내용들을 확인하였으며, 이것들을 중심으로 학기말
시험문제를 출제하였다. 시험문제를 출제한 후 국어 교과
전문가와 협의하여 자신이 출제한 문항들이 대표성을 가
지고 있는 문항표집인지 점검하였다.

① 내용타당도   ② 안면타당도

③ 공인타당도   ④ 구인타당도

⑤ 예언타당도

14. 다음은 A, B 두 중학교 2학년의 전국연합모의고사 수학 시험 결과이다. 두 학교의 수학 성적이 각각 정상분포를 이루고 있다고 가정할 경우, 다음 표에 대한 설명으로 옳지 않은 것은?

학교 \ 통계값	평균	표준편차
A학교	65	5
B학교	70	10

① A학교에서 70점을 받은 학생의 T점수는 60점이다.

② A학교에서 60점보다 낮은 점수를 받은 학생들은 약 15.87% 이다.

③ A학교와 B학교에서 각각 60점을 받은 학생의 백분위는 동일하다.

④ B학교에서의 80점을 스테나인 점수로 변환하면 2등급에 해당된다.

⑤ B학교에서 80점을 받은 학생의 Z점수는 A학교에서 75점을 받은 학생의 Z점수보다 낮다.

15. 다음은 멀티미디어를 활용한 코스웨어의 일반적인 제작 과정이다. (가)-(라)의 단계에 대한 설명으로 가장 적합한 것은?

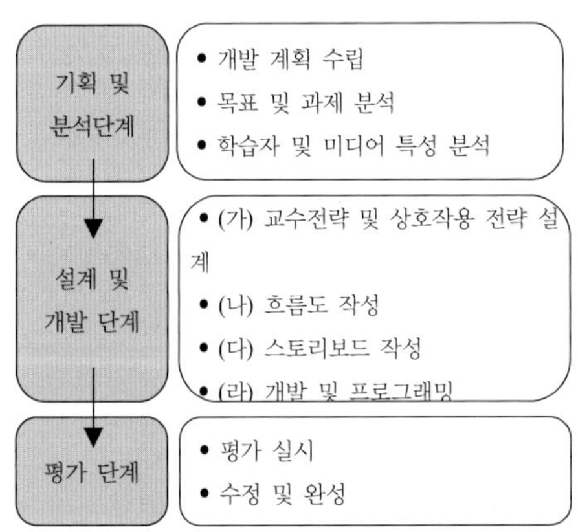

① (가) 단계에서는 요소자료를 수집한 후 저작도구를 사용하여 자료를 통합한다.

② (나) 단계에서는 제작할 내용을 분석·선정 한다.

③ (다) 단계에서는 단위 화면의 내용, 그림, 메뉴 기능 등을 상세하게 작성한다.

④ (라) 단계에서는 항해전략(navigation)과 인터페이스를 결정한다.

⑤ (나) 단계보다 (다) 단계를 먼저 수행하는 경우가 많다.

16. 다음은 토의법과 협동학습에 대한 교사들의 대화이다. 각 교사의 요구에 가장 부합하는 토의법이나 협동학습 방법을 옳게 짝지은 것은?

이 교사: 발표자 중심의 교실 전체 토의수업에서는 나머지 학생들의 참여와 상호작용이 저조한 경우가 많아요. 소집단 토의처럼 학생들이 청중이 아닌 토론의 주체가 되어 활발하게 상호작용하면 좋겠습니다.

장 교사: 저는 협동학습에서 무임승차하는 학생들이 더 문제라고 봅니다. 집단 보상 시에 개인의 성취 결과를 집단점수에 반영하여 모든 학생들이 책무성을 갖도록 하면 좋겠습니다.

김 교사: 토의법이나 협동학습에서 학생들은 무엇을 어떻게 해야 할지 몰라서 시간을 낭비하는 경우가 종종 있지요. 토의나 협동학습의 주제, 형식과 절차 및 구성원의 역할 분담이 명확하게 제시되면 좋겠습니다.

	이 교사	장 교사	김 교사
①	버즈토의 (buzz discussion)	함께 학습하기 (Learning Together)	원탁토의 (round table discussion)
②	버즈토의 (buzz discussion)	성취-과제분담 (STAD)	과제분담학습 (Jigsaw)
③	배심토의 (buzz discussion)	팀경쟁학습 (TGT)	집단조사 (Group Investigation)
④	공개토의 (buzz discussion)	팀경쟁학습 (TGT)	원탁토의 (round table discussion)
⑤	배심토의 (buzz discussion)	함께 학습하기 (Learning Together)	집단조사 (Group Investigation)

17. 자원기반학습 중 하나인 Blg6 Skills 모형에 근거하여 조선시대의 문학을 주제로 수업을 하려고 한다. 다음 (가) 단계에서의 활동으로 가장 적합한 것은?

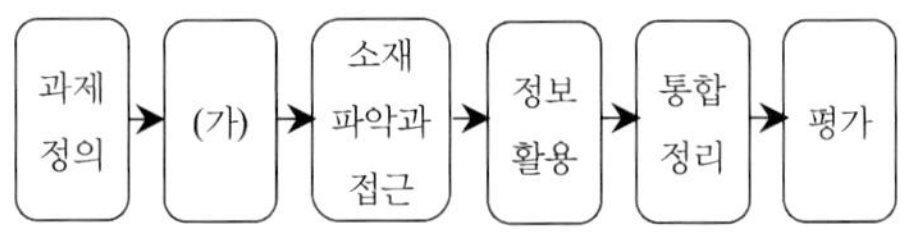

① 조선시대의 문학에 대한 정보를 읽고 적합한 정보를 가려낸다.

② 조선시대의 문학과 관련하여 중요한 주제가 무엇인지 파악한다.

③ 선택한 정보들을 체계적으로 정리하여 최종 결과물을 만든다.

④ 조선시대의 문학과 관련된 도서와 웹사이트에서 정보를 찾는다.

⑤ 사용 가능한 정보원의 형태와 종류를 파악하고 최적의 정보원을 선택한다.

18. 다음은 연구학교 교사들의 대화이다. 교사들의 연구 관심사에 해당하는 교육매체연구의 유형에 대한 설명으로 옳지 <u>않은</u> 것은?

(가) 김 교사 : 상이한 매체 간의 효과를 비교하고 싶습니다. 디지털 교과서를 활용한 컴퓨터 기반 수업이 서책형 교과서를 활용한 전통적 수업보다 학생들의 학업성취도에 디 효과가 있는지 알아보고 싶습니다.

(나) 홍 교사 : 디지털 교과서의 속성들이 학생들의 학업성취에 어떠한 영향을 주는지 관심이 있습니다. 그래서 영어 디지털 교과서에서 그림과 글을 활용한 연습 방식과 동영상을 활용한 연습 방식이 특히 영어점수가 낮은 학생들의 말하기와 듣기 향상에 효과가 있는지 알아보고 싶습니다.

---

① (가)와 같은 유형은 특정 매체가 다른 매체에 비해 일관되게 효과를 보인다고 가정한다.

② (가)와 같은 유형은 학업성취도가 새로운 매체만의 효과인지 다른 영향 때문인지 증명하기 어렵다는 비판을 받는다.

③ (나)와 같은 유형은 매체의 상징체계가 학습자의 인지적 처리과정에 영향을 줄 것이라고 가정한다.

④ (나)와 같은 유형은 학습자의 신념, 가치, 태도가 학습동기에 어느 정도 영향을 주는지에 초점을 둔다.

⑤ (가)와 같은 유형은 행동주의 패러다임을, (나)와 같은 유형은 인지주의 패러다임을 토대로 연구되기 시작하였다.

19. 가네(R. Gagne)의 교수 · 학습이론에 대한 진술로 옳은 것만을 <보기>에서 모두 고른 것은?

── <보 기> ──

ㄱ. 학습을 주관적 경험에 근거한 개인적 의미 창출 과정으로 본다.

ㄴ. 학습 영역(learning outcomes)을 언어 정보, 지적 기능, 운동 기능, 태도, 인지 전략으로 나눈다.

ㄷ. 학습자의 내적 학습 과정을 지원하기 위한 9가지 외적 교수사태(events of instruction)를 제안한다.

ㄹ. 학습 영역(learning outcomes)을 세분화하여 제시한 메릴 (M. D. Merrill)의 내용요소 제시 이론(component display theory)의 토대가 되었다.

---

① ㄱ, ㄹ   ② ㄴ, ㄷ   ③ ㄱ, ㄴ, ㄷ
④ ㄱ, ㄴ, ㄹ   ⑤ ㄴ, ㄷ, ㄹ

20. 딕과 케리(W. Dick, L. Carey & J. Carey)의 교수설계모 형에 대한 설명으로 옳지 <u>않은</u> 것은?

① 교수 프로그램을 설계 및 개발하기 위해 체계적인 접근을 한다.

② 딕과 케리의 교수설계모형에는 ADDIE 모형의 실행단계(I)가 생략되어 있다.

③ 교수 프로그램 설계 및 개발 과정을 주도한 교수설계자가 총괄평가를 실시할 것을 권한다.

④ 수행목표진술 단계에서는 학습이 끝났을 때 학습자가 할 수 있는 것으로 기대되는 목표를 구체적으로 진술한다.

⑤ 교수분석 단계에서는 목표를 학습영역(learning outcomes)에 따라 분류하고 수행 행동의 주요 단계를 파악하는 활동이 포함된다.

21. 켈러(J. Keller)의 학습동기설계이론에 따라 자신감 범주 의 하위 전략을 활용한 것만을 <보기>에서 모두 고른 것은?

── <보 기> ──

ㄱ. 학생에게 학습 속도를 스스로 조정할 수 있는 기회를 제공한다.

ㄴ. 학생에게 친밀한 예문이나 배경지식을 활용하여 수업 내용을 구성한다.

ㄷ. 학생에게 평가기준을 명확히 제시하여 성공에 대한 긍정적 기대감을 갖도록 한다.

ㄹ. 학생이 새롭게 습득한 지식이나 기능을 실제 상황에 적용해 볼 수 있는 기회를 제공한다.

---

① ㄱ, ㄷ   ② ㄴ, ㄹ   ③ ㄱ, ㄴ, ㄷ
④ ㄱ, ㄷ, ㄹ   ⑤ ㄴ, ㄷ, ㄹ

22. 효과적인 교수 · 학습을 위해 행동주의 관점에서 강화를 사용하고자 할 때 올바른 방법은?

① 새로운 주제의 초기 학습 단계라면 계속강화계획보다 간헐 강화계획을 사용한다.

② 학생의 나쁜 습관을 없애고자 한다면 그 행동을 보일 때

부적강화를 사용한다.

③ 학습이 진행되는 동안 점진적으로 강화의 제시 횟수를 줄
  이고 제시 간격을 넓힌다.
④ 강화 제공의 시점을 특별히 정해두지 않았다면 즉시강화보
  다 지연강화를 사용한다.
⑤ 학습자의 반응 지속성을 높이기 위해서는 변동강화계획보
  다 고정강화계획을 사용한다.

23. 다음 세 교사의 견해에 근거가 되는 지능 이론가들을 올바
르게 짝지은 것은?

> 최 교사 : 우리 반 영철이는 IQ가 높아서인지 공부를 참
>   잘 해요. 과목별 점수로 봐도 영철이가 거의 전
>   교 1, 2등이잖아요. 머리가 좋으니까 나중에 어
>   떤 직업을 갖더라도 잘 할 거예요.
> 송 교사 : 우리 반 순희는 언어와 수리 교과는 잘 하지만,
>   음악이나 체육은 재능이 없어 보여요. 친구들하
>   고 잘 어울리지도 못해요. 그런 것을 보면 지능
>   이 높다고 뭐든 잘 하는 것 같지는 않아요. 그리
>   고 공부뿐만 아니라 인간관계능력이나 다른 것
>   들도 지적 능력에 포함되는 것이 아닐까요? 결
>   국, 영역별로 지적 능력이 따로 있는 것 같아요.
> 강 교사 : 영역별 지능도 중요하지만, 제 생각엔 지능이 한
>   가지 경로로만 발달하지는 않는 것 같아요. 기억
>   력처럼 뇌 발달과 비례하는 능력들도 있지만, 언
>   어이해력과 같은 것들은 문화적 환경과 경험에
>   의해 발달하잖아요.

	최 교사	송 교사	강 교사
①	스턴버그(R. Sternberg)	골만(D. Goleman)	카텔(R. Cattell)
②	스피어만(C. Spearman)	가드너(H. Gardner)	카텔(R. Cattell)
③	스피어만(C. Spearman)	가드너(H. Gardner)	길포드(J. Guilford)
④	스턴버그(R. Sternberg)	가드너(H. Gardner)	길포드(J. Guilford)
⑤	스피어만(C. Spearman)	골만(D. Goleman)	길포드(J. Guilford)

24. 피아제(J. Piaget)의 인지발달 이론에 근거할 때, 빈칸에 공
통으로 들어갈 용어로 적절한 것은?

> ○ ☐☐☐☐☐ 은/는 오류가 생기는 상황에 직면할 때 일
>   어난다.
> ○ ☐☐☐☐☐ 은/는 인지적 성장을 고무하기에 알맞은 정
>   도로 유지 되어야한다. 그 이유는 문제가 너무 단순해
>   서 학생들이 지루해 해서도 안 되고, 교수내용을 이해
>   할 수 없어서 뒤쳐져서도 안되기 때문이다.

> ○ 주먹만 한 스티로폼과 손톱만 한 유리구슬을 물속에 담
>   그기 전과 후를 학생들에게 보여주었을 때, 학생들은
>   그 상황에서 '일어나야 한다고 생각하는 일'과 '실제로
>   일어나는 일' 사이의 ☐☐☐☐☐ 을/를 경험한다.

① 동화(assimilation)　　② 보존(conservation)
③ 가역성(reversibility)　　④ 불평형(disequilibrium)
⑤ 자기중심화(egocentering)

25. 다음 글의 (가) ~ (마)에 나타난 학생의 동기 상태를 설명
한 것으로 옳은 것은?

> 오늘 중간고사 성적표가 나왔다. 과학과 영어가 생각보다
> 성적이 많이 올라 기분이 좋다. 게임시간을 줄이면서 (가)
> 게으름 피우지 않고 꾸준히 열심히 한 덕분이겠지! 1학년
> 때도 공부를 안 한 것은 아니다. (나) 별 생각 없이 친구들
> 이 다니는 학원을 따라 다니며 공부했다. 그런데 지금 생각
> 하면 목표도 없이 시간낭비만 한 꼴이다. 2학년이 되면서
> '내가 왜 공부를 해야 하는가?'에 대해 생각을 하고 하나씩
> 답을 찾아가니 성적도 오르고 더 열심히 하고 싶어졌다.
> (다) 기상관측과 관련된 직업을 갖고 싶다고 마음먹으니
> 과학 과목이 매우 중요하게 여겨졌고, 영어는 다른 나라의
> 문화를 알게 되니 재미있어서 더 열심히 하게 되었다. 지금
> 수학 성적이 좀 낮긴 하지만 (라) 초등학교 때는 학교 대표
> 로 수학경시대회에 나갈 정도였으니 앞으로는 성적이 점
> 점 오르겠지……. (마) 선생님과 친구들에게 확실하게 인정
> 받으려면 기말고사는 전교 5등 안에 들 수 있도록 더욱 열
> 심히 공부해야겠다.

① (가) : 성적 향상의 원인을 외적 소재로 귀인하고 있다.
② (나) : 내적 조절 단계에서 자기결정성 동기를 발현시켰다.
③ (다) : 기대-가치이론 중 가치 요인으로 동기를 증진시키
  고 있다.
④ (라) : 자신의 정서를 긍정적으로 평가함으로써 자기효능
  감을 높이고 있다.
⑤ (마) : 수행목표 지향적이기보다 숙달목표 지향적이다.

26. 로우(A. Roe)의 욕구이론에 관한 설명으로 옳은 것을 <보
기>에서 고른 것은?

> ─── <보 기> ───
> ㄱ. 개인의 직업적 성격유형을 직업 환경과 연결시킨 육각
>   형 모형에 기반하고 있다.

ㄴ. 부모와 자녀의 관계에 따라 자녀의 성격이 형성되고,
이는 직업선택에 영향을 준다고 본다.

ㄷ. 냉담한 양육 환경에서 성장한 사람은 인간 지향적인
(person-oriented) 직업을 선택하게 된다고 본다.

ㄹ. 새로운 직업분류체계를 개발함으로써 직업선호도검사,
직업흥미검사, 직업명 사전 개발에 영향을 주었다.

① ㄱ, ㄴ 　　　　　　② ㄱ, ㄷ
③ ㄴ, ㄷ 　　　　　　④ ㄴ, ㄹ
⑤ ㄷ, ㄹ

27. 다음 대화에서 최 교사가 활용하고 있는 상담기법과 가장
밀접한 상담이론에 대한 설명으로 옳은 것은?

민　　영 : 요즘 영주가 저를 멀리하는데, 저를 정말 싫어하
는 것 같지 않으세요?

최 교사 : 나한테 질문하지 말고 네가 영주에 대해 어떻게
느끼는지 말해 보렴.

민　　영 : 예전에는 정말 친했는데 요즘은 영주를 보면 섭
섭한 마음이 들어요.

최 교사 : 요즘 영주와 얘기를 잘 안 하는 이유가 뭐니? 여
기 의자가 두 개 있는데 먼저 네가 앉고 싶은 곳
에 앉고, 나머지 의자에는 영주가 앉아 있다고
상상해 보렴. 자, 지금부터 네가 영주에게 원하
는 것이 무엇이고, 어떤 감정을 느끼고 있는지
영주에게 직접 얘기해보겠니?

민　　영 : 무엇을 말해야 할지 모르겠어요.

최 교사 : 그럼 '내가 너에게 무엇부터 말해야 할지 잘 모
르겠어' 라고 말해 보렴.

민　　영 : 영주야. 무슨 말부터 해야 할지 잘 모르겠지
만…… 난 너와 계속 좋은 친구로 지내면 좋겠
어. 그런데 요즘 넌 나한테 신경을 너무 안 쓰는
것 같아. 내가 말을 걸면 대꾸도 잘 안 해서 너
무 속상해.

최 교사 : 그럼 이제 의자를 바꾸고, 네가 영주의 입장이
되어 민영이에게 얘기해 보겠니?

민　　영 : 난 예전에 너를 가장 친한 친구로 생각하고 있
어. 그런데 내가 공부에 열중하고 있을 때 네가
말을 걸면 짜증날 때가 많았어. 중학교에 오면서
공부할 게 많아져서 부담스러웠고, 그래서 너한
테 신경을 많이 못 썼던 것 같아.

최 교사 : 민영아, 지금 기분이 어떠니?

① 미해결 과제는 현재에 대한 자각(awareness)을 방해한다고
본다.

② 상담자의 진솔성, 무조건적인 긍정적 존중, 공감적 이해를
강조한다.

③ 자아가 무의식적 충동을 조절하기 위해 방어기제를 사용한
다는 점을 강조한다.

④ 3R(책임감, 현실, 옳고 그름)을 강조하며, 책임감 있는 사람
이 정신적으로 건강하다고 본다.

⑤ 상담자로 하여금 내담자가 최종목표행동에 도달하도록 행
동조형(shaping)을 사용할 것을 강조한다.

28. 다음 글의 (가)~(다)에서 김 교사가 학생들의 문제를 해결
하기 위해 활용한 상담기법을 올바르게 짝지은 것은?

(가) 기훈이는 공부한 만큼 성적이 나오지 않는 편이라 공
부 방법을 개선하고 싶어 한다. 김 교사는 기훈이가
효과적인 공부 방법을 사용할 수 있을 때까지 적절한
공부 방법을 알려주고 사용해 보도록 한 후, 피드백을
제공하였다.

(나) 수정이는 시험 때가 되면 너무 예민해지고 압박감을
많이 느낀다. 김 교사는 이완훈련과 불안위계를 사용
하여 수정이의 시험불안을 줄이고자 하였다.

(다) 철수는 기말고사를 앞두고 '이번 시험은 틀림없이 망
칠 것이고, 난 결국 인생의 실패자가 될 거야' 라고 생
각하고 있다. 김 교사는 철수에게 왜 이번 시험을 망
칠 것이라고 확신하는지, 또 시험에 한두 번 실패 안
해 본 사람이 어디 있으며, 설령 시험성적이 원하는
만큼 나오지 않는다고 해도 그것이 어떻게 인생의 실
패와 관련되는지를 생각해 보도록 하여 합리적인 신
념을 갖게 하고자 하였다.

	(가)	(나)	(다)
①	행동시연	체계적 둔감법	역설적 기법
②	행동시연	체계적 둔감법	논박하기
③	행동시연	용암법(fading)	논박하기
④	자극포화법	용암법(fading)	역설적 기법
⑤	자극포화법	용암법(fading)	논박하기

29. 교사가 회고하는 다음 학생의 삶을 가장 잘 설명하는 이
론은?

그 학생은 학창 시절 말썽을 많이 피웠지. 비슷한 또래들과
몰려다니면서 싸움도 자주 하고, 각종 교칙을 밥 먹듯이 위
반했어. 수업을 시시하다고 하면서 방해하기도 하고, 공부
잘 하는 애들을 계집애 같다고 놀려 대기도 했어 반면에

자기 부류의 애들은 사내답다며 우쭐댔지. 자기는 육체노
동직에 종사하는 아버지처럼 사나이답게 살고 싶다고 했
지. 나중에 보니 그 학생은 스스로 진학을 포기하고 자기
아버지와 같이 육체노동직을 선택하더라고.

① 저항이론
② 헤게모니이론
③ 문화재생산론
④ 경제재생산론
⑤ 상징적 상호작용론

**30. 다음은 학교교육의 사회적 기능에 대한 관점 중 하나이다.
이 관점에 대한 설명으로 옳지 않은 것은?**

사회를 구성하고 있는 각 요소는 전체의 존속에 공헌한다.
각 구성요소들은 서로 영향을 미치는 상호의존적 관계에
있으며, 전체적으로 조화롭게 통합되어 있다. 지각·정서
·가치관·신념체계의 주요 부분에 대해서 사회 구성원들
사이에 합의가 이루어져 있다. 교육은 전체 사회의 한 구성
요소이며, 전체 사회의 존속과 유지에 공헌한다.

① 학교교육의 주요 기능은 사회화에 있다.
② 사회체계 존속에 필요한 규범교육을 강조한다.
③ 학교교육은 업적주의 사회 기반을 공고히 한다.
④ 대표적 이론가로 뒤르껨(E. Durkhein)과 파슨스(T. Pasons)가
있다.
⑤ 교육을 둘러싼 집단 간의 이해관계를 분석하는 데 주안점
을 둔다.

**31. 다음 대화에서 두 교사의 견해와 가장 관련이 깊은 이론에
대한 설명으로 옳지 않은 것은?**

김 교사 : 우리 반에는 부모님이 안 계셔서 할머니와 아주
어렵게 사는 학생이 있는데, 문화적으로 결핍된
부분이 많아요. 가정에서 적절한 학습지원을 못
받아서인지, 공부에 대한 의욕도 없고 교과내용
에 대한 기초 지식도 부족해요.
박 교사 : 우리 반에도 결혼이민자가정 학생이 몇 명 있는
데, 학생들의 언어 환경이 열악한 것 같아요. 그
래서인지 기본적인 읽기, 쓰기가 되지 않고 수업
에서도 잘 알아 듣지 못해요. 이런 학생들의 학
력(學力)을 어떻게 높여야할지 걱정입니다.

① 취학 이전의 학생의 경험이 학업 성취에 중요하게 작용한
다고 본다.
② 헤드스타트(Head Start) 프로그램은 이 이론과 관련된 보상

정책 중 하나이다.
③ 이 이론을 지지하는 연구로 젠크스(C. Jencks)와 번스타인
(B.Bernstein)의 연구가 있다.
④ 가정의 문화적 자원 및 활동이 부족하면 학교에서 학습하
는 데 필요한 소양을 갖추기 힘들다고 본다.
⑤ 학교 시설과 교사의 질과 같은 학교 교육환경의 차이로 인
해 학생의 학업성취 격차가 발생한다고 본다.

**32. 프레이리(P. Freire)의 문제제기식 교육에 대한 설명으로
옳지 않은 것은?**

① 학생은 비판적으로 사고하는 사람으로 육성되어야 한다고
하였다.
② 학생의 탐구를 막는 것은 마치 폭력을 행사하는 것과 같다
고 본다.
③ 학생에게 지식을 수동적으로 축적하게 하는 교육 방식을
비판하였다.
④ 학교에서는 경쟁을 통해 사회 적응력을 키우는 교육을 해
야 한다고 본다.
⑤ 학생이 역사적 맥락에서 자신의 삶을 파악할 수 있게 교육
하는 것이 중요하다고 본다.

**33. 다음은 평생교육의 발전에 공헌한 학자들의 주장이다.
(가)~(다)에 들어갈 말을 올바르게 짝지은 것은?**

° 랑그랑(P. Lengrand) :「평생교육(L' education permanente」
(1965)을 통해 평생교육은 학습자가 필요로 할 때 언제든지
접근할 수 있어야 하며, 　(가)　이 통합된 학습을 지원하는
것을 강조하였다. 이를 위해 분절되었던 각 교육제도들을 연
계하고 통합하는 사회적 시스템의 필요성을 역설하였다.
° 포르(E. Faure) :「존재를 위한 학습(Learning To Be)」(1972)을
통해 새 시대 교육제도의 개혁방향으로 '　(나)　건설'을 제
안하였다. 이 보고서는 초·중등 및 고등교육 제도와 교육의
틀을 개혁함으로써 교육의 지평을 넓힐 것을 강조하였다.
° 들로어(J. Delors) :「학습 : 그 안에 담긴 보물 (Learning The
Tresure Within)」(1996)을 통해 21세기를 준비하는 네 개의
학습 기둥을 제시했다. 네 개의 학습 기둥은 알기 위한 학
습, 행동하기 위한 학습, 존재하기 위한 학습, 　(다)　위한
학습이다.

	(가)	(나)	(다)
①	앎과 삶	학습사회	함께 살기
②	여가와 노동	학습사회	성찰하기
③	여가와 노동	민주사회	힘께 살기
④	여가와 노동	민주사회	성찰하기
⑤	앎과 삶	학습사회	성찰하기

34. 현행 평생교육법에 명시된 학교의 평생교육 실시에 대한 규정으로 옳은 것만을 <보기>에서 모두 고른 것은?

<보 기>

ㄱ. 학교에서 평생교육을 실시할 경우, 각급학교의 장은 각급학교의 교실·도서관·체육관, 그 밖의 시설을 활용하어야 한디.

ㄴ. 각급학교의 장은 학생·학부모와 지역주민을 대상으로 교양의 증진 또는 직업교육을 위한 평생교육시설을 설치·운영할 수 있다.

ㄷ. 평생교육실시를 위해 학교를 개방할 경우, 개방시간 동안의 해당 시설의 관리·운영에 필요한 사항은 해당 지방자치 단체의 조례로 정한다.

ㄹ. 각급학교의 장은 해당 학교의 교육여건을 고려하여 학생·학부모와 지역주민의 요구에 부합하는 평생교육을 직접 실시하거나 영리를 목적으로 하는 법인 및 단체에 위탁하여 실시할 수 있다.

---

① ㄱ, ㄴ 　② ㄱ, ㄹ 　③ ㄴ, ㄷ

④ ㄱ, ㄴ, ㄷ 　⑤ ㄴ, ㄷ, ㄹ

35. <보기>의 내용을 교육행정 이론의 시대적 변천 순으로 올바르게 배열한 것은?

<보 기>

ㄱ. 효과적인 의사결정을 위해 제한된 합리성을 토대로 하는 행정적 인간형이 필요하다는 주장과 더불어 교육행정의 이론화에 크게 영향을 주었다.

ㄴ. 교직원들의 사회적·심리적 여건과 비공식 집단의 사회규범이 생산성에 중요하게 영향을 미친다는 주장과 더불어 교육행정의 민주화에 크게 공헌하였다.

ㄷ. 작업 과정의 표준화를 통해 교직원의 작업 능률을 최대한 유지하면서 학교의 비효율과 낭비를 제거하여야 한다는 주장과 더불어 교육행정의 효율화를 극대화 하였다.

---

① ㄱ→ㄴ→ㄷ 　② ㄱ→ㄷ→ㄴ 　③ ㄴ→ㄱ→ㄷ

④ ㄷ→ㄱ→ㄴ 　⑤ ㄷ→ㄴ→ㄱ

36. 현행 교육공무원법상 교육공무원 본인의 의사에 불구하고 임용권자가 휴직을 명해야 하는 경우에 해당하는 것은?

① 국제기구, 외국기관, 재외국민교육기관에 임시로 고용된 경우

② 1세 미만 자녀의 양육이나 여자 교육공무원이 임신 또는 출산하게 된 경우

③ 교육과학기술부 장관이 지정하는 국내의 연구기관이나 교육기관에서 연수하게 된 경우

④ 학위취득을 목적으로 해외 유학을 하거나 외국에서 1년 이상 연구 또는 연수하게 된 경우

⑤ 「교원의 노동조합설립 및 운영 등에 관한 법률」제5조의 규정에 의하여 노동조합 전임자로 종사하게 된 경우

37. 다음 내용을 특징으로 하는 학교관리기법으로 가장 적절한 것은?

○ 차기 예산을 편성하는 데 필요한 정보를 얻는다.

○ 세출 예산에 대한 엄격한 사전·사후 통제가 가능하다.

○ 회계 책임을 분명하게 하고, 예산 담당자의 자유재량 행위를 제한한다.

○ 지출대상을 인건비, 시설비, 운영비 등과 같이 세분화하여 금액으로 표시한다.

---

① 목표관리 　　② 품목별 예산제도

③ 기획예산 제도 　④ 영기준 예산제도

⑤ 정보관리체제

38. 다음은 가상으로 제시한 국가 수준 교육비의 내역이다. 우리나라 교육비 분류체계(한국교육개발원 기준)에 근거할 때, 공교육비의 총 금액에 해당하는 것은?

구분	학교법 부담 전입금	학부모 부담 학교수업료	학부모 부담 사설학원비	학교시설 감가상각비
금액	5조 원	11조 원	13조 원	2조 원

① 5조 원 　　② 7조 원 　　③ 16조 원

④ 18조 원 　　⑤ 31조 원

39. 다음의 칼슨(R. Carlson) 모형을 적용할 때, 우리나라 평준화 지역에서의 교육정책에서 중 Ⅱ 또는 Ⅳ 영역에서 Ⅰ 영역으로 전환한 경우에 해당하는 것은?

		고객의 참여 선택권	
		유	무
조직의 고객 선발권	유	Ⅰ 영역	Ⅲ 영역
	무	Ⅱ 영역	Ⅳ 영역

① 사립중학교에서 공립중학교로 전환

② 사립중학교에서 사립 일반계고등학교로 전환

③ 특성화고등학교에서 공립 일반계고등학교로 전환

④ 사립 일반계고등학교에서 자립형사립고등학교로 전환

⑤ 사립 일반계고등학교에서 공립 일반계고등학교로 전환

40. 다음 특징을 가진 학교장의 지도성 이론으로 가장 적절한 것은?

> ◦ 학교조직 내의 모든 교원을 각각 지도자로 성장시킨다.
> ◦ 교원들이 자신을 스스로 이끌 수 있는 능력을 개발하도록 한다.
> ◦ 교원들이 자율적으로 팀을 형성하고 협력적으로 직무를 수행할 수 있는 조직문화를 만든다.

① 교환적 지도성

② 과업지향 지도성

③ 관계지향 지도성

④ 초우량(super) 지도성

⑤ 카리스마적(charismatic) 지도성

공립 초등학교(유치원 · 특수학교) · 중등학교 교사 임용후보자선정 경쟁시험 기출문제 정답(교육학)

교 육 학 정 답 지

제1차 시험	1교시 (공통)	50(40)문항 20점	시험 시간 70분

유 · 초 · 특수학교 임용후보자 선정시험 교육학 정답표				
구분	2010학년도		2011학년도	
번호	정답	비고	정답	비고
1	③		①	
2	④		②	
3	④		⑤	
4	③		⑤	
5	⑤		④	
6	④		①	
7	①		①	
8	④		④	
9	④		⑤	
10	①		①	
11	④		⑤	
12	①		⑤	
13	①		④	
14	②		②	
15	①		③	
16	⑤		④	
17	②		②	
18	①		③	
19	⑤		③	
20	③		②	
21	③		②	
22	②		④	
23	③		④	
24	①		③	
25	②		④	
26	⑤		④	
27	③		①	
28	⑤		②	
29	②		③	
30	⑤		④	
31	①		④	
32	⑤		②	
33	⑤		⑤	
34	①		①	
35	③		④	
36	①		④	
37	②		⑤	
38	⑤		②	
39	①		③	
40	③		⑤	
41	④		③	
42	④		①	
43	③		①	
44	④		③	
45	②		①	
46	②		②	
47	④		④	
48	③		③	
49	⑤		③	
50	③		③	

중등학교 임용후보자 선정시험 교육학 정답표				
구분	2010학년도		2011학년도	
번호	정답	비고	정답	비고
1	④		②	
2	①		④	
3	⑤		①	
4	②		②	
5	③		⑤	
6	⑤		③	
7	③		②	
8	①		⑤	
9	③		②	
10	④		③	
11	④		②	
12	①		④	
13	①		①	
14	③		④	
15	①		③	
16	④		②	
17	⑤		⑤	
18	②		④	
19	④		⑤	
20	④		③	
21	⑤		①	
22	②		③	
23	④		②	
24	④		④	
25	④		③	
26	②		④	
27	①		①	
28	④		②	
29	③		①	
30	⑤		⑤	
31	①		⑤	
32	②		④	
33	②		①	
34	①		④	
35	③		⑤	
36	⑤		⑤	
37	①		②	
38	①		③	
39	⑤		④	
40	③		④	

찾아보기

(ㅎ)

[기타]

박은종(朴殷鍾)

진주교육대학교 사회교육과, 충남대학교 대학원 사회교육학과(석사) 및 교육학과(교육과정 및 교육심리학 전공·박사), 한국교원대학교 대학원 사회과교육학과, 공주대학교 대학원 사회교육학과(박사) 등을 졸업한 사회교육학 박사이다.

충남대학교 교육연구소 객원연구원, 충남대학교 인문과학연구소 객원연구원, 한국교총 교육정책연구소 객원연구원 등으로 사회과 교육학·사회과 교육론에 대한 연구에 종사하여 왔다. 또한 한국산업연수원 청주능력개발원 첨삭교수, 공주대학교 사범대학 시간 강사, 공주교육대학교 사회교육과 시간 강사, 동신대학교 교양교직학부 외래 교수, 홍익대학교 교양학부 외래 교수, 광주여자대학교 교양학부 외래 교수 등을 역임하면서 교육학 개론, 교육과정과 교육심리학, 사회과 교육학·사회과 교육론, 사회과 교재연구 및 교수법 등의 교과목을 강의하였다.

아울러, 교육과학기술연수원 강사, 충남교육연수원 강사, 전북교육연수원 강사, 한국교총교육연수원 강사, 진주교육대학교초등교육연수원 강사, 공주대학교중등교육연수원 강사 등을 역임하면서 교육과정, 수업분석과 수업장학, 교수·학습법, 사회과 교육학 등에 관한 강의를 수행하여 왔다. 또 충청남도당진교육지원청 장학사, 충청남도부여교육지원청 장학사, 충청남도교육연수원 교수부 교육연구사 등을 역임하면서 사회과 교육학(론) 관련 교육행정과 교육연구를 수행하기도 하였다. 그리고 교육과학기술부 교육정책자문위원, 한국교총 교육정책전문위원 등을 역임하였다. 현재 공주대학교 겸임 교수로 재직하고 있으며, 한국사회과교육연구회 회장으로 재임하고 있다.

한국사회과교육학회, 한국사회과교육연구회 회원이며, 연구의 주 관심영역은 교육학 일반, 교육과정, 사회과 교육과정과 교수법, 사회과 교육학, 사회과 교재연구 및 교수·학습방법 등이다. 최근에는 사회과 통합 교육, 사회과 세계시민교육, 사회과 교육 국제 비교 연구, 다문화 이해 교육 등에도 깊은 관심을 갖고 연구하고 있다.

학회지인 교육연구, 교육연구논총, 사회과교육, 사회과학연구, 충남교육 등에 논문을 게재하고 있으며, 주요 저서로는 『으뜸 수업 탐구의 정석』, 『한국 사회과 교육과정 탐구: 분석 및 모형 개발 탐색』, 『사회과 교육학 핸드북: Key Point』, 『현대 사회과 교육학·사회과 교육론 신강』 등 여러 권이 있으며, 주요 논문으로는 학회지에 발표한 「세계화·정보화 시대의 바람직한 세계시민교육 방향 모색에 관한 연구」, 「최근 사회과 교육의 트렌드(Trend) 연구」 등 여러 편이 있다.

한편, <새교실>지(誌)와 <교육자료>지(誌)에 사회과 수업안을 다년간 집필한 바 있으며, 대전일보·중도일보·한국교육신문 등의 교육칼럼위원, 백제신문·공주신문 논설위원 등도 역임하였다.

•e-mail: ejpark7@kongju.ac.kr

초판인쇄 | 2011년 12월 8일
초판발행 | 2011년 12월 8일

지 은 이 | 박은종
펴 낸 이 | 채종준
펴 낸 곳 | 한국학술정보㈜
주   소 | 경기도 파주시 문발동 파주출판문화정보산업단지 513-5
전   화 | 031) 908-3181(대표)
팩   스 | 031) 908-3189
홈페이지 | http://ebook.kstudy.com
E-mail | 출판사업부 publish@kstudy.com
등   록 | 제일산-115호(2000. 6. 19)

ISBN   978-89-268-2832-8 93370 (Paper Book)
        978-89-268-2833-5 98370 (e-Book)